国家卫生健康委员会"十四五"规划教材
全国高等学校教材

供预防医学类专业用

毒理学基础
Toxicology

第 8 版

主　审　孙志伟

主　编　陈　雯　郝卫东

副主编　夏彦恺　蒋义国　李煌元

数字主编　皮静波　徐德祥

数字副主编　陈　瑞　刘　涛　于典科

人民卫生出版社
·北京·

图书在版编目（CIP）数据

毒理学基础 / 陈雯，郝卫东主编. -- 8 版. -- 北京：
人民卫生出版社，2025. 8. --（全国高等学校预防医学
专业第九轮规划教材）. -- ISBN 978-7-117-38437-7

Ⅰ. R99

中国国家版本馆 CIP 数据核字第 20254TT078 号

| 人卫智网 | www.ipmph.com | 医学教育、学术、考试、健康，购书智慧智能综合服务平台 |
| 人卫官网 | www.pmph.com | 人卫官方资讯发布平台 |

毒理学基础
Dulixue Jichu
第 8 版

主　　编：陈　雯　郝卫东
出版发行：人民卫生出版社（中继线 010-59780011）
地　　址：北京市朝阳区潘家园南里 19 号
邮　　编：100021
E - mail：pmph @ pmph.com
购书热线：010-59787592　010-59787584　010-65264830
印　　刷：人卫印务（北京）有限公司
经　　销：新华书店
开　　本：850×1168　1/16　印张：26
字　　数：681 千字
版　　次：1987 年 5 月第 1 版　2025 年 8 月第 8 版
印　　次：2025 年 9 月第 1 次印刷
标准书号：ISBN 978-7-117-38437-7
定　　价：86.00 元

打击盗版举报电话：010-59787491　E-mail：WQ @ pmph.com
质量问题联系电话：010-59787234　E-mail：zhiliang @ pmph.com
数字融合服务电话：4001118166　E-mail：zengzhi @ pmph.com

编委名单

编　委（以姓氏笔画为序）

于典科	青岛大学	张晓峰	哈尔滨医科大学
王　华	安徽医科大学	陈　雯	中山大学
王　庆	中山大学	林忠宁	厦门大学
卢国栋	复旦大学	郑金平	长治医学院
皮静波	中国医科大学	房中则	天津医科大学
刘　涛	新疆医科大学	赵秀兰	山东大学
李艳博	首都医科大学	郝卫东	北京大学
李媛媛	华中科技大学	骆文静	空军军医大学
李煌元	福建医科大学	夏彦恺	南京医科大学
肖　芳	中南大学	顾爱华	南京医科大学
邹云锋	广西医科大学	黄丽华	汕头大学
张　荣	河北医科大学	蒋义国	广州医科大学
张　婷	东南大学		

编写秘书

李道传　中山大学

数字编委

新形态教材使用说明

新形态教材是充分利用多种形式的数字资源及现代信息技术，通过二维码将纸书内容与数字资源进行深度融合的教材。本套教材全部以新形态教材形式出版，每本教材均配有特色的数字资源和电子教材，读者阅读纸书时可以扫描二维码，获取数字资源和电子教材。

电子教材是纸质教材的电子阅读版本，支持手机、平板及电脑等多终端浏览，具有目录导航、全文检索等功能，方便与纸质教材配合使用，随时随地进行阅读。

获取数字资源与电子教材的步骤

❶ 扫描封底红标二维码，获取图书"使用说明"。

❷ 揭开红标，扫描绿标激活码，注册/登录人卫账号获取数字资源与电子教材。

❸ 扫描书内二维码或封底绿标激活码随时查看数字资源和电子教材。

❹ 登录 zengzhi.ipmph.com 或下载应用体验更多功能和服务。

扫描下载应用

客户服务热线 400-111-8166

读者信息反馈方式

人卫e教
medu.pmph.com

欢迎登录"人卫e教"平台官网"medu.pmph.com"，在首页注册登录后，即可通过输入书名、书号或主编姓名等关键字，查询我社已出版教材，并可对该教材进行读者反馈、图书纠错、撰写书评以及分享资源等。

修订说明

公共卫生与预防医学教育是现代医学教育的重要组成部分,在应对全球健康挑战、建设健康中国、提高国民健康素养、促进人群健康过程中,始终发挥着重要作用、承担着重大使命。在人类应对各种突发、新发传染病威胁过程中,公共卫生更是作用重大,不可或缺,都说明公共卫生学科专业的重要性与必要性。公共卫生不仅关系着公众的健康水平、公共安全和社会稳定,还影响着社会经济的发展和国际关系与世界格局的改变,是事关大国计、大民生的大学科、大专业。在我国公共卫生40余年的教学实践中也逐步形成了我国公共卫生与预防医学教育的一些特点。比如,我国的公共卫生教育是以强医学背景为主的公共卫生与预防医学教育,既体现了国家战略需求,也结合了本土化实践。现代公共卫生与预防医学教育强调"干中学"(learning by doing)这一主动学习、在实践中学习和终身学习的教育理念,因此公共卫生与预防医学教材建设和发展也必须始终坚持和围绕这一理念。

1978年,在卫生部的指导下,人民卫生出版社启动了我国本科预防医学专业第一轮规划教材,组织了全国高等院校的知名专家和教师共同编写,于1981年全部出版。首轮教材共有7个品种,包括《卫生统计学》《流行病学》《分析化学》《劳动卫生与职业病学》《环境卫生学》《营养与食品卫生学》《儿童少年卫生学》,奠定了我国本科预防医学专业教育的规范化模式。此后,随着预防医学专业的发展和人才培养需求的变化,进行了多轮教材的修订、完善与出版工作,并于1990年成立了全国高等学校预防医学专业第一届教材评审委员会,至今已经是第五届。为了满足各院校教学的实际需求,规划教材的品种也在不断丰富。第二轮增加《卫生毒理学基础》《卫生微生物学》,第四轮增加《社会医学》,第五轮增加《卫生事业管理学》《卫生经济学》《卫生法规与监督学》《健康教育学》《卫生信息管理学》《社会医疗保险学》,第八轮增加《公共卫生与预防医学导论》。由此,经过40余年的不断完善和补充,逐渐形成了一套具有中国本土特色的、完整的、科学的预防医学教材体系。

党的二十大报告提出"创新医防协同、医防融合机制,健全公共卫生体系",我国新时代卫生健康工作方针明确坚持"预防为主""将健康融入所有政策",把公共卫生在国家建设发展中的基础性、全局性、战略性地位提到了空前高度。为贯彻落实党的二十大及二十届二中、三中全会精神,促进教育、科技、人才一体化发展,适应我国公共卫生体系重塑和高水平公共卫生学院建设的需要,经研究决定,于2023年启动了全国高等学校预防医学专业第九轮规划教材的修订工作。

预防医学专业第九轮规划教材的修订和编写特点如下：

1. 强化国家战略导向，坚持教材立德树人　教材修订编写工作认真贯彻落实教育部《高等学校课程思政建设指导纲要》，落实立德树人根本任务，以为党育人、为国育才为根本目标。在专业内容中融入思政元素，固本铸魂，阐释"人民至上、生命至上"的理念，引导学生热爱、专注、执着、奉献于公共卫生事业，打造政治过硬、心怀人民、专业能力强，既对国情有深刻理解，又对国际形势有充分认知，关键时刻能够靠得住、顶得上的公共卫生与预防医学专业人才队伍。

2. 培养公卫紧缺人才，坚持教材顶层设计　教材修订编写工作是在教育部、国家卫生健康委员会、国家疾病预防控制局的领导和支持下，由全国高等学校预防医学专业教材评审委员会审定，专家、教授把关，全国各医学院校知名专家教授和疾控专家共同编写，人民卫生出版社高质量出版。坚持顶层设计，按照教育部培养目标、国家公共卫生与疾控事业高质量发展的要求和社会用人需求，在全国进行科学调研的基础上，借鉴国内外公共卫生人才培养模式和教材建设经验，充分研究论证专业人才素质要求、学科体系构成、课程体系设置和教材体系规划。

3. 细化自强卓越目标，坚持教材编写原则　教材修订编写遵循教育模式的改革、教学方式的优化和教材体系的建设，立足中国本土，突出中国特色，夯实人才根基。在全国高等院校教材使用效果的调研、评价基础上，总结和汲取前八轮教材的编写经验和成果，对院校反馈意见比较集中的教材内容进行修改和完善。教材编写立足预防医学专业五年制本科教育，始终坚持教材"三基"（基础理论、基本知识、基本技能）、"五性"（思想性、科学性、先进性、启发性、适用性）和"三特定"（特定对象、特定要求、特定限制）的编写原则。

4. 深化数字科技赋能，坚持教材创新发展　为进一步满足预防医学专业教育数字化需求，更好地实现理论与实践结合，本轮教材采用纸质教材和数字资源融合的新形态教材出版形式。数字资源包括教学课件、拓展阅读、案例分析、实践操作、微课、视频、动画等，根据教学实际需求，突出公共卫生与预防医学学科特色资源建设，支持教学深度应用，有效服务线上教学、混合式教学等教学模式。

5. 全面服务教学育人，坚持教材立体建设　从第五轮教材修订开始，尝试编写和出版服务于教学与考核的配套教材，之后每轮教材修订时根据需要不断扩充和完善。本轮教材仍有 10 种理论教材配有学习指导与习题集、实习指导、实验指导类配套教材，供教师授课、学生学习和复习参考。

全国高等学校预防医学专业第九轮规划教材共 17 种，均为国家卫生健康委员会"十四五"规划教材。全套教材将于 2025 年出版发行，数字内容和电子教材也将同步上线。其他配套教材将于 2026 年陆续出版完成。另外，教育部公共卫生与预防医学"101 计划"核心教材首轮共 10 种，也将同步出版，供全国广大院校师生选用参考。

希望全国广大院校在使用过程中能够多提宝贵意见，反馈使用信息，以便进一步修改和完善教材内容，提高教材质量，为第十轮教材的修订工作建言献策。

主审简介

孙志伟

　　首都医科大学公共卫生学院教授/博士生导师,一级学科带头人,环境毒理学北京市重点实验室主任。长期从事大气污染健康效应和机制相关的环境毒理学及流行病学研究,承担国家重点研发计划、中英重大国际合作项目、国家自然科学基金重点项目等国家级和省部级以及国际合作项目共20余项,发表学术论文430余篇,其中,在 *Biotechnol Adv*、*Redox Biol*、*Autophagy*、*Biomaterials*、*Part Fibre Toxicol* 等学术期刊发表 SCI 收录论文 265 篇,主编、副主编教材及专著 10 余部。获教育部高等学校科学研究优秀成果奖(科学技术)自然科学奖一等奖 1 项(第一完成人)、牵头制定国家标准 1 项、参与编写专家共识 2 项。荣获国务院政府特殊津贴、卫生部突出贡献中青年专家、教育部骨干教师、宝钢优秀教师、中国毒理学杰出贡献奖、北京市拔尖人才和创新团队负责人等多项荣誉称号。兼任中国毒理学会呼吸毒理专业委员会主任委员、中华预防医学会卫生毒理分会专委会名誉主任委员、中国毒理学会常务理事、中国医疗保健国际交流促进会公共卫生与预防分会副主任委员、教育部高等学校公共卫生与预防医学专业教学指导委员会委员、中国毒理学会遗传毒理学专业委员会顾问、中国毒理学会纳米毒理学专业委员会副主任委员。

主编简介

陈 雯

女，1965年11月出生于广东省河源市。中山大学卫生毒理学系教授，中山大学"百人计划"引进人才。国家杰出青年科学基金获得者，"珠江学者"特聘教授；兼任中国毒理学会和中国环境诱变剂学会副理事长，亚洲环境诱变剂学会理事，*Food Chem Toxicol* 杂志共同主编，*Environ Pollution* 杂志副主编和《中华预防医学杂志》副总编辑。国家重点二级学科——卫生毒理学的学科带头人，生态环境部化学物质环境管理评审专家。

从事预防医学卫生毒理学教学工作和科研工作38年，长期致力于分子、遗传毒理学领域研究，主要研究方向：细胞转化模型建立和应用，化学致癌表观遗传机制和人群生物标志物研究。主持多项国家自然科学基金重点项目和国家重点研发计划项目。在国内外期刊发表论著250余篇，主编专著1部，副主编专著2部，荣获中国毒理学杰出贡献奖和全国优秀科技工作者称号。

郝卫东

男，1963年7月出生于山西省沁县。现任北京大学公共卫生学院教授、博士生导师，食品安全毒理学研究与评价北京市重点实验室主任。兼任国际及亚洲环境诱变剂学会执行委员，中国环境诱变剂学会秘书长，国家食品安全风险评估专家委员会委员，食品安全国家标准审评委员会委员，生态环境部化学物质环境风险评估专家委员会委员，农业农村部农药残留标准审评委员会委员，全国专业学位研究生教育指导委员会委员，《毒理学杂志》主编，《中华预防医学杂志》副总编辑，《癌变•畸变•突变》副主编等。

从事教学工作至今38年。主要从事食品毒理学及环境毒理学研究，主持国家科技重大专项课题、国家自然科学基金项目10多项，主持省部级项目、国际合作及横向合作项目数十项，发表论文160多篇，主编著作、教材5部。享受国务院政府特殊津贴，获全国优秀科技工作者、北京市高等学校教学名师、北京市优秀教师、北京市师德先锋、北京市教育创新标兵等。两次以第一完成人获得北京市教学成果奖，并获中国毒理学会毒理学替代法贡献奖、中华预防医学会科学技术奖、妇幼健康科学技术奖等。

副主编简介

夏彦恺

男，1979年3月出生于江苏南京。二级教授，长江学者特聘教授，国家优秀青年科学基金获得者，教育部新世纪优秀人才。南京医科大学副校长、国家疫苗研发创新平台主任、现代毒理学教育部重点实验室主任。全国科学技术名词审定委员会毒理学名词编写分委员会主编，*Environ Int*、*Sustainable Horizons* 等期刊主编和编辑。

从事生殖与发育毒理学教学科研工作近20年。在国际领域知名期刊发表论文220余篇；国家重点研发计划项目首席科学家，主持十余项国家级项目。获批国家级一流本科课程，获国家级教学成果奖一等奖、国家科学技术进步奖二等奖。

蒋义国

男，1966年3月出生于江西瑞昌。广州医科大学公共卫生学院院长。教育部全国高校黄大年式教师团队负责人，国家百千万人才工程入选专家，享受国务院政府特殊津贴。中国毒理学会表观遗传毒理专业委员会主任委员，国际权威杂志 *Toxicol Sci* 副主编，全国研究生规划教材《分子毒理学》第一主编，本科临床医学专业《预防医学》课程思政案例库第一主编。

从事教学与科研工作32年，主持国家自然科学基金重点项目和面上项目10项，以第一完成人获教育部科学研究优秀成果奖1项、广东省科学技术奖3项，获中国毒理学杰出贡献奖。

李煌元

男，1973年3月出生于福建龙岩。博士，教授，博士生导师，现任福建医科大学临床医学部党委书记。兼任中国毒理学会生化与分子毒理学专业委员会副主任委员、中国环境诱变剂学会环境应激与健康损害专业委员会副主任委员等职务。

从事教学工作至今28年，专注于毒理学、职业卫生与职业医学、公共卫生的教学与科研，主讲3门国家级课程，尤其在神经、精神表观遗传毒理学和心脑血管疾病防控方面有所建树。主编或参编教材及论著18部，发表SCI收录论文90余篇。荣获福建省科学技术进步奖二、三等奖，中华预防医学会科学技术奖二等奖。

前　言

　　毒理学作为公共卫生与预防医学领域的核心主干学科，在医学与药学的基础学科体系中亦占据着举足轻重的地位。这门学科聚焦于化学、物理和生物等外源因素，深度探究其对生物体及生态系统所产生的损害作用与内在机制，并在此基础上开展安全性评价与风险评估的工作。

　　毒理学与环境科学、化学、材料科学及农学等众多学科深度交叉，在保障人群健康与生态环境安全等方面发挥着关键作用。从化学品、药品、食品及保健食品、化妆品，到农药、兽药等相关产品的毒理学安全性评价与风险评估，再到环境保护、职业健康、新药研发、食品安全监管和中毒救治等实践场景，毒理学的影响力无处不在。这种广泛的应用，充分彰显了毒理学兼具基础学科和应用学科的双重特性。它不仅为人类健康保障与疾病预防构筑起坚实的理论基石，更为科学合理的政策制定提供了不可或缺的重要依据。

　　编写一本系统、科学且实用的《毒理学基础》教材，对于培养基础理论扎实、具备创新实践能力的预防医学人才而言，具有深远而重大的意义。《卫生毒理学基础》第1版于1987年正式出版，自那时起便肩负起作为全国高等医药院校预防医学专业本科生教科书的重任。时光荏苒，历经38年的沉淀与发展，这部教材已先后经历7次精心修订。自2003年的第4版起，教材正式更名为《毒理学基础》，如今呈现在读者面前的是第8版。本版教材旨在助力读者全面掌握毒理学的基本理论与科学研究方法，同时启迪其创新科研思维，为读者在毒理学领域的深入探索提供有力指引。

　　本版教材内容丰富、结构严谨，共分23章，其中毒理学总论12章，毒理学各论11章。在编写过程中，我们始终遵循科学性、系统性和实践性原则，高度重视理论体系的传承与延续、注重培养跨学科思维能力，同时积极引入领域内重要的研究成果与前沿发展趋势。力求在内容上做到深入浅出、重点突出，在结构上逻辑严谨、层次分明，全方位契合本科教学的实际需求。相较于上一版教材，本次修订在多方面进行了优化与升级：其一，对毒理学基本概念、发展历程以及与其他学科的关系进行了优化完善，使其阐述更为清晰全面，旨在为学生搭建起系统、完整的认知框架，助力他们从宏观层面把握毒理学的知识脉络。其二，紧密追踪毒理学领域的前沿动态，及时更新教材内容,将最新的研究成果融入其中,确保读者能够接触到学科前沿信息,使教材始终保持鲜活的时代气息与科学活力。其三,对部分专业术语及其释义进行了审慎修改,致力于实现专业术语的统一与规范,避免学生在学习过程中产生理解偏差,为学生的专业学习筑牢坚实基础。其四,依据学科自身特点,对部分章节进行了合理整合,并对章节标题予以精心修订,进一步优化了教材的结构布局,使其更加符合教学逻辑与认知规律。

在此,我们怀着感恩与敬意,衷心感谢所有参与本版教材编写和出版工作的人员。正是他们的辛勤付出,才使得这部凝聚着无数人心血的教材得以顺利付梓。特别要感谢上一版主编,首都医科大学孙志伟教授,他为本版教材提供了全方位的支持与悉心指导。同时,我们也要向所有为本版教材提出宝贵修改建议的同仁们致以诚挚的谢意,是你们的智慧与贡献让教材日臻完善。

我们衷心期望广大师生在使用本教材的过程中,能够不吝赐教,提出更多宝贵的意见和建议。我们将以此为契机,不断完善和改进教材内容,为推动毒理学教育事业的发展贡献绵薄之力。

陈　雯　郝卫东
2025 年 4 月

目　录

附录

第一章
绪　论

本章全面介绍了毒理学的定义、研究内容、发展历程、研究方法和应用，以及未来发展方向。毒理学研究领域分为描述毒理学、机制毒理学和管理毒理学，分别侧重于毒性鉴定、机制研究和风险管理。其发展历程可分为萌芽期、形成期和发展期。从古代对毒物的初步认知，到文艺复兴时期实验毒理学的兴起，再到 20 世纪管理毒理学的完善，毒理学逐步构建了完整的理论体系。研究方法涵盖体内实验、体外实验、模式生物研究、人群调查与研究，以及计算机模拟和预测模型构建，广泛应用于安全性评价、风险评估和中毒防治。未来，毒理学将聚焦系统毒理学、环境表观遗传调控机制、毒理微生物组学等方向，通过多学科交叉和技术革新，深化对毒性机制的理解，提升风险评估的准确性，为人类健康和环境保护提供有力的支撑。

第一节　毒理学概述

毒理学（toxicology）是研究化学、物理和生物等外源因素对生物体和生态系统的损害作用及机制，并进行安全性评价和风险评估的学科。生物体（living organism）又称生命体或有机体，是指具有生命活动的物体；生态系统（ecosystem）指在自然界特定空间内，生物与环境构成的统一整体。广义上，生态系统指在一定时间和空间内，生物与其生存环境以及生物间通过物质循环、能量流动和信息交换形成的自然整体。狭义上，则指生物群落与其生存环境之间的动态平衡关系，生物与环境在这个系统中相互影响、相互制约。

毒理学的研究对象包括化学、物理和生物外源因素。化学因素主要包括环境污染物、食品污染物、工业毒物、药物、日用化学品、军事毒剂、新材料等。物理因素主要包括非电离辐射（如紫外线、可见光、红外线、微波、无线电波、电力传输等产生的射频电磁辐射）和电离辐射（如宇宙射线、X 射线、α 射线、β 射线、γ 射线等），以及极端气候（如高温、低温）、极端气压、光污染、噪声、振动等。生物因素则主要包括生物来源的毒素，即天然毒素，由动物、植物和微生物产生，对人类健康、农业、畜牧业及环境有害。

在毒理学中，毒物（toxicant）是指在一定条件下，任何能够引起生物体功能或结构异常或损害的物质。它们通过各种途径进入生物体（如经消化道、呼吸道或皮肤接触），干扰生物体的正常生理过程，引发毒作用。毒物的毒理学特性通常从剂量、暴露时间、毒性机制和个体差异等维度表征，这些因素决定其对生物体的危害程度。

现代毒理学定义的毒物涵盖三类。第一类是生物体正常生命活动中不需要的外源化学物（xenobiotics），即非生理性物质，涵盖化学和生物因素。药物虽然也属于外源性物质，但仅用于疾病的治疗与预防。第二类是机体正常功能所需但过量摄入会产生毒性的物质，例如某些营养物质、维生素或必需微量元素。第三类是内源性有害物质，如活性氧、乳酸、尿酸、激素或神经递质等，代谢失衡或清除障碍时过量积累，引发毒性反应。因此，无论是外源性还是内源性物质，毒物的本质在于一定条件下对生物体产生毒作用。

毒理学是预防医学的重要支柱学科，对预防医学和公共卫生领域具有关键的支撑作用。其研究成果广泛应用于药物安全、环境保护、食品安全、化学品安全、职业健康及公共卫生政策制定等方面。毒理学基于现代生命科学和基础医学,融合了药学、临床医学、法医学等相关学科的理论和方法。它与环境科学、信息科学和计算科学等多学科交叉,不断吸收先进知识和技术,丰富学科内涵,并催生了毒理基因组学、毒理蛋白质组学、系统毒理学、计算毒理学和比较毒理学等新分支。毒理学遵循科学规律,拥有系统的理论体系和实验技术体系。在为政府部门制定环境保护和健康保障政策时,毒理学不仅体现其实用性,还须综合考虑技术指南的遵循及与政策和法规之间的权衡。这种综合性决策过程展现了毒理学的理论深度和内涵,及其在公共卫生领域的重要地位。

毒理学的研究领域可以划分为描述毒理学、机制毒理学和管理毒理学三方面。描述毒理学(descriptive toxicology)旨在鉴定毒性并锚定毒性特征,了解外源有害因素的毒性和特征,是"知其然"的过程。机制毒理学(mechanistic toxicology)探讨毒性产生的机制,理解毒物在分子、细胞和系统水平上引发不良效应的过程,是"知其所以然"的过程。管理毒理学(regulatory toxicology)基于前两者的研究,评估外源因素带来的健康和环境风险,制订风险管理和控制策略,为政策、法规、标准的制定提供依据。这三个领域既独立又相互联系,形成有机整体,核心是健康风险评估,即通过分析毒性数据和机制研究,预测外源因素对人类和环境的危害,并据此制订风险管理措施(图 1-1)。综上,毒理学既是一门基础学科,也是一门应用学科。它利用现代生命科学和生物医学的研究技术,阐述外源因素对生物体的不良影响,并通过识别、评估和管理这些因素带来的风险,实现保障人群健康,改善环境质量,促进社会经济可持续发展的目标。

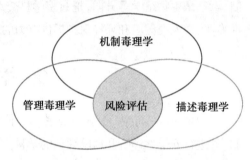

图 1-1 毒理学三个研究领域的相互关系

一、描述毒理学

描述毒理学主要通过体内、体外和人群研究方法,对外源因素的毒性及其特征进行描述和鉴定,旨在获取这些外源因素在特定暴露条件下的毒性数据。这些数据为危害识别、安全性评价、风险评估和管理提供了重要依据。

描述毒理学的核心任务是进行毒性测试,以了解物质的基本毒性信息,包括毒作用的表现、性质、剂量-反应(效应)关系、毒作用的靶器官及其可逆性等。同时,毒物代谢动力学研究也至关重要,它阐述了毒物在生物体内的吸收、分布、代谢和排泄过程。该领域特别关注实验动物中观察到的毒作用与人类健康风险预测之间的关联。因此,在剂量设计和暴露途径上,需要充分考虑人类的实际暴露情况,动物种属的选择也应尽可能模拟人类的生理学和遗传学特性。

针对不同类型的测试物,如药品、食品、日用化学品、农药和健康相关产品等,各国际组织和国家已制定了相应的法规,规范毒性试验方案和程序。具备相关管理部门授权资质的检测机构会按照标准方法进行毒性测试,并出具毒性测试报告,作为产品安全性评价的依据。对于其他外源有害因素,尤其是新环境污染物或新材料,描述毒理学不仅提供毒性的基本信息,还评估其对人类、环境和生态系统的潜在危害,并为后续的机制研究提供线索。此外,描述毒理学研究还能评价外源因素对水生物、禽类和植物的危害性,进而评估其对生态系统平衡的潜在影响。

二、机制毒理学

机制毒理学主要阐述外源因素对生物体造成损害作用的细胞、分子和生化机制。其研究范畴涵盖毒物与靶分子的相互作用、细胞稳态失衡、组织细胞修复、基因表达及表观遗传调控等,旨在揭示这些调控机制如何介导毒性效应及疾病(例如癌症、出生缺陷、代谢综合征等)发生。

机制毒理学在风险评估中扮演着重要角色。例如,通过研究有机磷杀虫剂对乙酰胆碱酯酶活性的抑制作用及其在不同物种中的生物转化差异,科学家能够基于实验动物的研究结果,推测人类暴露后可能面临的相对风险。类似的,尽管人造甜味剂糖精在大鼠中显示出引发膀胱癌的倾向,但在人类中,由于膀胱内糖精浓度远低于形成结晶沉淀的水平,因此发生膀胱癌的可能性极低。

此外,机制毒理学还通过遗传易感性的研究,为高危人群的筛查、药物疗效的提高及副作用的减少提供了关键线索。同时,该领域的研究还指导着中毒的临床诊疗。例如,了解一氧化碳(CO)中毒的机制主要为碳氧血红蛋白增多导致携氧能力下降,临床上因此采取了吸氧和高压氧舱治疗等有效措施。

随着科学技术的飞速发展,特别是高通量测序和多组学技术的广泛应用,机制毒理学的研究愈发深入和系统。基于机制研究的毒作用模式阐述,为毒性预测和健康风险评估提供了新的视角和方向,成为毒理学研究的重要发展趋势之一。

三、管理毒理学

管理毒理学是一门将毒理学的知识、技术及研究成果应用于外源因素的安全管理,以保护人类健康与环境的毒理学分支学科。其主要研究内容涵盖收集、处理及评价流行病学和实验毒理学数据,以评估风险、推定安全性,并为管理决策提供科学依据。

在描述毒理学和机制毒理学的研究基础上,管理毒理学对外源因素的危害进行科学评估。在此过程中,毒理学家提供专业的毒理学资料,协助政府部门制定相关法律法规、技术规范和管理措施。其研究对象广泛,包括药品、工业化学品、化妆品、农药、食品添加剂、环境化学物等。

管理毒理学的核心内容包括安全性评价、风险评估、风险管理和交流。根据外源因素在经济与社会生活中的重要性、生产量、接触人数及潜在危害,管理毒理学提出优先进行毒理学研究及风险管理的物质名单,并提供相应毒理学资料,以便管理部门实施有效的危害管控。

此外,管理毒理学还涉及各类安全性标准的制定,以及外源因素安全性评价和风险评估的方法学研究,确保药物、食品及其他化学物在市场投放后对人类健康和环境风险保持在安全和可接受水平。

第二节 毒理学简史

毒理学对毒物的认识伴随着人类文明和科学的发展历程,经历了萌芽期、形成期和发展期。研究也经历了经验毒理学、实验与机制毒理学、管理与预测毒理学等不同阶段。自20世纪初,毒理学迅速发展,形成了相对完整的理论体系和研究方法,成为现代毒理科学。

一、学科萌芽期

纵观古埃及、古印度、古巴比伦和中国等文明古国的发展历史,早期人类在采集和渔猎过程中尝试并应用了各种有毒动植物和矿物。毒物也被用作狩猎、战争和谋杀的工具。人类通过毒性大小鉴别食物、药物和毒物,逐渐创造了"毒物"(toxicant)、"毒素"(toxin)等词汇,毒理学(toxicology)一词也源自希腊文"toxikos",意指箭镞上涂用的物质。

从公元前 3000 年至 15 世纪,人类开始观察并记录毒物及中毒现象。中国古代医药学文献《神农本草经》(公元 200—210 年)收录了 365 种药物,按毒性分为上、中、下三品。《黄帝内经》(战国至秦汉时期)首次提出区分药物与毒物,将"毒"视为致病因素。南宋宋慈的《洗冤集录》(公元 1247 年)详细记录了毒物种类、中毒症状及鉴定、解毒方法。明代李时珍的《本草纲目》(公元 1590 年)是一部系统的药物学和毒物学巨著,阐述了多种毒物和药物的毒性。

古埃及、印度、希腊、罗马和阿拉伯等国的文献也记载了植物、动物和矿物毒物及其解毒剂。古埃及的第一本有关毒物和解毒剂的著作完稿于公元前 1553—前 1500 年,记载了 700 多种毒物和药物、875~900 个处方及 47 例病史。中世纪晚期完成的两部著作《毒物及其解毒剂》(公元 1135—1204 年)和《关于中毒》(公元 1250—1316 年)具有重要的学术价值。前者详细描述了昆虫、毒蛇和狂犬咬伤的抗毒疗法,以及植物和矿物中毒的催吐和导泻疗法。后者则将毒物分为植物、矿物和动物源性三大类,并系统整理了已知毒物的中毒症状及其相应的治疗方法。这些著作对毒理学研究和临床实践产生了深远影响。

二、学科形成期

从 16 世纪至 20 世纪初,毒理学科迈入实验毒理学的新时代。文艺复兴时期,瑞士医生帕拉塞尔苏斯(Paracelsus,1493—1541 年)在论文《采矿病与矿工的其他疾病》中,提出矿工病的病因、治疗及预防策略。其名言"所有的物质都是毒物,不存在任何非毒物质,剂量决定了一种物质是毒物还是药物"奠定了剂量-反应关系的基本原理,成为毒理学史上的重要里程碑。

意大利内科医生拉马兹尼(Ramazzini,1633—1714 年)在其著作中详细描述了多种职业病案例,如采石工的硅沉着病(矽肺病)、陶瓷工的坐骨神经痛、镀金工的眼炎和铅中毒,被誉为职业毒理学的先驱。1775 年,英国医生珀西瓦尔·波特(Percivall Pott,1714—1788 年)首次发现烟囱清扫工接触煤烟与阴囊癌的关联,揭示了煤焦油的致癌性。

巴黎大学的奥菲拉教授(Orfila,1787—1853 年)被誉为现代毒理学之父,他首次利用尸检材料和化学分析方法为中毒案件提供法律依据。生理学家马让迪(Magendie,1783—1855 年)揭示了依米丁、士的宁和箭毒的作用机制,其学生伯纳德(Bernard,1813—1878 年)进一步研究箭毒对神经肌肉传导的影响,并提出一氧化碳与血红蛋白的结合导致机体缺氧,是一氧化碳中毒的病因。

随着工业革命的到来,科学技术和生产力的快速发展,外源有害因素日益增多,进入日常生活和生产环境。研究人员通过科学实验、分析比较和逻辑推理,不断探索毒物作用机制,深化对中毒规律和本质的认识。

三、学科发展期

毒理学自 20 世纪初叶起,经历了由机制毒理学向管理毒理学的转型期。特别是在第二次世界大战期间,药物、农药、军事毒剂及合成化学品的广泛生产和使用,极大地促进了毒理学的快速发展。

20 世纪 20 年代,美国科学家展开了神经毒理学研究,发现磷酸三甲苯酯(TOCP)、甲醇和铅具有神经毒性效应。缪勒(Müller,1899—1965 年)发现二氯二苯三氯乙烷(DDT)、六氯苯和六氯环己烷(六六六)等有机氯杀虫剂的广泛应用及其环境残留,造成了严重的环境生态破坏,并危害了人类健康,因此荣获 1948 年诺贝尔生理学或医学奖。

1937 年,美国发生了磺胺酏剂中毒事件,导致急性肾衰竭和死亡,这一灾难性事件促使美国通过了《食品、药品和化妆品法案》，并成立了食品药品监督管理局（FDA）。该法案明确要求，药物等产品在投入市场前，必须对其原料及原料混合物进行毒性检测，以保障人体健康和安全。

1955 年，美国著名管理毒理学家 Lehman 及其同事出版了《食品、药品和化妆品中化学物的安全性评价》，这是 FDA 首次通过的毒理学安全性评估指南。世界卫生组织（WHO）根据毒理学研究资料，提出了每日允许摄入量（ADI）的概念。

上述法规极大地推动了全球食品、药品和化妆品监管体系的建立和完善。1962 年，美国海洋学家蕾切尔·卡逊（Rachel Carson，1907—1964 年）出版了《寂静的春天》，书中警示了化学农药广泛使用的危害，对管理毒理学的发展产生了深远影响。

为确保毒理学研究与安全性评价的数据准确可靠，美国 FDA 于 1978 年颁布了良好实验室规范（Good Laboratory Practice，GLP）。1981 年，经济合作与发展组织（Organisation for Economic Co-operation and Development，OECD）通过了"化学品评价数据相互认可（MAD）多边协议"，要求各成员国遵循 GLP 原则，并按照《经济合作与发展组织化学品测试准则》进行试验，以实现数据的相互认可。2006 年 12 月 18 日，欧盟议会和欧盟理事会正式通过了化学品注册、评估、授权和限制法规（即 REACH 法规），对进入欧盟 28 个成员国市场的所有化学品进行统一管理。

进入 20 世纪 70 年代，毒理学的相关立法、国际毒理学杂志和学术团体迅速增多。1975 年出版的毒理学教材 Casarett & Doull's Toxicology 至今已出至第 9 版，1982 年出版的由 Hayes 主编的 Principles and Methods of Toxicology 也已成为该领域的参考教材。

四、我国毒理学学科的形成与发展

我国毒理学学科的发展始于中华人民共和国成立之后。当时职业卫生的首要任务是防治各种化学中毒，亟须毒理学家解决大量化学品毒性测试和毒性分级的问题。因此，工业毒理学率先得到发展，重点在于毒理学人才的培养，以及急性毒性试验方法和毒性分级标准的建立。

1957 年，全国首个毒理学讲习班举办，由苏联专家介绍毒理学的一般原理和研究方法。1960 年，部分单位参加了军事毒理学培训班，培养了一批人才，为我国毒理学的发展奠定了坚实基础。

20 世纪 60—70 年代，环境毒理、食品毒理、药物毒理以及放射毒理研究逐步开展。为解决农药中毒救治问题，毒理学工作者开展了有机磷农药的毒性实验和中毒治疗研究，确定了中毒检测指标、有效治疗药物和卫生标准。同时，对自主研发的抗疟疾药物、尘肺治疗药物等多种候选药物进行了毒性和安全性研究；在食品保鲜和辐射照射食品安全性方面，也开展了独创性研究。在"两弹一星"研发过程中，放射毒理学及火箭推进剂等材料的毒理学研究得以开展，为国防安全提供了重要保障。

20 世纪 80—90 年代，随着改革开放的推进，高等院校在公共卫生与预防医学专业开设了卫生毒理学基础课程，并陆续设立了卫生毒理学硕士和博士学位培养点。卫生防疫部门也建立了相应的毒理学检测和研究机构，毒理学研究进入快速发展期。机制毒理学的研究使人们对各类中毒有了更深入的认识。国内毒理学者在多种化学物质的代谢和中毒机制方面开展了大量研究，取得了显著成果。

进入 21 世纪，我国毒理学取得了前所未有的进展，这得益于科学新思想的渗透和新技术的应用。通过从分子、细胞、整体、人群等不同层面开展研究，部分成果已接近或达到世界先进水平。机制研究取得重要突破，涉及多环芳烃和镍的致癌性、苯的血液毒性、三氯乙烯的皮肤和肝毒性、正己烷的神经毒性、重金属铅的神经及儿童发育毒性、镉的肾毒性、环境内分泌干扰物的生殖发育毒性、有机磷和拟除虫菊酯农药的神经毒性，以及三硝基甲苯（TNT）对生物膜的损伤等。此外，还开展了大气颗粒物、重金属、纳米材料、内分泌干扰物、农药和新化学物质的毒理学研究。

研究方法涵盖了人群研究、动物实验和体外研究等。应用基因组、转录组、蛋白质组、代谢组等组学技术，深入研究了环境暴露与基因、蛋白和代谢等多层面的相互作用和调控机制，并发现了一批暴露、效应和易感性生物标志物。

我国的安全性评价体系也逐步建立和完善，GLP已全面覆盖药品、农药、兽药、化妆品、食品添加剂、新化学物质、消毒产品的毒性分类、产品登记和安全评估等方面，并制定了多项化学物的卫生标准。

随着国际学术影响力的提升，我国毒理学工作者积极参与国际毒理学权威机构的工作，提升了在毒理学风险评估和风险管理方面的参与度和话语权。在安全性评价和风险管理应用方面，我国参照OECD准则，制定了一系列农药、污染物、添加剂等的卫生标准，并颁布了一系列具有法规效力的评价程序、导则和指南，为毒理学的应用提供了制度保障。

这些成果充分展示了我国毒理学工作者在国际毒理学领域的学术水平和科研实力，标志着我国毒理学研究已与国际水平接轨。

第三节　毒理学研究方法

伴随着科学与技术的进步，毒理学的研究方法在描述性毒理学基础上不断创新与发展。根据其应用范围，毒理学研究方法可分为两大类：一类用于安全性评价和风险评估，须严格按照相关管理部门的要求和规定程序实施；另一类则用于探索性基础研究或应用基础研究。由于毒理学涵盖众多分支学科，各领域建立了各自独特的研究方法，但总体而言，可归纳为以下三大类。

一、实验研究

（一）体内实验

体内实验（in vivo experiment）是在实验中给予动物暴露因素后，观察和检测整体动物对暴露因素反应的研究方法。动物实验是毒理学传统且经典的方法，通过整体动物实验积累了大量毒性数据，为安全性（风险）评价提供了重要依据。体内实验常用的动物包括啮齿类动物（如大鼠、小鼠、豚鼠、仓鼠等）和非啮齿类动物（如家兔、比格犬、猴、小型猪等）。这些动物除用于毒性测试（如急性毒性试验、局部毒性试验、重复剂量毒性试验、致畸或致癌试验等）外，还广泛应用于毒理学实验研究中。

动物暴露于特定外源因素后，经过一定时间，测定各项生理、生化和病理学指标，以发现暴露因素对动物的毒性及其作用机制。在研究环境生态污染物的毒性时，鱼类、蚤类、藻类、水生生物，以及鸟类、蚯蚓、昆虫等也可作为实验对象。基因编辑小鼠模型（如基因敲除或转基因小鼠）常用于机制毒理学研究和毒理学安全性评价中，揭示关键基因的功能和调控作用，提高系统对受试物的敏感性，缩短实验周期。

尽管整体动物研究在评估外源因素的毒性和明确毒性效应方面发挥重要作用，但也存在局限性，如种属/品系差异、动物无法表达主观感觉、饲养环境与人类实际生活场景存在差异、样本量有限及难以模拟人群的复合暴露等。此外，动物实验还面临伦理问题的挑战。

（二）体外实验

体外实验（in vitro experiment）是指在实验室条件下，利用非活体系统（如游离器官、培养的细胞或亚细胞组分等)进行的毒性检测与研究。该方法能快速检测外源因素的毒性,减少动物使用,并降低成本。体外模型常用细胞株、细胞系、原代细胞、干细胞、类器官、器官芯片、脏器切片及细胞器等,亦涵盖不同细胞类型的共培养、三维培养、微团块培养及屏障系统等,以更精确地检测体外模型在不同毒物作用下的反应。随着新方法的研发,体外模型已部分取代动物实验。相较于体内实验,体外实验具有快速、操作简便、成本低廉及可重复性强等优势,在毒性机制探讨等方面尤为突出。然而,体外实验亦存在局限性,如缺乏整体毒物代谢过程和多种细胞间的交互作用,难以全面模拟生物体内复杂环境。因此,须结合体内实验和人群研究进行综合评估与验证,以获得更全面、准确的研究结果。

（三）模式生物

模式生物(model organism)为研究特定生物学效应的实验模型,包括动物、植物和微生物。目前常用的非哺乳类模式生物有果蝇、斑马鱼、线虫、酵母及鸡胚等。这些生物可用于毒性检测与评估,通过暴露于受试物质,观察其生理、生化及行为变化,以评估物质毒效应。例如,斑马鱼因体型小、喂养成本低、配体透明、繁殖周期短、产卵数量多,且基因组与人类高度相似,被广泛应用于发育毒理学、环境毒理学研究及药物药效和毒性筛查。模式生物还广泛用于毒作用机制的研究,通过对比暴露前后生物体内基因表达、蛋白质合成及代谢途径等变化,可筛查毒作用靶点和阐述作用机制。

未来,模式生物在毒理学中的应用前景将更加广阔。通过整合高通量测序、基因编辑等技术,可深入揭示毒作用效应及其机制,并应用于安全性评价和风险评估。然而,在转化应用这些方法前,须建立评估体系框架和标准的测试操作规范,以确保不同实验室数据的可比性。

二、人群调查与研究

在人群中调查和研究环境有害因素对人体产生毒作用的表现和规律,能够获得比动物实验和体外研究更直接、更可靠的毒理学资料,成为评估外源因素对人类健康影响的重要手段之一。这种研究方法通过对特定人群的直接观察和分析、生物监测和生物标志物检测,确定暴露水平和暴露途径,评估健康风险。然而,由于在人身上进行毒性研究涉及诸多伦理问题,因此涉及人体的研究必须谨慎,须严格遵守国际和相关国家及地区的生物医学伦理规范,并得到相关部门伦理审查委员会审核批准后才能实施。人群调查与研究方法主要包括以下三方面:

（一）中毒病例观察

中毒病例观察常用于职业中毒、误服、自杀及毒性灾害等事故的调查,通过对中毒事故的原因调查、采样、诊断、处理和治疗进行深入分析,直接观察中毒的症状并识别可能的毒作用靶器官。这种方法对于评估新药物和新物质的安全性,以及制订中毒防控措施具有重要意义。

（二）志愿者实验

在不损害人体健康的原则下,设计一些受控试验,允许招募志愿者接触低剂量、短期、毒作用可逆的受试物。健康志愿者的毒性试验可减少由动物实验结果外推于人的不确定性,尤其是对于某些神经毒物引发的毒性效应(如头晕、目眩等),这些需要主观表达的中毒症状只有通过人类观察才能真实反映。因此,健康志愿者的毒理学研究资料显得尤为珍贵。

（三）流行病学调查

流行病学调查可在人群中验证实验研究结果,获取动物实验无法获得的数据资料。其优势在于观察群体暴露于外源因素的真实、直接反应,为人群监测和防治措施的制订提供可靠的科学数据。通过暴露评估,进行外源因素和生物标志物的关联分析,揭示外源因素暴露与人体健康损伤之间的关系。然而,流行病学研究在暴露复杂性、样本选择、数据收集和分析等方面存在难点,如慢性毒性效应观察周期长,致癌效应观察可能需十几年;观察指标的非特异性要求足够样本量以确保有效比较;外源因素复杂多样,且多因素联合作用,使得特定外源因素与毒性效应间因果关系的确定十分困难。

综上,尽管人群调查研究存在局限性,但通过科学合理的设计、优化样本选择、改进数据收集方法和提升数据分析效能,可有效克服部分局限性,提高结果的准确性和可靠性。未来,随着科学技术发展和数据资源丰富,人群研究在毒理学研究中的应用将更加广泛和深入。

三、计算机模拟和预测模型构建

随着计算机科学和信息技术的飞速发展,计算机模拟和预测模型已在毒理学研究中得到广泛应用。这些模型基于大量现有物质的毒性和机制研究信息,模拟外源化学物在生物体内的代谢过程及毒作用机制,进而预测其对生物体的潜在毒性。

利用数据库和分析工具已建立了多种毒理学计算模型,如定量构效关系模型(QSAR)、基准剂量模型(BMD)、基于生理的毒物代谢动力学/毒物效应动力学模型(PBTK/PBTD)、浓度加和模型(CA)、独立作用模型(IA)、交互作用模型(IAI)以及体外-体内外推模型(IVIVE)等。这些模型通过毒理学研究和数据挖掘,能够高效、快速地筛查和预测外源因素的毒性及其对健康的有害影响,进而确定并定量表征有害因素暴露的健康风险。

尽管计算机模拟具有快速、高效和成本低廉的优点,并为外源化学物的毒性评估提供了重要参考,但它通常不能单独用来确定外源化学物的毒性或健康风险。在实际应用中,必须结合多种方法和技术进行综合评估与分析。

第四节 毒理学应用

毒理学在多个领域发挥着重要作用,包括环境保护、食品安全、医药卫生、职业健康与安全、法医学及新技术应用等。实际应用主要体现在以下几方面。

一、安全性评价

随着全球贸易的日益增长,化工产品、农药、医药、兽药及化妆品的国际贸易迅速扩展,同时带来了日益严峻的化学品安全问题。因此,加强对化学品安全性的评估监控,减少对人类、生态环境及动植物安全的危害已成为当务之急。

毒理学安全性评价(toxicological safety evaluation)是指按照特定程序要求,对外源因素的毒作用进行检测,并综合毒性试验的结果,评价其在一定条件下的安全性。评价结果将决定其能否进入市场或安全使用的条件,旨在最大限度地降低危害、保护人群健康。主要通过动物实验、体外实验、人群观察等方法,评估外源因素的毒作用,并确定剂量-反应关系。

开展毒理学安全性评价须遵循国际组织和各国的法规与标准。例如,WHO、联合国粮食及农业组织(FAO)、OECD、国际人用药品注册技术协调会(International Council for Harmonisation of Technical Requirements for Pharmaceuticals for Human Use,ICH)等国际组织均制定了相关的毒理学试验指南和评价标准。同时,各国政府也根据本国的实际情况制定了相应的法规和标准,以确保相关物质或产品的安全使用。

二、风险评估

风险评估(risk assessment)是计算或估计外源有害因素暴露对人类、生物或生物系统造成不良效应的可能性和严重程度的过程。该过程包括四部分:危害识别、危害表征(剂量-反应评定)、暴露评估和风险表征。

基于毒理学试验、人群流行病学调查及外源因素接触等资料和数据,风险评估旨在分析并确定外源因素对人群健康危害的可能性。其目的在于量化某一事件或外源因素接触可能带来的风险,包括风险发生的概率、影响范围和程度等,从而为决策提供科学依据。

危害识别是风险评估的定性阶段,主要依据定量-构效关系分析、整体动物实验、体外毒性实验、现场监测和流行病学资料,判断外源因素暴露是否会对人群健康产生损害。危害表征(剂量-反应评定)是风险评估的定量阶段,用于阐明外源性物质暴露水平与有害效应发生率之间的关系。暴露评估则通过现场和个体采样监测,定性和定量地评估外源有害因素的暴露来源、类型、途径、水平、频率、持续时间和内剂量。风险表征在危害识别、危害表征和暴露评估的基础上,对暴露于某种外源有害因素引起有害效应的可能性和程度以及不确定性进行描述,可以是定性或定量的。

风险评估为相关行业和企业在生产与使用化学物质过程中合理控制风险、采取防护措施提供指导,并为相关产品的安全使用提供管理依据。评估过程必须遵循不同国家和地区的相关法律、标准和规范。

三、中毒防治

毒理学在毒物检测、识别,以及中毒的预防、诊断和治疗等方面发挥着关键作用,通过与临床医学、法医学、食品科学、环境科学、化学分析及生命科学等多学科的交叉融合,共同应对中毒预防和诊疗中的挑战,推动中毒诊疗技术的持续创新与发展,旨在减少中毒事件的发生,并提高中毒的救治成效。

利用先进的检测技术,例如色谱分析与质谱检测,对中毒患者的血液、尿液、组织等生物样本进行深入分析,能够准确辨识特定的毒物或其代谢产物,为中毒诊断提供确凿证据。这些精确的检测技术和方法能够迅速确定药物中毒、食物中毒、环境污染物中毒等的原因及类型,为临床诊断和治疗提供有力支撑。

科技的飞速发展促进了生物传感器、基因芯片、仪器分析、免疫技术等高灵敏度、强特异性的新技术和新方法的研发,为中毒的快速诊断提供了更为便捷和准确的手段。例如,某地区居民因长期饮用受污染的地下水导致贫血、肝肾功能损害等症状。卫生部门介入后,采集当地居民的生物样本进行检测,通过电感耦合等离子体质谱法(ICP-MS)等先进技术,在样本中检测到高浓度的铅、镉等重金属元素,最终确诊为重金属中毒。未来,结合高分辨检测技术和毒理学功能试验,将有望实现未知毒物的快速筛查与识别。

第五节 展 望

毒理学领域正经历从理论到实践的重要变革。这些变革不仅体现在研究内容的拓展与新方法的开发方面,还涵盖了交叉学科的研究及应用范围的扩大。这些进展为加强人类健康与环境保护的安全防线提供了坚实支撑。

从研究内容来看,毒理学采用多学科交叉策略,注重宏观与微观的结合,强调多层面、多维度的综合研究。在研究方法上,传统的动物实验模型依然占据重要地位,但高通量组学技术、高内涵成像、单细胞检测、体外模型和计算机模型等方法的快速发展,为毒理学研究提供了先进手段,使毒性快速预测成为可能。同时,新技术方法的不断涌现,不仅降低了对动物实验的依赖,还提供了更接近人群实际暴露场景的研究结果,加速了健康风险评估的决策进程。总之,毒理学研究与应用已进入快速发展阶段。以下是未来毒理学领域发展的几个重要方向。

一、系统毒理学

系统毒理学(systems toxicology)是将系统生物学的工具和方法应用于毒理学研究的一门学科。它利用生物信息学分析技术,整合基因组学、蛋白质组学、代谢组学等“组学”数据,全面阐述外源因素对生物体的毒性效应。系统毒理学不仅关注个别分子或基因的变化,还深入分析复杂的生物网络和系统的动态变化,从而更全面地理解毒物对整个生物系统的影响及其机制,提高毒性评估的准确性和效率。

此外,系统毒理学在药物潜在毒性的早期发现中发挥着重要作用,显著提高了药物研发的安全性和效率。鉴于人类环境暴露大多呈现低剂量复合暴露特征,传统的毒理学研究手段难以进行有效的毒性测试和评价,而系统毒理学则提供了全新的应对策略。

系统毒理学代表着后基因组时代毒理学发展的新方向。未来,该领域将致力于建立国际数据共享平台和组学数据的应用规范,以便研究人员更好地分析和利用大规模数据集,优化模型,进一步提升毒性预测的准确性和可靠性。

作为系统毒理学研究的重要技术方法,计算毒理学(computational toxicology)基于医学、生物学、化学和工程学等信息和数据,开发数学和计算机模型,以研究和预测外源因素对生物体的损伤。其核心目的是减少对动物实验的依赖,降低毒性实验的成本和时间,并制订毒性预测和安全性评估策略。通过整合多维度的数据,如环境暴露、多组学数据和疾病表型等,计算毒理学能够建立毒性预测网络和模型。具体技术方法应用参见毒理学研究方法的计算机模拟和预测模型。

人工智能(artificial intelligence,AI)是计算毒理学的重要工具,在整合毒理组学实验数据、构建多层次预测模型及定量评估化合物的暴露风险中发挥着关键作用。AI技术的引入为毒理学研究领域带来了颠覆性的变革,特别是在提高效率和精准度以及降低研究成本方面展现出巨大潜力。基于强大的数据处理能力、模式识别和预测分析的特点,AI能够快速、准确地筛选出潜在毒物,并进行初步的健康风险预测。此外,AI算法在自然语言处理、图像识别和专家系统等方面的卓越性能也备受关注,在大数据分析方面具有独特优势,广泛应用于毒性测试方案设计、虚拟实验模型构建、化合物代谢途径预测、毒性数据提取、有害结局路径分析、人群健康风险评估和风险管理策略制订等方面。

二、环境表观遗传调控机制

2003年人类基因组测序工作完成后,后基因组时代的主要任务是深入解析人类基因密码的功能。尽管人类基因组计划为理解人类疾病的本质提供了重要线索,但遗传过程的复杂性远超预期。表观遗传信息可以通过调控基因的表达时间、空间和方式来调控各种生命活动,很多用DNA序列不能解释的现象都能找到答案。表观遗传调控机制的发现,证实了遗传信息的传递并非仅限于DNA序列的复制和转录过程,而是包含了更为复杂的调控和修饰机制;揭示了基因在不同外源因素作用下如何被调控,为人们理解个体差异、适应性、毒作用和健康风险等提供新的视角。

表观遗传学(epigenetics)作为遗传学的分支,研究不涉及 DNA 序列改变的基因表达和调控的可遗传变化,这些变化在发育和细胞增殖过程中能稳定传递。环境表观遗传学(environmental epigenetics)则专注于研究环境因素如何通过影响个体的表观基因组修饰,进而影响基因表达和表型。

在真核细胞中,表观遗传调控网络由 DNA 甲基化、组蛋白修饰、染色质重塑、非编码 RNA 等形式构成,动态调控组织和细胞特异性的基因表达模式。这些模式可通过有丝分裂和减数分裂在代际传递。由于表观遗传修饰易受环境和生活方式的影响且具有可逆性,因此成为机体产生适应性反应的分子基础。

从某种程度上说,表观遗传调控揭示了环境-基因交互作用在疾病发生中的关键作用。利用表观遗传调控的可逆性,通过改善环境、适当的营养补充和针对性的干预措施,可以逆转不利的基因表达模式和表型,为环境暴露相关疾病的预防、早期诊断和治疗提供了新的思路。

外源因素不仅能影响机体的表观遗传修饰水平,还能促进与疾病和表型变异相关的表观遗传学信息向子代传递。外源有害因素暴露、营养干预、气候变化、精神行为因素等,均能引起生殖系细胞表观遗传信息的改变,这些改变与疾病、表型呈多代或跨代遗传倾向。即使后代未直接接触环境因子,仍可能出现相关的表观遗传修饰改变,这些改变与子代对环境因素应答的变化或疾病发生易感性密切关联。据此,提出了跨代表观遗传(transgenerational epigenetic inheritance,TEI)的概念。深入研究 TEI 机制对阐述疾病的发生发展及防控策略具有重要意义。

未来的研究须重点阐述以下问题:外源因素如何影响表观遗传调控模式的规律?通过何种途径影响生物体的功能和环境应答?跨代表观遗传的机制和影响因素是什么?解答这些问题将有助于阐释表观遗传调控机制在介导外源因素致健康损伤的作用模式。

三、毒理微生物组学

毒理微生物组学(toxicomicrobiomics)研究外源因素暴露对机体特定部位(如肠道、口腔、泌尿生殖和皮肤等)组织中微生物群的组成和功能的影响,并探讨它们与宿主健康的关系。其中,肠道微生物作为重要的"代谢器官",在维持宿主平衡、调节生理活动及对化学物质代谢调控方面发挥重要作用。主要通过摄食进入人体消化道的环境污染物,与肠道微生物相互作用,改变肠道微生物群落结构和多样性,干扰多种代谢途径(如维生素、胆汁酸、能量代谢、氧化应激和防御/解毒机制等),破坏肠道菌群稳态,进而导致机体代谢异常、营养吸收障碍和免疫系统功能紊乱等。同时,肠道微生物组的改变可能影响宿主对外源性物质的代谢、吸收和排泄过程,进而影响化学物质的毒性。应用宏基因组、宏代谢组、宏转录组和宏蛋白质组等组学分析技术,可从分子层面阐述外源化学物质与肠道微生物/宿主健康之间的交互作用。鉴于微生物组对化学物质代谢和毒作用的重要影响,调节微生物组(如通过益生菌、微生物移植等)可能成为减轻毒性或治疗中毒的新方法。

肠道微生物组作为新认知的代谢器官,与重要代谢器官肝脏建立的肠-肝轴代谢,对外源物质的整体生物利用度和毒作用具有重要影响。然而,目前人们对肠-肝轴调控如何影响化学物代谢模式的规律了解尚浅。以下关键问题亟待解答:如何评估环境毒物对肠道微生物群落结构和代谢的影响?肠道微生物影响毒物体内生物转化的规律和特征有哪些?通过解析肠道微生物对特定毒物的代谢途径和机制,能否开发出有效的减缓毒作用的方法?这些问题的解答将为毒理学研究开辟一个全新方向。

四、新的毒性测试策略

基于动物的传统毒性测试方法在风险评估中存在成本高、耗时长及种属外推不确定性等问题。随着新能源物质、新材料、新技术、转基因食品、纳米材料等物质不断涌现，经典的传统毒理学测试已无法满足实际需求，形成了巨大的数据缺口，因此毒理学的研究策略亟须革新。

2007年，美国国家科学院国家研究咨询委员会（NRC）发表了题为《21世纪毒性测试：愿景与策略》的报告，提出了基于解析"毒性通路（toxicity pathway）"的新测试框架和策略。"毒性通路"指的是在外源因素作用下，细胞启动或发生毒性反应过程中起关键作用的细胞应答通路。通过研究这些通路的变化，可以识别化学物对生物体的潜在有害效应。该报告建议使用高通量的体外测试结果进行毒性评价，并应用于风险评估，以减少动物使用，提升测试的效率和准确性。

基本的测试流程包括对待测物进行全面的特征描述，涵盖其物理化学性质、代谢途径和毒作用机制等；通过体外测试系统，评估外源性物质对毒性通路中关键事件的扰动，这些关键事件包括分子起始事件（molecular initial event，MIE）、关键事件（key events，KE）和有害结局（adverse outcome，AO）。基于此，可以构建有害结局路径（adverse outcome pathway，AOP）框架，建立剂量-反应关系和外推模型，整合人群暴露监测数据与毒性测试结果，利用计算毒理学技术，构建健康风险预测模型，为制订科学的风险管理策略提供依据。

近年来，基于新途径方法（new approach methodologies，NAMs）的下一代风险评估（next generation risk assessment，NGRA）策略正在快速发展。所谓新途径方法，是指任何不依赖于整体动物且能为外源因素的健康危害和风险评估提供信息的技术、方法或其组合。下一代风险评估则以暴露为导向，以假设为驱动，采用新途径方法，建立准确、可靠的健康风险评估体系。这些技术的发展为毒理学领域带来了崭新的科学设想和战略理念，为健康风险评估策略的变革提供了有力支持，也将进一步推动科学为基础的风险管理的发展和完善。

（陈　雯）

第二章
毒理学基本概念

在毒理学学习过程中,准确掌握毒理学基本概念至关重要。核心概念如毒物、毒性、毒作用、剂量、反应、效应、剂量-反应(效应)关系、危害、安全性、风险以及毒性参数与安全限值,构成了毒理学知识体系的基石。这些概念源自毒理学家长期的科学研究与实践积累,并精简提炼而成。它们不仅在构建描述毒理学及机制毒理学研究领域的学科框架中扮演关键角色,还在指导管理毒理学的实际应用中发挥着不可替代的作用,比如掌握毒性参数与安全限值的概念,有助于制定相关法规和标准,使科学家和监管机构能有效评价新化学物质的安全性,降低潜在健康风险,从而保障公众健康与安全。

第一节 毒物、毒性与毒作用

一、毒物相关概念

(一)外源因素

人类生存依赖于外部环境中存在的各种物质,如空气、水、土壤和食物。这些影响生物体或生态系统的外部环境因素,即外源因素(exogenous factors),对人类健康和环境生态产生重要影响。外源因素包括:

1. 物理因素 包括电离辐射(如 X 射线、γ 射线)、非电离辐射(如高频电磁场、微波)、噪声、振动、极端温度(高温)、异常气压等。

2. 化学因素 包括环境污染物、工业毒物(如铅、汞、镉、苯等)、药物(如沙利度胺、环磷酰胺等)、农药,以及食物中的有害物质、添加剂与污染物等。

3. 生物因素 包括细菌、病毒(如风疹病毒、肝炎病毒、流感病毒)、梅毒螺旋体、弓形虫等微生物,以及可引起中毒事件的毒菇、毒蜂、毒蛇等生物。

4. 社会因素 包括社会经济状况、教育水平、文化背景、生活方式、社会支持网络、社会压力和心理应激等。

目前,外源因素是毒理学研究的主要对象。外源物质(xenobiotic substances)是指来自外部环境的、机体本身不产生的物质,包括化学、物理、生物等多种类型的外部物质。这些物质可以通过吸入、摄入、皮肤接触等途径进入生物体。毒理学研究的焦点主要集中于外源化学因素,即外源化学物对机体的负面损害效应(如毒作用),而非其正面有益效应(如营养或治疗作用等)。

(二)外源化学物与内源化学物

外源化学物(xenobiotics)是指存在于人类环境中,可能与机体接触并进入机体,进而产生一定生物学效应的化学物。它们是外源物质中的一个特定类别,特指由外部来源进入机体的化学物。与之相对的是内源化学物(endobiotic),即机体内已存在的或代谢过程中形成的化学物。近年来,尽管毒理学领域已加强对内源化学毒物(如氧自由基、氮自由基、同型半胱氨酸等)的毒性和毒作用机制的研究,但外源化学毒物仍然是该领域研究的主要内容。

（三）毒物

毒物（toxicant）是指在一定条件下，任何能够引起生物体功能或结构异常或损害的物质。具体而言，毒物在一定条件下，即使以较低剂量也能导致生物体的功能或结构异常。毒物与非毒物的界定具有相对性，难以制定统一的判定标准或界值。从某种视角来看，所有外源物质在特定条件下均可能具有毒性，关键在于其进入机体的剂量。例如，日常食用的食盐若一次性摄入 $200\sim250g$，即可导致成年人严重中毒甚至死亡。类似地，各类药物若超过安全使用剂量，也会引起毒作用。

（四）外源化学毒物的分类

外源化学物的种类繁多，其分类方法也多样。按其用途及分布范围，外源化学毒物可细分为以下几类：①工业毒物，涵盖生产中的原料、中间体、辅助剂、杂质、成品、副产品及废弃物等。②环境污染物，主要包括生产中排放的废气、废水和废渣，这些污染物可经空气、水体、土壤或食物链对人类健康构成威胁。③食品中有毒成分，包括天然毒素、食品变质产生的毒素，以及不当使用的食品添加剂。④农用化学物，如农药、化肥、生长激素等，其误用、滥用以及食品中残留常导致危害。⑤嗜好品及其他日用品中的有害成分，如卷烟、化妆品、洗涤剂等。⑥生物性毒物，也称毒素（toxin），指生物体如动物、植物及微生物在生长代谢过程中产生的有毒物质。⑦特殊医用药物，包括兽医用药、化疗药物等。⑧军事毒物，如沙林、维埃克斯（VX）等。⑨放射性核素，如 ^{131}I 等。

此外，根据外源化学毒物主要影响的靶器官，可分为生殖毒物、心血管毒物等；按化学物的物理形态，可分为气态、液态、固体毒物；而依据其毒性强度，则可分为剧毒、高毒、中毒、低毒、微毒化学物。

二、毒性相关概念及毒性分级

（一）毒性

毒性（toxicity）是指外源因素与机体接触或进入机体后，能够对机体造成损害作用的能力。其强弱可通过规范的毒性试验进行评价。毒性作为物质固有的、稳定的属性，其程度可通过测量在特定条件下对生物体的影响来确定，如利用标准的急性毒性试验来评估毒物的急性影响。化学物质的毒性强弱主要取决于其化学结构。因此，深入探究化学物质的化学结构、理化特性与毒性之间的内在关系显得尤为重要。

毒性分类上，根据暴露剂量和持续时间的不同，毒性可分为急性毒性、亚急性毒性、亚慢性毒性和慢性毒性，或可划分为短期毒性与长期毒性。而依据毒性效应的类型，毒性又可分为一般毒性和特殊毒性（包括致突变性、致癌和致畸、靶器官毒性等）。

（二）选择毒性

选择毒性（selective toxicity）指的是外源因素引起不同物种间、同种属不同个体间，以及同一个体不同系统、器官及细胞间损害作用能力的差异。普遍认为，这种毒性差异即选择毒性，不仅体现在不同物种之间，也可见于同一物种的不同个体（特别是易感人群作为高危群体），乃至在同一生物体的不同器官或系统间显现（这些易感器官被特别称为靶器官）。

靶器官（target organ）指的是外源因素进入机体后，出现明显损害作用的组织器官。例如，脑是甲基汞的靶器官，肾是镉的靶器官等。常见的靶器官涵盖神经系统、血液及造血系统、生殖系统，以及肝、肾、肺等。某一特定器官成为毒物的靶器官通常与其与毒物之间的生物学联系、毒物代谢动力学及毒物效应动力学特性等多种因素密切相关。例如，该器官可能是毒物的吸收和/或排泄器官；与其血液供应特点或特殊的摄入系统有关；与其代谢毒物的能力以及活化/解毒系统的平衡有关；或者存在特殊的酶、生化途径，或存在与毒物结合的特定生物大分子等。

化学物质的选择毒性在人群中的表现差异主要源于个体易感性的不同。在相同的环境条件下，少数人可能患病甚至死亡，而大多数人则反应较小。这部分易受环境因素损害的人群被称为高危人群。在同样的污染环境中，高危人群比正常人更早且更严重地遭受健康损害。构成这种易感性的生物学基础主要包括：年龄、性别、遗传因素、营养及膳食、健康状况以及适应和耐受性等。

（三）蓄积毒性

机体长期接触外源物质，当吸收速度或总量超过代谢转化或排出的速度或总量时，外源物质或其代谢物在体内逐渐增加并潴留的现象被定义为蓄积作用（accumulation）。蓄积作用是外源物质引发亚慢性、慢性毒作用的基础。具体而言，机体以低于急性中毒阈值的剂量反复接触外源物质，吸收量大于排出量逐渐累积或毒作用累加，引起功能性或器质性损害的能力，此即蓄积毒性（cumulative toxicity）。

蓄积现象可分为两类：物质蓄积（material accumulation）与功能蓄积（functional accumulation）。物质蓄积指的是机体长期接触外源物质，由于吸收速度超过消除速度，该外源物质及其代谢物在体内逐渐增多的现象；而功能蓄积则是指机体长期接触外源物质，体内虽不能测出其原型或代谢产物，但是因机体出现微小损伤并不断积累而导致慢性毒作用的现象。功能蓄积是毒作用累加的结果，也可能因毒物或代谢物残留量极低，以致现有技术难以检测。值得注意的是，物质蓄积与功能蓄积可同时在机体内发生。

化学物以相对较高浓度蓄积的部位被称为贮存库（storage depot），常见的贮存库包括血浆蛋白、脂肪组织、肝脏、肾脏及骨骼等，其中骨骼是铅等特定物质的主要贮存库，脂肪组织常作为脂溶性物质的贮存库。这些化学物或其代谢产物的蓄积形式多样，可能以原型、代谢产物或结合形式存在。

（四）毒性分级

化学物质的毒性差异很大，其大小具有相对性，目前尚未形成统一的毒性定性标准。从特定视角来看，任何化学物质在足够剂量进入生物体，均可能引发毒作用。为量化不同化学物质的毒性大小，多国与国际组织正致力于制定和完善毒性分级标准。《全球化学品统一分类和标签制度》是由联合国制定的一套国际标准，依据相关毒性参数或证据权重将化学品毒性分为若干类别。如急性毒性分为类别 1～5，每个类别依据具体的半数致死剂量（LD_{50}）或半数致死浓度（LC_{50}）等数值进行划分。然而，在亚慢性和慢性毒性分级标准方面，尚缺乏广泛认可的统一标准。

三、毒作用相关概念及分类

（一）毒作用与毒性效应

毒作用（toxic effect）是指外源因素在一定条件下引起的机体生理生化改变、功能紊乱或病理损害，或对外界环境应激的反应能力降低的过程。毒性和毒作用是两个明确区分的概念。毒性是外源因素固有的、不可变的生物学特性；而毒作用则描述了在特定条件（如剂量、暴露时间等）下，外源因素通过与机体生理或生化系统相互作用所引发的机制或过程，揭示了毒物如何影响机体并导致毒性效应的发生。毒作用涉及毒物与细胞、组织或器官间的相互作用，如受体结合、酶抑制、细胞膜损伤、氧化应激等。简而言之，毒作用是外源因素内在毒性在特定条件下的外在表现机制，这些条件的改变可能影响毒作用的具体形式。

任何化学物质在特定条件下均可能对生物体产生有害作用。其毒作用与剂量密切相关，且受多个与剂量相关的暴露特征所影响，诸如暴露途径、期限及频率。毒作用的发生是化学物质的化学与物理性质、暴露情况、在生物体内的代谢方式、活性代谢物在特定靶点的浓度，以及生物系统对损害的整体敏感性等多种因素共同作用的结果。为全面评估特定化学物质的潜在风险，须深入了解其毒作用类型、引发该毒作用所需的剂量，以及关于该化学物质本身、暴露及代谢处置情况的全面信息。

毒性效应是指生物体受到外源因素影响后所表现出的可观察到的损伤或症状，涵盖生理、病理或生化反应，具体可表现为肝脏损伤、神经系统功能紊乱、细胞死亡等。例如，急性暴露可能导致恶心、呕吐、昏迷等中毒症状；长期暴露则可能引发癌症、肝硬化等慢性疾病。总之，毒性效应是毒作用的结果，强调毒物引起的具体影响和反应。

中毒（poisoning）是机体受到毒物作用而引起功能性或器质性改变后出现的疾病甚至死亡的现象。根据病变发生的快慢，可分为急性中毒和慢性中毒。

（二）毒作用谱

毒作用谱（spectrum of toxic effect）是指机体暴露于外源因素后，随剂量的增加所表现出来的一系列不同的毒作用。当外源因素以较低剂量或浓度、较短作用时间进入生物体时，如果机体的生理适应和抗损伤能力相对较强，机体可以保持相对稳定，仅出现负荷增加或生理意义不明确的一些改变，而不会出现损害作用。例如，低剂量的铅暴露可能只导致轻微的生理变化，如血液中铅水平的轻微上升，但不会立即引起明显的健康问题。然而，当铅的剂量或浓度较高，或暴露时间较长时，机体可能会出现病理性适应，例如血液中铅浓度达到一定水平后，可能导致贫血或神经系统损伤。这种适应是可逆的，包括组织改建、代偿性肥大和增生、化生等。随着外源因素的作用强度进一步增加，机体的病理适应和代偿可能出现失调，导致一系列特异的中毒症状及体征，最终可能导致死亡。例如，急性砷中毒时，患者可能会经历剧烈的腹痛、呕吐、腹泻等症状，严重时甚至会危及生命。

毒作用谱主要包括外源因素负荷增加、意义不明的生理生化改变、亚临床改变、临床中毒表现和死亡等。负荷是指体内化学物和/或其代谢物的量及分布。亚临床改变、临床中毒和死亡属于损害作用。此外，毒作用谱还可包括致癌、致突变和致畸作用。

适应（adaptation）、抗性（resistance）和耐受（tolerance）是与毒作用相关的概念，但各自具有不同的含义。适应描述的是机体对一种通常能引起功能性或器质性毒作用的外源因素易感性降低的现象。抗性则指机体对某种外源因素产生的抵抗性，即使高剂量暴露也不会产生明显毒作用的现象。抗性源自生物体在暴露于外源因素后，通过遗传结构的改变而展现出的应激反应能力，使得相较于未暴露的群体，更多个体对该外源因素具备更高的耐受性。这种抗性的产生依赖于外源因素的暴露及其后的遗传繁殖过程。耐受则指的是机体对某种外源因素的逐渐适应，导致需要更高的剂量才能产生相同毒作用的现象。

（三）毒作用分类

外源因素对机体的毒作用可分为以下几类：

1. 速发性或迟发性毒作用

（1）速发性毒作用（immediate toxic effect）：是指外源因素一次暴露后，机体即刻产生的毒作用。例如，氯气和硫化氢等气体引起的急性中毒。通常，若暴露于毒物后迅速出现中毒症状，则表明毒物被迅速吸收并直接作用于机体；反之，若中毒症状出现较慢，则可能由于毒物吸收缓慢或需经代谢活化。若中毒后能迅速恢复，则表明毒物能迅速排出或被解毒；否则，可能由于解毒或排泄效率低下，或已造成病理性损害而难以恢复。

（2）迟发性毒作用（delayed toxic effect）：是指外源因素一次或多次暴露后，机体经一定时间间隔才出现的毒作用。例如，某些有机磷类化合物可导致迟发性神经毒作用。再如，化学致癌物通常在人体初次暴露后的10～20年才会导致肿瘤的形成。

2. 局部或全身毒作用

（1）局部毒作用（local toxic effect）：是指外源因素在机体暴露部位直接引起的毒作用。例如，酸碱物质导致的皮肤损伤，或吸入刺激性气体引起的呼吸道损伤。

（2）全身毒作用（systemic toxic effect）：是指外源因素通过吸入、摄入或皮肤接触等方式进入血液循环并分布到全身，引起器官或组织改变或损害的毒作用。例如，苯胺引起的全身性缺氧。

多数化学物质具有全身毒作用，而有些物质同时具备两种作用。例如，四乙基铅既可在皮肤处（暴露部位）产生毒作用，又能在分布至全身后，对中枢神经系统和其他器官产生毒作用。

3. 可逆或不可逆毒作用

（1）可逆毒作用（reversible toxic effect）：是指外源因素停止暴露后，可逐渐消失的毒作用。例如，某些有机磷农药对胆碱酯酶活性的早期抑制作用。

（2）不可逆毒作用（irreversible toxic effect）：是指外源因素停止暴露后，继续存在甚至进一步发展的毒作用。例如，游离二氧化硅引起的肺部纤维化及肿瘤。

4. 急性或慢性毒作用

（1）急性毒作用（acute toxic effect）：是指外源因素一次性或短时间内（一般24小时）多次、较大剂量暴露对机体产生的毒作用。例如，短时间吸入高浓度苯蒸气可导致急性苯中毒。

（2）慢性毒作用（chronic toxic effect）：是指外源因素长期、反复多次暴露对机体产生的毒作用。例如，慢性镉中毒导致肾小管重吸收功能障碍。

5. 一般或特殊毒作用

（1）一般毒作用（general toxic effect）：是指外源因素对机体产生的非特异性不良效应。这种非特异性不良效应通常指外源因素导致的机体整体或多个系统的一般性损害作用。

（2）特殊毒作用（special toxic effect）：是指外源因素引起的机体特异性损害或特定器官的损害效应，包括致突变、诱发肿瘤、导致畸形以及靶器官毒作用等。例如，砷化物会诱发肺癌。

外源因素还可导致其他多种毒作用，如超敏反应（hypersensitivity），即机体对外源因素产生的病理性免疫反应，包括Ⅰ型、Ⅱ型、Ⅲ型和Ⅳ型超敏反应。超敏反应可由完全抗原或半抗原诱发。众多半抗原性的外源化学物进入体内后，会先与内源性蛋白质结合形成抗原，进而激活免疫系统。当机体再次接触这些物质时便会发生超敏反应。其中，Ⅰ型超敏反应又称变态反应（allergic reaction），如青霉素引起的过敏性休克等。

另一类反应是特异质反应（idiosyncratic reaction），是由遗传因素导致的，机体对外源因素的异常敏感或不敏感的反应。这种反应可能表现为过强或过弱，主要由基因多态性决定，与免疫性超敏反应无直接关联。例如，个体在接受标准治疗剂量的肌松药（如琥珀酰胆碱）时，若缺乏分解该药物的血清胆碱酯酶，则可能出现长时间的肌肉松弛甚至呼吸暂停。同样，体内缺乏烟酰胺腺嘌呤二核苷酸（NADH）-细胞色素 b_5 还原酶者，对亚硝酸盐等能引起高铁血红蛋白血症的外源化学物特别敏感。

值得注意的是，一种外源因素可能同时引起上述多种类型的毒作用。

（四）损害作用与非损害作用

外源因素在机体内可产生两大类生物学效应：损害作用与非损害作用。损害作用作为外源因素毒性的直接体现，是毒理学的主要研究对象。因此，明确区分损害作用与非损害作用的概念至关重要。

损害作用（adverse effect）指外源因素对机体产生的异常生理生化改变、功能紊乱、病理损害，或对环境应激反应能力降低或机体代偿能力下降，或导致机体对其他外源因素易感性异常的作用。损害作用有时也被称为健康效应（health effect），即引起功能紊乱、损伤、疾病或死亡的生物学效应。

非损害作用（non-adverse effect）则是指外源因素对机体产生的生物学变化在机体适应性代偿能力范围内，不增加机体对其他外界不利因素易感性的作用。由于生物学效应的复杂性，某些过去被认为是非损害作用的效应，可能会随着生命科学研究的深入而被重新评估为损害作用。

（五）药物的不良反应、副作用与毒作用

药物不良反应（adverse drug reaction，ADR）系指按正常用法用量应用药物预防、诊断、治疗疾病或调节生理机能过程中，发生与用药目的无关的有害反应。根据 WHO 国际药物监测合作中心的规定，此定义排除了因有意或意外过量用药及用药不当所致的反应。

在常规剂量下使用，药物可能因自身特性或药物间的相互作用，产生与用药目的不符且对患者不利的反应，这些即构成 ADR。这些反应既可能包括已知的毒性反应，也可能是难以预测的过敏性或特异性反应。此外，药物还可能引发患者不愉快的心理和躯体感受。

药理效应特异性低，涉及多个效应器官时，除用作治疗目的的效应以外的其他效应被称为药物副作用（drug side-effect）。由于药物药理作用的选择性较低且作用广泛，副作用在药物治疗过程中往往是难以避免的伴随现象。而药物毒作用（drug toxic effect）则特指药物剂量过大、用药时间过长或体内药物蓄积过多时产生的损害作用。

（六）联合毒作用

人们在生产生活中常常暴露于多种环境因素，这些有害因素通过各种途径（如呼吸道、消化道、皮肤等）进入体内并产生联合作用。其中，化学物间的联合作用尤为常见且危害严重。两种或两种以上外源因素同时或短期内先后作用于机体所产生的能够相互影响的毒作用，被称为联合毒作用（joint toxic action）。

联合作用可根据其效果分为几类：相加作用、协同作用、增强作用、拮抗作用和独立作用。而从作用方式上看，则可分为非交互作用（各化学物或其效应间无相互作用）和交互作用（化学物及其效应间存在相互作用）。协同、增强和拮抗作用均属于交互作用，而相加、独立作用则属于非交互作用。

当前，对联合毒作用机制的理解尚不完备，但主要可概括为以下四种：①理化作用机制，涉及化学物间的溶解、中和、结合等反应，从而改变其性质或产生新物质；②毒物代谢动力学/毒物效应动力学机制，涉及化学物在机体内的吸收、分布、代谢和排泄过程的改变；③受体作用机制，涉及化学物对受体的竞争性或非竞争性影响；④生物学效应机制，即化学物引起的生物学效应相互叠加或抵消。

第二节　剂量-反应（效应）关系

一、剂量

（一）剂量定义

剂量（dose）是外源因素与机体接触、被机体吸收、直接导致机体损害的量。是决定外源因素对机体毒作用的关键因素。

（二）剂量指标

剂量的表示指标主要有以下几种：

1. **暴露剂量**（exposure dose）　又称接触剂量或外剂量，指外源因素与机体实际接触的剂量或机体接触环境中外源因素的总量。

给予剂量（administered dose），亦称潜在剂量（potential dose），指外源因素被机体摄入、吸入或应用于皮肤的剂量。这一剂量可通过多种方式进行表征，如饮用水中或灌胃液中的毒物浓度、染毒柜内空气中的毒物浓度，以及涂抹于皮肤上的毒物浓度等。

应用剂量（applied dose）则指外源因素与机体的吸收部位接触、可供吸收的剂量。这一剂量可以通过多种方式进行表征，如肺泡气中毒物的浓度、胃内毒物的浓度，或皮肤上毒物的量等。

2. **吸收剂量**（absorbed dose）　又称内剂量（internal dose），指外源因素被机体吸收进入血液的剂量。通常以血液或尿液中毒物或其代谢产物的浓度作为表征。

3. **生物有效剂量**（biologically effective dose）　又称靶剂量（target dose），指外源因素被机体吸收并到达靶器官产生毒作用的剂量。

外源因素对机体的损害与其毒性及靶器官中的剂量密切相关。暴露剂量越大，吸收剂量和靶器官内的剂量也越大，进而生物有效剂量也越大。因此，常用暴露或吸收剂量来描述外源因素暴露与毒作用的关系。暴露剂量以单位体重暴露量（如 mg/kg）或环境中浓度（mg/m^3 空气或 mg/L 水）来表示。

暴露特征，如暴露途径、期限和频率等对毒作用有重要影响，因为它们决定了毒作用的剂量。

二、效应与反应

在毒理学研究中，根据有害作用的生物学和统计学特性，终点通常被分为效应和反应两类。

1. **效应**（effect）　也称为量反应（gradual response），指一定剂量外源因素暴露所引起的器官或组织的生物学改变。这种改变程度可通过计量单位来衡量。例如，某些有机磷化合物可降低血液中胆碱酯酶的活性，四氯化碳能提升血清中谷丙转氨酶的活性，而苯则可能导致血液中白细胞数量减少。

在游离的器官/组织以及完整的动物中，均能观察到这种效应。然而，在游离器官/组织中的效应分析和描述相对简单，因为它们缺乏如神经和内分泌调节以及转运机制等复杂的整体调节系统和机制等。因此在毒理学研究中，深入研究整体生物（如人、动物等）在外源因素暴露下实际产生的效应至关重要。很多类型的效应只能在整体条件下被观察到，如生长速率、器官重量变化、血压及葡萄糖水平的变化等。

不同外源因素对生物体的影响各异，即使是同一种外源因素，在不同动物体内也可能产生不同的效应类型。例如，药物沙利度胺对人类具有强烈的致畸作用，但在大鼠和小鼠中则没有表现出类似的效应。这种现象表明，在评估外源因素的效应时需要考虑物种差异，并在一定的实验条件下进行研究。

2. **反应**（response）　也称为质反应（quantal response），是指暴露于某一外源因素的群体中，出现某种效应的个体在群体中所占比率。通常以百分率或比值来量化，例如患病率、死亡率、肿瘤发生率等。观察结果通常表示为"有"或"无"及"异常"或"正常"等统计数据。

三、剂量-反应（效应）关系

（一）定义

剂量-反应（效应）关系（dose-response/effect relationship）是指外源因素作用于生物体的剂量与

引起生物学改变的发生率(强度)之间的关系。这是毒理学研究中的核心概念。通常,随着剂量的增加,特定生物学作用的发生率或作用强度会相应增加或减少。通过以剂量为横坐标,以生物学作用发生率或作用强度为纵坐标,可以绘制出剂量-反应或剂量-效应关系曲线。

(二)剂量-反应(效应)关系曲线

剂量-反应(效应)关系曲线呈现多样化形态,如抛物线形、双曲线形、直线形或S形曲线等。这些曲线形态主要源于外源因素在个体间产生的生物学作用或作用强度的差异,反映了人体或实验动物对外源因素毒作用易感性的分布。若所有个体对外源因素的易感性相同,则在特定剂量(中毒剂量,TD)下,所有个体将呈现相同的毒作用(如图2-1中1A所示),此时剂量-反应曲线呈直线型(如图2-1中2A所示)。然而,实际情况中,个体对外源因素的毒作用易感性往往存在差异(如图2-1中1B所示)。当这种差异呈正态分布时,剂量-反应曲线常呈现对称的S形(如图2-1中2B所示)。S形曲线的特点是,在低剂量时反应增加缓慢,随后在高剂量时反应迅速增加,但随剂量进一步增加,反应增速又逐渐放缓。

对于个体易感性呈偏态分布的情况(如图2-1中1C所示),剂量-反应曲线则表现为非对称S形(如图2-1中2C所示),即曲线两端不对称,一端较长,另一端较短。

在剂量和反应之间的数学关系研究中,已建立了多种理论模型,如logit和probit转换等,用于将非线性剂量-反应关系转化为线性关系,以便于进一步分析。例如,对于非对称S形曲线(如图

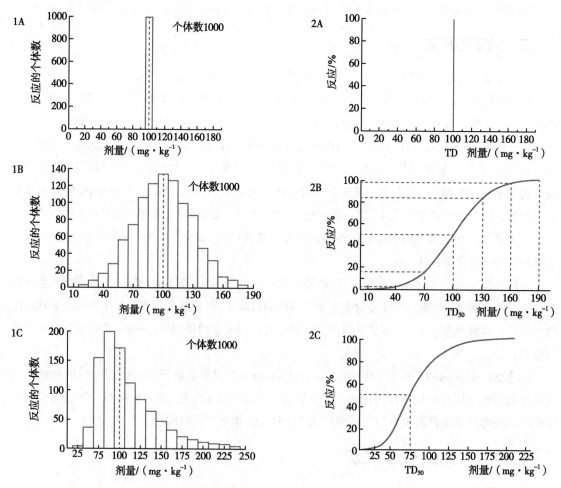

图2-1 实验动物个体对外源因素的易感性分布和剂量-反应关系的模式图
个体易感性:A.完全相同;B.呈正态分布;C.呈偏态分布。

2-1 的 2C 所示），通过对横坐标使用对数剂量或进一步对纵坐标使用概率单位（或概率尺度）进行转换，可以将其转化为对称 S 形或直线形，从而简化分析过程。

（三）剂量-反应（效应）关系研究提供的信息与用途

剂量-反应（效应）关系研究在毒理学、公共卫生与预防医学等领域占据核心地位。它广泛应用于多方面，包括但不限于毒性的确认、反应的量化、易感性分析、毒作用特征的剖析、毒物兴奋效应探讨、安全性与风险评估参数的推导以及因果关系的判断。通过深入探究环境有害因素的剂量-反应（效应）关系，能获取丰富的毒理学信息，进而为科学研究与实际应用提供坚实的依据与支撑。

1. **毒作用强度与效能分析** 强度（potency）是指在产生相等效应时，不同外源因素所需剂量之间的差别；而效能（efficacy）则指在同等剂量下，不同外源因素所能引起的最大生物学改变的差别。效能是衡量外源因素反应程度的指标，通常沿纵坐标轴（y 轴）进行量化。相比之下，强度由横坐标轴（x 轴）上的剂量范围决定，表明外源因素在此范围内产生逐步增强的反应。图 2-2 展示了四种不同化学物在特定毒作用下的剂量-反应关系。通过比较这些化学物质的剂量-反应曲线，可以直观地识别出它们在强度和效能上的区别。具体而言，在毒作用强度上，A＞B，C＞D，这体现在剂量轴上的相对位置；而在最大效能方面，A 与 B 相当（A=B），C＜D，这由反应轴上达到的最大反应程度所反映，分别为约 80%、80%、30%、85%。

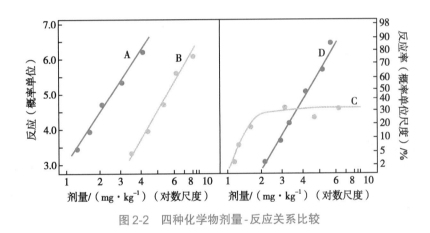

图 2-2 四种化学物剂量-反应关系比较

2. **易感性分析** 通过对比同一污染环境下不同人群健康危害的显现时间和严重程度，可对人群的易感性进行深入分析（图 2-3）。

3. **不同效应剂量分析** 同一外源因素（如药品等）的剂量-效应关系可通过三条曲线来描绘：期望效应有效剂量（effective dose，ED）曲线、毒作用剂量（toxic dose，TD）曲线以及致死剂量（lethal dose，LD）曲线。图 2-4 展示了这类外源因素的理想剂量-效应曲线，该曲线涵盖了 ED（如实现麻醉作用所需）、TD（如导致肝损伤等毒性

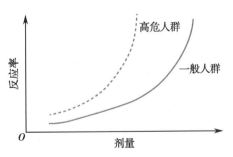

图 2-3 高危人群和一般人群对环境有害因素的剂量-反应关系

反应）及 LD 的曲线。每种效应均对应一个剂量范围，并以不同的速率（或斜率）增长。这些曲线强调了以下两点的重要性：一是选择恰当的药理学/毒理学终点；二是有效比较这些终点。治疗指数（therapeutic index，TI）的概念是阐释这种关系的有力工具。尽管 TI 传统上用于比较化学物质的治疗 ED 与 TD，但它同样适用于评估不同化学物质间的相对毒性。

在广义层面,TI 定义为引起毒性效应所需要的剂量和呈现期望治疗反应所需剂量的比值。狭义上,则特指致死剂量(或中毒剂量)与治疗剂量的比值:TI=LD$_{50}$/ED$_{50}$。治疗指数是衡量药物相对安全性的一个粗略指标,比值越高,表明药物相对越安全。

类似地,通过对比两种不同物质在产生相同效应时所需的剂量比,或同一物质在引发不同毒性效应时所需的剂量比,可以计算出比较毒性指数或参数(参见本章第三节"毒性特征描述参数"相关内容),这为毒性评估带来了更全面的理解。

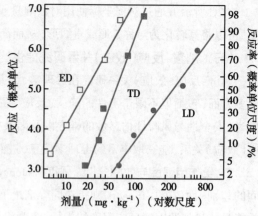

图 2-4　有效剂量(ED)、中毒剂量(TD)和致死剂量(LD)的比较

四、时间-反应(效应)关系

(一) 定义

时间-反应(效应)关系(time-response/effect relationship)是指外源因素作用于生物体的时间与引起生物学改变的发生率(强度)之间的关系。

时间-反应(效应)关系在毒理学研究中占据举足轻重的地位,主要涉及两个核心方面。首先,探究在给定剂量下,毒反应(效应)随时间推移的演变规律;其次,针对相同的反应(效应),研究其随时间和剂量变化的相互关联。

(二) 时间-反应(效应)关系研究提供的信息与用途

当化学物暴露剂量保持恒定时,无论是短期暴露还是长期暴露,或是持续暴露或暴露后停止,毒性效应随时间变化的规律都是毒理学研究和毒性测试所关注的重点。

1. 毒性效应潜伏期　潜伏期(latent period)是指外源因素暴露至机体首次出现临床症状或体征的时间段。外源因素导致的毒作用潜伏期差异极大,有时可能长达数十年(例如,长期暴露于石棉纤维可能导致的间皮瘤)。基于时间-效应关系,可以确定不同剂量下外源因素暴露与效应出现之间的时间间隔,即潜伏期。在此情况下,潜伏期的长短主要受到暴露剂量的影响。

2. 毒性效应的时间过程　通过对比不同剂量的外源因素暴露情况,可以观察到持续暴露期间或暴露停止后一段时间内毒作用的变化过程。例如,可以研究断乳大鼠卵巢颗粒细胞在受到不同剂量镉暴露后,其细胞激素分泌水平的周期性变化趋势,或者探索镉暴露停止后,镉中毒患者肾小管重吸收功能的变化。

3. 毒性效应持续时间　毒性效应持续时间主要适用于那些停止暴露后能恢复的可逆效应。当靶器官中化学物或其活性代谢产物的浓度高于最小有效浓度(minimum effective concentration, C_{eff})时,毒性效应产生;反之,浓度低于 C_{eff} 时,毒性效应消失。此过程可用以下关系式来描述:

$$C_{int,t}=D(e^{-\beta \cdot t}-e^{-\alpha \cdot t})\tag{2-1}$$

其中,$C_{int,t}$ 表示靶器官在时间 t 的浓度;β 和 α 是与转运至或离开该器官相关的两个参数;D 是由初始浓度和从血浆转运至靶器官的速率常数决定的常数;C_{eff} 是最小有效浓度,即当 $C_{int}>C_{eff}$,效应发生。

4. 延迟效应(delayed effect)　是指外源因素在长期暴露后非即刻出现的效应。这并非因为物质需要在生物体内积累至某一临界量,而是因为在毒性效应显现之前,需要有一定的生理或生化效应积累。以灭鼠剂 Endocide 为例,它能抑制凝血酶原的合成。当凝血酶原的储备因长期暴露而耗竭时,会导致严重内出血,最终引发大鼠死亡。实验表明,当饲料中 Endocide 的浓度为 3.2～400mg/kg 时,大鼠的中位死亡时间为 5～7 天;而当浓度降低至 1.6mg/kg 时,中位死亡时间则显著延长至 30 天。

(三)剂量-时间-反应(效应)关系

外源因素(尤其是吸入性毒物)的毒性效应与暴露时间(t)和暴露浓度(C)之间存在明确的关联。例如,粉尘的暴露浓度、暴露持续时间与肺尘埃沉着病发病之间的关系。在恒定的暴露浓度(C)下,吸收量与暴露浓度和暴露时间的乘积成比例,累积剂量(cumulative dose)与 $C\cdot t$ 成比例。当累积剂量达到有效剂量时,便会触发相应的效应。基于累积剂量($C\cdot t$)与效应之间的关系,可以进行如下推断:在剂量固定的情况下,可以估算出引起毒性效应所需的暴露时间;反之,若时间固定,则可以估算出导致毒性效应所需的暴露剂量。

然而,外源因素的暴露剂量与暴露时间之间的关系并非简单直接。某些毒物即使在高浓度下也需要一定的暴露时间才会产生毒性效应;而当浓度进一步升高时,所需的时间并不会显著缩短。在低浓度长时间暴露的情况下,只要浓度低于某一阈值,即使长期暴露也不会产生效应,这个浓度被称为起始有效浓度(incipient effective concentration)。

五、毒物兴奋效应

20 世纪 90 年代起,毒物兴奋效应引起了毒理学界的广泛关注。毒物兴奋效应(hormesis)指的是外源因素在低剂量条件下对生物体产生刺激或促进作用,而在高剂量条件下则表现为抑制或损害作用的现象。这种兴奋作用往往作为对动态平衡破坏的一种适度补偿,出现在最初的抑制性反应之后。

毒物兴奋效应的剂量-反应关系曲线形态因效应终点的不同而异,可能表现为 U 形、J 形、倒 U 形或倒 J 形。例如,当观察的效应终点为生长情况(如有毒金属、除草剂和射线对植物生长的影响)或存活情况(如 γ 射线对啮齿类动物寿命的影响)时,曲线可能呈现倒 U 形;而针对突变、畸变、癌症等效应终点时,则可能观察到 J 形曲线。此外,某些环境内分泌干扰物(如壬基酚、镉等)在低剂量时呈现拟激素样作用,剂量增加后则主要表现为中毒(抑制)效应,形成倒 J 形曲线。

尽管已进行了大量研究,毒物兴奋效应的确切作用机制仍不明确,需进一步深入研究。目前提出的假设包括:①机体为应对外来刺激产生的应激调节机制,过度应激时可能引发兴奋效应;②酶或受体结合位点的饱和导致同一物质在不同剂量下呈现不同效应;③必需微量元素及氟、砷等物质具有多种作用方式,具体效应取决于剂量大小。多数学者倾向于第一种假设,认为它能够合理解释毒物兴奋效应的普遍性和非特异性,但还需从生理学和病理生理学角度进一步阐明其反应机制。

六、生物标志物

在剂量-反应关系研究中,选择合适的暴露剂量指标和反应指标至关重要,其中生物标志物的研究与应用显得尤为关键。

生物标志物(biomarker)是反映外源因素暴露及其生物学效应的机体内的各类检测指标,主要分为暴露生物标志物、效应生物标志物和易感生物标志物(图 2-5),可用于暴露、效应及易感性评价。通过动物体内实验和体外实验研究生物标志物,并将其推广到人体和人群研究,已经成为外源因素对人体健康影响研究的重要内容。

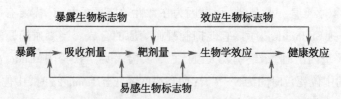

图 2-5　从暴露到健康效应的过程与生物标志物关系的模式图

1. 暴露生物标志物(biomarker of exposure)　是反映机体暴露于外源因素的标志,通常指组织、体液或排泄物中外源物质、代谢产物与其靶器官或靶分子交互作用产物的含量,作为评估吸收剂量或靶剂量的重要依据。它们有助于评价暴露水平、设定生物限值。

2. 效应生物标志物(biomarker of effect)　用于反映机体内某种生物学改变的标志,包括生理、生化、行为、病理学或其他可识别的改变,能够提示与外源物质或其代谢物在不同剂量下相关的健康有害效应。包括反映早期生物学效应(early biological effect)、结构和/或功能改变(altered structure/function)及疾病的标志,有助于确定剂量-效应(反应)关系。

3. 易感生物标志物(biomarker of susceptibility)　是反映机体固有或获得的对接触外源因素产生反应能力的标志物。这些标志物涵盖由遗传和环境因素共同决定的易感性。例如,代谢酶的基因多态性属于遗传易感性标志;而在环境应激下,机体神经、内分泌和免疫系统的反应状态则反映获得性易感性。这些生物标志物有助于识别易感个体和人群,对风险评估与管理至关重要。

在选择生物标志物时,应综合考虑其生物关联性、敏感性与特异性、稳定性与可重复性,同时确保采集过程中创伤小、方便易得,并严格遵守医学伦理原则。

第三节　毒性参数和安全限值

一、毒性参数

为了定量描述和比较外源因素的毒性及其剂量-反应(效应)关系,多种毒性参数概念及相应的定性、定量试验方法被提出。在毒理学研究中,描述和比较外源因素毒性大小是一个关键点。目前主要通过两种途径衡量毒性:一是比较在产生相同毒作用时所需剂量的大小;二是比较相同剂量下毒作用的强度或发生率的大小。然而,由于难以确定一个统一的"相同剂量"标准,因此目前主要依赖第一种途径来比较毒性大小。

(一)毒性上限参数

毒性上限参数主要基于急性毒性试验中导致死亡的剂量或浓度。其中,致死剂量(lethal dose,LD)或致死浓度(lethal concentration,LC)是常用的参数,指急性毒性试验中,外源因素引起实验动物死亡的剂量或浓度。

1. 绝对致死剂量或浓度(absolute lethal dose/concentration,LD_{100}/LC_{100})　是指外源因素引起一组实验动物全部死亡的最低剂量或浓度。然而,由于个体间对外源因素的耐受性存在显著差异,这一参数的变异性较大,因此不适合用于不同外源因素之间的毒性比较。

2. 半数致死剂量或浓度(median lethal dose/concentration,LD_{50}/LC_{50})　是指外源因素引起一组实验动物半数死亡的剂量或浓度。这一统计数值常用于衡量和比较急性毒性大小。LD_{50}(LC_{50})数值越小,毒性越强;反之,则毒性越低。此外,与 LD_{50}(LC_{50})概念相近的毒性参数还有半数耐受限量

（median tolerance limit，TLm）。TLm 一般用于描述水生生物的急性毒性，特指在水中的外源物质，可使受试水生生物半数个体在 48 小时内耐受或不死亡的浓度（mg/L），通常表示为 TLm_{48}。

目前，LD_{50}（LC_{50}）是最常用的毒性参数。然而，由于它仅反映急性中毒的死亡信息，且受实验动物种属、条件等多种因素影响，其使用受到了一些质疑（参见第七章"毒性测试"）。因此，当前的研究重点在于寻求新的、更合适的参数和检测方法。

3. 最小致死剂量或浓度（minimum lethal dose/concentration，MLD/MLC，LD_{01}/LC_{01}）　是指外源因素仅引起一组实验动物中个别动物死亡的最小剂量或浓度。这一数值也易受到动物群体中个体敏感性差异的影响。

4. 最大非致死剂量或浓度（maximum non-lethal dose/concentration，MNLD/MNLC，LD_0/LC_0）　指外源因素不引起一组实验动物死亡的最大剂量或浓度。

（二）毒性下限参数

这些参数是毒性试验中用于观察"最轻微毒作用"的终点指标，可通过急性、亚急性、亚慢性和慢性毒性试验来获取相关信息。

1. 阈剂量（threshold dose）　指外源因素引起受试对象中的少数个体出现某种轻微的异常改变所需要的最小剂量。这一剂量可通过急性、亚急性、亚慢性、慢性毒理学试验获得，分别对应急性阈剂量、亚急性阈剂量、亚慢性阈剂量、慢性阈剂量。然而，在实际毒性试验中，由于动物剂量分组和数量的限制、较大的组间距以及检测技术的局限性，准确界定阈剂量相当困难。因此，阈剂量的应用受到一定限制。

2. 观察到有害作用最低水平（lowest observed adverse effect level，LOAEL）　指在规定的试验条件下，外源因素引起实验动物产生某种可观察到损害作用的最低剂量或浓度。

3. 未观察到有害作用水平（no observed adverse effect level，NOAEL）　是指在规定的试验条件下，用现有的技术手段或检测指标，未观察到任何与外源因素相关有害作用的最大剂量或浓度。

通过急性、亚急性、亚慢性和慢性毒性试验，可以分别得出相应的 LOAEL 和 NOAEL。在探讨和应用这些参数时，应清晰界定具体的试验条件，包括有害作用的检测指标及其严重性的评估标准。LOAEL 和 NOAEL 对于评估外源因素的毒性以及制定安全限值具有重要的理论和实践意义。

此外，有时也使用未观察到作用水平（no observed effect level，NOEL）和观察到作用最低水平（lowest observed effect level，LOEL）这两个参数。NOEL 主要用于评估化学物质、药物、食品添加剂等的生物学效应，并为制定暴露限值提供参考；而 LOEL 则更多地用于确定化学物质对生物体产生影响的起始剂量，为制定安全限值和风险管理措施提供依据。

4. 基准剂量（benchmark dose，BMD）　是指通过统计学模型估算出的，外源因素引起的特定反应发生率或较低健康风险发生率（基准反应，benchmark response，BMR）达到预先设定水平（一般为 1%～10%）所需的剂量。BMD 的 95% 置信区间的下限值称为基准剂量下限值（benchmark dose lower confidence limit，BMDL）。美国国家环境保护局（EPA）已经开发了应用 BMD 方法进行风险评估的软件，EPA 和 WHO 已发布相关技术指导文件。例如在慢性毒性试验中，通过剂量与反应关系的统计处理，可以求得镉导致大鼠肾小管重吸收障碍（如病理检查异常、尿中 β_2 微球蛋白升高等）的 BMD 及 BMDL。

传统的毒理学试验得到的 LOAEL 和/或 NOAEL 是试验得到的一个点值，这些值受试验分组、剂量选择和组距大小等因素的影响较大。相比之下，BMD 通过精心设计的梯度剂量分组实验和统计学处理得出，它综合了剂量与反应关系的多方面信息（如实验组数、实验动物数、组间距、观察值的离散程度等），因此具有更高的稳定性、准确性和科学性。

此外，即使实验未能得到 LOAEL 和/或 NOAEL，仍可通过计算求得 BMD。由于传统的 NOAEL 法在评估化学物质毒性效应时存在局限性，因为它只关注了一个特定的剂量点，无法全面反映化学物质的毒性特征。BMD 法则通过考虑整个剂量-反应关系曲线，更加准确地评估了化学物质的毒性效应，并弥补了 NOAEL 法的不足，鉴于此，其在风险评估和管理决策中发挥着重要作用。

起始作用点（point of departure，POD）用于描述在剂量-反应关系曲线上，化学物质开始产生可观察生物学效应的最低剂量或浓度点。POD 通常是在实验或观察数据的基础上确定的，它标志着低剂量外推的起点，POD 可以是一个数据点，也可以是一个估计值，通常对应于 NOAEL、LOAEL 或通过基准剂量模型（BMD）得到的估计值，用于估算与较低环境相关的人类暴露相关的风险。POD 是制定安全限值和进行风险评估的关键参数之一。

（三）毒性特征描述参数

1. 毒效应区（toxic effect zone）　以外源因素毒性为中心表示其毒作用特性的参数，分为急性毒效应区和慢性毒效应区。急性毒效应区（acute toxic effect zone，Z_{ac}）表示半数致死剂量与急性阈剂量的比值，反映外源因素从产生轻微损害到导致急性死亡的剂量范围。其计算公式为 $Z_{ac}=LD_{50}/Lim_{ac}$。当 Z_{ac} 值较小时，意味着化学物质从轻微损害到急性死亡的剂量范围较窄，因此死亡风险高；反之，风险则较低。

慢性毒效应区（chronic toxic effect zone，Z_{ch}）则是急性阈剂量与慢性阈剂量的比值，反映外源因素从产生轻微的慢性毒作用到导致急性中毒之间的剂量范围。其计算公式为 $Z_{ch}=Lim_{ac}/Lim_{ch}$。当 Z_{ch} 值较大时，说明 Lim_{ac} 与 Lim_{ch} 之间的剂量范围大，意味着从轻微慢性毒性效应到明显急性中毒的剂量范围宽，这样的剂量范围容易被忽视，从而导致慢性中毒风险较高；反之，风险则较低。

毒效应区中的阈剂量可用 NOAEL 代表，因此，可称之为毒作用范围（margin of toxic effect，MoT）。急性毒作用范围 $MoT_{ac}=LD_{50}/NOAEL$，慢性毒作用范围 $MoT_{ch}=NOAEL_{ac}/NOAEL_{ch}$。

2. 急性吸入中毒指数　气体类毒物急性吸入中毒的风险不仅取决于其毒性大小，还与其在空气中的浓度紧密相关。因此，为了量化评估急性吸入中毒的风险，引入急性吸入中毒指数（$I_{吸入}$）。$I_{吸入}=C_{20}/LD_{50}$，其中 C_{20} 表示毒物在 20℃、一个标准大气压条件下的饱和蒸气压浓度。$I_{吸入}$ 值越大，发生急性吸入中毒的可能性就越大。

3. 蓄积系数（accumulation coefficient）　是外源物质引起机体产生相同生物学效应时，多次接触所需的累积剂量与一次性接触所需剂量的比值。它是衡量外源物质蓄积毒性的关键指标，即表示为 $K=ED_{(n)}/ED_{(1)}$。在实验中，常以动物死亡一半作为效应指标，此时蓄积系数 $K=LD_{50(n)}/LD_{50(1)}$。基于 K 值的大小，蓄积毒性可被划分为四种类型：高度蓄积（$K<1$）、明显蓄积（$1\leqslant K<3$）、中等蓄积（$3\leqslant K<5$）和轻度蓄积（$K\geqslant5$）。

然而，利用蓄积系数来评估外源物质的蓄积毒性也具有一定的局限性。例如，它不适用于免疫毒性物质，且无法明确区分是物质本身的蓄积还是功能性的蓄积。此外，这种方法还可能遗漏某些重要的评估信息。

4. 剂量-反应（效应）关系曲线的斜率　该指标在毒理学研究中具有重要意义。剂量-反应（效应）关系曲线通常经过直线化处理后，直线的斜率（k）大小可直观地通过直线与横坐标夹角来表示。斜率越大，即直线越陡峭，意味在剂量上较小变化就能导致效应或反应的大幅增减，这直接反映了在特定剂量范围内毒物的危险性及其作用特性。如图 2-6 所示，即便两种毒物的 LD_{50} 相同，它们的斜率也可能存在显著差异。因此,对斜率大小的分析有助于更全面地理解外源因素的毒性特征。

5. **安全边界与暴露指数**　在药物以外的化学品风险评估中,已经引入安全边界和暴露指数的概念。这两个概念以人群的"暴露量"估计值为中心,通常以两数值之比来表示,用于定性评估人群暴露于外源因素的风险。

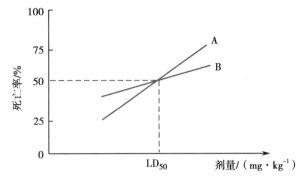

图 2-6　A、B 两种化学物的剂量-反应关系曲线斜率比较

安全边界(margin of safety, MoS)是指安全限值与人群暴露量的比值。它衡量暴露水平与安全(或无效应)水平之间的距离,即衡量人群"暴露量"估计值与实验动物中测定的未观察到有害作用水平(NOAEL)或基准剂量之间差异大小的指标,具体为 MoS=NOAEL 或 BMD/人群暴露量估计值。通常,MoS 越大,表明人群暴露量相对于 NOAEL 的冗余空间就越大,因此发生有害作用的风险也就越小。其常用于有阈值效应的化学物质的风险表征。

暴露指数(margin of exposure, MoE),也称为暴露范围、暴露边界值,是外源因素在动物实验中获得的未观察到有害作用水平(NOAEL)或基准剂量(BMD)或 TD_{10} 等基准安全剂量与人群暴露量估计值的比值。若这些基准安全剂量与人群暴露量越接近,即 MoE 值越小,发生有害作用的风险越大。MoE 的计算方式为 MoE=NOAEL 或 BMD 或 TD_{10}/人群暴露量,其中人群暴露量是在特定环境条件下可能发生的接触剂量,通常以 mg/(kg·d)表示。其常用于遗传毒性致癌物或现有数据暂时不足以建立健康指导值的物质的风险表征。例如,当估计的人类残留农药接触量为 0.001mg/(kg·d),而该农药 TD_{10} 的测定值是 1mg/(kg·d),则其 MoE 为 1000。该值表明,在所规定条件下,人类每日估计接触量远低于引起 10% 受试动物产生明显毒性反应的每日剂量,二者之间相差三个数量级。

结合安全边界、暴露指数和毒作用范围(图 2-7),可以全面反映化学物的毒作用特性及其与人群暴露之间的关系。

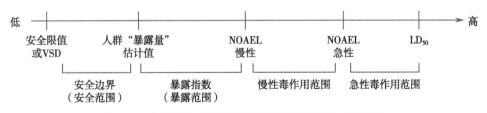

图 2-7　安全边界、暴露指数与毒作用范围的关系示意图

(四)一般与特殊毒性参数

毒性参数主要源于整体动物和体外毒性试验获得,涵盖一般与特殊两类。在毒理学评价体系中,已确立了多种试验方法与参数,专门用于评估外源因素的致突变性、致癌性、致畸性及靶器官毒性。这些试验包括但不限于微核试验、细菌回复突变试验、致癌试验及致畸试验等。测定微核率、基因突变率、肿瘤发生率及致畸率等关键指标,能够精确描述外源因素的特殊毒性特性。

值得注意的是,毒性参数是通过特定毒理学试验获得,旨在量化外源因素的毒性。这些参数依据外源因素在设定条件下所展现的毒作用结果而定。相比之下,毒作用指标则侧重于描述在特定条件下,外源因素的毒作用程度和特性,包括一般性指标、生理生化指标、病理学指标、分子生物学指标等多维度内容。

二、危害、安全性与风险

(一)危害

危害(hazard)描述的是当生物、系统或人群暴露于某种因素或状况时,该因素或状况具有引起损害作用的固有属性。危害通常基于对因素或状况的固有属性和已知效应来鉴定,而不直接考虑实际的接触或暴露情况。一般而言,毒性较强的物质往往预示着较大的潜在危害,但亦存在特殊情况。例如,尽管氰化物是剧毒物质,其实际造成的危害可能远低于毒性相对温和的铅,原因在于铅在环境中的广泛分布增加了人们的接触机会,从而提升了铅中毒的风险。危害概念在毒物管理中发挥着至关重要的作用,通过系统的危害识别、危害表征和风险评估,可以有效地预防和控制化学物质对人体健康和环境的潜在危害。

(二)安全性

在毒理学中,安全(safe)是指外源因素在规定的使用方式和用量条件下,对机体和环境不产生任何可预见损害的状态。而安全性(safety)则是指这种不产生损害的实际确定性。安全性是在特定接触水平下,风险极低或风险在社会可接受范围内的一种相对概念,其核心目标是最大程度保护人类健康。

安全性不仅是毒理学的基本概念,更是推动毒理学研究发展的关键。它促进了安全限值的设定,深化了安全性评价的方法和内容,成为现代毒理学研究与应用的重要组成部分。

然而,安全性及毒理学安全性评价的研究与应用仍面临一些挑战。首先,安全性是相对的,不存在绝对的安全,这增加了安全性评价的难度。其次,基于安全性概念构建的评价体系往往复杂烦琐,给实际应用带来困难。最后,鉴于绝对安全的不可实现性,单纯依赖安全性评价来全面保障人类健康显得力不从心。

(三)风险

风险(risk)又称"危险度",是指在具体的暴露条件下,某种因素对生物、系统或人群产生损害作用的概率。在毒理学评价研究中,风险是一个核心概念,与安全性相对。安全性关注于不产生健康危害的条件和标准,而风险则聚焦在特定情境下健康危害发生的可能性。

风险是危害与暴露的乘积(风险 = 暴露 × 危害)。风险与危害两者之间的桥梁是暴露,若无暴露,则风险无从谈起,危害亦不直接体现其影响。因此,通过减少危害、降低暴露或两者并行,可有效降低风险。降低风险的关键策略之一在于选择具有较低危害性的物质。社会也有责任建立并执行相关法律(包括卫生标准),以规范或限制已知危害物质的暴露,从而保障公众健康与安全。

风险评估的主要目的是预测并控制潜在风险。所谓可接受风险(acceptable risk),指的是公众及社会对于某种有害因素暴露所引发的潜在风险所能接受的程度。以致癌性为例,当某化学物质的终身暴露风险被评估为百万分之一—($1×10^{-6}$)或更低时,该风险通常被视为可接受。

毒理学安全性评价与风险评估是毒理学支撑化学品安全管理的两个核心内容。风险评估在安全性评价的基础上发展而来,两者紧密相连,却各有其独特的关注点。安全性评价的核心在于确保不产生毒性损害作用的确定性,而风险评估则侧重于探讨毒性损害作用发生的潜在可能性。尽管视角各异,两者均紧密围绕"化学物危害管理"这一中心议题展开。当前,基于风险概念的风险评估理论、实践以及风险管理与交流,已成为毒理学研究和应用的核心内容。

三、安全限值

安全限值的制定是毒理学研究的重要任务。从外源因素毒性描述、安全性评价到风险评估，管理毒理学体系日益完善。通过毒理学安全性评价试验，可以得到受试物的 LOAEL 和 NOAEL 等参数，其中 NOAEL 常被用作阈值的近似值。基于这一数据，可以计算出安全限值，其公式为：安全限值=NOAEL/安全系数。安全系数，也称为不确定性系数，通常设定为 100，这是考虑到物种间差异（×10）和个体间差异（×10）的乘积。

将动物实验结果外推到人类，通常采用三种方法：使用安全系数法（具体数值常基于专家咨询后，通过加权平均法确定）、药动学外推法（此方法广泛应用于药品安全性评价，同时考虑受体易感性的差异）以及数学模型法。然而，在最佳模型及其生物学意义的认定上，毒理学家尚未达成一致意见。

对于存在毒作用阈值的化学物，安全限值（safety limit）是旨在保护人群健康，对生活、生产环境及各种介质中与人类健康有关的各种因素所规定的浓度和暴露时间的限制性量值。在低于这些限值的情况下，根据当前可获得的科学知识和数据，无法观察到直接或间接的有害作用。

对于无法确定毒性效应阈值的化学物，特别是遗传毒性致癌物与致突变物，其在"零"剂量以上的任何暴露均被视为不安全。因此，传统安全限值不适用于这类化学物，故引入了"实际安全限值（actual safety limit）"概念，又称实际安全剂量（virtual safety dose，VSD），是根据可接受风险水平确定的外源因素的接触限值。化学致癌物的 VSD 是指低于该剂量时，能以 99% 的可信度将超额癌症风险控制在百万分之一（10^{-6}）以下。制定安全限值或 VSD 是毒理学研究中的一项核心任务。针对某一特定外源化学物，其毒性参数与安全限值的剂量大小关系如图 2-8 所示。

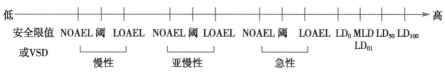

图 2-8　各种毒性参数和安全限值的剂量轴

各国政府在制定安全限值时，通常遵循的原则是在保证健康的基础上，还须考虑经济合理性与技术可行性。因此，即使对于同一种外源因素，不同国家或组织可能会提出或实行不同的安全限值标准与量值。

安全限值主要分为两类：一是纯粹基于健康的安全限值，如每日允许摄入量（ADI）、每日耐受摄入量（TDI）、参考剂量/参考浓度（RfD/RfC）及 WHO 的职业健康接触限值，旨在保护人体健康；二是综合考虑暴露条件与介质的安全限值，如职业卫生、环境空气、水环境、土壤及食品中有害物质限量标准，其制定须兼顾健康、经济与技术多方面因素。

安全限值的核心在于其对人群健康的保障程度，涵盖保障范围、时效性及健康标准。例如，美国政府工业卫生学家委员会（ACGIH）推荐的阈限值（TLV）确保了工人在特定暴露条件下（每天 8 小时，每周 40 小时）工作时，大多数人在职业生涯中不会遭受有害影响。但须注意，此限值不涵盖所有个体，特别是敏感人群，且仅关注避免明显损害，未明确排除非损害性健康风险。

每日允许摄入量（ADI）是针对食品中特定化学物，旨在保护一般成人终身摄入该物质时不产生健康损害的每日总摄入量上限。这一标准确保了长期摄入的安全。

（李煌元）

思考题

1. 毒性、毒作用与剂量三者之间有何关系？试阐述之。
2. 毒性、危害、风险三者之间的关系辨析。
3. 简述剂量与毒性参数之间的联系。
4. 简述剂量-反应(效应)关系研究提供的信息及用途。

第三章
毒物的生物转运和生物转化

　　毒物的生物转运（biotransportation）和生物转化（biotransformation）是毒理学的核心内容，描述了毒物从外界环境进入机体后，如何被吸收、分布、代谢并最终排泄的完整过程。这一过程不仅是毒物发挥毒作用的前提，也是评估其危害、制订防控措施的关键。本章将介绍毒物在体内的动态变化，首先讲述毒物如何通过不同途径进入机体并被吸收，随后阐述其在体内的分布规律，解释毒物如何到达靶器官并产生作用，同时讨论毒物的排泄过程。接着将详细介绍毒物在体内的代谢过程，即生物转化，包括解毒与活化两种可能的结果，以及如何通过毒物代谢动力学来定量描述这些过程。本章的学习将为理解毒物的毒性机制、评估健康风险提供基础，使读者对毒物在机体内的行为规律有较全面认识。

第一节　概　述

　　剂量是毒理学的核心概念，对评估毒物对生物体的潜在损害作用具有决定性作用。剂量范畴广泛，涵盖暴露剂量、吸收剂量及靶剂量，后者特指毒物到达靶器官的剂量，直接决定了毒作用的性质与程度。此外，毒物在靶器官内的滞留时长同样至关重要，滞留时间延长往往伴随着毒作用发生概率的显著增加。即便在暴露剂量相同的情况下，由于各种毒物具备独特的理化特性，它们在到达特定靶器官的剂量以及在该器官的滞留时间也可能呈现出显著的差异，根本原因在于生物体对不同毒物的处置（disposition）机制存在差异。

　　生物体对毒物的处置流程包括吸收（absorption）、分布（distribution）、代谢（metabolism）及排泄（excretion）四个关键环节，这一连续过程简称 ADME（图 3-1）。毒物生物转运与转化（biotrans-

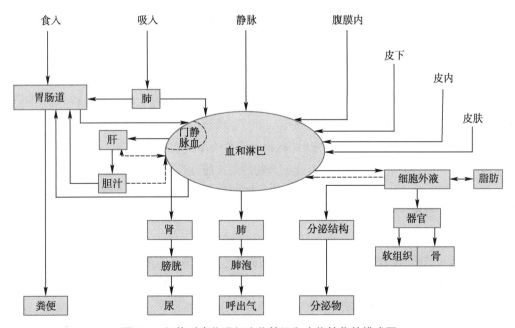

图 3-1　机体对毒物进行生物转运和生物转化的模式图

portation and biotransformation of poison）是指毒物在不改变自身结构和性质的情况下穿过生物膜进行吸收、分布和排泄及在生物体内经历酶促反应或非酶促反应而形成新衍生物的过程。其中吸收、分布和排泄具有共性，都是毒物穿越生物膜的过程，其本身的化学结构和性质不发生变化，故统称为生物转运。代谢与吸收、分布和排泄不同，它涉及毒物在细胞内经历一系列化学反应，导致其化学结构与理化性质发生根本性改变，生成新的代谢产物，这一过程被称为生物转化或代谢转化。生物转运过程包括毒物通过多种途径进入体内后，在血液、组织及细胞间的分布与运输，决定了毒物的影响范围及体内浓度。而生物转化则是通过酶促或非酶促反应改变毒物的化学结构，从而影响其极性和毒性，是机体对毒物进行解毒或活化的重要机制。

此外，化学物直接排出体外或通过改变其理化性质转化为新的衍生物，使其原型在体内减少的过程统称为清除（clearance），主要包括代谢和排泄等。ADME 各环节紧密相连，彼此之间存在显著的交互作用，这些过程往往并行发生，交织在一起，共同构成了毒物在生物体内的动态处置过程。

现代毒理学研究表明，肠道微生物群落在毒物进行生物转运和转化过程中发挥了重要作用。肠道微生物群落展现出多样化的代谢潜能，能够高效分解和代谢体内的多种外源化学物。这些微生物利用复杂的酶系统网络，参与毒物的还原、水解等生物化学转化过程，能够改变毒物的化学结构与生物活性特性。

毒物代谢动力学（toxicokinetics）聚焦于毒物在生物体内经生物转运与生物转化过程中，毒物或其代谢产物浓度随时间变化的动态规律，通过构建精细的数学模型，精确量化各项毒物代谢动力学参数，从而全面描绘生物体处理毒物的特征性动态过程。毒物代谢动力学研究不仅有助于精准定位靶器官，而且还能揭示毒物或其代谢产物浓度与毒作用强度、性质之间的关联，为了解毒作用机制、优化风险管理策略提供了强有力的工具与视角。

毒物的生物转运和生物转化过程共同决定了毒物在靶器官的剂量及其毒作用性质与程度，这一过程涵盖了 ADME（吸收、分布、代谢、排泄）四个关键环节。毒物代谢动力学则定量研究了毒物在生物体内 ADME 过程，为明确毒作用靶器官，解释毒作用机制提供了科学依据。

第二节　毒物的生物转运

一、生物转运的概念

毒物生物转运是指毒物在不改变自身结构和性质的情况下穿过生物膜的过程。其包括吸收、分布和排泄三个过程。毒物通过消化道、呼吸道和皮肤等多种途径被机体吸收，随后经血液运输分布到全身各组织器官。在这些组织器官中，毒物可能被储存，或在组织细胞内发生生物转化，转变为代谢物。最终，这些毒物以其原型或其代谢产物的形式通过各种途径排出体外。

二、毒物跨膜转运过程

（一）生物膜的结构和特点

毒物在体内的转运历程涉及穿越一系列复杂的生物膜屏障。生物膜是指包围细胞或细胞器的膜结构，主要由磷脂双分子层和嵌入其中的膜蛋白组成，具有渗透屏障、物质转运和信号转导等作用。作为细胞及细胞器与外部环境之间的半透性屏障，生物膜包括细胞膜（亦称质膜）以及多种细胞器膜，如核膜、内质网膜、线粒体膜、溶酶体膜等，这些膜结构共同构建了细胞内部精细的分区体系。生物膜不仅维持着细胞内环境稳态，还是膜内外物质交流、生化反应催化及生理活动调控的关键界面。很多毒物具备直接靶向破坏生物膜的能力，通过损害其结构的完整性或干扰其正常功能，在毒作用机制中占据重要地位。

1. 生物膜的结构　生物膜厚度为7～9nm，在结构上展现出高度的相似性，这一共性结构被描述为流动镶嵌模型，其核心构成成分为脂质和蛋白质。

与毒物转运密切相关的生物膜结构和成分有：

（1）磷脂双分子层：磷脂作为典型的两性分子，其核心组成成分主要包括磷脂酰胆碱与磷脂酰乙醇胺。每个磷脂分子都有一个亲水的"头部"与两条疏水的"尾部"。从物质通透性的角度来看，磷脂双分子层对水溶性毒物建立了物理屏障，有效阻碍了这类毒物的扩散。然而，对于多数脂溶性毒物而言，磷脂双分子层的屏障作用则相对较弱，这类毒物通常能较为容易地穿透膜结构，进入细胞内部或实现跨膜转运。

（2）镶嵌蛋白：指整合或贯穿磷脂双分子层结构中的蛋白质分子，对于某些毒物的跨膜转运具有重要意义。一些极性分子、离子以及能够与蛋白质发生特异性结合的毒物，能够以这些载体蛋白或跨膜通道作为路径，穿透生物膜进入细胞内部或实现跨膜转运。

（3）膜孔：生物膜上存在着充满水分的通道结构，这些通道是由嵌入磷脂双分子层中的蛋白质分子上的亲水性氨基酸残基构成，在结构上具有高度的选择性，允许特定类型的分子或离子通过。某些水溶性毒物也可经膜孔进行转运。

2. 生物膜的特点　生物膜的特点如下：

（1）多层结构：包括疏水层、亲水层以及嵌入在膜上的蛋白质等。这种多层结构保证了生物膜的稳定性和功能性，也是毒物进行生物转运的结构基础。

（2）多组分复合物：主要包括膜脂质、膜蛋白、糖类分子及蛋白等。这些生物分子相互作用，共同维持生物膜的结构和功能，同时也参与部分毒物的生物转运过程。

（3）负电性：膜脂质和蛋白质等分子带有负电荷。这种负电性有助于生物膜与周围环境中的离子和分子进行相互作用，从而影响细胞的生理活动。

（4）动态变化：生物膜的各种生物分子之间相互作用，影响生物膜的理化特性。

（5）选择透过性：使得细胞在与环境进行物质交换时，可以根据自身需要有选择地吸收和排出毒物。

（二）毒物通过生物膜的方式

毒物通过生物膜的方式可细分为被动转运、特殊转运及膜动转运。

1. 被动转运（passive transportation）　是指化学物顺浓度差自发地通过生物膜的过程。该过程不需要消耗能量，但移动的速度会随着浓度梯度的减小而减慢。其包括简单扩散（simple diffusion）和滤过（filtration）。

（1）简单扩散：又称"脂溶扩散"，是化学物由高浓度区向低浓度区的穿膜过程。该过程不需要消耗能量，不需要载体，不受饱和、限速、竞争性抑制的影响。简单扩散的速率可通过Fick定律进行量化描述：

$$R=K\times A(c_1-c_2)/d \tag{3-1}$$

在该式中，R代表扩散速率，即单位时间内通过生物膜的物质量。K代表特定毒物的扩散常数，它取决于物质的性质和温度。A代表生物膜的面积，它影响扩散的速率，因为更大的面积提供了更多的扩散路径。c_1 和 c_2 分别代表生物膜两侧的浓度梯度,其中 c_1 通常大于 c_2,表示物质从高浓度区域向低浓度区域扩散。d 则代表生物膜的厚度。在这些参数中,生物膜两侧的浓度梯度(c_1-c_2)对扩散速率的影响最为显著。

脂溶性物质,例如醇类、苯及其衍生物及甾类激素等,主要通过简单扩散机制进行转运。其脂溶性程度可通过脂/水分配系数(lipid/water partition coefficient)来量化,该系数定义为化学物在脂相和水相之间的分配达到平衡时,其在脂相和水相中溶解度的比值。其可反映脂溶性的高低,一般情况下,该系数越大,越容易溶解于脂肪,跨膜转运速率越快。值得注意的是,由于扩散过程须同时穿越生物膜的脂相和水相,因此那些脂/水分配系数极高、仅能完全溶解于脂肪的毒物,实际上难以通过简单扩散实现跨膜转运。

此外,毒物的解离状态对简单扩散过程亦具有重要影响。处于解离态的毒物因其极性增强、脂溶性降低,而不易穿透生物膜的脂相进行扩散;相反,非解离态的毒物由于极性较弱、脂溶性较好,因此更易于实现跨膜扩散。对于弱有机酸和弱有机碱类物质而言,其在体液中的解离态与非解离态的比例,主要取决于其解离常数 pK_a(即该物质 50% 解离时的 pH)以及体液的 pH。在已知 pK_a 和 pH 的情况下,可利用 Henderson-Hasselbalch 公式来计算这些毒物处于解离态与非解离态的具体比例:

有机酸:$pK_a-pH=\log$(非解离态 HA)/(解离态 A^-)

有机碱:$pK_a-pH=\log$(解离态 BH^+)/(非解离态 B)

弱有机酸在酸性环境下、弱有机碱在碱性环境下,多数处于非解离状态,这种状态有利于它们通过生物膜进行转运。

(2)滤过:是指化学物借助于流体静压和/或渗透压梯度穿过生物膜上亲水孔道的过程。这一过程依赖于流体静压和/或渗透压梯度,使得大量水分得以经膜孔流过。在此过程中,溶解于水且分子直径小于膜孔的毒物会随之被转运。肾小球的膜孔较大,可允许分子量小于白蛋白(约为60kDa)的毒物通过,而其他细胞膜上的膜孔则具有更严格的尺寸选择性,通常只允许分子量在数百道尔顿以下的毒物通过。

2. 特殊转运 是指化学物借助于载体或特殊转运系统通过生物膜的过程,包括主动转运(active transport)和易化扩散(facilitated diffusion)。

(1)主动转运:是指化学物在载体的参与下,逆浓度梯度通过生物膜的过程。这一过程具有以下几个显著特点。①结构选择性:转运系统对毒物的结构具有高度的特异选择性,当毒物具备特定的结构特征时才能被该系统转运;②转运极限:载体具有有限的容量,当底物浓度达到一定程度时,转运系统会趋于饱和,即存在转运的最大极限;③竞争性抑制:使用同一转运系统的不同毒物之间可能发生竞争性抑制,相互影响转运效率;④能量消耗:主动转运过程需要消耗能量,因此任何能够阻断细胞能量代谢的物质(如代谢抑制剂)能够阻断该转运过程。主动转运对于毒物在体内的吸收、不均匀分布以及排泄过程均具有重要意义。

代表性的参与毒物及其代谢产物主动转运的主要系统为 ATP 结合盒转运蛋白超家族,也被称为 ABC 转运蛋白超家族,至少包含(A 至 G)7 个不同的亚型,它们在维持胃肠道吸收和血脑屏障中多种内源性物质的稳态方面发挥着关键作用。特别值得关注的是:①ABC 转运蛋白超家族的 B 亚型,也被称为多药耐药蛋白(multidrug resistance protein, MDR)或 P 糖蛋白(P-glycoprotein, P-gp)。它能够促使某些化疗药物从肿瘤细胞中排出,进而导致肿瘤细胞耐药;同时,它还能将毒物转运出小肠细胞、脑上皮细胞、肝细胞及肾细胞等,保护这些细胞免受损害,维持胃肠道和血脑屏障的完整性。②ABC 转运蛋白超家族的 C 亚型,也被称为多耐受药物蛋白,它能够将毒物的代谢产物移出细胞,与葡萄糖醛酸和谷胱甘肽的结合物是其最适宜的转运底物。

(2)易化扩散:又称"载体扩散",是指化学物在载体蛋白的介导下,顺浓度梯度通过生物膜的过程。易化扩散具有不消耗能量和高效率等特点,但对底物有特殊选择性、存在饱和性和竞争性抑制。

参与毒物及其代谢产物易化扩散的主要载体是以溶质载体(solute carriers,SLCs)为主的转运蛋白家族。SLCs 蛋白家族对于维持葡萄糖、神经递质、核苷酸、必需微量元素以及多肽的稳态具有重要意义。迄今为止,该家族中已有 43 个家族的 300 个基因被鉴定出来。其中,以下几个成员最为重要:①有机阴离子转运多肽(organic anion-transporting polypeptide,OATP)是一类位于细胞膜上的双向转运蛋白,能够转运各种酸性、碱性和中性化合物,在肝脏摄取毒物的过程中发挥关键作用;②有机阴离子转运蛋白(organic anion transporter,OAT)是肾脏中负责摄取阴离子的转运体;③肽类转运蛋白(peptide transporter,PEPT)能够转运二肽、三肽以及某些毒物和药物,如 β-内酰胺类抗生素;④有机阳离子转运蛋白(organic cation transporter,OCT)则能够通过易化扩散的方式将毒物转运至肝、肾细胞中。

3. 膜动转运　是指物质通过细胞膜的特殊结构和功能,转运到细胞内或细胞外的过程。膜动转运具有特异、主动选择及消耗能量等特点,包括胞吞作用(endocytosis)和胞吐作用(exocytosis)。膜动转运是细胞与外界环境进行大分子物质交换的重要途径。胞吞作用是指细胞膜内陷、将所摄取的物质包裹成囊泡并转运入细胞内的过程,根据摄取物质的理化性质不同分为吞噬和胞饮作用。而胞吐作用则是指细胞内形成的囊泡与细胞膜融合将胞内物质转运分泌到细胞外的过程。在胞吞作用中,若摄入的是颗粒物质,被称为吞噬作用(phagocytosis);若摄入的是液体或可溶性物质,则被称为胞饮作用(pinocytosis)。某些固体或大分子物质颗粒可以被巨噬细胞和肝、脾中的单核吞噬细胞系统通过膜动转运系统从肺泡和血液中移除,这一过程对于异物的清除具有重要意义。

三、毒物的吸收

吸收是指化学物从机体的胃肠道、呼吸道和皮肤等接触部位透过生物膜进入血液的过程。在毒性实验中,为了特定目的,常采用一些特殊染毒途径,如腹腔注射、静脉注射、皮下注射及肌内注射等。

(一)经胃肠道吸收

胃肠道是毒物的主要吸收途径之一。所有通过大气、水和土壤进入食物链的毒物,均有可能通过胃肠道被吸收。同时,口服或误服的毒物或药物等也主要通过这一途径进入体内。在胃肠道中,毒物的主要吸收方式是简单扩散。然而,也有部分物质能够利用转运营养素或内源化学物的专用主动转运系统进入血液循环。此外,还有少数毒物通过滤过、吞噬作用和胞饮作用等方式被吸收。

整个胃肠道都具备吸收毒物的能力,即使是口腔和直肠也能吸收部分毒物。然而,由于大多数毒物在口腔的停留时间相对较短,且直肠的表面积相对较小,因此这两个部位的吸收量相对较少。在消化道中,毒物的主要吸收部位是小肠,其次是胃。对于弱有机酸和弱有机碱类毒物而言,它们以非解离态存在时才易于被吸收。因此,它们的吸收速率和程度取决于其本身的 pK_a 及胃肠道内的 pH。

胃液 pH 为 0.9~1.8,呈酸性环境,因此弱酸性物质(如苯甲酸)主要呈非解离状态,具有较高的脂溶性,易于在胃内和十二指肠被吸收。相反,弱碱性物质在胃液中大部分呈解离状态,脂溶性较差,因此难以在胃内被吸收。而在小肠内,情况则截然不同。由于小肠内的 pH 接近于 7,呈中性环境,因此弱碱性物质(如苯胺)主要以非解离态存在,易于被吸收。而对于弱酸性物质来说,则正好相反。由于小肠的表面积巨大(绒毛和微绒毛的存在使其表面积增加了约 600 倍),且血流能够不断地将吸收的弱酸性物质由小肠固有层移出,从而保持一定的浓度梯度,因此也有相当数量的弱有机酸能够在小肠内被吸收。

除了简单扩散之外,主动转运也是胃肠道吸收毒物的重要途径之一。由于某些毒物的结构或性质与机体所需的营养素或某些内源化学物相似,因此它们可以利用后者的主动转运系统进入血液循环。例如,氟尿嘧啶可以利用嘧啶的转运系统进行吸收,而铊、钴及锰可以借助铁的转运系统被吸收,铅则可以利用钙的转运系统进入体内。此外,偶氮染料颗粒和聚苯乙烯乳胶颗粒等物质还可以通过吞噬和胞饮作用经胃肠道吸收。

除了胃肠道的 pH、化学物的脂溶性及解离常数等因素外,胃肠道内容物的数量和性质、蠕动和排空速度以及肠道菌群等也都可能对毒物的吸收产生影响。此外,存在于肠道黏膜上皮细胞刷状缘膜上的主动转运蛋白,如 MDR1、MRP2 和 BCRP,可以将它们的底物(如环孢素、紫杉醇、长春新碱及秋水仙碱等)从细胞内排回肠腔,从而降低这些物质的吸收率。通过抑制 MDR1 的活性,可以提高抗肿瘤药物的疗效。

首过消除(first pass elimination)又称“体循环前消除”,是指化学物在进入体循环之前,在胃肠道细胞内代谢或在肝脏进行生物转化或不经生物转化直接排入胆汁,使其毒物原型减少的过程。这一过程可以减少经过体循环到达靶器官的毒物原型的剂量,从而显著影响其毒作用的强度和性质。但某些毒物,如苯并[a]芘、3-甲基胆蒽、顺二甲氨基芪和二氯二苯三氯乙烷(dichloro-diphenyl-trichloroethane,DDT)等,可以通过淋巴管吸收,无须经过肝脏而直接进入体循环并分布至全身。此外,具有腐蚀性或刺激性强的毒物也可以直接损伤胃肠道黏膜而被吸收入血。

（二）经呼吸道吸收

空气中的毒物主要以气态(包括气体和蒸气)以及气溶胶(如烟、雾、粉尘)等形式存在,呼吸道是其主要的吸收途径,而肺则是关键的吸收器官。由于肺泡数量众多、表面积大、肺泡气与血液之间间隔距离短、肺内毛细血管网密集以及血液灌注量大等独特的解剖生理特点,毒物经肺吸收的速度非常快,仅次于静脉注射。

气态毒物与气溶胶经呼吸道的吸收情况存在差异,需分别论述。

气体和蒸气在呼吸道内的吸收与作用部位主要取决于其脂溶性和浓度。鼻咽腔以及上呼吸道的气管、支气管黏膜层内含有丰富的黏液腺,这些黏液腺分泌水性黏液以湿润黏膜表面。对于盐酸、氨等水溶性刺激性气体,如果其浓度不高,可以被上述部位的黏膜层吸收,引起局部充血和不适感;然而如果浓度过高,这些气体则有可能深入下呼吸道甚至肺泡,造成化学性灼伤、局灶性或广泛性肺水肿。相比之下,脂溶性较好的气态物质如二氧化氮、二氧化硫、三氯甲烷等,不易引起上呼吸道的刺激症状,也不易被吸收,但能轻易进入呼吸道深处,通过肺泡以简单扩散的方式被吸收入血。毒物在肺泡气与肺毛细血管血液中的浓度差(或分压差)是影响其吸收速率的主要因素,浓度(分压)差越大,吸收速率越快。在吸收开始时,由于气态物质在肺泡气中的浓度较高,它们会不断溶于血液并被移走。随着吸收过程的进行,溶入血液的分子越来越多,直至达到动态平衡状态(即气态物质由肺泡气进入血液的速度与由血液返回肺泡气的速度相等),此时分压差为零,吸收过程停止。单位时间内气态物质由肺泡气进入血液的速度与由血液返回肺泡气的速度相等时,其在血液中的浓度与在肺泡气中的浓度之比被称为血/气分配系数(blood/gas partition coefficient),反映气态物质分配在血液和肺泡气间的平衡状态。对于特定的气态物质而言,这是一个常数。例如,乙烯的血/气分配系数为 0.14,二硫化碳为 5,苯为 6.85,三氯甲烷为 20,乙醇为 1300,甲醇为 1700。血/气分配系数越大的物质在血液中的溶解度越高,越容易被吸收,同时达到平衡所需的时间也越长。

肺通气量和经肺血流量对于维持气态物质在肺泡气与血液之间的分压差具有至关重要的作用。对于血/气分配系数较大的物质,呼吸的频率和深度(即通气限制)会影响其到达肺泡气中的浓度,因此,肺通气量越大,越有利于这些物质的吸收。相反,对于血/气分配系数较小的毒物,经肺血流量(即灌注限制)则决定了其被吸收后从血液中移走的速度,该流量越大,越有利于这些毒物的吸收。

气溶胶中雾的吸收机制与气态毒物相似,主要受其脂溶性和吸入浓度的影响。而烟和粉尘的颗粒直径大小与其在呼吸道中的沉积部位密切相关。直径为 5μm 或更大的颗粒物通常因惯性冲击而沉积于鼻咽部。沉积于无纤毛的鼻前庭处的颗粒物可通过擦拭或打喷嚏而被清除;沉积于有纤毛的鼻表面黏液层的不溶性颗粒物则可通过纤毛运动在数分钟内被咽下;可溶性颗粒物则会溶解于黏液中,并被转移至咽部或通过鼻上皮细胞吸收入血。直径约为 2.5μm 的细颗粒物主要依靠重力沉降于气管、支气管区域,并通过呼吸道纤毛推动的黏液层逆向运动移至口腔,最终被咳出或吞咽后经胃肠道吸收,咳嗽或打喷嚏可以明显加快这一过程。直径≤1μm 的颗粒物可以到达肺泡并被吸收入血,也可通过抽吸等物理过程和/或被肺泡巨噬细胞吞噬而移行至细支气管末端,通过黏液-纤毛系统清除;此外,它们还可能进入淋巴系统并在其中长期存留。直径≤0.1μm(100nm)的颗粒称为超细颗粒或纳米颗粒,其中粒径在 10~20nm 的颗粒最有可能在肺泡内沉积并被吸收入血,或由巨噬细胞吞噬后经淋巴系统清除。

颗粒物常作为气体、蒸气和烟尘的载体,会增加污染物在呼吸系统内的存留时间和作用时间。$PM_{2.5}$ 是指大气中直径≤2.5μm 的颗粒物,与较大的颗粒物相比,$PM_{2.5}$ 粒径小,可吸附大量的毒物,且在大气中停留时间较长、输送距离较远,因此对人体健康和大气环境质量的影响较大。此外,纳米颗粒倾向于吸附更多数量的毒物到达肺泡深处,从而增加其毒性。研究认为,与粒径大小相比,纳米颗粒表面吸附物的特性是其毒性大小的决定因素。

（三）经皮肤吸收

皮肤是机体与环境有害因素之间的主要屏障,主要由表皮层和真皮层构成。其中,位于表皮最上层的角质层含有紧密堆积的死亡角化细胞,构成了毒物经皮吸收的限速屏障。毒物主要通过表皮进行吸收,且在此过程中必须穿透多层细胞才能进入真皮层的小血管和毛细淋巴管。尽管皮肤附属物(如毛囊、汗腺和皮脂腺)能使少量毒物以较快的速度吸收,但由于它们的总截面积不到皮肤总面积的 1%,因此在吸收过程中处于次要地位。

毒物经皮吸收的过程可分为穿透阶段和吸收阶段。

穿透阶段是指毒物通过被动扩散方式透过角质层的过程。通常认为,非极性物质透过角质层的能力与其脂溶性成正比,与其分子量成反比,分子量>400Da 的物质难以透过角质层。此外,毒物在身体不同区域透过角质层的难易程度也有所不同,阴囊处最易通过,手臂、后背、腿部及腹部次之,而手和脚掌则最为困难。一般角质层越厚,毒物越不易透过。然而,不存在完全不能透过的部位。水溶性物质虽然难以透过角质层,但它们可通过毛囊、汗腺和皮脂腺进入表皮深层。

吸收阶段则是指毒物通过表皮深层(包括颗粒层、棘层和生发层)和真皮层,并经毛细血管或毛细淋巴管进入体循环的过程。这些细胞层中含有非选择性的多孔水相扩散介质,其屏障作用远小于角质层。影响毒物吸收的因素包括血流量、间质液体的移动以及真皮成分之间的相互作用。

除了分子量大小和脂溶性外,影响毒物经皮肤吸收的因素还包括角质层的完整性及水化状态、外界温度等。能损害角质层的物质(如酸、碱、二甲基亚砜、芥子气等)可以使皮肤的通透性升高,潮湿的皮肤可使角质层结合水的数量增加 3~5 倍,通透性增加 2~3 倍。此外,皮肤充血及局部炎症等状况也有利于毒物的吸收。

(四)经其他途径吸收

除了上述三种主要的吸收途径外,毒理学实验中还经常采用静脉、腹腔、皮下和肌内注射等途径对实验动物进行染毒。静脉注射能使受试物直接进入血液,从而避免了吸收过程,因此往往导致最为迅速和明显的毒性效应。腹腔由于血液供应丰富且表面积大,使得经腹腔注射的受试物吸收速度较快。腹腔吸收后的受试物主要经门静脉进入肝脏,再进入体循环。皮下和肌内注射的吸收速度相对较慢,这主要受到局部血液量和毒物剂型的影响。然而,上述两种注射途径均可使受试物直接进入体循环。

四、毒物的分布

(一)毒物的分布特点

分布是指化学物吸收后随血液或淋巴液分散在机体各组织器官的过程,受到化学物的脂溶性、分子大小与形状、电离度和组织血流量等因素的影响,这一过程通常可以迅速发生。毒物在体内的分布往往并不均匀,其到达各组织器官的速度也存在差异。在初期阶段,影响毒物分布的主要因素是组织器官的血流量。随后,毒物与不同组织的亲和力成为决定其分布的关键因素。一般情况下,在毒物被吸收后的数分钟内,高血液灌注量的器官如心、肝、肾、肾上腺、甲状腺、肺、小肠等,会富集较多的毒物。相比之下,低血液灌注量的脏器,如皮肤、结缔组织、脂肪以及静止状态的骨骼肌等,则毒物分布量较少。随着时间的推移,毒物的分布会受到其经膜扩散速率以及与组织器官亲和力的影响,发生再分布(redistribution)现象。例如,铅被吸收后,最初主要分布于红细胞和肝、肾等软组织中。但 1 个月后,体内的铅大约有 90% 会转移到骨骼并沉积其中。

(二)毒物在组织器官的贮存

毒物的吸收速度若超过其代谢与排泄的速度,导致以相对较高的浓度在某些组织器官中富集的现象,被称为蓄积(accumulation)。众多毒物均具备蓄积的特性。例如,CO 能与红细胞中的血红蛋白结合,而铅则会在骨骼中贮存。毒物的蓄积部位可能是其毒作用的靶器官,例如百草枯蓄积于肺部,可引发肺组织的充血、水肿、炎症、坏死以及广泛的纤维化。然而,蓄积部位也可能仅是毒物的存积地点,并不直接产生毒作用,例如 DDT 虽然在脂肪中的含量最高,但其所致的毒作用却主要发生在神经系统等组织。贮存库(storage depot)是指化学物以相对较高浓度蓄积的部位。这些部位的化学物与其在血浆中的游离型保持动态平衡。随着血浆中游离毒物的消除,贮存库中的毒物会逐渐释放并重新进入血液循环。若蓄积部位并非靶器官,贮存库实际上可以减少到达毒作用部位的毒物数量,从而降低毒性效应的强度,对于急性中毒具有一定的保护作用。然而,由于血浆中的游离型毒物与贮存库中的毒物之间存在动态平衡,当血浆中的毒物因代谢和排泄过程而减少时,贮存库便成为持续释放毒物的源头,使得毒物在机体内的作用时间延长,并可能引发毒性反应。因此,贮存库被认为是慢性毒作用发生的物质基础。在机体处于应激状态时,贮存库中的毒物可能会大量释放进入血液,从而引起明显的毒性效应。以下分别阐述血浆蛋白、肝、肾、脂肪组织、骨骼作为贮存库的功能和毒理学意义。

1. 血浆蛋白作为贮存库　吸收入血的毒物能够与多种血浆蛋白结合,其中绝大多数毒物倾向于与白蛋白结合。例如,血液中呈离子态的酸性、碱性及中性物质均可与白蛋白结合。此外,其他的血浆蛋白,如转铁蛋白(一种β球蛋白)能与铁结合;铜蓝蛋白能与铜结合;α-和β-脂蛋白能与多种脂溶性物质结合;而$α_1$-酸性糖蛋白则能与碱性物质结合。

毒物与血浆蛋白的结合是暂时的、可逆的。结合型毒物与游离型毒物之间维持着动态平衡。当游离型毒物分布到其他组织器官或排出体外时,血浆中的毒物浓度会降低,此时结合型毒物会与血浆蛋白分离,重新成为游离型。值得注意的是,血浆蛋白的数量是有限的,当其结合能力达到饱和时,如继续接触毒物,会导致血浆中游离型毒物的浓度显著升高,从而增强毒作用。当两种毒物均可与同一种血浆蛋白结合时,会发生竞争现象。在这种情况下,结合能力较弱的毒物会成为游离型并发挥其毒作用。例如,DDT的代谢产物双对氯苯基二氯乙烯(DDE,俗称滴滴伊)可将已经与白蛋白结合的胆红素置换出来,导致其在血液中的游离型增多,进而引发黄疸。此外,pH、离子强度和温度等因素也会影响毒物与血浆蛋白的结合。

2. 肝、肾作为贮存库　肝和肾对于毒物展现出强大的结合能力,导致许多毒物在这两个器官中的浓度显著高于其他组织器官。这一特性可能与它们的代谢和排泄功能密切相关。在肝细胞中,有机阴离子转运多肽能与多种有机酸结合,并在有机阴离子从血浆向肝脏的转运过程中发挥关键作用。此外,肝和肾中还含有一种巯基含量极高的可诱导金属硫蛋白(MT),这种蛋白能与镉、汞、锌、铅等多种金属结合。但是在不同的脏器,这种结合可产生不同的结局。在肝脏内,镉与MT的结合促使镉的蓄积,防止其经胆汁排泄。然而在肾脏中,镉与MT的结合产生极强的毒作用,引发肾损伤。

3. 脂肪组织作为贮存库　环境中的许多有机毒物,如氯丹、DDT、二噁英、呋喃、多氯联苯和多溴联苯等,具有高脂溶性,因此它们易于分布并蓄积在脂肪组织中。这些毒物在脂肪组织中蓄积时并不展现生物学活性,并且可以降低其在靶器官中的浓度,从而对机体产生一定的保护作用。肥胖个体的体脂含量可高达50%,远高于消瘦个体的体脂含量(约为20%),这使得肥胖个体对脂溶性毒物的耐受力相对较强。然而,当发生快速的脂肪动员时,蓄积在脂肪组织中的毒物会大量释放进入血液,导致游离型毒物的浓度骤然增加,这可能造成靶器官的损害。

4. 骨骼作为贮存库　骨骼是某些毒物的主要贮存部位。例如,铅和锶能够通过置换骨质羟磷灰石晶体基质中的钙、氟替代骨质中的羟基而沉积在骨骼中。尽管传统上认为铅的沉积对骨骼没有明显的毒性,但最新的研究发现,铅实际上是骨质疏松的潜在危险因素。氟可以对骨质造成损害,进而引发严重的氟骨症;而放射性锶则有可能导致骨肉瘤的发生。部分毒物与骨组织的结合是可逆的。这些毒物可以通过晶体表面的离子交换和破骨活动从骨骼中释放并进入血液,从而使血浆中的毒物浓度增加,再次对机体造成损害。

(三)体内影响毒物分布的特殊屏障

某些器官或组织的生物膜因其独特的形态学结构和生理学功能,能够有效地阻止或延缓特定毒物的进入,这类生物膜被称为屏障(barrier)。其中,位于脑部的血脑屏障(blood-brain barrier, BBB)和血-脑脊液屏障(blood-cerebralspinal fluid barrier, BCSFB),以及位于母体和胎儿血液循环之间的胎盘屏障(placental barrier)都具有重要意义。这些屏障在保护中枢神经系统和胎儿免受毒物损害方面发挥着关键作用。

1. 血-脑屏障和血-脑脊液屏障　血-脑屏障阻止毒物渗透的解剖及生理基础包括以下几方面:①血-脑屏障主要由毛细血管内皮细胞构成,这些细胞间连接紧密,能有效阻止极性物质的通过；②脑内毛细血管大部分被星形胶质细胞所包围，这不仅能维持屏障的完整性，还能分泌特定的化学因子来调节毛细血管内皮细胞的渗透性；③毛细血管内皮细胞具备乳腺癌耐药蛋白（breast cancer resistance protein，BCRP）、P-gp 和 MRP 等主动转运蛋白，这些蛋白能将阴离子、阳离子、中性分子（包括某些脂溶性物质）以及结合反应产物等逆向转运回血液中；④脑脊液中的蛋白质含量极低，这一特点可限制水溶性分子的通过。因此，仅有那些同时具备脂溶性和非主动转运蛋白底物的毒物，才有可能穿透血-脑屏障进入脑内。

血-脑脊液屏障位于循环血液与脑脊液之间，由脉络丛、蛛网膜以及脑室周围的部分区域共同构成。其位于脑脊液侧的内皮细胞具有紧密的连接结构和主动转运系统，加之脑脊液中极低的蛋白质含量，均可防止毒物透过。

与机体其他部位的转运机制相似，仅在血液中处于游离状态的毒物才能在脑组织中分布并达到动态平衡。在此过程中，毒物的脂溶性和解离度决定了其通过脑部屏障的转运速率。一般而言，脂溶性增强可以加速毒物进入中枢神经系统，而解离则有减缓毒物进入中枢系统的作用。例如，无机汞的脂溶性弱，难以进入脑组织；而甲基汞的脂溶性强，则能穿越脑部屏障，损害中枢神经系统。此外，新生儿出生时血-脑屏障尚未发育完全，因此对吗啡、铅等化学物质的毒性效应更加敏感。

2. 胎盘屏障　胎盘屏障由一层或多层细胞构成，这些细胞分隔了母体和胎儿的血液循环。胎盘细胞层数量因动物物种和妊娠阶段的不同而有所差异。具体而言，猪、马、驴的胎盘由 6 层细胞构成，称为上皮绒膜胎盘；羊、牛的胎盘由 5 层细胞构成，称为联合绒膜胎盘；猫、犬的胎盘由 4 层细胞构成，称为内皮绒膜胎盘；人、猴的胎盘由 3 层细胞构成，称为血绒膜胎盘；而大鼠、豚鼠的胎盘仅由 1 层细胞构成，称为血内皮胎盘。家兔在妊娠初期胎盘有 6 层细胞，但到了妊娠末期则减少为 1 层细胞。一般认为，胎盘屏障的作用相对有限，许多毒物包括药物、农药、重金属、有机溶剂等，均能通过胎盘转运至胎儿体内。

毒物通过胎盘屏障的主要机制是简单扩散。因此，任何能影响简单扩散速率的因素都可能影响毒物经胎盘的转运。脂溶性高的毒物能迅速在母体和胚胎之间达到动态平衡，此时母体和胎儿血液中的毒物浓度相同。胎儿组织中的毒物浓度取决于该组织对毒物的富集能力。例如，胎儿的肝脏对某些毒物无富集能力，因此这些毒物在胎儿肝脏中的浓度较低。由于胎儿的脂肪含量极少，所以对于高脂溶性物质（如四氯二苯并-*p*-二噁英）无蓄积能力。胎儿的脑部屏障尚未发育完善，使得铅和二甲基汞等毒物易于进入胎儿脑部并以较高浓度滞留。

胎盘具有多个主动转运系统，如内源性嘌呤和嘧啶的载体能将与其结构类似的某些代谢物从母体转运至胎儿体内。同时，胎盘合体滋养层细胞还具有 BCRP、P-gp 和 MRP 等转运蛋白，这些蛋白能有效排出某些毒物，从而保护胎儿免受伤害。此外，胎盘还具有生物转化能力，能将某些毒物代谢解毒。

五、毒物的排泄

排泄是指化学物在体内通过代谢、分解等方式转化为代谢产物后，经尿液、汗液、粪便等途径排出体外的过程。其中，最主要的途径是通过肾脏随尿液排出体外，其次是随粪便排出。经肺部排出的主要是气态毒物。此外，一些毒物还可以通过脑脊液、乳汁、汗液、唾液等生物分泌物以及毛发和指甲等途径排出体外。

（一）经肾脏排泄

肾脏是机体中最为重要且效率极高的排泄器官。毒物经由肾脏排泄的机制与其排出内源性代谢产物的机制相似,主要涵盖肾小球滤过和肾小管分泌这两种方式。

1. **肾小球滤过** 肾脏拥有丰富的血液供应,其血流量约占心搏出量的25%,其中约有80%的血液会通过肾小球进行滤过。肾小球的毛细血管具有较大的膜孔(约为70nm),这使得分子量小于白蛋白(60kDa)的物质,只要它们不与血浆蛋白结合,都有可能在肾小球进行滤过。

进入肾小管管腔的毒物有两种途径:一是随尿液排出体外,二是被肾小管重新吸收。具有高脂/水分配系数的毒物可以通过简单扩散的方式进入肾小管上皮细胞,并被重新吸收入血;而水溶性较高的毒物则更倾向于随尿液排泄。弱酸性和弱碱性物质的排泄情况受到尿液pH的影响。在pH较高的尿液中,弱酸性物质多数处于解离状态,从而可以被大量排出体外;相反,在pH较低的尿液中,弱碱性物质多数也处于解离状态,同样易于被排出。因此,可以通过药物调整尿液的pH,以促进特定毒物的排泄。例如在治疗苯巴比妥中毒时,给予碳酸氢钠以碱化尿液,可以促进其解离与排泄。在生理条件下,尿液的pH通常维持在6~6.5,低于血浆的pH,有利于弱酸性物质的排泄。

2. **肾小管分泌** 这一过程多为主动转运,与蛋白结合的毒物也可通过此方式进行转运。被分泌至肾小管管腔内的毒物,既有可能随尿液排出体外,也有可能被重新吸收。在肾小管中,有多个转运蛋白家族参与这两个过程,例如,OAT、OCT和OATPs等转运蛋白可将毒物由血液转运至肾小管细胞,随后MRP和BCRP等转运蛋白再将其排入肾小管管腔。在重吸收过程中情况则相反,先由OAT和OATP等转运蛋白将肾小管管腔中的毒物转运至肾小管细胞,再由MRP等转运蛋白将其输送回血液。与其他主动转运系统相似,经肾小管分泌的毒物之间也存在竞争现象。例如,丙磺酸可有效降低青霉素通过有机酸转运系统的排出速度。

经肾小球滤过的小分子血浆蛋白也可被肾近曲小管重新吸收。如果毒物与这些血浆蛋白结合,就可能对近曲小管造成损伤。例如,镉与金属硫蛋白的结合物被肾小管重新吸收,是其导致肾毒作用的主要原因;三甲基戊烷与α_{2u}-球蛋白结合后被大鼠的近曲小管吸收,可导致肾病和肾肿瘤的发生。由于肾脏的许多功能在出生时尚未发育完全,新生儿对于一些毒物的排泄能力相对较弱,因此对毒物作用更加易感。通常情况下,尿液中的毒物浓度与血液中的毒物浓度呈正相关,因此,测定尿液中毒物或其代谢产物的浓度往往可以间接反映机体的吸收情况以及毒物负荷状况。

(二)经粪便排泄

1. **随胆汁排出** 这是毒物经粪便排泄的主要途径。经过肝脏生物转化形成的代谢产物以及某些毒物的原型可以直接排入胆汁,并最终随粪便排出体外。大多数经胆汁排出的毒物都经历了肝内代谢过程,导致它们的水溶性增强,在进入肠道后,这些毒物会随粪便排出体外。然而,葡萄糖醛酸结合物和硫酸结合物可能会被肠道菌群水解,导致它们的脂溶性增强并被重新吸收入肝,形成肠肝循环。肠肝循环是指化学物经肝脏生物转化形成的葡萄糖醛酸和硫酸结合物等,随胆汁排入肠道后被肠道再次吸收,通过门静脉输送至肝脏的过程。这种循环会延长毒物的生物半衰期,对机体产生不利影响。例如,甲基汞主要通过胆汁从肠道排出,但由于肠肝循环的存在,其半衰期会延长至70天。在临床上,给予甲基汞中毒患者口服巯基树脂可以与其结合,阻止其重吸收,并促进其从肠道排出。

毒物主要通过特定的转运机制排入胆汁,这一过程中,肝细胞内的各种转运蛋白发挥着关键作用。OATP、OAT和OCT等转运蛋白负责将毒物从血液转运至肝脏;而MDR1和MRP2则负责将肝细胞内的毒物或其代谢产物转运至胆汁中;另外,MRP3则负责将它们重新转运回血液。

毒物的种类和动物物种在决定毒物是排入胆汁还是排入尿液这一过程中起着至关重要的作用。通常,低分子量的毒物很少通过胆汁排出,而分子量>325Da的毒物或其结合物,如谷胱甘肽或葡萄糖醛酸结合物,则可能通过胆汁排出一定剂量的毒物。对于同一种毒物,不同物种间经胆汁的排出量也可能存在显著差异。

2. **混入食物排出** 某些毒物经胃肠道摄入后未被吸收,它们会与未被消化吸收的食物混合,并随粪便一起排出体外。

3. **肠道排泄** 毒物可以通过被动扩散的方式直接从血液转运至小肠腔内,同时也可以在小肠黏膜处经过生物转化后排入肠腔。此外,小肠细胞的快速脱落构成了毒物进入肠腔的另一种途径。相较于其他排泄方式,肠道排泄的过程相对缓慢,通常只有那些生物转化速率较低和/或肾脏、胆汁清除量较少的毒物才会主要以此种方式进行排泄。另外,大肠内还存在有机酸和有机碱的主动排泌系统。

4. **肠道菌群转化** 肠道菌群是构成粪便的主要成分之一,占粪便干重的30%~42%。肠道菌群能够摄取毒物并对其进行生物转化,因此粪便中的许多化学物质实际上是毒物的代谢产物。

(三)经呼吸道排泄

在正常体温条件下以气态存在的物质以及具有挥发性的液体,均可通过简单扩散的方式经由肺部排出。其排出速度与吸收速度呈反向关系。血液中溶解度较低的物质如乙烯,可以经由肺部快速排泄;而溶解度较高的物质,如氟烷、甲氧氟烷等氟烃类麻醉剂,则排泄速度相对缓慢。在血液中溶解度低的气态物质,其排出速度主要受灌注速率的限制;溶解度较高的物质,其排出速度则主要受到通气速率的限制。

(四)经其他途径排泄

1. **脑脊液** 脑脊液排出毒物的过程涉及主动转运机制。多种脂溶性毒物均可随脑脊液穿越蛛网膜,从而离开中枢神经系统。

2. **乳汁** 毒物进入乳汁的方式主要是简单扩散。脂溶性毒物,如艾氏剂、氯丹、DDT、多氯联苯、多溴联苯、二噁英和呋喃等,可以随脂肪从血液进入乳腺,并主要通过乳汁排泄。此外,化学性质与钙类似的金属(如铅)以及能与钙形成配位体的螯合剂也可以从乳汁中排出。部分毒物不仅可以通过母乳进入婴儿体内,还可以随乳制品进入人体。

3. **汗液和唾液** 非解离态、脂溶性的毒物可通过简单扩散的方式排入汗液和唾液。随汗液排泄的毒物可能引起皮炎,而随唾液排泄的毒物则可能被咽下并经胃肠道吸收。

4. **毛发和指甲** 砷、汞、铅、锰等重金属可以富集于毛发与指甲中,当这些组织脱落时,毒物也会随之排出。因此,毛发和指甲中重金属等物质的含量可以作为暴露生物标志物。

第三节 毒物的生物转化

一、生物转化的概念

生物转化即生物体对毒物处置的吸收、分布、代谢及排泄这四个关键环节中的"代谢"这一过程。毒物生物转化(biotransformation of poison)又称"毒物代谢转化",是指毒物经酶促反应或非酶促反应而形成新衍生物的过程。此过程可能改变毒物的化学结构和理化特性,从而影响毒作用的强度和性质,以及在体内的分布过程和排泄速度。

生物转化是机体对毒物进行处置的重要环节,也是机体维持稳态的主要机制。大多数情况下,毒物经生物转化后其水溶性显著增加。脂溶性较高的毒物更易被机体吸收且不易被排泄,如果没有生物转化过程，它们的排泄将极其缓慢进而在体内蓄积。因此，生物转化可增加毒物的水溶性，促进其通过尿液或粪便排泄。当然也存在例外，例如脂溶性物质可透过血-脑屏障和血-睾屏障，进入中枢神经系统或睾丸内的毒物经生物转化后水溶性增强，反而难以透过血-脑屏障和血-睾屏障排出，此时生物转化则阻碍了毒物从该器官排出。

多数毒物生物转化后毒性降低，毒作用减弱。毒物在生物体内经酶促反应或非酶促反应生成低毒或无毒衍生物的过程，称为代谢解毒（metabolic detoxication）。但某些毒物经过生物转化后生成活性更强的衍生物，这个过程称为代谢活化（metabolic activation）。这些活性更强的衍生物容易和大分子物质结合，产生致突变、致癌和致畸作用，如农药对硫磷可在体内代谢为毒性更大的对氧磷；氯乙烯、苯并[a]芘等本身不致癌，但其代谢物具有致癌作用。

二、生物转化酶

生物转化酶是催化生物转化反应的酶，亦称代谢酶，通常具有广泛的底物特异性，一类或一种酶可代谢几种外源化学物，也可代谢许多内源性物质如乙醇、丙酮、甾体激素、维生素 A 和 D、胆红素及脂肪酸等。生物转化酶包括结构酶和诱导酶，前者可在体内持续表达，后者则需经毒物刺激或诱导而合成。不同个体间某些生物转化酶的结构（氨基酸序列）可能存在差别，其代谢活性也不同，这是由遗传基因多态性所致。

生物转化酶广泛分布于机体各种组织。在脊椎动物，肝脏的生物转化酶种类最多、活性最强，小肠次之，皮肤、肺、鼻和眼等器官也有生物转化酶。其他如肾、肾上腺、胰、脾、心脏、脑、睾丸、卵巢、胎盘、血浆、血细胞、血小板、淋巴细胞和大动脉等也有一定的代谢能力。另外，肠道中的微生物对某些毒物的生物转化也发挥重要作用。

在肝脏和大多数组织的细胞中，生物转化酶主要位于内质网（微粒体）和胞质，而线粒体、细胞核和溶酶体中分布较少。生物转化酶的亚细胞分布与毒物的溶解性相适应，高脂溶性物质的代谢酶多位于生物膜，而高水溶性物质的代谢酶多位于胞质。主要生物转化酶及其亚细胞定位见表 3-1。

三、毒物生物转化反应类型及其酶系

毒物的生物转化反应一般分为Ⅰ相反应（phase Ⅰ biotransformation）和Ⅱ相反应（phase Ⅱ biotransformation）两大类，也是生物转化过程的两个阶段。Ⅰ相反应包括氧化反应、还原反应和水解反应，通常通过这些反应可对底物引入或暴露其中潜在的极性功能基团，如—OH、—COOH、—NH$_2$、—SH 等，增加底物的水溶性和生物活性。Ⅱ相反应又称"结合反应"，指化学物经Ⅰ相反应后引入或暴露的化学基团与内源性辅因子之间发生的生物合成反应，包括葡萄糖醛酸结合、硫酸结合和乙酰化等，这些反应需要酶的参与并消耗能量。

对于大多数化学物，其生物转化过程通常是先发生Ⅰ相反应再发生Ⅱ相反应，Ⅰ相反应后可接着进行一种或几种Ⅱ相反应。但有些化学物的生物转化也可不经Ⅰ相反应，而是直接发生Ⅱ相反应。例如，吗啡可直接与葡萄糖醛酸结合，生成吗啡-3-葡萄糖醛酸。

（一）Ⅰ相反应及其酶系

1. 氧化反应 氧化反应（oxidation）是反应底物失去电子或氢原子，或获得氧原子的过程。氧化反应通常是化学物代谢的第一阶段反应，由多种酶系催化，包括细胞色素 P450 酶系和黄素单加氧酶等。氧化反应主要发生在肝脏内质网（微粒体），也可以发生在线粒体和胞质。微粒体

表 3-1 生物转化酶及其亚细胞定位

反应	生物转化酶	部位
氧化反应	细胞色素 P450	微粒体
	黄素单加氧酶	微粒体
	过氧化物酶	微粒体
	醇脱氢酶	胞质
	醛脱氢酶	线粒体、胞质
	醛氧化酶	胞质
	黄嘌呤氧化酶	胞质
	单胺氧化酶	线粒体
	双胺氧化酶	胞质
还原反应	偶氮和硝基还原	肠道菌群、微粒体、胞质
	羰基还原	胞质、微粒体、血液
	醌还原	胞质、微粒体
	还原脱卤	微粒体
	脱氢	微粒体
	脱羟基	胞质
水解反应	酯酶和酰胺酶	微粒体、胞质、溶酶体、血液
	肽酶	血液、溶酶体
	环氧化物水解酶	微粒体、胞质
结合反应	UDP-葡萄糖醛酸转移酶	微粒体
	磺基转移酶	胞质
	谷胱甘肽 S-转移酶	胞质、微粒体、线粒体
	氨基转移酶	线粒体、微粒体
	N-乙酰转移酶	线粒体、胞质
	甲基转移酶	胞质、微粒体、血液

（microsome）是组织细胞经匀浆和差速离心后，由内质网形成的囊泡和碎片，而非独立的细胞器。

（1）细胞色素 P450 酶系（cytochrome P450 enzyme system）催化的氧化反应：细胞色素 P450 酶系是毒物代谢的关键酶系之一，该酶系中的血红素铁在还原态时与一氧化碳结合形成的复合物在光谱 450nm 处有最大的吸收峰。细胞色素 P450 酶系又称为混合功能氧化酶（mixed function oxidase，MFO）或单加氧酶（monooxygenase）。无论是催化反应的多样性，还是使化学物解毒或活化为活性中间产物（reactive intermediate）的数量，细胞色素 P450 酶系参与的反应均居于首位。细胞色素 P450 酶系广泛分布于各种组织中，但在肝细胞内质网（微粒体）中含量最多，且滑面内质网多于粗面内质网。

细胞色素 P450 酶系主要由三部分组成：血红蛋白类（细胞色素 P450 和细胞色素 b_5）、黄素蛋白类（NADPH-细胞色素 P450 还原酶和 NADH-细胞色素 b_5 还原酶）和磷脂。其中，细胞色素 P450 最为重要，是催化反应的活性中心。黄素蛋白和细胞色素 b_5 是电子转运体，将电子从 NADPH 或 NADH 传递至细胞色素 P450。细胞色素 b_5 还可增加细胞色素 P450 与底物的亲和力。磷脂的作用是固定酶系的各种蛋白成分,以及促进细胞色素 P450 与 NADPH-细胞色素 P450 还原酶之间的偶联反应。

　　细胞色素 P450 是一个蛋白超家族,根据氨基酸序列可对其进行分类和命名。具体的分类原则为:不同细胞色素 P450 间,氨基酸序列相似性<40% 的,划分为不同的基因家族;在 40%~55% 的,归为同一基因家族的不同亚族;高于 55% 的则属于同一亚族的成员。命名方法为:用斜体字 *CYP* 代表除小鼠和果蝇(用 *Cyp* 表示)之外所有物种的细胞色素 P450 基因,其后的阿拉伯数字代表基因族,接下来的大写英文字母代表基因亚族(小鼠和果蝇用小写英文字母表示),字母后的阿拉伯数字代表基因亚族中的一个基因。例如,*CYP1A1* 表示细胞色素 P450 的第 1 基因族 A 亚族的第 1 基因。所有物种的细胞色素 P450 基因表达产物(酶,也可理解为相应的 mRNA、cDNA 和蛋白)用正体大写字母表示,如 CYP1A1、CYP1A2 等。

　　目前认为,与化学物代谢有关的细胞色素 P450 主要涉及 3 个基因家族,即 *CYP1*、*CYP2* 和 *CYP3*。

　　细胞色素 P450 酶系催化的基本反应是单加氧反应。该反应中,一个氧原子掺入到底物(RH)中,另一个氧原子与 NADPH 提供的质子结合,还原为水。催化的总反应式为:

$$底物(RH) + O_2 + NADPH + H^+ \longrightarrow 产物(ROH) + H_2O + NADP^+$$

　　细胞色素 P450 酶系对底物的催化过程包含以下 7 步反应,组成一个循环(图 3-2):①氧化态的细胞色素 P450 与底物结合,形成 RH-P450(Fe^{3+})复合物;②血红素中的 Fe^{3+} 接受 NADPH-细胞色素 P450 还原酶从 NADPH 转运来的 1 个电子,还原为 Fe^{2+};③1 个氧分子与还原态细胞色素 P450-底物复合物结合,形成三元复合物;④该复合物接受第 2 个电子(由 NADPH-细胞色素 P450 还原酶或细胞色素 b$_5$ 转运而来)和 1 个 H^+,形成 $Fe^{2+}OOH$ 复合物;⑤第 2 个 H^+ 的加入使该复合物裂解为水和 $(FeO)^{3+}$ 复合物;⑥$(FeO)^{3+}$ 复合物将氧原子转移到底物,形成氧化的 ROH 产物;⑦释放 ROH 产物,

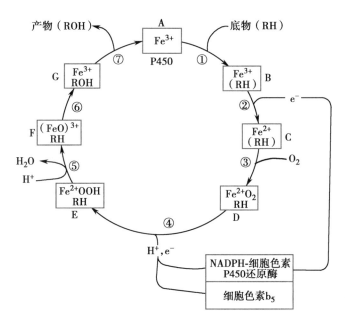

图 3-2　细胞色素 P450 酶系催化的反应过程

细胞色素 P450 从还原态恢复为氧化态,又可与底物结合,开始新一轮的循环。

如果上述循环出现中断,可依具体节点的不同,发生单电子还原、超氧阴离子形成、过氧化氢生成、过氧化物旁路等其他反应。

细胞色素 P450 酶系催化的主要反应类型有:

1)脂肪族羟化:脂肪族化合物末端倒数第一个(ω-碳)和/或第二个碳原子(ω-1 碳)被氧化,形成相应的醇或二醇。例如,有机磷杀虫剂八甲磷(OMPA)在体内可发生脂肪族羟化,生成羟甲基八甲磷,后者对胆碱酯酶的抑制能力是八甲磷的 10 倍。

$$R—CH_2—CH_3 + [O] \longrightarrow R—CH_2—CH_2OH$$

2)芳香族羟化:芳香环上的氢被氧化后,生成酚。例如苯羟化可生成苯酚,苯胺羟化可生成对氨基酚或邻氨基酚。

$$C_6H_6 + [O] \longrightarrow C_6H_5OH$$

3)环氧化:在脂肪族和芳香族物质的两个碳原子间的双键部位引入一个氧原子,形成环氧化物。环氧化是某些化学物质代谢活化的重要步骤。如黄曲霉毒素 B_1(AFB$_1$)、氯乙烯和苯并[a]芘等可经此反应转化为亲电子剂,毒性增强。

$$R—CH—CH—R' + [O] \longrightarrow R—\overset{\displaystyle O}{\overset{\diagup\diagdown}{CH—CH}}—R'$$

4)杂原子(S—、N—、I—)氧化和 N-羟化:含有硫醚键(—C—S—C—)的化学物可发生 S-氧化反应,转化成亚砜或砜,这些氧化产物的毒性要比原型增加 5~10 倍。N-氧化的底物多为含有吡啶或喹啉、异喹啉基团的物质。芳香胺类化合物可发生 N-羟化反应,生成羟氨基物,其毒性往往增加。

$$R—S—R' + [O] \longrightarrow R—SO—R' + [O] \longrightarrow R—SO_2—R'$$
$$C_6H_5—NH_3 + [O] \longrightarrow C_6H_5—NH_2OH$$

5)杂原子(O—、S—、N—)脱烷基:在这类反应中,化学物分子中 N—、O—、S—杂原子相连的烷基被氧化,随后发生裂解重排,形成醛或酮。某些化学物可经此反应而代谢活化。如二甲基亚硝胺经 N-脱烷基后,分子重排生成羟化重氮甲烷,进一步分解产生游离甲基 CH_3^+,可使 DNA 烷基化,导致突变和致癌。

$$R—(NH·O·S)—CH_3 + [O] \longrightarrow R—(NH_2·OH·SH) + HCHO$$

6)氧化基团转移:由细胞色素 P450 催化的氧化脱氨、氧化脱硫、氧化脱卤素反应。如苯丙胺经氧化先形成中间代谢产物苯丙甲醇胺,再脱氨基形成苯丙酮。有机磷农药均可发生脱硫反应,在反应过程中 P=S 基被氧化为 P=O 基。如对硫磷经氧化脱硫后生成对氧磷,毒性增加 3 倍。

7)酯裂解:酯含有的功能基团裂解后,与细胞色素 P450 催化循环中(FeO)$^{3+}$复合物中的氧合并为 1 个残基,生成 1 分子醛。

$$R_1COOCH_2R_2 + [O] \longrightarrow R_1COOH + R_2CHO$$

8）脱氢：细胞色素 P450 可催化多种化学物的脱氢反应。如催化乙酰氨基酚脱氢，形成的 N-乙酰苯醌亚胺具有肝毒性。此外，如地高辛、烟碱、丙戊酸等也可发生脱氢反应。

（2）黄素单加氧酶（flavin-containing monooxygenase，FMO）催化的氧化反应：FMO 是以黄素腺嘌呤二核苷酸为辅酶，催化反应时需要 NADPH 和 O_2 的酶，参与多种化学物的代谢过程。FMO 主要存在于肝、肾、小肠、脑和肺等组织的内质网（微粒体）中。

FMO 催化的反应包括几个步骤：首先，FMO 的辅酶 FAD 接受 NADPH 提供的 H^+ 而被还原为 $FADH_2$，但氧化态的 $NADP^+$ 仍然结合在酶分子上，并未脱落；随后，$FADH_2$ 与氧结合形成稳定的过氧化物 FADHOOH（即 4a-羟基过氧化黄素）；随之 FADHOOH 与底物结合并将其氧化，FADHOOH 则转变为 FADHOH（4a-羟基黄素）；最后，FADHOH 恢复为氧化态 FAD，释放出 $NADP^+$ 后进入下一个催化循环（图 3-3）。

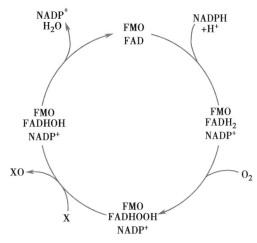

图 3-3　黄素单加氧酶催化的反应循环

FMO 可催化伯胺、仲胺、叔胺、N-乙酰芳草胺、肼、硫醇、硫醚、硫酮、硫代酰胺、膦等物质的 N—、S—和 P—杂原子氧化，形成相应的氧化物。这与细胞色素 P450 催化的反应存在一定交叉和重叠，即有些物质是两种单加氧酶的共同底物，但作用机制并不完全相同。如吡咯烷生物碱类（如千里光碱、倒千里光碱）由 FMO 催化形成叔胺 N-氧化物而被解毒，而经细胞色素 P450 代谢后则形成吡咯，并最终转化为有毒的亲电子剂。这些反应还存在物种差异，如吡咯烷生物碱对大鼠为剧毒，对豚鼠则无毒，原因在于大鼠体内催化吡咯生成的细胞色素 P450 活性较高，催化叔胺 N-氧化物生成的 FMO 活性较低，而豚鼠体内的代谢情况正好相反。

与细胞色素 P450 相比，其不同之处还体现在 FMO 缺乏在碳原子上催化氧化反应的能力，并且不具备催化 O—、S—、N—杂原子脱烷基反应的功能。

（3）微粒体外的氧化反应

1）醇脱氢酶（alcohol dehydrogenase，ADH）：是一种含锌酶，位于胞质，肝脏含量最高，肾、肺和胃黏膜中也有分布。人的 ADH 根据其亚单位的不同分为 5 型：I 型包括 ADH 1A、1B、1C，在肝脏和肾上腺高表达，催化乙醇和其他短链脂肪醇的氧化；II 型为 ADH4，主要在肝脏表达，催化长链脂肪醇和芳香醇的氧化，对乙醇和甲醇几乎无作用；III 型为 ADH5，分布于全身组织，底物也为长链醇（戊醇及更长链的）和芳香醇（如肉桂醇），并在甲醛的解毒过程中起重要作用；IV 型为 ADH7，主要在胃肠道上部表达，参与乙醇和维生素 A 的代谢，长期饮酒者发生的胃肠道上部肿瘤可能与 ADH7 将乙醇转化为乙醛有关。V 型为 ADH6，目前发现其可能参与代谢乙醇、视黄醇等多种底物。

2）醛脱氢酶（aldehyde dehydrogenase，ALDH）：该酶以 NAD^+ 为辅基，可将醛氧化为酸。机体摄入的乙醇经脱氢酶催化而形成乙醛，在 ALDH 作用下继续氧化成乙酸。乙醛的毒性远高于乙醇，由于遗传多态性（genetic polymorphism），某些人 ALDH 活力较低，导致乙醛不易经氧化分解而解毒，饮酒后容易出现乙醛升高，导致酒精中毒。

3）钼羟化酶：主要包括醛氧化酶和黄嘌呤氧化还原酶，二者均属于黄素蛋白酶。

醛氧化酶主要存在于肝脏，可氧化具有氮杂环结构的物质如吡咯、吡啶、嘧啶、蝶啶和碘离子等，还能将芳香醛（如苯甲醛）氧化为羧酸，但对脂肪醛的催化作用很弱。甲萘醌是醛氧化酶的强抑制剂。

黄嘌呤氧化还原酶（xanthine oxidoreductase，XOR）是一种胞质酶，在心脏、脑、肝、骨骼肌、胰腺、小肠、结肠和胎盘中含量最高。该酶的主要作用是参与嘌呤类化合物的代谢，例如促进抗肿瘤药物巯嘌呤的消除，限制了它的治疗作用。此外，XOR 还参与抗肿瘤、抗病毒药物如 6-脱氧无环鸟苷、2′-氟阿糖-双脱氧嘌呤等的活化过程。与醛氧化酶相似，XOR 也能催化芳香醛的氧化。

一般认为，适合钼羟化酶催化的底物不能被细胞色素 P450 代谢，反之亦然。这是因为钼羟化酶催化的是具有低电子密度的碳原子（如氮杂环中与氮原子紧邻的碳原子），而细胞色素 P450 催化的却是具有高电子密度的碳原子。此外，钼羟化酶参与的反应会产生活性氧，导致氧化应激和脂质过氧化。

4）单胺氧化酶（monoamine oxidase，MAO）和双胺氧化酶（diamine oxidase，DAO）：MAO 主要位于脑、肝、肾、小肠和血小板的线粒体外膜上，DAO 主要位于肝、肾、小肠和胎盘的细胞质中。它们催化伯胺、仲胺、叔胺的氧化脱氨反应。其中，伯胺氧化脱氨生成氨和醛，仲胺氧化脱氨生成伯胺和醛。

MAO 有 A、B 两种类型。MAO-A 主要氧化 5-羟色胺、去甲肾上腺素和普萘洛尔的烷基代谢物。MAO-A 和 B 缺陷可导致 Norrie 病，这是一种以失明、失聪和智力迟钝为特征的 X 连锁隐性遗传性神经疾病。MAO-B 还可将 1-甲基-4-苯基-1,2,3,6-四氢吡啶（MPTP）代谢活化为神经毒物 1-甲基-4-苯基吡啶（MPP$^+$），造成脑黑质多巴胺神经元的选择性损伤，这一代谢过程与帕金森综合征的发病易感性有关。

DAO 是含铜离子的磷酸吡哆醛依赖酶，其特异性底物是组胺及具有 4 或 5 个碳原子链的烷基二胺。

5）过氧化物酶依赖的共氧化反应：过氧化物酶催化的反应包括氢过氧化物的还原和其他底物的氧化，生成脂质氢过氧化物，这一过程称为共氧化（co-oxidation）。催化该反应的酶包括前列腺素 H 合成酶（PHS）、乳过氧化物酶和髓过氧化物酶等，分布于肾脏髓质、血小板、血管内皮细胞、胃肠道、脑、肺、尿道膀胱上皮细胞、乳腺上皮细胞和白细胞中。PHS 具有环加氧酶和过氧化物酶两种催化活性：前者可将花生四烯酸代谢为环状内氢过氧化物前列腺素 G$_2$（PGG$_2$）；后者在有供氢体存在的情况下，可将 PGG$_2$ 进一步转化为前列腺素 H$_2$（PGH$_2$），同时供氢体发生共氧化。许多化学物可作为供氢体，通过此反应发生代谢活化。如致癌物苯并[a]芘和黄曲霉毒素 B$_1$ 的环氧化均可通过共氧化反应完成。多环芳烃、苯酚、氢醌和对乙酰氨基酚等可被过氧化物酶氧化为醌、亚胺醌等亲电子性细胞毒物。

花生四烯酸 $\xrightarrow{\text{环加氧酶}}$ PGG$_2$ $\xrightarrow[\text{氢过氧化物酶}]{\text{R（共氧化反应）RO}}$ PGH$_2$

2. 还原反应　还原反应（reduction）是反应底物获得电子或氢原子的过程，通常由细胞色素 P450 酶和黄素单加氧酶催化。另外，肠道菌群的还原酶活性较高，在化学物的还原中占有重要地位。部分金属（如五价砷）、醛、酮、二硫化物、N-氧化物、亚砜、烯烃、卤代烃和含有硝基、偶氮基和羰基的化学物可在体内发生还原反应。

（1）偶氮还原和硝基还原：主要由肠道菌群催化。但细胞色素 P450、醛氧化酶和 NAD（P）H-醌氧化还原酶 -1（NQO1）也可催化这两种反应。后者又称为 DT-黄递酶，存在于肝细胞胞质中。

2,6-二硝基甲苯在肠道菌群的催化下发生硝基还原反应，是其诱发大鼠肝脏肿瘤的重要步骤。该毒物首先在肝脏代谢，以葡萄糖醛酸结合物的形式通过胆汁排出，经肠道菌群的硝基还原酶还原和 β-葡萄糖醛酸酶水解后，被重吸收返回肝脏，再由细胞色素 P450 催化发生 N-羟化反应，其产物可发生乙酰化或与硫酸结合。这些结合物可裂解生成具有高反应性的氮宾离子，攻击 DNA，引起致突变和致癌作用。

（2）羰基还原：羰基还原酶是 NADPH 依赖酶，属于醛酮还原酶（AKR）和短链脱氢酶/还原酶（SDR）超家族，广泛分布于血液和肝、肾、脑等多种组织的胞质与微粒体中。该酶主要催化某些醛类还原为伯醇，或将酮类还原为仲醇。其底物包括氟哌啶醇、己酮可可碱、环己乙酰苯磺脲、柔红霉素、依他尼酸、华法林、甲萘醌和 4-硝基苯乙酮等。

（3）醌还原：醌可在 DT-黄递酶催化下经双电子还原生成无毒的氢醌；也可在 NADPH-细胞色素 P450 还原酶催化下经单电子还原形成半醌自由基，进而发生自氧化，导致氧化应激（oxidative stress），生成超氧阴离子、过氧化氢、羟自由基等活性氧，引起脂质过氧化（lipid peroxidation），造成组织损伤。这是含醌或经生物转化生成醌类物质进而引起中毒的重要机制之一（图 3-4）。多柔比星和柔红霉素的心脏毒性、百草枯和硝基呋喃妥因的肺毒性、6-羟基多巴胺的神经毒性及 5-羟巴比妥酸所致的胰岛 β 细胞损伤都与此机制有关。

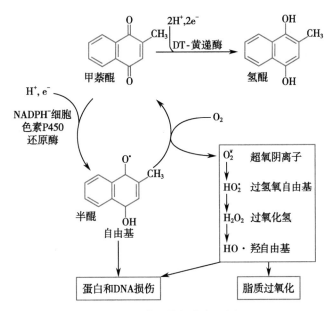

图 3-4　甲萘醌的氧化还原循环

（4）脱卤反应：脂肪族化合物脱卤涉及 3 种机制，即还原脱卤、氧化脱卤和脱卤化氢。其中，还原脱卤和氧化脱卤由细胞色素 P450 催化，脱卤化氢由细胞色素 P450 和谷胱甘肽 S-转移酶共同催化。

有几种卤代烷烃可经脱卤反应而实现代谢活化。例如，四氯化碳（CCl_4）首先在细胞色素 P450 催化下发生一电子还原，脱卤形成三氯甲烷自由基（·CCl_3），·CCl_3 可攻击生物膜，启动脂质过氧化，导致肝细胞损伤和坏死。

$$e^- + CCl_4 \longrightarrow \cdot CCl_3 + Cl^-$$

3. 水解反应　水解反应(hydrolysis)是指在酯酶、酰胺酶、肽酶和环氧化物水解酶的催化下，底物与水作用生成新衍生物的过程。催化水解反应的酶广泛存在于血浆、肝、肾、肠和神经组织中。

（1）酯酶和酰胺酶：可水解具有羧酸酯、酰胺、硫酯、磷酸酯和酸酐等功能基团的化学物。酯类可被水解为醇和酸，酰胺可被水解为酸和胺，硫酯可被水解为酸和硫醇。

根据与有机磷酸酯的相互关系，酯酶可分为A、B、C三类。A-酯酶能够水解有机磷酸酯，B-酯酶则为有机磷酸酯所抑制，而C-酯酶既不能水解有机磷酸酯，也不受其抑制。对氧磷酶等属于A-酯酶，它们对于磷酸酯键的水解作用是哺乳动物对有机磷农药代谢解毒的最重要途径。羧酸酯酶和胆碱酯酶属于B-酯酶，催化羧酸、酰胺和硫酯的水解反应。

（2）肽酶：存在于血液和各种组织中，可水解各种肽类。如氨基肽酶和羧基肽酶分别在肽链N-末端和C-末端水解氨基酸，而内肽酶则在肽链内的特定部位裂解肽类。肽酶可水解相邻氨基酸之间的酰胺键，因此在功能上属于酰胺酶。

（3）环氧化物水解酶(epoxide hydrolase, EH)：广泛存在于肝、睾丸、卵巢、肺、肾、皮肤、肠、脾、胸腺、脑和心脏等组织中，可催化环氧化物水解，生成具有反式构型的邻位二氢二醇。

在哺乳动物体内有5种EH，其中只有微粒体环氧化物水解酶(mEH)和可溶性环氧化物水解酶(sEH)具有代谢化学物的功能。许多环氧化物是亲电子剂，可与蛋白质及核酸结合，导致细胞毒性和遗传物质损伤，因此在多数情况下，mEH和sEH的组织及细胞分布与细胞色素P450保持一致，使由其催化形成的环氧化物能够被及时水解解毒。但某些二氢二醇代谢物可进一步氧化形成二醇环氧化衍生物，其特殊空间构型可阻碍EH的催化作用。如苯并[a]芘-7,8-二氢二醇-9,10-环氧化物所具有的三元环结构即有此种功能，可避免EH水解，从而发挥其致突变、致癌作用。

（二）Ⅱ相反应及其酶系

Ⅱ相反应即结合反应，是化学物原有的或经Ⅰ相反应后引入或暴露出来的羟基、氨基、羧基、巯基、羰基和环氧基等极性基团与内源性辅因子之间发生的生物合成反应。该反应形成的产物称为结合物(conjugate)。结合反应需要酶的参与并消耗能量，其速度通常比Ⅰ相反应快得多。如果一种化学物先经Ⅰ相反应再经Ⅱ相反应进行代谢，其清除速率由Ⅰ相反应决定。除了甲基化和乙酰化反应，Ⅱ相反应可显著增加化学物的水溶性，使其排泄加速。

多数结合物的水溶性增强，易于从体内排出，同时生物活性或毒性减弱或消失，但也存在被代谢活化的情况。如2-乙酰氨基芴(2-AAF)经N-羟化后，可通过与硫酸、葡萄糖醛酸结合或乙酰化转变为亲电子终致癌物。

结合反应主要在肝脏进行，其次为肾脏，也可在肺、肠、脾、脑等组织器官中发生。

1. 葡萄糖醛酸结合(glucuronidation)　是化学物原有的或经Ⅰ相反应后引入的羟基、氨基和巯基等基团，在尿苷二磷酸葡萄糖醛酸转移酶的催化下，与尿苷二磷酸葡萄糖醛酸发生的反应。

葡萄糖醛酸结合是体内最主要的结合反应类型，其辅因子主要为尿苷二磷酸葡萄糖醛酸(uridine diphosphate glucuronic acid, UDPGA)（图3-5），是由糖代谢过程中产生的尿苷二磷酸葡萄糖氧化形成。催化该反应的酶是尿苷二磷酸葡萄糖醛酸基转移酶(uridine diphosphate glucuronyl transferase, UDPGT)，属于微粒体酶，在肝、肾、胃肠道、肺、前列腺、乳腺、皮肤、脑、脾和鼻黏膜中都有分布。该酶使UDPGA的糖苷键与底物中富含电子的O—、N—、S—杂原子结合，形成β-葡萄糖醛酸苷。这种结合物具有高水溶性，可经尿液或胆汁排泄。经胆汁排泄部分可被肠道下段菌群

的 β- 葡萄糖醛酸酶水解,导致毒物被重新吸收,进行肠肝循环。

$$UDPGA + ROH \xrightarrow{UDPGT} R—O—GA + UDP$$

2. 硫酸结合(sulfation)　指化学物原有的或经Ⅰ相反应后引入的羟基、氨基和巯基等基团,在磺基转移酶(sulfotransferase,SULT)的催化下,与 3′-磷酸腺苷 -5′-磷酰硫酸(3′-phosphoadenosine-5′-phosphosulfate,PAPS)(图 3-6)这一辅因子发生的反应。在哺乳动物体内,SULT 主要分布在肝、肾、肠、肺、血小板和脑组织的细胞质中。其底物与葡萄糖醛酸结合反应的底物有较大重叠,主要包括含有—OH 的化学物,以及含有—NH_2、—SH 的化学物。反应产物为高水溶性的硫酸酯,主要经尿排泄,少部分随胆汁排出。

$$PAPS + ROH \xrightarrow{SULT} R—O—SO_3H + PAP$$

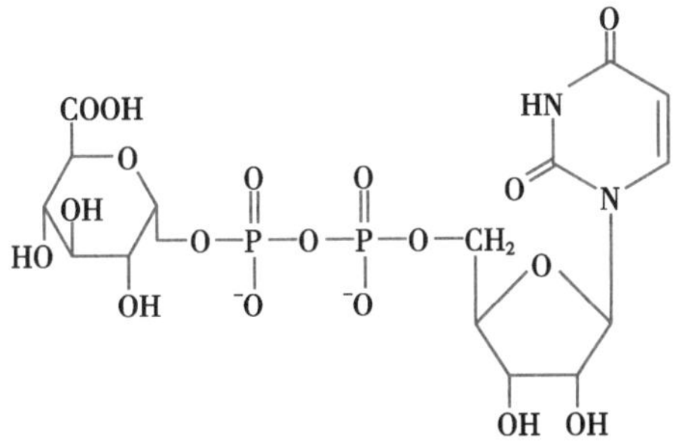

图 3-5　尿苷二磷酸葡萄糖醛酸 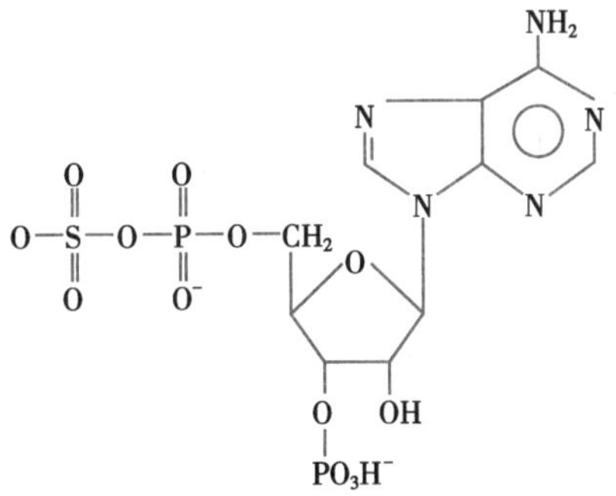　　　图 3-6　3′-磷酸腺苷 -5′-磷酰硫酸

由于 PAPS 的前体游离半胱氨酸数量有限,导致 PAPS 的生理浓度很低(为 4～80μmol/L,而 UDPGA 为 200～350μmol/L)。与葡萄糖醛酸结合相比,硫酸结合的亲和力较高,但结合容量较低。因此,当它们的共同底物浓度较低时,主要与硫酸结合;随着浓度的增加,与葡萄糖醛酸结合的比例也随之增加。

3. 谷胱甘肽结合(glutathione conjugation)　指化学物原有的或经Ⅰ相反应后引入或显露的巯基,在谷胱甘肽 S- 转移酶催化下,与谷胱甘肽(glutathione,GSH)发生生物合成的过程。GSH 是一种广泛存在于生物组织中的三肽(图 3-7),在亲电子剂解毒和自由基的消除中发挥重要作用。谷胱甘肽

图 3-7　谷胱甘肽

S- 转移酶(glutathione S-transferase,GST)几乎存在于全身所有的组织器官中,尤其在肝、肠、肾、睾丸、肾上腺和肺中含量较高。该酶主要位于胞质,但微粒体和线粒体中也有少量存在。其底物的共同特点是:①具有一定的疏水性;②含有亲电原子;③可与 GSH 发生非酶促反应。GST 催化 GSH 中的亲核—SH 与底物中的亲电原子 C—、N—、S—、O—反应,生成结合物。这种结合被认为是亲电子剂解毒的一种机制。一旦体内 GSH 耗竭,常可引起明显的毒性效应。GSH 结合物具有极性和水溶性,可经胆汁排出,也可随体循环转运至肾脏,并经一系列酶促反应转变为硫醚氨酸衍生物后随尿排泄。

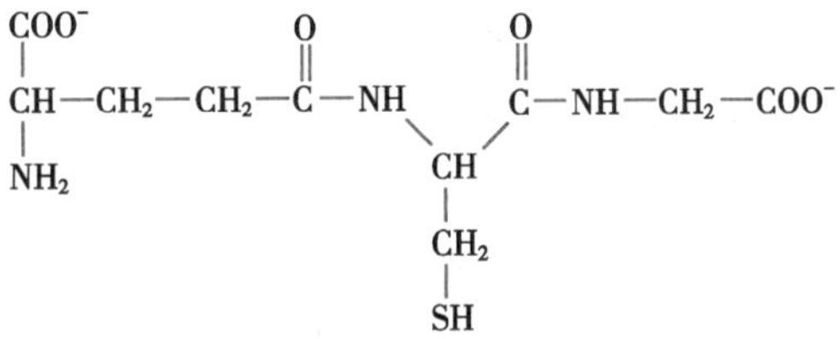

GSH 还能清除过氧化氢、有机氢过氧化物和有机自由基等,在抗脂质过氧化、抵御毒物所致的氧化损伤方面起重要作用。

4. **甲基化反应**(methylation) 是内源性底物在甲基转移酶催化下,以 S-腺苷甲硫氨酸为甲基供体,将甲基转移至特定碱基的过程。该反应主要涉及组胺、氨基酸、蛋白质、糖和多胺等内源性底物的甲基化,而非外源化学物结合的主要方式。甲基化反应产物的水溶性通常较母体化学物低,可与其他内源性辅因子发生结合反应的功能基团也多被掩盖,不利于其从机体消除,但其毒性普遍降低。

甲基化反应的辅因子是 S-腺苷甲硫氨酸(S-adenosyl methionine, SAM)(图 3-8)。结合在 SAM 硫离子上的甲基具有正碳离子特征,可与富含电子的 $O—$、$N—$、$S—$ 杂原子反应,在甲基转移酶(methyltransferase)催化下,该甲基被转移至底物,形成结合物,SAM 则转变为 S-腺苷高半胱氨酸。甲基转移酶在体内分布广泛,主要定位于细胞质和微粒体中。其底物包括苯酚、儿茶酚、脂肪胺、芳香胺、$N—$杂环和含硫氢基化合物。某些金属也可发生甲基化反应,如无机汞和无机砷均可二甲基化,无机硒可三甲基化。

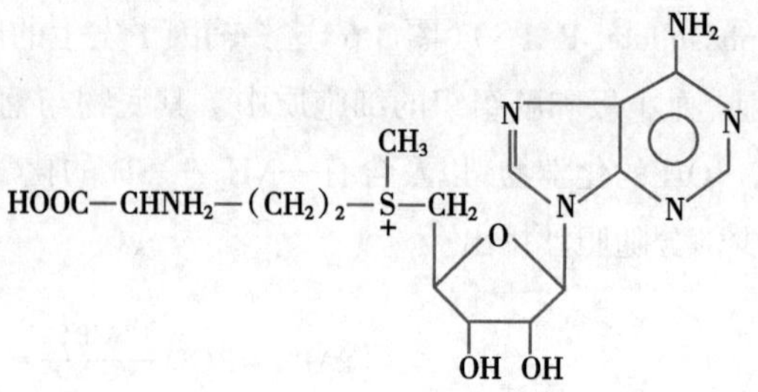

图 3-8 S-腺苷甲硫氨酸

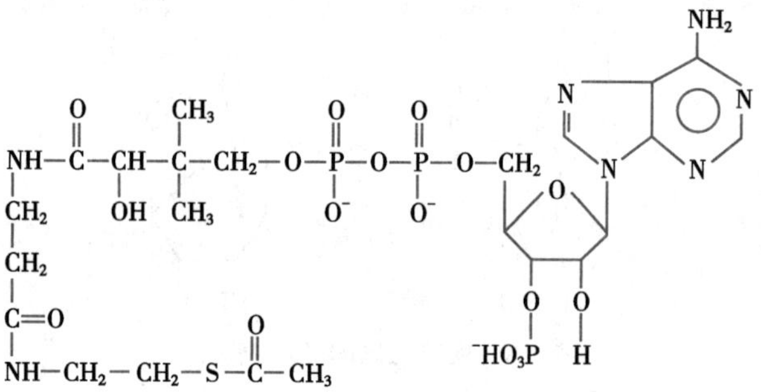

5. **乙酰化作用**(acetylation) 是指具有芳香胺或肼基团的化学物在体内经 N-乙酰转移酶催化,以乙酰辅酶 A(图 3-9)作为辅因子,添加乙酰基团的化学修饰方式。该反应的反应产物为芳香酰胺和酰肼,其水溶性比母体化学物低。N-乙酰转移酶(N-acetyltransferase, NAT)存在于肝和多种组织细胞的胞质中。毒物可经乙酰化作用解毒,同时也可能被代谢活化。如芳香胺在 NAT 催化下形成酰胺,为解毒反应;而芳香胺的 N-羟化产物则可在 NAT 的作用下形成乙酸酯,最终分解为高反应性的氮宾离子和碳宾离子,导致代谢活化。

图 3-9 乙酰辅酶 A

6. **氨基酸结合**(amino acid conjugation) 含有羧酸基团的化学物在 ATP 和乙酰辅酶 A 作用下生成酰胺,或具有芳香羟胺结构的化学物在 ATP 和氨酰基 -tRNA 合成酶作用下生成 N- 酯的代谢过程。含有羧酸基团的化学物首先在酰基 -CoA 合成酶的作用下形成酰基 -CoA 硫酯,然后在酰基 -CoA: N-酰基转移酶作用下将酰基转移到甘氨酸、谷氨酸和牛磺酸的氨基上,形成酰胺。该反应需要 ATP 和乙酰 CoA,为解毒过程。而具有芳香羟胺结构的化学物可与丝氨酸和脯氨酸等含有的羧基结合形成 N-酯,这需要氨酰基 -tRNA 合成酶催化和 ATP 供能。N-酯可进一步分解为亲电的氮宾离子或碳宾离子。

四、影响毒物生物转化的因素

毒物在体内的生物转化过程受多种因素影响,包括遗传因素和环境因素。遗传因素涉及物种、性别、年龄,营养状况等,常表现为生物转化酶(即代谢酶)的种类、分布、数量和活性的差异。生物转化酶的遗传多态性也是导致个体间毒作用差异的重要原因。环境因素主要通过干扰生物转化酶的合成与催化过程,进而影响毒物的生物转化,其中生物转化酶的诱导和抑制是最主要的表现形式。

（一）生物转化酶的遗传多态性

生物转化酶的遗传多态性是指群体中存在两个或两个以上等位基因，导致基因表达差异，进而引起酶的数量、结构和活性发生改变，从而导致酶的活性增高或降低，或引起酶蛋白的部分甚至全部消失。很多参与Ⅰ相反应和Ⅱ相反应的代谢酶具有多态性。代谢酶的多态性在很大程度上可以解释个体对于毒物所致毒作用易感性的差异。

人的芳烃羟化酶 CYP1A1 在肝外组织表达，肺的活性最强，可催化多种芳香烃转化为致癌物。研究表明，肺癌患者和正常人之间 CYP1A1 的低诱导与高诱导表型存在显著差异，说明这与肺癌的发病风险具有一定关联。谷胱甘肽 S- 转移酶（GST）存在 *GST T1*、*GST M1* 和 *GST P1* 基因多态性，*GST T1* 基因缺失者易发生星形细胞瘤、脑膜瘤和脊髓发育不良；*GST M1* 基因完全缺失者对吸烟所致的肺癌、膀胱癌和头颈部肿瘤的易感性增加。*N*- 乙酰转移酶（NAT）是机体代谢转化含氮药物和芳香胺类化学物的关键酶。根据等位基因变异可将 NAT 酶基因型分为快型和慢型，两者的酶活性差异较大。异烟肼引起的周围神经病变及肝损伤主要发生于 NAT 慢型者。与芳香胺接触后，NAT 慢型者患膀胱癌风险高于 NAT 快型者，而 NAT 快型者对杂环芳香胺相关的大肠癌易感性更高。

（二）生物转化酶的诱导和阻遏

某些化学物可通过影响转录和翻译来增加体内代谢酶的合成和／或活性，使其代谢加速，这种现象称为代谢酶诱导（enzyme induction）。凡是具有诱导效应的化学物称为诱导剂（inducer）。代谢酶诱导在肝脏最为明显，也可发生于肾、肺、肠、脑、皮肤和胎盘等组织。细胞色素 P450 酶系是发生诱导最多的一类生物转化酶；此外，一些催化还原、水解和结合反应的酶也可被诱导，如 NAD（P）H- 醌氧化还原酶、环氧化物水解酶、谷胱甘肽转移酶和葡萄糖醛酸转移酶等。

代谢酶诱导机制主要有两类，一类与核受体介导的转录有关。在此过程中，核受体作为诱导剂的外源化学物感受器（xeno-sensors），诱导剂与位于胞质的感受器结合后进入细胞核，结合到代谢酶基因上游的反应元件上，诱导代谢酶基因的转录。与细胞色素 P450 酶系诱导有关的核受体主要有 4 种：芳香烃受体（AhR）、组成型雄甾烷受体（CAR）、孕烷 X 受体（PXR）和过氧化物酶体增殖物激活受体 α（PPARα）。此外，转录因子 NF-E2 相关因子 2（Nrf2）也可作为化学物的感受器，诱导参与亲电代谢产物、氧化应激及 GSH 耗竭等代谢过程的酶类（涉及还原、水解或结合反应）。第二类机制则是通过 mRNA 或酶的稳定性以及基因转录来实现。如乙醇诱导 CYP2E1 主要是通过抑制 CYP2E1 脱辅基蛋白的降解来实现的。

酶的诱导是机体对毒物的一种适应性调节过程，常见的诱导剂包括：①3- 甲基胆蒽、2，3，7，8- 四氯代二苯并对二噁英、苯并［a］芘等，这些物质作为 AhR 的配体，可诱导 CYP1A1/2、1B1 和 UDPGT；②苯巴比妥为 CAR 和 PXR 的配体，可诱导 CYP2A6、2B6、2C8、2C9、2C19、3A4、3A7、UDPGT 和 SULT；③贝特、WY-14，643 和全氟癸酸为 PPARα 的配体，可诱导 CYP4A 和 UDPGT；④β- 萘黄酮、各种酚类抗氧化剂和 GSH 耗竭剂等为 Nrf2 的配体，可诱导 NQO1、mEH、UDPGT 和 GST；⑤乙醇和异烟肼可诱导 CYP2E1。

代谢酶阻遏（enzyme repression）指化学物通过抑制代谢酶的合成和／或活性，从而减缓其代谢的过程。这种情况比较少见。如过氧化物酶体增生物激活受体在诱导 CYP4A1、UDPGT 等酶合成的同时，显著降低了几种 GST 和 CYP 同工酶的表达水平。

（三）生物转化酶的抑制与激活

毒物对生物转化酶的抑制作用可分为两类：

1. 竞争性抑制　因为毒物生物转化酶的底物特异性相对较低，活性有限，当一种酶同时代谢两种或两种以上的毒物时,可发生竞争性抑制。这种抑制并不影响酶的活性及含量,而是由于一种毒物占据了酶的活性中心,导致其他毒物的代谢受阻。如甲醇和乙醇都由醇脱氢酶代谢,在甲醇中毒时,临床上常给予乙醇治疗。这是因为乙醇与醇脱氢酶的亲和力强于甲醇,可竞争性减缓甲醇的代谢速度从而降低其毒作用。

2. 非竞争性抑制　有以下几种情况:

(1)与酶的活性中心发生可逆或不可逆性结合:如 β-二乙基氨基苯丙基乙酯(SKF-525A)可与细胞色素 P450 结合从而抑制其活性。苯硫磷可通过抑制羧酸酯酶,使马拉硫磷的水解速度减慢,从而增强其毒性。某些物质经细胞色素 P450 代谢后成为该酶系的抑制剂,如呋拉茶碱和甲氧沙林的代谢产物可分别使 CYP1A2 和 CYP2A6 发生不可逆的灭活,此种酶的抑制(enzyme inhibition)方式称为自杀式灭活(suicide inactivation)。

(2)破坏酶的结构:某些物质可与酶的活性中心发生共价结合,例如四氯化碳、氯乙烯、肼等的代谢产物可与细胞色素 P450 共价结合,破坏其结构进而影响酶的功能。

(3)变构作用:如 CO 与细胞色素 P450 结合后引起变构,阻碍酶与氧结合从而抑制其代谢过程。

(4)缺乏辅因子:如马来酸乙二酯可耗竭 GSH,使 GST 因缺乏辅因子而无法催化亲电子剂的结合反应。

生物转化酶的激活(enzyme activation)指化学物通过改变代谢酶的空间构象和/或亲和性等方式来增强其催化活性的过程。酶的激活一般不涉及酶蛋白的诱导合成,这种情况相对比较少见。如异喹啉和克霉唑在体外可使 mEH 水解苯乙烯氧化物的活性增加 5 倍,二乙基酮可明显提高UDPGT 代谢 2-氨基酚的活性。

第四节　肠道微生物组与毒物代谢

一、肠道微生物组的组成与功能

肠道微生物组是寄居在哺乳动物肠道内的微生物群落,其数量庞大、物种组成丰富。肠道微生物组与宿主在长期的进化过程中形成了共生关系,宿主为它们提供生存所需的场所和营养,它们也参与到宿主的生命活动,在宿主的营养、代谢、免疫等方面发挥重要作用。肠道微生物组能够产生维生素、短链脂肪酸等某些人体自身无法生成的营养元素,参与维持宿主正常的生理屏障,还可编码大量代谢酶类,从而直接参与人体内源和外源化学物的代谢转化。肠道微生物组已被认为是人体内除了肝脏外的另一重要“代谢器官”,成为目前生命科学相关领域的研究热点。

(一)肠道微生物组的组成

人体肠道不同区段的结构和理化条件差异较大,从胃到结肠,微生物的数量和多样性逐渐增加,结肠中微生物占体内总数的 70% 以上。肠道中的微生物主要包括细菌、真菌、古细菌、原生生物和病毒,其中数量最多的是肠道细菌。肠道细菌绝大多数为严格厌氧菌,少量为兼性厌氧菌或需氧菌。人类的肠道细菌在门水平相对稳定和保守,主要由厚壁菌门、变形菌门、拟杆菌门和放线菌门四个门组成,但包括 1800 多个属和 40 000 多种菌,细菌总数高达数万亿,其数量是人体细胞数量的 10 倍,所含基因是人类基因的 100 多倍。不同细菌的生长偏好和代谢规律不同,肠道细菌的组成受宿主的基因背景、饮食、生活习惯和环境等因素的影响,因此不同种族、遗传背景和生活方式的人,其肠道菌群在属水平或种水平分布上表现出明显差异。同一个体在不同的生理或病理状态、不同的年龄段时其肠道细菌的构成也会有较大差异。

（二）肠道微生物组的功能

肠道微生物组利用宿主消化道内的膳食成分和正常脱落的消化道上皮细胞作为自身营养来源,同时其自身具有广泛的代谢能力,参与宿主的生理、病理进程。目前发现肠道微生物组主要具有3方面生理功能。①代谢功能:肠道微生物组编码多种类型的代谢酶,有些是人体自身无法产生的,可直接参与机体的糖类和蛋白质等营养素代谢,也在外源化学物的生物转化中发挥重要作用(详见下文)。②屏障和防御功能:肠道内细菌可通过诱导肠上皮细胞表达维持肠上皮结构所需的蛋白质、调控某些转录因子的转录,从而促进肠道黏膜结构发育等途径维持肠道结构的完整性,还可通过诱导肠道中细胞分泌抗菌肽等方式减少致病菌的入侵。③免疫调节功能:肠道微生物组对机体的固有免疫和适应性免疫反应均有调节作用。

（三）影响肠道微生物组的因素

人类的肠道微生物组从出生时开始定植,随后微生物的多样性迅速增加,最终在成年期变得相对稳定。影响肠道微生物组的因素可分为内源性和外源性。内源性因素包括宿主的年龄、基因型等,外源因素则包括宿主的生活方式、饮食因素及外源化学物的暴露等。如人们服用抗生素用于治疗或抑制病原微生物感染时,可能导致肠道微生物组种类和数量减少,从而影响其正常功能。某些药物,如二甲双胍、多酚类化合物,可调节肠道微生物的组成,增加双歧杆菌、嗜黏蛋白阿克曼菌、乳酸菌及某些可产生短链脂肪酸的细菌等对人体有益的肠道细菌的丰度,从而发挥抗炎、抗氧化等作用。环境化学物如重金属、农药、塑化剂等,则被发现可降低宿主肠道微生物的多样性和丰度。例如,小鼠暴露于农药二嗪磷后,其肠道菌群组成发生变化,参与两种重要神经递质牛磺酸和甘氨酸合成的细菌丰度降低。

二、肠道微生物组与毒物代谢

肠道微生物组因其庞大数量和高度多样性,所产生的代谢酶种类和数量均超过人体自身。肠道微生物组可以对进入肠道的毒物进行直接的生物转化,还可通过影响毒物代谢酶的形式来影响毒物的代谢。

肠道微生物组直接参与的生物转化反应主要涉及还原和水解反应,以及乙酰化、脱羧基、去甲基化等,但氧化和合成反应极少。大多数肠道微生物组参与的生物转化反应的具体酶类尚未明确,目前已确定的肠道微生物产生的代谢酶主要包括偶氮还原酶、硝基还原酶、β-葡萄糖醛酸酶、硫酸酯酶和β-裂解酶。

1. **肠道微生物组参与的还原反应**　肠道内为近似无氧环境,利于还原反应的发生,肠道微生物组在化学物的还原反应中占重要地位,主要包括硝基还原和偶氮还原。硝基还原酶催化化学物中的硝基生成氨基,如6-硝基苯并[a]芘、1-硝基芘在肠道微生物作用下分别生成6-氨基苯并[a]芘、1-氨基芘。工业染料苏丹红是一组含有偶氮基(—N=N—)的芳香族化合物,主要包括Ⅰ、Ⅱ、Ⅲ和Ⅳ四种类型,例如苏丹红Ⅰ的化学成分为1-苯偶氮-2-萘酚。苏丹红可在肠道细菌产生的偶氮还原酶催化下转化为苯胺、2,4-二甲基苯胺等苯胺类化合物。苯胺类化合物是国际癌症研究机构定义的2A类致癌物,因此苏丹红已被明确禁止在食品中使用。肠道微生物组还参与类金属砷的生物转化,五价砷酸可在大鼠肠道细菌作用下生成三价亚砷酸。

2. **肠道微生物组参与的水解反应**　肠道微生物组可催化水解反应,将含有硫酯、磷酸酯、酸酐、酰胺等功能基团的化学物水解成较小分子的化合物。例如核苷类抗病毒药物溴夫定，化学成分为 5-(2-溴乙烯基)-2′-脱氧尿嘧啶核苷，可在肠道微生物组作用下发生水解反应生成 5-(2-溴乙烯基)尿嘧啶，后者可干扰体内嘧啶代谢。乳果糖是人工合成的由半乳糖和果糖形成的二糖，常用于治疗便秘和肝性脑病。乳果糖在肠道微生物组作用下发生水解反应生成半乳糖和果糖，进一步转化为乳酸和乙酸后可改变肠道内 pH，从而促进粪便排出。

除了作用于化学物本身，肠道微生物组也可水解经肝脏代谢后随胆汁排入肠道的化学物代谢物，在化学物的肠肝循环中起重要作用。例如，对乙酰氨基酚在肝脏代谢酶作用下与葡萄糖醛酸和硫酸结合，结合物随胆汁排入肠道后，会在肠道微生物的 β-葡萄糖醛酸酶和硫酸酯酶作用下发生水解反应，解离出对乙酰氨基酚。此时对乙酰氨基酚可重新被吸收进而随血液返回肝脏，进行肠肝循环。

肠道微生物催化水解反应导致化学物原型直接与肠道接触，某些化学物原型可能对肠道上皮产生毒作用。三氯生经肝脏代谢后生成三氯生葡萄糖醛酸结合物，其毒性低于三氯生。研究发现三氯生葡萄糖醛酸结合物进入小鼠肠道后，在肠道微生物作用下发生水解反应，三氯生重新解离，作用于肠道上皮引起结肠炎。

3. 肠道微生物组参与的其他反应 肠道微生物组产生的 β-裂解酶可在不依赖水分子加入的情况下裂解含有碳碳键、碳氮键、碳硫键、碳磷键等化学键的化学物。多氯联苯(PCBs)是一类联苯苯环上的氢原子被氯取代而形成的有机化合物，具有内分泌干扰效应。PCBs 在体内代谢过程中的中间产物 PCB-半胱氨酸结合物，可在肠道微生物 β-裂解酶作用下，发生裂解反应产生 PCB-硫醇。PCB-硫醇进一步在肠道中甲基化生成 PCB-甲基硫化物(MeS-PCB)，被吸收到达肝脏后氧化生成 $MeSO_2$-PCB。$MeSO_2$-PCB 与特定蛋白质结合后在亲脂性组织蓄积，对 PCBs 毒作用产生影响。

肠道微生物组还可通过参与去甲基化、乙酰化、脱羧基、脱羟基等反应对化学物进行代谢，进而影响化学物的吸收、排泄或毒作用。例如甲基汞经代谢后形成的半胱氨酸结合物，随胆汁排入肠道后可在肠道微生物作用下发生去甲基化反应，生成无机汞后随粪便排出体外。5-氨基水杨酸具有抗炎作用，常被用于治疗溃疡性结肠炎，在肠道微生物作用下发生 N-乙酰化反应，失去抗炎作用。左旋多巴是一种治疗帕金森病的药物，可透过血脑屏障后在中枢神经系统中代谢为多巴胺。但研究发现在进入中枢神经系统之前，大部分左旋多巴在肠道中即经粪肠球菌的酪氨酸脱羧酶转化为多巴胺，继而在多巴胺脱羟基酶作用下代谢为 m-酪胺，导致其疗效受到影响。

除上述直接参与生物转化反应外，肠道菌群还可通过影响毒物代谢酶的表达或活性、与毒物竞争性结合代谢酶等方式影响毒物的代谢。如研究发现无菌大鼠和普通大鼠肠道内环氧水解酶的表达水平存在显著差异。人体肠道菌群代谢产物对甲酚能够与对乙酰氨基酚发生竞争性代谢，从而影响对乙酰氨基酚在体内的葡萄糖醛酸化/磺酸化的比例。

第五节 毒物代谢动力学

一、概述

毒物代谢动力学(简称毒代动力学)是定量研究毒物在生物体内吸收、分布、生物转化、排出及其对生物体产生毒效应等过程的时-量变化规律的学科。因此时-量关系是毒代动力学研究的核心问题。毒代动力学的研究目的是：①获得动力学参数，明确不同染毒频率、剂量、途径时毒物的吸收、分布与消除特征，为毒理学研究设计提供依据；②根据毒物时-量变化规律及其与毒作用性质及强度之间的关系,明确毒作用靶器官,解释毒作用机制;③为种属、途径、体外-体内间外推提供依据,应用于健康风险评估。

二、经典毒代动力学

（一）基本概念

1. 毒物的时-量关系　即机体内毒物浓度(数量)与时间之间的函数关系。如果毒物的血浆浓度与其组织中的浓度保持动态平衡,则血浆中毒物浓度的变化可以反映组织中毒物浓度的变化。由此,毒物的时-量关系可用时间-血浆浓度关系表示,以血浆毒物浓度为纵坐标,以时间为横坐标,绘制曲线,即时-量曲线,通过曲线建立简单的动力学模型就可以定量分析体内毒物浓度随时间变化的动态过程。

2. 毒物代谢的速率类型(type of rate)　按照毒物在体内转运或转化的速率不同,可分为一级速率过程(first order process)和零级速率过程(zero order process)。

一级速率过程是指毒物在体内局部转运速率与其瞬时含量的一次方成正比的动力学过程,用下式表示:

$$dC/dt=-KC \qquad (3-2)$$

式中 C 为时间 t 毒物的浓度,K 是一级速率常数,负号表示毒物体内的量朝减少的方向进行。

一级速率过程的特点为:毒物的生物半衰期恒定;单位时间内消除毒物的量与体存量成正比;一次染毒时其半对数时-量曲线呈直线。大多数毒物的体内ADME过程符合一级速率过程。

零级速率过程指每单位时间消除恒定量的毒物,使血浆浓度逐渐下降的动力学过程。零级速率过程在毒物剂量过大,超过了机体消除能力的极限时发生。此种情况下,毒物在体内某一瞬间的变化速率与毒物的血中浓度无关,只与其瞬时含量的零次方成正比,用下式表示:

$$dC/dt=-K \qquad (3-3)$$

式中 K 是零级速率常数,负号表示毒物在体内的量朝减少的方向进行。

零级速率过程的特点为:单位时间内消除的毒物的量恒定,相当于机体的最大消除能力,而与体存量无关;一次染毒时其半对数时-量曲线为一条曲线。部分需要载体转运或限速酶代谢的毒物,其体内过程也符合零级速率。

（二）室模型和时-量曲线

1. 室模型概念　室模型(compartment model)是经典的毒代动力学模型。此处室是一个抽象的概念,是指在动力学上相互之间难以区分的,转运和转化性质近似的组织、器官和体液。凡是转运和转化速率相似者,均可视为同一个室,这样便可将整个机体视为一个彼此相连的室系统。

按照这一概念,如果毒物入血后能迅速而均匀地分布于全身并呈现出一致的消除过程时,可视为一室模型(one-compartment model);如果毒物入血后,在体内不同部位的转运和转化速率不同,在达到平衡前需要有一个分布过程时,可视为多室模型(multi-compartment model)。多室模型由一个中央室(central compartment)和若干个周边室(peripheral compartment)相互连接而成。中央室由血液以及供血丰富、血流通畅的组织脏器,如肾、心脏、肝、肺等组成;周边室则为供血量少、血流缓慢或毒物不易进入的组织脏器,如脂肪、皮肤、骨骼、静止状态的肌肉等。脑由于血-脑屏障和血-脑脊液屏障的作用,属于哪个室应视具体毒物的理化特性而定。

室模型又分为开放式和封闭式两种。如毒物仅在各室间转运，并不从机体排泄或代谢转化的，称为封闭式模型；反之，则称为开放式模型。绝大多数毒物符合开放式模型（图 3-10）。

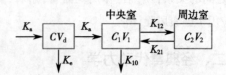

图 3-10　一室和二室开放式模型

2. 一室模型及其时-量曲线　理论上，符合一室模型的毒物瞬间即可均匀分布到全身，在血液与组织间达到平衡。

一室模型的微分方程为：
$$dC/dt = -K_eC \qquad (3-4)$$
经转换后的指数方程为：
$$C = C_0e^{-K_et} \qquad (3-5)$$

式中，C 是在时间为 t 时的毒物血浆浓度，C_0 为时间 $t=0$ 时毒物的初始血浆浓度，K_e 是一级消除速率常数，用时间的倒数表示（如 h^{-1}）。

同一毒物经由不同途径染毒时得到的时-量曲线并不相同。一次经静脉注射染毒，毒物直接入血，其血浆浓度零时最高，继之不断下降；而经静脉外染毒，毒物血浆浓度的峰值出现时间相对滞后，数值也较小。这反映了吸收过程对于时-量曲线形式的影响（图 3-11）。

3. 二室模型及其时-量曲线　二室模型由中央室和一个周边室组成。毒物首先进入中央室，再向周边室分布，同时不断地消除。故需经过一定时间之后，中央室和周边室的毒物才能达到动态平衡。二室模型的半对数时-量曲线为二项指数衰减曲线。前段曲线下降迅速，主要反映毒物从中央室向周边室的分布过程（同时还有消除过程），称为分布相或快相；后段曲线下降趋缓，反映化学物的消除过程，称为消除相或慢相（图 3-12）。

二室模型中央室的微分方程为：
$$dC_1/dt = K_{21}C_2 - K_{12}C_1 - K_{10}C_1 \qquad (3-6)$$
周边室的微分方程为：
$$dC_2/dt = K_{12}C_1 - K_{21}C_2 \qquad (3-7)$$

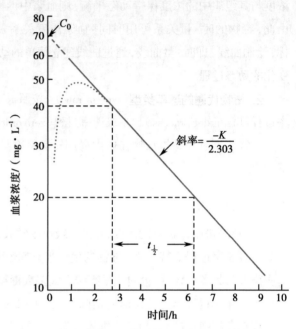

图 3-11　一次染毒一室模型的时-量曲线（半对数作图）实线表示静脉注射染毒的时-量曲线；虚线表示静脉外染毒时吸收过程对时-量曲线的影响。

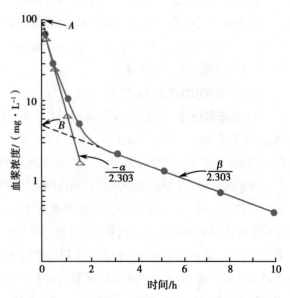

图 3-12　一次静脉注射染毒时二室模型的时-量曲线（半对数作图）

经 Laplace 变换，得指数方程

中央室：

$$C_1 = Ae^{-\alpha t} + Be^{-\beta t} \qquad\qquad (3\text{-}8)$$

周边室：

$$C_2 = (e^{-\beta t} - e^{-\alpha t}) \qquad\qquad (3\text{-}9)$$

血浆浓度反映的是中央室内毒物浓度的变化。式中，B 为消除项曲线外推至纵轴的截距；该外推线段称为消除项理论曲线。将分布项曲线上的实测值减去消除项理论曲线上各相应时点的计算值，可得到相同数目的差值。将这些差值在半对数坐标纸上画点并连线，得到的线段称为消除项理论曲线。该曲线与纵轴的交点为 A。α、β 分别为分布和消除过程的速率常数，与 K_{12}、K_{21}、K_{10} 有关。K_{12}、K_{21}、K_{10} 分别是从中央室到周边室、从周边室到中央室以及从中央室消除的速率常数。

$$\alpha + \beta = K_{12} + K_{21} + K_{10} \qquad\qquad (3\text{-}10)$$

$$\alpha\beta = K_{12}K_{10} \qquad\qquad (3\text{-}11)$$

当毒物由非静脉途径进入机体时，分布相曲线可部分或全部被呈上升态势的吸收相曲线所掩盖，此时的时 - 量曲线与一室模型的曲线类似，容易引起误认。

4. 基本参数

（1）表观分布容积（apparent volume of distribution，V_d）：是表示毒物在体内分布容积的重要参数。指当血浆和组织内化学物分布达到平衡后，体内毒物按此时的血浆浓度在体内分布时所需的体液容积，用体内毒物的量与血浆毒物浓度的比值表示。由于毒物在体内的分布并不是均匀的，因此 V_d 不代表真正的容积，只是在毒物按血浆浓度均匀分布于全身组织时所需的容积，故称之为"表观"。在染毒剂量确定后，根据血浆浓度的高低可大致估计毒物在体内的分布范围。

经静脉注射染毒时，一室模型计算 V_d 的公式为：

$$V_d = X_0 / C_0 \qquad\qquad (3\text{-}12)$$

式中 X_0 为染毒剂量（mg/kg），C_0 是 $t=0$ 时毒物的血浆浓度（mg/L），V_d 的单位为 L/kg。

二室模型计算 V_d 的公式为：

$$V_d = V_1 (\text{毒物在中央室的分布容积}) \times \left(1 + \frac{K_{12}}{K_{12} - \beta}\right) = \frac{X_0}{\left(\dfrac{A}{\alpha} + \dfrac{B}{\beta}\right)\beta} V_d \qquad\qquad (3\text{-}13)$$

V_d 的数值越大，表示毒物在体内的分布范围越广。当 V_d 分别为 0.05L/kg、0.2L/kg 和 0.6L/kg 时，表示毒物主要在血浆、细胞外液或全身分布。如果 V_d 过大，常提示毒物在体内有大量蓄积。

如果毒物的 V_d 和不同时点的血浆浓度为已知，则可根据公式 $X_t = V_d \times C_t$ 求出任何时点该毒物的体负荷量。在公式中，X_t 和 C_t 分别代表毒物的体负荷量和血浆浓度。

（2）消除速率常数（elimination rate constant，K_e）：K_e 表示单位时间内化学物从体内的消除量与体内总量的比值，反映化学物在体内被清除的速度。一级速率常数单位为时间的倒数 h^{-1}。例如，某化学物的 K_e 为 $0.1h^{-1}$，即表示该物质每小时约有体存总量的 10% 被消除。零级速率常数单位通常是"浓度 / 时间"。K_e 越大，化学物从机体消除的速度越快。

（3）曲线下面积（area under curve，AUC）：指化学物从在血浆中出现开始到完全消除为止这一时间过程内时 - 量曲线下覆盖的总面积，表示一段时间内吸收到血液中化学物的相对累积量。

经静脉注射染毒时，一室模型计算 AUC 的公式为：

$$AUC=X_0/V_dK_e=C_0/K_e \tag{3-14}$$

二室模型计算 AUC 的公式为：

$$AUC=A/\alpha+B/\beta \tag{3-15}$$

AUC 的单位是 mg·h/L。AUC 越大，化学物从机体消除的速度越慢。

（4）半衰期（half life，$t_{1/2}$）：指化学物的血浆浓度下降一半所需的时间。它是衡量机体消除化学物能力的又一重要参数。一室模型计算半衰期的计算公式为：

$$t_{1/2}=0.693/K_e \tag{3-16}$$

二室模型计算分布相和消除相半衰期的公式分别为：

分布相：　　　　　　　　　$t_{1/2\alpha}=0.693/\alpha \tag{3-17}$

消除相：　　　　　　　　　$t_{1/2\beta}=0.693/\beta \tag{3-18}$

$t_{1/2}$ 的单位为 min、h 或 d。$t_{1/2}$ 的数值越大，化学物从机体消除的速度越慢。

（5）清除率（clearance，CL）：指单位时间内，机体所有消除途径所能排出的化学物占的血浆容积值。CL 同样是一个反映机体清除化学物效率的参数。

一室模型计算 CL 的公式为：

$$CL=K_e \cdot V_d=X_0/AUC \tag{3-19}$$

二室模型的计算 CL 的公式为：

$$CL=V_d \cdot \beta=V_1 \cdot K_{10}=X_0/AUC \tag{3-20}$$

CL 的单位是 L/h。CL 的数值越大，化学物从机体消除的速度越快。

（6）生物利用度（bioavailability，F）：又称生物有效度，指机体接触的化学物在机体内可被利用的有效成分比例。利用此参数可以比较化学物从不同途径进入机体时的吸收程度。一般而言，F 值大者对机体的毒作用较强。计算公式为：

$$F=AUC（非静脉注射途径）/AUC（静脉注射途径） \tag{3-21}$$

（三）非线性毒代动力学

非线性毒代动力学（non-linear toxicokinetics）是指化学物代谢、消除和效应随着剂量的增加所呈现的，不适用线性方程描述的动力学过程。一般在体内化学物数量过多，超过了机体的生物转运、转化及蛋白质结合能力时出现，其消除由一级速率过程转变为零级速率过程。当下列情形出现时，可认为出现了非线性动力学过程：①血浆化学物的浓度不呈指数下降；②AUC 与染毒剂量不成正比；③V_d、CL、K_e（或 β）、$t_{1/2}$ 等参数随化学物的剂量增加而发生改变；④经同一酶系统代谢或经主动转运的化学物之间发生了竞争性抑制；⑤在明显的饱和效应出现之后，剂量 - 反应曲线未随剂量增加而显示出成比例的变化。

非线性毒代动力学具有重要的毒理学意义。因为符合此种速率过程的化学物从体内消除的速度相对缓慢，以较高浓度在靶器官中停留较长时间，有利于发挥毒作用。特别是在重复或连续接触的条件下，机体内的化学物总量可能会无限度升高，以致没有一个稳态的坪值存在。此时，化学物的剂量 - 反应关系不复存在，其所致的毒作用急剧增强。

三、基于生理学的毒代动力学

经典毒代动力学模型因相对简单而被广泛应用,但缺点也很明显。其基本单位"室"仅依据动力学特征划分,缺乏实际的解剖学和生理学意义,无法描述各组织器官内化学物的浓度与时间变化之间的关系。基于生理学的毒物代谢动力学(physiologically-based toxico-kinetics,PBTK)模型是根据生理学构造划分成肺、肝、静脉、动脉等具有重要毒理学意义的"室",根据"室"之间的联系列出质量/流量守恒微分方程组,继而求解各"室"化学物的浓度,可为化学物的内暴露提供预测工具的计算毒理学模型。与经典毒代动力学模型比较,PBTK 模型具有以下优点:①能够提供化学物在各器官或组织中的时间-分布过程;②能够模拟不同生理病理条件对化学物在体内过程的影响;③能将在动物中获得的结果外推至人,从而预测化学物在人体的处置过程。但也存在缺点:①与经典模型相比,PBTK 模型的构建需要更多信息;②不同种属、品系及疾病状态的动物,其模型参数均存在差异,因此需要更多的信息和数据积累。

(一)基于生理学的毒代动力学模型结构

1. **模型基本结构**　PBTK 模型将每个与毒物处置相关的组织或器官定义为一个室,通过血液循环将这些室连接成一个闭合的模型结构。在建立模型时,首先要确定模型包括哪些室以及这些室之间如何连接,这与生物体和毒物性质两方面因素有关。例如,研究化学物在鱼体内处置的模型须包括鱼鳃,而研究化学物在哺乳动物体内处置的模型则应包括肺。模型结构也可因化学物的性质而发生改变。例如,一种非挥发性、水溶性、从静脉染毒的化学物的模型结构(图 3-13A)就与另一种挥发性、脂溶性、经呼吸道吸入的化学物的模型结构不同(图 3-13B)。

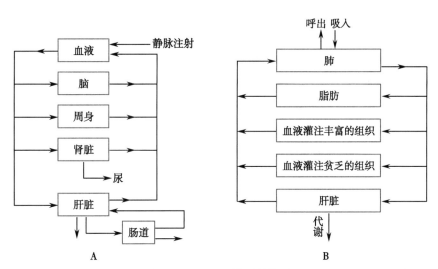

图 3-13　PBTK 模型结构图

PBTK 模型的基本单位是彼此连接的室。室是体内的一个具有相同毒物浓度的专一部位,可以是肝脏或肾脏等彼此分离的完整器官,或是脂肪和皮肤这样广泛分布的组织,也可以是某器官的一个特殊的机能单位或解剖位置。具体到每个室,可以看作是由三个单独但连接良好的亚室构成(图 3-14),它们对应着器官或组织的特定生理部位,包括:①血管腔;②间质间隙;③细胞内环境。

2. **毒物分布的两种方式**　在血液和组织的交叉点或每个室的内部,毒物通过血液组织屏障出入器官、组织或细胞内部,此时毒物的分布有两种方式:灌注限制分布和扩散限制分布。

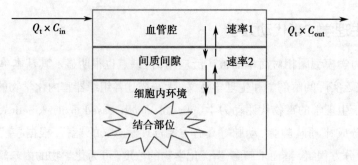

图 3-14 生理模型中室的基本结构

（1）灌注限制分布（perfusion-limited distribution）：也称为血流限制或简称为流限制分布（图 3-15A），指毒物在各室或亚室间的分布速率只受血液流速的限制，而与毒物跨细胞膜速率无关。由于细胞膜一般不限制分子量<100 或亲脂性物质的跨膜转运，多数组织化学物在血管腔与间质间隙之间可迅速达到平衡，常将它们合并称为细胞外室。此时细胞膜就成为分隔细胞外与细胞内最重要的扩散屏障，化学物在各室或亚室间的分布只受组织血液灌注速率的限制。进出全部组织室的化学物的量可由下式表示：

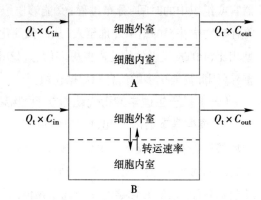

图 3-15 灌注限制分布（A）和扩散限制分布（B）

$$V_t \times dC_t/dt = Q_t \times (C_{in} - C_{out}) \tag{3-22}$$

式中：V_t 为组织室的容积；$V_t \times dC_t/dt$ 是室内化学物随时间变化的量，用质量/单位时间表示；Q_t 为到达组织的血流；C_{in} 和 C_{out} 分别为流入、流出血液中化学物的游离浓度。

（2）扩散限制分布（diffusion-limited distribution）：指化学物各室或亚室间分布的速率由细胞膜的渗透性和膜的总面积决定，也可称膜限制分布或渗透限制分布（图 3-15B）。此时，化学物跨越细胞膜的转运速度慢于到达该组织的血流速度，表现为渗透系数 PA 小于血流速率 Q_t，或 $PA \ll Q_t$。极性大的分子经由毛细血管渗漏入组织的间质间隙时通常只受血流的限制，而它们在组织细胞中的分布则受跨越细胞膜速率的限制。此时细胞外室从血液中摄取化学物的速率受灌注限制；而细胞内室从细胞外室摄取化学物的速率受扩散限制。因此，需要建立两个质量平衡微分方程来加以表示：

细胞外室： $V_{t1} \times dC_{t1}/dt = Q_t \times (C_{in} - C_{out}) - PA_t \times (C_{t1}/P_{t1}) + PA_t \times (C_{t2}/P_{t2})$ （3-23）

细胞内室： $V_{t2} \times dC_{t2}/dt = PA_t \times (C_{t1}/P_{t1}) - PA_t \times (C_{t2}/P_{t2})$ （3-24）

式中：V_{t1} 和 V_{t2} 分别为细胞外室与细胞内室的容积；Q_t 为到达组织的血流；C 为流入（in）、流出（out）血液及细胞外室（t1）或细胞内室（t2）中化学物的游离浓度；PA_t 为化学物经被动扩散或载体转运时的渗透系数。在两个方程中，化学物跨细胞膜的转运与其游离浓度有关，故需分别用细胞外室和细胞内室的分配系数（P_{t1} 和 P_{t2}）将其浓度转变为相应的游离浓度。

（二）基于生理学的毒代动力学模型参数

1. 解剖学参数 指模型中每个室的大小，即容积（mL 或 L）。如果一个室还包括亚室，则还应清楚这些亚室的容积。通常可通过文献查阅获得。

2. 生理学参数　最常用的是关于血流、通气和消除方面的参数。如到达每个室的血流速率、总血流速率或心输出量(Q_c)、肺泡通气速率(Q_p)、肾脏清除率等。若为经非线性动力学过程代谢的化学物，还应获得 V_{max}（代谢的最大速率）和 K_m（$1/2$ V_{max} 时该物质的浓度）这两个参数。

3. 热力学参数　主要是化学物在组织中的总浓度(C)、游离浓度(C_f)及二者的比例。若化学物不与任何体内分子结合，其游离浓度就等于总浓度，即 $C=C_f$。但这种情况少见，多数化学物可不同程度地与组织成分结合，它们在组织中分布的数量主要取决于组织的构成而不是其本身的浓度。这样，游离浓度与总浓度之间具有比例关系：$C=C_f \times P_t$。式中，P_t 为组织分配系数。

4. 转运参数　化学物可以多种方式跨越生物膜。对于简单扩散，化学物从膜的一侧到达另一侧的净转运速率 $Flux$（mg/h）为：

$$Flux=PA \times (C_1-C_2) \tag{3-25}$$

式中，PA 为渗透系数，单位为 L/h，是化学物的细胞膜渗透常数（P，单位为 μm/h）与膜的总面积（A，μm^2）之乘积。PA 的大小取决于化学物的扩散速率和细胞膜的厚度。C_1 和 C_2 是化学物在膜两侧的游离浓度。对于任何化学物，细胞膜薄、表面积大、膜两侧的浓度差大都有利于扩散。

（三）基于生理学的毒代动力学模型的建立

1. 整体模型结构和血流图设计　首先须根据机体的解剖和生理特征、化学物在体内的生物转运和转化过程来设计整体模型结构。设计须突出重点，去繁存精。设计好的模型以血流图表示。

2. 基本参数收集　确定了整体模型结构和血流图后，须收集解剖学、生理和生化、热力学以及转运相关参数。

3. 建立物质平衡方程　对每一个不同的器官(室)，必须各自建立其3个亚室的物质平衡方程，这样每个器官(室)就可以建立一个微分方程描述毒物在室内外的动态变化。因此一个 PBTK 模型就是一个微分方程组，再用计算机软件求解。

4. 模型验证和修订　通过求解物质平衡方程式，可得到各器官预测的毒物的时-量曲线，通过与动物实验获得的各器官毒物浓度比较可验证模型的准确性和有效性。如果预测值与实验值不符，需对模型进行修订。

在 2000 年之前，PBTK 模型主要是利用编程软件，有常微分方程求解器的编程语言都可以用于建立 PBTK 模型，常用的例如 C、Fortran、Python 和 Julia。目前已有一些专业的图形用户界面软件可用于 PBTK 模型研究，如 Simcyp^R、GastroPlus^{TM}、PK-Sim^R、CloePK^{TM} 等。

（四）基于生理学的毒代动力学模型的应用

1. 风险评估　PBTK 模型的参数可以更为精确地描述化学物在体内的生物学过程，预测和估算不同暴露期限、途径、剂量下靶器官的化学物剂量，有助于降低传统外推方法的不确定性，因此 PBTK 在毒理学上最常见的应用就是风险评估。

2. 接触限值的制定与修订　公共卫生领域常用环境介质中的毒物浓度反映人体暴露情况，但这并不能代替吸收剂量及靶剂量，很多因素会影响体内的毒物负荷水平。目前，随着生物监测的发展，有些毒物的接触限值开始用生物材料（如血液）中的化学物可接受水平表示，如生物接触指数（biological exposure indices，BEIs）。PBTK 模型可通过环境暴露水平来推断体内靶组织的毒物浓度，从而确定 BEIs 值。

3. 改进毒性测试的实验设计　PBTK 模型可以了解不同接触条件下外剂量与内剂量之间的关系，对于复杂动力学的了解有助于选择适当的染毒剂量。对于致癌和慢性毒性试验，PBTK 有助于减少动物的使用量和增加试验信息量。

近年来,PBTK 模型在毒理学领域的应用越来越广泛,各国化学品监管部门和国际监管机构逐渐认可 PBTK 模型的积极作用,相继出台了系列的规范或指南。基于 PBTK 模型的毒理学研究也日益深入,例如,将基于人源性生物材料和细胞的体外模型与 PBTK 结合,用于预测药物、毒物的全身暴露及其影响因素,已成为转化毒代动力学的发展方向之一。

（骆文静　李媛媛）

思考题

    1. 毒物通过哪些方式进行跨膜转运?

    2. 影响吸收、分布、排泄生物转运过程的因素有哪些?

    3. 简述化学毒物生物转化的毒理学意义及其主要反应类型。

    4. 请描述生物转化酶的特点及其亚细胞定位。

    5. 与经典毒代动力学比较,基于生理的毒代动力学模型有哪些优缺点?

    6. 基于生理学的毒代动力学模型的应用主要有哪些?

第四章
毒作用机制

外源因素暴露对生物体的影响取决于暴露程度和途径。阐明毒作用机制包括说明环境因素如何跨越生理屏障、与靶分子互作及机体应答过程,是揭示外源因素健康损害的关键。毒作用机制证据通过揭示毒物暴露与损伤效应的关系,弥补人群研究中生物学解释的不足,增强因果推断的科学性。机制研究成果在毒理学与医学领域具有重要价值。通过机制研究,我们可以发现环境因素导致疾病发生的共性毒作用特征,不仅可应用于毒性评估体系的建立,助力新物质健康风险预警预测,还可指导靶向干预药物研发及早期生物标志物筛查。本章将沿分子-细胞-器官层次解析毒作用机制,阐明修复障碍与损伤的关系,帮助系统理解环境因素诱导毒作用的关键靶点和事件。

第一节　概　述

外源因素通过与靶分子、细胞或器官的多层次交互作用,引发机体功能紊乱或病理损伤。毒理学机制研究聚焦三个核心层面:毒物引发的分子级联事件;机体对毒物的处置(吸收、分布、代谢和排泄);毒物间的交互与非交互作用。

毒性通路通过解析外源因素对分子通路的扰动,揭示毒作用起始事件及其级联关键分子事件。对分子通路的扰动程度取决于暴露剂量、时长及宿主易感性:低剂量下生物系统可通过稳态调节体系维持平衡,而高剂量或持续暴露导致通路扰动,损害机体的适应能力,引发不可逆损伤。

适应性反应(adaptive response)是指机体在接触一定剂量的毒物时,通过激活内在的保护机制或调节生物过程,从而减轻或抵御毒性潜在损害的现象,具有剂量依赖性和可逆性特征。这一过程对维持生物体的细胞稳态(cellular homeostasis)和正常功能至关重要。适应性反应常在低剂量暴露下显现,通常需要超过一定的刺激阈值才会启动适应性反应。在风险评估确定安全阈值时,适应性反应范围可作为考量因素。

毒物引起机体毒作用的过程可以概述为以下五方面:①通过毒代动力学过程形成终毒物;②终毒物与靶分子结合,引发结构和功能改变;③细胞应激导致信号转导/能量代谢障碍;④器官选择毒性(如肝、肾损伤);⑤修复障碍引发炎症、纤维化和癌变等损害。

毒物导致机体健康损害的机制非常复杂,归纳起来有以下共性特征,包括:①毒物与靶分子的相互作用;②细胞功能障碍,包括氧化应激、内质网应激、缺氧应激、热应激、线粒体功能障碍、钙稳态失衡、细胞衰老和细胞死亡等;③遗传毒性;④表观遗传调控;⑤内分泌干扰;⑥修复功能障碍。

上述共性特征为环境因素导致健康损害的机制研究奠定了理论基础,构建了一个多层次、多维度的理论框架。基于这一框架,我们能够在分子、细胞和组织水平上开展系统性的机制研究,深入揭示环境暴露与健康效应之间的复杂关联。

第二节　毒物与靶分子的相互作用

毒物及其终毒物通过与生物靶分子发生特异性相互作用,触发从分子损伤到系统功能障碍的级联反应。靶分子涵盖核酸、蛋白质和脂质等生物分子,其作用选择性取决于两个核心要素。①分子拓扑适配性:靶分子须具备与毒物互补的三维结构及活性位点(如酶催化中心、受体配体结合域),通过共价键/非共价键实现稳定结合;②动态暴露阈值:终毒物须在靶部位达到临界浓度,其空间分布受代谢活化位点与靶器官距离的影响。有效作用浓度、功能性干扰及结构-功能耦联是毒作用产生的必要条件。

一、终毒物形成

终毒物(ultimate toxicant)是指外源化学物在生物体内经生物转化后形成具有毒性的最终产物。这些代谢产物通常比原化学物活性更强,能够与细胞内的生物分子(如蛋白质、DNA 和脂质等)发生反应,导致细胞损伤或功能障碍,从而引发毒作用。毒物在体内的吸收、分布、重吸收和增毒过程促进终毒物在靶部位的蓄积;而进入体循环前的消除、从作用部位向其他部位的转运、排泄和解毒则减少终毒物在靶部位蓄积。根据反应特性,终毒物可分为四类:亲电子剂(electrophiles)、自由基(free radicals)、亲核物(nucleophiles)和氧化还原活性物质(redox-active reactants)。

(一)增毒作用

增毒作用是指外源化学物通过生物转化形成更高反应活性的终毒物过程。以下系统阐述四类终毒物的生成机制及其毒理学特征。

1. 亲电子剂 亲电子剂是具有电子缺陷中心的化合物,通过夺取生物大分子电子云引发共价修饰损伤。其形成包括以下三大路径。①氧原子插入机制:母体化合物经细胞色素 P450 等氧化酶催化插入氧原子,引发电子重新分布形成缺电子中心。例如,多环芳烃(如苯并[a]芘)经环氧化生成高活性的环氧化物(BPDE),其环氧环的张力碳成为强亲电攻击位点。②共轭双键极化:双键电子云在代谢酶作用下发生极化偏移,使特定碳原子呈现电子缺失状态。例如黄曲霉毒素 B_1 经 CYP3A4 催化生成 8,9-环氧黄曲霉素,其 C_8 位因电子云偏移成为亲电热点。③化学键异裂:前体化合物通过酯键异裂生成阳离子亲电中心,如 N-羟基芳香胺(2-乙酰氨基芴代谢产物)经磺基转移酶酯化后,N—O 键异裂产生芳基氮鎓离子(Ar-N$^+$)。

2. 自由基 自由基是指含有未成对电子的原子、分子或基团,具有高度化学活性。常见类型包括羟自由基(HO·)、超氧阴离子(O_2^-·)、过氧自由基(ROO·)等。过量自由基可突破机体抗氧化防御系统,引发氧化应激反应,导致细胞膜脂质过氧化、蛋白质变性及 DNA 损伤。毒物诱导生成自由基的主要途径包括:

(1)电子传递循环:毒物通过单电子还原形成自由基中间体,随后将电子转移至氧分子生成超氧阴离子。这种氧化还原循环可使单个毒物分子持续产生活性氧。内源性 O_2^-· 主要来源于吞噬细胞的 NAD(P)H 氧化酶及线粒体电子传递链解偶联,继而通过 Fenton 反应转化为毒性更强的 HO·和过氧亚硝基(ONOO$^-$)。

(2)酶促氧化:亲核物质在过氧化物酶作用下丢失电子形成自由基。例如氢醌经两步单电子氧化生成半醌自由基和苯醌,此过程伴随产生 O_2^-·、H_2O_2 等活性氧。醌类物质还可作为电子受体参与巯基氧化。血红蛋白介导的氨基酚氧化反应则产生半醌自由基,同时导致高铁血红蛋白血症。

(3)还原性均裂:毒物接受电子后发生键均裂。例如 CCl_4 经 P450 还原生成 Cl_3C·自由基,与氧反应形成 Cl_3COO·。辐射引发水分子均裂产生 HO·,H_2O_2 均裂生成 HO·/HO$^-$。过氧亚硝酸盐(ONOO$^-$)与 CO_2 反应生成 NO_2·和 CO_3^-·等次级自由基。

外源因素通过两种途径破坏氧化/抗氧化平衡:一方面增加自由基生成(如辐射、环境污染物暴露),另一方面削弱抗氧化防御系统(如还原型谷胱甘肽耗竭、抗氧化酶抑制)。这种失衡最终导致线粒体功能障碍、钙稳态紊乱和细胞死亡途径激活,成为多种器官损伤的共同机制。

3. 亲核物　亲核物是指具有高电子密度的分子或离子,通过提供电子对攻击电子缺陷中心引发共价结合。亲核物具有高亲核性,能够与生物体内的其他分子结合,可导致细胞和组织的损伤。例如亲核物 CN^- 与细胞色素 c 氧化酶 Fe^{3+} 结合阻断电子传递链,影响能量代谢;H_2Se 通过 Fenton 样反应生成 Se 自由基($Se\cdot$),引发脂质过氧化;α,β-不饱和醛类亲核物与 DNA 形成丙二醛加合物(如 M_1dG),诱导遗传毒性。

4. 氧化还原活性物质　是在化学反应中能够参与电子转移过程的物质,分为氧化剂和还原剂。氧化剂是在氧化还原反应中被还原,且能够接受电子的物质。它们具有较高的氧化能力,可以促使其他物质失去电子,而自身从较高价态变为较低价态。还原剂是在氧化还原反应中被氧化,且能够提供电子的物质。它们具有较强的还原能力,可以使其他物质获得电子,而自身从较低价态变为较高价态。氧化还原活性物质生成包括多种途径:①原位合成,如硝酸盐(NO_3^-)经肠道菌群硝酸盐还原酶转化为亚硝酸盐(NO_2^-);②代谢活化,如氨苯砜羟胺通过协同氧化循环将血红蛋白 Fe^{2+} 氧化为 Fe^{3+},形成高铁血红蛋白;③氧化还原循环,如醌类化合物(如甲萘醌)经 NADPH-细胞色素 P450 还原酶单电子还原生成半醌自由基($SQ\cdot^-$),后者自氧化生成 $O_2^-\cdot$。

氧化还原活性物质可通过扰动细胞氧化还原电位,激活 Nrf2/ARE 通路与 NF-κB 炎症信号,是大多数毒物诱导损伤的共同通路。

(二)解毒机制

解毒(detoxication)指毒物通过酶促或非酶促反应转化为低毒产物的过程,解毒与增毒途径共同决定毒作用结局。解毒的核心形式包括①功能基团修饰:无活性基团毒物依赖Ⅰ/Ⅱ相代谢(如氧化、结合反应);亲核物通过结合亲核基团解毒;亲电子剂优先与还原型谷胱甘肽(GSH)结合。②自由基清除:超氧化物歧化酶(SOD)催化 $O_2^-\cdot$ 歧化为 H_2O_2,后者经过氧化氢酶分解。③蛋白酶降解:胞内外蛋白酶分解有毒多肽。

解毒失效机制包括:①代谢超载:过量毒物耗竭解毒酶(如 CYP450)、共底物(如 GSH),导致终毒物蓄积。②酶活性抑制:活性毒物直接灭活解毒酶,如过氧亚硝基(ONOO⁻)使锰-SOD 失活。③可逆性结合:如 α-萘胺经肝脏葡萄糖醛酸酸化后,膀胱水解再生亲电子硝鎓离子;甲基异氰酸盐形成不稳定 GSH 结合物,转运至其他组织释放毒性异氰酸。④毒性副产物生成:如自由基解毒产生 GS·和 GSSG,前者引发 $O_2\to O_2^-\cdot$ 链式反应;GSSG 与蛋白巯基形成混合二硫键,干扰蛋白正常功能。

解毒系统既可通过代谢转化降低毒性,也可能因代谢失衡或产生次生毒物加剧损害。例如,GSH 参与解毒的同时,其氧化产物可能成为氧化应激源,凸显解毒过程的动态平衡特征。

二、终毒物与靶分子的反应

终毒物可能与靶分子发生非共价或共价结合,也可能通过去氢反应、电子转移或酶促反应而改变靶分子的结构和功能。

(一)非共价结合

非共价结合是毒物通过弱化学键与生物靶标特异性结合的重要方式,其作用具有可逆性、靶向性、剂量依赖性的特征。这类结合主要依赖以下作用力:

（1）范德瓦耳斯力：又称范德华力，非极性分子通过瞬时偶极产生的弱吸引力，如脂溶性毒物在细胞膜脂质双层的累积。

（2）氢键：供体（—OH、—NH）与受体（O、N）间的定向键合，决定配体-受体结合特异性。

（3）离子键：带电基团间的静电作用，如带正电荷的神经毒素与钠通道酸性残基的结合。

（4）疏水作用：非极性基团在水环境中的聚集效应，推动毒物进入蛋白质疏水口袋。

典型作用模式包括：①空间互补匹配：如士的宁通过精确的分子构象嵌入甘氨酸受体 α 亚基的 β 环结构域，阻断抑制性神经递质功能，引发强直性惊厥；②构象诱导契合：如 TCDD 与芳烃受体（AhR）结合后诱导受体构象改变，形成核转位复合体，异常激活 CYP1A1 基因转录；③竞争抑制：如佛波酯通过 C_1 结构域模拟二酰甘油，以高亲和力占据蛋白激酶 C（PKC）调控区，持续激活下游信号通路；④通道物理阻塞：如蛤蚌毒素通过胍基与钠通道孔区的羧酸基团形成氢键网络，产生空间位阻效应，阻滞钠离子传导。

（二）共价结合

共价结合通常是不可逆的，通过持久改变与之结合的靶分子结构，导致蛋白质失活、酶抑制或 DNA 损伤，进而引起细胞毒性。其作用模式可分为三类：

（1）亲电子剂结合：亲电子剂通常与生物大分子（如蛋白质和核酸）中亲核原子反应，且表现出某些选择性，取决于其电荷/半径比。根据 R.G. Pearson 提出的"硬-软酸碱（HSAB）理论"，软亲电子剂（如 Ag^+、Hg^{2+}）电荷密度低，优先结合软亲核基团（硫醇、硒）；硬亲电子剂（Li^+、Ca^{2+}）电荷密度高，靶向硬亲核基团（氨基、羟基）；过渡态金属（Cr^{3+}、Pb^{2+}）兼具两类结合能力。电荷/半径比决定结合效率，例如苯并[a]芘环氧化物选择性与 DNA 鸟嘌呤 N_7 位点结合。

（2）中性自由基结合：$HO·$、$NO_2·$ 和 $Cl_3C·$ 等中性自由基也能与靶分子发生共价结合，通过加成反应改变分子结构。例如 $Cl_3C·$ 攻击脂质双键生成氯甲基化脂肪酸；$HO·$ 诱导 DNA 碱基氧化（如 8-羟基脱氧鸟嘌呤），干扰复制修复；$NO_2·$ 导致蛋白质硝基化修饰。

（3）少数亲核毒物攻击内源性亲电分子：例如胺/肼类与吡哆醛形成席夫碱；CN^-、CO 结合血红蛋白铁，阻断氧运输；H_2S 抑制细胞色素氧化酶。

（三）去氢反应

自由基通过夺取生物分子氢原子引发链式氧化损伤。经典实例是自由基与巯基化合物的反应，路径包括：①初级攻击，自由基（如 $HO·$）攻击巯基化合物（R—SH）生成硫基自由基（R—S·）；②次级转化，R-S· 经氧化生成次磺酸（R—SOH）或二硫化物（R—S—S—R），导致蛋白质二硫键异常交联；③终末损伤，脂质自由基（L·）引发脂质过氧化链式反应，生成 4-羟基壬烯酸（4-HNE）等毒性醛类。此外，自由基能使游离氨基酸或氨基酸残基 CH_2 基团去氢，转变为羰基化合物，并进一步与胺类化合物反应，形成 DNA 或蛋白质交联。脱氧核糖 C_4' 去氢产生自由基是引起 DNA 链断裂的第一步，而多不饱和脂肪酸双键去氢可产生脂质过氧化物，使膜流动性丧失，导致细胞死亡。

（四）电子转移

毒物通过电子转移改变靶分子氧化状态，导致生物功能异常。其作用模式可分为两类：①氧化性电子转移，包括血红蛋白氧化：$Fe^{2+}→Fe^{3+}$，导致高铁血红蛋白血症（MetHb）；协同氧化循环：氨苯砜羟胺（DDS-NHOH）与氧合血红蛋白（Hb-Fe^{2+}-O_2）反应，生成 MetHb 和 H_2O_2。②还原性电子转移，包括金属价态转换：如百草枯（PQ^{2+}）接受电子生成 $PQ·^+$，触发氧化还原循环持续产 $O_2^-·$；自由基再生：醌类（如甲萘醌）经单电子还原生成半醌自由基（$SQ·^-$），自氧化产生活性氧。

（五）酶促反应干扰

毒物可以通过直接抑制酶活性、改变酶表达水平、干扰细胞内稳态与辅因子供应等多种机制影响酶促反应，干扰正常的生理功能，导致细胞损伤或疾病。例如，有机磷农药能够抑制乙酰胆碱酯酶（AChE），导致神经递质乙酰胆碱在突触间隙积累，引起神经系统中毒症状；氰化物（如氢氰酸）通过抑制细胞色素 c 氧化酶，阻碍细胞呼吸链的功能；铅、汞和镉等重金属离子可以通过与酶的巯基或其他功能基团结合，抑制酶的活性。此外，毒素可通过酶促反应作用于特定靶蛋白，引发毒作用。例如，蓖麻毒素 A 亚基是一种糖苷酶，通过特异性地水解核糖体的 28S rRNA，破坏核糖体的功能，阻断蛋白质合成；白喉毒素 A 亚基特异性地水解核糖体的 EF-2（延伸因子 2），从而阻止氨基酸的转移和蛋白质的合成；蛇毒毒素含有磷脂酶，能够破坏细胞膜，导致细胞溶解和死亡。

三、毒物与靶分子结合的后果

（一）靶分子结构破坏

对靶分子（DNA/RNA、蛋白质和脂质等）的化学修饰导致其一级结构不可逆改变，具体损伤模式包括：

（1）DNA 损伤：毒物可通过几种方式引起 DNA 链断裂，引起突变或基因组改变。如 $HO\cdot$ 攻击鸟嘌呤 C_8 位生成 8-OHdG，导致基因点突变；$C_{4'}$ 自由基引发磷酸二酯键断裂（如电离辐射致双链断裂），形成 γ-H2AX 焦点，易引起染色体畸变；黄曲霉毒素 B_1 环氧化物与鸟嘌呤共价结合，在 N-7 位形成加合物使 N-糖苷链不稳定，诱发脱嘌呤作用，导致碱基突变。

（2）蛋白质交联：如甲醛诱导赖氨酸 ε-氨基与 DNA 碱基交联（形成 N_6-甲基脱氧腺苷）；$HO\cdot$ 将蛋白质 α-螺旋转化为 β-折叠，促进异常聚集体形成；氧化应激导致半胱氨酸—SH 氧化为分子间异常二硫键—S—S—，改变酶活性中心的构象。

（3）脂质过氧化：过程包括①自由基夺取多不饱和脂肪酸（PUFA）双键 $H\rightarrow$；②脂质自由基 $L\cdot + O_2 \rightarrow$ 脂质过氧自由基 $LOO\cdot \rightarrow$；③$LOO\cdot$ 夺取 H 生成脂质氢过氧化物 $LOOH\rightarrow$；④Fe^{2+} 催化 LOOH 裂解为 $LO\cdot\rightarrow$；⑤生成 4-羟基壬烯醛（4-HNE）等毒性产物。脂质过氧化导致细胞膜脂质结构破坏，或与邻近膜蛋白分子反应，甚至扩散至胞核与 DNA 分子反应。

（二）靶分子功能紊乱

毒物作用的靶分子包括 DNA/RNA、内源性配体与受体、离子通道和重要生物基团等。靶分子功能紊乱表现为以下四方面：

（1）DNA 复制功能障碍：毒物可干扰 DNA 的模板功能，例如顺铂交联破坏 DNA 双螺旋结构，致复制叉停滞；化学物与 DNA 共价结合引起 DNA 复制过程核苷酸错配，诱发基因碱基突变。

（2）信号转导异常：有些毒物能模拟内源性配体并活化靶蛋白分子，例如尼古丁持续性激活 nACh 受体，导致 Ca^{2+} 内流异常，引起神经兴奋毒性；佛波酯模拟 DAG 结合 C_1 结构域，持续激活 MAPK 通路，使细胞增殖失控。

（3）靶分子功能抑制：如阿托品、箭毒和士的宁通过附着于配体结合部位或通过干扰离子通道功能而阻断神经递质受体；河鲀毒素和蛤蚌毒素抑制神经元膜电压激活的钠通道开放；DDT 和拟除虫菊酯类杀虫剂则抑制钠通道关闭。

（4）代谢稳态失衡：毒物通过双重机制破坏代谢网络平衡，一方面通过共价修饰/变构调节直接抑制关键代谢酶（如有机磷农药不可逆抑制 AChE），导致神经递质蓄积及突触过度兴奋；另一方面毒物可间接调控酶活性,例如激活核受体通路（如 TCDD 结合 AhR 上调 CYP1A1 表达）；砷可抑制 DNA 甲基转移酶（DNMTs）致全基因组低甲基化,导致代谢酶表达异常。

（三）新抗原形成

外源化学物及其代谢产物与生物大分子共价结合通常不会对大多数个体免疫系统产生严重后果,但在少数个体中,这些物质可能作为新抗原引发有害免疫应答。例如,硝基氯苯、青霉素和镍本身具有与蛋白质结合的能力；而另一些外源化学物则需要通过自氧化转化为其他代谢产物,才能与蛋白质发生共价结合,进而引起机体免疫应答异常。以氟烷为例,它在体内代谢生成三氟乙酰氯,后者作为半抗原与肝微粒体和细胞表面蛋白质结合,诱导抗体生成,最终导致自身免疫性反应,临床表现为肝炎样综合征。

第三节　细胞功能障碍

当毒物与靶分子发生相互作用后,可能引发级联反应并最终导致细胞功能障碍。该过程具有明确的时序特征:当细胞遭遇环境有害因素刺激时,首先启动细胞应激机制；若应激状态持续存在或刺激强度超出代偿阈值,则可能发展为细胞损伤；当损伤程度突破细胞修复能力时,将引发细胞功能障碍,最终导致细胞稳态失衡甚至细胞死亡。

一、细胞应激与细胞稳态

1. 细胞应激的双向调节机制　细胞应激（cellular stress）是细胞在应对不利环境或有害刺激时激活的适应性应答系统,作为生物体维持内环境稳定的重要调控机制,其反应过程呈现高度时序性特征。经典应激反应路径包括:应激原识别→信号转导通路激活→转录因子活化→应激基因表达→应激蛋白合成。这些应激蛋白既包含特异性防御因子,也涉及基础保护性蛋白,共同构建细胞的防御屏障。当损伤程度超过修复能力时,该保护机制将转化为细胞稳态失衡的启动信号,触发细胞凋亡、自噬或坏死等终末进程。因此,细胞应激具有显著的生物学双效性:适度的应激反应是机体维持内环境稳态的重要防御屏障,而持续高强度应激则可能突破代偿阈值,导致不可逆的病理损伤。

2. 细胞稳态的生物学意义　细胞稳态（cellular homeostasis）指在神经-内分泌-免疫网络的精密调控下,细胞通过动态平衡维持其结构完整性和功能正常化的生命状态。环境有害因素可通过多重途径破坏这一稳态系统:包括生物膜结构损伤、线粒体功能障碍、物质转运异常及代谢失衡等。研究表明,细胞稳态失衡与恶性肿瘤、心脑血管疾病、2 型糖尿病、神经退行性疾病及代谢相关脂肪性肝病等疾病的发生发展存在密切关联。

本节将系统解析细胞应激的主要类型,包括氧化应激、缺氧应激、热应激、内质网应激、线粒体功能障碍及钙稳态失衡等,以及阐述细胞稳态失衡引发的生物学结局,包括细胞衰老与细胞死亡。

（一）氧化应激

1. 氧化应激原　氧化应激（oxidative stress）指机体因氧化活性物质（自由基、活性氧 ROS 和活性氮 RNS）生成与清除的动态平衡破坏,引发氧化还原稳态失衡的病理生理过程。其核心应激原包括羟自由基（HO·）、超氧阴离子（$O_2^-·$）、脂质过氧自由基（ROO·）、氯自由基（Cl·）及一氧化氮自由基（NO·）等。在生理状态下,这些活性分子作为重要的信号转导介质,不仅参与维持基础生理功能,更是机体免疫防御体系的核心组分。

2. 氧化防御系统的动态平衡　生物进化过程中形成的抗氧化防御系统通过精密调控维持氧化稳态:①生理水平的自由基/ROS/RNS在完成信号传递后,可被超氧化物歧化酶(SOD)、谷胱甘肽过氧化物酶(GSH-Px)等抗氧化酶迅速清除。②维生素C/E、还原型谷胱甘肽等非酶抗氧化剂协同构成第二道防线。当环境暴露导致自由基过量生成或抗氧化能力衰减时,氧化/还原稳态失衡,进而触发组织细胞级联损伤。

3. 毒理学意义　持续性氧化应激通过脂质过氧化、蛋白羰基化及DNA氧化损伤等分子事件,导致细胞功能失调,最终引发程序性或坏死性死亡。

(二)缺氧应激

1. 缺氧应激的启动机制　缺氧应激(hypoxic stress)是细胞对氧分压下降的多维度适应体系,除低氧环境外,重金属(Cd^{2+}、Ni^{2+}、Co^{2+}和Cr^{6+})、砷化物以及炎症因子(TNF-α和IL-1β)等均可作为缺氧应激原。其分子识别系统涉及:①NADPH氧化酶作为氧感受器;②Ca^{2+}/NO/CO构成的低氧信号转导网络;③缺氧诱导因子HIF-1参与的调控体系。

2. HIF-1的分子调控机制　在常氧条件下,HIF-1α亚基经脯氨酰羟化酶修饰后,通过泛素-蛋白酶体途径降解;缺氧环境则通过抑制羟化酶活性稳定HIF-1α。HIF-1α/β异源二聚体入核后,通过结合缺氧反应元件(HRE)调控以下六大类功能基因,包括①氧运输系统:促红细胞生成素(EPO)、铁转运蛋白;②血管重塑:血管内皮生长因子(VEGF)、诱导型一氧化氮合酶(iNOS);③能量代谢:葡萄糖转运体1(GLUT1)、糖酵解酶系;④细胞存活:胰岛素样生长因子2(IGF-2);⑤胞外基质重构:基质金属蛋白酶(MMPs);⑥氧化还原稳态:血红素加氧酶-1(HO-1)。这些基因产物对缺氧条件下红细胞生成、血管形成、能量代谢以及细胞增殖和存活起重要作用。

3. 毒理学意义　缺氧应激通过上述机制建立氧供需平衡的短期代偿,但长期缺氧将导致HIF-1通路持续激活,促进病理性血管增生(如肿瘤新生血管)及代谢重编程(Warburg效应),成为多种慢性疾病发生发展的驱动因素。

(三)热应激

1. 热应激反应的特征　高温(哺乳动物通常>40℃)可诱导细胞蛋白质变性,不仅直接损伤细胞结构和功能,还可通过改变代谢途径、加剧氧化应激和干扰信号转导等方式,增强其他环境毒物的毒性效应。热应激(heat stress)是指生物体在高温环境中因热暴露超过自身温度调节能力而引发的系统性生理应激反应。它是通过分子重构维持细胞生存的一种保守机制,其特征性标志是热休克蛋白(HSP)的快速诱导表达。HSP作为广谱性应激蛋白,其表达不仅限于热刺激,也可由氧化应激、重金属暴露等多种损伤因素诱发。

2. HSP的功能　根据分子量分类的HSP家族(HSP90、HSP70和HSP27等)构成非特异性细胞应激响应体系,其功能包括①结构性保护:HSP作为分子伴侣,通过结合新生肽链疏水区域,指导蛋白质正确折叠与定位;②损伤修复:识别变性蛋白暴露的疏水位点,阻止异常聚集并协助再折叠;③蛋白降解:引导不可逆损伤蛋白至泛素-蛋白酶体/自噬溶酶体系统进行降解。

3. HSP转录调控　热休克因子HSF是一种转录因子,静息状态下,HSF与HSP70形成复合体滞留于胞质;当应激导致异常蛋白累积时,HSP70优先结合变性蛋白促使HSF解离→HSF转位入核→结合热休克反应元件(HSE)→启动HSP基因转录。

(四)内质网应激

1. 内质网稳态　内质网应激(endoplasmic reticulum stress)是内质网应对蛋白质稳态失衡激活

的适应性应答网络。其核心机制是通过未折叠蛋白反应（UPR）清除异常蛋白积累，重建内质网稳态。该过程依赖糖调节蛋白78（GRP78）等分子伴侣的精密调控——当蛋白质折叠需求超出内质网处理能力时，GRP78从跨膜受体解离并触发UPR级联反应。

2. 应激原与分子调控网络　内质网应激的诱发因素涵盖以下四方面：①分子伴侣缺陷：GRP78表达下调或功能缺失；②离子稳态失衡：内质网钙库（Ca^{2+}）耗竭；③氧化微环境：ROS/RNS过量生成；④折叠系统异常：二硫键形成障碍、基因突变致蛋白结构异常。此外，氧化应激、缺氧应激与热应激常通过干扰内质网氧化还原平衡或蛋白质折叠能力，形成复合性内质网应激。

3. UPR信号通路　UPR通过以下信号通路调控：①IRE1信号通路：α亚基自磷酸化激活核酸内切酶活性，通过非经典剪接生成sXBP1转录因子，上调GRP78等伴侣蛋白表达；同时通过TRAF2-ASK1-JNK通路激活Caspases级联反应，触发细胞凋亡。②PERK调控通路：PERK激活后催化eIF2α磷酸化，选择性抑制蛋白质翻译，同时激活ATF4介导的适应性基因表达。③ATF6激活通路：应激条件下，易位至高尔基体经位点特异性蛋白酶剪切，增强内质网蛋白转运、折叠和降解能力。

4. 毒理学意义　适度的UPR通过降低蛋白负荷、增强折叠能力维持细胞存活，而持续性应激将触发凋亡或自噬等清除程序。

（五）线粒体功能障碍

1. 线粒体的生理功能　作为细胞能量代谢中枢，线粒体不仅通过氧化磷酸化合成ATP，还参与以下调控：①钙离子稳态；②活性氧生成；③凋亡信号转导（细胞色素c释放）；④脂质代谢中间体合成等关键生物学过程。

2. 线粒体功能损伤的作用靶点　毒物可通过以下几种形式干扰线粒体氧化磷酸化过程和ATP合成：①干扰氢向电子传递链传递；②抑制电子沿电子传递链转移到分子氧；③干扰氧传递到终末电子转运蛋白——细胞色素氧化酶；④抑制ATP合酶活性；⑤引起线粒体DNA损伤，干扰由线粒体基因组编码的特定蛋白质合成等。

3. 线粒体功能障碍的结局　能量生成障碍对细胞和整个生物体产生严重影响。可出现ATP生成不足甚至耗竭，细胞发生代谢性酸中毒、离子失衡和氧化应激等，细胞膜完整性受到破坏，导致细胞死亡、器官功能衰竭，甚至危及生命。

（六）钙稳态失衡

1. 钙信号的时空调控特性　钙离子（Ca^{2+}）作为第二信使，通过浓度梯度（胞质游离$Ca^{2+} \approx$ 100nmol/L *vs* 细胞外$\approx$1.2mmol/L）调控肌肉收缩、神经递质释放等生理过程。其稳态维持依赖三级调控网络：①质膜调控体系；②胞内钙库系统；③钙结合蛋白缓冲系统。

2. 钙稳态失衡的机制及后果　包括以下两方面：

（1）细胞膜钙转运系统异常：细胞受毒物、缺氧和炎症等刺激干扰Ca^{2+}通道，如硫化氢、铅和汞等可干扰经神经递质 *N*-甲基-D-天冬氨酸（NMDA）受体激活的Ca^{2+}通道，诱导神经元细胞Ca^{2+}内流；氰化物诱发神经元去极化和谷氨酸释放，Ca^{2+}通道激活，细胞质Ca^{2+}水平升高，诱导神经元毒性。当组织器官缺血、缺氧时，细胞能量代谢出现障碍，依赖能量的转运蛋白功能失常，大量Ca^{2+}在胞内蓄积，造成钙稳态失衡。

（2）细胞器（内质网、肌质网和线粒体）钙调控异常：铅、镉可使细胞内1,4,5-三磷酸（IP3）水平升高，激活内质网上的IP3受体，促使Ca^{2+}释放；甲基汞致细胞质Ca^{2+}过载，反馈性地使线粒体

摄取过多 Ca^{2+},导致线粒体膜去极化,抑制三羧酸循环和线粒体 ATP 酶,促进线粒体通透性转换孔(MPTP)开放,引发细胞凋亡。

细胞内 ATP 耗竭、Ca^{2+} 超载及 ROS 升高之间存在复杂的交互作用。首先,ATP 耗竭导致能量供应不足,影响离子泵功能,引发细胞内 Ca^{2+} 浓度升高。高钙环境激活钙依赖性酶(如磷脂酶、蛋白酶和核酸酶),破坏细胞结构和功能。同时,ATP 耗竭和钙超载促进线粒体功能障碍,增加 ROS 和 RNS 的生成,进一步损伤线粒体,加剧 ATP 耗竭,并促进钙离子释放,形成恶性循环。此外,ROS 和 RNS 还可直接氧化蛋白质、脂质和 DNA,导致细胞凋亡或坏死。三者相互作用,最终加速细胞死亡和组织损伤。

二、细胞稳态失衡的后果

细胞稳态在维持细胞能量代谢、基因表达、信号转导、细胞存活等重要生命活动中起着重要作用。细胞稳态失衡导致细胞损伤,损伤的结局受温度、刺激强度、细胞类型和细胞内环境稳态紊乱程度等因素影响。如果细胞损伤较严重,细胞可能选择衰老或启动细胞死亡程序以清除无法修复的损伤细胞。细胞衰老和细胞死亡是生物体内两种重要的细胞命运结局,尽管它们在某些方面存在共同点,但其诱发因素和损伤机制却有显著差异。细胞衰老是一种不可逆的细胞周期停滞状态,细胞虽仍然存活,但失去了增殖能力,衰老细胞在组织中的积累会诱导炎症反应,影响周围细胞的功能,甚至诱导它们的死亡。而细胞死亡是指细胞功能的丧失和结构的破坏,通常分为三种主要类型:凋亡、自噬和坏死。

(一)细胞衰老

细胞衰老(cell senescence)是指细胞在经历环境因素压力或损伤后,进入一种不可逆的生长停滞状态。这一过程通常伴随着细胞功能的改变和形态的变化。衰老细胞增殖缓慢或生长停滞,形态大而扁平,伴随核仁体积增大,空泡形成,应激颗粒增加,细胞和细胞间连接丢失,β-半乳糖苷酶(SA-β-gal)呈阳性表达。衰老细胞通常伴随有促炎症因子的分泌,这种现象被称为衰老相关分泌表型(SASP),可导致局部或全身性炎症反应。长期的炎症可能对组织造成损害,并与多种慢性疾病(如心血管疾病和糖尿病等)的发生相关。随着衰老细胞的积累,器官功能逐渐衰退,与多种疾病(如阿尔茨海默病和帕金森病等)的发生、发展密切相关。

多种损伤包括 DNA 损伤、氧化应激、缺氧、端粒缩短、炎症和线粒体功能障碍等可诱导细胞衰老。因此,许多环境因素可能通过上述毒作用诱导细胞发生衰老,包括紫外线、重金属、持久性污染物、烟草组分和药物等。

细胞衰老是一把"双刃剑",一方面,细胞衰老可清除损伤细胞,抑制肿瘤进展。另一方面,持续性的衰老使得细胞丢失增殖能力、组织再生能力受阻。因此,阐述环境毒物如何影响衰老相关的分子通路,有助于揭示与衰老相关疾病发生的基础。

(二)细胞死亡

当细胞在内、外环境压力(如外源性毒物暴露或内源性稳态失衡)作用下无法通过应激反应恢复稳态时,将激活程序性死亡通路以清除不可逆损伤细胞。环境毒物诱导的细胞死亡模式具有高度异质性,其具体形式取决于多重因素的交互调控,包括但不限于:①毒物性质(化学结构、作用靶点)与暴露参数(剂量、持续时间);②细胞类型特异性(增殖能力、代谢特征);③微环境特征(营养状况、氧化还原平衡和炎症因子谱);④关键信号通路活性(PI3K/AKT、AMPK/mTOR 和 NF-κB 等)。

从损伤程度与能量代谢角度看，细胞死亡模式呈现剂量依赖性特征：①亚致死刺激（如低剂量氧化应激）通常激活保护性自噬，通过清除受损细胞器维持稳态；②致死性损伤（如 DNA 双链断裂）触发凋亡级联反应，以膜泡化形式实现有序清除；③急性能量耗竭导致细胞坏死，伴随膜完整性丧失及内容物释放；④极端应激状态（如强效毒物同时抑制凋亡与自噬通路）可诱导胀亡（oncosis），特征为细胞肿胀、胞膜破裂前核溶解。

以下详述与环境因素暴露密切关联的三种细胞死亡形式，包括细胞凋亡、坏死和自噬。

（1）细胞凋亡：细胞凋亡（apoptosis）作为程序性死亡的核心机制，以特征性形态改变为标志，包括：胞体皱缩、核固缩、DNA 梯状片段化，胞膜磷脂酰丝氨酸外翻等。一般不引起周围炎症反应。细胞凋亡在维持生物体正常功能、细胞稳态等方面发挥重要作用。其分子调控通路包括：①死亡受体通路（Fas/TNFR1）激活 Caspases 级联反应；②线粒体通路受 Bcl-2 家族调控，Bax/Bak 引发细胞色素 c 释放；③p53 通路整合 DNA 损伤信号。环境因素可通过氧化应激、钙失衡等激活上述通路，其中 Bcl-2/Bax 比值是决定细胞命运的关键分子开关。

（2）细胞坏死：细胞坏死（necrosis），是指细胞在受到严重损伤时发生的一种被动性的细胞死亡过程。其形态学特征是细胞和细胞器肿胀或膜崩裂，释放的细胞内容物刺激周围组织，引发局部炎症反应。一旦细胞进入坏死状态，通常是不可逆的，细胞结构和功能完全丧失、细胞溶解或坏死。环境因素诱导细胞坏死的分子机制涉及多种途径和反应，主要包括坏死信号通路（如 RIPK1/RIPK3）和 MAPK 信号通路激活、细胞膜损伤、能量代谢障碍、氧化应激、炎症反应等。某些情况下，环境毒物既可引起凋亡，也能引起坏死。通常低水平暴露或高水平暴露早期阶段倾向于诱发凋亡，而高水平暴露后期则引起坏死。

（3）自噬：细胞自噬（autophagy）是一种细胞内的降解和回收机制，在缺乏营养和能量供应时，通过自噬机制，细胞能够将损伤的细胞器、蛋白质聚集物和其他细胞内成分包裹在双层膜结构（自噬体）中，然后与溶酶体融合，最终被降解和回收。自噬在环境应答、代谢调节和维持细胞稳态等方面发挥重要作用。许多环境毒物可以通过内质网应激和氧化应激激活自噬，可能是细胞适应性反应表现的形式。环境因素可以通过多种分子机制诱导细胞自噬，这些机制涉及信号转导通路、转录因子和细胞内的各种调节因子，主要包括 mTOR 通路抑制、AMPK 通路激活、细胞因子 TNF-α、氧化应激和缺氧等。适度自噬有利于细胞稳态的维持和促进细胞存活，而过度自噬则可能引起细胞死亡。

第四节　决定靶器官毒性的机制

靶器官（target organ）是指特定毒物在体内引起毒性反应的主要器官或组织。这些器官通常对某些环境因素具有较高的敏感性，因而在接触这些物质后可能表现出明显的毒作用。解释靶器官效应的生物学原因通常包括以毒代动力学和毒物效应动力学（简称毒效动力学）为基础的机制。毒代动力学描述机体内某种化学物浓度随时间的改变，这种改变可能与通过特异性转运蛋白和/或分子同源性而引起的外源化学物器官选择性摄取、分布与蓄积，或器官选择性代谢转化有关。毒效动力学描述化学物与生物靶点的动态交互作用及其所产生的生物学效应，它涉及毒物的作用机制、靶细胞和靶器官的反应，以及毒物引发的生理和生化变化。此外，组织特异的受体表达、外源化学物与大分子结合、转录因子表达、适应性应答、组织选择性解毒与修复途径缺陷等因素也可以影响特定器官的毒性效应。

一、毒代动力学与器官选择毒性

由于化学物的毒性一般取决于它在靶部位（受损细胞、器官/组织或分子）的浓度，所以在多数情况下，毒代动力学是外源化学物毒效应的器官选择性的重要决定因素，包括吸收的增加、代谢降解率的下降、化学物从机体清除的抑制和在特定组织隔室中的滞留、重吸收和排泄障碍等。有时这些因素可能联合存在，通过化学物的分子同源性、细胞膜上特异性和/或多特异性转运蛋白、器官选择性代谢转化等，可升高其在特定靶部位的暴露水平。

（一）化学物的分子同源性

分子同源性是描述外源化学物通过其化学-物理特征模拟某种内源化学物的特征与行为。由于这种分子类似性，一种外源化学物能利用正常细胞功能所必需的生理途径。已知，外源化学物通过模拟在某特定组织起重要作用的内源化学物而成为生理摄入机制的底物，导致组织选择性的细胞摄取和可能的蓄积。这一点在金属汞的毒性中得到证实，各种化学形式的汞均引起毒效应，但存在着不同的器官组织选择性。例如，无机汞以引起肾毒作用为主，特别是近曲肾小管上皮；而有机汞（如甲基汞）则引起典型的神经毒作用。

（二）生物转化酶与器官选择性代谢

生物转化酶使很多原来无反应性的外源化学物代谢活化为有反应性的有害物质。由于转化酶的同工酶在不同组织/器官的特异性定位，所以导致毒物的器官选择毒性。肝脏是外源化学物生物转化的主要部位。细胞色素 P450（CYP）酶超家族对各种不同外源化学物的代谢是至关重要的。这种代谢的一种可能后果是形成的活性产物比化学物原型毒性更大。假如这些活性代谢物的化学反应性很高，那么这些活性代谢物在它们转位到其他部位或失活之前能引发肝脏本身的毒性。例如，对乙酰氨基酚（APAP）的肝毒性主要源于 CYP 介导的代谢过程中产生的活性中间体。在 APAP 的氧化代谢途径中，CYP 酶系催化生成的高反应性代谢物 N-乙酰对苯醌亚胺（NAPQI）是引发肝细胞损伤的关键毒性物质。

（三）特异性转运体系与器官选择毒性

机体内存在肝、肾两大外源化学物代谢系统，其转运机制与毒性效应呈现显著的组织特异性。肾脏作为主要排泄器官，通过肾小管上皮细胞的主动转运系统实现物质清除。当摄取速率超过排泄能力时（如头孢菌素类药物），可导致近曲小管细胞内药物蓄积，引发肾毒性。典型表现为该类药物通过有机阴离子转运系统在肾皮质过度富集。

肝脏则依赖四类特征性转运蛋白家族完成物质转运：Na^+ 依赖牛磺胆酸协同转运肽（NCTP）、有机阴离子转运多肽（OATP）、有机阳离子转运蛋白（OCT）和有机阴离子转运蛋白（OAT）。这些位于肝细胞基侧膜的转运体中，除 NCTP 为单向转运外，其余均具备双向转运特性。值得注意的是，NCTP 在 α-鹅膏蕈碱的肝毒性机制中起关键作用：该毒素通过与 NCTP 特异性结合实现肝细胞选择性摄取，其转运过程受 Na^+ 梯度正向调控，而牛磺胆酸可竞争性抑制。这种转运体介导的选择性摄取机制，不仅解释了鹅膏毒素的肝靶向毒性，也印证了 NCTP 在肝细胞物质转运中的核心地位。

二、毒效动力学与器官选择毒性

毒效动力学通过动态交互作用模式差异将外源性化学物的作用机制分为两类：非特异性化学损伤和特异性分子靶向作用。

非特异性作用源于化学物及其代谢物的高反应活性,通过非选择性共价结合(如蛋白质、核酸和脂质等)引发随机性损伤。特异性作用则依赖分子间精准识别,主要呈现3种模式:①受体靶向,通过激动/拮抗细胞膜或核受体干扰信号通路;②功能分子结合,如抑制酶活性或阻断跨膜转运蛋白;③空间构象适配,即使无直接反应活性,仍可通过高亲和力占据大分子结合位点,阻碍其生理功能。这种基于分子识别机制的特异性作用具有高度选择性和可预测性特征。

上述两种动力学过程的协同作用,结合组织特异性防御/修复能力差异,共同决定了靶器官对特定毒物的敏感性,为毒性预测和靶向解毒提供了理论依据。

第五节 遗传毒性

人体细胞需不断面对来自环境和自身产生的遗传毒物对DNA完整性损伤的威胁。环境因素引起生物体遗传物质表达异常、结构和功能损害的能力,称为遗传毒性(genotoxicity),可诱发遗传毒性的物质称为遗传毒物(genotoxic agent)。常见的遗传毒物包括致突变物、化学致癌剂、紫外线、电离辐射、某些化疗药物及代谢产物(如自由基和活性氧)。

遗传毒性可以分为基因突变、DNA损伤(DNA damage)和染色体畸变(chromosome aberration)3种类型。基因突变指DNA碱基序列的改变,通常发生在特定位置;DNA损伤指DNA分子结构的异常改变,如单链或双链断裂、DNA-蛋白质交联和氧化损伤等;染色体畸变则是遗传物质的大范围改变,涉及染色体结构和数目的变化。遗传损伤可通过直接作用(遗传毒物直接作用于DNA导致碱基错配等)和间接作用(干扰细胞分裂等过程导致染色体数目异常)引发。

为应对DNA损伤,机体构建了复杂的DNA修复系统,通过一系列反应纠正损伤,恢复基因组完整性。主要包括碱基切除修复(BER)、核苷酸切除修复(NER)、错配修复(MMR)、同源重组修复(HR)和非同源末端连接(NHEJ)等。关键修复蛋白激酶(如ATM、ATR和DNA-PK)通过调控细胞周期和修复过程,维持基因组的稳定性。若修复失败,损伤可能固定为突变,导致疾病。

遗传毒性的后果取决于作用的靶细胞类型。作用于体细胞,影响限于个体,可能导致细胞衰老、肿瘤等;作用于胚胎体细胞可能致胎儿畸形;作用于生殖细胞,影响可能遗传至下一代,导致遗传性疾病,增加人类遗传负荷。

第六节 表观遗传调控机制

表观遗传(epigenetic inheritance)是指不涉及DNA序列改变的基因表达调控的变化,这种变化在发育和细胞增殖过程中能够稳定地传递。表观遗传赋予基因另外一种形式的记忆功能,表明核酸序列并不是存储遗传信息的唯一载体。通过调控基因的表达时间、空间和方式,表观遗传信息可以影响各种生命活动。表观遗传修饰模式主要包括核酸(DNA或RNA)甲基化、组蛋白修饰、染色质重塑和非编码RNA等。这些不同的调控模式相互作用,形成一个复杂的表观遗传修饰网络,动态地调控基因表达。在正常的生长发育、衰老等生命过程以及疾病的发生、发展中,表观遗传调控发挥着重要作用。

环境表观遗传调控是指环境因素通过改变表观遗传修饰来影响基因表达和细胞功能的过程,从而改变个体对环境的适应性反应。建立基因表达与表型之间的因果关系,并阐明复杂的基因表达调控网络,对于揭示表观遗传机制介导环境因素诱导的毒作用至关重要。

一、表观遗传调控的修饰模式

1. DNA 甲基化　　DNA 甲基化（DNA methylation）是由 DNA 甲基转移酶（DNMTs）催化，将甲基基团添加到真核生物 DNA 的胞嘧啶碱基上。DNA 甲基化状态受甲基化转移酶和去甲基化酶的共同调控。在哺乳动物中，约 15% 的 CpG 位点以成簇分布，形成"CpG 岛"，主要分布在基因的启动子区域，其高甲基化修饰与基因转录抑制密切相关。

2. RNA 甲基化　　RNA 甲基化（RNA methylation）是由 RNA 甲基化转移酶（METTL）催化，RNA 分子的特定碱基位点被添加甲基基团的修饰过程，是常见的转录后修饰机制，包含多种修饰类型，如 m6A、m5C、m1A 和 m7G 等。RNA 甲基化修饰调控涉及编码器、擦除器和阅读器三类蛋白，影响 RNA 剪接、翻译、转运和稳定性。

3. 组蛋白修饰　　组蛋白修饰（histone modification）是由特定酶催化，在核小体的组蛋白氨基酸残基上进行的翻译后修饰。这些修饰包括乙酰化、甲基化、泛素化、磷酸化及腺苷二磷酸核糖基化等，能够改变染色质结构和组织形态（染色质重塑），进而调控基因的表达和细胞功能。组蛋白的各种修饰在特定的时相形成一种信息编码系统，构成"组蛋白密码"，可转译成为特定的染色质状态，以实现对特定基因的调控。

4. 非编码 RNA　　非编码 RNA（non-coding RNA，ncRNA）是指在细胞中能转录但不编码蛋白质的具有特定功能的 RNA 小分子。这类 RNA 包括微小 RNA、长链非编码 RNA、长链反义 RNA、短干扰 RNA 和环状 RNA 等，参与基因表达、染色质重塑、转录后修饰、蛋白质合成和 RNA 稳定性等多个层面的调控。其中，微小 RNA（miRNA）的作用过程比较明确，初级 miRNA 转录后运输到细胞质，成熟的 miRNA 形成 RNA 诱导沉默复合物（RISC），后者特异性结合靶 mRNA，引导其降解或阻止翻译，对基因表达起负调控作用。

二、表观遗传调控的特性及其生物学意义

表观遗传调控具有可逆性、组织和细胞特异性和跨代遗传等特征。了解这些特性，对于全面理解基因表达调控的精细机制、细胞功能的多样性，以及环境因素对健康影响的复杂路径，都具有极为关键的意义。

1. 可逆性　　表观遗传标记如 DNA 甲基化、组蛋白修饰等，并非一成不变，而是会在生物体的不同生命阶段，以及面对发育进程、环境改变和生理状态调整时发生动态变化。这种可逆性赋予了细胞强大的适应能力，使其能够敏锐地感知并响应瞬时信号，通过快速调整基因表达，灵活适应内部和外部环境的改变。这一特性构成了细胞适应性反应的核心分子基础。

更为重要的是，当细胞遭受损伤时，表观遗传的可逆性发挥着关键作用。细胞在激活多种修复机制的过程中，能够依据损伤的具体类型和严重程度，借助表观遗传的可逆变化，精准选择合适的修复途径，进而决定细胞的最终命运。例如，对于轻度损伤，细胞可能通过短暂的表观遗传改变来启动快速修复机制；而当细胞反复经历损伤时，为了增强自身的抗损伤能力，可能会发生相对稳定的表观遗传改变。这种基于表观遗传可逆性的细胞命运抉择，体现了生命系统应对复杂环境的高度智慧。

2. 组织和细胞特异性　　表观遗传调控在不同种属之间存在明显差异，这种差异广泛体现在标记类型、基因分布特征、调控机制、适应性以及在进化和发育过程中的表现等多个层面。这意味着，在将其他物种的表观遗传研究成果应用于人类时，必须充分考虑这些种属特异性带来的影响，以确

保研究结论的准确性和可靠性。

在同一生物体内，不同的组织和细胞类型展现出独特的表观遗传标记模式。这种特异性是细胞实现精准基因表达调控的关键，使得各类细胞能够根据自身特定的功能需求，灵活且精准地调节基因表达。在特定的生理或病理状态下，每种细胞类型都拥有独一无二的基因表达谱，而这在很大程度上依赖于表观遗传的精细调控，以维持细胞的特性和正常功能。以肌肉细胞和神经细胞为例，尽管它们源自相同的基因组序列，但由于表观遗传模式的显著差异，二者在基因表达谱和功能上截然不同。

在生物体的发育进程中，干细胞通过一系列复杂而精确的表观遗传调控机制，逐步分化为各种特定的细胞类型。不同的细胞类型在特定的发育阶段会呈现出独特的表观遗传基因组修饰模式。此外，某些基因的表达具有高度的组织特异性，仅在特定组织中表达，而在其他组织中则受到抑制。比如，肝脏特有的代谢酶基因只在肝细胞中高度表达，以确保肝脏正常代谢功能的实现，而在其他组织中则处于抑制状态。

3. 跨代遗传　是指遗传特征或性状不仅从父母传递给子代，还可以在多个世代之间传递的现象。在早期发育阶段，表观遗传标记通常经历重编程过程，几乎所有的表观遗传标记都会被清除。然而，在未直接接触环境因素的子代中，仍能够检测到表观遗传标记及相关表型的存在，因此提出表观跨代遗传的概念。这个过程涉及表观遗传信息的精确传递，主要通过生殖细胞将遗传特征从亲代传递到子代，进而对后代的表型特征、性状、适应性及疾病易感性产生深远影响。从长远的进化视角来看，表观跨代遗传甚至在一定程度上影响着人类的进化方向。

环境因素在跨代遗传过程中扮演着重要角色。其影响可能会在多代之间逐渐累积，时间跨度涵盖祖父母、父母及子代，甚至可能涉及更远的世代。在环境因素的作用下，表观遗传修饰发生改变，这种改变通过影响特定基因的表达来维持细胞的稳态。在某些情况下，这些修饰能够在细胞分裂过程中稳定地传递给子代细胞，从而在多代细胞中维持特定的基因表达状态。

这种多代和跨代遗传现象在毒理学领域具有重要意义。研究表明，亲代暴露于环境中的某些有害物质，如内分泌干扰物，或者经历营养干预等情况，都可能通过表观遗传的跨代传递机制，深刻影响后代的健康状况或疾病易感性。

三、表观遗传重编程与发育毒性

表观遗传重编程（epigenetic reprogramming）是指通过动态调控表观遗传标记，系统性重置细胞的表观基因组，从而确保生殖细胞功能、胚胎发育和细胞分化的精确时空调控。这一过程是生物体发育的核心机制，也是环境与基因组交互的关键界面。重编程通常发生在以下三个关键阶段，每个阶段都有其独特的表观遗传模式。

首先是生殖细胞重编程：生殖细胞（如卵细胞和精子）的形成涉及从胚胎干细胞或原始生殖细胞开始的复杂过程。在这一过程中，细胞的表观遗传模式会发生显著变化，以适应生殖功能的需求，这一过程涉及亲代的表观遗传记忆清除，使得新生的生殖细胞能够以"干净"的状态进入受精和发育阶段。

第二次重编程发生在受精后早期（受精卵形成后至胚胎植入前），此时胚胎细胞中亲代的表观遗传标记会被重新建立，某些与发育相关的基因被激活，确保胚胎从终末分化的配子状态逆转为全能性状态，为后续的细胞分化奠定基础。

第三次重编程主要发生在细胞分化过程中，尤其是在干细胞向特定细胞类型分化时，特定基因的表观遗传修饰模式会发生变化,以维持不同细胞类型的基因表达谱和相应的器官组织的形成。

表观遗传重编程的精准性依赖于表观遗传模式的动态协同。生殖细胞与胚胎期的重编程确保遗传信息的跨代重置,而分化期重编程则赋予细胞身份多样性。在表观遗传重编程的敏感窗口期,易受环境因素(如营养缺乏、内分泌干扰物和砷等)干扰,通过影响表观遗传酶活性或代谢通路导致重编程错误,引发发育异常或远期疾病。

四、环境因素诱导表观遗传变异

环境因素可通过诱导表观遗传变异显著影响基因的转录活性,在细胞损伤效应中发挥关键作用。随着高通量测序技术和表观基因组学分析方法的进步,环境因素诱导毒作用的表观遗传机制得到深入阐明。发现多种表观遗传修饰,包括 DNA 甲基化、组蛋白修饰和非编码 RNA(如 miRNA)的改变,与环境因素诱导的毒作用密切相关。

多种环境毒物具有显著的表观遗传调控作用。如砷、镍、烟草提取物、苯、空气颗粒物、二噁英等,已被证明能够引起基因组整体的低甲基化和特定基因的高甲基化或低甲基化。此外,内分泌干扰物,如己烯雌酚、持久性有机污染物、双酚 A 和二噁英等,也通过表观遗传机制产生毒作用。某些金属(如砷和镍)则通过改变组蛋白甲基转移酶和组蛋白乙酰化酶,影响组蛋白的修饰,进而导致染色体结构异常、转录抑制和基因沉默等效应。

在化学致癌研究中,表观遗传调控的一些规律性改变也被阐述。人群肿瘤细胞中呈现全基因组甲基化水平降低,这可能导致染色体不稳定性增加。此外,某些抑癌基因和 DNA 损伤修复基因的启动子区 DNA 甲基化水平升高,导致基因表达受到抑制,影响细胞损伤修复、细胞凋亡和细胞增殖等过程,并与细胞恶性转化密切关联。因此,表观遗传变异被认为是化学致癌的关键事件。

表观遗传无疑是未来生命医学领域研究最活跃的领域之一,其深入研究对阐述疾病发生发展、诊断治疗和疾病防控等具有深远意义。然而,在毒理学研究领域,环境表观遗传调控仍存在许多悬而未决的科学问题。例如,环境暴露与表观遗传改变的剂量-效应关系;表观遗传变异的持久性和可逆性;跨代表观遗传效应的机制;表观遗传改变与毒性终点的因果关联等。此外,表观遗传生物标志物的验证以及风险评估模型的构建等问题也亟待深入研究。

第七节 内分泌干扰

内分泌系统是维持机体稳态的核心调控网络,在生理状态下通过激素的精密分泌与反馈调节,与神经系统共同构建"神经-内分泌-免疫"三位一体的调控体系。内分泌腺体如下丘脑、垂体、甲状腺、肾上腺、胰岛及性腺(睾丸/卵巢)等,通过合成释放激素入血,作用于靶器官的特定受体,实现对生长发育(如生长激素)、物质代谢(如胰岛素)、应激反应(如皮质醇)、生殖功能(如性激素)及昼夜节律(如褪黑素)等生命过程的动态调控。下丘脑-垂体轴作为神经内分泌的"指挥中枢",通过释放促激素释放激素(如 TRH、GnRH)调控外周腺体功能,形成多级反馈调节环路,确保激素水平的精准平衡。这种精密调控一旦遭受外源因素破坏,将引发广泛的内分泌毒性效应。

外源性内分泌干扰物(EDCs)可通过多种途径侵入机体,包括饮食摄入(如双酚 A 从食品包装迁移)、呼吸道吸收(如多氯联苯气溶胶)及皮肤渗透(如邻苯二甲酸酯类化妆品)等。根据作用模式 EDCs 可分为:①拟激素类(如双酚 A 模拟雌激素结合雌激素受体);②抗激素类(如 DDT 拮抗雄激素受体);③激素代谢干扰类(如多溴联苯醚抑制甲状腺素脱碘酶);④激素转运干扰类(如全氟化合物竞争甲状腺素结合蛋白)。这些物质通过分子模拟、受体竞争和信号通路干扰等机制,打破内分泌系统原有的平衡状态,对人类健康产生深远影响,可引起生殖系统异常、发育毒性、代谢紊乱、免疫系统失调及增加癌症风险等。内分泌干扰作用及其机制详见"第十七章 内分泌系统毒性"所述。

第八节　损伤修复障碍及后果

外源因素通过直接或间接暴露,可导致机体在结构或功能上发生损伤。为应对这些损伤,机体会启动多层次、多水平的修复机制,包括器官组织、细胞和分子层面的修复过程。例如,在组织水平,细胞通过增殖和再生替代受损细胞;在分子水平,DNA 修复机制被激活以纠正遗传物质的损伤。然而,当损伤程度超过机体的修复能力,或修复功能本身出现障碍(如 DNA 修复酶缺陷或免疫调节异常)时,机体无法有效恢复稳态,从而导致毒作用的发生。因此,外源因素引起的损伤与机体修复能力之间的动态平衡,是决定毒性是否发生以及大小的关键因素。

一、损伤修复方式

(一)器官组织修复

器官组织由多种细胞及其周围的细胞外基质(ECM)共同构成。在具有细胞增殖能力的组织中,受损细胞通过凋亡或坏死被清除,而组织修复则依赖于细胞的增殖和再生。这一修复过程不仅涉及丢失细胞和细胞外基质的再生,还包括新生成的组织元件的重新整合与连接。在肝、肾和肺等器官的修复过程中,多种类型的细胞共同参与。组织间充质中的非实质细胞(如巨噬细胞和内皮细胞)以及迁移至损伤部位的细胞(如单核细胞)通过分泌细胞因子,刺激实质细胞的分裂,并激活特定细胞(如肝星形细胞)合成细胞外基质分子。此外,干细胞凭借其自我更新和多向分化的潜能,通过归巢、分化及旁分泌等多种机制,在组织修复中发挥重要作用。总体而言,组织修复是一个复杂的过程,主要包括细胞凋亡、细胞增殖和细胞外基质的替代与重塑等关键环节。这些过程相互协调,共同促进组织的结构和功能恢复。

1. 细胞凋亡　细胞损伤启动的凋亡过程是组织修复机制的重要组成部分,但这一过程仅适用于具有细胞增殖能力的组织。凋亡在组织修复中具有双重作用:一方面,它能够有效阻止细胞坏死的发生。凋亡细胞的碎片可通过非炎症途径被迅速清除,而坏死则会引发局部无菌性炎症反应,进一步加剧组织损伤。另一方面,凋亡通过清除 DNA 受损的潜在突变细胞,发挥抑制肿瘤形成的关键作用。然而,在神经元、心肌细胞和精细胞等非增殖性细胞中若发生大量凋亡,则可能导致大脑、心脏和睾丸等重要器官的功能障碍,从而对机体健康造成严重影响。

2. 细胞增殖　细胞增殖在组织修复损伤过程中扮演着至关重要的角色。当组织受到损伤时,邻近区域的细胞通过增殖来补充和替换受损细胞,从而恢复组织的结构和功能。这一过程在具有较强再生能力的组织中尤为显著,例如肝脏和小肠黏膜。以肝脏为例,在低剂量四氯化碳诱导的损伤模型中,肝细胞在损伤后 2~4 小时即开始有丝分裂,并在 36~48 小时后达到高峰,迅速修复受损组织。而在小肠黏膜和骨髓等组织中,干细胞通过分裂和分化生成新的功能细胞,以取代受损细胞,确保组织的完整性。细胞增殖的启动和调控依赖于复杂的基因网络和信号通路。在损伤早期,MAPKs 信号通路迅速激活,进而启动 NF-κB、AP-1 和 C/EBP 等转录因子,诱导即时早期反应基因的表达。这些基因产物通过直接或间接方式调控下游基因的表达,放大细胞增殖信号。随后,迟发早期反应基因(如抗凋亡蛋白 Bcl-XL)和细胞周期相关蛋白(如细胞周期蛋白 D、p53 和 p21)的表达被精确调控,以确保细胞增殖与组织修复的协调进行。然而,细胞增殖必须受到严格调控,否则可能导致过度增殖甚至肿瘤发生。因此,细胞增殖在组织修复中既是关键驱动力,又需要精细的平衡调控。

3. **细胞外基质的替代**　细胞外基质(ECM)的替代在组织修复损伤过程中也起着至关重要的作用。ECM 不仅是细胞生存和功能发挥的物理支撑结构,还通过提供生物化学信号和力学刺激,调控细胞的增殖、迁移、分化和存活。当组织受到损伤时,ECM 的完整性被破坏,其替代和重塑成为修复过程的核心环节之一。在损伤初期,炎症细胞(如巨噬细胞和中性粒细胞)被招募到损伤部位,清除坏死组织和病原体,同时释放细胞因子和生长因子,激活成纤维细胞等基质生成细胞。这些细胞随后合成并分泌新的 ECM 成分,包括胶原蛋白、纤连蛋白、弹性蛋白和蛋白多糖等,逐步替代受损的 ECM。ECM 的替代不仅为细胞迁移和组织重建提供了支架,还通过其动态的生化特性(如生长因子的储存和释放)调控修复过程。例如,纤连蛋白和胶原蛋白的沉积为上皮细胞和内皮细胞的迁移提供了路径,促进伤口闭合和血管生成。此外,ECM 的力学特性(如硬度和弹性)通过机械信号转导影响细胞行为,进一步协调组织修复。然而,ECM 的过度沉积或异常重塑可能导致纤维化或瘢痕形成,影响组织功能的完全恢复。

（二）细胞修复

组织细胞受损后,会触发一系列复杂的细胞修复过程,以恢复组织的结构和功能。这一过程因组织类型和损伤程度的不同而有所差异。在大多数组织中,修复过程主要依赖于存活细胞的分裂增殖,以替代受损和死亡细胞。成熟神经元失去增殖能力,不可再生,但在某些情况下,神经干细胞或祖细胞可能被激活并分化为新的神经元,但其能力有限,主要存在于特定的神经发生区域(如海马齿状回和侧脑室下区)。细胞修复过程通常包括损伤识别与炎症反应,损伤细胞释放的信号分子(如 ATP、DNA 片段)被免疫细胞(如巨噬细胞)识别,触发炎症反应。炎症细胞在清除坏死组织时会释放细胞因子和生长因子,为后续修复提供信号支持。在生长因子(如 EGF、TGF-β)的刺激下,邻近的存活细胞或干细胞进入增殖周期,通过分裂产生新的细胞以替代受损细胞。

（三）分子修复

细胞针对受损的生物分子(DNA、蛋白质和脂质等)进行识别、修正或替换等修复,如蛋白巯基氧化和 DNA 甲基化可以被简单地逆转,有些受损分子则需要完全被降解并重新合成后才能有效修复。这些修复过程对于维持细胞正常功能、防止突变积累以及确保器官组织健康至关重要。分子修复机制的失调与多种疾病密切相关,包括癌症、神经退行性疾病和衰老相关疾病等。关于不同类型的分子修复及其机制详述如下:

1. **DNA 修复**　DNA 分子极易与亲电子剂和自由基反应。间期细胞核内 DNA 分子被核蛋白严密包裹,所以核内 DNA 稳定而不易受损。只有处于细胞分裂周期 DNA 复制期中,DNA 双链部分暴露才容易突变或断裂。直接修复、切除修复和重组修复等多种修复机制保证细胞遗传物质相对稳定。其中,碱基切除修复(BER)主要修复单个碱基损伤,核苷酸切除修复(NER)处理较大的 DNA 损伤,错配修复(MMR)纠正复制错误,同源重组修复(HR)和非同源末端连接(NHEJ)

则负责双链断裂修复。线粒体 DNA 缺乏核蛋白保护和有效修复机制,因而更易于受到毒物损害,线粒体虽然也存在一定的 DNA 修复能力,主要通过碱基切除修复机制,但其效率远低于核 DNA 修复。

2. 蛋白质修复　巯基被氧化可使许多蛋白质功能受损。被氧化的蛋白巯基可通过酶促还原而逆转。内源性还原剂包括硫氧还蛋白和谷氧还蛋白,其活性中心均含有两个氧化-还原活性半胱氨酸。磷酸戊糖途径中,葡萄糖-6-磷酸脱氢酶和 6-磷酸葡萄糖醛酸脱氢酶酶促反应生成 NADPH,提供还原蛋白巯基所需的氢。高铁血红蛋白还原依赖高铁血红蛋白还原酶,通过细胞色素 b_5 获得电子。细胞内可溶性蛋白对各种物理或化学刺激均很敏感,容易变性。蛋白变性后合成的大量热休克蛋白(HSP)对变性蛋白再折叠起重要作用,其中 HSP70 和 HSP90 家族成员在蛋白质修复中发挥关键作用。此外,受损蛋白质也可通过水解而消除,ATP/泛素依赖性蛋白酶体有效调节细胞内某些蛋白水平,对变性蛋白清除也发挥重要作用。此外,自噬-溶酶体系统在受损蛋白质清除中也扮演着重要角色,特别是对聚集性蛋白的降解。而红细胞中含不依赖 ATP 的非溶酶体蛋白水解酶,可选择性地降解 HO· 引起的变性蛋白质。

3. 脂质修复　过氧化脂质修复过程涉及系列还原剂、谷胱甘肽过氧化物酶(GSH-Px)和过氧化物还原酶(Prx)。含有脂肪酸氢过氧化物的磷脂首先被磷脂酶 A_2 水解,继而正常脂肪酸取代过氧化脂肪酸,这个修复过程需要 NADPH 参与。脂质修复系统还包括维生素 E 和辅酶 Q_{10} 等抗氧化剂的协同作用。此外,脂滴在脂质修复中发挥重要作用,不仅可以储存中性脂质,还参与调节脂质过氧化物的代谢。在神经系统中,脂质修复对维持髓鞘完整性尤为重要,其功能障碍与多发性硬化等疾病相关。

二、损伤修复障碍的形式和结局

(一)损伤修复障碍的形式

机体的修复发生在分子、细胞和器官组织等多个层次,构成一个精密的防御网络。然而,这一系统并非完美无缺,可能发生多种形式的修复障碍,主要包括以下几方面:①修复保真度受损:某些损伤不能被完全、准确地修复。例如,在 DNA 修复过程中,易错修复途径(如非同源末端连接)可能导致突变积累;蛋白质错误折叠修复可能产生功能缺陷的蛋白质变体;脂质修复可能产生具有生物活性的氧化产物。②修复能力超载:当损伤程度超过机体修复能力时,修复系统将失效。这种情况常见于急性严重损伤(如辐射暴露、化学毒物急性中毒)、慢性持续性损伤及衰老相关的修复能力下降。③修复资源耗竭:修复过程需要消耗特定的酶类、辅因子和能量物质,这些资源包括关键修复酶(如 PARP、DNA 聚合酶)、辅因子(如 NAD^+、ATP)、抗氧化物质(如谷胱甘肽、维生素 E)等的耗竭将导致修复能力下降。④不可修复性损伤:某些类型的损伤本质上难以修复,包括 DNA 双链断裂的复杂损伤、蛋白质的不可逆聚集及脂质过氧化终产物(如丙二醛)的形成等。

(二)损伤修复障碍的结局

损伤修复障碍是指细胞或组织因损伤修复机制失效,导致损伤持续累积并引发病理连锁反应的过程。其核心结局包括以下三方面:

1. 炎症反应　炎症反应是生物体对有害刺激(如病原体感染、组织损伤或环境因素)的一种防御性反应,具有重要的生理和病理意义。炎症反应具有双重性:适度的炎症反应对机体防御和启动修复至关重要,而过度的炎症反应则可能导致组织损伤和疾病。长期持续的炎症反应可能导致组织纤维化和器官功能障碍,慢性炎症与多种疾病(如动脉粥样硬化、糖尿病和癌症)的发生和发展密切相关。炎症的标志是微循环改变和炎症细胞(主要包括巨噬细胞、粒细胞和淋巴细胞)的聚集。炎症反应主要由巨噬细胞释放的炎症介质启动,而细胞因子和免疫细胞形成的复杂网络调控体系决定了炎症反应的强度、持续时间和最终结局。

许多环境因素暴露可导致特定器官的炎症反应,如颗粒物($PM_{2.5}$)、二氧化氮(NO_2)、臭氧(O_3)等导致呼吸道炎症;重金属如铅、汞、镉可导致多器官炎症;石棉导致肺纤维化和间皮瘤;苯导致血液系统炎症和癌症。

炎症反应的结局取决于炎症的持续时间和严重程度、组织受损程度以及机体的修复能力等多种因素。在损伤较轻且修复机制完好的情况下,炎症反应可完全消退,受损组织通过再生恢复到正常结构和功能。当损伤严重或持续存在时,炎症细胞持续浸润,促炎因子和抗炎因子失衡,与许多疾病发生、发展密切关联。

2. 纤维化 纤维化是一种以细胞外基质(ECM)成分异常沉积和重构为特征的病理过程,涉及多个器官系统的结构和功能改变。纤维化的发生涉及多种分子通路的复杂相互作用。纤维化表型转化的特征包括:静止态细胞向活化态转化,获得收缩、迁移和分泌 ECM 的能力,α-平滑肌肌动蛋白表达等。TGF-β 信号通路是核心促纤维化途径,其次 Wnt/β-catenin 通路参与细胞活化;血小板源性生长因子(PDGF)、结缔组织生长因子(CTGF)参与促进细胞增殖和 ECM 合成;炎症因子(TNF-α、IL-1β)维持促纤维化微环境。

纤维化可发生于多种器官系统,其发生与特定致病因素密切相关,长期饮酒、病毒性肝炎、四氯化碳暴露等可导致肝纤维化;矿物粉尘(如二氧化硅、石棉等)、药物(博来霉素、胺碘酮等)可诱发肺纤维化;化疗药物(如多柔比星)、心肌缺血和慢性压力负荷可导致心肌纤维化;电离辐射暴露可引起多器官纤维化,常见于放疗后并发症。

纤维化对器官结构和功能产生多方面的影响:①组织结构改变、瘢痕组织收缩导致实质细胞受压、血管系统扭曲影响血液供应、基底膜增厚影响物质交换;②机械功能损害包括组织顺应性降低、弹性功能丧失、器官收缩/舒张功能受限;③微环境改变机械应力影响细胞行为、信号通路调控及细胞-基质之间的相互作用。

纤维化是多种慢性疾病进展的共同终末途径,具有重要的临床意义,是导致器官功能衰竭的主要原因。

3. 致癌作用 癌症的发生发展是一个复杂的多阶段过程,涉及 DNA 修复、细胞周期调控及表观遗传调控等多层面的功能障碍。这些功能紊乱导致 DNA 损伤累积、基因组不稳定性及异常增殖,最终驱动肿瘤发生。与修复障碍密切关联的致癌途径包括:①DNA 修复缺陷与基因组不稳定性:紫外线、烷化剂或电离辐射引起的 DNA 损伤(如嘧啶二聚体、碱基烷基化或双链断裂)若未被及时修复,可通过 DNA 复制而使突变固定,多次的打击会导致突变积累。②细胞周期调控紊乱:正常情况下,DNA 损伤通过激活 ATM/ATR 信号通路,触发细胞周期检查点(G_1/S、G_2/M),细胞分裂阻滞,以便细胞进行修复。若出现 DNA 修复障碍,与细胞周期检查点失效(如 p53 突变)协同作用,损伤细胞将绕过阻滞继续分裂,突变细胞克隆扩增,不断增殖而形成肿瘤。③表观遗传调控异常等(详见第九章"致癌作用")。

(王 华)

思考题

1. 简述毒作用机制的共性特征。
2. 简述细胞应激与细胞稳态的定义和相关关系。
3. 简述表观遗传调控的特点和毒理学意义。
4. 简述损伤修复的类型及修复障碍的后果。

第五章
毒作用影响因素

外源有害因素对机体的毒作用，以及毒作用的性质、强度等受多种因素影响。不同有害因素对相同生物种属的不同个体产生的毒作用不完全相同；即便有害因素相同，对不同物种、品系及个体，在不同条件下产生的毒作用也不尽相同。外源有害因素产生毒作用的前提条件包括具有生物学活性的化学物原型、代谢产物或其他因素到达靶器官或靶细胞，达到有效剂量或浓度，维持足够时间，并能与靶分子发生相互作用或改变其微环境等。凡能在质或量方面改变以上各环节，均可影响外源有害因素的毒作用。

了解对外源有害因素毒作用的影响因素，对毒理学研究与应用具有重要的理论和实际意义。例如，进行外源化学物毒性评价时，针对性控制其影响因素可保证实验结果的准确性与重现性；明确对外源有害因素毒作用的影响因素是研究毒作用机制的重要组成部分；人体与动物间存在物种差异，人类在实际暴露中的各种因素无法完全可控，制订外源有害因素的防控措施尤其将动物实验结果外推于人时，各种影响因素可提供进行综合分析与考虑的有用信息。通常将毒作用影响因素概括为化学物因素、机体因素、暴露因素、环境因素和化学物的联合作用。

第一节　化学物因素

不同化学物的生物学作用与其固有特性有关。化学物的化学结构、理化特性、化学物的纯度及其所含杂质等因素均不同程度地影响其毒作用的性质和大小。

一、化学物的化学结构

化学结构是决定化学物毒性的物质基础，结构改变可导致化学物生物学效应的显著变化。化学结构与毒性的关系复杂，化学物的取代基团、异构体和立体构型、同系物的碳原子数和结构、饱和度等均与其毒性密切相关。

（一）取代基团

有机化合物的氢取代基团不同对毒性有显著影响。脂肪烃中氢原子被卤素取代，毒性明显增加，如氯代烯烃的毒性大于相应的烯烃，四氯化碳的毒性远高于甲烷；取代愈多，毒性愈大，如四氯化碳（CCl_4）＞三氯甲烷（$CHCl_3$）＞二氯甲烷（CH_2Cl_2）＞一氯甲烷（CH_3Cl）。芳香烃中氢原子若被其他基团取代，毒性也会发生改变。例如，苯具有麻醉作用并能抑制造血功能，若苯环中的氢被甲基取代形成甲苯或二甲苯，造血抑制作用不明显而麻醉作用增强；若被氨基取代形成苯胺，则具有明显形成高铁血红蛋白的作用；如被硝基或卤素取代形成硝基苯或卤代苯，则具有肝脏毒性。

取代基团的位置影响化学物的毒性。带两个基团的苯环化合物通常分为邻位、对位或间位，由于取代基的位置能影响分子的电子密度分布和空间结构，邻位取代基通常会增加苯环化合物的毒性，如磷酸三邻甲苯酯（TOCP）具有迟发性神经毒性，当邻位甲基转到对位时，迟发性神经毒性消失；但也有例外，如对氨基酚的毒性通常大于邻氨基酚。此外，分子对称程度越高，毒性越大，如1，2-二氯甲醚的毒性大于1，1-二氯甲醚。

（二）异构体和立体构型

同种化学物的不同异构体性质存在差异，其毒作用可能不同。如农药六六六的7种同分异构体中，常用为α、β、γ和δ，毒性存在明显差异。γ、δ-异构体急性毒性强，β-异构体慢性毒性大；α、γ-异构体对中枢神经系统有很强的兴奋作用，而β、δ-异构体则表现为抑制作用。

许多外源化学物有手征性（chirality），可能含有一个或多个手性中心，因此能形成立体异构体或对映体（enantiomer）两种镜像分子。对映体构型的右旋和左旋相应以 R 和 S 表示，氨基酸、糖类等少数物质多以 D 和 L 表示，其中一部分显示出旋光性的右旋或左旋，相应以（+）和（-）表示，部分也以 d 和 l 表示。化学物的立体异构对生物转化和生物转运有一定影响，进而影响其毒性。例如，导致"海豹肢畸形"婴儿出生的沙利度胺，是 R- 和 S-沙利度胺（thalidomide）的外消旋混合物，其中 S-异构体中的二酰亚胺可经酶促水解生成活性产物邻苯二甲酰谷氨酸，具有致畸作用；R-异构体因位阻作用不易与代谢水解酶结合，则无致畸作用。

化学物的手征性对生物转化的影响主要体现在三方面：①影响生物转化反应的位置。如丁呋洛尔（bufuralol）作为（+）体时在 1′ 位发生羟化，而（-）体时 4 位或 6 位发生羟化，当进一步与葡萄糖醛酸结合时，仅能对（+）体的 1′ 位羟化物产生反应。②生物转化时存在立体选择性，即一种立体异构体的生物转化速度快于其对映体。如抗癫痫药美芬妥英是 R- 和 S- 型外消旋混合物，S-异构体较 R-异构体在人体内更易发生羟化反应并从体内清除。奎尼丁是 CYP2D6 的抑制剂，其对映体奎宁对该酶的抑制作用却不明显。另外，苯并［a］芘在体内经 CYP1A1 和水化酶作用下形成7,8-二氢二醇，再进一步环氧化为 7,8-二氢二醇-9,10-环氧化物-BaP 四种立体异构体，其中只有（+）-7R,8S-二氢二醇-9S,10R-环氧化物-BaP 致癌性和致突变性最强。③某些对映体可从一种构型转化为另一种构型，甚至消失其手征性。如布洛芬（ibuprofen）可经生物转化由 R-构型转变为药效更高的 S-构型。

化学结构的手征性对生物转运也有一定影响。如 L-多巴比 D-多巴在胃肠道更易吸收。特布他林（terbutaline）的（+）-对映体经肾排出为（-）-对映体的 1.8 倍。化学结构的手征性也影响其在体内的分布和蓄积。如布洛芬（+）-对映体与血浆蛋白的结合率是（-）-对映体的 1.5 倍。

（三）同系物的碳原子数和结构

烷、醇、酮等碳氢化合物按同系物相比，除甲醇与甲醛外，碳原子数愈多，毒性愈大；但当碳原子数超过 7～9 个时，通常毒性反而迅速下降。例如，直链饱和烃多具有麻醉作用，从丙烷起随碳原子数增多其麻醉作用逐渐增强，但超过 9 个碳原子后对人体的麻醉作用降低。又如烷类化合物按毒性依次为戊烷＜己烷＜庚烷，但辛烷毒性反而更低。可能是随着碳原子数增多，脂溶性增加、水溶性下降，不利于经水相转运，易滞留于脂肪组织，不易到达靶组织所致。而对 ω-氟羧酸［F（CH$_2$）$_n$COOH］系列的比较毒性研究发现，分子为偶数碳原子的毒性大，奇数碳原子的毒性小。

另外，同系物当碳原子数相同时，一般直链化合物的毒性大于异构体，成环化合物的毒性大于不成环化合物。例如，直链烷烃的麻醉作用大于其同分异构体：庚烷＞异庚烷，正己烷＞新己烷；环烷烃的麻醉作用大于开链烃：环戊烷＞戊烷。分子饱和度也会影响化学物毒性，一般情况下，碳原子数相同的分子中不饱和键增多，其毒性也相应增加，如二碳烃类的麻醉作用：乙炔＞乙烯＞乙烷，氯乙烯＞氯乙烷。

（四）构效关系

化学物的分子结构与其毒性的关系存在着普遍规律，近年来发展的构效关系（structure-activity relationship，SAR）和定量构效关系（quantitative structure- activity relationship，QSAR）研究对分析化学物结构与其毒性之间的关系及规律具有重要意义。例如,有助于开发高效低毒的新化学物;可从分子水平上推测新化学物的毒作用机制;预测新化学物的毒性和安全接触限值。

QSAR 通过寻找出分子的结构与其活性的定量关系,从而预测新化学物的生物学活性。1964年,Hansch 等认为化学物在体内转运与其疏水性参数(π)有关,在作用部位反应与其电性效应参数(σ)和立体效应参数(E_s)有关,进而提出用 Hansch 方程来描述构效关系,即 $Log1/c = a\pi + b\sigma + cE_s + d$;式中 $Log1/c$ 是化学物定量生物活性。此后,随着人工智能和计算机技术的快速发展,QSAR 的方法也越来越多,如三维 QSAR 及其多种相应软件包,进一步增强了 QSAR 研究的准确性和实用性。构效关系研究已成为预测毒理学的重要部分,并已被列入国际组织和政府机构的化学物健康风险评估指南中。

二、化学物的理化性质

化学物的理化特性可影响其吸收、分布、蓄积、代谢和排泄过程,以及靶器官浓度,进而影响毒作用的性质和大小。其中脂/水分配系数、分子量和粒径大小、挥发性、比重、电离度和荷电性通常被认为是关键因素。

(一)脂/水分配系数

脂/水分配系数(lipid/water partition coefficient)是化学物在脂相(或油相)和水相中的溶解分配率达到动态平衡时的浓度之比,是影响化学物在组织中吸收、分配特性的重要因素之一。一般来讲,非解离、无极性的化学物脂/水分配系数较大,脂溶性高,易以简单扩散方式通过脂质双分子层,并在脂肪组织中蓄积,如 DDT;或易透过血脑屏障侵犯神经系统,如四乙基铅。但脂溶性极大的化学物不利于经水相转运,不易排泄,且多需经生物转化成水溶性代谢产物才能排泄。

脂/水分配系数小的化学物其水溶性较高。含有离子化基团的化学物在生理条件下通常具有较高水溶性,不易通过膜吸收,但较易随尿液排出体外。化学物的水溶性直接影响其毒性大小和毒作用靶点,一般来说水溶性越大毒性愈大。如砒霜(As_2O_3)水中的溶解度是雄黄(As_2S_3)的 30 000 倍,其毒性远远大于雄黄。铅化物在体液中的溶解度与其毒性成正比,相应为:一氧化铅>金属铅>硫酸铅>碳酸铅。此外,气态化学物的水溶性可影响其在呼吸道的作用部位:如氟化氢、氨等易溶于水的刺激性气体主要作用于上呼吸道,引起局部刺激和损害作用;不易溶于水的二氧化氮(NO_2)则可深入到肺泡,引起肺水肿。

(二)分子量、粒径和比重

1. 分子量　分子量较小(<200)的亲水性分子,如乙醇或尿素能经膜孔(直径 0.4nm)通常以滤过方式透过生物膜;但离子化的化学物,即便粒径较小如钠离子也难以透过生物膜,因其在水性环境中可形成大于正常膜孔的水合物。

2. 粒径大小　粉尘、烟、雾等气溶胶,其毒性与粒径大小有关。气溶胶粒径大小与分散度成反比,分散度越大粒径越小,其比表面积越大,生物活性也越强。气溶胶分散度对吸入毒性有重要意义,粒径大小对其在呼吸道的沉积及其清除机制和速率有显著影响,决定了进入呼吸道的深度。例如,一般直径在 5μm 及以上通常在鼻咽部沉积;2~5μm 主要在支气管沉积,并可通过呼吸道纤毛运动被清除;直径在 2μm 以内可到达并穿透肺泡,被吸收入血或通过肺泡巨噬细胞吞噬后被淋巴系统清除。

混悬液经口摄入时,其中颗粒大小对其毒性也有影响。一般情况下颗粒越小越易溶解和被吸收,如粉末状的砷化物较颗粒状的砷化物毒性更大。因此,进行经口毒性评价时,应注意受试物粒径的一致性。

3. **比重**　外源化学物的比重在某些特定情况下也可对其毒性产生影响。如在沼气池、竖井、地窖、地沟和废矿井等一些密闭、空气不流通的空间中，有毒气体可因比重不同而分层，导致中毒事故。又如化学性火灾的有毒烟雾比重较轻，故应采取匍匐逃生方式等。

（三）挥发性和稳定性

具有挥发性的液态化学物，其毒作用大小与挥发强度密切相关。常温下挥发性强的化学物易形成较大蒸气压，可通过呼吸道进入机体，如汽油、四氯化碳、二硫化碳等。有些毒物的绝对半数致死剂量或浓度（LD_{50} 或 LC_{50}）相同，但因其挥发性不同，实际危害相差较大，如苯与苯乙烯的 LC_{50} 均为 45mg/L 左右，但苯的挥发性比苯乙烯大 11 倍，故经呼吸道吸入的危害性远大于苯乙烯。但易经皮吸收的液态化学物则相反，挥发性强会缩短其接触时间，其危害性小于挥发性弱且黏稠不易去除的液态化学物。

化学物使用中的稳定性也影响其毒作用。如有机磷酸酯杀虫剂库马福司在储存中形成的分解产物能增加其毒作用。因此，在进行毒理学实验研究之前，应充分了解外源化学物的挥发性和稳定性，尤其采用掺入饲料喂饲染毒应特别注意，挥发性外源化学物可因挥发减少其暴露剂量；另外，不稳定外源化学物可因分解影响其毒作用。

（四）气态物质的血/气分配系数

气态物质到达肺泡后，主要经简单扩散透过肺泡呼吸膜进入血液。当呼吸膜两侧气体分压达到动态平衡时，气态物质在血液中的浓度和肺泡气中的浓度之比称为血/气分配系数（blood/gas partition coefficient），此系数越大，气态物质越易透过肺泡呼吸膜吸收入血。如乙醇、乙醚、二硫化碳和乙烯的血/气分配系数分别为 1300、15、5 和 0.4，因此乙醇远比其他三种物质易被吸收。

（五）电离度和荷电性

许多外源化学物是弱有机酸或有机碱，以非电离或电离形式存在于溶液中。电离状态下，脂溶性低，难以通过细胞膜的脂质双分子层；非电离形式具有一定的脂溶性，易通过胞膜，且转运速率与其脂溶性大小呈正相关。因此，弱有机酸或有机碱通常在不带电荷或非电离状态时才能以被动扩散的方式通过生物膜。

解离常数 pK_a 不同的化学物，在 pH 不同的局部环境中电离度不同，使其脂/水分配系数和离子化程度也不相同，进而影响其跨膜转运。如酸性条件下，弱酸主要呈非离子化，弱碱主要呈离子化，故有机酸更易从酸性环境跨膜转运，而有机碱更易从碱性环境跨膜转运。值得注意的是，化学结构和电离度相似的化学物，其脂/水分配系数可存在明显不同，如戊硫代巴比妥和戊巴比妥在结构与电离度上很相似，但因亲脂性不同致其在体内的分布不尽相同。

三、化学物纯度

在化学物的毒性研究和评价中，样品中的化学成分通常可影响其毒性。例如，受检样品常含有一些能影响受检化学物毒性的不纯物如原料、杂质、副产品、溶剂、助溶剂、稳定剂和着色剂等，有些毒性甚至高于受检化学物，影响对其毒性的正确评价。例如，对除草剂 2, 4, 5-涕（2, 4, 5-T），又名 2, 4, 5- 三氯苯氧基乙酸进行毒性评价时，由于样本中含有相当量（30mg/kg）的剧毒杂质二噁英（TCDD），获得的毒性评价结果均为杂质 TCDD 所致。因为 TCDD 对雌性大鼠的急性经口 LD_{50} 仅为 2, 4, 5-T 的万分之一，胚胎毒性剂量相当于 2, 4, 5-T 经口 LD_{50} 的 400 万分之一。因此，评价外源化学物的毒性时应尽可能明确受检化学物的组成成分及其比例，以提高评价的准确性。

第二节　机体因素

毒作用是外源化学物与机体相互作用的结果,依赖于在机体内的浓度及与靶组织的结合。生物半衰期通常是解释物种间毒性差异最重要的变量。多数情况下,人类对外源化学物的代谢速率慢于其他动物。另外,外源化学物进入机体可同时或先后经历Ⅰ相、Ⅱ相等多种代谢。代谢酶种类繁多,不同物种及个体间的酶蛋白水平和活性有所差异,有的甚至存在竞争反应和/或逆反应。即便相同暴露条件下,外源化学物对不同动物的毒作用存在质和量的差异,如苯可引起兔白细胞减少,却导致犬白细胞增多;个体之间也存在从无任何作用到严重损伤甚至死亡的反应差异,个体差异即使在双生子之间也不例外。相同暴露条件下,出现异乎常人反应的人体被认为对该外源化学物的毒作用具有敏感性,称为高危个体(high risk individual)。目前认为影响外源化学物毒作用的机体因素主要有:物种和品系差异、个体间的遗传学差异、机体的其他因素等。

一、物种、品系差异

许多外源化学物对一种生物有损害作用而对其他生物不呈现毒性。例如,氰化物对人和绝大多数动物而言是剧毒物质,但千足虫对其天然耐受。四氯化碳作为肝脏毒物能导致许多动物肝损伤,但鸡几乎不受其影响。溴苯磷及TOCP等有机磷农药对人和鸡具有迟发性神经毒性,但对实验室常用哺乳动物则无此毒性。了解和比较动物与人在解剖、生理和代谢等多方面的差异具有重要的毒理学意义。动物实验中,物种和品系的正确选择,对切合实际地评价外源化学物对人类的毒作用至关重要。

(一)解剖结构及组织差异

不同物种的动物基因组本身就有差异,如体细胞染色体的数目分别为人46条、犬78条、兔44条、小鼠40条、大鼠42条。不同动物某些组织解剖结构上也存在差异。如主要代谢器官肝脏分叶数分别为人5叶、犬7叶、兔5叶、小鼠4叶、大鼠6叶且无胆囊。

不同物种的动物组织也存在蛋白质组成的差异,并导致对外源化学物反应不同。例如,小鼠暴露塑化剂己二酸二己酯(DEHP)能激活肝脏PPARα,降低肝细胞凋亡,促进细胞增殖及过氧化酶体脂肪酸β氧化等下游效应,导致肝脏肿瘤;人类肝脏PPARα表达量约为小鼠的1/10,且表达的PPARα多为功能低的截短或突变蛋白,故IARC将DEHP由原2B类致癌物降至3类致癌物,即对人类致癌性可疑。又如小鼠对致肝癌化学物黄曲霉毒素B_1(AFB_1)呈现高度抗性,饲料中AFB_1高达10μg/kg时不会引起小鼠肝癌,但仅含0.015μg/kg AFB_1的饲料会明显增加大鼠肝脏肿瘤。其后,该差异被证实与AFB_1环氧化物解毒酶谷胱甘肽S-转移酶亚型mGSTA3-3有关,该酶在小鼠肝脏高表达,大鼠表达低,而人类同样缺乏对AFB_1的高效解毒酶,因此对AFB_1的毒性和致癌性敏感。

(二)生理及生化差异

不同物种动物的生理生化等方面存在明显区别。不同物种间,动物的脉率通常随体重增加而降低,如小鼠脉率高达600次/min,若以人心脏每分钟输出量占总血量的比值为1,则小鼠为20,故外源化学物在小鼠血浆中的清除半衰期短,这也是人比小鼠对毒物更敏感的原因之一。

不同物种动物每天的尿量也不相同,人为9~29mL/kg、犬为20~100mL/kg、猫为10~20mL/kg、兔为50~75mL/kg、大鼠为150~300mL/kg。大鼠经尿液对外源化学物的排泄速率明显快于人体,如大鼠对羟甲乙二醛双丙脒腙的排出率为65%,人仅为25%。

同一外源化学物或其Ⅱ相代谢产物，不同物种动物的排泄途径不完全一致。肾脏排泄和胆汁排泄间通常存在一个临界分子量，该分子量之下主要随尿液排泄，分子量之上主要随胆汁进入肠道排泄。大鼠的临界分子量为 325、豚鼠为 400、兔为 475、人体为 500～700。此外，同一外源化学物或其Ⅱ相代谢产物，经胆汁排泄的速率也不相同，如大鼠和犬经胆汁对抗生素琥珀酰磺胺噻唑的排泄量是兔和豚鼠的 20～30 倍、猪和恒河猴的 100 倍。以上均可通过影响外源化学物的生物半衰期导致毒作用的差异。

（三）代谢转化的差异

外源化学物Ⅰ相、Ⅱ相代谢的差异是导致不同动物毒作用质和量变化最常见的解释。例如，抗雌激素药物他莫昔芬（tamoxifen）进入机体首先发生 α-羟基化，羟基化产物一方面可形成 O-葡萄糖醛酸代谢产物排出体外；另一方面 α-羟基他莫昔芬也可经硫酸转移酶催化发生 O-硫酸结合反应，但反应产物不稳定，极易裂解为活性极高的亲电子碳正离子（carbenium ion），可与 DNA 发生加合反应促进肝癌发生。大鼠肝脏葡萄糖醛酸转移酶活性低，硫酸转移酶活性高，他莫昔芬能诱导大鼠肝脏肿瘤；人体葡萄糖醛酸转移酶活性比大鼠高约 100 倍，而硫酸转移酶活性仅为大鼠的 1/5 左右，因此人体临床使用他莫昔芬相对安全。

2-乙酰氨基芴（2-AAF）对很多动物具有致癌性，但猴和豚鼠却能逃避 2-AAF 的致癌作用。在哺乳动物体内，2-AAF 可发生 N-羟基化和芳香羟基化代谢。通常大鼠、白兔、仓鼠、犬和人体内，2-AAF 经 N-羟基化能形成具有致癌性的 3-OH-2-AAF；而猴和豚鼠体内则经芳香羟基化形成非致癌的 7-羟基代谢物。又如 β-萘胺经 CYP1A2 催化可生成相应的 N-羟胺，并进一步被胞质 N-乙酰基转移酶转变为高度不稳定的 N-乙酰氧萘胺，后者能分解为高度反应性的有致膀胱癌作用的芳基氮宾离子（aryl nitrenium）。对人和犬而言，β-萘胺致膀胱癌风险较强，而对大鼠的风险较低。因人体内能迅速有效催化 β-萘胺的 N-乙酰化反应；大鼠的乙酰化反应慢；犬尽管缺乏胞质 N-乙酰基转移酶，但微粒体 N, O-乙酰基转移酶和细菌脱乙酰酶能够催化上述活化反应。

即使某种单一的反应，不同动物对外源化学物的代谢也存在明显差异。例如，苯胺的芳香羟基化代谢，一般邻位和对位敏感而易受氧化攻击，产生各自的氨基酚。食肉动物通常表现为较高的邻位羟化酶活性，产物中对位/邻位氨基酚比值通常≤1，而啮齿类动物则倾向于对位羟化，对位/邻位氨基酚的比值通常可达 2.5～15，由此可带来毒性的差异。

二、个体间的遗传学差异

个体差异指在同一物种或品系之间，不同个体对外源化学物的毒作用等方面存在的差异。目前研究认为，遗传多态性导致的机体代谢酶、修复机制及受体等不同是产生个体毒作用差异或疾病风险增高的主要原因之一。遗传多态性（genetic polymorphism）指同一种基因存在不同的等位基因，这些等位基因在种群中的出现频率＞1%。

（一）代谢酶的多态性

代谢酶的多态性能够导致机体代谢功能出现较大差异，并因此影响对某些化学物毒作用的敏感性。研究显示，外源化学物的Ⅰ相酶、Ⅱ相酶及其他酶类普遍存在基因多态性。

细胞色素 P450 酶类（CYP）是主要的Ⅰ相酶，多数外源化学物进入机体后首先经微粒体Ⅰ相酶进行代谢。CYPs 具有多态性，同一种属个体的不同器官组织，甚至细胞内不同亚细胞结构中，其含量、活性和功能也有很大差异。例如，降压药异喹胍在体内主要经 CYP2D6 代谢形成 4-羟基异喹胍进行排泄。CYP2D6 具有多态性，代谢慢型个体使用异喹胍具有导致严重直立性低血压的风险。

N-乙酰转移酶 2（NAT2）是人体重要的Ⅱ相酶，在芳香胺类和肼类化学物质代谢中起重要作用。NAT2 具有多态性，人群 *NAT2* 基因有慢乙酰化基因和快乙酰化基因表型。"慢乙酰化者"为隐性基因纯合子，肝脏 NAT2 缺乏。杂合子和正常基因均表达 NAT2，为"快乙酰化者"。NAT2 催化异烟肼乙酰化，"慢乙酰化者"异烟肼的半衰期大于 3 小时，"快乙酰化者"仅为 1 小时左右。乙酰异烟肼可继续经 CYP2E1 催化，生成反应性亲电酰化和烷基化中间体，具有肝脏损伤作用。临床长期使用异烟肼，"快乙酰化者"具有引起肝脏损伤风险，"慢乙酰化者"体内持续高水平异烟肼则具有导致周围神经炎的风险。

谷胱甘肽硫转移酶（GST）作为体内重要的Ⅱ相解毒酶，能够催化多种疏水性及亲电子物质与谷胱甘肽结合形成硫醚氨酸，经尿液排出体外。现已发现 GST 的 M1、M3、P1、T1、T2、O1、O2 和 Z1 亚型均存在基因多态性，其中 M1、T1、P1 等基因多态性被认为与多种疾病的易感性有关。如 *GSTM1* 基因型缺失的个体，GSTM1 酶活性缺乏，对外源化学物的解毒能力降低甚至消失。GSTT1 与 GSTM1 为同工酶，也具有不能表达 GSTT1 酶的缺失基因型。有报道 *GSTM1* 和 *GSTT1* 基因缺失的个体罹患肺癌、胃癌、结肠癌、膀胱癌等的易感性增加。*GSTP1* 基因有两个多态位点，其中 GSTP1 Ala114Val 的多态对酶活性无明显影响，而 GSTP1 Ile105Val 的多态与肺癌、大肠癌、膀胱癌等的易感性有关。

葡萄糖-6-磷酸脱氢酶（G-6-PD）是一种存在于红细胞中的酶，参与磷酸戊糖途径代谢，提供氧化型谷胱甘肽（GSSG）还原为还原型谷胱甘肽（GSH）所需的 NADPH，GSH 对于维持红细胞功能和完整性具有重要作用。G-6-PD 活性个体差异明显。该酶缺乏或活性低下是蚕豆病的病因所在。新鲜蚕豆、花粉及嫩叶中含有的强氧化物质可氧化红细胞 GSH，若 G-6-PD 活性低，NADPH 缺乏，显著影响红细胞 GSH 再生，GSH 耗竭引起红细胞膜脂质过氧化，导致溶血性贫血。地中海地区和亚洲人中常见 G-6-PD 缺乏或活性低下，该类人群在接触苯肼、皂角苷、萘以及服用伯氨喹类药物后，也易发生溶血性贫血。

（二）修复能力的个体差异

机体所有组织、细胞和大分子对化学物所致损害都有其相应的修复机制，但修复能力有差异。例如，肝、肾等器官再生能力强，对外源化学物所造成损伤的修复能力也相应较强；而脑组织神经元为有丝分裂后细胞，无法再生，一旦发生实质性损害则很难修复。此外，多种酶参与机体的修复过程，若酶功能缺陷，将明显影响对毒作用损害的修复能力，修复酶的多态性使个体的修复能力存在明显差异。

着色性干皮病（XP）是修复功能缺陷对毒作用影响的典型例子。XP 是一种常染色体隐性遗传病，患者皮肤部位 DNA 损伤的切除修复、光修复和复制后修复缺陷，对紫外线和某些化学物引起的 DNA 损伤敏感，可出现严重的皮肤炎症，继而发生皮肤癌。XP 纯合子在人群中罕见，但杂合子较常见，发生率约为 1/300。有报道 XP 纯合子对致癌原作用的敏感性比正常人高 100 倍，杂合子比正常人高 5 倍。

O^6-甲基鸟嘌呤-DNA-甲基转移酶（MGMT）是体内一种高效的 DNA 修复酶。O^6-甲基鸟嘌呤是一种常见的 DNA 损伤，多因外源致癌物质或内源氧化应激产生。O^6-甲基鸟嘌呤可引起基因突变，进而导致癌症发生。MGMT 能将 O^6-甲基鸟嘌呤上的甲基转移到自身胱氨酸的残基上，使 DNA 上损伤的鸟嘌呤复原。MGMT 的缺失或缺陷可能会导致 O^6-甲基鸟嘌呤损伤的积累，增加癌症发生风险。该酶具有明显的组织差异和个体差异，如脑中的活性为 0.07～0.1pmol/mg 蛋白，而肝脏中的活性为 0.34～1.09pmol/mg 蛋白；一些对烷化剂敏感的瘤株，MGMT 活性降低甚至消失。有研究显示，*MGMT* 基因多态性与食管癌、肺癌等的易感性有关。

（三）受体的个体差异

受体是外源化学物毒作用的主要靶分子之一。受体对于外源化学物具有高度的特异性与敏感性，能识别并与之结合，从而影响外源化学物的生物活性。不同个体、不同生理状态下，受体在细胞表面分布的数量存在差异。受体本身亦可产生变异，导致其生物活性发生变化，影响机体对相应外源化学物的反应。

早在 20 世纪 60 年代初，研究者就观察到使用麻醉剂如卤烷类及琥珀胆碱的部分患者，可出现代谢急剧升高、高热、肌肉僵硬、死亡率增高等反应，直到 20 世纪 90 年代初才发现该反应是由于骨骼肌钙释放通道（受体）中氨基酸序列中的精氨酸变成了半胱氨酸，致其功能缺陷所致。持久性环境有机污染物二噁英（TCDD）的脂溶性高，极易透过细胞膜进入细胞，在胞质内作为配体与芳香烃受体（AhR）结合，进而调控 AhR 下游靶基因引起皮肤毒性、肝脏毒性、致畸作用、致癌作用及内分泌干扰作用等多种毒效应。目前研究显示，AhR 亦有基因多态性，其对外源化学物的毒性及肿瘤易感性有重要影响。

三、机体的其他因素

机体其他因素如年龄、性别、营养状况、生理状态和疾病状态、肠道菌群等方面也可对外源化学物的毒作用产生不同程度的影响。

（一）年龄

婴幼儿和老年人由于生物转运和代谢能力较正常成年人弱，对毒作用的敏感性一般较高。幼年动物对大多数外源化学物的敏感性为成年动物的 1.5～10 倍。例如，一次给予 10mg/kg 环己巴比妥，1 日龄小鼠的睡眠时间超过 360 分钟，而 21 日龄小鼠仅为 27 分钟。

代谢解毒酶系统的不完善是幼年动物对外源化学物敏感的主要原因。胎儿和新生动物的代谢酶活性一般很低，出生后逐渐增加，增加速率和模式存在动物与酶种类间的差异。例如，微粒体单加氧酶在大鼠出生时水平非常低，出生后 30 天才达到成年大鼠水平，而人在妊娠 6 个月时已能测出，且其含量可达成年人水平的 20%～50%。新生大鼠肝脏 CYP 单加氧酶活性的上升速率明显高于还原酶，而新生兔两种酶活性的增加速率相差不大。幼年动物和成熟动物肝脏 CYP 亚型也不尽相同。例如，未成熟大鼠肝脏以 CYP2A1、CYP2D6 和 CYP3A2 占主导地位，无性别差异；成熟大鼠雄性肝脏 CYP2C11、CYP2C6 和 CYP3A2 占优势，雌性则以 CYP2A1、CYP2C6 和 CYP2C12 为主。

幼年动物组织中，Ⅱ相代谢酶活性的增加也呈年龄依赖性。许多外源化学物的Ⅱ相结合反应水平在胎儿期几乎检测不到，出生后随年龄增长逐渐增强。例如，新生儿组织尿苷二磷酸葡萄糖醛酸基转移酶（UDPGT）活性低，尿苷二磷酸葡萄糖醛酸（UDPGA）缺乏，血液中同时存在 UDPGT 抑制剂雌二醇，导致胆红素代谢和排泄慢，易形成新生儿黄疸。围产期大鼠血清和肝脏几乎检测不到谷胱甘肽 S-转移酶（GST）活性，生后 140 天左右可达到成年鼠水平。由于缺乏可利用的甘氨酸，新生儿期甘氨酸结合反应低，达到正常成年水平的时间，大鼠约需 30 天，人类为 8 周。

生命早期，酶活性水平低下的不仅有解毒酶，也包括活化酶，因此有些外源化学物对幼年动物的毒作用低于成年鼠。如 DDT 对新生大鼠的 LD_{50} 为成年大鼠的 20 倍以上；对乙酰氨基酚代谢活化后具有肝脏毒性，对新生小鼠的毒性明显低于成年小鼠；典型肝脏毒物四氯化碳对新生大鼠的肝脏毒性也不明显。

老年动物对某些外源化学物的代谢能力较正常成年动物低。大鼠微粒体单加氧酶活性自出生后 30 天达成年鼠水平，持续至 250 天后开始下降。葡萄糖醛酸结合反应在老年大鼠也表现为降低。

此外，年龄对外源化学物的生物转运也有影响。新生儿和老年人血浆总蛋白和白蛋白偏低，导致与外源化学物结合较少，血液游离化学物浓度增多，进而增加了机体的敏感性。例如，新生儿服用利多卡因后，与血浆蛋白质结合率只有20%，而正常成年人结合率达70%。新生儿和老年人胃酸分泌较少，影响某些化学物的吸收，如青霉素吸收增加，对乙酰氨基酚吸收减少。研究显示幼儿肠道对铅和镉的吸收能力强，分别为正常成年人的4~5倍和20倍，可能与乳汁蛋白与重金属结合并促进其吸收有关。新生儿体内总含水量为最多，随年龄增长逐渐减少，此变化明显影响水溶性外源化学物的分布。新生儿血脑屏障发育不完善，对中枢神经毒性化学物如吗啡等敏感。此外，新生儿和老年人肾小球的滤过作用和肾小管分泌也较低，降低了外源化学物的排出速率，延长了生物半衰期，在慢性给药时能增加蓄积毒性。

（二）性别

多数情况下，雌雄两性动物对外源化学物的反应相似，但有些化学物毒作用存在性别差异。雄性大鼠对外源化学物的代谢速率一般快于雌性大鼠，故通过代谢解毒的化学物通常对雄性大鼠的毒作用低于雌性，而经代谢活化的化学物对雄性的毒作用大于雌性。例如，雄性大鼠羟化环己巴妥的代谢速率快于雌性，同样接触条件下雌性大鼠体内的生物半衰期明显比雄性体内长，表现为诱导睡眠时间雌性长于雄性。但某些外源化学物存在代谢速率雌性快于雄性的情况。例如，雌性大鼠将有机磷农药对硫磷代谢活化为对氧磷的速率比雄性大鼠更快，对氧磷是胆碱酯酶抑制剂，毒性表现为雌性大于雄性。

外源化学物毒作用的性别差异被认为与生长激素调节、性激素和基因印记相关。性别差异一般自动物性发育成熟持续至老年期。有些酶活性在雄性去势后降低，补充雄激素后酶活性恢复，与酶本身的活性无关。啮齿类动物雄性和雌性的生长激素分泌模式明显不同。成年雄性大鼠生长激素一般呈脉冲式分泌，间隔3小时一次高峰；雌性动物则以相对平缓的方式连续分泌，该分泌模式不同导致不同性别动物肝脏中CYP亚型呈差异表达。除了生长激素相关的信号外，包括雌二醇和睾酮在内的性激素也影响代谢酶和转运蛋白的表达与功能，从而改变外源化学物的ADME和毒性。例如，2,4-二硝基甲苯的致肝癌作用存在性别差异，雄性大鼠较雌性大鼠敏感，雄性大鼠的葡萄糖醛酸结合物更多由胆汁排泄，随后进入肠道，肠道细菌将其分解还原为原型被肠道重新吸收，形成肠肝循环，半衰期延长，促进肝癌发生。

（三）营养状况

营养状况对许多化学物的生物利用度均有较强的影响，如机体缺铁能增强镉的胃肠道吸收，血清铁蛋白水平较低的人群对镉的吸收是正常人群的2倍。

营养素不足或失调影响外源化学物的代谢，低蛋白饮食显著增加有活性的母体化学物毒性，但需代谢活化的外源化学物毒性明显降低。例如，大鼠低蛋白饮食可显著降低间接致癌物二甲基亚硝胺的致肝癌作用；AFB$_1$、四氯化碳和七氯也需要代谢活化，低蛋白饮食同样降低其毒性。环己巴妥通过CYPs代谢解毒，大鼠低蛋白饮食时其毒性增强。此外，低蛋白质饮食也会降低血浆白蛋白水平，血浆非结合化学物水平升高，可增加外源化学物的毒性。

膳食高糖类对外源化学物代谢的影响基本与低蛋白饮食类似。限制能量饮食可提高实验动物的寿命，并减少某些实验动物的自发肿瘤及致癌物的诱导肿瘤。但饥饿可因必要的辅助因子减少，降低Ⅱ相结合反应；如整夜较长时间的禁食可因GSH不足，增强对乙酰氨基酚和溴苯的肝脏毒性。

必需脂肪酸缺乏通常可降低微粒体酶的水平和活性，使代谢过程需要CYPs的乙基吗啡、环己巴妥和苯胺的代谢降低。

维生素和矿物质缺乏一般也表现为外源化学物代谢的降低。维生素 C、维生素 E 和 B 族维生素复合物可直接或间接参与 CYPs 系统的调节；维生素 A 缺乏可影响内质网结构，CYPs 活性受损。矿物质如钙、铜、镁、锌等缺乏可降低 CYPs 催化的氧化还原反应，降低其生物转化活性，摄入水平恢复后，CYPs 活性可恢复至生理水平。

此外，研究证实蔬菜和水果含有的天然植物化学成分能诱导 Ⅱ 相代谢酶，降低外源化学物的毒性。例如，花菜、甘蓝等十字花科植物含有的 1,2-二巯基-3-硫酮是 GST 的诱导剂，大鼠暴露 AFB_1 同时给予该物质时能显著降低大鼠的肿瘤发生率。

（四）生理状态和疾病状态

母体妊娠期或哺乳期暴露外源化学物，其敏感性通常较正常状态高，可对胎儿或婴儿造成明显损伤。采用大鼠、豚鼠的研究发现，孕期肝微粒体单加氧酶活性下降，外源化学物的代谢通常在此期表现为降低。例如，实验观察到儿茶酚-O-甲基转移酶、单胺氧化酶活性降低，葡萄糖醛酸结合反应也减少，后者可能与孕酮和孕二醇水平升高有关，因两者均为葡萄糖醛基转移酶的抑制剂。妊娠期母体脂肪量增加，可增加脂溶性化学物在体内的蓄积。此外，哺乳期乳房血流和乳汁生成也促进了外源化学物向乳汁的转移。

肝脏是外源化学物代谢的主要器官。肝脏疾病时，外源性化学物的代谢能力受损，并伴随生物半衰期增加。肾脏是清除外源化学物及其代谢产物的主要途径之一，肾脏疾病时，外源化学物的清除降低，生物半衰期延长。呼吸道疾病如哮喘可使患者对空气污染物如 SO_2 更敏感；内分泌失调也可能改变机体对毒作用的敏感性，如甲状腺功能亢进、高胰岛素血症等。

（五）肠道菌群

人体细菌和人体细胞的比例约为 10∶1，一些外源化学物可通过改变肠道菌群影响其代谢，进而影响毒作用。肠道拟杆菌属、梭状芽孢杆菌及肠杆菌属等菌株中含有较高的偶氮还原酶、硝基还原酶、β-葡萄糖醛酸糖苷酶、β-糖苷酶和 7α-羟化酶，这些代谢酶类是决定外源性化学物毒性的关键因素。例如，小鼠暴露 2,3,7,8-四氯二苯唑呋喃能使肠道厚壁菌门减少、拟杆菌门增多，引起胆汁酸通路改变和宿主代谢稳态失调。又如胃肠道功能不良的儿童进食大量蔬菜，肠道细菌中硝酸盐还原酶可将蔬菜中硝酸盐还原为亚硝酸盐，引起称为肠源性青紫症的儿童亚硝酸盐中毒。

肠道细菌中的 β-葡萄糖醛酸糖苷酶可将与葡萄糖醛酸结合的外源化学物重新解离为原型化学物，并被重新吸收入血。这种肠肝循环会显著延长化学物的生物半衰期，进而影响其毒作用。含苏铁素的苏铁淀粉经消化道给予大鼠，可诱导肝脏、肾脏等肿瘤；若喂饲无菌大鼠或将苏铁素经腹腔注射大鼠则不呈现致肿瘤效应，原因在于苏铁淀粉中结构为甲基氧化偶氮甲醇-β 葡萄糖苷的苏铁素，在肠道细菌 β-葡萄糖苷酶的作用下能分解形成具有致癌活性的甲基氧化偶氮甲醇。

近年来的研究显示，膳食中的一些天然物质可通过改善肠道菌群降低外源化学物的毒性。例如，不被胰酶和肠道酶消化的膳食纤维，在结肠中能促进双歧杆菌、乳酸杆菌等有益菌优势增长。该类菌不仅代谢活化酶含量低，还能将膳食纤维代谢为有益健康的短链脂肪酸。膳食纤维降低毒性作用已在多种外源化学物中得到验证。

第三节　暴露因素

暴露因素是影响外源化学物毒作用大小的关键，通常包括暴露剂量、暴露途径、暴露持续时间、暴露频率、溶剂和助溶剂等。

一、暴露剂量

化学物暴露剂量是影响其毒作用的重要因素,任何物质在达到一定剂量或浓度时都可能产生毒作用。如脂溶性维生素 A、维生素 D 及微量元素硒等是人体必需微量营养素,摄入过量也会引起中毒;而有些具有较强毒性的物质在极低剂量或浓度下也会表现出低剂量兴奋效应。外源化学物毒作用的性质和强度,直接取决于机体吸收入血到达靶器官的生物有效剂量。暴露剂量越大,内剂量及生物有效剂量也越大,所引起的毒作用就越强。

二、暴露途径

不同途径暴露,外源化学物的吸收速度和吸收率有差异,毒作用大小也不同。在肝脏中外源化学物可被代谢活化或代谢解毒,产生增毒或减毒效应,导致与原型化学物预期毒性的差异。经口暴露的外源化学物在胃肠道吸收后,经门静脉到达肝脏被代谢或灭活,减少了进入全身血液循环的量,通常称为首过消除(first pass elimination)。静脉注射时,外源化学物直接进入血液循环,通常毒效应最大、反应最快。一般认为,化学物暴露途径的吸收速度和引起毒性大小的顺序为:静脉注射≈吸入>腹腔注射≥肌内注射>皮下注射>皮内注射>经口>经皮。但也有例外,如农药久效磷小鼠腹腔注射与经口暴露毒性基本一致,其 LD_{50} 分别为 5.37mg/kg 和 5.46mg/kg,表明久效磷经口吸收速度快且吸收完全。大鼠经口暴露氨基氰的 LD_{50} 为 210mg/kg,经皮暴露 LD_{50} 为 84mg/kg,经口毒性反而比经皮毒性低,可能与其在胃内经胃酸作用迅速转化,吸收后先到达肝脏被较快降解有关。又如硝酸盐经口染毒后可在胃肠道中还原为亚硝酸盐,从而引起高铁血红蛋白血症,而静脉注射则无此毒作用。

对化学物不同暴露途径的急性毒性参考值比较,能够提供其吸收程度的有用信息。如经口或经皮给药的 LD_{50} 与静脉注射给药的 LD_{50} 相似时,提示该化学物易吸收且吸收速度快;相反,若经皮给药的 LD_{50} 比经口 LD_{50} 高几个数量级,则提示皮肤对该化学物的吸收是一个有效屏障。

三、暴露持续时间

通常对外源化学物的接触按暴露持续时间分为急性、亚急性、亚慢性和慢性暴露四类。许多外源化学物,大剂量急性接触与低剂量慢性暴露的毒作用表现往往不同。如苯的急性毒性为中枢神经系统毒性,重复慢性暴露则产生骨髓毒性,具有导致再生障碍性贫血和白血病的风险;无机砷的急性毒性常导致胃肠系统及神经系统的损伤,而慢性砷暴露往往引起典型的皮肤病变及脏器损害。

四、暴露频率

重复染毒,毒作用的产生可能完全依赖于染毒频率和染毒剂量而非染毒的持续时间。将一次能引起急性中毒的外源化学物剂量分几次给予动物,可能只引起轻微的毒作用,甚至完全无毒作用,主要在于染毒间隔时间与其排出速率以及与暴露致损伤修复时间之间的差异。如果染毒间隔时间短于其生物半衰期,可导致外源化学物在体内的蓄积,会产生严重毒作用;若染毒间隔时间短于损害恢复时间,则可能发生慢性中毒。

五、溶剂和助溶剂

溶解或稀释待测物质的溶剂或助溶剂等成分若在摄入、吸入或局部暴露后显著改变化学物质的吸收,则影响其毒作用。溶剂和助溶剂除本身应不产生毒作用外,还应与受试物成分间不发生化学反应,且稳定,无特殊刺激性或气味。一般选用蒸馏水、植物油、淀粉、明胶、羧甲基纤维素、蔗糖脂肪酸酯等。

外源化学物的稀释度对毒作用也有一定影响,同等接触剂量情况下,一般高浓度较低浓度溶液毒作用强。染毒容积不同,化学物的毒作用也有差异。若以灌胃方式染毒,一次灌胃容积一般为体重的 1%~2%,最大不超过 3%;鼠类动物中静脉注射不宜超过 0.5mL,较大动物如犬、猴等一般不超过 2mL。

第四节 环境因素

机体在暴露外源化学物的同时,往往还受生活或工作环境中气象条件、噪声与辐射、昼夜与季节节律等因素的影响,以及动物实验中动物饲养条件不同也会对外源化学物毒作用产生影响。

一、气象因素

1. 气温 环境温度可通过影响机体某些生理功能对外源化学物的吸收、代谢产生影响,从而影响其毒性。正常生理状况下,高温可致机体皮肤毛细血管扩张、血液循环和呼吸加快,一般可加速化学物经皮和经呼吸道吸收,增强其毒作用。但温度对化学物毒性的影响复杂,如有机磷化合物沙林在低温下毒性增加。

2. 气湿 高湿环境可使某些化学物如 HCl、HF、NO 和 H_2S 的刺激作用增强;也可使某些化学物发生化学反应,如使部分 SO_2 变成 SO_3 和 H_2SO_4 导致毒作用增强。此外,高气湿可造成冬季散热快,夏季散热慢,增加机体体温调节的负荷。高气湿伴高温时,因汗液蒸发减少使皮肤角质层的水合作用增强,升高某些化学物的经皮吸收速度,并因易黏附于皮肤表面而延长暴露时间。

3. 气压 通常情况下气压变化不大,故对毒作用影响相对较小。但在特殊情况下,气压增高往往影响大气中污染物的浓度。气压降低可致氧分压减小而使 CO 的毒作用增大。高原上,洋地黄和士的宁的毒性减低,而苯丙胺的毒性则增强,气压变化对化学物毒性的影响不完全是压力的直接作用,氧分压低也导致机体感受性的改变。

二、噪声与辐射

噪声与辐射等物理因素与外源化学物共同作用于机体时,可影响该化学物对机体的毒作用。如噪声可通过影响 2-萘胺的代谢,增加其对大鼠的毒作用强度。

紫外线与某些致敏化学物的联合作用,可引起严重的光感性皮炎。全身辐照可增强中枢神经系统兴奋剂的毒作用,降低中枢神经系统抑制剂的毒作用。

此外,噪声本身能够对机体产生听觉、神经、消化及心血管系统危害,并能影响胚胎发育。紫外线和放射性核素带来的辐射本身也会对机体造成包括遗传、致癌等在内的损伤作用。

三、昼夜与季节节律

生物体的许多功能活动以 24 小时或季节为单位表现出的一贯性、周期性的波动,称为昼夜节律或季节节律。外源化学物的毒作用可因每日染毒时间不同而有差异。如对于夜行动物小鼠,清晨 2 时给予苯巴比妥的睡眠时间最短,下午 2 时给药睡眠时间最长。人体对某些药物的排泄速度亦有昼夜节律,如早上 8 时口服水杨酸,排出速度慢、在体内停留时间最长;晚上 8 时口服排出速度快、体内停留时间最短。有些药物服用时间不同,活性代谢产物量也可出现高达 50% 的差异。有研究显示大鼠吸入乙烯基苄氯(vinylbenzyl chloride)产生的毒性有昼夜节律,认为与肝脏 GSH 浓度昼夜不同有关,而这种不同又与喂饲活动有关。目前已知人类大约 50% 的基因受生物钟基因调节遵循昼夜周期,从而使细胞产生同步的昼夜节律振荡,其中包括肝脏涉及药物、葡萄糖和脂质代谢活跃的功能基因。一些免疫应答相关基因也表现出昼夜节律行为,导致机体一天中不同时间对外源化学物的易感性出现差异。例如,一项关于昼夜节律与生存关系的前瞻性研究发现,在控制年龄、性别等各种混杂因素后,观察到夜间摄入有毒夹竹桃种子的患者死亡率风险更高。有机磷农药中毒造成的死亡也呈现与昼夜节律相关的趋势。

季节不同对外源化学物毒作用的影响也会有所差异,如给予大鼠苯巴比妥盐,其睡眠时间以春季最长,秋季最短,只有春季的 40%。关于动物对外源化学物的毒性敏感性的季节差异,有学者认为与动物冬眠反应或不同地理区域的气候有关。

第五节　化学物的联合作用

毒理学通常研究单一化学物对生物体的作用,获得生物体单独暴露于该化学物时的毒作用特征。然而人类在实际生产和生活环境中,往往同时或先后暴露于来自环境介质的多种化学物,这些外源化学物作用于机体所致的生物学效应十分复杂。两种或两种以上外源化学物同时或短期内先后作用于机体所产生的综合毒作用,称为联合毒作用(joint toxic action)(图 5-1)。

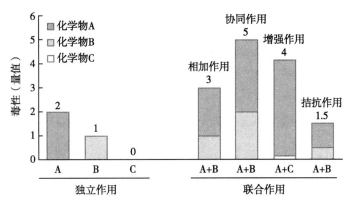

图 5-1　化学物的联合作用

一、化学物联合作用的类型

根据各外源化学物生物学活性是否相互影响,将其分为非交互作用和交互作用。

(一)非交互作用

非交互作用指两种或两种以上的化学物同时或短期内先后作用于生物体,各化学物的毒作用互不影响,可根据各化学物的暴露剂量或生物学效应总和直接推算其联合毒作用。非交互作用包括相加作用和独立作用。

1. 相加作用(additive action)　两种或两种以上外源化学物同时或短期内先后作用于机体,各自以相似的方式和机制作用于相同的靶点,其毒作用彼此互不影响,所产生的毒作用等于各化学物单独产生毒作用的总和。多数刺激性气体引起的呼吸道刺激作用为相加作用;一些同分异构物或结构类似物如多氯联苯(PCB)和TCDD的联合毒作用多呈相加作用;抑制乙酰胆碱酯酶活性的有机磷农药的联合毒作用一般也为相加作用。

2. 独立作用(independent action)　两种或两种以上外源化学物同时或短期内先后作用于机体,由于其作用模式和作用部位等不同,所产生的生物学效应彼此互不影响,从而表现出各自的毒作用。如铅冶炼工人常同时暴露于铅和镉,铅主要损害神经、消化和血液系统,而镉主要损害肾脏和骨骼,在一定的剂量范围内它们的联合毒作用常表现为独立作用。

实际环境中,低剂量暴露的外源化学物相加作用和独立作用有很大差别。对于相加作用,各化学物低于NOAEL时也可发生联合毒作用;低剂量下的多重暴露,剂量相加可能导致严重的毒作用。而对于独立作用,当各化学物剂量低于NOAEL,即各化学物导致的反应为零时,其联合毒作用为零。对于无阈值毒物如致突变物和致癌物,作用机制若相似,独立作用和相加作用引起相同的毒效应。

(二)交互作用

交互作用指一种化学物影响了另一种化学物的生物学作用,从而改变毒效应的强度和性质,造成比预期的相加作用更强或更弱的联合效应,主要表现为协同作用、增强作用和拮抗作用。

1. 协同作用(synergism)　两种或两种以上外源化学物同时或短期内先后作用于机体,产生的联合毒作用大于各外源化学物单独对机体的毒作用总和。例如,马拉硫磷与苯硫磷联合染毒,毒作用明显增加,苯硫磷能抑制肝脏分解马拉硫磷的酯酶,使马拉硫磷分解减慢。四氯化碳和乙醇对肝脏均有毒作用,当同时进入机体时,其对肝脏的损害作用要比其单独作用大得多。单独接触石棉可使肺癌危险度增高5倍,单独吸烟高11倍,但吸烟者接触石棉则使肺癌危险度增高55倍。化学结构、作用部位和作用机制均不同的一些化学物,若其最终效应一致,也可产生协同作用,如一氧化碳使血红蛋白的携氧能力下降而致缺氧,氰化氢使细胞色素氧化酶的电子传递受阻而不能利用血液带来的氧,也表现为缺氧,两者混合暴露时可产生协同作用。

协同作用常出现在吸收被促进、代谢活化酶被诱导或解毒酶受抑制、排泄被延缓等情况。此外,若两种化学物在体内相互作用后,其中一种化学物的结构发生改变或产生新的化学物,可能会出现新的有害效应。如亚硝酸盐和胺类单独无致癌性,但两者可在胃内反应生成具有致癌性的亚硝酸胺类化学物。

2. 增强作用(potentiation)　一种外源化学物对某器官或系统无毒作用,与另一种外源化学物同时或短期内先后暴露时可增强另一种化学物的毒作用。例如,异丙醇、三氯乙烯对肝脏无毒作用,其与四氯化碳联合作用诱导的肝脏毒性远大于四氯化碳单独给予产生的毒性。双硫仑又称戒酒硫,是醛脱氢酶的不可逆抑制剂,能抑制饮酒后乙醇产生乙醛的降解,升高血液乙醛水平,导致恶心、呕吐和其他症状,临床上用于酗酒者的戒断治疗。但双硫仑本身并不导致以上症状。

3. 拮抗作用(antagonism)　指两种或两种以上外源化学物同时或短期内先后作用于机体,产生的联合毒作用小于各外源化学物单独对机体的毒作用总和。拮抗作用按其机制不同可分为4种主要类型。①化学性拮抗:两种化学物通过化学反应产生一种毒性较低的物质,如2,3-二巯基琥珀酸能络合砷、汞、铅等,临床用于重金属中毒治疗。②功能性拮抗:两种化学物对同一生理指标有相反的作用,如静脉注射去甲肾上腺素等血管加压剂拮抗巴比妥类药物严重中毒导致的血压显著下降;又如中枢神经系统兴奋剂与抑制剂的对抗作用。③配置性拮抗:一种化学物影响另一种化学物的ADME,降低靶器官浓度和/或作用时间,如活性炭吸附减少胃肠道对化学物的吸收,利尿药或改变尿液pH增加化学物的排泄,诱导剂诱导解毒酶或抑制剂抑制活化酶减少活性产物等。④受体性拮抗：纳洛酮通过竞争性地与同一受体结合，治疗吗啡和其他吗啡类麻醉剂的呼吸抑制作用；他莫昔芬竞争性阻断雌二醇与雌激素受体结合以治疗乳腺癌；当联合作用的双方结合于不同受体，则产生非竞争性拮抗，如阿托品降低有机磷等乙酰胆碱酯酶（AChE）抑制剂的毒作用并非阻滞 AChE 的受体，而是阻滞胆碱能神经所支配的效应细胞的 M 胆碱受体。

二、化学物联合作用的评价

由于人类在实际生活与生产环境中往往同时或先后暴露于多种外源化学物，因此化学物的联合毒作用评价对人类健康风险评估具有重要意义，同时可为制定卫生标准和研究防治药物提供客观的毒理学依据。

（一）联合作用研究的统计学设计

外源化学物的联合作用评价，首先须选择或确定有效的统计学设计方案。目前最常用的研究外源化学物联合作用的统计学设计为析因设计（factorial design）、正交设计（orthogonal design）和均匀设计（uniform design）等。这些设计均可通过常用统计学软件如 SAS、SPSS 得以实现。析因设计是一种多因素的交叉分组设计，对各种组合的交互作用具有独特的分析功能，同时具有直观表达分析结果的优点，其中两因子或三因子是最常用的析因设计。但当涉及的外源化学物及其水平数较多时，实验组数急剧增多，不适宜选用此设计。正交设计利用一套规格化的正交表将各试验因素、各水平之间的组合均匀搭配，能够极大地减少试验次数，提供较多的信息，且结果较稳定。因此当化学物的个数在 3 个以上且化学物之间的交互作用不可忽视时，可选用此设计。均匀设计适用于全部因素为定量因素的实验研究，但其结果不够稳定。在实际工作中，可先用均匀设计获得可能对试验结果有统计学意义的少数几个试验因素信息，再利用正交设计或析因设计对这些试验因素进行确证性试验，以达到预期目的。

（二）联合作用的评价方法

国内外尚未形成外源化学物联合作用统一评价体系。目前用于外源化学物联合作用定性或定量评价的方法主要有：联合作用系数法、等效应线图法、等概率和曲线法、共毒系数法、方差分析、Logistic 模型、广义三阶多项式回归模型等。但每种方法均有各自的使用条件和优缺点，因此在进行外源化学物联合作用评价时，应严格根据条件选择方法。

1. **联合作用系数法**　在先获得化学物各自 LD_{50} 的基础上，利用 Finney 毒性相加公式，从各化学物的联合作用是相加作用的假设出发，计算出混合物的预期 LD_{50}。具体公式为：

1/混合物的预期 LD_{50}=（a/受试物 A 的 LD_{50}）+（b/受试物 B 的 LD_{50}）+⋯+（n/受试物 N 的 LD_{50}）

式中：a、b、⋯n 分别为受试物 A、B、⋯N 在混合物中所占的质量比例，$a+b+⋯+n=1$。

根据实测混合物的 LD_{50}，求出混合物的预期 LD_{50} 与实测混合物 LD_{50} 的比值（预期 LD_{50}/实测 LD_{50}），即 K 值，以此来判断化学物间联合作用的类型。一般认为，K 值在 0.4～2.5 为相加作用，$K<0.4$ 表示拮抗作用，$K>2.5$ 表示协同作用。但试验方法不同，标准亦不相同。例如，评价联合作用时 Smyth 法和 Keplinger 法的 K 值标准见表5-1。

表5-1　评价联合作用的 K 值标准

评价方法	实验条件	拮抗作用	相加作用	协同作用
Smyth 法	非空腹灌胃	<0.40	0.40～2.70	>2.70
Keplinger 法	空腹灌胃	<0.57	0.57～1.75	>1.75

2. 等效应线图法 在试验条件和暴露途径相同的情况下,分别求出两个化学物(A 和 B)的 LD_{50} 及其 95% 可信限,然后以纵坐标表示 A 化学物的剂量范围,以横坐标表示 B 化学物的剂量范围,分别将两个化学物的 LD_{50} 值及 95% 可信限点连成三条直线(图 5-2),即为等效应线。如果混合物实测 LD_{50} 值在两种化学物可信限上、下连线之间则判断为相加作用,上限以上则为拮抗作用,下限以下则为协同作用。该法简单,结果直观,但只能评价两种化学物的联合作用,而不适用于非概率型效应指标资料。

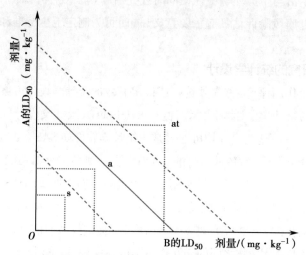

图 5-2 化学物 A 和 B 的联合作用等效应曲线
a:表示相加作用;s:表示协同作用;at:表示拮抗作用。

3. 等概率和曲线法 以效应相加为基础进行联合作用评价,其根据混合物中各化学物的剂量-死亡概率回归曲线求出预期死亡概率,再对概率求和,推算死亡率。

4. 共毒系数法 根据指标不同分为 3 种:①以毒性指数为指标,先以常规方法测定混合物及各化学物的 LD_{50},再以一种化学物质的 LD_{50} 为标准并与其他化学成分和混合物的 LD_{50} 进行比较(称为毒性指数),然后推算混合物的理论和实际毒性指数,据此计算共毒系数并做出联合作用评价。②以死亡率为指标,根据实测混合物死亡率和预期死亡率计算共毒系数,评价其联合作用。③共毒可信限法,测定两种化学物的 LD_{50} 及可信限,按混合比例和各自 LD_{50} 值推算混合物的预测 LD_{50} 及可信限,预测 LD_{50} 与实测 LD_{50} 之比即为共毒系数,据此评价联合作用类型。同时还可根据实测值与预测值的可信区间是否相覆盖进行分析,覆盖者为联合作用较弱,反之较强。

5. 方差分析 将各单因素的剂量-效应曲线和联合作用的剂量-效应曲线进行重复设计,通过方差分析可确定各因素之间是否有交互作用。以两因素研究为例,如交互作用显著,两曲线随剂量增大而远离,说明两因素之间具有协同作用;如交互作用不显著,两条量-效曲线互相平行,则说明两因素之间具有相加作用;若两曲线随剂量增大而靠近或交叉,说明两因素之间具有拮抗作用。该方法可以直接利用连续的测量结果进行计算,从而充分利用实验数据中所含的信息。

6. Logistic 模型 是一种应用范围较广的非线性模型,可以函数形式来表示联合作用的剂量-反应关系,其适用范围广,两种或多种因素联合作用的分析均可采用该方法。

7. 广义三阶多项式回归模型 研究固定剂量或固定比例设计下的联合作用时,若其单独或联合的量-效曲线散点图呈三次抛物线型时,可采用广义三阶多项式回归模型。该模型可成功解决不同效应水平(如 ED_{50}、ED_{60} 等)所对应的联合作用特征可能不一致的问题,具有简便、有效、客观及使用范围较宽的优点。

8. **其他方法**　近年来随着统计学研究方法的不断完善,许多新方法也逐步应用于联合作用评价中。如分类与回归树法(classification and regression trees,CART)、多因素降维法(multifactor dimensionality reduction,MDR)等方法用于评价基因 - 基因和基因 - 环境因素的交互作用。CART 是一种非参数回归分析方法,能有效克服传统 Logistic 回归、COX 回归模型分析交互作用时无法处理变量之间的共线性,以及多水平变量间复杂的交互作用分析结果难以解释等问题。该法结果直观明了,适用于任何分布类型的资料,并能有效处理缺失数据,但存在样本量较小时稳定性欠佳、不能有效反映高度线性关系的数据结构等缺点。MDR 是目前成功应用的非参数、无须遗传模式分析交互作用的方法。该法通过列举多个因素之间所有可能的组合情况,将组合中的每个单元格按给定的阈值划分为高风险组或低风险组,将研究中涉及的多个因子看作一个多因子组合,减少了因数据划分的偶然性带来的 I 类错误。但因 MDR 采用穷举策略分析自变量的所有组合可能,其上百个甚至上千个位点的数据集可能会使 MDR 分析难度加大;此外,MDR 得到的基因和环境因素交互作用的生物学意义不易解释。

（三）联合作用评价中注意事项

1. **暴露途径、时间和顺序**　进行化学物的联合作用评价时,暴露途径应尽量与实际环境中的接触途径保持一致。同时,暴露的间隔时间或暴露顺序不同,其联合作用结果均可能出现差异。

2. **毒作用指标的选择**　以不同毒作用指标进行的联合作用评价,有时结论相反,故评价时应注意毒作用指标的特异性和灵敏度。

3. **实验结果的代表性**　两种或两种以上化学物在某种剂量比例下的实验结果不能作为其联合作用的普遍结果。

4. **实验结果外推的不确定性**　体外实验结果与动物实验结果有时并不一致,应充分考虑其影响因素和不确定性,尤其将动物实验结果外推到人时应更慎重。

（赵秀兰）

思考题

1. 了解常见毒作用影响因素对化学物毒性评价及健康风险评估有何意义?

2. 不同暴露条件为什么会导致外源化学物毒作用差异?

3. 实际环境中同时或先后暴露不同化学物时,其可能的联合毒作用类型有哪些?

第六章
毒理学实验设计

毒理学研究主要应用毒理学的理论和技术,通过体内(动物)实验、体外实验、临床观察、流行病学调查以及计算毒理学等方法,解析外源因素的毒代动力学过程、毒性效应及其演变规律和毒作用机制,建立危害识别、安全性评价、风险评估以及中毒防治的策略和方法,以保障人类健康和生态安全。毒理学实验设计是毒理学实验研究的起点,也是关键的基础环节,是实现研究创新的根本。严谨而完善的实验设计是保障毒理学研究结果可靠性和科学性的前提。本章聚焦毒理学研究中实验设计的基本原则和实施流程,重点讲解实验对象选择的科学标准、实验(暴露)因素的确定准则,以及暴露过程和毒性效应表征的逻辑框架和操作程序。同时,基于不同实验对象分类概述毒性机制的解析要点,并对实验数据的统计、分析和展示,以及实验结果的解读、讨论和结论阐释过程中的注意事项进行概述。通过本章的学习,读者可以比较系统地掌握毒理学实验设计的基本原则和过程,理解毒性机制研究的意义,了解毒理学实验结果的解读要点。

第一节　概　述

毒理学实验(toxicological experiment)是为了验证毒理学相关科学假说,遵照生物医学研究的基本原则,在控制条件下进行的一系列毒理学相关操作。因为毒理学实验属于生物医学实验研究的范畴,其设计和实施需要遵循生物医学实验研究的基本逻辑、原则和规范。创新是科学研究的不竭动力和灵魂,创新理念应贯穿毒理学实验的全过程。实现创新最基本的方法论,一言以蔽之就是"大胆假设,小心求证"。

首先,毒理学实验设计应包含"实验对象、实验(暴露)因素、实验效应"三个基本要素;其次,必须遵循"随机、对照、重复、均衡"四个基本原则。同时,毒理学实验研究必须严格遵守生物医学研究的伦理规范和要求。毒理学实验研究开始前,研究方案必须获得相应的生物医学和/或动物伦理的审批。对于涉及人的研究应当尊重研究参与者,遵循"有益、不伤害、公正"的原则,保护隐私权及个人信息。对于动物实验应遵循动物福利和伦理的要求以及"3R"原则,即减少(reduction)、替代(replacement)、优化(refinement)。

毒理学实验可分为传统的湿式实验(wet experiment)和近年快速发展的干式实验(dry experiment)两大类。湿式毒理学实验指在实验室内进行的需要使用化学试剂、生物试剂、细胞培养、动物饲养等基于传统实验技术手段进行的毒理学相关操作;而干式毒理学实验则指基于计算机平台及生物信息学技术开展的毒理学相关探索。毒理学实验依据研究对象,一般可分为志愿者实验、体内(动物)实验、离体实验和体外实验及其他模式生物实验等;按实验(暴露)时间,可分为急性、短期和长期实验。另外,毒理学实验也可依据研究目的、暴露途径、毒性效应表型等进行分类。不同类型的毒理学实验在遵守生物医学实验研究的基本原则和伦理规范的前提下,可以灵活设计和运用,旨在以最高质量和最高效率服务于既定研究目标。

毒性测试(toxicity testing)是指按照一定的规范要求,通过一系列毒性评价试验对受试因素进行有害作用评价的过程,是毒性评估的重要组成部分。其目的是为安全性评价或风险评估提供资料。

在实际应用中,为获得符合行政管理部门相关规范要求的毒性描述资料,毒性测试通常对执行机构和操作人员有强制性资质和资格认证要求,并要求毒性测试的全过程按照标准操作流程进行,强调规范性。毒理学及相关学科的科研进步是毒性测试理论和技术发展的基础,引领并支撑着毒性测试理念、策略、技术和方法的迭代更新。而毒理学实验则主要用于毒理学相关科学研究领域,重在创新,注重探索性。同时,依据不同的研究目的,实验对象、实验(暴露)因素、实验效应终点及检测指标等可自由调整,具有灵活性。另外,毒性测试的现实需求(如精准性和高效性)不断推动毒理学实验研究与时俱进,向更高水平发展。

第二节　实验对象

在毒理学实验设计中,实验对象的选择至关重要,它直接影响实验结果的科学价值和意义。鉴于毒理学相关实验研究的最终目标是服务于人类健康,且基于人体或人群的毒理学实验证据在公共卫生决策中的证据权重远高于利用其他实验模型获得的数据,因此,理论上人体或人群是最理想的毒理学实验对象。但受生物医学伦理及生物材料可及性等多种因素的要求和制约,只有少数毒理学实验适于在志愿者或人群中开展研究。因此,需要使用人体之外的其他生物及模型作为实验对象。在毒理学研究中,经典的研究方法主要是体内实验和体外实验。体内实验是以实验动物或其他模式生物为实验对象;体外实验主要以细胞系/株或原代培养细胞以及亚细胞组分、类器官为实验对象。

目前没有任何一种实验模型能够完全满足不同毒理学实验的所有要求。因此在实际工作中,我们通常采用"多物种、多模型"的策略,即选用两种及两种以上的实验对象(如体内实验和体外实验相结合、模式生物和人源细胞相结合等方式)进行设计,以确保研究结论的科学性、可重复性和可靠性。上述做法旨在通过不同模型对同一实验(暴露)因素的毒性效应进行研究,发现并解析其潜在毒作用和相关机制,从而为健康危害识别、风险预警及安全性评价提供实验依据。

一、志愿者实验

毒理学的志愿者实验(experiment in volunteers)是以人体或人群为实验对象,采用科学的研究手段,有控制地进行毒理学相关研究与观察的行为和过程。志愿者实验是包括预防医学在内的现代医学研究的重要手段。在现代毒理学研究实践中,特定环境中的自然人群常被用作研究对象,以研究既有的环境因素暴露对健康的潜在影响。需要强调的是,现代毒理学和医学伦理学对志愿者实验有严格的要求,需要充分保证研究对象安全。

(一)大气污染物暴露研究

志愿者在不同环境条件下,包括自然环境(如高污染区和低污染区)以及控制环境(如暴露仓)暴露于特定浓度的空气污染物(如臭氧、二氧化氮或颗粒物),以评估暴露对呼吸系统和心血管系统的影响。

(二)职业暴露研究

在某些工作环境中,作业人员可能会暴露于某些职业有害因素。通过检查特定作业人员的健康状况,并分析健康结局与特定暴露因素间的关联及因果关系,来识别和解析暴露风险及其发生机制。这一过程有助于深入理解特定职业环境中的健康风险,并以此为依据制订更有效的防控措施。

(三)食品添加剂暴露研究

为研究食品中某些成分对健康的潜在影响,研究人员可能会邀请志愿者在饮食中摄入这些成分,并系统监测其健康指标的变化情况。例如,志愿者摄入特定量的人工甜味剂(如安赛蜜、甜蜜素等),研究其对血糖水平和代谢的影响。

(四)化妆品和个人护理产品研究

在研究化妆品和个人护理产品的安全性时,志愿者会使用含有特定化学成分的产品,观察其对皮肤和整体健康的影响。例如,志愿者使用含有新型防晒成分的防晒霜,研究其吸收情况及对皮肤的刺激性。

志愿者实验在现代生物医学发展中至关重要,同时也始终是医学伦理关注的焦点。因此,利用志愿者进行毒理学实验研究必须以严格遵守国际和相关国家及地区的生物医学伦理规范要求为前提,并且在实验设计和实施的全程确保每项保障措施得到落实,以全面保障志愿者的健康和权益。

二、体内实验

体内实验(*in vivo* experiment),亦称整体动物实验,主要用于研究外源因素的吸收、分布、代谢和排泄的动态变化过程,即毒物代谢动力学(亦称毒代动力学,toxicokinetics,TK)过程,以及毒性效应和演变规律,即毒物效应动力学(亦称毒效动力学,toxicodynamics,TD)和发生机制,是毒理学研究的重要组成部分。实验动物是指经过人工培育,对其携带微生物和寄生虫实行控制,遗传背景明确或来源清楚,用于科学研究、教学、生产、检定及其他科学研究的动物。有关体内实验模型,即实验动物的选择一般需考虑以下几方面:

(一)物种

不同物种对不同暴露因素的毒代动力学和毒效动力学过程及毒作用机制存在差异。其毒性效应的差异可表现在量方面,即引起相同毒性效应的剂量差异;也可表现在质方面,即靶器官的差异,如除草剂百草枯可引起人肺损伤,但对犬则未见到类似毒性效应。毒理学中常用的实验动物包括:小鼠、大鼠、豚鼠、兔和犬等。其他可能用到的实验动物有地鼠、猕猴、小型猪等。

关于实验动物的选择,主要基于以下几项原则:①相似性原则:对实验暴露因素的毒代动力学和/或毒作用与人最接近的;②特殊性原则:自然寿命不太长的、具有特殊毒代动力学或毒效动力学模式的;③方便性原则:易于饲养和实验操作的;④经济性原则:经济并易于获得的。

(二)品系

品系(strain)是指通过计划交配获得起源于共同祖先或具有相似基因型的动物群体。常用的实验动物品系有近交系、杂交群、封闭群和突变系四种。

1. **近交系**　指两性同胞或亲子之间连续繁育 20 代以上所培育的纯品系动物。近交系动物个体间差异极小。常见的小鼠近交系有 C57BL/6J、BALB/c 和 DBA/1 等。近交系动物的特点是生物学相似性高,实验反应一致。然而,由于近交系动物属于近亲繁殖,通常携带较多的遗传负荷,体质较弱,易患病,称为近交衰退。

2. **杂交群(杂交 1 代,F1)**　指两个不同的近交系之间有计划进行杂交所产生的第一代动物群。杂交 1 代具有两亲本遗传特征或产生新的遗传特征,且具有杂交优势,生命力强,既克服近交衰退,又有杂交系动物基本相似的遗传均质性,实验重复性较好,广泛应用于移植免疫和一些疾病模型的研究。

3. **封闭群**　指一个种群在 5 年以上不从外部引入新血缘,仅由同一品系的动物在固定场所随机交配繁育的动物群。如昆明种小鼠、Wistar 大鼠、SD(Sprague-Dawley)大鼠等。上述品系常用于毒理学实验,抗病能力较强,繁殖量大,可满足一般实验的要求。

4. **突变系**　指保持有特殊突变基因的动物品系,可通过自然突变或人工定向突变繁殖,其变异的基因可遗传到子代并维持稳定的遗传特性,常用于疾病模型构建等研究。

近年来,基因编辑的实验动物被越来越多地应用于毒理学实验研究。基因编辑是指通过现代分子生物学及遗传学技术对动物基因组特定目标基因进行插入、缺失或替换等修饰,从而改变其遗传信息和表型特征的操作。基因编辑既可在全身系统性实现,又可针对某一或某些特定细胞亚群以及在生长发育或生命的特定阶段特异性实施。近年来,基因编辑的实验动物在机制毒理学实验研究中的价值愈发受到重视。

（三）微生物级别

实验动物根据微生物控制程度分为三个级别:普通级动物、无特定病原体级动物和无菌级动物。不同级别的实验动物在毒理学实验中的应用场景各不相同,具体如下:

1. **普通级动物**（conventional animal,CV animal）　饲育于普通环境中,不携带所规定的对动物和/或人健康造成严重危害的人兽共患病病原和动物烈性传染病病原的实验动物。

2. **无特定病原体级动物**（specific pathogen free animal,SPF animal）　饲育于屏障以上环境中,除普通级动物应排除的病原外,不携带对动物健康危害大和/或对科学研究干扰大的病原的实验动物。简称无特定病原体动物或 SPF 动物。常用于毒理学实验等生物医学研究,如慢性毒性实验、致癌性实验、生殖毒性实验等。

3. **无菌级动物**（germ free animal,GF animal）　饲育于隔离环境中,动物体内无可检出任何生命体的实验动物,简称无菌动物。常用于研究微生物对实验因素的影响、宿主-微生物相互作用、免疫系统研究和环境因素的独立效应等,其无菌状态使研究得以排除微生物的干扰。

（四）个体选择

实验动物对暴露因素的毒性反应存在个体差异,这些差异可能与性别、年龄和体重、生理状态和健康状况等因素有关。

1. **性别**　除与性别相关的毒作用（如生殖系统毒作用）外,同一物种和品系的实验动物通常雌雄两性对相同暴露因素的毒性反应性质类似,但敏感性常存在差异。若已知动物性别对暴露因素的敏感性有影响,则一般选择敏感性高的性别;若不清楚有无性别差异,则应选用雌雄两种性别。一般而言,对于初次研究的暴露因素也应采用两种性别,且分性别进行统计分析。

2. **年龄和体重**　实验动物的年龄段选择主要取决于实验的类型和研究的目的,其基本原则是尽量模拟人类真实暴露场景。例如,为研究暴露因素对生长发育的影响,通常选用较年幼或初断乳的动物,且实验周期应覆盖成年期。另外,同一实验中,同周龄同性别动物的起始体重间变异系数一般应控制在10%以内。

3. **生理状态**　内分泌状态可能影响动物对暴露因素的毒性反应。因此,如无特殊目的,暴露期间雌雄动物分笼饲养,雌性动物选用未产未孕者。避免使用特殊生理状态时期的动物,如怀孕或哺乳期动物。

4. **健康状况**　实验动物的健康状况对毒理学实验结果有很大影响。因此,除专门的疾病模型研究外,一般应选用健康动物,并注意生物监测与控制,这对于长期毒性实验尤为重要。通过观察动物的外观和活动等,可初步判定其健康状况。健康动物应发育正常、体形健壮,无外观畸形;被毛浓密、有光泽、顺贴而不蓬乱;行动灵活、反应敏捷,眼睛明亮有神;表皮无溃疡和结痂,天然孔道干净且无分泌物。为确保选择健康动物,一般应在实验开始前检疫观察5~7天,剔除健康状况异常的个体。

三、体外实验

体外实验（in vitro experiment）是指利用分离的原代细胞及细胞系、细胞株、细菌和一些生物模拟系统等作为实验对象的毒理学实验方法。一般通过在生物体外提供适宜的温度、营养和无菌条件等人工环境，最大程度保障实验对象的生存、生长以及结构和功能，并在此基础上给予暴露因素，观察毒性效应，常用于毒性机制解析。

（一）培养细胞

培养细胞为毒理学研究提供了快速、简单、可重复的实验体系。利用培养细胞可以研究细胞毒性效应、化学物代谢、异常增殖、致突变、细胞恶性转化等，是目前应用最广泛的基本实验材料和技术方法。培养细胞可从细胞的来源、生长方式、培养环境等不同维度进行粗略分类。不同种类的培养细胞在不同类型的毒理学实验研究中各具优势和不足。

1. 依据细胞的来源分类

（1）原代细胞（primary culture cell）：指从离体组织分离纯化后立即培养的细胞。这类细胞具有更高的生物学真实性和特异性，是研究生理和病理过程以及外源因素毒性和毒作用机制的理想模型。这类细胞保留了其来源组织或器官的细胞形态、功能以及代谢特征。但这类细胞在分裂中可能逐渐衰老，停止分裂并最终死亡，故一般情况下只能维持数周至数个月。毒理学实验研究常用的原代细胞有肝细胞、巨噬细胞、淋巴细胞、心肌细胞等。

（2）细胞系（cell line）：泛指可传代的细胞。一般来说，原代细胞首次传代成功后所繁殖的细胞群体即可称为细胞系，其中能够连续传代的细胞叫作连续细胞系或无限细胞系，不能连续培养的称为有限细胞系。人体的正常组织多数可以建立有限细胞系，如间充质来源的成纤维细胞等。通过选择法或克隆形成法从原代培养细胞或细胞系中获得具有特殊性质或标志物的培养细胞称为细胞株（cell strain）。也就是说，细胞株是用单细胞分离培养或通过筛选的方法，由单细胞增殖形成的细胞群。细胞株的特殊性质或标志在整个培养期间始终存在，不同的细胞株有其特定的标志物。肿瘤细胞系是现有细胞系中最多的一类，一般可持续增殖，但在传代培养过程中可出现基因变异和细胞生物学行为改变，因此需要经常进行鉴定和验证。需要特殊注意的是，恶性肿瘤细胞系/株虽然与其起源细胞在某些细胞生物学行为上有一定相似性，但在很多代谢酶的表达水平上存在量或质的差别。所以，在毒理学研究中，从恶性肿瘤细胞系/株获得的实验结果或结论不能简单机械地外推至正常细胞或组织，如 HepG2 人肝癌细胞内许多代谢酶的表达和活性远低于或不同于正常原代肝细胞或肝组织。

2. 依据细胞的生长方式分类

（1）贴壁细胞（adherent cell）：指需要依附在固体表面（如培养瓶、培养皿或培养板）上才能生长和增殖的细胞类型。这类细胞在体外培养时，需要附着于培养容器的表面才能进行正常的细胞周期和分裂。贴壁细胞广泛存在于多种组织中，如上皮细胞、成纤维细胞和内皮细胞等。

（2）悬浮细胞（suspension cell）：指在液体培养基中不依附于固体表面而自由悬浮生长的细胞类型。这类细胞的细胞膜也会与培养瓶/皿发生粘连，但是通常情况不超过5%，显微镜下细胞往往呈球形。悬浮细胞主要来源于血液和淋巴组织，广泛应用于血液和免疫毒理学等研究领域。

3. 依据培养环境分类

（1）二维细胞（2D-cultured cell）：指在二维平面的固体表面上进行培养的细胞类型。在这种培养系统中，细胞贴附于培养容器（如培养皿、培养瓶或培养板）的表面，形成单层细胞，是最常见的传统培养细胞。

（2）三维细胞（3D-cultured cell）：指在三维环境中培养形成更接近体内组织形态的三维结构，保持更多体内结构和功能特性（如细胞极性、分化和迁移行为）的细胞类型。常见的三维细胞培养方法包括细胞球体培养、支架培养、水凝胶培养和生物反应器培养等。与二维细胞相比，三维培养通过提供三维支架、凝胶或其他基质，实现更复杂的细胞-细胞和细胞-基质相互作用。

（3）类器官（organoid）：是一种在体外环境下培育而成的具备三维结构的微器官，具有类似真实器官的复杂结构，并能部分模拟来源组织或器官的生理功能。类器官可以通过体细胞、成体干细胞或多能干细胞培养获得。与传统二维培养模型相比，类器官在细胞组成、行为、基因组稳定性及适合生物转染和高通量筛选等方面具有优势。与动物模型相比，类器官模型的操作更简便，还能用于研究疾病发生和发展等机制，尤其在卫生毒理学等生物医学领域展现出广泛的应用前景。

（4）器官芯片（organ-on-a-chip）：是一种微流控装置，能够模拟人体器官的微环境及生理功能。通过在芯片上集成细胞、组织和微流控系统，提供动态的微型体外模型，用于模拟肝、心脏、肺、肾、大脑等多种器官。随着相关技术的不断发展，器官芯片已被广泛应用于病因研究、新药发现与测试以及外源物质的毒作用机制研究中。

除上述分类外，培养细胞还可依据细胞自我更新、增殖及分化能力分为干细胞（stem cell）和非干细胞。干细胞是来自胚胎、胎儿或成人体内，具备在特定条件下无限制自我更新、增殖及分化能力的细胞。它们能够产生与自身相同的子细胞，或分化为组成机体组织和器官的特化细胞，同时还可分化为祖细胞。根据发育阶段，干细胞可分为胚胎干细胞和成体干细胞；根据分化潜能，干细胞可为全能、多能和单能干细胞。诱导性多能干细胞（induced pluripotent stem cells，iPS cells）是指通过特定的转录因子的导入，将终末分化的体细胞重编程为多能干细胞。尽管人源干细胞在毒理学研究中具有广泛的应用前景，但在使用人源干细胞（尤其是人胚胎干细胞）进行研究时，必须严格遵守国家卫生健康委员会、教育部、科技部、国家中医药管理局联合签发的《涉及人的生命科学和医学研究伦理审查办法》及相关国际机构发布的相关伦理指导原则的规范要求。

（二）细胞组分

指构成细胞的细胞膜、细胞核以及细胞质中的细胞器和细胞骨架等。分离和纯化的亚细胞组分可用于深入研究外源因素的特定作用靶点，探讨其毒作用机制等。毒理学中使用最多的亚细胞组分包括细胞膜、微粒体、线粒体和外泌体等。

随着现代生物医学的进步，体外模型的相关技术迅猛发展，体外实验在毒理学研究中的作用和优势愈发凸显，尤其是基于新途径方法的下一代风险评估策略的兴起，为体外毒理学实验研究带来前所未有的发展机遇。但需要注意的是，所有体外模型均有其局限性，系统和科学的验证是保障相关实验结果科学性和可靠性的重要前提。

四、离体实验

离体实验（ex vivo experiment）指利用离体生物组织进行活体之外的毒理学实验。常见的离体实验有脏器切片和脏器灌流。

（一）脏器切片

肝脏、肾脏、心脏、脑组织及大血管等可以制备成切片。脑片、心肌条、血管环等组织切片可以放置于恒温的孵育液中进行实验。此类模型的优点在于能保持细胞之间的结构，且其操作比脏器灌流简便；缺点是切片内的细胞容易发生缺氧，且暴露物难以均匀分布到细胞内。

（二）脏器灌流

剥离动物脏器后，通过体外灌流保持脏器的生理活性和功能，将暴露物注入器官的血流中，分析测定流出液中的代谢产物或生理活性物质，以研究暴露物在目标器官中的代谢或造成的损伤。目前常用的灌流器官有肝脏、心脏、肠道和大鼠膈肌-膈神经，分别用于研究暴露物对肝脏代谢和损伤、心脏毒性、吸收动力学过程及神经毒物对神经传导功能的影响。

五、模式生物

模式生物（model organism）是指受到广泛研究，对其生物现象有深入了解且用于实验研究的生物物种。近年来，研究人员筛选出一些操作简单、成本低廉且测试周期较短的模式生物用于毒理学研究。使用模式生物可以在较短时间内以较低成本获得关于毒作用的初步数据，为进一步的哺乳动物研究甚至志愿者研究提供参考。目前常用的非哺乳类模式生物有黑腹果蝇、斑马鱼、秀丽隐杆线虫等。

（一）黑腹果蝇

黑腹果蝇（*Drosophila melanogaster*）也称黑尾果蝇，原产于热带或亚热带，是研究最深入的生物之一。因其基因操作简单，发育周期短，适合高通量筛选。常用于评估暴露因素对基因组、神经系统和发育过程的影响。

（二）斑马鱼

斑马鱼（*Danio rerio*，俗称 zebrafish）是一种重要模式生物之一，具有繁殖能力强、可体外受精和发育、胚胎透明、性成熟周期短、个体小、易养殖等优点，适用于大规模毒性筛选和生态毒理学研究。

（三）秀丽隐杆线虫

秀丽隐杆线虫（*Caenorhabditis elegans*）作为线虫的代表，是生态毒理学研究中应用较多的一种特殊线虫，具有身体半透明、繁殖迅速、饲养条件简单、廉价和易操作等优点，是研究细胞分裂、分化、死亡等过程的理想模型。

综上，毒理学实验研究中的实验对象选择对于实验结论的准确性、可靠性及其科学价值至关重要。尽管实验研究的探索性赋予毒理学实验设计很大的灵活性，但这种灵活性必须建立在遵循生物医学研究伦理规范和基本逻辑及科学规律的基础上。因此，在开展毒理学实验研究的初期，采用基于多模型的实验技术路线是稳健且可行的策略，如利用体内实验、体外实验、计算机模拟相结合，以及人源材料和其他模型相结合的实验设计方案。一方面通过不同实验模型所获得的实验结果和结论可以相互验证；另一方面，可充分发挥不同实验模型在表型发现和确认、暴露表征、毒性机制解析等诸多方面的特色优势，更高质量、更高效率地达成研究目标。

第三节　实验（暴露）因素

确定实验（暴露）因素是毒理学实验设计中最为关键且极具挑战的环节。为实现预期的研究目标，在明确实验对象的基础上，研究者需要确定暴露因素的种类、剂量、染毒方式、暴露时间等多个关键要素。

一、暴露种类

在毒理学实验研究中，暴露因素一般可分为化学、物理和生物三大类。常见的化学性因素包括重金属、有机溶剂和农药等；物理性因素包括电离辐射、非电离辐射、噪声和极端环境温度变化等；生物性因素包括病原微生物、生物毒素和变应原等。毒理学实验研究设计中的实验（暴露）因素的选择一方面可充分发挥和体现实验设计者的专业背景、技术专长和研究兴趣；另一方面需要特殊关注和响应公共卫生领域的国家需求。

综合考虑外源因素的吸收、分布、代谢和排泄过程，以及毒性效应和机制的复杂性，毒理学实验通常针对单一暴露因素进行研究；在联合作用研究中需要同时对两个以上因素进行暴露。

二、暴露剂量

毒理学实验研究设计中的暴露剂量选择应基于可以推测到人类实际暴露场景，从人类实际暴露水平、环境外剂量和/或内剂量水平出发，综合考虑不同暴露模式、不同实验模型对暴露因素的毒代动力学和毒效动力学特点以及结论外推至人类的不确定性等因素，兼顾实验暴露时间等予以确定。一般情况下，采用特定暴露时间内多个剂量/浓度和特定暴露剂量/浓度下多个时间点染毒方案是现实可行的实验研究策略。另外，利用不同实验模型的特点，综合考虑暴露剂量和暴露时间，兼顾实验外推合理性、可重复性和检测分析手段的灵敏度，聚焦研究的具体目标，合理取舍也是毒理学实验设计中的常用方案。

三、暴露方式

毒理学实验的暴露（染毒）方式或途径有多种。其中化学性和生物性暴露因素体内实验常用的染毒方式有经口、经皮、吸入、注射（如肌内、皮下、腹腔注射）等；而物理性暴露因素（如电离辐射）一般包括全身和局部暴露。暴露方式首选能够最大限度模拟相关人群实际暴露场景的。化学性暴露因素经不同途径染毒，其在体内的吸收、分布、代谢和排泄和毒性效应可能不同。因此，应根据化学物的理化性质、实际暴露场景以及可能的毒作用等合理选择暴露方式。

（一）经消化道暴露（染毒）

许多工业化学物和环境污染物可通过污染水和食物而进入人体，故经消化道染毒是毒理学实验常用的染毒方式，其方法主要有灌胃法、喂饲法和胶囊法三种。

1. **灌胃法** 剂量准确，基本上可以模拟毒物经口暴露的情境。但易造成消化道损伤，可能影响暴露物的吸收，也可影响动物的正常消化功能。灌胃法常用于急性毒性实验，亦可用于长期染毒。

2. **喂饲法** 将暴露物拌入饲料或溶于饮水中，实验动物自由摄取，为食品污染物或水污染物的常用染毒方式。但应注意，若加入较大量的暴露物可能影响饲料中的营养素含量，必要时应适当调整饲料成分；同时该方法因无法准确定量暴露个体的暴露物摄入量，在确定剂量-效应关系时存在一定的偏差。此外，挥发性或有异味的暴露物也不宜采用此方法。

3. **胶囊法** 多用于犬、兔等动物，尤其适用于具有挥发性、易分解或有异味的化学物。

（二）经呼吸道暴露（染毒）

该方式是研究经呼吸道接触的挥发性外源物质或颗粒物优先考虑的染毒途径。常用方法有气管滴注和吸入染毒。气管滴注虽可定量，但不易折算为吸入浓度，故一般用在吸入染毒无法实现时。吸入染毒分为静式吸入和动式吸入两种。静式吸入染毒是将实验动物置于一定容积的密闭容器，加入一定量的气态或挥发性暴露物，在规定的时间内进行染毒。动式吸入染毒是连续不断地送入含有一定浓度暴露物的新鲜空气，同时排出等量空气，造成一个浓度相对稳定的动态平衡的空气环境。动式吸入染毒适用于单次染毒时间持续较长的情况，也适用于主要以烟、雾、尘等形式接触的暴露物。无论使用静式或动式吸入染毒，均应注意染毒柜或容器中暴露物的状态并实时监测浓度变化。此外，动式染毒需要专门的吸入暴露设备，成本较高。

（三）经皮暴露（染毒）

常用于可能接触皮肤的化学物染毒，主要观察其经皮吸收的可能性、局部刺激及致敏作用。

（四）注射暴露（染毒）

常用于毒性机制研究、比较毒性研究或毒代动力学研究。根据实验目的和暴露物的性质不同，可采用腹腔注射（IP）、肌内注射（IM）、皮下注射（SC）或静脉注射（IV）的方式进行染毒。对于经注射染毒的暴露物，一般要求其对注射局部无刺激性。

体外实验的染毒一般采用把实验暴露物直接加入培养体系内的方式。特殊情况下，也可通过气液界面暴露方式染毒。如无特殊实验目的需要，染毒一般在生长培养液/基中进行。实验过程中需要特别注意暴露物在培养体系中的溶解度和分散度，以及暴露因素与培养体系组间可能存在的交互影响。另外，采用暴露者（包括暴露后的人或实验动物）的血清替代牛血清培养细胞可实现间接染毒。这种染毒方式可通过检测细胞的表型变化，研究机体暴露后通过循环系统中的细胞因子等生物活性分子和暴露物及代谢产物对远端细胞的影响。

四、暴露时间

毒理学实验研究的暴露时间取决于研究目的，一般分为急性、短期和长期暴露。

（一）急性暴露

指实验对象在短时间内（通常为24小时内）一次或多次接触暴露因素。常用于毒性效应、毒代动力学以及毒作用机制相关研究。

（二）短期暴露

指实验对象在相对短的时间段内（通常少于14天）持续或反复接触暴露因素。与急性暴露相似，常用于毒性效应、毒代动力学研究以及毒作用机制解析。

（三）长期暴露

指实验对象在较长时间内（通常为1个月以上）持续或反复接触暴露因素。常用于研究环境暴露的长期健康效应，如致癌性、慢性疾病风险和慢性器官损伤以及相关机制研究。

五、实验分组与混杂因素控制

（一）实验分组

毒理学实验设计中，实验分组是确保实验结果的科学性、可重复性和可靠性的关键。合理的分组能够提高实验的效率和质量，减少实验偏差，提供可信的毒理学信息。在实验对象和暴露因素确定的前提下，毒理学实验可按暴露剂量（如高、中、低）或暴露时间（如长、中、短）予以分组。实验分组过程中必须遵守"随机、对照、重复、均衡"四个基本原则。以常见的毒理学体内实验设计为例，简述上述原则的应用要点：

1. 随机　随机化分组是减少选择偏倚和个体差异影响的重要方法。通过随机化，可以确保每个实验对象有相同的机会被分配到任何一个实验组，从而提高实验结果的可靠性。

2. 对照　对照组泛指在科学实验中起参照、对比作用，以突出并有力支持从处理组所能得出结论的组别。按照对照组设置目的，对照组一般可分为空白对照、阳性对照、阴性对照等，在干预性实验中一般还需设置干预对照组。没有接受任何暴露因素或药物处理的"空白对照组"是绝大多数毒理学实验中不可或缺的部分。在毒理学实验中，合理设置对照组对于毒作用表型的发现和毒理学机制的解析具有不可替代的作用。设置对照组的目的在于尽可能消除非暴露因素的混杂影响，避免结果误判。

3. **重复** 就一次实验而言就是需要一定数量的样本。样本量的确定是确保实验结果具有统计学意义的重要步骤。样本量过小可能导致实验结果不稳定或不显著；样本量过大则可能浪费资源。样本量应根据实验设计、预期效应大小和统计功效以及研究经验等进行合理确定。而就一项研究来说，则强调重复实验的重要性。通过重复实验对于关键毒作用表型和核心机制的再确认，是提升一项研究结果和结论可信度的重要过程。

4. **均衡** 实验分组时应尽量保证各组在性别、年龄、体重、健康状态等方面的一致性和均衡性，以减少这些因素对实验结果的影响。

（二）混杂因素控制

混杂因素是指那些未被研究设计所控制的变量，它们可能对实验结果产生影响，从而导致错误的结论。毒理学实验中，我们应明确并最大限度地控制混杂因素，以确保实验结果的稳定性和可靠性。毒理学实验中常见的混杂因素包括环境因素、操作因素、时间因素等。

1. **环境因素** 如不同动物室和培养箱的温度、湿度、光照等，以及不同厂商、不同批次或不同存储条件及时间的饲料、血清等实验条件上的差异均可能影响毒物代谢或毒性效应。如果这些条件未被严格控制，它们可能会影响实验结果甚至结论。例如，温度波动可能影响化学物质的稳定性、培养细胞的生理反应和实验动物的基础代谢等。

2. **操作因素** 泛指实验操作过程中的人为差异，如不同实验人员的操作技能、实验设备的使用方式等。不一致的操作可能导致实验重复性差或结论错误。故应制定详细的标准操作流程，确保所有实验操作的一致性。

3. **时间因素** 实验操作进行的时间和持续时间也可能成为混杂因素。例如，昼夜节律可能影响动物的代谢、生理状态和行为，对实验结果产生影响。

综上，绝大多数毒理学实验研究中的混杂因素均可通过严格执行生物医学研究的四项基本原则（随机、对照、重复、均衡）予以有效控制。另外，对于初学者来说，系统的文献阅读和有效的学术交流往往是规避实验混杂因素干扰较为有效的途径。

第四节 毒作用表征与机制解析要点

一、暴露及毒代动力学表征

如前所述，毒性效应强度主要取决于暴露因素作用于靶部位的浓度、强度与持续时间。浓度越高或强度越大意味着靶细胞或组织接触暴露因素的量也越大，暴露因素与细胞内的生物大分子（如蛋白质、脂质、DNA 等）发生相互作用的机会也就越多，从而导致对靶部位的损害程度越严重。这种损害可能表现为细胞功能丧失、细胞结构破坏，甚至是细胞死亡。暴露因素或其活性代谢产物作用于靶部位的持续时间也是决定毒性效应强度的重要因素。毒物作用于靶部位的持续时间越长，其对靶部位的损害就越有可能累积。靶细胞和组织每次暴露于低浓度毒物产生损害的可能性虽然不大，但是长时间积累起来仍有可能导致显著的毒性效应。同样，短时间暴露于高浓度毒物，如果毒物持续存在并作用于靶部位，也可能造成严重的毒性效应。因此，在评估暴露因素的毒性效应强度时，必须同时考虑作用靶部位的浓度和持续时间这两个因素。

毒理学实验研究中的暴露表征是进行毒性效应表征的前提基础。作为暴露表征，是指对实验暴露因素在实验相关环境介质中的分布、性质状态、浓度或强度、稳定性，以及外剂量、内剂量和靶剂量进行描述和测量的过程。对化学暴露因素而言，在特定实验模型中针对暴露因素的毒代动力学表征，即描述其吸收、分布、代谢和排泄过程及测量其原型和活性代谢产物的靶剂量，是毒性效应表征和相关机制解析的关键。暴露因素在体内代谢过程中的重吸收和代谢活化过程会促进终毒物在靶部位的蓄积；而其进入机体循环系统前的消除、毒物从靶部位分布到其他部位、毒物的排泄则可减少终毒物在靶部位的蓄积，进而影响毒性效应。综上，暴露及毒代动力学表征是毒性效应研究的基础和前提，也是毒作用机制的重要组成部分。

二、人体毒作用表征要点

真实可靠的人体或人群数据在健康危害识别和风险评估中具有最高的权重。即使基于人体或人群的研究数据仅仅是提示性的、关联性的，即在目标暴露因素与健康表型之间的因果关系尚难确定的情况下，其卫生毒理学意义往往也不容忽视。但在毒理学研究实践中，生物医学伦理规范是绝对不可触碰的红线，所以真正意义上的以志愿者为实验对象的实验性毒理学研究很难也很少进行。因此，在毒理学研究实践中，人体的毒作用表征往往借助于临床医学、法医学以及流行病学的研究发现。这些研究发现往往是利用其他可及的实验模型开展深入毒理学机制研究的起点，也是基于其他模型研究结论的验证和外推终点。鉴于生物医学伦理和生物材料可及性的客观要求和限制，单纯基于志愿者实验或人群数据资料完成毒作用机制解析非常困难。所以，在毒理学研究实践中，采用志愿者实验或人群数据结合体内及体外实验，开展更为系统的表型确认和机制解析的技术路线往往会事半功倍。

三、体内实验的毒作用表征与机制解析要点

（一）体内实验的毒作用表征

1. 一般毒作用的表征　在毒理学实验中，一般毒作用泛指暴露因素对实验对象所产生的非特异性不良作用。在体内实验中，非特异性不良作用通常指暴露因素所造成的实验动物整体或多个系统或器官的系统性和一般性损害作用。与一般毒作用相对应的是特殊毒作用，指外源因素作用于生物体所产生的特异性或发生在特定器官的损害作用，包括致癌、致突变、致畸、生殖发育毒性以及靶器官毒性等。

体内实验的一般毒作用表征主要从以下几个维度予以观察和测量：一般状态（包括眼、耳、鼻、口、生殖/排泄孔是否有分泌物以及皮肤被毛的色泽和疏密等）；生理和精神状态（进食、饮水、排便、体温、自主活动状态等）；生长发育及营养状况（体重、体成分、体长等）；一般生化指标（血、尿常规等）。

针对一般毒作用的表征往往是毒作用表型描绘的第一步，也是研究特殊毒作用发生机制的前提和基础。在毒理学体内实验研究实践中，如果发现实验暴露因素引起实验动物出现明显的一般毒作用，往往提示所采用的暴露剂量过高，因此可能失去利用该模型进一步深入研究其特殊毒作用发生机制的价值和意义。即使坚持继续挖掘，大概率会遭遇更多混杂和不确定因素的影响，很难有真正意义上的机制突破。

2. 特殊毒作用表征　在确认未出现或已系统明确一般毒作用的基础上，首先可通过一系列无

创性或微创性形态学和功能学检查、检测和试验,发现特殊毒作用表型线索。常用的检查、检测和试验包括实验动物用Micro-CT、磁共振、体成分分析仪、B超、心电图、神经行为学检查、血常规、尿常规、肝功能、肾功能以及葡萄糖/胰岛素耐量试验等。其次,实验暴露结束后,通过对内脏器官的大体病理观察、脏器湿重及脏器系数测算、组织病理检查以及在基因、蛋白、生物活性等多层面特殊毒作用标志物的深度分析,确认毒作用表型。另外,毒理学实验研究原则上是假设驱动,即依据已知的事实,结合最新发现,用已有的科学理论为指导,对所聚焦的关键科学问题做出符合逻辑的推测性解释。围绕核心假设,聚焦靶器官或组织的损伤表型,开展更为系统的特殊毒作用表征。

（二）机制解析要点

1. 相较于志愿者实验,动物实验的条件更易实现自由调控与稳定维持,在生物材料可及性方面尤其优势显著;而与体外实验相比,体内实验能从整体上模拟人体的生理环境与毒性反应,可以提供更为接近人体毒物代谢和毒性效应的数据资料。所以,个别特殊毒物除外,体内实验在毒代动力学研究、毒作用表征以及毒性机制解析中均具有显著的优势。

2. 明确且可重复的毒作用表型是毒性机制解析的前提。表型确认往往需要通过领域内有共识且认可的多维度、多指标、多技术手段的检查、检测及分析方可实现。同时,明确的剂量-效应和/或时间-效应反应关系会使得表型确定事半功倍。另外,在体内实验的表型确认过程中,进食量、饮水量、体重和体成分及脏器系数等基础生理指标的变化对于鉴别诊断至关重要,且不可忽视。一般情况下,如果处理因素导致进食量、饮水量或体重明显下降,这时首先需要考虑的是暴露剂量和时间是否合适?在脏器系数等基础数据的分析中,如果处理因素对体重的变化影响比较小,可以以体重为基准进行校正;如果体重变化显著,则需以胫骨长度等受暴露因素影响不大的参数为基准进行校正,否则极易出现脏器大小发生改变的虚假表型变化。

3. 毒性机制解析思路和路径虽无普遍接受的定式,但较为实用且易懂易学的主要有"剥洋葱"和"一针见血"两种基本探索模式。所谓"剥洋葱"模式是指在毒性机制解析过程中层层递进,就像剥洋葱皮一样,采用"发现—确认—深入—再发现—再确认—再深入"的策略,步步为营,循序渐进,并通过多次迭代,达成目标。该模式的优点是系统稳健,缺点则是效率不高。而"一针见血"模式是指在系统文献梳理、阅读和前期研究发现的基础上,以假设(即针对相关表型的临时性可求证的解释)为驱动的解析模式,该模式直接聚焦问题核心,力求通过精心设计的实验证实或证伪相关假设,进而逆向追溯至毒性表型,从而构建起"暴露—机制—表型"的清晰逻辑链条。鉴于假设既是科学研究中一种重要的理论思维形式,也是一种重要的研究方法,尽管假设驱动的解析模式存在一定的失败风险(即被证伪),但其对于问题的深入理解往往不可或缺,而成功的关键在于大胆假设下的小心求证。

四、体外实验的毒作用表征与机制解析要点

（一）体外实验的毒作用表征

体外实验毒性效应检测终点主要围绕细胞活力、代谢状态、细胞增殖、细胞周期、细胞死亡及死亡方式、细胞应激反应、特异性细胞功能、细胞分化潜能及分化过程等进行定性及定量分析。相关实验数据解读需要特别注意区分细胞活力与细胞增殖和细胞死亡间的复杂关系,客观分析不同细胞死亡方式与暴露剂量和时间及细胞应激反应间的内在联系,充分认识细胞分化与特异性细胞功能变化在体外实验毒作用表征中的特殊地位。

（二）机制解析要点

1. 相较于复杂的志愿者实验及体内实验,体外实验的实验对象简单易控,重复性强,且可高精度、高效率地实现精细的基因编辑。这些优点对于实现假设驱动的分子毒理学机制挖掘优势显著。因此,体外实验在毒性机制解析中具有不可替代的独特优势。

2. 在机制解析过程中,毒作用表型与所谓机制的精准分子对接是核心。鉴于一个表型可能源于或关联多种分子机制,而一种机制也可能参与多种毒性效应表型的发生和发展。因此,所谓机制解析就需要找到某特定表型发生和/或发展的充分及必要条件。在此过程中,需实时审慎评估和判断所发现机制证据与既有研究发现逻辑上的一致性和冲突点,并进行交叉验证。当遇到数据不吻合或逻辑链条断裂的情况,需重新审视机制解释的合理性,排查解析路径上的偏差或遗漏,修正并发展实验假说,重新设计并开展实验验证。

3. 机制解析应避免陷入模式化、机械化的误区,即不可简单地套用已有的机制框架去强行解释新发现的表型。相反,应秉持创新理念,灵活调整解析策略,勇于提出新的假设和见解,以更加贴近毒理学客观规律的方式来阐述机制与毒作用表型之间的内在联系。

4. 功能挽救实验,亦称功能回复实验、回补实验,是分子毒理学机制研究中常用甚至是不可缺少的一环,常用来验证分子与分子、分子与通路、分子与表型之间特异性关系的方法。功能挽救实验既能用来证明信号轴中各元素的上下游(或者是因果)关系,也能证明元素之间调控的具体作用方式。功能挽救实验的关键在于功能回复前后与相应的对照进行比较,重点考察毒作用表型发生与否或轻重对关键功能分子或通路的依赖性和依赖程度及其剂量-效应关系。

综上,在剖析暴露与毒作用之间的关系时,需明确暴露为始,效应为终的逻辑顺序。首先厘清实验暴露因素的本质及其时空演变规律,即客观表征暴露本身,明确外剂量、内剂量、靶剂量以及毒代动力学过程,进而在系统识别一般毒作用的基础上,聚焦特殊毒作用的发现和甄别。需要特殊注意的是,一种暴露常能引发多种毒性效应。其中,通常存在一种或少数几种毒性效应占据主导地位,其余则为伴随或继发的次要效应。为了准确识别主效应,系统的病理、生理生化学及分子生物学检查和检测必不可少。尤为重要的是,应避免仅凭直觉主观选取某一毒作用表型为主效应,这种草率的作法可能误导后续的表型分析,进而使整个研究分析偏离正确的方向。因此,在识别和判定主要毒性效应时必须严谨细致,确保分析方向的正确性。

人群流行病学研究以及志愿者实验的优势在于发现或证实与人类健康紧密相关的暴露与毒作用表型之间的关联;体内实验的特色则体现在严格控制条件下验证或发现暴露与毒作用之间的因果及剂量-效应关系,并可同时提供系统性生物材料用于机制探讨;体外实验的优势则是拨云见日,用最直接和最简单的手段去探索与证实表型背后的细胞和分子机制。在整合分析人群/志愿者实验、体内实验和体外实验数据的过程中,需要特殊关注各类数据之间的互相呼应,并保证逻辑上的一致性。需要强调的是,机制解析并无定式,在表型明确的前提下,遵循生物医学研究基本逻辑和原则,可以不受限制,自由探索。

第五节　实验结果、讨论与结论

一、数据分析

(一)毒理学实验研究的数据类型

毒理学实验的数据通常是由暴露剂量水平和相应观察值组成的二维关系型数据,如暴露组与对照组观察值均数比较。毒理学实验数据一般可分为计量资料、计数资料(分类资料)和等级资料三大类。可根据数据的类型,选用相应的统计学方法。一种毒理学实验资料可以有若干种正确和可用的统计学分析方法。

（二）常规毒理学实验资料推荐的统计学方法

毒理学实验的测定指标大多属于计量资料,且基本为正态分布。可根据实验分组采用参数统计分析方法如 t 检验和方差分析。进行方差分析时,若整体存在差异,可使用多重比较方法进行各组数据间的比较。组织病理学损害常可采用损害发生率或程度等级来表述。暴露组与对照组动物病理损害发生率的比较常用 χ^2 检验或 Fisher 精确检验。损害程度的差异(如无效应、轻微损害、中等损害和严重损害等)常用的描述性指标是几何均数,推断性分析有 Ridit 分析及秩和检验等。

二、统计学意义和生物学意义

毒理学实验结果解读应首先考虑是否具有统计学意义,然后考虑有无生物学意义,即是否是真实的效应,最后考虑是否具有毒理学意义,即是否有毒性效应。一般而言,具有统计学意义是具有生物学意义的必要条件之一,故正确地获得和利用统计学检验的结果有助于确定实验结果的生物学关联。但统计学分析仅能判定暴露组与对照组之间是否存在统计学上的显著性差异,而不能作为暴露所致效应的唯一判断标准。最后的实验结论应根据统计学分析结果、生物医学知识和经验,综合考虑生物学意义和统计学意义后,才能做出科学的判断和解释。

当暴露组与对照组之间差别有显著性(统计学意义)时,还需要从有无剂量依赖性(即剂量 - 效应)趋势、结果重现性、其他相关指标的变化情况、效应的时间变化趋势等多方面来判别暴露组与对照组之间的差异是否具有生物学意义。

（一）剂量依赖性趋势

剂量 - 效应关系是反映所观察到的效应与暴露因素是否相关最重要的指标之一。如果暴露组与对照组的某效应结果之间存在差异,且随着暴露剂量的增加,该效应与对照组的差异也随之增加,那么此效应就很可能与暴露有关;若某效应只在对照组与高剂量组(或其他某剂量组)之间有差异,而其他剂量组与对照组之间并无显著性差异,同时也没有显示出一定的剂量 - 效应关系趋势,在确定其是否有生物学意义时应十分谨慎。因此,适当的剂量设计极为重要,一般情况下,常被认为比较理想的实验结果是高剂量组毒性效应明显、中剂量组有轻度表现,而低剂量组无明显的毒性效应。但需要特别注意的是,毒物兴奋效应(hormesis),即以双相剂量 - 效应曲线为特征的毒性反应,在越来越多的毒理学实验研究中被发现。

（二）效应重现性

若实验观察到的某种毒性效应可重复,则基本可确定该效应与暴露相关。重复可包括在同一研究中的不同时间点、在同一种系实验动物的其他研究中或在另一种系动物的实验中、或其他实验模型中发生相同或相似的改变。如研究结果不可重复,尤其是在实验条件相同的情况下不能重复,则所观察到的"毒性效应"可能是偶然的,其意义也就很有限或无意义。

（三）相关指标变化

与对照组比较,暴露组某项指标变化同时伴随其他相关的指标改变,则此效应可能与暴露相关。如在分析血液生化指标时应进行横向分析,即分析同类型血液生化指标的变化情况,并结合相关的病理组织学结果进行判断。例如,血清丙氨酸氨基转移酶(ALT)活性升高,同时伴有天冬氨酸氨基转移酶(AST)活性升高,且病理组织学检查发现肝坏死,则可判断此肝损伤效应与暴露相关。

反之,如没有相关指标的改变支持,单凭某种酶活性的改变而判断其是否具有生物学意义就需要十分谨慎。

（四）性别差异

一般认为,除某些生殖毒物和内分泌干扰物外,雌雄动物对暴露因素的反应性质是基本一致的。但由于雌雄动物体内某些代谢酶活性不同,因此对暴露因素的敏感性可能有差异。如果暴露组与对照组某指标的差异仅在一种性别的动物中发生,那有可能是在一定剂量范围内只有敏感性较高的性别组动物产生效应,故在分析结果时,应将两种性别分开分析并分别比较。

（五）效应的时间变化趋势

一般认为,所观察到的暴露组与对照组之间的效应差异,若是随实验时间的延长仍能继续观察到,且差异逐渐加大,则这种效应极有可能是由暴露引起的。

（六）效应差异的大小

暴露组与对照组之间效应差异的大小通常可提示该效应与暴露的关联性强弱。例如,虽然与对照组比较都具有统计学显著性差异,但暴露组血清 ALT 活性升高达对照组的 2 倍,比增加 10% 或 20% 更应考虑是与暴露相关的效应。但以差异大小来判断某种改变的毒理学意义时,需要明确该指标的正常值变动范围和变化趋势。

（七）历史对照的作用

本实验室的历史对照(正常值)参考范围可作为评价暴露组与对照组的差异是否有生物学意义的有用工具。历史对照资料可反映正常的生物学变异,其作用包括:①有助于判别阴性对照组是否正常;②有助于解释某些低发生率事件,如肿瘤、致死性畸形等,可能没有显著性差异,但仍可能有生物学或毒理学意义;③如暴露组某指标的变化与对照组相比有统计学意义,但仍在历史对照的范围内,也就是说在正常的生物学变异范围内,则该差异一般不能判断为暴露产生的作用。

三、实验结果展示与描述

（一）实验结果展示

实验结果可以采用统计表或统计图等形式,按照相关科学发现的内在逻辑予以展示,旨在帮助读者看清楚数据结果,精准、高效地理解实验发现,并力求提升阅读品质,优化阅读感受。因此,实验结果展示有以下基本要求:

1. 看得清 统计表和统计图的制作与使用必须遵循生物医学统计的相关规则,数据类型与统计图表类型协调一致,且符合生物医学研究的基本逻辑。紧紧抓住"实验对象、处理因素、实验效应"三要素,力求精练。图表要有自明性,横纵坐标、统计学显著性等标识清晰、明确、全面。图片类数据必须选取有代表性(而非最强效应)的结果予以展示,分辨率一般要求＞300DPI,标识、标尺或比例尺清晰。

2. 读得懂 表头、表注或图注需要对实验对象和处理因素进行精准且精练的描述,明确样本量和统计学分析方法,但对于表或图内已有明确标识的信息需省略,避免重复。有关实验效应主要通过统计学结果标注和图片标识表达,避免使用结论性或推断性语言陈述。图表中出现的关键缩略语需在图/表注最后部分进行定义说明。另外,为帮助读者准确理解实验结果,某些实验的设计和流程图可以作为实验结果的一部分进行展示,并在图注中予以简要解释说明。

3. 提升阅读品质,优化阅读感受 图表内及组合图各部分中所有文字字体和大小、线条颜色和格式等均力求协调美观。能够进行定量或半定量的图像数据均应以代表性图片结合定量分析结果予以整合展示，但不建议图表混用，避免相同数据以不同形式重复展示。有关数据的展示顺序并无固定模式，既可正叙，亦可倒叙，核心是讲清道明，便于读者理解和记忆。另外，机制类研究可通过提供基于核心发现的"机制图"帮助读者理解核心结论。

（二）结果描述

实验结果描述需紧紧围绕核心发现展开，切忌旁推侧引，天马行空。在深入理解各项实验数据的内涵与外延，厘清逻辑主线的基础上，分区、分块、分层次对实验结果使用专业语言进行客观描述。描述内容严格限制在呈现实验数据、观察现象及统计分析结果等客观事实，避免掺杂任何主观解释、假设验证或未来展望等讨论内容。能够定量描述的发现尽量用数字去说话，并辅以统计学结论，避免使用主观结论性或推断性语言陈述。结果描述过程中力求言简意赅，以最简洁明了的方式呈现实验结果。

四、结果解读、讨论与结论

毒理学实验的结果解读一般指研究者基于相对系统和宏观的专业背景，对实验数据的生物学、公共卫生学及毒理学意义做出专业判断的过程，旨在厘清特定实验结果的前因后果、理论价值及局限性，推进研究决策、假说形成和得出科学结论。实验结果解读是包括毒理学实验在内的所有生物医学研究中十分重要且极具挑战的环节。一方面需要研究者对实验目的、实验方案和实验过程有全面深入的了解，客观把握实验数据的来龙去脉及其可靠性和局限性，深刻理解每项实验结果的价值和意义；另一方面还需要研究者对相关领域的基础理论及研究进展有全面系统的把握。为此，与课题组成员进行相关专题学术讨论、强化相关文献的系统学习、与可信的专家分享和讨论等举措均有助于正确解读实验结果，厘清相关发现的内涵、意义和局限性，并及时发现漏洞和需要进一步深入和强化的关键点。

讨论一般首先需要对主要实验结果按照毒理学实验研究的基本逻辑进行简要概括梳理，并对核心发现做出一定的理论解释；其次，将本次结果与过去及其他研究结果（不同时间、不同地点、相同或不同研究对象中的研究结果等）相比较，分析异同，解释产生差别的可能原因，并根据自己或他人的文献资料，实事求是，有理有据地表明自己的见解。讨论内容必须紧紧围绕研究结果及核心发现，力求主次分明，论据充分，每一个论点都应建立在充分且可靠的论据之上，确保讨论的每一步都站得住脚，经得起推敲。有关研究的局限性与未竟之处，力求坦然直面，有理有据说明缘由和可能的解释及改进方向。在面对实验结果与预期不符的情况时，需要以高度严谨的科学态度，从实验设计、实验过程、数据收集与分析等多个维度客观地分析原因，寻找科学合理的解释，避免主观臆测。

结论是对实验结果进行理论分析和综合，通过逻辑推理抽象概括出来的判断，它要回答研究假设是否正确，从而对所提出的科学问题做出正面解答。结论既要简明扼要，精练完整，又要突出新发现、新机制，但实验结果中不能确定的内容不能写入结论。

综上，毒理学实验是生物医学实验研究的重要组成部分，其最终目标是服务于人类健康。为此，毒理学实验设计必须遵循生物医学实验研究的基本原则和相关规范要求，充分体现并积极践行"以人为本"和"人与自然和谐共生"的发展理念。同时，始终坚持创新驱动，将创新理念付诸毒理学实验研究设计和实施的全过程。

（皮静波　李艳博）

思考题

1. 什么是毒理学实验？开展毒理学实验需要遵守哪些基本原则？
2. 毒理学实验设计中有关实验对象的选择主要需要考虑哪些因素？
3. 毒理学实验设计中的"三要素"和"四原则"指什么？毒理学实验研究中为什么要设立对照组？
4. 请以"大气细颗粒物暴露对心脏功能的影响的毒理学实验研究"为例，简要介绍实验设计中需要考虑的要点（如实验对象、暴露剂量、暴露时间、暴露途径、实验分组、混杂因素控制等）。

第七章
毒性测试

毒性测试是按照一定的规范要求,通过一系列毒性试验评价受试物对机体产生损害作用能力的过程,是安全性评价和风险评估的重要组成部分。毒性试验是毒性测试的具体表现形式,毒性试验包括一般毒性试验和特殊毒性试验两部分。一般毒性试验包括急性毒性试验、亚急性(短期)毒性试验、亚慢性毒性试验、慢性毒性试验以及刺激性和腐蚀性、代谢动力学试验;这些毒性试验是对受试物进行安全性评价和风险评估的基础,特殊毒性试验主要包括生殖发育毒性、致畸性、致癌性、免疫毒性、遗传毒性试验等。本章概述一般毒性试验的目的,并以化学品毒性测试为主线,重点介绍评价急性、短期、亚慢性、慢性以及局部毒性相关动物试验的基本流程。通过本章内容学习可以了解一般毒性试验的要点和基本过程,理解毒性测试的目的和意义。

第一节　概　述

一、概念

毒性试验(toxicity test)是毒性测试的具体表现形式,指按照相关规范的明确要求给予测试模型不同途径、期限、剂量的受试物,检测损害作用终点,并进行综合分析给出定性和定量的结果。其目的在于明确受试物的无有害作用水平、毒性类型、靶器官、剂量-反应关系,为安全性评价或风险评估提供关键数据支持。常见的受试物涵盖药物、化妆品、食品、保健品、农药、医疗器械及其他化学品等。传统上,测试模型主要依赖于实验动物,目前毒性测试体系则日益倾向于采用新策略和新方法,如体外模型和非哺乳类模式生物及计算毒理学方法等。为确保毒性试验资料的可重现性,管理部门对测试执行机构及人员的强制性资质、资格要求以及整个测试过程均做出了规定;整个测试过程须严格遵循标准操作流程(standard operation procedure,SOP),该流程贯穿毒性测试的全过程,并渗透至每一个具体试验方法中,其核心目的是确保测试结果的准确性和可靠性。

二、一般毒性试验的主要目的

1. 确定受试物毒作用的表现和性质　通过一般毒性试验,观察受试物对机体的有害作用,初步评价受试物对机体产生损害的特征。

2. 确定受试物毒作用的剂量-反应关系　通过对一般毒作用的剂量-反应关系研究,可得到受试物的多种毒性参数。如在体内急性毒性试验中,可得到半数致死剂量(LD_{50});在体内亚急性、亚慢性及慢性毒性试验中,可得到相应的观察到有害作用最低水平(LOAEL)和/或未观察到有害作用水平(NOAEL)。

3. 确定受试物毒作用的靶器官　确定受试物毒作用的靶器官,可为进一步安全合理应用和规范化管理提供资料。

4. 确定损害的可逆性　在一般毒性试验中,通过检测停止接触受试物后损害是否可逆或消除,以及受损的器官和组织功能能否恢复等来确定损害的可逆性。毒作用是否可逆关系到对人的危害评价,如受损的器官组织在停止接触后能够修复并恢复正常功能,则对人的危害一般相对较低。

第二节 急性毒性试验

一、概念

急性毒性试验(acute toxicity test)指一次暴露或 24 小时内多次暴露于受试物的毒性试验。其主要观察和检测短期内所产生的健康损害作用和致死效应。

二、急性毒性试验的主要目的

1. 确定受试物的一系列急性毒性参数 急性毒性最重要的参数是半数致死剂量或浓度(LD_{50}/LC_{50}),即能引起 50% 测试模型死亡的受试物剂量或浓度,LD_{50}/LC_{50} 是对化学物进行急性毒性分级的主要依据。其他急性毒性参数包括:绝对致死剂量或浓度(LD_{100}/LC_{100})、最小致死剂量或浓度(MLD/MLC 或 LD_{01}/LC_{01})、最大无致死剂量或浓度($MNLD/MNLC$ 或 LD_0/LC_0)、最大耐受剂量或浓度(MTD/MTC)。此外,亦可得到以非致死性急性毒作用为终点的急性毒性参数,如急性毒性 LOAEL 和急性毒性 NOAEL 等。

2. 评价受试物的毒性和毒作用特征 通过观察测试模型的中毒表现和死亡情况,初步评价受试物对测试模型的毒作用和对人体产生损害的危险性大小、毒效应的特征、靶器官和剂量-反应关系等。

3. 为进一步毒性试验提供设计依据 为亚急性、亚慢性和慢性毒性试验以及特殊毒性试验的染毒剂量设计和观察指标选择提供依据和建议。

三、急性毒性试验方法

急性毒性试验是毒理学评价中最初步的工作,1927 年 Trevan 引入了半数致死剂量(LD_{50})的概念来评价急性毒性。化学物的急性毒性资料对于安全性评价及化学物管理方面非常重要。在我国和其他许多国家及国际组织相应的毒理学评价方法指南、规范或标准中,对化学物的急性毒性试验方法均有详细描述,以下就急性毒性试验的方法和局限性做一简要介绍。

1. 传统方法 实验动物首选大鼠,实验动物体重变异不应超过平均体重的 20%;应设足够的剂量组(至少 3 组,一般为 5~7 组),组间有适当的剂量间距,可观察到明显的毒性和不同的死亡率,以得到剂量-反应关系并求得半数致死剂量这一重要的急性毒性参数。一般情况下,通过经口、经皮或者经静脉染毒方式,可以得到 LD_{50} 值;通过呼吸暴露染毒可以获得 LC_{50} 值。一次或 24 小时内多次染毒,观察期应依据受试物的特殊性质、毒性反应、症状发生的时间和恢复期的长短等而定,一般观察 14 天,最长可达 28 天。临床观察每天至少 1 次,重点观察的结局是死亡、体重、一般状况变化和病理解剖改变。同时还要观察皮肤、被毛、眼和黏膜改变,呼吸、循环、自主和中枢神经系统、四肢活动和行为方式的变化,应记录每种症状的发生时间、表现程度、发展过程、死亡前特征和死亡时间。于染毒前、染毒后每周和死亡时测定体重。所有动物均应进行大体尸体解剖,并记录观察到的全部病变,必要时进行组织病理学检查。

2. LD_{50}(或 LC_{50})的计算方法 可分为两大类,即曲线拟合法与插值法。

曲线拟合法的核心在于将反应率转换为概率单位,并将剂量转换为对数形式,随后通过拟合剂量-反应关系的线性方程来估算 LD_{50}。这种方法常被称为概率单位(对数)法,因其由英国的统计学家 Bliss(1934)首次提出,也称为 Bliss 法。此方法采用极大似然法进行拟合,过程中需多次校正以提高准确性。此外,还有图解法、加权最小二乘法、简化概率单位法及加权近似法等变种方法。

插值法则包括多种具体技术,如累积法、面积法(亦称寇氏法)、点斜法(又称改良寇氏法)、移动平均法,以及霍恩氏法和 Weil 查表法等,这些方法均通过不同的数学插值手段来估算 LD_{50}。

3. 传统的急性毒性试验的缺点和局限性 包括:①使用动物量大:按经典法的要求测定 LD_{50},一次试验通常需要 60~100 只动物。②获得信息有限:化学物一次大剂量染毒所致的急性中毒,动物多死于中枢神经系统及心血管功能障碍,并不能很好地显示出各自的毒作用特征;而且由于死亡迅速,一般也不能显示出靶器官的病变。③急性毒性测定的 LD_{50} 值有其局限性:因为是以动物死亡为终点,死亡仅仅是评价急性毒性的许多观察终点之一;其次,LD_{50} 值实际上仅是近似值且波动性较大;且动物种系、性别、年龄、健康状况和环境条件等许多因素都可能影响 LD_{50} 值,故不同实验室对相同化学物所测得的 LD_{50} 值可能有很大差异。1977 年,欧洲经济共同体(European Economic Community,EEC)组织了 13 个国家的 100 个实验室,统一了主要的实验条件,对 5 种化学物的 LD_{50} 进行测定,对所收集到的 80 个实验室结果分析表明,同一受试物 LD_{50} 的差异可达 2.44~8.38 倍。因此,LD_{50} 作为化学物毒性基本参数的价值及其在风险评估中的现实意义和作用有限。

4. 改良方法 因传统的急性毒性动物试验所使用的动物数量较大。自 2001 年来,经济合作与发展组织(OECD)对急性经口毒性试验方法进行了大幅优化。目前常用的急性毒性试验方法包括限量试验、固定剂量法、急性毒性分级试验法、上-下法、金字塔法等。上述改良的主要着力点是"3R"原则中的"减少"。

四、急性毒性试验中的毒作用观察

毒作用观察一般包括皮肤、被毛、眼、黏膜以及呼吸系统、泌尿生殖系统、消化系统和神经系统等,特别要注意观察有无震颤、惊厥、流涎、腹泻、呆滞、嗜睡和昏迷等。在试验开始和结束时称取并记录动物体重,在观察期间每周至少称重 1 次。全面观察并记录动物异常反应发生的时间、程度和持续时间,估计可能的毒作用靶器官。如发现动物处于濒死或表现出严重和持续的疼痛或痛苦状态,应及时处死动物。对死亡时间和过程应尽可能精确观察记录。啮齿类动物急性中毒的常见表现见表 7-1。

所有动物,包括试验期间死亡、人道处死和试验结束处死的动物,均需进行大体解剖检查,记录病理学改变并进行组织学观察。

五、化学物急性毒性分级

化学物的毒性差异显著,且其毒性大小是相对的,目前尚缺乏也无法确立一个统一的毒性分级标准,仅对急性毒性进行了分类和分级。世界卫生组织(WHO)、欧洲经济共同体(EEC)以及《全球化学品统一分类和标签制度》(Globally Harmonized System of Classification and Labelling of Chemicals,GHS)均设有各自的急性毒性分级标准,这些标准主要依据 LD_{50}/LC_{50} 来界定。例如,EEC 将急性经口毒性分为四个等级:高毒($LD_{50}<25mg/kg$)、有毒(LD_{50} 25~200mg/kg)、有害(LD_{50} 200~2000mg/kg)、不分级($LD_{50}>2000mg/kg$)。目前国内外常见的部分毒性分级体系如下(表 7-2 至表 7-4)。

121

表7-1 啮齿类动物急性中毒常见表现

器官和系统	观察及检查项目	中毒常见表现
中枢神经系统及神经肌肉系统	行为	体位异常、叫声异常、不安、多动、少动或呆滞、侧卧
	运动状态	痉挛、抽搐、强直、麻痹，震颤、运动失调、步态蹒跚、后肢无力、管状尾
	对外界刺激的反应性	易兴奋、易激惹、感觉过敏或缺乏、反应低下或亢进
	大脑及脊髓反射	减弱或消失
	肌肉张力	松弛或紧张
自主神经系统	瞳孔	扩大或缩小
	腺体分泌	流涎、流泪、出汗
呼吸系统	鼻	鼻孔流液、鼻翼扇动
	呼吸	呼吸徐缓或过速、张口呼吸或腹式呼吸、呼吸困难
心血管系统	心区触诊	心动过缓或过速、心律不齐、心跳过强或过弱
	末梢循环	充血、四肢末端发红
消化系统	摄食	不摄食、少食、拒食
	大便	腹泻或便秘
	腹形	气胀或收缩凹陷
	粪便硬度和颜色	粪便不成形、颜色异常(黑色、灰白色、褐色等)
生殖泌尿系统	小便	尿频、尿失禁、血尿、混浊尿
	阴阜和乳腺	肿胀、分泌物增多
	阴茎	脱垂
	会阴部	污秽、有分泌物
皮肤和被毛	皮肤颜色和张力	皮肤发红、发绀、皱褶、松弛、皮疹、溃疡
	被毛	竖毛、被毛蓬松
黏膜	黏膜	流黏液、充血、出血性发绀、苍白、水肿、黄疸
	口腔	溃疡
眼	眼睑	上睑下垂
	眼球	眼球突出或震颤、结膜充血
	角膜	混浊、分泌物增多
其他	直肠或皮肤温度	降低或升高
	一般情况	消瘦

表7-2 世界卫生组织外源化学物急性毒性分级(2003)

毒性分级	大鼠经口 LD_{50}/(mg·kg^{-1})	6只大鼠吸入4小时死亡2~4只浓度/(mg·L^{-1})	兔经皮 LD_{50}/(mg·kg^{-1})	对人可能致死剂量	
				mg·kg^{-1}	mg·60kg^{-1}
剧毒	<1	<10	<5	<0.05	0.1
高毒	1~<50	10~<100	5~<44	0.05~<0.5	3
中等毒	50~<500	100~<1000	44~<350	0.5~<5	30
低毒	500~<5000	1000~<10 000	350~<2180	5~<15	250
微毒	≥5000	≥10 000	≥2180	≥15	>1000

表 7-3 我国职业性接触毒物危害程度急性毒性分级（2010）

分类	经口 LD$_{50}$/ (mg·kg^{-1})	经皮 LD$_{50}$/ (mg·kg^{-1})	吸入 LC$_{50}$		
			气体/ (cm^3·m^{-3})	蒸气/ (mg·m^{-3})	粉尘/气雾/ (mg·m^{-3})
极度危害	<5	<50	<100	<500	<50
高度危害	5～<50	50～<200	100～<500	500～<2000	50～<500
中度危害	50～<300	200～<1000	500～<2500	2000～<10 000	500～<1000
轻度危害	300～<2000	1000～<2000	2500～<20 000	10 000～<20 000	1000～<50 000
轻微危害	≥2000	≥2000	≥20 000	≥20 000	≥50 000

表 7-4 我国农药产品的急性毒性分级标准（2017）

毒性分级	经口 LD$_{50}$/(mg·kg^{-1})	经皮 LD$_{50}$/(mg·kg^{-1})	吸入 LC$_{50}$/(mg·m^{-3})
剧毒	≤5	≤20	≤20
高毒	>5～50	>20～200	>20～200
中等毒	>50～500	>200～2000	>200～2000
低毒	>500～5000	>2000～5000	>2000～5000
微毒	>5000	>5000	>5000

除上述依据 LD$_{50}$ 来界定化学物急性毒性分级，急性毒性估计值（acute toxicity estimate, ATE）也被相关机构使用。根据联合国《全球化学品统一分类和标签制度》（GHS）：急性毒性估计值是一种描述某种物质毒性的数值估量指标，包括可造成影响的接触剂量、浓度或条件的信息。它与（近似）LD$_{50}$ 值（经口、经皮）或 LC$_{50}$ 值（吸入）共同表示某种物质的急性毒性，可用于化学物的急性毒性分级。该分类体系中，类别 1 是最高一级的危险类别，类别 5 适用于急性毒性相对较低的情形（表 7-5）。急性毒性估计值可根据已知的 LD$_{50}$/LC$_{50}$ 值进行推算。在评价混合物的急性毒性时，可根据混合物中各物质急性毒性参数计算得到各成分的急性毒性估计值，以此对混合物进行分类。混合物的急性毒性评估常见的方法包括分层分类法、架桥原则法、加和公式法等。需要强调的是，由于急性毒性测试的局限性，在使用其结果进行分级过程中，对于认定和分类为高危害级别时可以给出确定的判定，而用于分类或定义为低危害类别时缺乏依据，需要很多资料方可以下结论。

表 7-5 我国《化学品分类和标签规范第 18 部分：急性毒性》
急性毒性危害分类对应急性毒性估计值（ATE）（2013）

分类	经口/ (mg·kg^{-1})	经皮/ (mg·kg^{-1})	吸入		
			气体/ (mL·L^{-1})	蒸气/ (mg·L^{-1})	粉尘和气雾/ (mg·L^{-1})
类别 1	≤5	≤50	≤0.1	≤0.5	≤0.05
类别 2	>5～50	>50～200	>0.1～0.5	>0.5～2.0	>0.05～0.5
类别 3	>50～300	>200～1000	>0.5～2.5	>2.0～10.0	>0.5～1.0
类别 4	>300～2000	>1000～2000	>2.5～20	>10.0～20.0	>1.0～5.0
类别 5	>2000～5000	>2000～5000	—	—	—

注：该分类与 GHS 的急性毒性估计值（ATE）和急性毒性危险类别标准（2023）一致。

第三节 短期、亚慢性和慢性毒性试验

人类在生活和工作环境中的外源因素暴露往往呈现长期且低剂量的特点。因此,仅凭急性毒性试验难以全面评估这种长期低剂量接触可能引发的毒作用。此外,机体对大剂量接触与多次重复剂量接触的反应可能会存在显著差异,因此很难从急性毒作用直接外推预测长期毒作用。鉴于此,进行长期重复接触的毒性试验显得尤为重要。除急性毒性以外,根据机体与外源因素持续接触时间的长短,毒性还可分为短期、亚慢性和慢性三类。相应地,评价这些毒性的试验分别为重复剂量毒性试验、亚慢性毒性试验和慢性毒性试验。

一、短期毒性和亚慢性毒性试验

短期毒性试验又称亚急性毒性试验(subacute toxicity test)或重复剂量毒性试验(repeat dose toxicity test),是将实验动物连续 14~30 天暴露于受试物,通过观察和测量器官功能、生物化学指标、组织学变化等评估其毒性的试验。亚慢性毒性试验(subchronic toxicity test)是将实验动物在约相当于其生命周期 10% 的较长时期暴露于受试物,观察其毒作用和损伤可逆性的试验。啮齿类动物一般规定染毒期为 90 天。短期毒性和亚慢性毒性试验在化学物的毒性评价中非常重要。通过对动物的长期暴露,可以初步确定受试物的 NOAEL 和/或 LOAEL,也为慢性毒性试验的剂量设计和观察指标选择提供依据。

1. 实验动物 优先选择对受试物敏感的实验动物物种和品系,通常包括一种啮齿类动物和一种非啮齿类动物。

2. 染毒途径 染毒途径应尽可能选择与人类实际接触受试物相似的途径,如口服、呼吸道暴露或皮肤暴露等,染毒频率一般为每日 1 次,连续给予,也可每周给予 5 次或 6 次。染毒应尽量在每日上午同一时间进行,最好在染毒后再喂食。

3. 剂量选择 设计至少 3 个剂量组和 1 个阴性(溶剂)对照组,参考 LD_{50} 和人体实际摄入量,目的是得出剂量-反应关系,并确定受试物的 NOAEL 或 LOAEL。剂量设定的一般原则是保证高剂量组能引发明显毒性反应,但不应导致动物死亡,而低剂量组不应出现可观察毒性效应,并应高于人类实际接触水平。

4. 观察指标 应全面观察受试物的毒性效应,包括一般表现、体重、摄食及饮水量、眼部检查、血液学指标、血生化指标、尿常规、体温和心电图,以及大体解剖和组织病理学检查。必要时,增加特异性指标的检查。

5. 观察时间 短期重复剂量染毒若设恢复期观察,则动物应在停止给予受试物后继续观察 14 天;90 天亚慢性毒性试验若设恢复期观察,则动物应在停止给予受试物后继续观察 28 天,以观察受试物所致毒性的可逆性、持续性和迟发效应等。试验期间至少应每天观察一次动物的一般表现,详细记录动物出现中毒表现的体征、程度、持续时间和死亡情况。对动物具有损伤性的检测指标一般在暴露结束时检测,必要时可在试验中期增加检测相关指标一次或多次。

二、慢性毒性试验

慢性毒性试验(chronic toxicity test)是将实验动物在大部分生命期间持续暴露于受试物,观察其毒作用的试验。啮齿类动物一般规定染毒至少 12 个月或终身染毒。其目的是确定实验动物可

能出现的慢性毒性效应,阐明这种毒性效应的剂量-反应关系和影响的主要器官,并明确受试物的 NOAEL 和/或 LOAEL。这些信息对于预测人群在长期接触该受试物后可能面临的健康风险至关重要,可为建立人类接触限值提供关键依据。

1. **实验动物和染毒途径**　动物选择对受试物敏感的实验动物物种和品系,染毒途径应尽可能选择与人类实际接触受试物相似的途径。应尽可能与短期毒性和亚慢性毒性试验的选择保持一致。

2. **染毒剂量和试验期限**　设计至少 3 个剂量组和 1 个阴性(溶剂)对照组,其中高剂量应引发动物出现明显但不致命的毒性反应,以确定毒性效应的上限范围和明确毒作用特征,低剂量应达到不会产生任何可观察到的毒性效应的水平,以确定安全接触的下限。中剂量应位于这两者之间,可能会引起轻度的毒性效应,这有助于得出剂量-反应关系。这三个剂量之间的间隔一般以 2~4 倍为宜,不超过 10 倍,以保证毒作用的区分和实验的可行性。对于啮齿类动物,受试物接触期限工业毒物至少 6 个月,环境毒物及食品至少为 12 个月。

3. **观察指标**　与短期毒性和亚慢性毒性试验中的选择保持一致。但应结合短期或亚慢性试验的结果,特别关注那些在短期或亚慢性试验中显示出的关键毒性反应所对应的指标,并可以增加一些其他能反映出受试物特异毒作用的指标。

三、注意事项

毒性试验是一项资源和时间密集型项目,需要投入大量的人力和物力。重点需要注意合理的试验设计、动物质量和检疫、动物的饲养环境、受试物的管理、实验操作以及检测条件的控制等。完善的设计和准确的实施对降低错误及避免无法弥补的损失至关重要。实验室质量控制是确保试验结果可靠性、准确性的关键。

四、结果评价

对于短期重复剂量、亚慢性及慢性毒性试验的结果评价,应采用统计学方法全面分析实验数据,并融合毒理学及相关学科理论知识,以得出科学且可靠的结论。其核心目标在于通过数据洞察化学物的剂量-反应关系,明确毒作用靶器官,并确定亚急性、亚慢性及慢性 NOAEL 和/或 LOAEL。

在分析试验结果时,应注意对测试指标进行组间比较,尤其是比较各剂量组与对照组之间的差异。若组间差异具有统计学意义,则需深入剖析剂量-反应关系,并结合相关的指标变化确认受试物和有害效应之间的因果关系。例如,血清酶的变化需要配合肝脏病理学检查结果来综合判断受试物是否对肝脏造成损伤。

结果评价时,应详细探讨毒效应的表现、剂量-反应关系、潜在的靶器官以及损伤的可逆性等内容,并对所有参数的统计学意义、生物学意义和毒理学意义进行全面分析。

此外,还需考虑一些特殊因素,例如动物的个体差异诸如年龄、性别等可能对测量结果的影响。此外,一些实验操作因素,如受试物的给予途径、血液采样方式等也可能对结果有一定影响。

综上所述,毒性试验结果评价应综合全面的实验观测与检测数据,并重视理化性质信息。通过整合统计学、生物学、毒理学知识及人体资料和流行病学数据,旨在形成科学、合理的结论,为化学物的安全管理提供准确、可靠的信息。

第四节　局部刺激试验

局部刺激作用指机体暴露于化学物后,在其接触和暴露部分造成的局部损伤和刺激效应。常用的评价局部刺激性的试验包括皮肤刺激/腐蚀性试验、皮肤致敏试验、眼刺激试验等,其目的是评价化学物对皮肤、眼的局部刺激性、腐蚀性和致敏性。

一、皮肤刺激试验

(一)概念

皮肤刺激试验(skin irritation test)的观察终点为皮肤刺激性作用和皮肤腐蚀性作用。皮肤刺激性(dermal irritation)指受试物与皮肤接触或涂敷后引起局部可逆性炎性变化的能力。皮肤腐蚀性(dermal corrosion)指受试物与皮肤接触或涂敷后引起局部的不可逆性组织损伤的能力。

(二)豁免原则

下列几种情况一般无须进行皮肤刺激试验:①受试物为强酸或强碱类腐蚀性物质(pH≤2 或≥11.5);②受试物有很强的经皮吸收毒性,如经皮 $LD_{50}<200mg/kg$;③在急性经皮毒性试验中受试物剂量达 2000mg/kg 仍未出现皮肤刺激性作用。

(三)传统方法

经典的皮肤刺激试验为 Draize 法,可用家兔或豚鼠进行。将受试物一次或多次涂敷于受试动物的皮肤上,在规定的时间内观察皮肤反应。皮肤反应通常为红斑或紫红色斑、水肿等,损伤严重时可形成焦痂。一般按红斑和水肿的严重程度评分,并与自身对照比较,从而评价受试物对皮肤的刺激作用。皮肤刺激性试验的观察期限应足以评价其作用的可逆性或不可逆性,急性皮肤刺激试验的观察期一般不超过 14 天。

(四)替代方法

目前,成熟的皮肤刺激体外替代方法主要包括:单层皮肤细胞培养模型、表皮组织培养模型及器官型人工皮肤模型等;而针对皮肤腐蚀性的体外替代试验,则包括大鼠皮肤经皮电阻(TER)测试、重组人体表皮(RhE)测试方法及体外膜屏障测试等方法。上述方法已在相关法规中得到应用。例如,OECD 439 体外皮肤刺激测试采用重组人体表皮模型,通过观察受试物处理后细胞形态、存活率及代谢活性等指标变化评估其皮肤刺激性,已成为一种广为接受的替代方法。

二、皮肤变态反应试验

(一)概念

皮肤变态反应(skin sensitization),又称过敏性接触性皮炎(allergic contact dermatitis)或皮肤致敏反应,是皮肤对化学物产生的免疫原性反应。在实验动物,通常的表现为皮肤红斑和水肿等。一般使用皮肤变态反应试验(皮肤致敏试验)来确定重复接触外源化学物是否可引起变态反应以及反应的程度。

(二)传统方法

传统的皮肤变态反应试验方法有局部封闭涂皮法(Buehler test, BT)和豚鼠最大值试验(guinea pig maximization test, GPMT)。BT 分为诱导接触和激发接触两步,受试物分别于第 0 天、7 天、14 天诱导 3 次,末次诱导后 14~28 天激发,激发 24 小时和 48 小时观察皮肤反应。GPMT 常使用豚鼠为模型,采用弗氏完全佐剂(Freund complete adjuvant,FCA)为免疫增强剂进行皮内注射,分诱导接触和激发接触两步。诱导接触是以较低或中等浓度受试物对皮肤重复染毒,该阶段一般需要10~14天。间隔10~14天后,用激发剂量(低于诱导剂量)的受试物处理未染毒的皮肤部位,观察24小时、48小时和72小时后的皮肤反应。通过比较诱导及激发后的皮肤水肿、红斑、焦痂等反应出现的情况,判断受试物是否具有致敏性及其作用强度。

(三)替代方法

目前常用的皮肤致敏性替代方法包括:小鼠局部淋巴结试验(仍使用动物,但用小鼠替代豚鼠)、直接多肽反应试验、人细胞系活化试验、氨基酸衍生化反应试验等方法。

三、眼刺激试验

(一)概念

眼刺激试验(eye irritation test)的观察终点为受试物导致的眼刺激和眼腐蚀性。眼刺激性(eye irritation)指外源化学物引起眼可逆性损害的能力,而眼腐蚀性(eye corrosion)指外源化学物引起眼不可逆性损害的能力。

(二)测试原则

在试验前应全面分析受试物已有信息,以避免不必要的动物实验。只有在体外皮肤腐蚀试验结果为阴性时,才考虑进行体内眼刺激/腐蚀性试验。可对皮肤产生强刺激作用的强酸或强碱性物质,一般无须再做眼刺激试验。

(三)传统方法

眼刺激试验推荐的传统方法为家兔眼刺激试验。此方法由美国的药理学家 Draize 提出,故亦称 Draize 试验。基本方法是受试物以一次剂量滴入实验动物的一侧眼结膜囊内,以未作处理的另一侧眼作为自身对照。观察对兔眼的刺激和腐蚀作用程度,并按规定的分级标准进行评分。观察指标主要包括结膜(发红、球结膜水肿和分泌物)、角膜(混浊程度和范围)和虹膜(充血、肿胀和角膜周围充血)。观察期限应足以评价刺激效应的可逆性或不可逆性,一般为7天,必要时可延长至21天。

(四)替代方法

目前,眼刺激试验的替代方法主要研发方向包括人工体外模型的开发以及相应的测试方法。OECD 在化学物的眼刺激评估中认可的试验有重组人角膜上皮模型(RhCE)、牛眼角膜混浊和通透性试验(BCOP)、荧光素渗漏试验(FL)、离体鸡眼试验(ICE)、体外短时间暴露试验(STE)、胶原凝胶试验(Vitrigel-EIT)。此外,美国和欧盟已经通过验证的方法有红细胞溶血法(RBC)、中性红释放法、鸡胚绒毛膜尿囊膜试验以及离体兔眼法等。这些方法不仅避免了动物的使用,也使毒性测试更加快速、高效和经济。

(五)展望

一般毒性试验是毒性测试的基本内容,是多种外源因素安全性评价和风险评估的基础。传统毒性测试主要通过动物试验获得受试物的毒性数据,旨在合理保护公众健康。然而,进入21世纪后,毒性测试策略已转向识别和分析关键有害结局路径,从而提高人类健康风险评估的效率与准确性。此外,在生物医学伦理的演进及对化学品毒性测试需求激增等多重因素推动下,全球毒性测试策略正经历深刻变革。基于新途径方法(new approach methodologies,NAMs)的下一代风险评估(next generation risk assessment,NGRA)策略正快速发展并付诸实践,相关计划将通过融合新途径方法、大数据驱动、个体化评估、跨学科合作和政策支持等途径，推动毒性测试策略和方法向更精准、更高效和可持续方向的发展，为保护人类健康和环境做出更大贡献。

（李艳博　皮静波）

思考题

1. 什么是毒性测试？简单介绍毒性测试的目的、分类及应用。
2. 急性毒性试验的主要目的是什么？
3. 短期毒性、亚慢性毒性和慢性毒性试验的剂量设计原则是什么？主要的观察指标有哪些？
4. 什么是局部刺激作用？其常用评价方法有哪些？
5. 以一种外源化学物为例，简述开展一般毒性评价的毒性测试的基本流程要点和不同环节的目的。

第八章

遗传毒性

遗传毒性是指外源因素引起生物体遗传物质表达异常、结构和功能损害的能力。DNA 损伤、基因突变及染色体畸变作为遗传损伤的主要类型，若不能及时正确地修复，会影响细胞功能或导致细胞死亡，甚至引起癌症发生。因此，遗传毒性是细胞死亡、致畸和肿瘤发生的物质基础，了解遗传毒性对预防和治疗毒物导致的遗传相关疾病具有深远意义。为深入了解外源因素如何引起机体遗传毒性，以及遗传毒性发生后机体的应对及修复措施，本章介绍了基因突变、DNA 损伤及其修复的分子机制，并探究表观遗传在遗传毒性调控中的作用，为遗传毒性健康效应的预防和治疗提供理论依据。遗传毒性检测技术可定性、定量识别外源因素引起的遗传损伤，本章通过对系列传统和新型遗传损伤检测方法的介绍，为遗传毒性的识别提供技术手段。

第一节 概 述

生物物种以相对稳定的状态存在于自然界并繁衍子代，这个过程称为遗传（heredity）。遗传物质，即亲代与子代之间传递的遗传信息物质，发挥着延续生物体生命和控制生长发育、新陈代谢的作用。脱氧核糖核酸（DNA）是遗传的物质基础，也往往是外源因素作用的靶点。外源因素的作用会破坏碱基序列结构的保真性，导致 DNA 损伤。染色体是遗传物质的载体，由 DNA 和蛋白质构成，储存和传递遗传信息。染色质是染色体在不同细胞周期和执行不同生理功能时的存在形式。在染色体水平、分子水平和碱基水平上，遗传物质受到各种损伤，其结构发生改变（如碱基突变、碱基缺失、染色体断裂等）或遗传信息出现变化，引起遗传功能障碍的效应被称为遗传损伤（genetic damage）。生物体中基因或染色体发生稳定的、可遗传的结构变异的过程，称为突变（mutation）。1901 年，荷兰植物生理学和遗传学家雨果·德佛里斯首次提出了突变与生物进化关系的理论；1927 年，Müler 最早发现 X 射线可诱发果蝇生殖细胞的基因突变；20 世纪 60 年代，Cattanack 首次报道了化学物可诱导哺乳动物遗传物质的突变，人们逐渐认识到外源因素可对基因序列产生影响。

外源因素引起生物体遗传物质表达异常、结构和功能损害的能力，称为遗传毒性（genotoxicity）。可诱发遗传毒性的物质称为遗传毒物（genotoxic agent 或 genotoxicant）。狭义的遗传毒性是指损伤 DNA 和改变 DNA 序列的能力，与致突变性的关系密切。外源因素引发遗传物质发生突变的能力称为致突变性（mutagenicity）。致突变作用（mutagenesis）是指引起生物体细胞遗传物质发生突变的作用及过程。化学物的致突变性和遗传毒性概念既有联系又有区别。致突变性是精确的概念，指引起遗传物质发生突变的能力，在一个实验群体中可以定量检测突变率。遗传毒性概念比较广泛，包括对基因组水平的损害。遗传毒性比致突变性有更广泛的终点，如非程序性 DNA 合成、姐妹染色单体交换以及 DNA 链断裂等都是对遗传毒性的检测，而不是单纯检测致突变性。遗传毒性的效应可能转变（固定）为突变，也可能被修复。

遗传物质 DNA 受损后，细胞利用其修复系统对损伤进行修复，如果 DNA 损伤能被正确无误地修复，对生物体而言，这种损伤不会造成有害后果，突变也不会固定。只有当损伤不能被修复或修复中出现了错误，经过两次或多次细胞周期后可能固定为突变基因，并传递到后代的细胞或个体。

近些年来,毒理学研究者们在这些方面开展了广泛深入的研究,产生一门新学科,即遗传毒理学(genetic toxicology)。它是研究环境中的化学、物理及生物等因素对生物体遗传物质产生的损伤效应及其机制的毒理学分支学科。遗传毒理学的目的是发展遗传物质损伤检测方法,筛选和鉴定致遗传损伤物质,探索致遗传损伤作用的机制,提出致遗传损伤物质健康危害的评价方法。

第二节 遗传损伤的类型

外源因素诱导的遗传损伤可以分为 DNA 损伤、基因突变和染色体畸变三种类型。DNA 损伤是 DNA 分子结构发生了改变,可以发生在单链或双链,不能用光学显微镜直接观察,可以通过特定 DNA 损伤的检测方法对总体损伤程度进行判断。基因突变是组成一个染色体的一个或几个基因发生变化,限制在特定小部位,也不能用光学显微镜直接观察,可以通过生长发育、生化、形态等表型改变来判断。染色体畸变是某一个或几个染色体的结构或染色体数目发生变化,损伤范围较大,可以用光学显微镜直接观察。

一、DNA 损伤

DNA 是遗传物质的基本单位,在遗传毒性物质的作用下可发生损伤反应。外源因素引起 DNA 分子结构异常改变,称为 DNA 损伤(DNA damage)。DNA 损伤根据其来源可分为内源性损伤和外源性损伤两大类。大多数内源性 DNA 损伤,是由具有化学活性的 DNA 分子与细胞内自然存在的活性氧等物质进行水解和氧化反应引起的。外源性 DNA 损伤的发生,受环境中物理、化学和生物因素的影响,如紫外线和电离辐射、烷基化剂和交联剂等。这些外源因素引起的 DNA 损伤反应,可促进遗传性疾病和癌症的发生与发展。DNA 损伤类型主要分为 DNA 单链断裂、DNA 双链断裂、DNA-蛋白质交联、DNA 氧化损伤以及 DNA 加合物五类。

(一) DNA 单链断裂

DNA 单链断裂(DNA single-strand breakage),是指 DNA 双链中有一条链发生断裂的现象。DNA 单链断裂是细胞中最常见的 DNA 损伤之一,可以由细胞本身内源性因素引起,也可由外源性遗传毒性物质诱发产生。内源性因素,包括细胞代谢过程产生的活性氧、DNA 内部自发性化学变化、DNA 复制过程酶作用错误等,引起 DNA 链上的脱氧核糖部分损伤,诱发 DNA 单链断裂。外源因素如紫外线、电离辐射、化学物质等,直接或间接损害 DNA,导致单链断裂。DNA 单链断裂的发生频率高,每个细胞每天可发生数万次,但由于其拥有多种有效的修复途径,其危害远小于 DNA 双链断裂。单链断裂的 DNA 可以通过单链断裂重接、切除修复、重组修复与 SOS 修复等修复维持基因的稳定性。未修复的 DNA 单链断裂可能会干扰 DNA 复制和基因转录等关键分子过程,影响细胞的正常功能。

(二) DNA 双链断裂

DNA 双链断裂(DNA double-strand breakage),是指 DNA 双螺旋结构中两条互补链在同一对应处或紧密相邻处同时断裂的现象。DNA 双链断裂是众多 DNA 损伤类型中损害最严重的一种。与 DNA 单链断裂一样,DNA 双链断裂也可由电离辐射等外源性或内源性因素引起。双链断裂可以由单个自由基导致两条 DNA 链同一对应处断裂引起,也可以由两条靠近的独立链各自断裂引起。虽然在小剂量辐射环境中,细胞双链断裂概率远低于单链断裂,但电离辐射的大部分遗传损伤效应是由 DNA 双链断裂引起的。目前,在电离辐射导致的 DNA 损伤类型中,双链断裂是毒性效应最强的一类。DNA 双链断裂的发生或不完全修复会导致碱基的缺失、插入以及染色体重排，从而触发细胞死亡或导致肿瘤发生。

（三）DNA-蛋白质交联

当细胞暴露于化学交联剂或产生自由基的电离辐射时，DNA 与蛋白质之间以共价键连接形成的加合物，即为 DNA-蛋白质交联（DNA-protein crosslinking）。DNA-蛋白质交联复合物附着在 DNA 链上，形成大体积复合物，其区域比单链或双链断裂大。交联蛋白形成空间位阻，可中断 DNA 的代谢过程。DNA-蛋白质交联影响 DNA 解旋酶和聚合酶以及 RNA 聚合酶在 DNA 链上的结合，致使复制、修复、重组、转录、染色质重塑等功能异常。蛋白质可以通过氧自由基直接与 DNA 交联，也可以通过化学连接剂或金属原子配位间接交联。

烷化剂、顺铂和甲醛是被广泛研究的 DNA-蛋白质交联诱导剂。用这些化学物处理细胞产生 DNA 单加合物，该单加合物进一步与邻近的 DNA 相关蛋白反应形成 DNA-蛋白质交联。或者，交联剂最初与 DNA 相关蛋白反应，所得到的蛋白质加合物进一步与邻近的 DNA 成分反应，形成 DNA-蛋白质交联。电离辐射，如 X 射线、γ 射线和加速重离子，在细胞中产生自由基中间体。DNA 与自由基中间体结合，然后与邻近的 DNA 相关蛋白反应形成 DNA-蛋白质交联。或者，交联反应可以由蛋白质自由基发起，它与 DNA 反应形成 DNA-蛋白质交联。DNA 和蛋白质自由基中间体的重组也会产生 DNA-蛋白质交联。

（四）DNA 氧化损伤

活性氧类（reactive oxygen species, ROS）来源于氧的自由基，是细胞本身的代谢过程或受电离辐射、氧化还原化学物、致癌化合物等外源因素的作用而产生的。DNA 分子上的氧化修饰引起的 DNA 结构及功能的异常改变，称为 DNA 的氧化损伤（oxidative damage）。生物体内存在抗氧化防御机制来应对活性氧的产生和作用，如果促氧化与抗氧化平衡被破坏，则会引发氧化应激状态，导致 DNA 发生氧化损伤。由于氧化应激的严重程度和细胞类型不同，氧化应激的后果是多类的，包括遗传不稳定性增加、增殖异常、细胞死亡及细胞凋亡等。在活细胞中存在多种修复机制对 DNA 的氧化损伤进行修复。

（五）DNA 加合物形成

活性化学物与 DNA 共价结合所形成的加合物称为 DNA 加合物（DNA adduct）。比如多环芳烃类化学物和黄曲霉毒素 B_1 在细胞色素 P450 酶反应系统的作用下产生亲电中间体，可以与细胞大分子发生反应。这些中间体与 DNA 碱基共价形成的结构即为 DNA 加合物。DNA 加合物的形成会引起 DNA 编码蛋白发生障碍，导致细胞死亡或癌症发生。

二、基因突变

基因突变（gene mutation）是指基因中 DNA 碱基序列发生的改变。因为基因突变通常发生在基因的某一特定位点，因此又称为点突变（point mutation）。化学物诱导的基因突变可分为碱基置换、移码突变、密码子插入或缺失三种类型。

（一）碱基置换

碱基置换（base substitution）是指碱基序列上的某个碱基被其他碱基取代，包括转换和颠换两种情况。DNA 碱基序列上的嘌呤被另一种嘌呤置换或嘧啶被另一种嘧啶置换，包括 GC 转变为 AT 和 AT 转变为 GC，称之为转换；DNA 碱基序列上的嘌呤被嘧啶置换或嘧啶被嘌呤置换，包括 GC 转变为 TA、GC 转变为 CG、AT 转变为 CG 和 AT 转变为 TA，则称之为颠换。一些化学物可引起碱基置换,如 5-溴尿嘧啶(5-bromouracil,5-BU)属于碱基类似物,是典型的致突变物,有酮式和烯醇式两种异构体,酮式 BU 可取代胸腺嘧啶(T)掺入 DNA,与腺嘌呤(A)配对,酮式 BU 转变为烯醇式 BU后又可与鸟嘌呤(G)配对,经两次 DNA 复制,使原来的 A-T 配对转变为 G-C 配对(图 8-1)。芥子气(mustard gas,MG)与 G 形成的加合物,其配对性质类似于 A,经过两次 DNA 复制,突变固定下来,由原来的 G-C 配对转换为 A-T 配对(图 8-2)。碱基置换中,无论是转换还是颠换都只涉及一对碱基,其结果可造成一个三联体密码子的改变,可能出现同义密码、错义密码、无义密码和终止密码。转换和颠换对生物损害的后果取决于其在蛋白质合成过程中的错义密码和无义密码的多少。相应的,突变分为同义突变、错义突变和无义突变三种。同义突变是由于遗传密码子具有简并性,当单个碱基被置换后,密码子仍编码同一种氨基酸的现象;错义突变是 DNA 分子中的碱基被置换后导致编码氨基酸信息发生改变,在基因产物中一个氨基酸被其他氨基酸所取代;无义突变是由于 DNA碱基置换,使 mRNA 上的密码子由氨基酸编码密码子变成非编码的终止密码子的现象。

（二）移码突变

移码突变(frameshift mutation)是指在 DNA 碱基序列中插入或缺失一对或非三倍数的碱基对,导

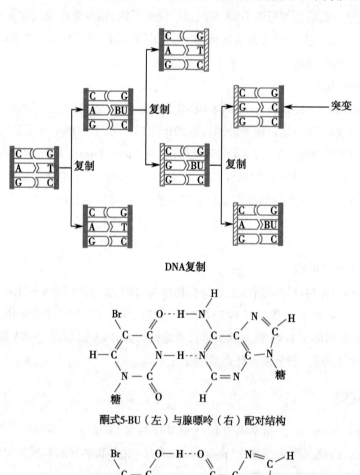

DNA复制

酮式5-BU（左）与腺嘌呤（右）配对结构

烯醇式5-BU（左）与鸟嘌呤（右）配对结构

图 8-1　化学物 5-溴尿嘧啶(5-BU)诱发突变的机制

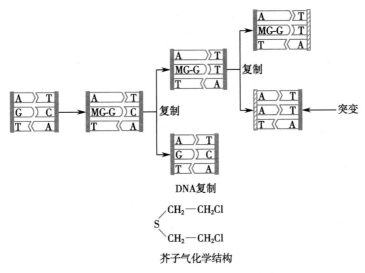

图 8-2 化学物芥子气（MG）诱发突变的机制

致阅读框位移,从而改变编码蛋白质的氨基酸序列。在 DNA 碱基序列中,插入或缺失一个或几个碱基(除了 3 或 3 的倍数),按三联密码连续阅读的规则,该部位以后的密码子组成全部改变,指导合成的多肽链也全部发生改变。在移码突变中,基因产物有明显的改变,移码突变较易成为致死性突变。

（三）密码子插入或缺失

基因突变中,如果减少或增加的碱基对刚好是 3,则称为密码子的缺失或插入。基因产物肽链中减少或增加一个氨基酸,其后果与碱基置换相似,与移码突变不一样。

三、染色体畸变

染色体畸变（chromosome aberration）是由染色体或染色单体断裂及断裂的不正确重接所导致的染色体结构改变,是遗传物质较大范围的改变。由于化学或物理因素的作用,引起染色体或染色单体断裂,造成染色体或染色单体部分片段缺失,或引起各种重排,从而出现染色体结构异常。用光学显微镜观察细胞有丝分裂中期的染色体可以发现染色体畸变。断裂作用可发生在两条染色体,也可能发生在其中一条,因此染色体结构畸变可分为染色体型畸变和染色单体型畸变。染色体型畸变是指组成染色体的两条染色单体均发生的畸变。与此相对应,染色单体型畸变是指组成染色体的两条染色单体中仅一条发生的畸变。电离辐射可导致染色体型畸变,而大多数化学断裂剂则主要引起染色单体型畸变。染色体畸变也指染色体的数目改变。

（一）染色体型畸变

染色体断裂时,当断端不发生重接或虽重接而不在原处,即可出现染色体结构异常。染色体型畸变涉及两条染色单体。染色体型畸变的类型包括①缺失:一个染色体发生一次或多次断裂而不重接,染色体片段丢失;②插入:染色体的断裂处插入了其他部位的片段;③重复:在一套染色体里,一个染色体片段出现不止一次;④倒位:一个染色体片段倒转 180° 再重接,如颠倒的片段包括着丝点,称为臂间倒位,如不包括着丝点则称为臂内倒位;⑤易位:从某个染色体断下的片段连接到另一个染色体上;⑥环状染色体:染色体两臂各发生一次断裂,重接形成环状结构;⑦双着丝粒染色体:两个染色体断裂后,两个有着丝点的节段重接。

（二）染色单体型畸变

染色单体型畸变的类型与染色体型畸变基本相似,但仅涉及一条染色单体。外源因素作用常引起染色单体裂隙和断裂。染色单体的对称互换和不对称互换可形成四射体、三射体和复杂射体构型。某种化学物引起染色体型畸变还是染色单体型畸变，主要取决于该化学物的性质及接触该化学物时靶细胞所处的细胞周期。一般染色单体型畸变都将在下一次细胞分裂时衍生为染色体型畸变。

染色体畸变有稳定性畸变和非稳定性畸变。稳定性染色体畸变可通过细胞分裂传给子代，例如缺失、重复、倒位及易位等，多数为染色体重排，可在机体或细胞群传递。由于仍具有与正常染色体一样的着丝点，能进行有丝分裂，因此细胞的复制不受影响，畸变继续留在细胞内。稳定的畸变需要用染色体分带染色技术检测。非稳定性染色体畸变包括染色体断裂产生的环状染色体、双着丝粒染色体及其他各种不对称重排。不稳定的畸变丧失了重要的遗传物质或造成有丝分裂的机械障碍，常导致细胞死亡。

（三）染色体数目畸变

在细胞内，如果细胞分裂或染色体分离出现障碍，就会出现染色体数目异常。以二倍体细胞染色体数目为标准，染色体数目异常可能表现为整倍性畸变和非整倍性畸变。整倍性畸变是指染色体数目以染色体组为单位的增减，如单倍体、三倍体和四倍体。凡染色体组数目超过2的统称为多倍体。非整倍性畸变指增加或减少一条或几条染色体，染色体的增加或减少不是染色体组的整倍数。例如，人类体细胞正常为二倍体（$2n$），有46条染色体，如果细胞有45或47条染色体，定义为非整倍体；如果有69条染色体，定义为多倍体，此为三倍体。

第三节　遗传毒性的健康效应

一、体细胞遗传毒性的健康效应

外源因素引起体细胞的遗传损伤多种多样，包括DNA损伤、基因突变和染色体畸变。体细胞DNA损伤发生后，若不能及时正确地修复，会影响细胞功能或导致细胞死亡，甚至引起基因突变和肿瘤发生。目前研究较为明确的是有害因素引起的基因突变导致癌症发生的机制。大多数外源因素的致癌作用都是通过影响遗传物质而诱发的，肿瘤是细胞中多种基因突变累积的结果。基因突变主要发生在原癌基因和抑癌基因，原癌基因经点突变或染色体畸变后可转变成活化的癌基因。在人类的许多肿瘤中，都有 Ras 原癌基因的碱基置换事件发生。抑癌基因的突变、失活或缺失在许多肿瘤的发生过程中起重要作用。大多数人体细胞致癌物在致突变试验中呈阳性结果，如香烟烟雾、黄曲霉毒素 B₁、氯乙烯等。肿瘤细胞任何一个特性的获得都或多或少与突变有关。因此，致突变性数据至少在直接评估肿瘤发生的剂量-反应关系中可以作为一种有效的预测，这也成为致癌风险评估方法的基础。

胚胎体细胞突变导致畸胎是另一个突出的问题。人类妊娠最初3个月流产中，有60%存在染色体畸变，在一定程度上这是致突变物透过胎盘作用于胚胎体细胞所致，而不完全是亲代生殖细胞突变的后果。体细胞突变也与动脉粥样硬化症有关。研究发现氯乙烯和多环芳烃等致突变物具有致动脉粥样硬化的效应。暴露于砷和二噁英的人群中，肿瘤和动脉粥样硬化相关疾病的死亡率均增加，提示动脉粥样硬化与致突变和致癌作用有关。体细胞突变是衰老的一个原因。体细胞的突变积累是由内、外有害因素引起的，细胞内产生的自由基以及外源性化学物和辐射等可引起衰老相关的 DNA 损伤。内外有害因素引起的突变的积累可能导致细胞死亡、细胞转化和细胞衰老，从而构成生物体衰老的基础。

二、生殖细胞遗传毒性的健康效应

如果突变等遗传损伤发生在生殖细胞,无论其发生在任何阶段,都可能会对后代产生影响,其后果可分为致死性和非致死性两种。致死性影响可能是显性致死和隐性致死。显性致死即突变的精子不能受精,或合子在着床前死亡或着床后的早期胚胎死亡,对基因库不会产生影响。隐性致死要纯合子或半合子才能出现死亡效应。如果生殖细胞突变为非致死性,则可能出现显性或隐性遗传病,包括先天性畸形。显性存活突变不会引起胚胎死亡,遗传缺陷可在子一代表现出来,即为显性遗传病。隐形存活突变在杂合子不能表现出来,必须在纯合子中才能出现疾病。

个体生殖细胞或受精卵的遗传物质发生突变引起的疾病称为遗传病,可由基因突变或染色体畸变引起。某些遗传病是环境致突变物危害的结果。在遗传性疾病频率与种类增多时,突变基因及染色体损伤将使基因库遗传负荷增加。突变除引起遗传病外,还可造成发育毒性,表现为胚胎死亡、畸胎、胚胎功能不全及生长迟缓。生殖和发育毒性可由亲代生殖细胞突变所致,也可由胚胎细胞突变所致(图 8-3)。

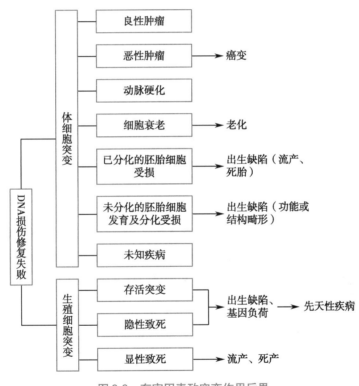

图 8-3 有害因素致突变作用后果

三、遗传负荷和疾病风险

人类基因库(gene pool)是指人群生殖细胞内所具有的能传给下一代的所有基因总和。人类 23 对染色体上约有 30 亿对碱基,2.0 万~2.5 万个基因,人类基因库的组成决定了人类的遗传整体性。人类基因库的组成并非完美无缺,存在部分致病基因。人类每一个体携带的可遗传给后代并可能产生不良健康结局的基因平均频率或水平称为遗传负荷(genetic load)或突变负荷(mutation load)。当代人遗传负荷的大小直接影响到下一代或几代人的健康,遗传负荷的增加将引起人群发病率和死亡率上升,出生缺陷增多,群体健康水平下降。外源因素的大量和长期暴露无疑会破坏正常的人类基因库。遗传负荷不但导致外源化学物对个体的作用具有差异性,也是疾病风险增高的主要原因之一。因此,研究外源因素与遗传负荷增加的关系,对维护基因库的完整性和稳定性、保障人类健康具有重要意义。

四、影响遗传毒性健康效应的因素

在生活环境中,人们同样接触相同剂量的化学致突变物,但并非每个机体都会出现致突变等遗传毒性反应,个体之间的差异可以很大。个体因素影响外源因素致突变效应有两方面,一是先天性因素,即遗传因素,主要是遗传多态性;二是后天性因素,主要指不同生活方式如吸烟、饮酒、营养缺乏或不平衡及年龄等因素。机体对致突变作用的影响非常复杂,遗传多态性在个体因素影响外源因素致突变作用中起到重要作用。影响个体对致突变物敏感性差异的遗传多态性主要有代谢酶的遗传多态性和DNA损伤修复酶的多态性等。

第四节　遗传毒性作用机制

一、DNA损伤修复机制

遗传物质DNA会受到自发性化学降解、氧化等内源性因素和致突变化学物、辐射等外源因素的损伤,但遗传物质仍能够代代相传,这是因为DNA可执行高保真度的复制,对复制中的错误能及时修复,从而达到高度的保真。细胞还能够通过对DNA损伤的修复而保护亲代DNA链,使之避免由于内、外各种因素的损伤而发生改变。

细胞中存在的纠正DNA损伤、恢复基因组结构真实性或完整性的一系列生物化学代谢和分子生物学反应过程称为DNA修复(DNA repair)。DNA修复可分为直接修复、碱基切除修复、核苷酸切除修复、双链断裂修复和链内交联修复等几类。

（一）直接修复

直接修复存在于多数生物体内,主要依赖酶的作用,如光裂合酶和烷基转移酶。

1. 光复活修复　是一种酶促的简单特异的修复过程,是复制前的DNA修复机制。光复活修复是一种依赖光的过程,在光裂合酶作用下可修复由紫外线诱发的嘧啶二聚体,使其在原位上恢复为单体。光复活修复广泛存在于生物体内,包括原核生物和真核生物。

2. 烷基转移酶修复　一些烷化剂能使鸟嘌呤的6位氧烷化,引起碱基错配。O^6-烷基鸟嘌呤-DNA烷基转移酶是广泛存在的一种烷基转移酶,主要修复DNA烷化损伤。DNA中O^6-烷基鸟嘌呤上的烷基被转移到该酶的半胱氨酸残基上,酶失去活性,烷化的碱基又变成正常的碱基。该酶广泛存在于酵母、大鼠及人类。烷基转移酶修复机制可保护细胞免受烷化剂的毒性影响。

（二）碱基切除修复

由DNA糖基酶作用于受损的DNA,识别异常的碱基,切断碱基与脱氧核糖的连接,使受损的碱基脱落,留下一个无嘌呤或无嘧啶位点。无碱基核酸内切酶将DNA链切断,由聚合酶及连接酶作用完成修复过程。碱基切除修复的DNA糖基酶特异性很强,碱基切除修复是细胞对碱基氧化损伤的主要防御系统。

（三）核苷酸切除修复

核苷酸切除修复系统可使细胞从DNA上移除较大的损伤。核苷酸切除修复是系列连续的酶促反应过程,其基本步骤是:①损伤识别;②损伤两侧切开损伤链,释放出一个24～32个核苷酸长度的低聚体；③切除寡聚核苷酸；④修复合成填补产生的缺口；⑤DNA连接酶封闭，恢复原有DNA序列。核苷酸切除修复是生物体内最常见的修复机制，基本上能修复所有种类的DNA损伤。核苷酸切除修复在基因转录中有着重要意义，转录基因的DNA损伤较基因组的其他DNA损伤更优先得到修复，保证了细胞转录过程的完整性。

（四）双链断裂修复

DNA双链断裂严重威胁细胞存活。未修复的双链断裂可以启动DNA损伤反应系统，使细胞阻滞于周期的某一期或诱发细胞凋亡。双链断裂可以通过同源重组或者非同源末端连接机制被修复。同源重组的特点是可以从同源双螺旋中重新获得因双螺旋断裂而丢失的信息。非同源末端连接是高等真核细胞中双链断裂修复的主导机制，它与同源重组修复最大的差异在于完全不需要任何模板的帮助。非同源末端连接机制中，修复蛋白可以直接将双链断裂的末端彼此拉近，再由DNA连接酶将断裂的双链重新结合。

（五）链内交联修复

当细胞内发生DNA链内交联，会造成双链的断裂，机体主要启动无误交联修复机制进行修复，还存在另一种次要的易误交联修复机制。

上述各种修复机制是生物体长期进化的结果，不同的修复途径可以共用某些酶和反应的中间体，特定的损伤也可以通过一种或多种修复途径修复。细胞内修复与突变有着不可分割的关系，致突变作用是一种涉及多因素相互作用的复杂细胞过程，包括突变修复和代谢。化学致突变作用的模式是损伤-修复-突变。

二、基因突变机制

细胞中DNA损伤和突变可以是自发性的，但更重要的是由于外源因素引起的诱发性损伤和突变。能引起遗传物质发生突变的外源化学物，称为化学诱变剂（chemical mutagen）。目前认为，细胞内的任何DNA损伤，只要正确修复，突变就不会发生，如果未能修复或者修复错误，损伤固定下来，就会发生突变。化学物诱导基因突变和染色体畸变的主要靶分子是DNA，而诱导染色体数目改变的靶部位主要是有丝分裂或减数分裂的成分，如纺锤体。

（一）以DNA为靶的直接诱变作用

1. 碱基烷化　硫酸二甲酯、甲基磺酸乙酯、乙基磺酸乙酯、氮芥和硫芥等是常见的烷化剂。烷化剂对DNA和蛋白质具有强烈烷化作用，提供甲基或乙基等烷基与DNA共价结合。各类烷化剂其分子上的烷基不同，烷化活性也不同，一般情况下，甲基化＞乙基化＞高碳烷基化。烷化剂所致DNA链上的碱基发生烷化表现为错配。最常发生烷化作用的是鸟嘌呤的N-7位，其次是O-6位，腺嘌呤的N-1、N-3和N-7也易烷化。

2. 碱基类似物取代　有些化学物的结构与碱基非常相似，称碱基类似物。它们能在DNA复制时与正常的碱基竞争，取代其位置，并与互补链上的碱基配对，常常引起碱基替代突变。如5-溴脱氧尿嘧啶取代胸腺嘧啶，2-氨基嘌呤取代鸟嘌呤。

3. 碱基结构破坏　有些化学物可对碱基产生氧化作用，从而破坏碱基的结构，有时还可引起DNA链断裂。例如，亚硝酸盐能使腺嘌呤和胞嘧啶发生氧化性脱氨，生成次黄嘌呤和尿嘧啶；羟胺使胞嘧啶C_6位的氨基变为羟氨基，上述改变将造成碱基置换。还有些物质可在体内形成有机过氧化物或自由基，间接破坏嘌呤的化学结构，最终导致DNA链断裂。甲醛和氨基甲酸乙酯（又称尿烷或乌拉坦）等化学物都以这种机制诱导突变。

4. 平面大分子嵌入 DNA 链　有些大分子能嵌入 DNA 单链的碱基之间或 DNA 双螺旋结构的相邻多核苷酸链之间,称为嵌入剂。它们多数是多环的平面结构,如前黄素(2,8-二氨基吖啶)、吖啶橙、吖黄素等。这些吖啶类化学物分子含有吖啶稠环,大小与 DNA 的碱基对类似,可以嵌合到 DNA 的碱基对之间。嵌入剂一般是以非共价结合的形式嵌入 DNA 链,如果嵌入到新合成的互补链上,就会缺失一个碱基;如果嵌入到两模板链的碱基之间,就会使互补链插入一个碱基。这些改变会造成移码突变。

5. 二聚体形成　一些化学物和紫外线作用于机体或细胞后,DNA 同一条链上两个相邻的嘧啶核苷酸会发生共价连接,形成嘧啶二聚体。主要的二聚体类型是胸腺嘧啶二聚体(TT),此外还有胞嘧啶二聚体(CC)以及胞嘧啶-胸腺嘧啶二聚体(CT)。嘧啶二聚体能使 DNA 两条双螺旋链之间的氢键减弱,使 DNA 结构局部变形,含有二聚体的 DNA 链不能作为复制的模板,因此二聚体的形成会严重影响 DNA 的复制和转录,诱导突变的发生。

另外,许多化学物或其活化产物可与 DNA 发生共价结合,形成加合物,诱发基因突变。不同的致突变物与 DNA 共价发生结合时,所攻击的碱基类型和位置的专一性不同。许多致突变物如烷化剂、苯并[a]芘、砷化合物、醛类化合物、铬、镍等能够引起 DNA 和蛋白质的共价结合,形成稳定的 DNA-蛋白质交联物而促发突变(图 8-4)。

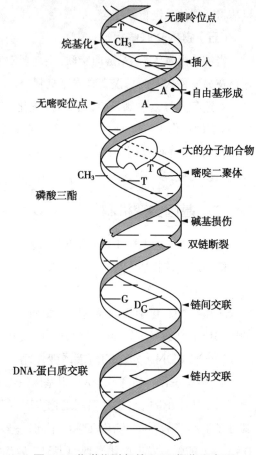

图 8-4　化学物引起的 DNA 损伤示意图

（二）不以 DNA 为靶的间接诱变作用

1. 干扰细胞分裂过程　染色体数目改变主要涉及细胞分裂过程的改变,一些化学物作用于纺锤体、中心粒或其他核内细胞器,从而干扰细胞分裂过程。如秋水仙碱、长春新碱可与微管蛋白二聚体结合,影响纺锤体正常功能,导致细胞分裂异常;某些化学物、药物和铅、锌、汞、砷等金属可以与微管上的巯基结合,使细胞分裂部分抑制,造成非整倍体;灰黄霉素、毛地黄皂苷和异丙基-N-氨基甲酸苯酯等化合物可破坏微管结构或功能;秋水仙碱可妨碍有丝分裂早期两对中心粒的分离和移向两极。

2. 对 DNA 合成和复制相关酶的影响　对 DNA 合成和修复有关酶系统的作用可间接损伤 DNA,诱发基因突变或染色体畸变。DNA 的高保真复制需多种酶类的参与,并在基因调控下进行,其过程的任何一个环节受损,将影响 DNA 复制的高保真性,有可能引起突变。例如,一些氨基酸类似物可破坏与 DNA 合成有关的酶系,从而诱发突变。

3. DNA 修复抑制　一些抑制 DNA 修复功能的化合物,如咖啡因、吖啶黄素、普鲁卡因、铍和锰等,可作用于酶促防错修复系统而诱发突变。

三、表观遗传调控机制

遗传毒性物质不仅会威胁到基因组的维持和稳定,还会影响表观基因组和表观遗传分子,从而共同扰乱细胞和生物体的稳态,导致包括癌症在内的各种疾病发生。细胞内,表观遗传与遗传因素会发生相互作用。许多表观遗传调节机制参与遗传损伤及其修复的过程。DNA 甲基化、非编码 RNA 表达、组蛋白修饰、染色质重塑和 RNA 修饰等表观遗传的改变，与遗传损伤之间具有相互调控的关系。

（一）DNA 甲基化

DNA 甲基化与遗传毒性及损伤后修复之间存在非常密切的关系。一方面，化学物的遗传毒性会直接影响 DNA 甲基化的正常修复；另一方面，DNA 甲基化可调控外源因素诱导遗传损伤的进展。如环境化学物引起 DNA 损伤时，DNA 甲基转移酶 1 被招募到 DNA 双链断裂位点，与磷酸化组蛋白 H2AX 共定位于断裂点并抑制周围相关基因的表达，以获得足够时间对损伤位点进行修复。

（二）非编码 RNA 表达

非编码 RNA 参与外源因素诱导的基因表达、染色质重塑、转录后修饰、蛋白质合成和 RNA 稳定性等多个层面异常的调控。细胞中非编码 RNA 和遗传物质之间可相互调控，共同维持正常的生命活动或者影响病理学过程。外源因素引起的遗传损伤可影响微小非编码 RNA 的表达，微小非编码 RNA 的表达水平也可以影响化学物的遗传毒性作用及 DNA 的损伤修复。长链非编码 RNA 可以富集到 DNA 损伤部位，参与化学物诱导的遗传损伤或损伤后修复。研究发现一些长链非编码 RNA 是 DNA 损伤非同源末端修复途径的增强子。环状非编码 RNA 可通过转录调控、与微小 RNA 结合等多种方式，影响外源因素暴露下 DNA 损伤应答基因的表达。

（三）组蛋白修饰

组蛋白修饰不但调控基因表达，也作用于外源因素造成的遗传毒性反应和损伤后修复的过程。组蛋白修饰对于遗传毒性作用的识别和信号传递，以及染色质的损伤和修复是必要的。组蛋白修饰可调控 DNA 修复基因的表达。在化学物致 DNA 损伤时，组蛋白 H2AX 的 Ser139 位点作用于 DNA 损伤的结构域，调控 DNA 损伤修复的信号转导及修复蛋白的募集。

（四）染色质重塑

染色质作为遗传信息的载体，在维持遗传毒性及其修复应答中起着重要调控作用。染色质重塑是在基因活化和转录时染色质发生的系列变化，如核小体结构变疏松，可使核小体 DNA 暴露增多而易于被外源因素作用。一方面，染色质的结构重塑可以调节外来化学物对 DNA 的损伤作用，控制细胞对遗传损伤剂的敏感性。另一方面，染色质重塑对遗传毒性发生后的 DNA 损伤修复也具有重要的作用。

（五）RNA 修饰

生物分子的特定修饰是调节其功能的重要方式，迄今为止，RNA 上的修饰包含了 m6A、m1A、m5C 和假尿嘧啶核苷等，对调控基因表达和细胞功能至关重要。RNA 修饰在环境适应和细胞损伤修复中具有关键的调节作用。外源因素可以诱导基因组不稳定性，导致 DNA 损伤；RNA 修饰则是通过影响 RNA 的稳定性、翻译效率及调控基因表达来参与调节这些过程中遗传损伤的反应。例如，RNA 修饰影响 mRNA 的降解和稳定性，使细胞能够快速调整特定基因的表达，应对 DNA 损伤反应，响应外源因素带来的压力，这种调控对于细胞快速应对和修复遗传损伤非常重要。

第五节　遗传毒性检测技术

外源因素遗传毒性的检测在毒理学评价中占有十分重要的地位，为外源因素是否引起肿瘤，或者生殖细胞遗传物质受损导致的出生缺陷提供证据。根据遗传毒性的分类，将遗传毒性检测的方法分为三类：①基因突变检测，包括细菌回复突变试验、正向基因突变试验；②DNA损伤与修复检测，包括彗星试验、γ-H2AX与DNA双链断裂检测、程序外DNA合成试验；③染色体畸变检测，包括染色体畸变试验、微核试验、显性致死试验、姐妹染色单体交换试验。表8-1列出了目前常用的遗传毒理学检测方法（引自 *Casarett & Doull's Toxicology*：*The Basic Science of Poisons*，9th）。

表8-1　主要的遗传毒理学检测方法

1. 体外遗传毒性试验
1.1　细菌回复突变（Ames试验）
鼠伤寒沙门菌和大肠埃希菌的回复突变试验
1.2　哺乳动物细胞培养中染色体损伤和非整倍体
体外哺乳动物体细胞染色体畸变试验
1.3　哺乳动物细胞培养中的基因突变
小鼠淋巴瘤L5178Y细胞 *Tk* 位点正向突变测定
中国仓鼠或人淋巴母细胞样TK6细胞 *hprt* 位点正向突变测定
2. 体内遗传毒性试验
2.1　啮齿类动物骨髓细胞遗传学损伤的评估试验
微核试验
2.2　啮齿类动物体细胞基因突变分析
转基因lacl、lacZ、Big Blue、Muta™小鼠等体内突变检测
2.3　检测DNA损伤和修复的遗传毒性试验
体内彗星试验
3. 其他遗传毒性试验
3.1　基因突变检测
啮齿类动物体细胞基因突变测定
3.2　基因毒性检测
姐妹染色单体交换试验
哺乳动物肝细胞程序外DNA合成试验
3.3　哺乳动物生殖细胞测定
小鼠特定基因座试验
细胞遗传学分析和遗传易位测定
啮齿类动物生殖细胞的DNA损伤与修复
转基因啮齿类动物生殖细胞突变分析
小鼠串联重复基因座的突变分析

当一种特定的化学物需要进行遗传毒性检测时，首先需要分析它的化学结构，因为化学结构往往决定了该物质的性质和功能，亦即所谓的构效关系研究。鉴于可能与DNA分子上的亲核位点发生反应，含有亲电位点的分子是潜在诱变剂。当然，目前用于遗传毒性化学物预测的软件和算法还处于开发阶段，并不能准确指出某种化学物是否为遗传毒性化学物，需要采用经典的遗传毒性试验进一步分析。由于真核生物，特别是哺乳动物在进化上与人类的接近程度要显著高于原核生物，采用真核生物进行的测试在证据的可信度和重要性方面均要高于原核生物。采用哺乳动物进行的体

内试验,由于受试物在试验对象体内经过了一系列接近于人体的过程,如吸收、代谢和排泄等,在证据的可信度方面要高于体外试验。一般来说,体内试验的周期较长,对于人力和物力的投入要求较高,而利用细菌等原核生物在这些方面则具有明显的优势。

在体外试验和体内试验系统中,没有任何单一的试验方法能检测出所有的与肿瘤有关的遗传毒性机制,因此在实际工作中,许多国家或者组织常要求同时采用几种遗传毒性试验进行测试,即组合检测的策略。标准试验组合要反映不同的遗传终点,一般应遵循原核细胞与真核细胞、体内试验与体外试验相结合的原则。例如国际人用药品注册技术协调会(ICH)在人用药品注册技术要求中建议了两种标准的测试组合,以全面评估受试物的遗传毒性风险。

测试组合一:①利用细菌测试基因突变;②利用细胞遗传学测试检查染色体损伤(如体外中期染色体畸变试验,或体外微核试验),或进行体外小鼠淋巴瘤 *Tk* 基因突变试验;③体内遗传毒理学试验,一般情况下可以观察受试物对于啮齿类动物造血细胞的染色体损伤,如微核试验或中期染色体畸变试验。

测试组合二:①利用细菌测试基因突变;②利用体内试验检查两种组织的致突变作用,通常包括啮齿类动物造血细胞的微核试验和另外一种体内试验,如肝脏 DNA 链断裂实验。这种组合式的试验策略兼顾了测试的生物学特点和进行实际操作的逻辑问题,从而能够高效、灵敏、准确地识别出潜在的化学诱变剂。

一、基因突变检测

致突变作用的研究可以追溯到 20 世纪 20 年代,著名的遗传学家穆勒(H. J. Muller)发现 X 射线辐射能够引起果蝇表型改变。随后,遗传学家萨克斯(K. Sax)进一步发现 X 射线能够导致植物花粉细胞出现染色体畸变。20 世纪 40 年代,英国遗传学家奥尔巴赫(C. Auerbach)和同事发现芥子气导致果蝇出现突变;同一时期,苏联科学家拉波波特(I. A. Rapoport)发现甲醛能够引起果蝇的突变,从而开辟了化学诱变研究领域。此后,一系列重要的突变检测方法,如细菌回复突变和哺乳动物红细胞微核试验相继被发明。化学物致突变作用的检测和研究成为毒理学的一个重要组成部分。

(一)细菌回复突变试验

以细菌作为指示生物的检测,是基因突变检测中最为常用的方法。细菌具有遗传背景清楚、生长快速等特点,因而成为基因突变检测的优良指示生物。在细菌代谢特别是氨基酸代谢的研究中,制备了一些特定基因突变的大肠埃希菌(*Escherichia coli*)和鼠伤寒沙门菌(*Salmonella typhimurium*)菌株。这些菌株仅在特定营养元素存在时才能存活,所以称为营养缺陷型(auxotroph)菌株。这些菌株中的一些类型,如鼠伤寒沙门菌组氨酸营养缺陷型菌株和大肠埃希菌色氨酸营养缺陷型菌株,在基因突变检测中的应用最为广泛。当使用具有致突变作用的化学物处理这些营养缺陷型菌株时,一些细菌能够回复突变(reverse mutation)为原养型(prototroph)菌株,从而能够在氨基酸缺乏的培养基中生长形成克隆,这种检测方法称为细菌回复突变试验(bacterial reverse mutation assay)。其中,利用鼠伤寒沙门菌组氨酸营养缺陷型菌株进行基因突变检测的研究,由加利福尼亚大学伯克利分校的 Bruce Ames 教授在 20 世纪 70 年代初建立,因此该方法又称为 Ames 试验。Ames 试验原理如图 8-5 所示。常用的 Ames 试验方法包括平板掺入法及预培养平板掺入法。

需要注意的是,细菌缺乏哺乳动物细胞的代谢酶,为了区分直接及间接致突变剂,在进行回复突变试验时可分别不加及加代谢活化系统(如 S9 混合物),再进行检测分析。

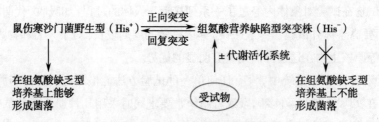

图 8-5　Ames 试验原理示意图

（二）正向基因突变试验

经典的 Ames 试验是利用回复突变使异常的基因恢复正常功能来检测受试物的致突变作用。反过来，正向突变（forward mutation）的原理也可以应用于遗传毒性的检测。用于正向突变检测的对象包括细菌、体外培养细胞和从实验动物分离出来的细胞等。对于哺乳动物细胞来说，常用于检测的基因包括胸苷激酶（*Tk*）、次黄嘌呤 - 鸟嘌呤磷酸核糖基转移酶（*Hprt*）、磷脂酰肌醇聚糖 a 类基因（*PIG-A*），以及利用基因工程技术制备的转基因小鼠的报告基因等。*Tk* 基因的突变会使细胞对嘧啶类似物三氟胸苷产生抵抗。*Hprt* 基因突变则使细胞对嘌呤类似物 6- 巯鸟嘌呤产生抵抗。糖基磷脂酰肌醇（glycosyl phosphatidyl inositol, GPI）是将细胞外蛋白质锚定于细胞膜上的介导分子，其合成受 PIG-A 蛋白的参与。当 *PIG-A* 基因发生突变导致蛋白功能丧失时，细胞缺失 GPI 和通过 GPI 锚定的蛋白质。缺失这些蛋白质的细胞可以通过流式细胞术来进行检测。另外，缺失 GPI 锚定功能的细胞也可以利用气单胞菌溶素原进行检测。气单胞菌溶素原能够结合 *PIG-A* 基因野生型细胞表面的 GPI，进而被加工为气单胞菌溶素。气单胞菌溶素能够在细胞膜表面形成聚合物，并在细胞膜上打孔从而引起细胞死亡。*PIG-A* 基因突变的细胞由于缺失 GPI 而不能结合气单胞菌溶素原，从而能够在其存在时继续增殖。通常通过计算经不同处理的细胞在选择性药物存在时的存活率，可以评估受试物的致突变效应。

二、DNA 损伤与修复检测

（一）彗星试验

彗星试验（comet assay），又称为单细胞凝胶电泳试验（single cell electrophoresis assay），是一种常用的检测 DNA 单、双链断裂和碱性不稳定位点的方法。彗星试验可用于检测体外培养细胞或者从动物体内直接分离出来细胞的 DNA 断裂。这些细胞被包埋在琼脂糖凝胶中，经过碱性电泳缓冲液的处理以促进 DNA 变性和解链，然后进行低温电泳。对致突变化学物敏感的细胞形成的 DNA 单、双链断裂和碱性不稳定位点，会引起 DNA 迁移速率增加，从而形成彗尾状结构。

（二）γ-H2AX 与 DNA 双链断裂检测

DNA 双链断裂是一种重要的 DNA 损伤形式，如果得不到修复会对细胞产生严重的毒性作用。通常，DNA 双链断裂会引起细胞的 DNA 损伤修复应答反应，包括修复复合物的形成和 ATM 激酶的活化等。H2AX 是组蛋白 H2A 的一种变异体。在双链断裂修复的过程中，位于 DNA 断裂点近侧 H2AX 上面的特定丝氨酸，如人类 H2AX 的第 139 位丝氨酸，会被 ATM 等激酶磷酸化。这种磷酸化修饰的 H2AX 被称为 γ-H2AX。γ-H2AX 有助于招募其他的 DNA 损伤修复蛋白聚集在双链断裂的位点。细胞内 γ-H2AX 的水平与 DNA 双链断裂的数目呈正相关，因此，γ-H2AX 常被用作 DNA 双链断裂损伤修复的标志物。γ-H2AX 的检查常借助于特异性的抗体进行。在进行抗体标记后，利用荧光显微镜或流式细胞仪分析 γ-H2AX 阳性细胞出现的频率，以及每个细胞核内 γ-H2AX 灶点的数量,从而能够对受试物导致 DNA 双链断裂的作用进行评估。

(三)程序外 DNA 合成试验

DNA 损伤修复的发生可以用来作为 DNA 出现损伤的一个反向推定的指标。迄今为止,用于 DNA 损伤修复检测的模型包括微生物、体外培养细胞和动物等。对于哺乳动物细胞来说,程序外 DNA 合成试验(unscheduled DNA synthesis assay)是常用的 DNA 损伤修复检测方法。一般来说,哺乳动物的 DNA 复制合成仅出现在 S 期,但在受到损伤时,对 DNA 进行修复常需要合成新的核酸,称为程序外 DNA 合成。进行程序外 DNA 合成测试时,常需要将细胞同步化到 G_1 期(阻断 DNA 的合成),然后同时加入受试物和同位素或者荧光素标记的脱氧核苷。如果受试物引起 DNA 损伤修复,则细胞中新合成的 DNA 会增加,具体反映在同位素或者荧光信号的增强。

三、染色体畸变检测

(一)染色体畸变试验

染色体畸变试验(chromosome aberration test)是利用显微技术直接观察细胞中期染色体损伤的方法。根据观察细胞来源的不同,染色体畸变试验可分为体外和体内两种。其中,体外试验的观察对象主要是经受试物处理过的离体培养细胞,而体内试验观察的是从受试物处理过的试验动物体内分离出来的细胞。用于体外试验的细胞要求传代时间短,有相对稳定的核型,染色体数目较少但是染色体本身较大。常用的细胞有中国仓鼠肺细胞(Chinese hamster lung cell, CHL)、中国仓鼠卵巢细胞(Chinese hamster ovary cell, CHO)和外周血淋巴细胞等。由于体外培养细胞容易受到试验操作的影响,进行染色体畸变检测时需要严格控制试验条件,如受试物的最高剂量需要控制在一定范围内,以及设置适当的阴性和阳性对照等。体内染色体畸变试验是用受试物处理试验动物,然后制备细胞进行细胞遗传学分析的方法。体内试验的优点主要是存在细胞代谢、DNA 损伤修复和药效学。所观察的组织需要存在大量处于分裂期的细胞。根据这一要求,生殖细胞和骨髓来源的细胞是常用的检测对象。另外,经促有丝分裂原(如植物凝集素)刺激的外周血淋巴细胞也常作为检测的对象。

(二)微核试验

在有丝分裂过程中,染色体片段或者完整染色体在分裂末期未被分配到子细胞的细胞核中,形成由生物膜包被的圆形或椭圆形结构的物质,该物质称为微核(micronucleus)。由于微核的出现通常表明存在无着丝粒染色体片段或完整染色体,因此它主要用于检测染色体损伤和染色体非整倍性。根据检测对象的不同,微核试验可分为体外和体内两种。体外微核试验主要观察体外培养的细胞系或者原代培养的细胞,体外培养的细胞系如 CHO 或者 CHL 细胞,原代培养的细胞如人外周血淋巴细胞或者大鼠肝细胞。在用原代细胞进行检测时,常用胞质分裂阻断剂细胞松弛素 B 将处于有丝分裂过程中的细胞阻滞在末期,从而形成双核或者多核细胞。通过对双核细胞里面的微核进行分析,可以更为准确地评估受试物导致染色体损伤和非整倍性的程度。体内微核试验多以经受试物处理过的啮齿类动物未终末分化的红细胞(多染红细胞)作为观察的对象,也有少量研究采用外周血细胞。在幼红细胞发育成熟的过程中,细胞核会被排出,而染色体损伤后形成的微核则会留在细胞质中。体内微核试验现在越来越多地被用来代替骨髓中期染色体畸变分析。

(三)显性致死试验

显性致死试验(dominant lethal assay)是一种检测受试物诱发哺乳动物生殖细胞畸变所致胚胎或胎儿死亡的遗传毒性试验方法。通过受试物处理雄性啮齿类动物,观察其对生殖细胞诱变的作用。当雄性哺乳动物的生殖细胞发生突变后，失去与卵细胞结合成合子的能力，引起显性致死的突变并不引起配子功能的异常，但是会导致受精卵或者胚胎的死亡。观察到显性致死现象表明受试物能够进入试验动物的生殖系统，并引起细胞突变。显性致死试验是一种测试受试物诱变能力的常用方法，由于相对来说易于操作，显性致死试验常采用雄性动物进行受试物的处理。用雌性动物与经受试物处理的雄性动物定时进行交配，在妊娠的中期检查黄体、着床的胚泡、存活以及死亡胚胎的数目。通过对着床前丢失、着床后丢失、受精指数和显性致死发生的次数（着床前与着床后丢失之和）进行统计分析，可以判断受试物是否在雄性动物体内引起致突变效应。

（四）姐妹染色单体交换试验

姐妹染色单体（sister chromatid）是在细胞分裂间期由同一条染色体复制形成、连接在一个着丝粒上面的染色单体。在正常的细胞分裂过程中，姐妹染色单体交换（sister chromatid exchange）出现的频率较低。在化学诱变剂等致突变因素存在时，姐妹染色单体交换出现的频率明显增加。因此，姐妹染色单体交换频率的增加可以作为检测染色体损伤的一个通用指标。姐妹染色单体交换试验同样包括体外试验和体内试验两种。体外试验常采用细胞系或者人外周血淋巴细胞，体内试验常用骨髓细胞。该试验利用将 5- 溴 -2′- 脱氧尿苷（5-bromo-2′-deoxyuridine，BrdU）掺入合成中 DNA 的方法来标记和显示存在差异的染色单体。由于本试验需要经过两个细胞分裂周期，用受试物处理细胞或者动物的时间需要进行准确的计算。

四、其他检测技术

（一）高通量测序技术

一般而言，目前常用的遗传毒性检测方法均为间接的方法，即借助于特定的遗传学方法观察 DNA 和/或染色体改变。这些方法不能从遗传信息的一级结构，即核酸序列上说明受试物是否引起 DNA 发生变化。由于诱变剂引起的 DNA 损伤多在染色体上随机发生，这要求以核酸序列作为检查的对象时需要进行系统的、尽可能包含所有基因组序列的观察。传统的 Sanger 测序法在通量上无法满足这一要求。但是，近几年随着高通量测序（high throughput sequencing）方法的应用，使得从一级结构研究受试物的遗传毒理学效应成为可能。进行高通量测序能够提供 DNA 序列，亦即核苷酸序列的信息，从而能够提供各种 DNA 和染色体变异的信息，并从全基因组范围内显示受试物对于遗传物质完整性的影响。基于高通量测序的遗传毒性方法可以高度自动化，测序的结果也可以通过程序化的软件进行分析。在遗传毒性中应用高通量测序的主要障碍在于该技术费用较高，另外高通量测序结果有一定的错误率。但随着高通量测序技术的改进及在医学中的广泛应用，利用该技术服务于遗传毒理学分析已成为一个发展的方向。

（二）SNP 分型检测技术

单核苷酸多态性（single nucleotide polymorphism，SNP）主要是指在 DNA 双链中由单个碱基发生变异所引起的 DNA 序列的多态性。传统的遗传标记如生化标记、形态学标记和免疫标记等检测方法存在精确度不高和检测位点少的局限性。SNP 标记作为遗传标记的一类，由于其稳定性高和易自动分型的特点，得到广泛推广。SNP 标记的特点主要有：①具有代表性，大部分 SNP 分布在基因组的非编码区，非编码区的 SNP 虽然不改变编码的蛋白质，但也可以作为重要的遗传标记来开展比较或进化基因组学研究；②具有丰富性，分布广泛，数量较大；③具有二态性，分型检测易实现高通量及自动化。通过测序法对 DNA 片段测序比对分析，可以精准检测出 SNP 位点碱基突变情况，常用来发现未知的 SNP 位点。芯片技术通过一次杂交就可以实现对成千上万个 SNP 位点的筛查分析，从而达到超高通量、快速检测的效果。通过运用多重 PCR 与液相芯片技术结合，可以实现单管反应检测多种 SNP，适合用来对数十个已知 SNP 同时进行快速分型检测。

（三）*PIG-A* 基因突变试验

PIG-A 基因位于 X 染色体上，该基因的结构、位点和功能在不同动物种属中均具有高度保守性，为在不同物种间建立体内 *PIG-A* 突变检测方法提供了可能。*PIG-A* 基因突变检测方法可以分为 2 类。

1. 流式细胞术检测法　致突变物使 *PIG-A* 基因发生突变导致 GPI 合成障碍，细胞表面 GPI 锚定蛋白缺失，通过流式细胞仪分析细胞表型，可定量得到 *PIG-A* 基因的突变情况。

2. 有限稀释克隆法　*PIG-A* 基因发生突变的细胞缺乏 GPI 锚定蛋白，免受气单胞菌溶素的攻击得以存活，可以直观地鉴别突变细胞，常用于脾 T 细胞和外周血 T 细胞的突变检测。目前 *PIG-A* 基因突变试验可适用于大部分直接或间接致突变物质的检测。*PIG-A* 基因突变试验能够有效整合其他体内试验，在环境致癌物检测和药品临床安全评价中都具有广阔的应用前景，有望成为体内遗传毒性试验的新选择。

五、遗传毒性试验的应用

遗传毒性试验不但在环境监测与保护、职业健康与安全中作为重要的监测依据，在药物研发、食品安全风险评估和化妆品安全评价等领域也不可缺少。

（一）环境监测与保护

环境中的遗传毒性因素对人类健康和生态系统构成潜在威胁。通过遗传毒性试验对水体、土壤和空气污染进行监测，评估化学污染物、放射性物质和微生物因素的致突变、致畸和致癌潜力，评估空气中挥发性有机化合物（VOCs）、多环芳烃（PAHs）等污染物的遗传损伤能力，可有效监测和评估环境污染物的遗传毒性，为环境保护提供科学依据。

（二）职业健康与安全

在职业环境中，工人可能暴露于各种具有遗传毒性的化学性和物理性因素中。通过对工作场所空气、水和表面样本进行遗传毒性试验，并对工人进行定期的遗传毒性相关生物标志物检测，评估工人暴露水平和潜在风险，监控其健康状况，及时采取干预措施，制定科学的职业安全标准，保障工人的健康。

（三）药物研发

在药物研发过程中，遗传毒性试验是不可或缺的一环。药物候选物需要通过一系列的遗传毒性试验，以确定其是否具有致突变、致癌或致畸的潜力。药物研发阶段的遗传毒性试验包括 3 部分：初步筛选、体外试验和体内试验。

（四）食品安全风险评估

在食品安全领域，遗传毒性试验用于确保食品中的化学物质不会对消费者造成遗传损害。通过这些试验，可以预测和预防化学物质可能引起的风险，为制定化学物质的安全使用标准和指南提供科学依据。

遗传毒性试验被纳入食品安全毒理学检验与评价的技术指导原则中，作为评估食品原料安全性的重要组成部分。国际上对食品中遗传毒性致癌物进行风险评估的主要方法包括有害作用的最低剂量、毒理学关注阈值、低剂量外推算法和暴露限值。这些方法帮助研究者和监管部门评估食品中潜在有害物质的安全性，从而保障公众健康。

（五）化妆品安全评价

化妆品的遗传毒性试验常用于新化妆品进入市场前和现有化妆品的再评估两个阶段。通过系统的遗传毒性试验，可以识别出具有潜在遗传毒性的化妆品，并采取相应的风险管理措施。

（蒋义国）

思考题

1. 化学物诱导的遗传毒性作用有哪些类型？它们有什么联系与区别？
2. 环境化学物诱导的基因损伤都会产生危害吗？为什么？
3. 为什么检测致突变物需要一组配套试验？

第九章

致癌作用

致癌作用(carcinogenesis)是指致癌因素引起或诱导正常细胞转变为肿瘤细胞的过程。致癌作用是一个多因素、多基因参与的多阶段过程,涉及多基因变异的累积、增殖失控、代谢紊乱、表观遗传变化、免疫逃逸等关键事件。肿瘤发生的病因复杂,分外源性和内源性因素,外源因素主要包括化学、物理、生物因素,内源性因素包括遗传、性别、营养、疾病状态等。目前,肿瘤发生的机制尚未完全阐明,不同的致癌因素以不同方式引发肿瘤。因此,识别肿瘤早期阶段的生物学特征,对致癌物的筛查和判断至关重要。本章将讲解致癌作用的基本概念、致癌过程和致癌机制,以及致癌物的分类和评价方法,旨在掌握癌症发生、发展的起因和重要机制,为制订有效的预防和控制措施提供科学依据,保障人类健康。

第一节　概　述

肿瘤是一类以细胞基因组突变、基因表达异常和细胞异常增生为特征的疾病,通常分为良性和恶性两种类型。良性肿瘤生长较慢,呈膨胀性生长,具有完整的包膜,并与周围组织有明显的界限,如血管瘤和脂肪瘤等。而恶性肿瘤则生长迅速,表现为浸润性生长,没有包膜,且与周围组织的界限不明显,质地坚硬而脆弱,容易发生转移。恶性肿瘤,通常称为癌症,是世界范围内的主要致死原因之一,也是对人类健康构成最大威胁的疾病。

癌症的关键特征是指一系列正常细胞转变为肿瘤细胞的功能特征,也被称为肿瘤形成的标志。归纳起来,肿瘤细胞共有 14 种主要特征,包括异常激活的生长增殖信号、对抑制增殖信号的抵抗、无限复制能力、持续的血管生成、抵抗细胞死亡、细胞能量代谢调控异常、逃避免疫清除、促炎作用、基因组不稳定性和突变、细胞分化能力改变、异常的表观遗传重编程、微生物组的多样性改变、细胞衰老以及增强的组织浸润和转移能力。这 14 种特征不仅在生物学上定义了癌症细胞与正常细胞的区别,而且对于深入理解肿瘤的发生、发展和转移的演变过程具有重要意义,为肿瘤的防治提供更加精准和有效的策略。但是这些特征不一定在致癌过程中一一出现,部分特征与肿瘤细胞的生物学功能维系密切关联。

肿瘤的发生是外源性因素与内源性因素相互作用的结果。外源性因素中,化学因素的作用最为广泛,也最为重要。外源化学因素的致癌作用可以追溯到 1775 年,当时英国医师 Percivall Pott 报道,童年时从事烟囱清扫工的人易患阴囊癌,推测致癌物质可能是煤燃烧后产生的煤焦油和烟灰;1915 年,Yamagiwa 和 Ichikawa 用煤焦油涂抹兔子的耳朵成功诱导出皮肤癌;1934 年,Kennaway 从焦油沥青中分离出二甲基苯蒽、苯并[a]芘和二苯蒽等成分,最终证实这些多环芳烃类物质是引发阴囊癌的元凶。

通过大量流行病学和实验室研究,研究人员揭示了在不同暴露条件下,各种致癌因素可能引起不同类型的癌症。其中,促进人类肿瘤发生发展关系密切的因素包括:烷化剂(如有机农药、硫芥、乙酯杂螨醇等),可导致肺癌及造血器官肿瘤;多环芳香烃类化合物(如煤烟垢、煤焦油、沥青等),易导致皮肤癌与肺癌;氨基偶氮类化合物,易诱发膀胱癌和肝癌;亚硝胺类化合物,与食管癌、胃癌和肝癌的发生有关；真菌毒素和植物毒素（如黄曲霉毒素、微囊藻素等），可致肝癌、肾癌及胃肠腺癌。物理因素方面，紫外线长期过度暴露会增加皮肤癌的风险；长期接触高剂量的电离辐射，容易引发皮肤癌和白血病；长期接触放射性物质（氡气、铀、镭等）可能增加肺癌等肿瘤的风险。生物因素方面，人乳头瘤病毒与宫颈癌、乳腺癌等生殖系统癌症密切相关；乙型肝炎病毒是肝癌的主要致病病毒；EB 病毒可能引发血液病和鼻咽癌；幽门螺杆菌与胃腺癌的发生有关；华支睾吸虫感染与胆管细胞癌的发生有关；埃及血吸虫感染与膀胱癌的发生有关。因此，避免致癌因素的接触是肿瘤预防的关键。

化学致癌作用（chemical carcinogenesis）是指外源化学物引起或诱导正常细胞发生恶性转化并发展成为恶性肿瘤的过程，具有这类作用的化学物质称为化学致癌物（chemical carcinogen）。化学致癌物能够导致易感细胞发生遗传和表观遗传的改变，从而形成选择性生长优势。这些细胞进行克隆扩增，使基因组变得不稳定，最终转化为癌细胞。随着现代工业的迅速发展，越来越多的外源化学物进入我们的生活，早期发现化学物的致癌作用并阐述其致癌机制是毒理学亟待解决的科学问题，而建立敏感、准确、快速的化学致癌物筛查体系是解决上述科学问题的技术支撑。

第二节　致癌过程和致癌机制

一、致癌过程

通常，从接触致癌因素到恶性肿瘤发生并出现临床症状之间有一个相当长的潜伏期，平均为15～20 年，因此，大多数的癌症发生在生命的晚期。在动物诱癌实验中，潜伏期有的可短至几周，有的可长达 1 年以上。致癌的过程大致分为引发（initiation）、促长（promotion）、进展（progression）三个阶段；人体组织细胞的病理可以观察到从增生、异型变、良性肿块、原位癌，再到浸润癌和转移癌等一系列改变；而在体外细胞中，通常需要经历永生化、分化逆转和恶性转化等多个阶段，这一现象被称为细胞癌变的多阶段学说。

癌症的引发阶段是指在各种致癌因素的作用下，细胞发生基因突变或表观遗传变异，从而产生异常增生的单个克隆癌细胞，启动致癌过程。然而，单克隆起源并不意味着原始癌细胞从一开始就具备所有恶性细胞的基因突变特征。在癌变过程中，通常会积累一系列基因突变，这些突变涉及不同染色体上的多种基因，包括癌基因、抑癌基因、细胞周期调节基因、细胞凋亡基因以及维持细胞基因组稳定性的基因等。这些基因的激活或失活在时间上有先后顺序，并且在空间位置上也有一定的协调。此外，这些基因的突变，有些是从种系细胞遗传而来，有些则是由于后天环境因素作用于体细胞获得的，因此癌症分为遗传性和散发性两类。

致癌的促长阶段是指单克隆癌细胞在一种或多种促癌物质的持续作用下，其表型发生改变，恶性肿瘤细胞的各种性状得以表达的过程。这个过程涉及选择性地促使单克隆癌细胞增殖的某些遗传或非遗传的改变。具有促癌作用的促癌剂通过刺激细胞增生，使单克隆癌细胞发展进入促长阶段。促癌剂本身没有或仅有极微弱的致癌作用，但反复使用能够刺激细胞分裂，最终形成肿瘤。这些促癌剂的作用相对短暂且可逆，常见的促癌剂包括许多人工合成或天然的化学物质，如多肽、固醇类激素及生长因子等，它们通过与受体结合发挥作用，改变基因表达特性、刺激细胞增生或抑制细胞凋亡。其中最经典的促癌剂是佛波酯，它通过激活蛋白激酶 C 来刺激细胞增生。小鼠多阶段皮肤诱癌实验的研究显示，一些致癌剂虽然能诱发突变，但不能直接诱导癌症的发生，只有在用佛波酯等处理突变的细胞后，才能诱导细胞增生并形成癌症。

癌症的进展阶段是指肿瘤细胞群进一步演变成更具恶性表型或具有侵袭特征的肿块的过程。主要表现为细胞自主性和异质性增加、生长加速、侵袭性增强，以及出现浸润和转移等生物学特征。当细胞开始失去维持核型稳定的能力并出现染色体畸变时，即进入进展期。核型不稳定性进一步促进癌细胞的生长和恶性表型的发展，同时引起细胞代谢调节功能的改变，并赋予癌细胞逃避机体免疫监视的能力。核型不稳定性的原因是多方面的，既包括 DNA 的破坏和基因突变修复机制的缺陷，也包括癌基因、抑癌基因或细胞周期调节基因表达水平的改变。在癌细胞中发现的微卫星不稳定性现象可作为整个基因组中 DNA 复制错误增多的一种指标，是基因组不稳定性的生物标志物。进展期是一个动态的过程，其与促长阶段的主要区别在于出现核型不稳定性及由此演变而来的染色体异常。

人类结肠癌的发生与发展过程中所发生的分子事件为理解癌变多阶段过程、癌基因和抑癌基因的协同作用提供了一个经典的分子模型。如图 9-1 所示，结肠癌的发生始于抑癌基因——结肠腺瘤样息肉病基因（adenomatous polyposis coli, *APC*）的杂合子丢失，随后 *K-Ras* 癌基因的突变进一步促进了克隆的发展，导致腺瘤的形成。接着，抑癌基因——结直肠癌缺失基因（DCC netrin 1 receptor, *DCC*）和 *p53* 基因的功能缺失，推动了疾病从良性向恶性的转变。在腺瘤向腺癌的演进过程中，还伴随着 DNA 损伤修复基因的突变及 DNA 甲基化修饰的改变。在癌症进展过程中，肿瘤细胞群中常见多个基因突变的发生，这些突变赋予细胞恶性的表型，如增殖、侵袭和转移等。体外人体细胞实验研究也证明，从正常细胞到恶性转化细胞的过程至少涉及 4~5 种基因的突变。上述结肠癌的癌变过程清楚地表明，癌症的发生是一个多基因变异累积和多步骤发展的过程。

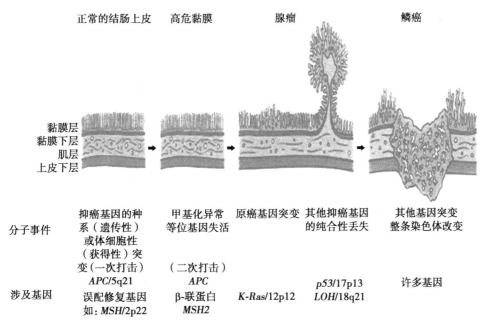

图 9-1　结肠癌发生发展多阶段过程涉及多种基因改变

综上所述，癌症的发生是一个复杂的过程，受到体内和体外多种因素的影响。其中，个体遗传易感性的研究解释了为何暴露于特定致癌物的人群中，有些人会发展为癌症，而有些则不会。关于个体遗传易感性在第五章毒作用影响因素中有详尽的叙述。

二、体细胞突变致癌机制

体细胞突变学说的提出基于以下几方面的研究证据：①致癌物或其活化代谢产物生成的 DNA 加合物能够诱导基因突变；②大多数致癌物在致突变实验中呈现阳性结果；③DNA 修复缺陷可导致肿瘤发生，例如在着色性干皮病和毛细血管扩张性共济失调等病症中有所体现；④许多癌组织中存在染色体畸变或基因组不稳定性；⑤癌细胞来源于单细胞克隆；⑥癌基因的突变及抑癌基因的突变或缺失在癌细胞中普遍存在，且这些突变的基因型可通过细胞分裂传递给子代细胞。

大多数化学致癌物在进入体内后，需要经过代谢活化转变为化学性质活泼、带电荷的亲电子物质，才具有致癌活性。这些代谢产物与 DNA 碱基的共价结合形成的 DNA 加合物，是 DNA 损伤的重要形式。致癌物与 DNA 大分子的结合具有位点特异性，不同位点的加合物会产生不同的生物学效应。大多数化学致癌物与分子结合的位点与基因突变热点密切相关。通常，突变的频率或癌症的发生率与加合物的形成量成正比，例如黄曲霉毒素 B_1、多环芳烃和芳香胺等致癌物。然而，也存在例外，例如 N- 亚硝胺诱发癌症的活性与形成量较少的加合物（如 O^6- 烷化 -G 和 O^4- 烷化 -T）的关系更加密切。

DNA 加合物的形成可能导致碱基突变、缺失、插入或交联等后果，严重时甚至引发 DNA 链断裂，这些 DNA 改变成为体细胞突变机制的分子基础。由于 DNA 加合物的形成及持久性反映了生物体对化学物的暴露浓度及时间，以及生物体对化学物的吸收、代谢和 DNA 损伤修复能力，因此，它既可以作为接触生物标志物，也可以作为效应生物标志物，在肿瘤防治、人群生物监测和环境化学物暴露风险评估中具有广泛的应用价值。致癌因素引起的细胞遗传学改变包括基因突变、基因扩增、染色体重排和非整倍性等。例如，基因点突变和染色体重排可以激活原癌基因（proto-oncogene）或使抑癌基因（antioncogene）失活；同样，基因扩增和染色体数目的异常变化在许多癌症的发生与发展中也起着重要作用。一般认为，致癌因素诱发基因突变或染色体畸变（如缺失、插入、易位、重复和数目改变等）的逐渐积累是癌症形成的必要条件。

在环境有害因素的作用下，部分原癌基因发生改变，引起异常激活而成为癌基因（oncogene）。已发现的癌基因有 300 多种，虽然它们的产物功能各不相同，但大体上可归纳为生长因子、生长因子受体、信号转导物、蛋白激酶或转录激活物等几大家族。大量研究证明，癌基因的点突变是导致其活化的主要形式，例如 H-Ras 基因第 12 密码子 GGC 突变为 GTC，导致编码的蛋白质结构发生改变，从而影响 Ras 蛋白的 GTP 酶活性，使细胞增殖信号持续处于激活状态。

与癌症发生密切相关的另一类基因是抑癌基因，它们在细胞内具有抗肿瘤的作用。抑癌基因通常在细胞癌变或恶性变过程中发生突变、纯合缺失、染色体易位或启动子高甲基化修饰等，导致基因功能丧失或表达受到抑制。一般来说，抑癌基因在控制细胞生长和增殖等过程中起负调控作用，同时在诱导细胞分化和凋亡的过程中发挥正向调节作用。抑癌基因的失活通常涉及两个等位基因，如视网膜母细胞瘤基因（Rb 基因）。Rb 基因编码的蛋白是细胞周期重要的调控因子，通过自身的磷酸化状态，调节转录因子 E2F 的活性，控制细胞的增殖。视网膜母细胞瘤是发生在婴幼儿时期最常见的眼内恶性肿瘤，美国儿科医生 Knudson AG 发现，在显性遗传的儿童视网膜母细胞瘤患者细胞中，Rb 基因的缺失可能源自两次突变，并提出著名的肿瘤 "两次打击" 假说（two-hit hypothesis）。该假说认为，对于某些遗传性肿瘤（如视网膜母细胞瘤），个体需要经历两次基因突变（即 "两次打击"）才会发病。第一次 "打击" 通常是遗传自父母，导致一个抑癌基因等位基因失活；第二次 "打击" 则是个体后天发生的，导致另一个抑癌基因等位基因失活。当两个等位基因都失活时,抑癌基因对细胞生长的抑制作用丧失,从而导致肿瘤的发生。这些肿瘤发病通常具有家族史,且发病年龄较早。相对而言,非遗传性患者两次突变都在后天逐步发生,因此发病的年龄较大。

机体另一个重要的抑癌基因是 *p53*,超过50%的人类肿瘤中存在 *p53* 基因的异常,包括点突变、缺失突变、插入突变、移码突变和基因重排等。*p53* 参与细胞周期调控、DNA 修复、细胞分化和细胞凋亡等过程,其核心作用是调控 DNA 损伤后的应激反应,使细胞阻滞于 G_1 期,以便进行损伤修复并维持基因组的稳定性。突变的 *p53* 失去上述正常功能,导致细胞失去正常的监控,进而发生恶性变。

在 DNA 损伤后,机体细胞会启动一系列修复系统,以维持遗传信息的完整性和稳定性。DNA 修复可分为"无差错"修复和"易错"修复两大类,前者有效地去除损伤并恢复到原来状态,而后者则能耐受 DNA 损伤的存在并绕过损伤部位继续复制,因此在 DNA 修复的同时伴随较高的突变频率。外源因素导致的 DNA 损伤通过多种途径进行修复,每条修复途径都有许多基因参与,形成复杂的功能体系。如果 DNA 损伤在复制前未能正确修复,经过一个或多个细胞周期后,DNA 损伤可能固定为突变。如果突变涉及一些重要基因(如原癌基因和抑癌基因),则可能启动细胞恶变程序。DNA 结构的完整性和低突变率依赖于细胞内存在的强大修复系统,这些系统在一定范围内使体细胞的突变以极低的频率在组织细胞内累积,从而保证了基因组处于相对稳定的状态。然而,没有绝对可靠的损伤修复系统,一些突变能够逃避修复系统的监控而幸存下来并固定在细胞基因组中,通过细胞增殖传递给子代细胞。

综上,点突变和染色体重排可使原癌基因激活或过度表达,抑癌基因的突变或失活导致细胞增殖失控,而 DNA 修复功能的缺陷进一步促进基因组的不稳定性,增加患肿瘤的概率。这些遗传学改变在肿瘤细胞中最常出现,也是体细胞突变机制学说的理论基础。

三、表观遗传变异学说

表观遗传学是提供何时、何地及如何应用遗传信息的调控指令,在时空顺序上控制基因的表达。它不涉及 DNA 序列的改变,但可以通过细胞分裂传递给子代细胞。表观遗传修饰主要通过几种模式来控制基因的表达,包括 DNA 甲基化、染色质重塑、组蛋白修饰和非编码 RNA。在环境应答状态下,上述几种调控模式相互作用,形成特定的表观遗传调控网络。

研究表明,许多致癌物能够导致表观遗传调控模式的改变,如砷、镍、苯、苯并[a]芘、二噁英、烟草提取物、大气颗粒物和焦炉逸散物等,这些物质可引起细胞全基因组的低甲基化以及特定基因的高或低甲基化。此外,镍、砷或铬还可以通过改变组蛋白的修饰影响基因的表达。随着高通量检测技术的发展和广泛应用,通过对致癌物诱导的差异甲基化谱和差异 miRNA 表达谱的深入解析,我们得以更清晰地认识致癌物在细胞恶性转化过程中的重要作用,初步阐明了致癌过程的表观遗传组学特征。在整体动物实验和人体肿瘤细胞中,均发现了一些共同的表观遗传变异特征,包括全基因组的低甲基化、某些抑癌基因和 DNA 修复基因的高甲基化,以及印记基因的丢失等。在肿瘤发生、发展过程中,DNA 甲基化修饰的变化常常是最早观察到的分子事件。甲基胞嘧啶(5mC)C:G 至 T:A 的转换是突变的热点,许多肿瘤抑癌基因的 CpG 位点突变频率增加,例如1/4的 *p53* 基因突变和1/3的 *p16* 基因的 C:T 转换发生在 CpG 位点上。除了 DNA 甲基化修饰,非编码 RNA 表达异常与肿瘤发生和发展之间的关系证据也越来越明确。研究发现,非编码 RNA 可以通过多种方式调控细胞的生物学功能,间接发挥"促癌"或"抑癌"的作用。

综上,表观遗传变异通过调控重要通路中关键基因的表达,影响 DNA 损伤修复、氧化应激、细胞周期调控和凋亡等过程,从而参与外源因素诱导肿瘤发生、发展的过程。整合 DNA、核小体和染色质水平上的表观遗传信息,阐释在致癌因素作用下复杂的基因表达调控网络的变化特点和规律,是致癌机制研究的重要方向。

四、非突变致癌机制

1. 慢性炎症促癌学说　慢性炎症可以引发癌症,并促进癌症的发展。大量流行病学、基因组学及分子生物学的研究表明,炎症在肿瘤发生、发展过程中起重要的作用。多种癌症的发生与慢性炎症密切相关。例如宫颈癌常继发于慢性乳头瘤病毒感染;结肠癌患者常有慢性肠道炎的病史;胃癌与幽门螺杆菌感染密切相关;肝癌与乙型或丙型肝炎病毒感染有关;吸烟引发的慢性支气管炎与肺癌发生密切关联。慢性炎症通过多种机制促进癌症的发展,这些机制包括但不限于:增加 DNA 损伤和突变、诱导氧化应激、刺激细胞增殖,促进血管生成等。此外,炎症反应中可以产生一些促进肿瘤发展的靶向化学因子和细胞因子,它们能够通过旁分泌和自分泌的方式来发挥作用,以确保肿瘤微环境中能有源源不断的炎症细胞被募集,改变细胞外基质的结构和化学成分,增加癌细胞与周围细胞的相互作用,从而促进肿瘤的发展。慢性炎症还导致免疫细胞的活性降低和免疫反应受损,从而使肿瘤细胞更容易逃避免疫系统的攻击。慢性炎症促癌学说为我们提供了理解癌症发生和发展的新视角,并为预防和治疗癌症提供了新的策略和方法。

2. 免疫抑制学说　肿瘤的发生与机体的免疫状态密切相关。例如,胸腺摘除动物和胸腺先天发育不良的患者由于存在细胞免疫缺陷,其恶性肿瘤的发病率显著升高;原发性和继发性免疫缺陷患者中,淋巴造血系统的恶性肿瘤发病率也相应上升。此外,大剂量化疗、放疗和免疫抑制剂的使用均降低了机体的免疫监视功能,从而增加了肿瘤的发生风险;艾滋病患者因免疫缺陷,常常伴发 Kaposi 肉瘤和淋巴瘤。当机体免疫功能增强时,某些肿瘤可自行消退,如神经母细胞瘤、恶性黑色素瘤和绒毛膜上皮癌等均有少数病例报告自行消退。肿瘤的免疫原性非常弱,主要组织相容性复合体(major histocompatibility complex, MHC)和肿瘤细胞协同刺激分子的表达异常,使得机体难以产生有效的抗肿瘤免疫应答。此外,肿瘤细胞能够破坏宿主的免疫功能,以保护自身免受宿主细胞的攻击,从而使肿瘤细胞得以继续生长、扩散并发生转移,这一现象被称为"免疫逃避"效应。

肿瘤免疫逃避的原因可能与多种因素有关,包括肿瘤抗原的缺陷和抗原调变,MHC 抗原的表达异常,肿瘤细胞抗原的"封闭"或"覆盖",肿瘤抗原的加工、处理和提呈障碍,肿瘤细胞协同刺激分子的表达异常,肿瘤细胞的"漏逸"和"免疫刺激",以及肿瘤细胞分泌的免疫抑制性因子等。此外,长期使用和接触具有免疫抑制作用的化学物质被发现可以诱导多种肿瘤的形成。例如,硫唑嘌呤、巯嘌呤等免疫抑制剂或免疫血清能够导致动物和人发生白血病或淋巴瘤,但很少引发实体肿瘤。环孢素作为近年来器官移植中广泛使用的免疫抑制剂,其使用者的淋巴瘤发生率亦有所增加。一些化学致癌物如多氯联苯、二噁英、7,12-二甲基苯蒽、三甲基胆蒽、苯并[a]芘、镉和砷等,除了造成遗传损伤外,还有研究显示它们可能通过抑制免疫功能来促进肿瘤的发生。这些研究结果强调了免疫状态在肿瘤发生中的重要性,并提示我们在癌症预防和治疗中关注免疫系统的健康。

3. 受体介导学说　肿瘤发生的受体介导学说阐释了外源因素通过细胞表面的受体影响肿瘤细胞的生长、增殖和分化的调控机制。细胞表面有许多受体,能够识别并结合特定的信号分子(配体),从而触发一系列细胞内信号转导过程。这些过程涉及多种信号分子和信号通路,最终影响细胞的生物学行为。在外源因素作用下,细胞受体介导的信号转导通路可能发生异常改变,导致细胞生长和增殖失控。例如,过氧化物酶体是一种单层膜的亚细胞器,在细胞代谢中发挥着重要作用。

其功能不仅包括清除分子氧和降解过氧化氢,还参与甘油酯合成、胆固醇的生物合成与降解(如胆酸形成)以及脂肪酸氧化等过程。一些化学物质被发现能刺激肝脏过氧化物酶体的增生,这类物质统称为过氧化物酶体增殖物,包括降脂药(氯贝丁酯、异丙酯、吉非贝齐)、除草剂(乳氟禾草灵)以及增塑剂(苯二甲酸等)。过氧化物酶体增殖物通过受体介导的机制刺激过氧化物酶体的增殖。在细胞内,这些增殖物与一种类似雌激素的核受体——过氧化物酶体增殖物激活受体 γ(peroxisome proliferator-activated receptor γ,PPARγ)结合并激活该受体。PPARγ 是一类由配体激活的核转录因子,属于核激素受体超家族,通过与特定的 DNA 反应元件结合调控基因表达,在脂质代谢、糖代谢等方面发挥重要作用。临床研究发现,许多肿瘤(如乳腺癌、结肠癌和胃癌等)细胞中 PPARγ 的表达水平较高;动物实验也观察到过氧化物酶体增殖物 WY-14643 和氯贝丁酯有促进肝癌发生的作用。目前认为,过氧化物酶体增殖物诱发肿瘤的原因可能与其诱导氧化应激状态有关,导致过氧化氢的产生与降解失衡,从而损伤细胞内膜或 DNA,进而诱导 DNA 复制、干扰细胞周期调控,并影响细胞的分化与增生。这些研究结果提示我们,了解过氧化物酶体及其增殖物在细胞代谢中的作用,以及它们与肿瘤发生之间的关系,对于癌症预防与治疗具有重要意义。

第三节 IARC 的致癌物分类

世界卫生组织下属的国际癌症研究机构(International Agency for Research on Cancer,IARC)所指的致癌因素或致癌物包括任何具有致癌的化学、物理、生物因素以及暴露环境(例如涂漆工种)。IARC 根据人群癌症研究、实验动物癌症研究和机制证据的强度对这些物质进行分类。因此,IARC 分类中的等级是指物质的致癌证据强度,而不是物质的致癌风险概率。

一、基于人群研究的致癌性证据

IARC 将致癌性证据分为以下几类:

1. 充分的致癌性证据 已有明确的研究证据确定物质暴露与人类癌症之间存在因果关系。

2. 有限的致癌性证据 物质暴露与癌症之间的正相关解释是可信的,但无法完全排除偶然性、研究偏倚或混杂因素的影响。

3. 不足的致癌性证据 现有研究的质量、结果一致性或统计精度不足,无法得出物质暴露与癌症之间因果关系的结论,或缺乏该物质的人类癌症相关数据。判断依据包括:

(a)没有可用的人类数据;

(b)有人类数据,但质量或信息量不足;

(c)有质量足够的人类研究,但其结果不一致或尚无定论。

4. 无致癌性证据 有多项高质量研究覆盖了人类已知的全部暴露水平,但这些研究在任何可观察的暴露水平上均未显示出物质暴露与癌症之间有正相关。

二、基于动物研究的致癌性证据

IARC 将致癌性证据分为以下几类:

1. 充分的致癌性证据 已明确的研究证据确定物质暴露与实验动物癌症之间的因果关系,判断依据包括:

(a)两种或以上物种中恶性肿瘤的发病率增加;

（b）在不同时间或实验室中对同一物种进行的两项或更多独立研究中，恶性肿瘤的发病率增加；

（c）在 GLP 原则下进行的单个物种的两种性别实验中，结果显示恶性肿瘤发病率增加。

2. 有限的致癌性证据　研究数据表明可能存在致癌效应，但由于以下原因之一，无法做出明确评估：

（a）证据仅限于单一实验，未达到充分证据的标准；

（b）物质仅增加良性肿瘤或具有不确定肿瘤潜力病变的发病率；

（c）物质增加肿瘤的多发性或缩短肿瘤潜伏期，但未增加肿瘤发病率；

（d）证据仅来源于肿瘤的启动-促进阶段的研究；

（e）证据仅来源于非规范实验室动物的观察性研究；

（f）对现有研究的设计、实施或解释存在未解决的问题。

3. 不足的致癌性证据　由于严重的研究质量或数量问题，导致物质的致癌效应无法确定，或没有实验动物的癌症数据。

4. 无致癌性证据　在 GLP 原则下进行的，至少两种物种的两种性别的动物研究显示，在所使用测试的范围内，该物质不是致癌物，结论仅限于所研究的物种、部位、暴露时的年龄，以及现有研究中涵盖的暴露条件和水平。

三、基于机制研究的致癌性证据

IARC 专家近期论证认为，致癌物通常表现出以下十个主要特征中的一个或多个：①具有亲电性或代谢激活后具有亲电性；②具有遗传毒性；③改变 DNA 修复或导致基因组不稳定；④导致表观遗传调控异常；⑤诱导氧化应激；⑥诱导慢性炎症；⑦促进免疫抑制；⑧影响受体介导的生物学效应；⑨引起细胞永生；⑩改变细胞增殖、细胞死亡或营养供应。这些特征是人类致癌物通常具备的特征，涵盖多种不同类型的致癌机制终点，为识别致癌物及阐明致癌机制提供了重要依据。因此，机制研究证据也将成为致癌物分类的重要依据。

四、IARC 的致癌物分组

目前，IARC 根据物质的上述三方面致癌性证据强度，把各种物质分为以下 3 组：

组 1，人类致癌物（carcinogenic to humans），对人类致癌性证据充分。

组 2，分为两个亚组，即 2A 和 2B。组 2A，人类可能致癌物（probably carcinogenic to humans）；组 2B，人类可疑致癌物（possibly carcinogenic to humans）。

组 3，基于现有证据尚不能对人类致癌性进行分类的物质（not classifiable as to carcinogenicity to humans）。

自 1971 年起，国际癌症研究机构（IARC）共发表了 136 个专题报告，迄今对 1045 种物质进行了致癌性综合评估。这些物质包括单一化学物、同类化合物、物理因素、生物因素、生产过程和职业接触等。IARC 根据人类和实验动物的致癌性资料，以及与实验系统和人类研究相关的数据（如癌前病变、肿瘤病理学、遗传毒性、构效关系分析、代谢动力学、理化参数及与同类生物因子的比较等）进行综合评价。截至 2025 年 7 月，IARC 最新的评价结果显示，组 1 中有 135 种物质，组 2A 中有 95 种，组 2B 中有 323 种，组 3 中有 500 种（详细资料可参见 IARC 官网）。

了解致癌物的分类具有重要意义，能够帮助人们更好地理解这些物质的性质和风险，从而采取相应的预防措施,降低患病风险。组 1 和组 2A 包含具有高度致癌性或较高致癌风险的物质,如甲醛和苯等。这些物质在工业生产和日常生活中普遍存在,长期暴露可能增加患癌风险,因此应尽量避免接触。对于组 2B 中的物质,如咖啡酸和射频电磁场等,尽管在日常生活中的接触难以避免,但仍应减少接触并采取预防措施,例如尽量避免长时间暴露在射频电磁场的环境中。这种风险意识的提升能够有效促进公众健康,减少癌症发生。

第四节　按致癌作用模式的化学致癌物分类

按作用模式可把化学致癌物分成三类:①不经过体内代谢活化就具有致癌作用的直接致癌物(direct-acting carcinogen);②必须经过体内代谢活化才具有致癌作用的间接致癌物(indirect-acting carcinogen);③本身并不致癌,但有促进致癌作用的促癌剂(tumor promoting agent)。

致癌物在活化代谢前称为前致癌物(procarcinogen),在活化过程中接近终致癌物的中间产物称为近致癌物(proximate carcinogen),近致癌物进一步代谢产生的活化产物称为终致癌物(ultimate carcinogen)。终致癌物通常是带正电荷的亲电子物质,化学性质非常活跃,但寿命极短,容易与 DNA、RNA 以及蛋白质等生物大分子物质共价结合并导致遗传损伤,进而诱发肿瘤。

一、直接致癌物

这类致癌物由于其化学结构的本身具有致癌特性,因而不需要代谢活化即具有亲电子活性,能与大分子物质共价结合形成加合物(adduct)。这类物质包括:内酯类、烯化环氧化物、硫酸类酯、氮芥、活性卤代烃类、铂的配位络合物、镍、铬、钛、镉、砷或它们的盐类化合物等。

二、间接致癌物

这类致癌物需要在体内代谢活化后才具有致癌作用。代表性的化学物包括:多环或杂环芳烃,如苯并[a]芘、苯并[a]蒽、3-甲基胆蒽等;单环芳香胺,如邻甲苯胺、邻茴香胺等;环芳香胺,如 2-萘胺、联苯胺等;喹啉、硝基呋喃、偶氮化合物、亚硝胺类、甲醛和乙醛;氨基甲酸酯类,如卤代烃中的氯乙烯。一些天然物质如黄曲霉毒素 B_1、环孢素、烟草、槟榔及酒精等也是间接致癌物。其中黄曲霉毒素 B_1 是最强的致癌物之一,对人和大鼠等都能诱发肝癌。烟草中含有多种致癌物,如多环芳烃、杂环化合物、酚类衍生物等致癌物,与肺癌发生密切关联;嚼食烟叶和使用鼻烟有机会摄入亚硝胺等致癌物,这些致癌物能诱发口腔癌和上呼吸道癌。图 9-2 列举了间接致癌物苯并[a]芘的代谢活化过程,其中(+)BP-7,8-二氢二醇-9,10-环氧化物就是代谢终致癌物,可以和 DNA 碱基中的鸟嘌呤形成加合物。

三、促癌剂

虽然促癌剂在单独作用时可能不致癌,但它们能够使启动的突变细胞克隆扩增,从而促进肿瘤的发展。常见的促癌剂包括佛波酯、巴豆油、煤焦油中的酚类、卤代烃等。例如,佛波酯(PMA)是两阶段小鼠皮肤癌诱发试验中的经典促癌剂,并在体外多种细胞中显示出促癌作用。此外,苯巴比妥对大鼠或小鼠的肝癌发生也具有促癌作用,而色氨酸和糖精则与膀胱癌的发生相关。丁基羟基甲苯同样能够促进小鼠肺肿瘤的发生,并对肝细胞腺瘤和膀胱癌的形成具有促进作用。研究还表明,有机氯农药如 DDT、多氯联苯、氯丹和二噁英也是肝癌的促进剂。

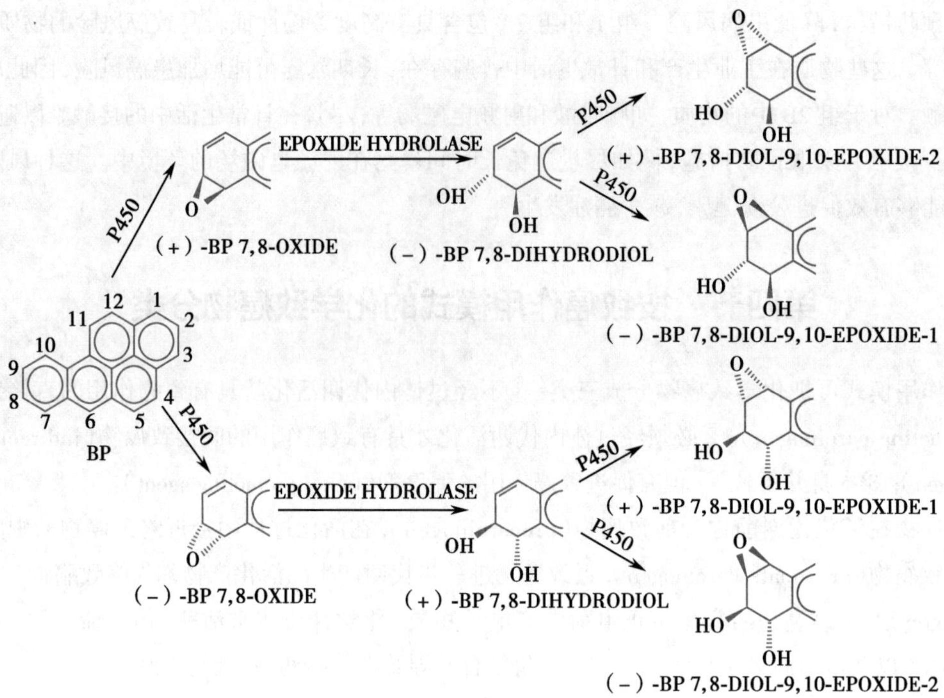

图 9-2 苯并[a]芘的代谢活化

除了上述分类法,还有一种根据致癌机制的分类方法,将致癌物分为遗传毒性致癌物和非遗传毒性致癌物。遗传毒性致癌物(genotoxic carcinogens)是指进入细胞后与 DNA 共价结合,引起机体遗传物质改变,从而导致癌变的化学物质。这类致癌物占化学致癌物的大多数,由于其作用机制是损伤遗传物质,因此可以利用遗传毒理学试验来检测这类致癌物。非遗传毒性致癌物(non-genotoxic carcinogens)则是指不直接作用于机体遗传物质的致癌物。然而需要指出的是,许多毒物的致癌机制并不是单一的,一些环境化学物质既具有诱导突变的作用,也参与非遗传毒性机制。此外,某些表观遗传模式实际上是直接作用于 DNA 或 RNA,例如基因甲基化修饰和非编码 RNA。研究证明,表观遗传变异可以通过亲代递递给子代,因此,具有诱导表观遗传突变的化学物也可归入遗传毒性致癌物。尽管 IARC 早在 1983 年就指出这种分类法存在一定的局限性,但由于传统习惯,目前这种分类法仍然被广泛使用。

第五节 致癌物的筛查方法

致癌物的识别和风险评估是一项艰巨、耗时且复杂的工作。人群流行病学调查、动物实验结果以及致癌机制研究是评价化学物质致癌危险性的主要依据。然而,流行病学调查结果的可信度高度依赖于研究设计的严密性,同时研究过程受到多种因素的限制和干扰。动物致癌试验不仅花费巨大且周期较长,且需要使用大量动物,这使得其在应对实际需求时显得力不从心。考虑到人类接触的外源化学物至少有数十万种,因此必须建立一套快速、高效且准确的外源化学物质检测系统,以预测这些物质的致癌作用。目前,通常会先进行化学物构效关系分析、致突变组合试验、细胞恶性转化试验等初步筛查,在实验结果出现阳性时,可进行经典的动物致癌试验。随着高通量组学技术及生物信息学的迅速发展,一些新的研究方法为快速检测致癌物、促癌剂以及化学致癌机制研究提供了重要的途径。这些新技术可以提高检测效率,降低成本,并可能在早期识别潜在的致癌物方面发挥重要作用。

总之,每一种评价系统和检测方法都有其优缺点,必须整合各方面的数据和资料进行综合分析,才能做出客观、准确的判断。通过多方位的研究与评估,能够更有效地识别致癌物质并评估其风险,从而为公共健康提供更好的保护。

一、基于构效关系分析的筛查方法

如果所有物质的致癌风险评估均依赖于动物实验,这不仅违背了动物伦理,而且无法高效地获取大量化学品的致癌性数据。因此,一些用于致癌性预测的软件系统应运而生。这些软件基于化学物的结构特征,能够在一定程度上判断其致癌的可能性,从而减少实验动物的使用并提高化学物致癌性数据获取的效率。一些软件通过识别可能致癌物的子结构来进行判别,目前已知的致癌相关子结构包括酰卤、N-羟甲基衍生物、丙内酯或丙磺内酯、环氧化物、氮丙啶、亚硝酸烷基酯、醌、硝基芳香族等。此外,还有一些软件利用现有的知识库和数据,通过计算化合物结构或性质相关的描述符(如理化性质描述符和拓扑描述符),结合机器学习的方法进行判断。然而,基于警示子结构进行致癌物识别的软件在敏感性方面存在一定不足,即有些致癌物未能被正确识别。而另一些模型可能在敏感性和特异性之间存在不平衡,这可能是由于训练集和测试集的选择造成的,因此需要多次评估。同时,这些方法的预测效果在一定程度上受到知识库范围的限制。

定量构效关系(quantitative structure-activity relationship, QSAR)分析通过建立预测变量 X(化学物的分子结构)与预测性质 Y 之间的关系,从而对性质未知的化学物进行预测。QSAR 不再依赖于特定的知识库,因此在预测化合物的致癌性方面发挥着重要作用。基于描述化合物的结构数据,如描述符或分子指纹,并结合机器学习或深度学习算法构建的预测模型具有良好的预测性能。此外,在模型训练过程中引入交叉验证可以减小数据集选择对预测结果的影响。因此,QSAR 成为筛查大量致癌性化学品的有力工具。一般而言,QSAR 模型可以分为两类:机理驱动的 QSAR 模型和数据驱动的 QSAR 模型。机理驱动的 QSAR 模型主要针对同类化学品,在其理化性质描述符与性质之间建立线性相关关系,能够较好地解释每种描述符对分子性质的贡献。然而,这类模型的预测结果往往过于依赖描述符的选择,即描述符的选择直接决定了模型的预测效果。随着化学品种类的增加以及对化学品特征描述的丰富,机理驱动的 QSAR 模型在预测众多化学品性质时面临挑战,因此出现了数据驱动的 QSAR 模型。这类模型能够在化学物的众多分子特征与分子的性质之间建立相关关系,从而实现对性质未知化学物的预测。机器学习技术在化学物的结构特征与活性之间建立了良好的非线性相关关系,数据驱动的 QSAR 通常结合机器学习算法,这也推动了机器学习在预测化学品致癌性方面的应用。

二、基于体外试验的筛查方法

1. **遗传毒性试验** 遗传毒性试验是指用于检测通过不同机制直接或间接诱导遗传学损伤的环境化学物的体外、体内试验。这些试验主要检测遗传物质损伤效应,效应终点包括基因突变、染色体畸变等。试验结果呈阳性的化合物为潜在致癌剂和/或致突变剂。目前遗传毒性试验包括:①基因突变检测,包括细菌回复突变试验、正向基因突变试验;②DNA 损伤与修复的检测,包括彗星试验、γ-H2AX 与 DNA 双链断裂检测、程序外 DNA 合成试验;③染色体畸变检测,包括染色体畸变试验、微核试验、显性致死试验、姐妹染色单体交换试验(具体检测方法参照第八章第五节)。在实际工作中,许多国家或者组织常要求同时采用几种遗传毒性试验进行测试,即组合检测的策略。例如国际协调组织在人用药品注册技术要求中建议了两种标准的测试组合。上述试验中，Ames 试验对致癌物的预测率最高，与动物致癌试验结果比较，敏感性约为 54%（已知致癌物在 Ames 试验中呈阳性），特异性为 70%（非致癌物在 Ames 试验中呈阴性）。

2. 细胞恶性转化试验　国际癌症研究机构（IARC）将致癌物归类为 1、2A 和 2B 组，其中约 12% 被认定为非遗传毒性致癌物。因此，建立筛查非遗传毒性致癌物的方法显得尤为重要。细胞转化（cell transformation）是指外源因素对体外培养细胞诱发的恶性表型改变，包括细胞形态、增殖速度、生长特性（如锚着独立性生长或接触抑制消失）、染色体畸变等变化。当这些细胞接种在裸鼠皮下时，可形成肉眼可见的肿瘤。进行恶性转化试验的目的在于揭示体外培养细胞在接触受试物后生物学特性的变化，包括细胞生长自控能力的丧失、接触抑制消失、细胞排列紊乱或呈灶状生长。本试验的观察终点是细胞恶性转化，因此既可以筛查遗传毒性化学物，也可以检测非遗传毒性化学物，这是致突变组合实验所不具备的。以往的恶性转化试验主要采用动物原代细胞[如叙利亚仓鼠胚胎（Syrian hamster embryo, SHE）细胞]、动物细胞系（如 BALB/c 3T3、C3H10T1/2 和 BHK-21），以及经过病毒感染永生化的细胞（如大鼠 RLV/RE 细胞和仓鼠 SA7/SHE 细胞等）。细胞选择的主要原则包括：①体外容易培养和传代，阴性细胞克隆背景较低；②自发突变率低或自发转化能力很弱，裸鼠皮下成瘤实验呈阴性；③已获无限生长能力，但仍保持接触抑制且无致瘤性的细胞系。细胞转化试验阳性结果表明受试物具有诱导细胞恶性变表型及生长特性改变的能力，提示其具有致癌潜能。然而，体外细胞转化试验也存在一定局限性，因为体外测试细胞中代谢酶活性相对低下，可能降低了系统对间接致癌物的检测敏感性。

欧洲替代方法验证中心（ECVAM）已将细胞转化试验研发为致癌试验的替代方法。其中，SHE 细胞形态转化试验是一种较为成熟的方法，其敏感性为 87%，特异性为 83%，与动物致癌试验的一致率达 85%。近年来，ECVAM 还推出了基于 BALB/c 3T3 成纤维细胞和 Bhas 42 细胞的转化试验，后者使用转染了 V-Ha-Ras 癌基因的 BALB/c 3T3 细胞株，试验的特异性及与致癌试验的一致率与 SHE 细胞转化试验相近。尽管体外转化实验可作为化学品致癌性的早期筛查试验和致癌机制探讨工具，阳性结果仅提示受试物可能具有致癌性，但不能直接用于致癌性的确定。因此在致癌物评估中应结合多种方法和数据，以提高准确性和可靠性。

三、基于动物试验的筛查方法

哺乳动物致癌试验根据观察时间和靶器官范围可以分为两种类型：一种是哺乳动物长期诱癌试验，即终身试验，这是经典且公认的化学物致癌性检测方法；另一种是动物短期致癌试验，又称有限动物试验，实验观察时间不是终身，而是在有限的时间范围内，且通常观察的靶器官限定为一个，而非全部。此外，为了缩短实验周期，以转基因和基因敲除动物为模型的致癌试验近年来也得到了显著增加，并已被新药审批机构接受。

1. 动物短期致癌试验　目前应用较多的短期致癌试验有 4 种：①小鼠肺癌诱发试验；②雌性 SD 大鼠乳腺癌诱发试验；③大鼠肝转变灶试验；④小鼠皮肤癌诱发试验。国际上将上述试验称为中期致癌试验。一般情况下，短期致癌试验适用于通过构效关系预测靶器官的受试物。由于观察的终点主要是癌前病变（如腺瘤、瘤性增生结节），而非病理确认的恶性肿瘤，因此大大缩短了实验周期。肺和肝是最常发生肿瘤的器官，也是许多致癌物的靶器官，因此多数试验选用小鼠肺癌诱发试验和 / 或大鼠肝转变灶试验。在进行短期致癌试验时，除特定要求外，应遵循长期动物致癌试验的一般要求。任一试验的阳性结果，其意义与长期动物致癌试验相当。然而，由于实验周期较短且未检查其他器官和系统,尤其是皮肤癌和乳腺癌的诱发试验仅适用于较小范围的化学物质类型,因此,哺乳动物短期致癌试验的阳性结果意义较大,而阴性结果的意义较弱。

2. 哺乳动物长期致癌试验 长期致癌试验是确认动物致癌物的可靠方法。例如,氯乙烯诱导的肝血管肉瘤于1970年首次在实验动物中获得证据,1974年才获得对人类致癌的证据;己烯雌酚、黄曲霉毒素 B_1、4-氨基联苯、芥子气等也都是首先通过动物实验发现的致癌物。在啮齿类动物中,进行 $1.5 \sim 2$ 年的试验相当于人类大半生的时间;而且动物实验能够严格控制实验条件,排除混杂因素的影响。因此,哺乳动物长期致癌试验在毒理学安全性评价中的地位是任何其他体外试验所不能替代的。然而,动物实验也存在其局限性,除了花费高、周期长和动物使用数量大外,动物实验的暴露水平往往超过人体的实际接触剂量,染毒方式也不能完全模拟人类的实际暴露途径,因此实验结果外推到人类存在一定的不确定性。实验方案应参照国内外组织机构发布的致癌试验指导原则,结合受试物的特点,制订实验系统选择、剂量设计、检测指标及终止条件等方案。

(1)动物选择:在致癌试验中,动物物种、品系、年龄、性别、肿瘤自发率及靶器官特异性等因素至关重要。一般选择断乳或断乳不久的动物,雌雄各半,除非已有证据表明该受试物的作用存在明显的性别差异,或者观察的靶器官为性腺时,才选择单一性别。通常选用大鼠和小鼠进行试验。

(2)动物数量:每组动物数应比一般毒性试验多,通常每组至少有雌雄各50只动物,以确保在出现第一个肿瘤时,每组仍有不少于25只动物。当对照组肿瘤自发率较高或染毒组肿瘤发生率较低时,所需动物数应增加。

(3)剂量设计:为观察剂量-反应关系,通常设计3个或以上的剂量。各剂量组按等比下推,如分别为上一个剂量的1/2或1/3。最高剂量一般参照最大耐受剂量,即动物能够耐受而不引起死亡的最高剂量。低剂量组应不影响动物的正常生长、发育和寿命,且不产生任何毒性效应,但略高于人类的实际接触剂量,通常不低于高剂量的10%。中剂量组介于高、低剂量之间,可以参考受试物的毒物动力学数据。对照组在其他条件均与实验组相同的情况下,不给予受试物。

(4)实验期限与染毒时间:原则上实验期限要求长期或终身。一般小鼠至少进行1.5年,大鼠2年,条件允许时可分别延长至2年和2.5年。染毒时间通常从实验开始直至实验结束进行反复多次染毒。

(5)结果的观察、分析和评定:在实验过程中密切观察动物,及时发现濒死动物并进行病理学解剖。记录发现第1例肿瘤时存活的动物数,作为实验终结时的有效动物数。体表及体内各组织器官均应肉眼观察,找出可疑肿块并进行组织病理学检查。主要分析指标包括:

1)肿瘤发生率:计算肿瘤(良性和恶性)总发生率、恶性肿瘤总发生率、各器官或组织肿瘤发生率及恶性肿瘤发生率。

2)多发性:指一只动物出现多种器官肿瘤或一个器官出现多个肿瘤,计算每组的平均肿瘤数及出现2、3个或多个肿瘤的动物数或比例。

3)潜伏期:从接触致癌物到各组出现第一个肿瘤的时间,适用于能在体表观察的肿瘤。对于内脏肿瘤,则需分批剖杀计算平均潜伏期。

在分析和判断结果时,以上3种指标只要有一项与对照组存在差异并具有剂量-反应关系,即可判定为阳性结果。如果染毒组发生的肿瘤类型在对照组未出现,也可作为阳性结果,但此时的对照组应有历史对照资料。阳性结果的评定应非常慎重,与对照组相比,在较高剂量组才出现统计学差异的结果不如在较低剂量或人类实际接触剂量下出现显著差异的结果重要。阴性结果的判定应满足试验设计的最低要求:包括使用两种动物、两种性别,且在三个剂量中至少有一个接近最大耐受剂量,每组有效动物数雌雄至少各 50 只。如果将动物数增至每组 100 只，则假阴性概率可明显降低。因此，即使符合最低要求得到阴性结果，仅表明该受试物在特定染毒条件下未引起肿瘤净增率的增加。

3. 转基因或基因敲除动物在致癌物筛查中的应用　通过转基因和基因敲除技术构建的小鼠模型为研究化学致癌作用提供了新的手段，并为快速检测致癌物开辟了重要途径。例如，在代谢途径方面，通过对代谢酶基因的高表达或沉默，可以人为地控制某一化学物的代谢过程；在整体动物水平上，可以调控特定基因的表达水平，从而阐明该基因在化学物致癌过程中的作用。目前，应用于致癌机制研究或致癌物筛查的转基因动物模型主要包括抑癌基因敲除小鼠和癌基因高表达小鼠。

其中，抑癌基因敲除小鼠的代表性模型为 p53 基因敲除小鼠。杂合子缺失型 $p53^{+/-}$ 小鼠和正常（野生型）$p53^{+/+}$ 小鼠在发育和生长上均无异常，尽管平均寿命仅为 29 周（正常小鼠的平均寿命约为 2 年），但其对化学物诱癌作用的敏感性显著提高，从而大大缩短了实验间期。此外，DNA 损伤修复基因敲除动物如 $Xpa^{-/-}$ 小鼠也常用于筛查具有遗传毒性的致癌物。同样，一些癌基因高表达的转基因动物，如 HK-fos 小鼠和 Ras-H2 小鼠，由于对化学物诱癌作用的敏感性增强，也被广泛应用于致癌物筛查实验。与传统的致癌试验相比，转基因和基因敲除动物的诱癌试验通常可以在 6 个月内完成，这不仅节省了时间、精力和费用，同时也大幅提高了检测系统的敏感性。尽管转基因或基因敲除动物模型在致癌物筛查方面提供了许多传统两年啮齿类动物致癌试验所不具备的优势，但标准实验方案仍需进一步完善。相信在未来的毒理学安全性评价中，这些模型将会有更广泛的应用前景，为化学致癌物的识别和风险评估提供更有效的支持。

四、基于人群流行病学研究的筛查方法

肿瘤流行病学调查是确定人类致癌物的重要手段。许多已知的环境致癌物都是通过人群流行病学调查发现的，包括煤焦油、木焦油酚、芳香胺、矿物油、苯、石棉、砷、铬、镉、镍、电离辐射、紫外线、酒精饮料、烟草和槟榔等。目前，大多数人类致癌物的致癌性可在动物实验中得到证实，但由于物种差异，也有部分致癌物的致癌作用不能在动物身上重现。

化学致癌的潜伏期较长，通常在人类中短则几年，长则 20～30 年。因此，采用人群流行病学调查方法来确定一种新化学物是否为致癌物，往往需要长时间的追踪观察。此外，肿瘤发生的病因复杂，人群的环境接触特征为多因素、长期、低剂量暴露。因此，对于大多数外源化学物，相关的流行病学研究资料有限，且研究结果有时不一致，这可能是由于缺乏以往暴露的评估数据、无法估计多种化学物的联合效应，或未充分考虑个体易感性因素等。要从肿瘤流行病学调查中得出正确结论，关键在于严谨的研究设计和适宜的研究条件。基本条件包括足够量的接触人群、一定的接触史（15～20 年）、能够推算出接触剂量，以及合理选择对照组以控制干扰因素等。致癌物筛查的流行病学研究一般采用队列研究（包括案例队列研究和嵌套病例对照研究）、病例对照研究、生态学研究和干预性研究，随机对照试验的结果较少，极少情况下，可以采用人类癌症的病例报告和病例系列研究。队列研究和病例对照研究的结果可单独作为推断因果关系的依据，而围绕病例报告、病例系列和生态学研究由于结果解释存在不确定性，不适合单独作为推断因果关系的依据。此外，相同因素的独立流行病学研究可能会导致结果不一致，难以进行解释。需要将来把多项研究的数据进行合并分析，这样可以使得样本量增加、精度提高，更好地控制潜在混杂因素，并可以解释研究间异质性的交互作用。最后，在评估流行病学研究证据时还需要考虑以下因素：①因果关系的推断，如关联的时间顺序、关联强度、剂量-反应关系等；②特殊人群或亚组分析；③所有相关流行病学研究结果的一致性。

（王　庆）

思考题

1. 简述致癌过程包括哪几个阶段?

2. 体细胞突变学说的理论基础是什么?

3. 非突变致癌机制包括哪些内容?

4. 国际癌症研究机构(IARC)将致癌物分为哪几类?

5. 外源化学物致癌性筛查的方法有哪些?

第十章
生殖与发育毒理学

生殖与发育过程涉及生殖细胞形成、受精、着床、胚胎发育、分娩和子代出生后生长发育等阶段。下一代个体进入青春期后，经历性成熟产生配子，重复生殖过程，形成生殖循环。外源因素可通过影响其中一个或多个环节对整个生殖和发育过程产生重要影响。生殖与发育毒理学是研究外源因素对生殖系统和发育过程的损害作用及其机制，并进行安全性评价和风险评估的毒理学分支学科。生殖毒性不仅会影响亲代健康，还往往会影响子代甚至未来几代的发育及健康，对生殖毒性与发育毒性的评估不仅需要考虑可能影响正常生育能力和胚胎发育的事件，还包括对其子代出生后至未来几代生存能力和健康状况的潜在影响。

本章将提供关于生殖毒性与发育毒性的概念、表现及影响因素、跨代效应、作用机制、测试及评价方法。通过深入研究生殖与发育毒理学，我们可以更好地识别外源有害因素所致生殖与发育的损害作用、毒作用机制、开发和应用毒性评价方法，从而为制订有效的预防和控制措施提供科学依据，保障人类生育健康。

第一节　概　述

一、生殖毒理学

生殖毒理学（reproductive toxicology）是研究外源因素对生殖系统的损害作用及其机制的毒理学分支学科。这些损害作用包括造成生殖器官和功能、内分泌系统和各类妊娠结局的改变，表现为对性成熟、性行为、生殖细胞形成、受精、着床、胚胎发育、分娩和哺乳等过程的不良影响，以及造成依赖于生殖系统完整性的其他功能改变。在一定条件下，能够引起生物体雄性或雌性生殖功能损害，以及进而影响后代发育的物质称作生殖毒物（reproductive toxicant）。

生殖毒理学起源于对生育障碍和不孕不育问题的研究，是生殖医学与毒理学结合而形成的一门重要交叉学科。很多已知的人类生殖系统疾病都与外源有害因素有关。例如，20世纪50年代发生在欧洲的"反应停事件"，20世纪70年代发生在日本含多氯联苯（polychlorinated biphenyls，PCBs）的米糠油中毒事件，20世纪90年代末发生在比利时等国的"二噁英（tetrachlorodibenzo-p-dioxin，TCDD）公害事件"等，促进了生殖毒理学的研究与发展。

"内分泌干扰化学物（endocrine disrupting chemicals，EDCs）"的概念在上述背景下提出，指一类环境中天然存在或人工合成的，可模拟生物体内激素的生理、生化作用，干扰生殖内分泌系统功能，对亲体及其后代产生不良健康效应的外源化学物。EDCs主要来源于石油、电子、塑料、涂料、农药等产品和某些食品及洗涤化学用品，可在造纸、冶炼、化工垃圾处理、汽车尾气排放、吸烟和制药等过程中大量产生。其中，存在于环境的持久性有机污染物（persistent organic pollutants，POPs）对人类和其他哺乳动物造成的危害最为严重。POPs是指具有长期残留性、生物蓄积性、一定挥发性和高毒性等特点的化学物。POPs可通过食物链富集，对人类健康尤其是生殖健康造成严重影响。研究表明，很多EDCs可导致性分化异常、生殖道畸形、生精障碍、性功能异常、生育力下降、不孕不育、死胎或畸胎、自然流产、恶性肿瘤、多囊卵巢综合征、出生缺陷等不良健康效应。EDCs 和 POPs 污染对生殖健康的威胁是全球共同面临的重大公共卫生问题，其识别、监管与防控是 21 世纪环境和生命健康领域亟待解决的重大问题。

二、发育毒理学

发育毒理学（developmental toxicology）是研究生命早期外源因素暴露对发育的损害作用及其机制的毒理学分支学科，也是在畸胎学基础上发展起来的现代毒理学分支学科。发育毒理学研究内容包括亲代外源因素暴露导致的异常发育结局，以及子代出生早期乃至性成熟前受外源因素的作用对出生后发育过程的影响。外源因素与出生缺陷相关研究的逐渐深入推动了发育毒理学的发展。生物、物理、化学因素以及不良生活习惯等外源因素的暴露，除引起人类畸形外，还可影响生长发育与机体功能。例如，1940 年澳大利亚发生风疹大流行，次年出生婴儿智力发育不全等发生率显著增高。20 世纪 70 年代，研究发现，母亲孕期酗酒诱导了胎儿出现面部畸形和智力发育障碍等出生缺陷。

人类出生缺陷与发育异常可能是一种或多种遗传或环境因素造成的，病因不明的发育异常很可能与某些环境因素的暴露有关，或者是环境因素与遗传因素共同作用的结果。并且，人们逐渐意识到胚胎期和儿童早期的环境暴露不仅可导致当下发育状态的异常，还可能影响个体的远期健康。例如，20 世纪 80 年代提出的多哈理论（developmental origins of health and disease, DOHaD），强调了发育过程中的外源因素对个体终身健康的深远影响，指出胚胎期和儿童早期的营养、应激和环境化学物等外源因素，可以通过改变发育过程中的生理和代谢途径，影响个体的长期健康。

随着发育毒理学研究的不断深入，人们发现在某些情况下，外源因素暴露导致的生殖与发育损害作用不仅限于影响生育能力、胚胎发育和子一代（the first filial generation, F1）出生后的发育过程，还可以通过影响子代的生殖细胞产生多代效应。这种经由亲代暴露，而子代不直接接触外源因素发生的效应被称为跨代效应（transgenerational effect），是广义发育毒性中的一种特殊形式。跨代效应往往不能归因于外源因素对个体的直接影响，如妊娠期环境暴露可以直接影响配子（如胚胎中已经形成的卵母细胞）或胚胎时期的子代，只有排除这些直接接触后发生改变的表型才能真正被称为跨代效应。

三、生殖毒性、发育毒性与跨代效应的关系

生殖发育是从个体发育、性成熟再到繁育的连续过程。外源因素所致生殖与发育毒作用，可能是贯穿亲代、配子、合子、胚胎、胎儿、出生后、性成熟前乃至往后多代的毒效应过程，故生殖与发育毒理学用于描述外源因素在这一连贯生理过程中的系统影响。通常，生殖毒性聚焦外源因素对性成熟个体生殖功能及基于此对后代的影响；而发育毒性强调亲代暴露于外源因素引起子代发育异常的现象。外源因素引起的生殖毒性与发育毒性的暴露窗口相互重叠，某些情况下生殖毒性过程可能伴随着后续发育毒性甚至跨代效应的发生，也可能仅对亲代生殖系统产生毒作用（图 10-1）。

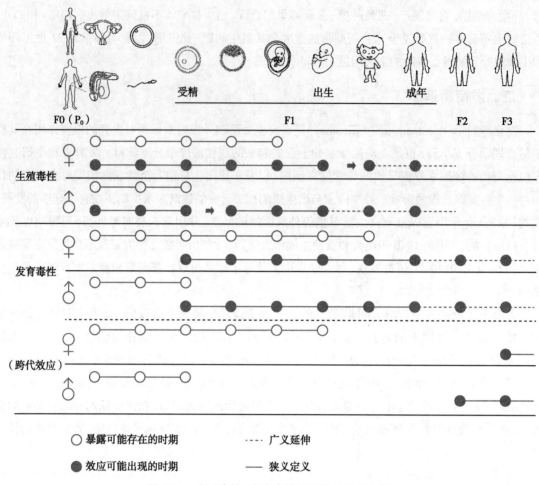

受精　　　　出生　　　成年

F0（P₀）　　　　　　　　　F1　　　　　　　　　　F2　　F3

生殖毒性

发育毒性

（跨代效应）

○ 暴露可能存在的时期　　　---- 广义延伸
● 效应可能出现的时期　　　—— 狭义定义

图 10-1　生殖毒性、发育毒性与跨代效应的关系

第二节　生殖毒性

一、基本概念

1. **生育指数**（fertility index）　指交配动物中确定妊娠动物所占的百分率，是描述交配试验结果的主要指标，常与脏器重量、肉眼和显微镜下可见的组织病变、动情周期以及卵母细胞数量等其他指标结合，用于生殖系统损害的综合评价。

2. **性腺毒性**（gonadal toxicity）　指外源因素作用于性腺并造成其器质性或功能性异常，或相关联的生殖器官发育与生长异常的能力。某些性腺毒物可影响配子的发生、增殖和成熟，使生殖细胞数量减少、功能减退及突变，造成不育、流产、死胎、畸胎和其他先天缺陷。

3. **生殖毒性**（reproductive toxicity）　指外源因素引起雄性或雌性生殖功能损害进而影响后代发育的能力。包括雄性生殖毒性（male reproductive toxicity），具体表现为生精细胞的成熟和激素分泌释放规律的紊乱，精子数量、精子质量、个体交配行为的异常，交配能力或生育力的改变；以及雌性生殖毒性（female reproductive toxicity），具体表现为卵巢细胞的成熟和激素分泌释放规律的紊乱，卵泡数量、卵泡质量、个体交配行为的异常，交配能力或生育力的改变。

二、生殖毒性的影响因素

与其他器官和系统的毒作用相比，外源因素的生殖毒作用受生殖细胞发生周期和动情周期以及屏障作用等多种因素的影响。

（一）生殖细胞发生周期和动情周期

1. 精子的发生周期　精子发生包括精原细胞、初级精母细胞、次级精母细胞、精子细胞再到精子的连续过程。初级精母细胞到次级精母细胞的转变阶段经历染色质浓缩与减数分裂过程，对外源因素暴露尤为敏感。

2. 卵子的发生周期　卵子的形成过程是一个持续多年的过程，从女性出生前开始，直到青春期和成年后的排卵周期。增殖期时，原始卵泡发育为初级卵泡，卵泡进入生长和发育阶段，而卵母细胞在卵泡内生长发育直至成熟排卵。这一时期的卵母细胞恢复减数分裂，对外源因素暴露十分敏感。

3. 动情周期　雌性卵子形成和性激素的分泌均呈周期性波动，动情周期则是评价性腺功能的重要指标之一。

（二）生殖系统的屏障作用

1. 血睾屏障（blood-testis barrier）　广义的血睾屏障由紧密连接、黏附连接和缝隙连接等连接复合体共同组成，把近腔室和睾丸淋巴液、组织液分隔开来，从而保证在近腔室中进行的生殖细胞成熟分裂和精子变态过程能在一个相对稳定的微环境中进行，免受外源因素的侵害。血睾屏障是机体最有效的保护屏障之一，其功能主要是阻止某些大分子物质经血液或淋巴途径进入生精小管管腔，调节生物活性物质在生精上皮内的浓度，同时也具有免疫屏障作用。某些小分子化学物和脂溶性药物对血睾屏障的透过性较高，因此容易穿透屏障并对生精过程造成影响。

2. 胎盘屏障（placental barrier）　胎盘屏障是胎盘绒毛组织与子宫血窦间的屏障。胎盘是由母体和胎儿双方的组织构成的，包括绒毛膜、绒毛间隙和基蜕膜。绒毛膜内含有脐血管分支，从绒毛膜发出很多大小不同的绒毛，这些绒毛分散在母体面中，并吸收母体血液中的氧和营养成分，排泄代谢产物。胎盘屏障作为过滤器，可减少某些大分子、病毒等物质的通过，保护胚胎和胎儿免受外源因素的侵害。随着妊娠时间延长，绒毛表面积增加，膜厚度下降，化学物的通透性也可增加。

三、雄性生殖毒性

雄性生殖易受到外源因素的干扰而产生损伤，损伤靶点包括雄性生殖系统的睾丸、附睾及其他内分泌系统等。具有雄性生殖毒性的外源因素有很多，如农药、重金属等化学因素，以及高热、不良作息等物理或生活因素。外源因素对雄性生殖的损伤作用主要表现为性行为的改变、生育力的降低、性器官的退行性变化、精子数量及质量的下降等。

1. 对生殖细胞的影响　对雄性生殖细胞毒性的研究，主要从对各级生精细胞的影响展开。对精原细胞及各级精母细胞的毒性作用主要表现为细胞凋亡增加和异常分裂等；对精子的毒性作用主要表现为数量减少、形态异常和运动能力变化等。损害支持细胞可以破坏血睾屏障，影响精子发生过程；而损害睾丸间质细胞（Leydig 细胞），则会影响雄激素的分泌。

2. 对内分泌功能的影响　下丘脑-垂体-睾丸轴是分泌雄性生殖激素的一个完整的精密系统，分泌的相关激素在雄性生殖过程中起重要作用，研究较多的有由垂体释放、刺激睾丸间质细胞发育并促进其分泌睾酮的黄体生成素（luteinizing hormone，LH），由垂体分泌、作用于睾丸生精小管可促进精子形成的卵泡刺激素(follicle stimulating hormone,FSH)和雄激素睾酮(testosterone)等。多种环境化学物具有抑制不同内源性激素生物合成,引起内分泌系统失衡的能力。

3. 对性功能的影响 哺乳动物的性行为受中枢神经系统控制,由性激素等多种内分泌激素调节。某些环境化学物暴露可造成性功能障碍,如一些抗抑郁、抗癫痫、镇静镇痛及降血压等治疗中枢神经系统疾病的药物通过影响中枢神经系统而影响雄性性行为,可对雄性的性功能产生影响;还有一些毒物如双对氯苯基三氯乙烷(dichlorodiphenyltrichloroethane,DDT)、PCBs 等通过干扰激素分泌影响雄性的性行为。

4. 对生育力的影响 外源有害因素对雄性生殖功能的影响表现在交配率、生育指数和雌性妊娠率等生育力指标改变。如雄性小鼠暴露于全氟辛酸(perfluorooctanoic acid,PFOA),可显著损害生精小管,增加精原细胞凋亡并降低小鼠睾丸中的睾酮水平,造成雄性小鼠生殖功能障碍。雄性大鼠暴露于邻苯二甲酸酯(phthalate esters,PAEs),可观察到睾丸重量减轻、精子发生受损和外生殖器畸形等一系列不良生殖结局。男性职业接触二溴氯丙烷与无精子症、少精子症以及血清 FSH 和 LH 水平升高有关。

四、雌性生殖毒性

雌性动物生殖系统评价通常包括卵巢、子宫、输卵管、阴道和垂体等器官重量测定和组织病理学检查,以及阴道脱落细胞学检查等以评估动情周期。外源因素的雌性生殖毒性表现在引起动情周期、生育力和妊娠结局的改变,以及卵巢损伤和内分泌系统的紊乱等多方面。

1. 对生殖细胞的影响 卵泡的发育是一个连续的过程,一般可以划分为原始卵泡、初级卵泡、次级卵泡、三级卵泡和成熟卵泡五个阶段。卵泡发育过程受到外源因素损伤时可以表现为卵母细胞第一极体释放率降低,成熟卵泡闭锁,甚至出现卵泡变性坏死等。如苯并[a]芘(benzo[a]pyrene,BaP)可特异性杀伤小鼠和人类的原始卵泡,并破坏初级卵泡。

2. 对内分泌功能的影响 女性生殖的内分泌调节非常复杂,卵巢周期与下丘脑-垂体-卵巢轴释放的促性腺激素释放激素(gonadotropin releasing hormone,GnRH)、LH 和 FSH 有关,也与雌激素和孕激素等的反馈调节密切相关。卵巢功能和生殖周期受神经内分泌的调节,外源因素影响下丘脑-垂体-卵巢轴的任一环节,即可对雌性生殖系统产生损害作用。某些环境化学物能模拟雌激素的作用,干扰雄激素的平衡,导致内分泌紊乱,如双酚 A(bisphenol A,BPA)可以与雌激素受体结合,影响激素信号传递,发挥内分泌干扰作用。

3. 对生育力的影响 一些外源因素能导致雌性动物的动情周期明显延长或动情周期紊乱等,排卵和受孕率是外源因素对雌性动物生育力产生影响的最常见指标。如雌性小鼠暴露于 PFOA 后,动情周期丧失、卵巢类固醇激素合成酶水平下降以及雌激素或孕酮诱导的乳腺生长因子表达减少。

第三节 生殖毒作用机制

与机体其他系统相比,生殖系统极其复杂,环节众多,而且雄性与雌性生殖过程存在明显差别,如雄性生殖过程包括睾丸功能调节、睾丸激素生成、精子形成和运输以及性行为等环节;雌性生殖过程包括卵子的发生、成熟、运输、受精、妊娠和分娩等环节。这些环节共同协调,确保雄性和雌性生殖系统的正常功能,外源因素对这些过程中任一环节的影响均会引起生殖毒作用,故外源因素对生殖系统的毒作用及其机制非常复杂。众多整体动物实验、体外实验和流行病学调查等研究结果不断更新和完善外源因素引起的生殖毒作用机制。其中主要的机制包括激素-受体结合相关机制、生殖细胞稳态失调机制、生殖细胞损伤与凋亡机制和表观遗传调控机制等。

一、干扰激素-受体结合

激素可通过与核受体(胞内受体)或非核受体(膜受体)的交互作用进而引起靶组织反应。天然配体(ligand)与其受体(receptor)的特异性结合是发挥激素功能的关键步骤。经典的生殖毒性受体机制包括两方面:一是模拟细胞内受体和内源性激素的相互作用(如受体激动剂);二是阻断或抑制激素-受体复合物的形成(如受体拮抗剂)。其损害除了影响一些生理功能外,还可涉及基因水平的改变。生殖毒性所涉及的配体及相应受体种类主要包括雄激素(androgen)及其受体(androgen receptor, AR)、雌激素(estrogen)及其受体(estrogen receptor, ER)、孕激素(progesterone)及其受体(progesterone receptor, PR),还包括芳香烃受体(aryl hydrocarbon receptor, AhR)、甲状腺激素及甲状腺激素受体(thyroid hormone receptor, TR)等。激素与受体结合后形成激素-受体复合物进入细胞核内,最终激活靶基因的转录。因此,一定水平的激素与受体的结合是生殖系统功能维持的必要条件,而多种外源因素(如环境内分泌干扰物)可模拟天然配体作为激动剂(agonist),或抑制配体-受体结合作为拮抗剂(antagonist),产生拟激素或抗激素作用,从而产生生殖毒作用。

一些雌激素类化学物如己烯雌酚,可作为配体与雌激素受体产生竞争性结合,形成复合物后再结合到细胞核 DNA 结合域的雌激素反应元件上,诱导或抑制基因的转录,启动一系列激素依赖性生理生化过程。一些 EDCs 能够模拟或干扰内源性激素的正常功能,从而影响雌性动物的动情周期。出生后 5 天内或整个哺乳期暴露于染料木黄酮与雌性大鼠脊柱前凸反应减少和动情周期紊乱有关。成年期急性饮食暴露于染料木黄酮和大豆异黄酮混合物也会降低雌性大鼠的性行为频次。总之,外源因素可通过对激素受体功能多重影响的结果及其反馈调节而引起多种内分泌干扰途径和方式,从而产生生殖毒作用。

二、引发生殖细胞稳态失调

细胞稳态是指在神经、内分泌和免疫系统共同调节下,细胞内各种成分和生理功能保持相对稳定的状态。外源因素主要通过能量代谢障碍、细胞内 Ca^{2+} 升高和自由基的产生等过程,引起细胞稳态失调(cellular homeostasis dysregulation)。

外源有害因素可能引发生殖细胞的能量代谢障碍,从而导致生殖细胞损伤和生殖力的下降。硫丹可显著减少睾丸组织中 ATP 水平,同时睾丸组织中线粒体的结构受到破坏,从而导致能量代谢不足或障碍,影响精子的发生及成熟;醋酸铅可通过引起睾丸支持细胞 TM4 细胞能量代谢功能障碍导致细胞损伤,进而影响精子发生过程。某些生殖毒物可通过改变卵巢细胞能量代谢相关酶如线粒体 ATP 酶和乳酸脱氢酶活性而导致能量代谢障碍,如纳米 Fe_2O_3 暴露通过影响脂质代谢造成线粒体代谢异常并造成胚胎发育异常。

细胞内 Ca^{2+} 内流的增加也与能量代谢密切相关。低剂量电离辐射可导致小鼠生精细胞的线粒体出现肿胀、空泡化和嵴断裂,以及睾丸组织内 ATP 合酶活性降低,而生精细胞 Ca^{2+} 浓度的变化趋势与 ATP 合酶活性的改变一致,均呈现浓度和时间依赖的效应关系。

外源因素可通过对睾丸或卵巢产生氧化损伤而对生殖系统造成损害。精液中活性氧(reactive oxygen species, ROS)可能来源于粒细胞或精子中的 NAPDH 氧化酶的作用而释放出来的超氧自由基,正常情况下生理水平的 ROS 是维持生殖功能所必需的。精子对于过量的 ROS 比较敏感。人群研究发现,较高的尿砷、镉和铅水平与氧化应激标志物的增加有关,可能是导致精液质量下降、睾丸发育受损和精子发生异常的关键因素;动物研究证实镉暴露可通过氧化应激机制损伤间质细胞,抑制睾酮的合成,最终影响精子发生。有机氯农药甲氧DDT能在短期暴露下,通过降低抗氧化酶活性和增加脂质过氧化造成大鼠睾丸氧化损伤。铅暴露会导致卵母细胞氧化应激损伤,从而影响卵母细胞的成熟和受精。

三、诱导生殖细胞损伤与凋亡

多种生殖细胞如睾丸支持细胞、精子和卵巢颗粒细胞等较容易受外源因素的影响而发生损伤与凋亡,诱发的方式可能包括:作用于下丘脑-垂体-性腺轴,使体内 LH、FSH 和睾酮、雌二醇等激素水平明显下降,从而引发生殖细胞的凋亡;直接对生殖细胞产生作用,启动凋亡相关信号通路;诱导过度氧化应激造成氧化损伤等。能够引发生殖细胞损伤与凋亡的外源化学物种类较多,如双酚类、邻苯二甲酸酯类、拟除虫菊酯类等。

外源有害因素对睾丸中精原细胞、精母细胞、支持细胞和间质细胞等关键细胞产生的特异性损害作用,都可能导致精子生成障碍和不育。环磷酰胺(cyclophosphamide, CP)等化疗药物可破坏精原细胞和精母细胞的正常发育过程,导致精子数量减少和精子质量下降。PAEs 等化学物质可干扰支持细胞的功能,导致精子生成异常,精子数量减少。在正常精子发生过程中存在自发性的生精细胞(主要是精原细胞和精母细胞)凋亡,而生精细胞、间质细胞及支持细胞凋亡增加常常是睾丸细胞损伤的表现。研究显示,甲基汞损伤小鼠生精细胞是通过凋亡实现的,其通过阶段性细胞凋亡导致生殖细胞缺失,从而影响精子发生。

生殖毒物对卵巢的影响主要表现在对原始卵泡、初级卵泡、成熟卵泡及内皮细胞的毒作用。3-甲基胆蒽(3-methylcholanthrene, 3-MC)和 BaP 等可特异性杀伤大鼠、小鼠和人类的原始卵泡,破坏初级卵泡并导致不孕。

哺乳动物卵巢从胎儿期一直到卵巢老化期,其多余细胞的清除是通过细胞凋亡来实现的。动物出生前,卵巢就有许多原始卵泡,但只有少数卵泡和卵子能够发育成熟并排卵,绝大多数卵泡发生闭锁和退化。对闭锁卵泡的 DNA 分析可以看到特有的 DNA 梯状条带,而正常卵泡则没有,表明闭锁卵泡发生了凋亡。铝暴露通过破坏亚细胞结构和增加 DNA 损伤相关细胞的凋亡损害小鼠卵母细胞。

四、表观遗传调控机制

外源有害因素可通过引起表观遗传改变,进而影响基因的转录和翻译过程,导致生殖系统发育和功能异常。目前研究较多的表观遗传调控机制为 DNA 甲基化和组蛋白修饰。

暴露于玉米赤霉烯酮(zearalenone, ZEA)的小鼠 DNA 甲基化水平较低,组蛋白 H3K27 的甲基化水平较高,睾丸雌激素受体表达水平较低。大鼠暴露于 PAEs 可引起睾丸间质细胞的从头甲基转移酶和维持甲基转移酶基因的转录与翻译水平上调,从而损害雄性生殖功能。$PM_{2.5}$ 暴露导致雄性小鼠性激素和精子功能损伤的动物模型中,同样发现其睾丸 5-甲基胞嘧啶的总甲基化水平显著改变,特别是 $Cyp11a1$ 和 $Pax8$ 等参与睾酮合成和精子发生的关键基因甲基化水平升高。

BPA 可通过改变雌激素受体与雄激素受体等生殖系统发育相关基因的表达,干扰激素反应通路或者调节类固醇的合成,从而对雌性生殖能力产生影响。急性镉暴露还会降低 5mC、H3K9me3 和 H3K9ac 的水平,并降低 DNA 甲基化水平,继而影响细胞骨架组织和线粒体功能来损害卵母细胞的减数分裂和胚胎发育。

总之,生殖系统极其复杂,生殖毒物可在任一环节对生殖系统造成损伤,并在生殖系统各层面引起毒性反应。因此,不断深入探索生殖毒物的毒作用机制对促进生殖健康和提高生育质量具有重要意义。

第四节 发育毒性与致畸性

一、基本概念

1. **胚体-胎体毒性**(embryo-fetal toxicity) 是外源因素引起胚胎毒性(embryotoxicity)和胎体毒性(fetotoxicity)的统称。①胚胎毒性:是指外源因素在胚胎着床前后直至器官形成结束期间对胚胎造成损害作用的能力。②胎体毒性:是外源因素在器官形成期后对胎体造成损害作用的能力。广义地说,胚体-胎体毒性包括孕体结构和功能方面的各种损害,一般情况下胚体-胎体毒性是指孕体死亡和生长发育迟缓,但不包括结构畸形。

2. **发育毒性**(developmental toxicity) 指生命早期外源因素暴露导致异常发育结局的能力。广义的发育毒性不仅表现为亲代外源因素暴露导致的异常发育结局,还包括子代出生早期乃至性成熟前受外源因素的作用对出生后发育过程的影响。生命早期暴露能够引起发育异常的外源化学物称为发育毒物(developmental toxicant)。近年来,发育毒性的概念不断延伸,由亲代暴露引起子代的发育改变主要表现为:

(1)发育生物体死亡(death of the developing organism):在受精到分娩的过程中,发育体死亡。包括受精卵未发育即死亡、胚泡未着床即死亡、着床后发育到某一阶段死亡。早期死亡被吸收或自子宫排出形成自然流产,晚期死亡成为死胎。

(2)生长改变(altered growth):一般指生长迟缓(growth retardation)和生长过速(over growth)。当胎儿生长发育指标比正常对照的均值低于或高于2个标准差或以上时,可认定为生长迟缓或生长过速。

(3)结构异常(structural abnormality):即畸形(malformation),指胎儿形态结构异常,包括外观、内脏和骨骼畸形。可分为严重畸形(major malformation)和轻微畸形(minor malformation),前者对外观、生理功能和寿命有明显影响,后者可能只有轻微影响或没有影响。

(4)功能缺陷(functional deficiency):包括生理、生化、免疫、行为、智力等方面的异常。功能缺陷往往在出生后经过一段时间才可发现,如听力障碍、视力障碍和生殖功能障碍等。

3. **致畸性**(teratogenicity) 指外源因素引起胎儿形态结构异常的能力。能引起胎儿形态结构异常的外源化学物叫致畸物(teratogen),又叫致畸原。致畸物引起畸形的过程叫致畸作用(teratogenesis)。

4. **变异**(variation) 是由遗传和遗传外因素控制的外观变化,或由于分化改变而引起的差异。变异发生在同一种属的子代与亲代之间或子代的个体之间,一般是微小或次要的结构改变。如肋骨或椎骨数目多于或少于正常、内脏易位等都属于变异。一般认为变异不影响正常生理功能,更不危及生命。但在动物致畸试验中,如果某种变异频率异常增多,并呈一定剂量-效应关系,也应引起注意。

5. **出生缺陷**(birth defect) 指婴儿出生前即已形成的发育障碍,包括畸形、生长改变和功能缺陷。与外源因素暴露有关的常见出生缺陷包括先天性心脏病、唇腭裂、神经管畸形、尿道下裂和低出生体重等。

6. 不良妊娠结局（adverse pregnancy outcomes）　指妊娠后发育生物体死亡或出现外观异常和功能缺陷的现象。包括流产、死胎、死产、宫内生长迟缓、畸形、早产、新生儿和婴幼儿期死亡等。

二、发育毒性的特点和影响因素

与对其他系统和器官的毒作用相比，外源因素的发育毒性有显著的特点，主要表现在致畸作用受到敏感期、剂量、遗传和外源因素导致的母体毒性等多种因素的影响。

（一）发育各阶段发育毒作用的特点和致畸敏感期

不同系统和器官的形成与发育不完全同步，速度不同，有先有后。发育有害因素可作用于不同发育阶段而产生不同效应。因此，孕体发育不同阶段接触各种发育有害因素所引起的发育毒性表现不同（表 10-1）。致畸性是发育毒性的一种特殊表现形式。致畸性在胚胎发育的特定阶段发挥作用，并往往表现出特定的剂量-效应关系，最容易引起畸形的阶段是器官形成期。

表 10-1　各发育阶段相关毒物暴露与发育毒性之间的关系

发育阶段	相关毒物	靶系统	观察到的效应
精子	铅、汞	整个孕体	低出生体重；新生期死亡
卵母细胞	多氯联苯	整个孕体	细胞死亡；先天畸形
胎盘	双酚 A	心血管系统	干扰主动转运；改变母体-胎体循环
	苯并[a]芘	代谢	改变营养素的生物合成
胚体	苯巴比妥	整个孕体	子宫内生长迟缓；先天畸形；死亡
胎体	二苯并[a]芘	整个孕体	生长迟缓；死亡；经胎盘致癌
	邻苯二甲酸酯	泌尿与生殖系统	泌尿系统缺陷、生殖器畸形
	镉、乙二醇	骨	骨骼畸形
婴儿	农药	神经系统	神经行为异常；断瘾症状；心理能力改变
	内分泌干扰物	生殖系统	生育力改变
	阿片类药物	呼吸器官	呼吸抑制
	吲哚美辛	肌肉组织	肌张力减退
	尼古丁	整个机体	新生期死亡

1. 着床前期　又称分化前期，从卵子受精时算起，到完成着床之前。人类着床前期为妊娠 11～12 天，啮齿类动物为妊娠的前 6 天。卵子受精后，细胞迅速分裂形成胚囊，此时细胞分化很少，受损的是相对未分化细胞。通常是未分化细胞受外源有害因素损伤而致胚泡死亡，称为着床前丢失（preimplantation loss）。一般情况下，在着床前期很少发生特异的致畸效应，但也有研究发现小鼠妊娠第 2.5 天、第 3.5 天和第 4.5 天用甲基亚硝脲处理可造成子代神经管缺陷和腭裂。

2. 器官形成期　着床后孕体即进入器官形成期，直到硬腭闭合。人类为妊娠 3～8 周，大鼠和小鼠为妊娠 6～15 天，家兔为妊娠 6～18 天。器官的迅速形成需要细胞增殖、移动，以及细胞间的交互作用和形态发生的组织改造，其中细胞增殖的速度极为重要。器官形成期是发生结构畸形的关键期（critical period），也叫致畸敏感期。如"反应停事件"多由孕妇在妊娠 20～35 天服药后导致。大多数器官对致畸作用有特殊的敏感期，即时间靶窗（target windows）。致畸试验的染毒时间应包括整个敏感期,有利于发现致畸效应。各类物种妊娠期长短不一,敏感期的时间也不同(图10-2)。器官形成期暴露也可能引起胚胎死亡。包括啮齿类在内的一胎多仔动物胚胎死亡后被吸收,称吸收胎(resorption),人类和灵长类则表现为流产。外源化学物在这一时期的发育毒性表现以结构畸形最多,也可出现胚胎死亡和生长迟缓。

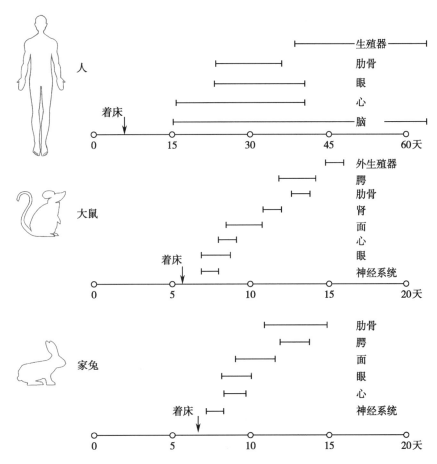

图 10-2　人、大鼠和家兔的致畸作用敏感期及不同器官诱发畸形的"时间靶窗"

　　3. 胎儿期　器官形成结束(以硬腭闭合为标志)后即进入胎儿期,人类从妊娠56~58天开始,直到分娩。胎儿期以组织分化、生长和生理学的成熟为主。在胎儿期接触发育有害因素很可能影响生长和功能成熟,如造成免疫系统、中枢神经系统和生殖系统的功能异常等。胎儿期外源因素的不良作用主要表现为生长迟缓、功能障碍,偶见死胎。这些改变在出生前表现不明显,常需要出生后仔细观察和检查才能发现。某些结构变化也可在胎儿期发生,但通常是变形(干扰先前正常的结构)或异常而非畸形。

　　4. 围生期　人类围生期是指孕妇在接近分娩前后的特殊时期,包含了从妊娠第28周到新生儿出生后的早期阶段。一些发育毒性在出生时不易被发现,在出生后的进一步发育过程中才逐步显现。围生期接触二噁英、PCBs、拟除虫菊酯类农药等外源化学物可以影响出生后 T 细胞、B 细胞和巨噬细胞发育、分化、迁移、归巢和功能,可能暂时性或永久性损伤子代的免疫系统。围生期由于细胞增殖快、毒物代谢酶功能不全、免疫功能低等原因,其是对致癌物最敏感的时期。许多儿童期高发的肿瘤,如急性淋巴细胞白血病、神经母细胞瘤、骶骨前畸胎瘤、胚性腺肌瘤等,与围生期暴露某些环境因素有关。婴儿还可经母乳暴露某些外源因素导致发育毒性,如经母乳暴露全氟化合物可能导致婴儿生长迟缓。

5. 出生后至性成熟前 出生后到性成熟前的发育阶段是个体从婴儿、儿童到青少年期间逐步成长的过程。与胎儿期和围生期相比,这一阶段外源因素的影响更多体现在生长发育、器官系统的功能成熟以及生殖系统的发育上。幼儿的神经系统在出生后逐渐发育完善,幼儿期铅、甲基汞和二噁英等神经毒物暴露会增加注意力缺陷、多动症、学习障碍和智力发育迟缓的风险。儿童期EDCs的暴露可通过干扰性激素的分泌和作用,导致性早熟、月经紊乱、生殖系统发育异常甚至增加成年期相关癌症的风险。全氟化合物等暴露可导致儿童和青少年生长迟缓、肥胖和代谢紊乱,并可能与成年后代谢综合征及糖尿病的发生风险增加有关。一些外源因素的影响在青少年期可能并不明显,但可在成年后逐渐显现。

(二)发育毒性的剂量-反应关系和阈值问题

发育毒性的剂量-反应关系十分复杂,可因化学物的类型、暴露时间和剂量而改变。常见的有以下3种类型(图10-3):

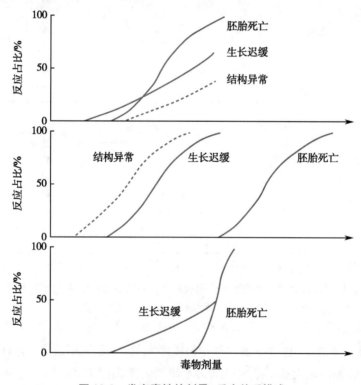

图 10-3 发育毒性的剂量-反应关系模式

1. 正常胎、生长迟缓、畸形和胚胎死亡可以同时存在,低剂量可引起生长迟缓、胚胎吸收和畸形;随着剂量增大,胚胎死亡增多,直至整窝胚胎死亡。致畸性高的化学物产生的反应谱表现为致畸曲线左移,但仍与胚胎死亡曲线重叠。这种反应类型较常见,多为细胞毒性致畸物,如烷化剂和抗癌药等致突变物。

2. 远低于胚胎致死剂量下即可出现致畸,甚至全窝致畸,畸形胎儿常有生长迟缓,生长迟缓曲线常平行于致畸曲线。剂量增加到超过全窝畸形的剂量时,出现胚胎死亡,常伴有明显的母体毒性。这种模式较少见,表示受试物有高度致畸性,作用于胚胎分化过程的某些特殊事件,常见物质如沙利度胺、天然或合成的糖皮质类固醇及农药除草醚(nitrofen)等。

3. 只有胚胎生长迟缓和胚胎死亡,无畸形发生。往往生长迟缓首先出现,曲线较平缓;较大剂量才出现胚胎死亡，其曲线较陡，近乎表现为"全或无"。通常认为具有这种反应谱的化学物具有胚胎毒性，但没有致畸性。出现这种曲线时，应在开始出现生长迟缓到致死的剂量间多设几组重复实验，以确保无畸形发生。

典型致畸作用的剂量-反应曲线的斜率比较大，从致畸作用的未观察到有害作用水平（NOAEL）到胚胎100%死亡的剂量往往只差2～4倍，如给孕鼠腹腔注射环磷酰胺5～10mg/kg未见畸形发生，而40mg/kg时几乎引起胚胎100%死亡。从致畸作用的NOAEL到胚胎死亡剂量之间的剂量范围称为致畸带。致畸带越宽，致畸危险性越大。

外源化学物的发育毒性是否存在阈值目前存在争论。一方面，针对低发生率的剂量-反应关系设计实验需要较大的样本数，如每个剂量组几百到几千窝，在实际开展过程中存在一定难度，相关实验证据不充分。另一方面，多数发育毒性机制还不清楚，有的已知机制支持阈值的存在，而有些机制则不支持。例如，基因突变导致发育异常在理论上只要一个分子能到达胚胎中的一个原始细胞，一次击中一个关键的基因，导致一个点突变，就可能导致基因产物的有害改变，这样的发育毒性往往无法确定阈值。考虑到哺乳动物的胚胎具备较高恢复健康的潜在能力、细胞有自我平衡机制以及母体的代谢平衡机制等特点，在实践中通常将哺乳动物的发育毒性视为一种有阈值的效应。在人类健康风险评估中，一般也按有阈值的效应来评价外源化学物的发育毒性。

（三）发育毒性的物种差异

发育毒性尤其是致畸作用与遗传特征有关，常存在明显的物种差异。这种差异源于不同物种之间存在代谢变化、胎盘种类、胚胎发育的速度和方式等方面的不同。化学致畸物往往有各自易感的物种和品系，化学物经生物转化为活性中间产物或终产物的速度和途径也与遗传有关。一种化学物对不同物种的致畸作用可能不一致，对不同动物并不一定都具有致畸作用，引起畸形的类型也可能不同。畸形往往发生在那些能够形成活性代谢产物的物种。如沙利度胺4000mg/kg对大鼠和小鼠无致畸作用，但0.5～1mg/kg对人就有极强的致畸作用，这是因为人和其他灵长类以及家兔能代谢产生具有致畸作用的 S- 构型活性中间产物，而大鼠和小鼠则不能。相反，一些对啮齿类动物有强烈致畸作用的化学物却没有对人类产生致畸作用。如农药敌枯双（dinoseb）是大鼠和小鼠的强致畸物，虽然人类也有暴露，但至今没有对人类致畸的直接证据。化学物在不同物种发育毒性实验中致畸性也可能存在差异，因此在筛选致畸物时强调要用两种动物进行试验，以减少因实验动物不敏感而出现的假阴性。目前一般选用一种啮齿类和一种非啮齿类，首选大鼠和家兔。

（四）生殖系统的屏障作用

胎盘是胎儿和母体间进行物质交换的场所，也是保护胎儿免受外界有害因素侵袭的重要屏障。胎盘层数的多少影响胎儿与母体的联系程度，胎盘屏障结构的层数越少，母体与胎儿之间的功能联系就越密切，母体与胎儿循环之间的物质交换就越快。将胎儿循环与母体循环分隔的膜组织称为胎盘膜（placental membrane）。胎盘膜是一种选择性透过膜，可以让营养物质、代谢产物、抗体及蛋白质定向通过，也可以阻止母体血液中的某些有害物质进入胎儿血液。但是胎盘膜的作用有限，许多化学物可以通过胎盘从母体进入胎儿体内，也能从胎儿进入母体，因此胎盘的屏障作用是不完全的。近年来，纳米材料的发育毒性逐渐受到关注，其可通过被动扩散、胞吞作用和与胎盘上的特定转运蛋白相互作用跨越胎盘屏障。如二氧化钛纳米颗粒能够穿透小鼠的胎盘屏障，导致胎鼠脑部发育缺陷并引起神经行为异常。目前已有人类胎盘组织微塑料检出的报道，但其毒性效应仍有待深入研究。

三、发育毒性与亲代毒性

亲代毒性（parental toxicity）是外源因素对母体或父代造成损害作用的能力。外源因素产生的发育毒性，既包括外源因素直接暴露于子代引起的毒性，也包括经由亲代毒性导致的发育毒性，即父/母源性发育毒性（paternal/maternal mediated developmental toxicity）。与父/母源性发育毒性有关的外源因素，不仅影响胚胎发育，还可通过改变发育过程影响个体出生后乃至成年期的健康。母源性发育毒性的具体表现多种多样，取决于造成因素和毒性影响的阶段。胚胎期可表现为胚胎死亡和流产、发育迟缓，如暴露于高剂量的酒精或尼古丁可导致胚胎早期死亡和流产。胎儿期可表现为先天畸形、器官发育异常、胎儿生长受限，如沙利度胺导致四肢畸形，甲基汞导致神经管缺陷。父源性因素的发育毒性可表现为流产、死胎、低出生体重、畸形等子代发育异常，还包括诱发儿童期与成年期疾病。

（一）父/母源性发育毒性的影响因素

通常认为父/母源性发育毒性的机制包括外源因素造成的生殖细胞发育异常，具体表现在影响生殖细胞的遗传特征、改变表观遗传修饰或影响配子质量等方面。特别地，妊娠期多种母体因素可能对子代发育造成影响，如遗传特征、疾病状态、营养水平、母体应激和卵子质量等，外源因素也可以通过胎盘毒性影响发育。

1. **遗传特征** 遗传信息是影响发育结果的决定因素之一。如唇腭裂的发病率取决于母体而非胚胎的基因型，白种人的唇腭裂缺陷率显著高于黑种人。A/J 品系和 CL/Fr 品系小鼠自发唇腭裂率分别为 8%～10% 和 18%～26%。亲代的遗传物质存在先天缺陷，或因外源因素暴露或不良生活习惯而发生突变或损伤，可能会通过配子传递给后代，导致胚胎发育异常或遗传疾病。

2. **表观遗传修饰** 亲代的环境暴露可能通过表观遗传机制影响配子的功能和基因的表达。如父亲 BPA 暴露可造成精子 DNA 甲基化和组蛋白修饰的改变，并导致胚胎发育相关的基因甲基化水平异常，增加后代代谢疾病的发生风险。

3. **疾病状态** 母体未控制的糖尿病和某些感染发热，可经过疾病相关的母体变化或直接经胎盘感染对孕体产生不利影响。如巨细胞病毒感染与胎儿死亡、小头畸形、智力发育延缓、先天性失明和耳聋有关。高热是实验动物的强致畸因子，在人类妊娠最初 3 个月内母体发热与中枢神经系统畸形有关。

4. **营养水平** 已知蛋白质、热量、维生素、微量元素及辅酶因子缺乏或过量都对妊娠有不良影响。研究发现，所生育婴儿有神经管缺陷（neural tube defect, NTD）危险的妊娠妇女，孕期每日补充 4mg 叶酸，NTD 再发率可降低 70% 以上。

5. **母体应激** 不同形式的母体毒性可能通过诱导生理应激产生发育毒性。研究表明，大鼠和小鼠在妊娠期暴露于噪声应激会导致胎儿发育毒性，表现为胎儿体重减轻、器官发育异常及神经行为异常。母体在妊娠期间经历的心理压力，如焦虑、抑郁和社会孤立，都会对胎儿产生不良影响。母体压力会导致皮质醇增加，改变母体的免疫反应，增加炎症因子的产生，进而影响胎儿的生长发育。

6. **配子质量** 配子质量在父/母源性发育毒性中同样发挥重要作用。卵子的线粒体功能，细胞质中的 mRNA、蛋白质和小分子代谢物含量等，在胚胎发育中起着重要作用。卵母细胞的 DNA 修复机制失效也可导致胚胎发育异常。低质量的精子可能会降低受精卵的发育潜力，进而影响胚胎的正常发育。

7. 胎盘毒性　胎盘是母体和胎儿进行物质交换的结构,起到提供营养、交换气体和排出废物的作用。外源因素损害胎盘发育、结构和功能的能力称为胎盘毒性(placental toxicity)。如尼古丁不仅对母体和胎儿有毒性,还会通过收缩血管、减少胎盘的血液供应,进而导致胎儿营养和氧气不足,增加早产、低体重儿以及发育迟缓的风险。

（二）发育毒性与亲代毒性的关系

外源因素亲代暴露导致的亲代毒性与发育毒性往往未必同时发生。在动物发育毒性试验中,外源因素导致的亲代毒性与发育毒性之间的关系常见以下几种类型:

1. 具有发育毒性,但无亲代毒性,表示外源因素直接造成精子不可逆的遗传或表观遗传改变,或通过直接暴露于胎儿导致发育毒性,其特定机制与亲代毒性无关,如沙利度胺。这类化学物最容易被忽视,也最危险。

2. 出现发育毒性也出现亲代毒性,尤其当发育毒性只在亲代毒性存在时才能被观察到时,发育效应可能是间接的,往往不具有特定的致畸机制。许多已知的人类发育毒物,包括乙醇和可卡因,主要在母体毒性水平对胚胎和胎儿产生有害影响,其发育毒性可能部分归因于母体生理学紊乱的继发效应。如嗜酒者通常营养状况不良,而且酒精影响营养物的胎盘转运,可增强对孕体的直接效应。

3. 具有亲代毒性,但不具有发育毒性。尤其体现在生殖毒性与发育毒性作用的差异中。例如低剂量 PAEs 可导致精子数量减少或精子活力下降,但这些效应主要影响生育能力,而不一定直接引发子代的发育异常。这类物质在妊娠期容易引起警觉,从而减少或避免继续暴露。如某些多巴胺类药物对孕妇具有显著作用,但尚无致畸性报道。

4. 在一定剂量下,既无亲代毒性,也未见发育毒性。

要证明发育毒性是继发于亲代毒性,必须明确有亲代毒性,而且发育毒性的严重程度和发生率常与亲代毒性相关。在母源性暴露中,一般认为胚胎死亡和生长迟缓是母体中毒剂量水平引起的胚胎毒性表现,但先天畸形是否继发于母体毒性还有争论。

外源因素对父代具有毒性,但其是否能够引起父源性发育毒性往往难以定论。一方面,由于外源因素经父代引起发育毒性的作用途径局限,父本毒性与发育毒性存在差异;另一方面,由于精子损伤的修复能力以及表观遗传效应的复杂性等,即便外源因素对父本产生毒性,其父源性发育毒性仍无法确定。

四、发育毒性的跨代效应

（一）跨代效应的概念

一些情况下,外源因素的亲代暴露不仅影响胚胎发育及出生后个体,还可对未来几代造成健康影响。"代际"和"跨代"常用来描述多代间的影响。当产生健康效应的个体不能归因于外源因素的直接暴露时,即父代遗传引起第二代,或母代遗传引起第三代出现表型改变,被称为跨代效应。跨越较短时间尺度的效应被描述为代际效应(intergenerational effects),指一个世代的外源因素暴露对随后一个世代的影响。

外源因素对生殖细胞系和性腺发育的影响是跨代效应产生的关键。哺乳动物生殖细胞在性成熟前,经历原始生殖细胞早期迁移、性腺性别决定与性别特异性生殖细胞谱系形成、雌性生殖细胞减数分裂或雄性生殖细胞持续增殖。在这一发育过程中,生殖细胞表观遗传调控的关键时期是原始生殖细胞迁移和性腺性别决定时期,表观遗传编程的永久性改变可能是跨代效应发生的重要作用机制之一。外源因素导致的表观遗传修饰的改变可以从亲代传递给子代,即使子代没有直接暴露于外源因素,这种表观遗传标志在代间传递并影响子代表型或疾病易感性,此现象被称为表观遗传跨代继承(transgenerational inheritance of epigenetic)。

通过表观遗传机制对基因进行调控是可遗传的,RNA 和蛋白质的产生量可以通过遗传物质的表观水平变化而改变。最近的研究表明,遗传物质之外的 RNA、蛋白质和代谢物等分子也可以在代与代之间传递信息,这些信息可以随着前几代人生理条件和环境的变化而改变,构成跨代效应在世代之间传递的分子基础。

跨代效应有几种影响重编程的机制,如疾病易感性的跨代增加、突变和压力遗传。在小鼠的种系重编程和早期胚胎发生过程中,甲基化标记会被移除以便开始发育,但甲基化标记会转化为羟甲基胞嘧啶,这样一旦基因组的该区域不再被使用,它就会被识别并甲基化,从而成为该标记的记忆。环境因素可诱导某些受表观遗传影响性状的表观遗传标记。这些因素包括但不限于温度变化和化学物暴露等。

（二）跨代效应的发生过程

外源因素的跨代效应通过生殖细胞及早期胚胎发育中基因组的表观遗传作用进行调控,这种表观遗传变化从亲代传递到后代,并在未来多代中维持与传递。哺乳动物表观基因组的重编程发生在生殖细胞和早期发育的胚胎中,表观遗传标记在哺乳动物发育过程中维持稳定的基因表达,并保障细胞身份和细胞谱系的准确性。而表观遗传重编程(epigenetic reprogramming)需要删除和取代发育过程中获得的或由外源因素诱导的表观遗传特征,使得胚胎反映每个物种的遗传蓝图特征;如果重编程失败,表观遗传标记则可以被保留并从一代传递给下一代。在哺乳动物生命周期中,主要存在两个以 DNA 甲基化为主的表观遗传重编程事件。

1. 原始生殖细胞发育期重编程　发生于原始生殖细胞(primordial germ cells,PGCs)的胚胎发育和迁移过程中。从胚外中胚层向生殖嵴迁移时(胚胎第 11.5～12.5 天),PGCs 基因组广泛地去甲基化,清除了父母源基因组印记,进而重新建立子代的基因组印记。其中,男性重编程持续至前精原细胞期,女性持续到成熟卵子排出前。

2. 受精后重编程　发生于胚胎着床前。从受精卵到囊胚阶段,父母源基因组分别发生主动和被动的去甲基化,但都不影响重新建立的印记。囊胚期分化出的内细胞群和滋养层开始不同程度的重新甲基化,移除已有的表观遗传标记,分别建立胚胎和胎盘的 DNA 甲基化模式。

综上所述,生物体生命周期中,大多数组织中建立的表观遗传标记与下一代无关,只有成熟的配子才有可能影响后代表型。这些被保留的表观遗传信息通过配子传递至未来几代,是跨代效应发生的基础。

第五节　发育毒作用与致畸作用机制

外源因素引起发育毒性与致畸作用的机制十分复杂,可能通过影响母体、父体、胎盘或胚胎等环节,引起子代靶器官、细胞、分子发生异常改变。这些改变或损伤并非特异地针对发育,可引起胚胎独特的病理反应,如影响细胞增殖、引起细胞死亡、改变细胞-细胞交互作用、减少生物合成、影响形态发生过程中的细胞迁移、机械地破坏发育中的结构等。虽然胚胎有代偿机制可弥补这些影响,但是否产生发育毒性与致畸作用取决于致病过程中每个环节损伤和修复之间的平衡。近年来,随着现代细胞和分子生物学以及分子胚胎学的发展,对发育毒作用与致畸作用机制的认识也不断得到深化。

一、诱导基因突变与染色体畸变

胚胎发育过程受众多基因的调控，这些基因在时间和空间上高度有序地表达，控制着胚胎细胞的增殖和死亡，细胞形态变化和运动，细胞识别和黏着，组织分化和相互影响，直到器官形成和胚胎的生长成熟。各种发育相关基因都可能成为某些发育毒物的靶点。

一些外源有害因素，如电离辐射、烷化剂、亚硝酸盐等，可以与 DNA 直接反应，引起碱基变化或 DNA 链断裂，导致基因突变。这类能引起遗传物质发生突变的物质被称为诱变剂（mutagen）。已知的诱变剂往往有潜在致畸性，多数致癌物可以引起基因突变和染色体畸变，也有致畸作用。如在妊娠期大鼠胚胎羊膜内注入环磷酰胺及其两个具有致畸活性的代谢产物磷酰胺氮芥和丙烯醛后，环磷酰胺和磷酰胺氮芥可引起胎鼠脑积水、露眼、腭裂、小颌畸形、脐疝、尾部和肢体缺陷，而丙烯醛仅引起脑积水、尾部和肢体缺陷，其原因在于环磷酰胺和磷酰胺氮芥可引起单链 DNA 断裂、DNA-DNA 和 DNA-蛋白质交联，而丙烯醛能产生单链断裂但无 DNA 交联作用。

精子 DNA 的完整性对于胚胎的正常发育至关重要，其完整性异常包括 DNA 碎片化和染色体畸变。吸烟者的精子中常见较高水平的 DNA 碎片化，吸烟产生的自由基可以直接损伤精子的 DNA。醋酸铅暴露组碱性彗星试验和精子染色质结构试验证实 DNA 断裂和染色质结构损伤的精子细胞百分比显著增加。染色体畸变包括染色体结构性改变（缺失、重复、倒位和易位等）、染色体数目异常（单倍体、三倍体、四倍体等）、嵌合体等。这些染色体异常通常在减数分裂过程中发生，并且在受精时传递给胚胎，导致严重的发育障碍和先天畸形。如父代 PAEs 暴露可通过诱导染色体非整倍性畸变，导致流产或死胎发生。

二、引发细胞损伤与死亡

在胚胎发育过程中，细胞增殖、分化和死亡都是必要的，它们之间存在精确的平衡，每种过程的抑制或过度都可能影响正常的发育。细胞死亡在正常的胚胎发育尤其在形态发生中扮演着重要的角色，包括系统匹配（system matching）、躯体塑造（body sculpting）、残留结构去除（outlived structure removing）等。不同动物的不同组织在发育过程中都存在细胞死亡。具体形式除了人们熟知的凋亡（apoptosis），还有自噬（autophagy）、副凋亡（paraptosis）、胀亡（oncosis）、有丝分裂细胞死亡（mitotic cell death）或有丝分裂灾变等。研究最多的是细胞凋亡，近年来自噬与发育关系的研究也逐渐增多，此外还有哺乳动物产后黄体细胞退化等，其他几种细胞死亡方式与胚胎发育的研究报道尚少。

高温、电离辐射、化学致畸物、病毒感染等可以通过不同机制影响细胞凋亡，干扰正常发育，引起胚胎畸形。典型的致畸物沙利度胺就是一种强烈的致凋亡物质，可以诱导胚胎细胞凋亡，并能通过抑制胰岛素样生长因子 1（insulin-like growth factor 1，IGF-1）及成纤维细胞生长因子（fibroblast growth factor，FGF）的基因复制而阻止其表达，从而抑制血管生成，导致胎儿畸形。全反式视黄酸（retinoic acid，RA）的致畸作用也与凋亡有关，RA 可以通过 box 等Ⅰ类凋亡基因编码的信号通路诱导胚胎细胞凋亡。小鼠胚胎暴露于致畸剂量的 RA，发现在出现畸形部位的细胞凋亡增加，RA 受体 β_2（RAR-β_2）转录上调。妊娠第 12 天的小鼠胚胎体外接触环磷酰胺，能增加顶端外胚层嵴（apical ectodermal ridge，AER）区域的细胞凋亡，可能与其诱导的短趾、少趾、无趾有关。

一些致畸物可以通过氧化损伤和 DNA 断裂，引起细胞周期阻滞。DNA 的损伤可在 G_1-S 转换时、S 期和 G_2-M 转换时抑制细胞周期的进展。如果 DNA 损伤被修复，细胞周期能恢复正常；如果损伤太广泛或细胞周期抑制太久，可能引发凋亡。DNA 损伤修复过程也可诱导 p53 等蛋白的合成，促进细胞凋亡和细胞周期阻滞。

三、干扰细胞-细胞交互作用

细胞间的相互作用主要通过细胞通信来实现,包括缝隙连接(gap junction)通信、膜表面分子接触通信等直接的细胞通信和由受体介导的细胞信号转导系统。信号传递可使靶蛋白激活或抑制,从而调控基因表达、细胞增殖、分化、迁移、存活等。因此,细胞通信在胚胎发育尤其是组织器官发生过程中有着十分重要的作用。

胚胎发育的各阶段都有不同的细胞通信方式存在,细胞通信受到破坏会影响正常的细胞生物学过程,引起畸形或其他发育毒性。小鼠早期胚胎在囊胚早期分化出滋养层和内细胞团,这一分化与8细胞晚期细胞间形成的缝隙连接有关。目前已证实灭蚊灵、杀鼠灵、苯巴比妥等多种致畸物可抑制细胞间缝隙连接通信。沙利度胺引起胚胎细胞的黏附受体(adhesion receptors)下调,阻碍发育过程中细胞与细胞、细胞与基质之间的相互作用,干扰了细胞之间的通信从而导致肢芽结构异常。

四、表观遗传调控机制

父代的生活方式和环境暴露可能通过改变精子的表观遗传修饰,影响相关基因的表达。这些表观遗传修饰的改变可能影响胚胎和胎儿的发育过程,干扰细胞间的正常信号转导和交互作用,从而导致结构或功能异常。精子的表观遗传状态在胚胎早期发育中起着至关重要的作用,任何异常都可能导致发育缺陷和畸形。精子中的DNA甲基化状态需要在受精过程中传递给胚胎,确保胚胎的正常发育。精子中的DNA甲基化模式异常,可能导致基因表达失调,并通过表观遗传标记传递给后代,增加后代患病的风险。多种非编码RNA,尤其是miRNA和tsRNA等小非编码RNA(small non-coding RNAs,sncRNAs),在精子的表观遗传调控中也起重要作用。如高脂肪饮食的父系小鼠精子中内源性带m5C及m2G修饰的tsRNA导致后代的代谢紊乱。PAEs暴露可导致精子tsRNA变化,导致F2后代雌性发生葡萄糖耐受。

母体暴露于某些外源因素,可通过改变胚胎或胎儿关键基因的表达,导致其正常发育过程被干扰,进而引起发育毒性。这些因素可以通过表观遗传修饰、信号通路干扰等多种途径影响基因的表达。某些基因表观遗传修饰的改变与发育正常与否密切相关。如在子宫内暴露于砷的婴儿脐带血中发现多个CpG岛甲基化水平升高,推测这可能与不良妊娠结局和子代癌症的发生有关。母体不良营养状况(如叶酸、维生素B_{12}不足)或暴露于某些化学物质(如BPA)还会影响组蛋白乙酰化或甲基化状态,从而改变基因的转录活性。如母体叶酸缺乏会影响Hox基因簇的组蛋白修饰状态,干扰正常的胚胎轴向模式形成。

某些时候,孕期不良宫内环境所致胎儿物质代谢或结构功能的改变可能持续到胎儿出生后甚至终身或往后多代,称为宫内重编程(intrauterine reprogramming)。这种DNA序列不发生改变,基因的表达与功能发生改变,并产生可遗传表型的重编程过程同样主要依赖表观遗传修饰改变。父源暴露导致的胚胎发育毒作用同样可能通过精子表观遗传修饰持续影响子代整个生命周期乃至影响往后数代。这种可在多代间传递的表观遗传修饰构成了跨代遗传的重要环节。

五、其他可能的机制

(一)通过胎盘毒性引起发育毒性

胎盘在母体和胎儿物质传递、营养供给和废物排出方面起着至关重要的作用;同时也可作为毒作用的靶器官,毒物通过破坏胎盘结构或干扰胎盘功能,进而对胚胎或胎儿产生发育毒性。如母体镉暴露后引起胎盘迷路层血窦区红细胞数量显著减少,胎盘滋养层细胞凋亡明显增加,导致雄性子代成年后精子数量减少和血清睾酮含量降低。汞可以通过氧化应激或直接损伤胎盘细胞,破坏胎盘屏障,进入胎儿体内并积聚在大脑组织中,导致神经细胞凋亡,影响神经发育。叶酸是胎儿神经管正常闭合所必需的,孕妇叶酸缺乏会使胎盘结构和功能异常,从而削弱胎盘屏障的完整性,引发胎儿神经管缺陷、早产、低出生体重等问题。丙戊酸和苯妥英钠等抗癫痫药物能够破坏胎盘的防御功能致使其穿过胎盘屏障,干扰胚胎发育,引起胎儿面部和心脏的畸形。

(二)干扰母体稳态

某些毒物只有在出现母体毒性时才引起发育毒性,或在出现母体毒性时发育毒性明显增加,说明它们的发育毒性是通过干扰母体稳态而实现的。典型的母体稳态因素如激素,对维持内环境稳定和发育过程的调节有重要作用。EDCs可以影响母体内源性激素水平,改变母体内环境的稳态,引起发育毒性,如干扰妊娠、引起流产等,有的还可以引起畸形。

EDCs的作用机制至少包括:①作为类固醇受体的配体起作用;②改变类固醇激素代谢酶;③扰乱下丘脑-垂体激素释放。孕期暴露于铅、汞等重金属可导致母体甲状腺功能减退或亢进,从而引起胎儿甲状腺激素供应不足或过量,影响神经系统发育,可能导致子代智力低下或其他神经发育障碍。母体暴露于抗生素、过量咖啡因可增加糖皮质激素水平并影响胎儿发育,导致子代低出生体重、发育迟缓和代谢紊乱。母体暴露于烟草烟雾、酒精或其他环境化学物会导致体内自由基生成增加,抗氧化防御系统紊乱,产生氧化应激损伤,传递至胎儿后导致其细胞和DNA损伤,最终引起发育异常。母体钙、钾、钠等电解质失衡也会影响胎儿的心脏、神经系统和肌肉的正常发育和功能。

母体氧化和抗氧化稳态失衡同样可产生胚胎毒性。妊娠糖尿病诱发的畸形胚胎体内的还原型谷胱甘肽(glutathione,GSH)水平明显降低及脂质过氧化产物丙二醛(malondialdehyde,MDA)含量显著升高,伴有体内硒和维生素C含量减少。补充维生素C和维生素E均可以缓解妊娠糖尿病诱发的胎儿发育损伤。

六、发育毒性的跨代效应机制

研究表明,遗传物质之外的RNA、蛋白质和代谢物等分子也可以在代与代之间传递信息,这些信息可以随着前几代人生理条件和环境的变化而改变,构成跨代效应在世代之间传递的分子基础。

(一)DNA甲基化

DNA甲基化是研究最多的跨代遗传表观遗传机制,它在配子发生与胚胎发育过程中存在动态变化,并受到多种因素的影响。研究发现,肥胖可以通过影响精子DNA甲基化产生跨代效应。尤其是印记基因的表达取决于它是父系遗传还是母系遗传,而这种表达决定与DNA的甲基化差异有关。妊娠大鼠短期接触高水平的杀虫剂甲氧DDT和杀菌剂乙烯菌核利,可以引起雄性仔鼠精子生成减少和雄性不育。这种变化可以在雄性大鼠的后代中遗传4代,且与生殖细胞的DNA甲基化改变有关。

(二)非编码RNA

多种类型的RNA已被证明与跨代表观遗传继承有关。sncRNAs中特别是由转运RNA(tRNA)衍生的小RNA(tsRNA)和miRNA,可能是哺乳动物精子环境信息传递的重要介质。tsRNA来源于前体或成熟的tRNA,具有不同的大小和生物合成机制,并参与多种细胞过程,包括抑制转座因子等。研究发现,饮食因素或EDCs暴露可以改变啮齿类动物的精子tsRNA,人类的精子tsRNA也会因肥胖等因素发生改变，而这些 tsRNA 可部分或完全传递父系获得的表型。在小鼠中，sncRNA 介导的表型遗传依赖于 RNA 甲基转移酶 DNMT2 的活性。孕鼠暴露于乙烯菌核利可导致 F3 代精子 sncRNA 和 miRNA 显著差异。

（三）组蛋白修饰

组蛋白修饰也可能介导了跨代效应。在哺乳动物、鱼类和蠕虫中，某些位点的组蛋白修饰可在多代之间传播，因此成为毒物跨代效应的基础。如在秀丽隐杆线虫中，介导活性基因上的组蛋白 H3K36me 和受抑制基因的 H3K27me3，可在每代之间传递，提示了对正常发育和生理至关重要的非环境反应性表观遗传。高温诱导的秀丽隐杆线虫异染色质基因表达改变至少可以持续十代，并且这种子代性状与合子转录开始前组蛋白 H3K9me3 改变有关，可通过精子和卵母细胞传递，表明组蛋白修饰可以作为表观遗传记忆载体，对子代产生持久性影响。

近年来研究发现，与基因组无关的机制也可能影响后代表型并导致跨代遗传效应，如肠道微生物与母体代谢等。如在果蝇中，由父系传递至母系的微生物可缓解抗生素暴露引起的跨代效应。这些非基因组相关的深入机制解析尚需进一步研究。

第六节　生殖与发育毒性的测试及评价

生殖是发育的前提，发育是生殖的结局，在毒理学评价中，通常将生殖毒性与发育毒性放在一起进行评价。外源因素生殖与发育毒性的评价可以分为哺乳动物生殖发育毒性试验、人群流行病学调查和生殖发育毒性替代试验。未来，伴随毒理学理论、技术和方法的不断进步，高效、系统的生殖与发育毒性测试评价方法将大幅增进人类对生殖与发育毒物的识别与管控水平。

一、生殖毒性测试与评价

动物生殖发育毒性试验通常包含了一般生殖毒性试验的基本要求，但对于生殖毒性检测，尤其是针对人类生育力评价的方法仍具有一定的独特性。

（一）雄性生殖毒性测试与评价

许多试验已被推荐或用于评价雄性生殖毒性（表 10-2）。这些试验的特异性观察终点主要包括体重、睾丸、附睾、精囊、前列腺和垂体等器官的重量，以及这些器官的大体检查和组织病理学分析。此外，还需对精子质量（数量、运动、活力、形态）及精浆质量（精液量、pH、黏度、液化时间、成分）进行评价，以及观察雄性交配行为，并检测下丘脑-垂体-性腺轴调控的雄性相关激素水平。其他重要的观察终点包括睾丸下降、包皮分离、肛门-生殖器间距和外生殖器结构等。大多数试验都是损伤性的，因此多限于动物研究，通常不能用于人类研究。用于人类的非损伤性方法包括精液质量检查、激素水平测定和生育史研究等。此外，当精液分析结果显示无精子症或严重少精症时，可能采用睾丸活检用于评价精子生成情况。

连续交配试验是检测显性致死突变和雄性生殖能力的有效方法。睾丸组织学评价可提供有关靶细胞形态学的信息，生精小管的组织学评价可了解细胞的完整性并提供有关生精过程的信息。通过测定雄激素水平，有助于判断间质细胞功能；通过测定雄激素结合蛋白水平，可评价支持细胞功能。计算机辅助精子分析系统（computer-aided sperm analysis，CASA）可用于精子数量、运动、活力及形态分析。精子染色质结构分析可用于评价精子核和膜的完整性、精子线粒体活性、染色质结构异常和 DNA 损伤，评估精子的正常发育状态和受精能力。其他用于检测精子 DNA 损伤的方法还包括彗星试验(comet assay)和 TUNEL(terminal deoxynucleotidyl transferase dUTP nick end labeling)试验。应用荧光原位杂交(fluorescence in situ hybridization, FISH)方法检测精子非整倍体和染色体断裂也是精子评价的重要手段。流式细胞术(flow cytometry, FCM)分析可用于评价睾丸中特殊的细胞群,能够快速分辨不同细胞类型的相互关联情况或特性。测量细胞大小和形状、胞质颗粒和色素沉着、表面抗原、凝集素结合、DNA/RNA 和染色质结构等参数,也是评价的重要手段。此外,通过去透明带仓鼠卵-精子穿透试验、体外受精(in vitro fertilization, IVF)或卵胞质内单精子注射(intracytoplasmic sperm injection, ICSI)评估精子的受精能力及胚胎发育潜力,并对胚胎质量进行分析评估,也是对雄性精子健康的重要评价方法。

表 10-2　雄性生殖毒性作用指标和检测方法

体内试验	
生殖器官分析	睾丸:原位大小、重量、精子细胞储量、大体与组织学评价、非功能性生精小管(%)、具有精子的生精小管(%)
	附睾:重量及组织学、附睾体精子数
	附属性腺:组织学、比重测定(重量分析)
精液质量分析	精子数量、精子活力、精子运动、精子形态学,精浆生化成分分析
内分泌水平测定	黄体生成素、卵泡刺激素、总睾酮、促性腺激素释放激素
生育力测试	与雌性动物的交配实验来测量生育率和胚胎数或产仔数
体外试验	
精子功能测试	去透明带仓鼠卵-精子穿透试验、体外受精实验、卵胞质内单精子注射试验、线粒体功能试验
精子 DNA 完整性测试	彗星试验、染色质结构分析试验、TUNEL 试验

(二)雌性生殖毒性测试与评价

相比雄性生殖过程,雌性生殖过程的评价要复杂得多。这种复杂性源于雌性生殖系统的多样性和周期性变化。为了科学、准确地评价雌性生殖系统毒性,研究人员开发了许多有效的试验方法(表 10-3)。常用的雌性生殖毒性观察终点包括体重、卵巢、子宫、阴道、垂体等器官的重量及其组织病理学分析、动情周期、卵泡发育、排卵、交配行为、性激素的合成和分泌、生育力、孕程、黄体数、着床情况、分娩、哺乳及育幼行为,以及子宫蜕膜、胚胎的植入和形成等。这些观察终点提供了全面的指标,用于评价外源因素对雌性生殖系统的潜在影响。

雌性生殖毒性作用的毒理学评价与发育毒性的致畸和致突变的试验方法有时会重叠。直接评价外源因素对卵子发生和/或卵泡形成影响的方法包括对卵母细胞的组织学检查和/或卵泡数的测定。间接检查包括阴道开放时间、生殖退化开始的时间和总体生殖能力。形态学检查能够定量评价原始生殖细胞数、干细胞迁移、卵原细胞增殖和尿生殖嵴发育。体外试验技术可用于评价原始生殖细胞增殖、迁移、卵巢分化和卵泡形成。基于光学显微镜和电子显微镜的卵巢与垂体的超微结构观察也非常有价值。连续的卵母细胞计数可以监测实验动物卵母细胞和/或卵泡的破坏情况。根据实验动物 ^{3}H-胸腺嘧啶核苷的摄入、卵巢对促性腺激素的反应和卵泡动力学,可分析卵泡的生长情况,鉴定对卵泡生长的直接和间接作用,以评价外源因素对卵子的毒性作用。

许多外源因素都能够影响受精和着床过程。妊娠是对生殖能力最好的评价,利用啮齿类进行的交配试验是判断总体生殖能力的基本方法。血清雌激素水平或对靶器官的雌激素效应是评价卵泡正常功能的指标。组织和器官的反应包括未性成熟大鼠阴道开口时间、子宫重量、子宫内膜形态学变化和/或血清FSH和LH水平。颗粒细胞培养技术为评价化学物抑制细胞增殖和/或雌激素合成的能力提供了直接筛选模型。此外,以植入前胚胎、胚胎干细胞(embryonic stem cells, ESCs)、诱导多能干细胞(induced pluripotent stem cells, iPSCs)和类器官(organoids)为模型开展体外染毒试验,也成为化学物胚胎毒性评价的重要模型。这些模型通过模拟人类组织的结构和功能以及细胞特性,能够更精准地预测化学物质的毒性作用。雌二醇(estradiol, E_2)的生物合成及其通过卵巢代谢为雌酮(estrone, E_1)和雌三醇(estriol, E_3),是评价生殖过程的另一重要指标。核和胞质中的雌激素/孕酮受体在毒理学研究中有重要用途。某些化学物(如DDT和其他有机氯农药)可竞争性结合E_2及孕酮受体,并可能改变它们的分子构象,因此这些受体对雌性生殖健康尤为重要。了解这些机制有助于评估外源因素对雌性生殖系统的潜在危害。

表10-3 雌性生殖毒性作用指标和检测方法

体内试验	
生殖器官分析	卵巢:原位大小、重量、卵母细胞数、卵泡闭锁率、卵泡类固醇激素合成、卵泡成熟、卵母细胞成熟、排卵情况、黄体功能
	子宫:细胞学、组织学、宫腔液分析、蜕膜反应、功能障碍性出血
	输卵管:组织学、配子转运、受精、早期胚胎转移
	子宫颈/外阴/阴道:细胞学、组织学、黏液生成量、黏液质量(精子穿透试验)
内分泌水平测定	促性腺激素(Gn)、人绒毛膜促性腺激素(hCG)、雌激素、孕酮
生育力测试	与雄性动物的交配实验来测量生育率和胚胎数或产仔数
体外试验	
卵子功能试验	卵子进行体外受精
干细胞及类器官应用	利用ESC、iPSC或诱导生成雌性生殖相关的类器官模型进行评价

二、发育毒性与致畸试验

(一)哺乳动物发育毒性试验

动物发育毒性试验的优点是容易控制接触条件、接触动物数量、年龄、状态以及选择合适的检测指标。对新化学物或产品进行流行病学研究的难度很大,主要依靠动物实验来预测它们的生殖发育毒性。但是,动物实验结果外推到人存在不确定性。

目前管理毒理学要求的动物发育毒性试验方案主要有三段生殖毒性试验(three stage reproductive toxicity test)和一代或多代生殖毒性试验。三段生殖毒性试验主要用于评价药物和医药相关产品的生殖发育毒性(表10-4),于1966年由美国FDA首先提出,后被国际人用药品注册技术协调会(ICH)采纳并经多次改进。其三个阶段分别为:

Ⅰ段:生育力和早期胚胎发育毒性试验(一般生殖毒性试验)(Segment Ⅰ: Fertility and Early Embryonic Development)。

Ⅱ段:胚体-胎体毒性试验(致畸试验)(Segment Ⅱ: Embryo-Fetal Development)。

Ⅲ段:出生前后发育毒性试验(围产期毒性试验)(Segment Ⅲ: Pre-and Postnatal Development Including Maternal Function)。

为了方便发育毒性实验的设计,将连续、完整的生殖发育过程分为以下6个阶段,三段生殖毒性试验主要是根据以上发育阶段划分,每一段试验大致相当于下述两个阶段:

表 10-4 三段生殖毒性试验方案要点

	Ⅰ段	Ⅱ段	Ⅲ段
试验名称	交配前和妊娠前期给药的生殖毒性试验,生育力和早期胚胎发育毒性试验,一般生殖毒性试验	敏感期给药的生殖毒性试验或致畸敏感期生殖毒性试验,胚体-胎体毒性试验,致畸试验	妊娠后期和哺乳期给药的生殖毒性试验,出生前和出生后发育毒性试验,围产期生殖毒性试验
研究目的	评价化学毒物对配子发生和成熟、交配行为、生育力、胚体着床前和着床的影响	评价母体自胚泡着床到硬腭闭合期间接触受试物对妊娠雌体和胚体-胎体发育的影响	评价母体自着床至断乳期间接触化学毒物对妊娠/哺乳母体、孕体及子代发育直至性成熟的影响
实验动物	至少1种,首选大鼠。每组动物数应足以对数据进行有意义的解释,建议每种性别16~20只(窝)	通常两种,一种啮齿类,首选大鼠,另一种非啮齿类,最好是家兔。建议每组16~20(窝)	至少1种,首选大鼠。每组动物数应足以对数据进行有意义的解释,建议每组16~20(窝)
给药时间	交配前雄性4周,雌性2周,交配期(2~3周),雌性着床前(大鼠孕6天)	大鼠、小鼠孕6~15天,家兔孕6~18天	雌性从着床到哺乳期结束,大鼠孕15天至产后28天
终末处死与标本制作	雄性证实交配并使雌性受孕成功后处死,雌性在孕13~15天终止妊娠	妊娠结束前1天处死,胎仔一半茜素红染色,观察骨骼,另一半Bouin液固定,观察内脏	断乳后处死母体和部分幼仔,每窝选8只幼仔(尽量雌雄各半)抚育到性成熟并交配,评价生育力的F1代在F2代出生后处死
主要观察指标	雄性:饮水量、摄食量、体重变化、睾丸、附睾重量及脏器系数、附睾精子计数、活动度和形态观察、生育率、睾丸附睾病理组织学检查;雌性:饮水量、摄食量、体重变化、一般健康状况及死亡数、交配行为、受孕率、卵巢和子宫组织学检查;孕鼠:妊娠体重变化,处死后检查黄体数、着床数、吸收胎、死胎和活胎数	母体:体重变化、中毒症状、黄体数、着床数、吸收胎、早死胎、晚死胎和活胎数、胎盘重量;胎仔:性别、体重、身长、外观畸形、内脏畸形、骨骼畸形和发育(骨化)情况	母体:饮水量、摄食量、体重变化、中毒症状和死亡率、妊娠分娩时间、产仔数、受孕率;F1代:性别比例、外观畸形、出生存活率、哺育存活率、生长指数,生理发育和断乳前神经行为测试;断乳后处死的检查主要脏器及睾丸附睾或卵巢子宫重量、内脏畸形;断乳后行为测试,交配行为及受孕率
常用统计方法	各种"率"用卡方检验,体重等计量资料用方差分析,仔体资料以窝为单位	同左	同左。仔体资料断乳前以窝为单位,断乳后按个体计
结果评定	F0代毒性及NOAEL,F1代毒性及NOAEL,考虑各组受影响的窝数等	母体毒性及NOAEL,胚胎毒性、致畸性及NOAEL	母体毒性及NOAEL,胚胎毒性、致畸性、子代神经行为影响及NOAEL

A. 从交配前到受孕:检查成年雄性和雌性生殖功能、配子的发育与成熟、交配行为、受精。

B. 从受孕到着床:检查成年雌性生殖功能、胚胎着床前发育、着床。

C. 从着床到硬腭闭合:检查成年雌性生殖功能、胎体发育、主要器官形成。

D. 从硬腭闭合到妊娠结束:检查成年雌性生殖功能、胎体的发育与生长、器官的发育与生长。

E. 从出生到断乳:检查成年雌性生殖功能、新生仔对宫外生活的适应性、断乳前的发育与生长。

　　F. 从断乳到性成熟：检查断乳后的发育与生长、对独立生活的适应、达到完全的性功能。

　　三段生殖毒性试验的名称主要是根据给药的时间，而不是观察的时间。设计的关键是各生殖阶段之间不留空隙，三段生殖毒性试验受试药物的暴露时间至少有 1 天的重叠（图 10-4），并能直接或间接地评价生殖发育过程的所有阶段。

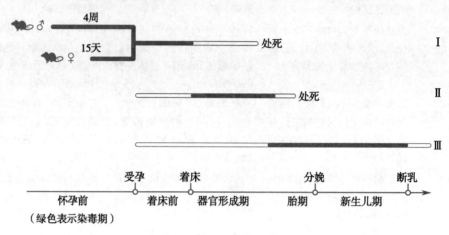

图 10-4　三段生殖毒性试验示意图

　　一些外源化学物，特别是食品成分和环境内分泌干扰物，其暴露往往是低剂量长期暴露，所以与仅在患病期暴露的药物不同，欲查明其对生殖发育的影响，仅做三段生殖试验是不够的，应进行一代或多代生殖毒性试验。除了兔的胚体-胎体发育试验外，三段试验的每一段均可联合在一起称为一代或多代生殖试验，已代替分开进行的每段试验。

（二）发育毒性的跨代效应试验

　　跨代效应试验旨在评估外源因素对暴露个体后代产生遗传或表观遗传的影响，并为风险评估提供更加准确的数据。跨代效应试验设计需要考虑多个因素，包括实验动物的选择、暴露剂量、暴露时间和后代代数。一般来说，常用的模式动物包括果蝇、线虫、小鼠、大鼠和斑马鱼等，它们的生殖周期相对较短，便于进行多代试验。试验过程必须保证足够数量的世代，以消除直接暴露于配子的混杂效应。此外，一些研究表明，某些跨代遗传需要多代暴露才能发生。试验结果可能表现为后代多种生物学改变，包括生长发育异常、生殖功能受损、行为异常、免疫功能异常等。这些变化可能与外源因素暴露相关，例如高温作业环境、EDCs 暴露等。通过对试验结果的综合分析，可以评估外源因素对后代的潜在危害，并为制订相应的风险评估和管理策略提供科学依据。

　　1. 哺乳动物跨代试验　研究表明，成年大鼠和小鼠暴露于某些环境化学物可能会改变其配子质量，从而影响后代的发育健康。大量研究集中在对雄性生殖细胞的影响上，并证明当精子暴露于各种毒物时可能会引发跨代效应，为雄性介导后代不良健康效应的研究奠定了基础。妊娠期间暴露的成年啮齿类动物的配子可能具有跨代效应的概念可以追溯到 2005 年，研究用表观遗传机制解释了这种效应。为了更好地理解亲代暴露于外源因素对子代或多代的影响以及其潜在机制，全面了解哺乳动物在妊娠期和围产期内表观遗传重编程的时间节点和动态变化至关重要。迄今为止，大多数关于配子去甲基化和从头甲基化时机的研究都使用小鼠作为模型，并且这些研究成果往往被类推到大鼠、其他哺乳动物甚至人类。然而，不同物种之间的生殖细胞发育时序存在差异，这也为研究结果的广泛适用性带来挑战。尽管 2021 年经济合作与发展组织（OECD）制定了指南来测试化学物对哺乳动物的潜在多代影响,包括扩展一代生殖毒性研究(TG 443)和两代生殖毒性研究(TG 416),但目前尚无标准化指南来调查化学物对哺乳动物的跨代影响。

2. 非哺乳动物跨代试验　近年来,非哺乳动物整体实验模型得到快速发展。采用的模式生物包括果蝇、线虫、海胆、水蛭、非洲爪蛙、斑马鱼等。其中斑马鱼由于胚胎透明,易于形态学观察,可大量获取,某些发育过程与人类相比具有遗传保守性等特点而得到广泛应用,尤其在神经发育毒性和致畸性方面已有大量的研究报道。果蝇和线虫在毒理学跨代试验中各具独特的优势。如线虫生命周期短,从卵到成虫仅需3~4天,使得多代实验变得更加高效。线虫的体内结构易于观察,能够直接监测毒性物质对细胞分化和器官发育的影响,且遗传操作技术成熟,能够深入探讨基因与外源因素对毒性的影响。果蝇从卵到成虫仅需约10天,同样能够在较短的时间内获取多代数据;同时果蝇拥有丰富的遗传工具和突变体资源,在进行深入机制研究中作用突出。斑马鱼是鱼类跨代环境毒性研究中广泛应用的非哺乳动物模型。已有基于斑马鱼的内分泌轴的跨代扰动研究,但这些研究主要集中于基因表达水平或全身类固醇激素的测定,有关表观遗传学与跨代效应终点的探索仍不深入。未来需要结合多种动物模型更系统地整合表观遗传学标记和毒效应指标,以便更全面地揭示外源因素对跨代影响的机制。

三、生殖与发育毒性的综合评价与展望

(一)生殖与发育毒性的流行病学研究

生殖与发育毒性的流行病学研究关注环境、遗传、行为及社会因素如何影响生殖健康以及后代发育,并探讨这些因素与生育结局之间的关系,旨在识别和量化可能导致生殖和发育不良结果的风险因素,从而为预防和干预策略提供科学依据。

在生殖与发育毒性的流行病学研究中,建立特定暴露与不良生育结局之间的因果关系的难度受到多个因素的影响,包括出生缺陷的发生频率、人口暴露的普遍性、样本量的大小、研究周期的长度,以及生物学关联的强度。某些罕见的出生缺陷可能需要大规模的样本和长期的追踪研究才能准确识别其关联的环境或行为因素。在大多数情况下,需要通过病例对照研究或队列研究来寻找暴露与生殖结局之间的关联。这两种研究方法都要求明确的生殖结局和暴露信息,同时需要足够大的样本量和相对显著的效应,以便得出可靠的结论。如丙戊酸的妊娠期暴露率不到1‰,其导致子代脊柱裂畸形的风险也只有对照的2倍。因此,要发现具有统计学意义的丙戊酸导致的畸形率上升,至少需要观察100万例分娩。流行病学家面临的另一个挑战是人群中妊娠的失败率很高。据统计,约有31%的妊娠失败发生在着床前后,还有15%是临床可见的流产。因此在一般人群中,特定暴露导致的妊娠失败很多易被忽略。另外,随着产前检查的普及,一些人可能选择性地及早将畸胎流产。因此出生缺陷发病率可能难以真实反映孕体发育异常的比率,而用患病率来表示更为合适。

出生队列或母婴队列研究由于其纵向设计的关键特征,可监测与健康结局相关的生命早期环境暴露情况,并在持续的重复随访中收集避免回忆和应答偏倚的客观指标,评估生命早期环境暴露对儿童生长发育的中远期影响。生殖和发育的高度时效性和相互关联性强调了前瞻性研究设计的实用性,但也为生殖流行病学研究带来了系列特殊挑战,如生殖与发育关键和敏感窗口的选择、母亲社会人口学特征和孕前环境等混杂因素的控制、罕见疾病的随访等。

利用流行病学研究生殖结局异常的目的主要有4个:①通过生殖结局异常的发生率、流行病学特征和分布情况,了解该疾病在特定人群中的流行情况和变化趋势;②通过分析影响生殖结局异常

的各种因素(如环境、遗传、生活方式等),识别潜在的危险因素,帮助制订预防策略;③通过研究不同干预措施对生殖结局异常的影响,来评估这些措施的效果和可行性,从而改进或优化公共卫生政策和干预方案;④为制定公共卫生政策、临床指南和健康教育提供科学依据,帮助政府和相关机构制订更为有效的措施来预防和控制出生缺陷发生。

（二）人类生殖与发育毒物的确定

目前经证实的人类致畸物数量远小于经过动物致畸试验鉴定的化学物数量,原因可能是人群接触剂量比较低、尚未达到阈值,也可能与物种间的差异有关。由于目前尚无完全合适的动物模型,在确定人类新的致畸物时,不能把动物实验的结果轻易外推到人,而应以流行病学研究和临床研究结果为主要依据。在生殖与发育毒性研究中,一些数据库(如 PubChem、ToxCast 和 Tox21 等)提供了关于化学物质致畸性的关键信息,包括动物致畸试验的数据。经流行病学调查证实能引起人类发育异常的发育毒物或致畸物,主要包括辐射、感染、导致母体损害和代谢失调的因素、药物和环境化学物等(表 10-5)。

确认人类致畸物的标准如下:

1. 一种特殊的缺陷或几种缺陷并发(综合征)的频率突然增加。

2. 缺陷的增加与某种已知的环境改变(如一种新药的广泛使用)相关联。

3. 在妊娠的特殊阶段已知暴露于某种环境的改变,产生有特征性缺陷的综合征。

4. 缺少妊娠时引起特征性缺陷婴儿的其他共同的因子。

（三）生殖与发育毒性综合评价方法展望

多年来,研究者们在模拟人群暴露的测试程序中不断努力标准化生殖和发育毒性试验方法(表 10-6)。这些努力包括根据美国国家环境保护局(EPA)、OECD 和欧盟 REACH 管理法规等,进一步标准化三段和多代生殖毒性试验的方法、内容和要求,按照 ICH 修订的最新指导原则执行。我国原国家食品药品监督管理局(SFDA)同样规定了新药生殖发育毒性试验。一代和多代生殖毒性试验由 EPA 首先提出,OECD 也采用类似的方法,主要用于评价食品添加剂、农药及其他化学物的生殖发育毒性(OECD GL 421)(图 10-5)。此外,还有大鼠和家兔产前发育毒性试验(OECD GL 414)、大鼠发育神经毒性试验(OECD GL 426)、与重复给药相结合的大鼠生殖/发育毒性试验(OECD GL 422)以及扩展的大鼠一代生殖毒性试验(OECD GL 443)等。灵长类由于与人类具有更高的同源性,在评价一些药物尤其是大分子药物等方面具有独特优势,但目前针对灵长类开展生殖发育毒性试验的标准仍在起步阶段。

此外,为了更全面地评估化学物质的毒性,还引入了系统毒理学和生物信息学的理论、技术和方法,用于计算毒理学定量描述,并预测生物功能、表型和行为等。研究表明,多种外源因素对人类的生育力和发育过程具有潜在危害,并且人类在某些环境和职业性生殖毒素的影响下可能表现出不同的敏感性,这种敏感性与其他哺乳动物相比可能有所不同,具体依赖于毒素类型和暴露情况。已有报道指出,某些 EDCs 的亲代暴露可能导致发育毒性和跨代效应,从而造成子代及多代的生殖能力降低并影响其发育健康。因此,生殖毒性的综合评价也应重视该类由于表观遗传机制所致的发育毒性和跨代效应。值得注意的是,许多慢性病也可对性腺功能造成不良影响,如甲状腺病变、肾衰竭、流行性腮腺炎等可减少精子发生,其他如衰老、营养缺乏、肥胖等都同样能影响生育力。生殖与发育毒性的复杂性在于它们经常交织在一起,许多化学物质既可能影响成熟的生殖系统,也可能对发育中的胚胎和婴儿产生不良影响。对于在特定发育阶段(如胚胎期、胎儿期或青少年期)暴露于外源因素的个体,其生殖和发育毒性效应往往互相交织,难以进行单独和精确的评估。

表 10-5　已知的人类发育毒物或致畸物

辐射	解热镇痛/抗炎/抗风湿药:氨基水杨酸
放射治疗	抗癫痫药物:丙戊酸钠
放射碘	螯合剂:青霉胺
原子辐射微尘	**其他化学物**
感染	尼古丁
风疹病毒	乙醇
巨细胞病毒	环氧乙烷
寒卡病毒	氟康唑(高剂量)
乙型肝炎病毒、丙型肝炎病毒	己烯雌酚
单纯疱疹病毒-1 和 -2	碘化物
弓形虫病	二噁英
委内瑞拉马脑炎病毒	金属:汞(有机)、铅、镉、钒、砷
梅毒	亚甲蓝
水痘病毒	米索前列醇
细小病毒 B-19(传染性红斑)	视黄酸:13-反式-视黄酸
母体损害和代谢失调	异维 A 酯
酒精中毒	沙利度胺
羊膜腔穿刺术、早期绒毛膜取样(60 天前)	甲苯
克汀病、地方病	维生素 A(大剂量)
糖尿病	多氯联苯
叶酸缺乏	多环芳烃
高温	双酚类:双酚 A
苯丙酮尿症	锂
风湿病和先天性心脏传导阻滞	三氯生
舍格伦综合征	氟化物
甲状腺功能亢进或减退	超细颗粒物
系统性红斑狼疮	多溴联苯醚
高血压	消毒副产物:三卤甲烷
药物	乙二醇醚
雄激素类药物	2-甲基萘
血管紧张素转换酶抑制剂:卡托普利、依托普利	邻苯二甲酸酯
抗生素:四环素	全氟化合物
抗肿瘤药物:氨基蝶呤、甲氨蝶呤、环磷酰胺、白消安	对羟基苯甲酸酯
抗惊厥药:苯妥英钠、三甲双酮、丙戊酸	有机磷酸酯类阻燃剂或增塑剂
抗甲状腺药:甲巯咪唑	农药:DDT、草甘膦、毒死蜱
麻醉药品:可卡因,七氟烷	

表 10-6 生殖和发育毒性试验指导原则的比较

	美国 FDA（1993）	国家食品药品监督管理局（2006）	OECD（OECD 443，2018）	ICH（S5，2020）
繁殖代数	2 代，1 窝/代	2 代	2 代	2 代
动物物种	啮齿类动物	大鼠（推荐）	大鼠（首选）	大鼠（首选）
动物周龄	5~9 周	未规定	6~9 周	
动物数	雌、雄各 30 只	至少有 20 只妊娠	至少有 20 只妊娠	至少有 16 只妊娠
染毒剂量	至少 3 个剂量水平	至少 3 个剂量水平	至少 3 个剂量水平	至少 3 个剂量水平
染毒途径	混入饲料（首选）或饮水中由动物摄取、灌胃	首要依据临床给药方案，其次使用灌胃给药法	混入饲料（首选）或饮水中由动物摄取、灌胃	依据临床给药方案
染毒方案	交配前 8~11 周，整个交配期和妊娠期	交配前 4~10 周；交配期和妊娠期持续染毒	交配前 10 周；交配期和妊娠期持续染毒	交配前、交配期和植入期处理雌、雄动物；其他处理方案根据需要而定

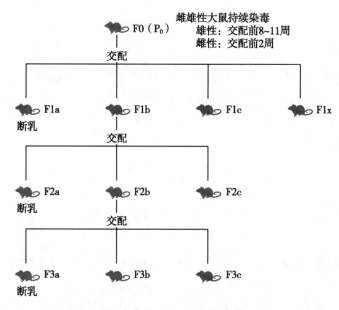

图 10-5 大鼠三代（多代）生殖毒性试验

这种复杂性增加了对外源因素精确评价的难度，尤其是在复合暴露的情况下更是如此，流行病学研究的因果推断在此背景下显得尤为重要。只有通过整合多学科的研究成果，包括生殖与发育毒理学、流行病学和生物信息学，才能全面揭示和评估外源因素对生殖健康的复杂影响。这些综合的证据支持，是公共卫生政策和预防措施不断更新的基础。此外，生殖发育是贯穿个体发育、性成熟到繁育的连续过程，针对生殖与发育毒性的风险评估往往需要更系统与综合的证据。一些科研工作者尝试开发新型综合评估模型以系统、全面地进行毒性风险评估，如靶标环境化学物综合风险评估策略（targeted risk assessment of environment chemicals，TRAEC）、Science in Risk Assessment and Policy（SciRAP）等。进一步的研究还应致力于开发更精准的评估工具和方法，以应对多重暴露和长期效应带来的挑战，同时为制定科学有效的公共卫生政策提供支持。

（夏彦恺）

思考题

1. 具有发育毒性的化学物是否一定有生殖毒性？

2. 外源性化学物质可作用于哪些器官进而导致精子数量减少？

3. 试述发育毒性的剂量-反应关系的三种常见类型。

4. 试述三段生殖毒性试验各阶段的内容及研究目的。

第十一章
系统毒理学

系统毒理学是在毒性测试策略迫切需要变革的背景下发展起来的一个新兴毒理学科分支，其目的是借鉴系统生物学的研究方法，整合和归纳已知化学毒物的毒性机制，建立基于机制的新的毒性测试策略。"整体大于部分之和"是系统毒理学研究的核心逻辑。当前，毒性通路、毒作用模式和有害结局路径等系统毒理学的核心概念逐步确立，研究手段和应用价值受到广泛关注。系统毒理学的发展将为构建新的毒性测试策略、实现新化学物毒性的快速筛查和分类，提供理论依据和实现路径。

第一节 概　述

一、意义

系统毒理学作为毒理学领域的一门新兴学科，其诞生原因可以简单概括为"一个需求，两个前提"，前者指的是毒性测试策略迫切的变革需求，后者则是组学技术和系统生物学理论的成熟。

"系统毒理学"的概念出现恰逢化学学科和产业飞速发展的时期。根据美国化学会化学文摘社（CAS）的记录，全球登记的化学物数量在 1975 年为 300 万种，2005 年则增至 2500 万种，截至 2024 年 11 月，这一数字已达到 2.79 亿。能够通过食品、药物、日化产品等途径被人类日常接触的化学物质已超过 10 万种，其中经过充分毒性评价的化学物不超过 3%。面对日益剧增的化学物毒性测试需求，延续了五十多年的、基于动物实验的传统毒性测试方法逐渐凸显出花费高、周期长、向人类外推存在不确定性等种种弊端。因此，化学物的毒性测试策略亟须改革。

海量的毒理学机制信息和组学数据为探索新的毒性测试策略提供了数据支撑。自 20 世纪下半叶以来，随着分子生物学理论和技术的迅速发展，大量机制毒理学研究逐步解析了常见化学毒物在分子和细胞层面的毒作用机制。高通量组学技术兴起之后，毒理组学（基因组学、转录组学、蛋白质组学、代谢组学等）技术得以广泛应用于描述毒理学和机制毒理学研究，产生了大量的毒理组学数据。然而，这些已知的海量信息虽然丰富，却因其碎片化而缺乏有效利用方法，难以直接指导新化学物的毒性测试。

系统生物学理论和技术的发展为整合与归纳海量毒理数据、构建新的毒性测试策略提供了崭新的路径。2001 年，系统生物学的概念被提出。与传统生物学研究方法相比，系统生物学不再孤立地研究某一基因或蛋白质，而是强调"整体大于部分之和"，更关注生物学机制规律的整体性，研究包括 DNA、RNA、蛋白质和代谢物等生物大分子之间的相互关系。系统生物学概念的出现，标志着生物学研究从叙述科学转向于定量和预测的科学。

至此，系统毒理学研究的意义逐渐明晰，即借鉴系统生物学研究方法，整合和归纳已知化学毒物的毒性机制，建立基于机制的新的毒性测试策略。其原理可以打个比方，如果把人类面临的化学物毒性测试比喻为穿越广袤的雷区，目前毒理学家已经挖掘出许多近处的地雷，了解真地雷和假地雷（是否具有毒性）、地雷的大小和形状（化学物的结构特征），以及埋雷和引爆的方法（毒性机制）

等大量信息。如果能够总结出相关规律，就能快速识别出雷区中的真地雷，从而大幅提高扫雷效率（高效的毒性测试）。2007年，一项全球性的专家指南《21世纪毒性测试：愿景与策略》应运而生，生动体现了系统毒理学研究的意义。在该指南描绘的愿景里，未来的化学物毒性测试应从基于动物实验转向基于高通量人源细胞的体外测试，应从对动物终点效应的观察转向对机制扰动的检测。

二、沿革

系统毒理学和新的毒性测试策略密不可分，两者本质上体现了认识和实践的关系。毒理学家通过构建新的毒性测试策略，逐渐归纳出毒性通路、毒作用模式（MOA）及有害结局路径（AOP）等知识体系，形成了系统毒理学的核心理论框架。反过来，系统毒理学理论与方法进步也为新的毒性测试策略发展指明了方向。

2004年，毒理学家首次提出"系统毒理学"概念，旨在借鉴系统生物学方法体系，来整合毒理基因组学等高通量数据，以揭示毒物扰动的分子表达和交互作用，从而系统阐述毒物的毒性机制。2007年，《21世纪毒性测试：愿景与策略》报告提出了基于机制的新的毒性测试策略构建原则，主张以体外实验毒性通路的扰动作为新的毒性观察终点，以毒性通路试验结合靶毒性试验开展毒性测试。这一策略为减少实验动物使用数量、加速新化学物毒性测试提供了有效路径。随着该报告在毒理学界的广泛认可，毒性通路被确定为系统毒理学的核心要素之一。毒性通路概念的提出，标志着海量毒理学数据的降维分析技术，即多组学整合技术研究取得了显著进步。

系统毒理学的另两个核心理论MOA和AOP，则体现了该领域对毒作用机制的系统理解。在机制解析方面，系统毒理学更关注毒物在机体内不同生物水平上毒性效应事件之间的联系。化学物进入机体以后，会依次在分子水平、细胞水平和组织/器官水平产生毒性效应事件，而某些关键事件之间存在因果关系。

对某一种化学物来说，如果能在不同生物水平识别出人类和实验动物共有的、可测量的毒性效应事件，就可能建立新的非动物实验模型，从而达到在毒性测试中减少动物使用数量的目的，这便是系统毒理学中的MOA理论。

对某一类型的多种化学物来说，如果可以汇总这类化学物所共有的、不同生物水平的毒性效应事件，构建符合生物学逻辑、从分子水平直到器官水平的机制链条，不仅可以更清晰地阐述此类化学物的毒性机制，还可以用于新化学物的分类和毒性预测，因此诞生了AOP理论。毒性通路、MOA及AOP理论的提出与完善，标志着系统毒理学核心理论框架的确立。

自诞生之日起，系统毒理学的概念便在不断演化与完善。无论是毒性通路、MOA还是AOP，这些概念都是对复杂毒作用过程的简化描述和模块化理解。随着生物学和人工智能等技术的持续进步，系统毒理学的研究范畴和方法手段将不断拓展。我国毒理学家在系统毒理学领域开展了大量研究工作，在新型组学范式、毒性通路、毒作用模式和有害结局路径的理论框架及计算模型方面均取得了重要进展，为建立我国自主知识产权的新的毒性测试策略提供科学依据。

三、定义

系统毒理学（systems toxicology），是以系统生物学的方法研究外源因素毒性的学科，将高通量技术与计算模型相结合，探究有害因素如何影响整个生物系统，从而为环境和人类健康风险评估提供信息。

具体而言，系统毒理学研究强调以生物学知识图谱为蓝本，整合毒理学机制证据与高通量组学数据，基于已知化学物的关键生物学事件来构建计算模型，从而实现新化学物的高通量毒性预测（图 11-1）。

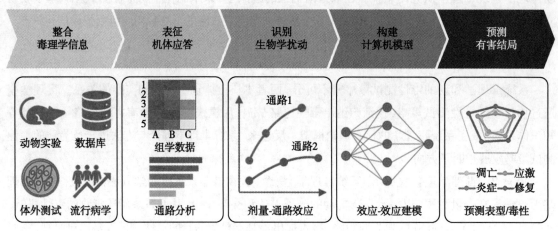

图 11-1　系统毒理学研究思路与方法

四、系统毒理学核心要素

系统毒理学强调将毒物对分子、细胞、组织和器官的毒性机制证据进行串联，从整体角度分析毒作用的发生过程，因此，在不同生物水平上发生的毒性效应事件，便构成了 MOA 和 AOP 理论的核心要素。其中，分子水平的事件主要包括分子起始事件和毒性通路，后者将在本章第二节毒性通路概念进行详细阐述。细胞和组织水平的事件包括关键事件和关键事件关系，而器官和人群水平的事件为有害结局。

（一）分子起始事件

分子起始事件（molecular initiating event，MIE），指外源化学物与机体接触，在分子水平上产生的能引起下游事件并导致有害结局所必需的分子间相互作用的原初事件。分子起始事件被视为化学物发挥毒性效应的起点，因此备受关注。分子起始事件的类型可以是外源化学物或其代谢产物与 DNA、受体或酶类等生物大分子的直接结合，也可以是化学物通过非结合形式引发的大量 ROS 的产生、谷胱甘肽的耗竭等分子事件。越来越多的研究将理论计算和实验数据相结合，以进行分子起始事件的甄别、表征及定量分析。

（二）关键事件

关键事件（key event，KE），指外源化学物与生物大分子相互作用引发细胞或组织发生的可检测、可观察、可重复，并能引起有害结局的生物事件。需要注意的是，不同生物水平关键事件之间以及关键事件和有害结局之间，必须符合生物学逻辑，存在因果关系。此外，关键事件的可检测、可观察、可重复性要求，意味着关键事件应当能够被量化，以阐述剂量-效应关系。

（三）关键事件关系

关键事件关系（key event relationship，KER）描述一个关键事件触发序列中下一个关键事件的可能性和条件。具体来说，关键事件关系是为了阐述关键事件之间因果关系和量化关系而专门定义的一个概念。相关研究不仅需要揭示上下游关键事件间的调控机制，也需要应用数学模型来分析每个关键事件的剂量-效应关系，以及关键事件之间的效应-效应关系。上游关键事件是下游关键事件发生的必要、非充分条件，只有在给定剂量的化学物引发上游关键事件持续发生时，才可能引发下游的关键事件。

（四）有害结局

有害结局（adverse outcome，AO），指外源化学物引起的具有法规监管意义的有害效应关键事件。AO通常与已确立的安全保护目标相符合，或与公认的毒性测试指南中的观察终点等效。因为毒物暴露持续时间和实验体系的不同，或者相关研究的设计需要，AO往往存在机体和人群等不同层次的差异。

第二节　毒性通路概念

毒性通路是 2007 年《21 世纪毒性测试：愿景与策略》报告的一个核心概念，反映了当时多组学整合技术的日益成熟和毒性测试体系迫切的变革需求。毒性通路（toxicity pathway），指在外源因素作用下，细胞启动或发生毒性反应过程中发挥关键作用的细胞应答通路。毒性通路的概念是对海量机制信息和组学数据的降维分析，也是对毒物暴露后分子水平事件的系统归纳，能够从整体角度阐述毒物的分子机制。当机体暴露于低剂量毒物时，毒性通路的扰动在机体可承载范围内，其引发的适应性反应有助于维持细胞生命活动的动态平衡。然而，当机体暴露于高剂量毒物时，毒性通路会过度且持续扰动，进而引发细胞毒效应，最终导致疾病甚至死亡等有害健康效应。

《21 世纪毒性测试：愿景与策略》报告设想未来的毒性测试和风险评估策略应以毒性通路为新型毒效应终点，通过在人源细胞和细胞系等体外测试体系开展毒性通路检测，建立一种不依赖传统动物实验结果的毒性测试新模式。毒效应终点问题一直是发展和推广体外毒性测试体系的难题，在体外毒性测试体系中，虽然可以观察到效应标志物改变、细胞死亡等表型现象，但始终无法替代动物实验中的病理生理结果。该报告提倡以毒性通路作为新型毒效应终点，其核心理念是当毒物在人类、动物和体外测试体系中引发毒性效应时，其毒作用机制应该保持一致或相似。因此，采用能够系统阐述毒物分子机制的毒性通路作为桥梁，才有可能找到人类、动物和体外测试体系中一致的新型毒效应终点。

该报告还对毒性通路的识别、检测技术和剂量-效应模型提出了指导性意见。在随后的十几年里，毒理学家在毒性通路识别和通路中关键靶点鉴定方面进行了大量研究。目前，毒性通路识别技术主要是基于人源组织或细胞的机制信息及组学数据，富集化学物扰动的信号通路，进而全面绘制人类多器官、多系统的毒性通路图谱，如美国约翰斯·霍普金斯大学替代动物测试中心的"pathway of toxicity"项目。毒性通路的关键靶点也受到关注，例如美国 FDA 于 2009 年启动的 Tox21 项目，主要针对一些通路中的关键靶点开展高通量化学物的靶点活性筛查，为后期基于组学数据鉴定化学物特异的毒性通路打下基础。

目前，毒物扰动的一些关键毒性通路已被识别（表 11-1），例如 Nrf2 抗氧化反应通路，该通路中 Keap1 蛋白的硫基氧化可激活下游抗氧化因子，持续的 Nrf2 激活可能是氯、氨、丙烯醛等化学物导致呼吸道刺激和毒性的原因。再如 PXP、CAR、PPAR 和 AhR 等受体通路，可激活毒物代谢酶来清除体内的化学毒物，也可能将化学物进行生物转化，产生毒性更强的物质。

构建毒性通路的剂量-效应模型是毒理学家面临的新挑战。分子毒理学研究通常会选择某条通路中的一个或几个关键基因或蛋白开展机制解析，系统毒理学则不关注单个分子的差异情况，而是要求对整条毒性通路中所有分子进行系统评价，这需要考虑基因的本底表达量、上下游基因的权重等一系列问题。目前，已有基准剂量法、毒代毒效联合建模法和熵值法等多种计算模型用于探索毒性通路的定量方法，相关研究仍在持续深入。

表 11-1　典型毒性通路

毒性通路	作用描述
Nrf2 抗氧化反应通路	Nrf2 通过诱导调控一系列抗氧化蛋白的组成型和诱导型表达,可以减轻活性氧和亲电体引起的细胞损伤,使细胞处于稳定状态,维持机体氧化还原动态平衡。
热休克反应通路	HSF1 转录因子信号激活蛋白质合成,使细胞蛋白质在应激状态下保持活性折叠状态,以应对导致蛋白质展开和变性的应激因素。
PXR、CAR、PPAR 和 AhR 受体通路	通过转录激活外源化学物代谢途径,降低一些具有生物活性的外源化学物浓度;也可能增加其他外源化学物的激活,使其转化为毒性更强的形式。
低渗透压反应通路	化学物破坏细胞膜的完整性并激活 p38 MAPK 激酶介导的途径来与之抗衡,p38 MAPK 激酶在真核生物中功能保守。
DNA 损伤修复通路	DNA 的结构损伤会激活 GADD45 和其他起修复作用的蛋白。未修复的损伤增加了细胞分裂过程中突变的风险,也增加了患癌症的风险。
内源性激素反应通路	激素受体(包括雌激素、雄激素、甲状腺激素和孕酮受体)活性的增强或抑制,导致激素体内平衡及其控制的生物功能的改变。

第三节　毒作用模式框架

毒作用模式框架的提出早于系统毒理学,其初衷是为了解决动物实验数据向人类的外推问题。传统的基于动物实验的毒性测试的基本假设是化学物在实验动物产生的作用可以外推到人类。然而,由于人类和动物之间的物种差异以及剂量外推的不确定性,动物实验数据在化学物风险评估中的应用受到限制。毒理学家迫切希望找到一些人类和实验动物共有的事件,以判断化学物对动物的毒作用是否可能发生在人类身上,而毒作用模式便成为解决该问题的有效框架工具。

毒作用模式(mode of action, MOA),指外源化学物作用于机体在不同层次生物学水平发生的关键事件和过程,包括外源化学物进入机体与细胞生物分子交互作用开始,由证据权重支持可能导致毒性终点的一组事件。MOA 最早由美国国家环境保护局(EPA)和国际生命科学研究所(ILSI)提出,由国际化学品安全规划(IPCS)进行发展和推广,现已被多个国家官方机构应用于常见化学物的毒性评价和暴露限值评估。IPCS 于 2001 年倡议了化学致癌 MOA 框架的基本规范,并于 2006 年对该 MOA 框架补充了人类相关性分析的要求。

按照 IPCS 倡议的基本规范,MOA 的构建通常需要遵循以下原则:①一个 MOA 不必反映该化合物的所有毒性机制,但应聚焦于最可能发生的作用模式;②应尽可能地整合早期关键事件;③关键事件必须是发展为毒性结局的关键步骤,必须可测量,以便建立关键事件间的因果关系;④关注量化、关注人类相关性,以实现 MOA 在健康风险评估的应用。具体来说,MOA 中一系列关键事件应该有充分的动物实验观测结果支持。例如,化学致癌的关键事件应考虑包含细胞增殖加快、特定的生化指标变化、癌器官重量变化、组织病理学特征、激素水平紊乱、受体-配体结合异常和 DNA 或染色体损害等。IPCS 将肝细胞癌的 MOA 分为遗传型和细胞增殖性,后者又根据分子机制分为受体介导和非受体介导两类关键事件(表 11-2)。

建立 MOA 框架需要进行证据权重(weight of evidence, WoE)评估。首先,需要对 MOA 的整体生物学合理性进行描述,然后对 MOA 的每个组成部分独立评分。评分内容包括:事件的必要性、剂

表 11-2　肝细胞癌的 MOA 框架

MOA	具体内容
第一种：DNA 反应	
第二种：细胞增殖增加	A. 受体介导
	1. 组成型雄甾烷受体（CAR）激活
	2. 过氧化物酶体增殖物激活受体（PPARα）激活
	3. 芳基烃受体（AhR）激活
	4. 雌激素受体（ER）激活
	5. HMG-CoA 还原酶抑制（他汀类药物）
	6. 卟啉症
	B. 非受体介导
	1. 细胞毒性
	2. 感染
	3. 金属过载（如铁和铜）
	4. 细胞凋亡增加（如伏马菌素 B_1）
	C. 遗传性疾病导致的细胞毒性（如卟啉症、α_1-抗胰蛋白酶异常等）

量 - 反应的经验证据、事件的时间关系、实验证据一致性以及事件的可重复性。当基于动物实验观察建立了一个致癌 MOA 后，需要衡量关键事件间的因果关系是否在人类身上仍然成立。此时推荐采用 Bradford Hill 标准，该标准是用于证明因果关系的经典方法，广泛应用于临床随机试验中。

到了 2008 年，IPCS 又提出了非癌 MOA 框架。非癌 MOA 涉及多种毒性效应终点，包括但不限于：靶器官毒性（如苯导致的血液毒性）、生殖毒性（如邻苯二甲酸酯导致的雄性生殖力下降）、发育毒性（如类维生素 A 造成的胚胎畸形）、神经毒性（如铅导致的周围神经病）、免疫毒性（如有机锡导致的免疫抑制）等。

MOA 框架在化学物风险评估的多方面发挥作用。例如，在人类相关性分析中，如果动物 MOA 与人类存在明确或潜在的相关性，则需要进行化学物风险评估；反之，如果动物 MOA 与人类毫无相关性，那么就没有理由再进一步进行风险评估。MOA 还使单一化学物对细胞中分子和通路扰动的过程更为具体明确，通过对关键事件的量化评估，可以为构建该化学物对人体毒性作用的剂量 - 效应关系模型提供信息依据。此外，用于检测人类损伤或疾病的生物标志物往往来源于血液、尿液、组织液等易获得的体液标本，而对 MOA 框架的关键事件的鉴定有助于开发新的效应标志物。

第四节　有害结局路径框架

有害结局路径是随着 MOA 框架的成熟和系统毒理学发展而最新出现的概念框架。它通过对现有知识的概括和汇总，整合了分子起始事件、关键事件和有害结局等要素的机制证据，全景式描绘了化学物进入机体后的毒作用过程。如果说 MOA 框架为系统评价单一化学物毒性提供了有效方法，有害结局路径框架则为实现基于已知化学物的毒性机制，建立基于机制的新的毒性测试策略提供了有效路径。有害结局路径研究是当前系统毒理学的前沿领域，相关的有害结局路径网络和定量有害结局路径的概念陆续出现并扩展。

一、有害结局路径

有害结局路径(adverse outcome pathway, AOP),又称有害结局通路或不良结局路径,指外源化学物作用于机体时引起的分子起始事件和最终有害结局之间相对完整的证据链条,包括在分子、细胞、组织、器官等不同生物水平依次发生的关键事件及相邻关键事件的上下游关系。2010年,美国EPA专家提出AOP的概念,同年,经济合作与发展组织(OECD)召开专家组会议,讨论了如何依照毒作用机制对化学物进行聚类和如何识别关键事件等问题。最终,制定了AOP框架构建指南和应用手册,对AOP的定义、构建和应用进行了规范化描述。根据该指南,一个标准的AOP应包含三类元素,即分子起始事件、有害结局以及连接分子起始事件和有害结局的多个关键事件。例如,在肝纤维化的AOP框架中,化学物首先引发AhR受体激活这一分子起始事件,随后在分子水平上调CYP1A1表达并引发脂肪变性,接着在细胞水平引发细胞损伤/死亡、肝星状细胞激活、白细胞募集/激活等关键事件,导致细胞外基质蛋白持续累积,最终引发肝纤维化的有害结局(图11-2)。

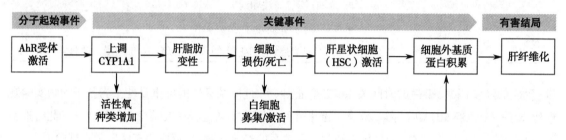

图 11-2 肝纤维化的 AOP 框架

需要再次强调MOA和AOP的差异,包括:①MOA框架针对的是单一化学物,而AOP框架是一个跨化学物的概念,即不同的化学物如果在细胞和组织中能够引发同样的分子起始事件和关键事件,则可判断这些物质最终将引发相同的毒效应终点,导致相同的有害结局。②MOA框架对毒作用机制不做要求,而AOP框架强调从分子起始事件到有害结局的证据链条的完整性。

自2014年以来,OECD开发了一系列工具,统称为AOP知识库(AOP knowledge base, AOP-KB),为AOP的建立和发展提供了标准化的系统构架。AOP-wiki是AOP-KB旗下一个工具型网站,整合了通过专家评议的AOP。截至2025年7月,AOP-wiki共纳入525个处于不同建设阶段的AOP,包含1835个关键事件和2885个关键事件关系。AOP框架在化学物的毒作用机制解析和毒性测试中显示出巨大潜力。比如,AOP对于分子起始事件的鉴定可以为化学物的结构活性关系分析提供实验证据,识别化学物在细胞和组织内的关键事件有助于判断体外毒性试验的效应终点。

二、有害结局路径网络

最初的AOP框架多采用专家共识或文献综述方式进行构建,主要关注细胞和组织中易检测、可定量的关键事件,从而形成线性AOP证据链条。越来越多的证据显示,不同的AOP框架可能共享某些关键事件,同时线性AOP也难以全面描述化学物毒作用的复杂生物学真相。

2015年,出现了有害结局路径网络(AOP network)概念,指以关键事件或毒性通路为骨架,运用计算模型构建的网络型AOP,为解决化学物毒效应的生物复杂性问题提供有效手段。例如，对 AOP-wiki 上与鱼类生殖发育毒性相关的 5 个 AOP 框架（编号为 21、23、25、29 和 30）的整合研究发现，颗粒细胞的关键事件"雌二醇合成下降"可链接到 2 个分子起始事件，干细胞中的"卵黄生成素合成下降"可链接到 3 个分子起始事件，而膜细胞中的关键事件"睾酮水平下降"仅与分子起始事件"雄激素受体活化"相连，然而这 3 个关键事件均指向有害结局"雌性生育力下降"。

自 2018 年起，AOP 网络的构建方法开始有了系统性论述，主张基于 AOP-wiki 数据库的 AOP 信息，运用数据挖掘和网络推导实现 AOP 网络构建。论述中介绍了"问题公式化""证据权重法""基于生物或毒理学法"和"经验识别法"等 AOP 网络关键路径的识别方法，揭示了网络模型中各线性 AOP 间的交互作用类型。可以预见，AOP 网络的构建方法和模块分析将随着计算科学的发展而日益完善。

三、定量有害结局路径

剂量-效应关系是毒理学研究的核心概念，AOP 框架仅由定性信息构成，因此无法直接应用于毒理学风险评估。为满足风险评估的定量需求，美国 EPA 于 2017 年又提出了定量有害结局路径（quantitative AOP，qAOP）的概念，以描述与化学物暴露剂量和时间相关的关键事件扰动和有害结局。通俗而言，qAOP 就是对 AOP 框架核心要素的量化分析。典型的 qAOP 由多个计算生物学模型组成，这些模型分别描述分子起始事件、各生物水平关键事件和有害结局的剂量-效应关系，同时揭示上、下游关键事件的效应-效应关系（即关键事件关系），并识别出调节这些关系的关键因素。qAOP 模型与其他基于生物学的模型（如毒代动力学模型和种群模型）具有相似的特点：模型相关的生物学描述越准确，该模型预测的精确性就越高。

目前，尚无关于 qAOP 模型的构建方法和步骤的官方指南，有限的研究表明，基于概率的贝叶斯模型和基于机制的回归模型可能是进行 AOP 定量分析的有效方法。在不同化学物或不同剂量暴露下，贝叶斯模型可量化关键事件发生导致的有害结局的可能性（如疾病发生率），而回归模型可量化关键事件扰动导致的有害结局的严重程度（如肝脏损伤的不同阶段）。

第五节　系统毒理学的数据来源、研究方法与应用

一、系统毒理学数据来源

系统毒理学研究需要对大量毒理学数据进行收集、整合和挖掘，常用的数据类型包括化学物毒性机制信息、化学物暴露数据以及毒理组学数据。

（一）化学物毒性机制信息

大量常见化学物的分子和细胞毒性机制信息已被解析，已有数据库基于文献整合、人工筛选等手段，将零散的化学物毒性机制信息进行整理归纳，为系统揭示化学物毒性机制提供了数据支撑。例如，比较毒理基因组学数据库（CTD）可提供化学物、基因、表型、疾病和暴露等要素间的交互作用信息。目前，该数据库已收录近 295 万条化学物-基因相互作用信息、近 350 万条化学物-疾病关联信息、3288 万多条基因-疾病关联信息和近 41 万条基于表型的毒理学信息。

（二）化学物暴露数据

化学物暴露数据可来源于细胞和类器官等体外模型、实验动物模型和人群实际暴露数据。基

于体外和体内模型的毒理学研究,具有暴露化学物明确、暴露剂量和时间可控的优点,但如何将实验结果外推到人是需要关注的问题。ToxCast数据库整合化学物结构数据、检测的生物靶点信息,结合毒理知识和组织特异性基因表达水平的方法,将检测靶点映射到器官系统,从而直观地展示了化学物的生物活性模式。目前,ToxCast数据库已对2000多个化学品进行了测试,每种化学品共进行700多项高通量检测,检测范围涵盖300多个毒性通路或关键靶点,从而提供了大量的化学物暴露剂量和时间数据。

化学物的人群暴露数据可来源于药物使用人群、职业暴露人群和日常环境暴露人群。药物和职业暴露人群的健康监测可以发现毒性测试不能检测到的高暴露人群健康风险。例如,尽管药物在被投放市场之前都经过大量的毒理学和临床试验,但药物监测项目依然发现了许多临床前和临床研究中没有检测到的健康危害。对日常暴露人群进行生物监测,可检测环境化学物或其代谢产物在血、尿及其他生物样本中的含量,提供化学物与健康危害的关联证据。

人体生物监测的实施在全球呈现显著地域偏倚,近八成的人体生物监测研究集中于北美和欧洲,而东南亚、非洲等重污染地区的监测数据存在盲区。国际人群生物样本暴露监测的主要权威数据库包括:

1. 美国NHANES数据库 美国国家健康与营养调查(National Health and Nutrition Examination Survey,NHANES)是由美国疾病控制和预防中心(CDC)负责评估美国成人和儿童的健康和营养状况的持续性项目。该项目自1999年起,每年对约5000人进行调查,持续更新美国人群血、尿等生物样本中数百种化学物浓度数据,具有全球最早、样本量最大、代表性强、覆盖广泛等特点,目前已成为了解美国人群暴露与健康状况、开展公共卫生和其他医学领域研究的宝贵资源。

2. 欧洲人体生物监测项目(HBM4EU-IPCHEM) 欧洲人体生物监测倡议(European Human Biomonitoring Initiative,HBM4EU)于2017年启动、2022年竣工,涉及30个国家、欧洲环境署和欧盟委员会,统一采集人群血液、尿液等样本数据;项目成果上传至欧洲化学品监测信息平台(the Information Platform for Chemical Monitoring,IPCHEM),以更好实现数据的标准化共享。

3. 欧盟暴露因素资源库 欧盟暴露因素资源库(the European Exposure Factors,ExpoFacts)基于统计数据、数据库、文献信息等,整合31个欧洲国家的暴露参数,包括母乳、血、毛发等生物介质中的体内负荷,用于欧洲居民暴露评估。

4. 国际人类生物监测健康指导值(i-HBM HB2GV) 国际暴露科学学会(ISES)旗下国际人类生物监测工作组(the International Human Biomonitoring,i-HBM)于2020年推出了首个开放、可查询的健康基准指导值数据库(Health-based Guidance Value,HB2GV dashboard),用于统一解释全球人群生物监测结果,相关指导值在HB2GV数据库对公众免费开放。

我国国家人体生物监测项目于2017—2024年完成了三期调查,监测网络覆盖31个省份的152个监测点位,获得我国居民19类320种污染物人体内暴露水平基线值。

(三)毒理组学数据

高通量芯片和测序技术已被广泛应用于毒理学研究,生成大量的毒理基因组学(toxicogenomics)、毒理转录组学(toxicotranscriptomics)、毒理蛋白质组学(toxicoproteomics)、毒理代谢组学(toxicometabolomics)和毒理表观遗传组学(toxicoepigenomics)等组学数据。毒理基因组学、毒理转录组学和毒理蛋白质组学分别揭示了环境有害因素作用下,生物体特定细胞、组织或器官中DNA、RNA和蛋白质水平变化规律;而毒理代谢组学则解析了生物样本中外源化学物及体内代谢产物的变化特征。

毒理表观遗传组学主要研究环境有害因素对基因组表观遗传修饰（DNA甲基化、组蛋白修饰、非编码RNA等）的影响，解析其对基因表达的调控机制。这些毒理组学数据从不同水平揭示了细胞内各种分子的变化和调控机制，能够全面、系统地阐明复杂的毒性效应。

二、多组学整合策略

单一的组学数据可以提供毒物暴露后某一类型生物分子的变化特征，而多组学技术可将基因组、表观基因组、转录组、蛋白质组及代谢组等多维层次的信息进行有机整合，符合系统毒理（生物）学"整体大于部分之和"的理念。多组学整合策略多种多样，主要可概述为：①概念性整合策略，即先对每种组学数据进行单独分析，依照生物学逻辑整合不同组学数据的分析结果，从而系统理解毒性机制；②统计性整合策略，即通过识别不同样本和组学数据特征之间的统计学关联度，进行数据整合；③基于模型的整合策略，即使用预定义的数学模型系统性预测分子事件的相关性和因果关系。理想的多组学整合分析应整合来自同一组样本的多组学数据，但在实际操作中较为困难。如果采用不同样本组的数据，则需要对这些数据进行标准化和统计学处理。

三、毒性通路构建策略

毒性通路的构建通常以生物学信号通路为蓝本，依赖于一些数据库和软件进行，如京都基因和基因组数据库（Kyoto Encyclopedia of Genes and Genomes，KEGG）和MetaboAnalyst软件等。

KEGG是国际最常用的生物信息数据库之一，可用于查询基因组功能和生物通路。KEGG分为系统信息、基因组信息、化学信息、健康信息和药物标签五大类。获取差异表达基因列表后，可以通过KEGG PATHWAY子数据库获取相应的通路信息，推断该基因集的主要生物学功能。

MetaboAnalyst软件是一个专用于代谢组数据分析的生物信息学平台。该数据库操作简单，支持液相色谱-质谱数据（LC-MS）和质谱数据（MS）等多种形式的数据分析，涵盖了代谢组学分析所需的数据处理、统计分析、代谢物注释和识别、生物标志物分析、通路分析和可视化等多方面。

四、人工智能技术

随着科技的飞速发展，人工智能技术（AI）已经渗透到生命科学和医学研究的各领域，毒理学也不例外。人工智能技术的应用为毒理学研究带来了革命性的变化，特别是在提高研究效率、精准度以及降低研究成本方面展现出巨大潜力。人工智能技术，尤其是机器学习和深度学习，能够通过分析海量的化学结构和生物活性数据，快速、准确地筛选出潜在毒物并进行初步的风险评估。

在毒性机制研究中，毒物的毒性机制往往涉及复杂的生物化学过程和分子层面的相互作用。深度学习算法能够通过分析基因表达数据、蛋白质互作网络和代谢途径等信息，系统揭示毒物的毒性作用机制。例如，AI技术可以识别出毒物影响的关键基因和信号通路，为深入理解毒物的毒性效应和制订干预策略提供科学依据。

机器学习和深度学习技术在系统毒理学中的发展也受到一些制约。首先，高质量的毒理数据集对于精准有效的机器学习模型构建至关重要，但早期毒理学数据获取的困难性、各实验室实验手段的异质性及实验数据描述的差异性等问题，均可能影响到机器学习模型的可靠性。其次，复杂的机器学习算法会呈现"黑匣子"性质，难以解释其内部的决策过程和预测行为的生物学逻辑。此外，化学物引发毒性效应的机制复杂多样，对机器学习模型的训练和验证提出了巨大的挑战。

五、系统毒理学应用

目前，MOA 框架已被成功用于特定化学物的毒性评价和暴露限值评估，而 AOP 框架的相关研究方法正快速推进，为新化学物毒性预测提供有效路径。

（一）化学物风险评估

危害识别是风险评估的第一步，旨在确定人体暴露于某种危害后是否会对健康造成不良影响。系统毒理学能够系统描述化学物毒性效应和毒性机制，结合化学物的代谢及相互作用来鉴定其危害。MOA 和证据权重评估是危险识别的关键组成部分，而 AOP 所构建的从分子起始事件到有害结局的完整证据链条，提供了更直观的危害识别路径。

qAOP 模型的出现促进了 AOP 从单纯的化学物定性评价转向定性和定量综合评价。化学物暴露后，可以对分子起始事件、关键事件或有害结局等不同层次的毒性终点进行剂量-效应分析。其中，基于转录组学和毒性通路的剂量-效应分析是当前研究热点，但在模型构建和应用方面仍缺乏统一标准。

（二）新化学物毒性预测

化学物优先级判定是解决海量化学物毒性测试需求的有效方法。优先排序是指识别出给定暴露浓度下最有可能导致健康危害的化学物，以便进行更深入的测试。AOP 概念的引入有助于化学物的毒性预测和优先级的设置。如果化学物暴露后可以依次扰动不同生物水平的关键事件，就必然导致有害结局发生，这属于"机制驱动"的高效毒性预测方法。理想情况下，可以在 AOP 框架下对新化学物的机制信息和组学数据进行分析，确定它们是否可能引发一个或多个关键事件，并根据扰动效力进行化学物排序，其中效力最强的物质将获得最高优先级，以便进行更深入的毒性测试研究。

（三）化学物复合暴露毒作用研究

人类接触的外源化学物绝大多数以混合物的形式存在，在机体内常表现为复杂的交互作用，通过多种不同方式，如影响生物转运和转化、直接相互作用或发生反应或共同竞争受体等，影响彼此的毒性。基于实验动物的化学物复合暴露研究存在瓶颈，一方面对各化学物单独试验的结果难以外推混合物的毒性效应，另一方面因需要投入大量资金和时间，难以高效进行混合物"拆分"后的研究。高通量组学技术可以方便地进行交叉设计等各类"拆分"性研究，在探讨化学物复合暴露毒作用研究上具有优势。对已知毒作用的多个化学物，可分别进行毒性通路或基因表达谱的比较，鉴定出各化学物共有的毒性通路，构建 AOP 框架。随后，将混合物暴露后毒性通路或基因图谱的改变和单个化学物的数据进行比对，便可识别出混合物中的关键效应化学物，揭示化学物间的协同作用或拮抗作用。

综上，在化学物的毒性测试和决策监管中存在两种科学方法：基于证据的方法和基于机制的方法。前者是传统的动物实验方法，人们可以客观地观察和解释毒性数据，而无须依赖先验知识；后者则是系统毒理学方法，主要基于已知的毒性机制信息，来实现对新化学物毒性的准确预测。可以预见，随着生物学、毒理学、计算科学等多个领域理论和技术的不断进步，基于机制的新的毒性测试策略将会在保护人类健康方面发挥更加重要的作用。

（于典科）

思考题

1. 什么是系统毒理学?

2. MOA 和 AOP 框架的异同之处是什么?

3. 系统毒理学整合的数据类型有哪些?

第十二章
管理毒理学

控制化学品及其他有害环境因素对人体健康与环境造成的危害是各国政府面临的重大问题。为应对这一挑战,行政管理部门通过行政立法手段制定了一系列有关的法律、法规及标准,并依托行政执法与司法力量,强化对环境、职业及日常生活中潜在有害因素的管理,以保障公众健康与生态环境安全。在有害因素的安全监管过程中,精确识别并量化特定环境因素及活动对人类健康与环境的风险至关重要,这离不开毒理学的科学支撑。本章主要介绍管理毒理学的概念及环境因素(特别是化学品)的安全管理体系,以及毒理学支撑安全管理的两个核心组成内容:安全性评价与风险评估。这些内容是确保环境安全与公众健康的科学基础,体现了毒理学在政策制定中的重要性。通过科学的评估和管理,可以有效降低有害因素对人类健康和生态环境的影响。

第一节　管理毒理学概念及化学品安全管理

一、管理毒理学的概念

作为毒理学家积极参与外源因素(特别是化学品)安全性管理过程中发展起来的一个毒理学分支,管理毒理学(regulatory toxicology)研究将毒理学的知识、技术及研究成果应用于外源因素的安全管理,以保护人类健康与环境。其内容主要包括收集、处理和评价人群流行病学与实验毒理学数据,为保护人类健康和环境的决策提供科学依据。此外,管理毒理学还涉及建立毒性评价标准体系以及研发新测试方法。这一领域的研究为确保环境与公众健康提供了重要支持。虽然管理毒理学涉及化学、物理和生物等各种外源因素的安全性管理,但以化学品的安全性管理为主。

二、化学品安全管理的通用模式

化学品安全一般采用分类分级管理模式。在法律与法规框架下,不同行政部门依据化学品的毒性分类与分级,采取相应行政措施,对生产、排放、经销及使用等环节实施差异化管理(包括容许使用、条件使用、限量使用和禁止使用等)。管理优先性则基于化学品的毒性、生产量、环境浓度及人类潜在暴露量综合确定。此外,根据化学品危险性,可进一步划分为有害化学品(hazardous chemicals)与危险化学品(dangerous chemicals)。

对于化学品的安全管理,主要采用许可(licensing)与登记(notification)制度。许可制度的核心是颁发许可证(licence),针对人体直接接触的产品如食品、药品、化妆品等,确保产品上市前获得官方授权。许可证为限时书面文件,涵盖申请、受理、评审至批准的全过程。而登记制度则主要适用于工业及环境化学物,要求在产品上市前向管理机构提交详尽资料,并确保产品安全使用,包括毒性测试、分类标签、安全贮存、运输、排放措施及泄漏事故应对预案等。针对危险化学品的管理,应强化系统性安全风险防控,注重源头治理、综合治理与精准治理,完善并落实安全生产责任制与管理制度,建立健全安全隐患排查与预防控制体系。

（一）国际主要经济体化学品安全管理法律法规简介

化学品管理是基于科学的法规化体系。全球各国及国际组织出台了一系列相关法律法规,以遏制有毒化学品对环境的污染,保障人类健康。这些法规构成了化学品安全管理的基石。国际上,欧盟的《化学品注册、评估、授权和限制法》(简称 REACH)和美国的《有毒物质控制法》(简称 TSCA)是最具代表性的两种化学品立法管理模式。尽管两者目标相同——保护人类健康与环境,但在执行机制与具体条款上存在显著差异。TSCA 倾向于政府主导的风险管理模式,授权美国国家环境保护局(EPA)直接向制造商和进口商索取数据,进行必要的测试与评估,从而限制或禁止有害物质的流通。此外,TSCA 在初期的数据要求相对较少,主要关注化学品的使用情况,而非全面的安全数据。REACH 则强调行业责任与数据全面性,要求生产商和进口商为年产量或进口量超过一吨的化学品提供详尽信息,包括安全数据、生态影响评估及健康安全评估,除非该物质享有豁免权。此外,REACH 还倡导更高的公众透明度,在安全数据与风险管理措施上更为开放。

（二）我国化学品安全管理的法律法规和相关管理部门

自 20 世纪 80 年代起,我国在化学品生产、经销、使用及排放的各环节,陆续制定、颁布和修正了一系列的有关化学物管理、生产者劳动安全、使用安全和环境保护的系列法律、法规(图 12-1,相关法律均使用简称)。针对危险化学品,全国人民代表大会常务委员会已于 2023 年 9 月将《中华人民共和国危险化学品安全法》列入实质性立法阶段。《中华人民共和国生物安全法》于 2021 年 4 月 15 日正式实施。

图 12-1　我国化学品在生产、流通和使用各环节的立法管理

在生产劳动环节中,我国陆续颁布了《中华人民共和国矿山安全法》(1992 年通过,2009 年修正)、《中华人民共和国劳动法》(1994 年通过,最新 2018 年修正)、《中华人民共和国消防法》(1998 年实施,最新 2021 年修正)、《中华人民共和国职业病防治法》(2002 年实施,最新 2018 年修正)及《中华人民共和国安全生产法》(2002 年实施,最新 2021 年修正)。在产品使用环节,涉及食品安全管理的有《中华人民共和国食品安全法》(2015 年实施,最新 2021 年修正);涉及药品安全管理的有《中华人民共和国药品管理法》(1985 年实施,最新 2019 年修订)、《麻醉药品和精神药品

管理条例》(2005年实施,最新2016年修订)等;涉及化妆品安全管理的有《化妆品监督管理条例》(2021年实施,取代1989年发布的《化妆品卫生监督条例》),涉及农药安全管理的有《农药管理条例》(1997年实施,最新2022年修订)。而在产品流通和排放环节中,关于环境中有毒有害化学品的管理,主要依据的法律法规包括《中华人民共和国环境保护法》(2015年实施)、《中华人民共和国大气污染防治法》(1988年实施,最新2018年修正)、《中华人民共和国水污染防治法》(1984年实施,最新2017年修正)、《中华人民共和国固体废物污染环境防治法》(1996年实施,最新2020年修订)以及《中华人民共和国环境影响评价法》(2003年实施,最新2018年修正)等。

根据法律和法规的授权,各级行政管理部门依法对生产、经销、使用及排放的各环节进行分类管理。目前我国各类产品的监督管理职责归口如下:食品、化妆品、药品的监管由国家市场监督管理总局负责;涉及饮用水卫生安全产品、消毒药剂及器械的监管由国家卫生健康委员会承担;农药与兽药的监管则归属于农业农村部;化学品的监管由生态环境部负责;而爆炸品的监管则由公安部统筹管理。

三、我国危险化学品的全生命周期管理方法

我国正积极构建危险化学品全生命周期的安全防控体系与智能信息监管系统,旨在实现危险化学品从生产、储存、经销、运输、使用至废弃回收处置各环节的无缝衔接与全面管控。此理念应提前融入危险化学品的需求规划与设计阶段。遵循"管行业、管业务、管生产经营都必须管安全"及"谁主管谁负责"的原则,明确并强化相关部门在危险化学品各环节的安全监管责任,实施全主体、全品种、全链条的安全监管。这与联合国推行的全球化学品统一分类和标签制度(GHS)及欧盟REACH法规所倡导的全球范围内对危险化学品产、运、销、用全过程的严格管控趋势相契合。

依据处于立法阶段的《中华人民共和国危险化学品安全法》,我国对危险化学品实施目录管理。该目录及其确定原则由应急管理部联合相关部门共同制定、公布,并适时调整。各部门职责明确:公安部负责公共安全管理及易制爆、剧毒化学品流向的监管,核发相关许可证与通行证;国家市场监督管理总局核发生产、贮存、经营、使用、运输的许可证或营业执照,并实施监督;生态环境部监管危险废物的收集、贮存、处置,并负责事故现场的应急环境监测;交通运输部负责道路、水路、航空运输的许可或备案;国家邮政局负责寄递安全管理;国家卫生健康委员会负责医疗卫生机构贮存、使用危险化学品的安全监管;海关总署则负责进出口危险化学品的口岸管理。

四、毒理学与化学品安全管理的关系

管理毒理学是科学与管理的交汇领域,两者相辅相成,共同推动进步。毒理学的研究成果,包括毒性评价与风险评估数据,是管理部门制定化学品处理与防控策略的科学基础。在化学品的安全管理中,管理部门所制定的规范、程序、准则亦依赖于毒理学的知识与发现。另一方面,管理需求激发了毒理学研究的深化,加速了检测技术的革新与标准化。例如,管理机构对内分泌干扰物质及纳米材料安全性的关注,催生了新毒理学测试方法。非动物测试的要求则进一步推动了替代法与计算毒理学的快速发展。同时,管理机构制定的化学品、药品、食品等安全性评价的标准和指南,也有助于推动毒理学研究设计与实施规范化。

然而,毒理学的科学探索与管理应用的目标存在显著差异。科学追求真理,强调活跃性与开放性,鼓励探索与争鸣;而管理则注重行为规范与效果,体现稳定性与强制性,追求一致性。毒理学研究不断深入,新发现层出不穷,而管理规范与法规则需基于普遍规律与公认观点,保持相对稳定,

适时调整。管理者在决策时须平衡多方需求,基于现有资料做出最佳选择,有时需要考虑非科学因素,如法律适用性、技术可行性、成本风险及公众认知等。

五、毒理学家在化学品安全管理中的作用

在化学品安全管理的框架下,管理部门高度依赖毒理学家的专业知识、数据积累及实践经验。这一过程以毒理学安全性评价和风险评估为核心支撑,众多毒理学家亦直接服务于管理机构。毒理学家在其中的主要作用具体表现为:

1. **法律与法规制定**　参与相关法律、法规的编纂工作,提供必要的技术支持和咨询,确保法规的科学性与合理性。

2. **优先管理化学品识别**　基于健康与环境考量,识别并建议需优先管理的化学品。这些化学品通常具有高毒性、致癌性、生殖发育毒性、致突变性等或环境难降解性,需实施严格管理策略。

3. **分类、分层与标签管理**　为化学品的分类、分层及标签制度提供技术咨询与支持,促进化学品使用的规范与安全。

4. **标准制定**　在制定优先化学品的卫生与环境标准时,通过动物实验、体外测试、人体研究与流行病学调查等手段,明确其对健康的潜在影响,确立剂量-反应关系,为安全限值的设定提供科学依据。

5. **新化学物质毒理学安全性评价**　依据法规要求,对新化学物质及新产品进行毒理学安全性评价,并参与专业技术评审,确保新上市产品的安全性。

6. **风险评估**　针对重要环境污染物与化学品进行风险评估,为后续的风险管理决策提供坚实的数据基础。

7. **应急救援**　在化学事故发生时积极参与应急救援工作,利用专业知识指导应急处理,减少事故对人员与环境的危害。

第二节　安全性评价

安全性评价(safety evaluation)即按照特定程序要求,对外源因素的毒作用进行检测,并综合毒性试验的结果,评价其在规定条件下安全性的过程。安全性评价常用于:①对暴露可能受控的化学物进行安全性评价,包括对食品添加剂以及在食物中杀虫剂和兽药等残留物的安全性评价。②新化学物或新产品生产、使用的许可与管理。为满足管理部门关于化学物注册、审批的需求,毒理学工作者日常需开展毒理学试验及相应的安全性评价工作。

一、安全性评价的原则

(一)规范性原则

为了使安全性评价中的毒理学研究更加标准化,相关化学品安全管理机构已制定一系列毒性研究指导原则与标准程序,对安全性证明所需资料提出明确要求,详细列出了必要的试验类型,并对具体的毒性测试方法提出了规范。这些指导原则与规范作为外源因素安全管理的技术支撑,具有指导性,同时赋予研究者一定的选择灵活性。

随着国际贸易与国际合作的深化,应用于安全性评价的毒理学试验规范正逐步国际化。例如,国际人用药品注册技术协调会(ICH)致力于确立不同国家公认的药品安全性试验方法。而经济合

作与发展组织(OECD)则通过制定新化学品上市前的最低安全性评估项目及一系列毒性试验准则,旨在统一成员国间的化学物安全性评价方法,促进研究成果与评价结果的相互认可。

我国化学品安全管理部门也相继制定并发布了针对各类外源因素的毒理学安全性评价程序与规范,并随着社会发展、经济进步及新的毒性测试方法的涌现,这些程序持续得到修订与完善。近年来,在修订毒理学安全性评价程序与方法时,广泛参考了 ICH、OECD 等国际组织的标准,以确保与国际接轨。

(二)分阶段原则

毒理学安全性评价通常遵循分阶段试验的原则。这一方面是出于毒理学试验设计的内在逻辑需要:各试验间相互关联,未完成前置试验则无法有效推进后续试验。例如,急性毒性试验的 LD_{50} 值常作为其他如蓄积毒性、致畸性、亚慢性及慢性毒性试验,乃至部分致突变试验剂量设计的关键参考;慢性毒性试验的剂量设计与观察指标的选择则常须参考亚慢性毒性试验的结果。另外,也是出于经济因素的考量:须评估的外源因素种类繁多,对每一化学物都进行全面毒性测试不仅资源耗费巨大,且往往不切实际。因此,可根据化学物质的用途、接触范围等特性,选择必要的试验阶段即做出安全性的评定。对于新的化学物,特别是那些产量大、使用广泛、暴露机会多,或疑似具有慢性毒性、遗传毒性及致癌性或难降解且易于生物富集的物质,应全面进行四阶段毒性试验。而对于与已知低毒化学物结构相似、为其衍生物或类似物,或仅改变形态及用途,或处于初步研发阶段的化学物,可依据前三阶段试验结果判断是否需进行第四阶段试验。此外,部分化学物在初步毒性试验中即显示出极低毒性,可据此直接评估其安全性;反之,若某化学物在某一试验阶段即表现出高度毒性,预示其应用前景黯淡,则应适时终止后续试验,以节省资源。

二、毒理学安全性评价的基本内容

由于各类化学物质的使用方式、暴露途径和程度的不同,对其进行安全性评价的程序与内容也有所差别。以下介绍对化学物进行全面安全性评价的一般程序和内容。

(一)毒理学试验前有关资料的收集

为了准确预测外源因素的毒性并优化毒理学试验设计,试验前须全面搜集该化学物的相关资料,包括但不限于其化学结构式、纯度、杂质含量、沸点、蒸气压、溶解性,以及类似物的毒性数据和人体可能摄入量。这些信息的获取对于试验设计至关重要:化学结构可辅助预测毒性特征;类似物的毒性资料与人体可能摄入量的了解有助于确定合适的染毒剂量;挥发性评估决定是否需要开展经呼吸道染毒试验;溶解性信息则指导溶剂与助溶剂的选择。

值得注意的是,样品中的杂质成分可能影响其毒性,因此用于毒性试验的样品必须源自生产流程稳定且具代表性的批次,或是实际生产使用或人类接触的产品。同时,检测样品应明确标注其批号、生产日期等信息,以便于追溯与验证。在条件允许的情况下,可进一步开展结构 - 活性关系评价,以深化对化学物毒性的理解。

(二)化学物毒理学试验的程序和项目

根据毒理学试验的特点及进行的难易程度,毒理学评价试验大致可分为四个阶段的内容。在安全性评价时,根据评定化学物质的用途、暴露情况等可选择部分阶段(试验)进行测试。

第一阶段:急性毒性试验和局部毒性评价。

通过急性毒性试验求得 LD_{50},确定化学物急性毒性的特征,进行急性毒性的分级,为以后的毒性试验剂量选择提供依据。

对于皮肤黏膜用药品、消毒剂及农药、化妆品等可能通过皮肤接触的化学物还须进行皮肤、黏膜刺激试验,皮肤致敏试验,皮肤光毒和光变态反应试验等局部毒性的评价。

第二阶段:一般包括遗传毒理学试验和致畸试验。

遗传毒理学试验用于研究受试物有无致突变作用,对其潜在的遗传危害作出评价,并预测其致癌性。遗传毒理学试验需成组应用,一般应包括多个遗传学终点,要包括体细胞及生殖细胞的试验。致畸试验用来判断受试物的胚胎毒作用及对胎仔是否具有致畸作用。

第三阶段:一般包括亚慢性毒性试验、繁殖试验和代谢试验。

亚慢性毒性试验用来进一步确定毒作用性质和靶器官,初步确定该阶段的 NOAEL 及 LOAEL,并为慢性/致癌试验提供剂量、指标的选择依据。繁殖试验一般是要求进行两代繁殖试验,以判断外源因素对生殖过程的有害影响。代谢试验一般是测定染毒后不同时间化学物的原型或其代谢物在血液、组织及排泄物中的含量,以了解化学物的吸收、分布、排泄特点及敏感的接触标志,了解蓄积性及毒作用的可能靶器官。

第四阶段:包括慢性毒性试验和致癌试验。

慢性毒性试验与致癌试验往往并行开展,以全面评估化学物的长期健康影响。慢性毒性试验的目的在于确定化学物毒作用的 NOAEL 及 LOAEL,并以此为主要依据,对外源因素的安全性做出评价或加以一定的不确定系数,提出人体接触的容许剂量。致癌试验用来确定对试验动物的致癌性。

随着毒性测试技术的发展及对毒作用的更全面认识,毒性评价的内容会不断完善,如近年来相关管理机构对免疫毒性、神经行为毒性及内分泌干扰毒性等提出了评价的要求。

三、我国食品安全性毒理学评价程序的范例

我国《食品安全国家标准　食品安全性毒理学评价程序》(GB 15193.1—2014)明确规定,对于我国首创的,特别是化学结构提示潜在慢性毒性、遗传毒性、致癌性,或产量大、使用广泛、人体摄入量高的物质,需进行全面毒性试验,涵盖急性经口毒性、遗传毒性、90 天经口毒性、致畸性、生殖发育毒性、毒代动力学、慢性毒性及致癌性(或两者合并)试验。对于与已知安全物质(已通过安全性评价并允许使用)化学结构相同或类似的衍生物、类似物,或在部分国家和地区有安全食用历史的物质,可初步进行急性毒性、遗传毒性、90 天经口毒性及致畸性试验,再根据结果决定是否需要进一步进行毒代动力学、生殖毒性、慢性毒性及致癌性试验等。对于已知的或已在多个国家有食用历史且申请单位能证明其质量规格与国外产品一致的物质,可首先进行急性毒性、遗传毒性和 28 天经口毒性试验,再根据初步试验结果判断是否需深入进行其他毒理学试验。

四、安全性评价的不确定性

外源因素的安全性评价以毒性试验为核心,主要依据动物试验及体外测试结果进行。此类基于毒理学资料的评价,对于预防外源因素对人类健康的危害具有重要作用。然而,将实验室毒理学数据外推至人群接触安全性时存在显著不确定性。对于动物试验,首要问题在于实验动物与人的反应敏感性差异,甚至可能存在质的不同。尽管通过多物种试验及选择反应相似的动物来减轻影响,但完全避免差异仍不可能。其次,为确定毒作用靶器官及剂量-反应关系,毒理学试验常采用高剂量染毒,远超人类实际接触水平,导致高剂量与低剂量毒性规律不一致,增加外推难度。再者,动物数量有限,难以捕捉低发生率的毒性反应,而人群接触量大,外推时存在不确定性。此外,实验动

物多为单一品系,健康状态统一,而人群多样,包括易感个体,毒性反应易感性差异大。对于体外试验,尽管提倡使用人源组织、细胞,但向体内外推仍具不确定性。

为弥补这些不确定性,保护人类健康,需采取以下措施:首先,在从动物实验的NOAEL或LOAEL外推至人的允许接触量时,应引入适当的不确定系数。其次,应广泛收集受试物对人群毒作用的资料,如通过职业卫生监测、流行病学调查及急性中毒事故调查等。这些人体资料是评估外源因素对人体危害最直接、可靠的依据,对外源因素安全性再评价尤为重要。

五、良好实验室规范

化学品的安全性评价关乎公众健康。确保评价资料的真实、可信、准确及完整性,是作出正确安全性判断的前提。良好实验室规范(Good Laboratory Practice, GLP)是指保障有关机构运行以及非临床健康和环境安全研究的计划、实施、监督、记录、存档和报告的运行条件的一套质量体系。符合GLP标准的化学品安全性研究已成为国际公认的基本准则。

为降低实验过程中各种因素的干扰,确保结果精确可靠,GLP强调为每项具体操作制定标准操作流程(standard operation procedure, SOP)。SOP作为关键工具,确保了实验流程的规范化、严谨性以及结果的准确性和可信度。

此外,GLP还要求实验室设立质量保证部门(quality assurance unit, QAU),全面监督试验过程,确保所有操作遵循研究方案及SOP。QAU负责从研究设施、仪器校准、人员培训到实验记录、过程实施、质量控制及文档管理的全方位检查,及时识别问题、提出解决方案,并向管理层及项目负责人报告。同时,QAU还负责审核研究报告,确保其准确反映所采用的方法、使用的材料及原始数据的真实记录。

近年来,我国药品、食品、农药及环境化学品等领域的管理部门均对安全性评价实验室的资质提出了明确要求,推动相关毒理学研究机构纷纷建立了GLP实验室。

第三节　风险评估与风险管理

一、基本概念

危害(hazard):是指当机体、系统或人群暴露于某种因素或状况时,该因素或状况具有引起损害作用的固有属性。

风险(risk):也称为危险性或危险度,系指在具体的暴露条件下,某种因素对机体、系统或人群产生有害作用的概率。危害是某种因素或状况的内在属性,风险需要考虑暴露因素。

危害评估(hazard assessment):确定外源因素对生物、系统或人群可能产生损害作用的过程。包括危害识别和危害表征。

可接受风险(acceptable risk)及实际安全限值(actual safety limit):人类活动总会伴随一定的风险,尤其是在接触和使用外源因素时。然而,风险的关键在于发生的概率有多大。理论上,大多数化学物存在毒作用的阈值,在低于此剂量下不会出现有害作用。但是,由于多种因素的影响,精确确定绝对安全的接触限值是不可能的。在实际应用中,由于经济等原因,人类往往难以将某些化学物的接触水平降到绝对无危害的标准(尤其是对于致癌物等无阈值化学物),因此引入了"可接受风险"的概念。可接受风险是指公众及社会对暴露于某种有害因素带来的潜在风险可以承受的程度。

根据可接受风险水平确定的外源因素的接触限值被称为实际安全限值。值得注意的是,不同个体和群体对于有害环境因素的反应各异。某一事件可能对于一个人或者一个群体是可接受的,对于另一个人或者另一个群体则可能是不可接受的。另外,风险的可接受程度还受公众认知水平的影响。吸烟等人自愿选择的行为,尽管有较高的风险,仍能被公众接受;但环境污染物等非自愿活动的风险则难以被接受,总是希望这些风险越小越好。对于致癌物的实际安全限值,通用的原则是将终身接触某化学物所致的致癌风险控制在百万分之一或以下。

风险评估(risk assessment):指对外源因素暴露引起生物、系统或人群健康的不良效应可能性和严重程度进行计算或估计的过程,包括健康风险评估和生态风险评估。健康风险评估(health risk assessment)是指对外源因素暴露引起人群健康的不良效应可能性和严重程度进行计算或估计的过程。它基于人群流行病学资料、毒理学试验资料、环境化学物等的接触资料等科学数据的分析,确定接触外源因素后对公众健康危害的可能性,包括对有害作用性质、强度的定性描述,接触水平与可能出现损害的风险水平的定量评定及对于评价结论和评定的不确定性的分析与描述。生态风险评估(ecological risk assessment)是指利用生态学、环境化学及毒理学的知识,定量评价有害因素对人类和生物损害作用的概率、强度及其后果的过程。类似于健康风险评估的方法同样适用于生态风险评估领域。

风险分析(risk analysis):是指识别可能存在的危害,估计、评价风险发生的可能性及损害健康的程度,提出和实施规避或降低风险措施以及风险交流的过程。风险分析的目的是预测风险和控制风险,包括风险评估、风险管理和风险交流三部分内容(图 12-2)。

风险管理(risk management):是指在风险评估的基础上,综合考虑法律、经济、社会和文化等因素,权衡利弊,选择并采取适当措施控制风险的过程。

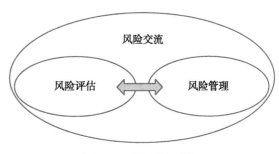

图 12-2　风险分析框架

风险交流(risk communication):在风险分析全过程中,风险评估人员、风险管理人员、生产者、消费者和其他利益相关方就风险、风险相关因素和风险认知的信息和意见进行交流的过程。

化学品安全性评价和健康风险评估是化学品安全管理的科学基础,而毒理学研究和毒性测试构成了风险评估的科学核心。健康风险评估是在安全性评价的基础上发展起来的,两者既有联系又存在区别。在危害识别阶段,安全性评价和风险评估所采用的毒性测试方法基本相同。安全性评价的目标是确定安全的程序,具有预警性质,通常通过 NOAEL/LOAEL 或从基准剂量作为外推的起始点,并考虑变异性和不确定性,进而制定安全限值或暴露指导值。安全性评价常应用于以下情境:①对于可能受控的化学品的安全评价,例如食品添加剂、食物中杀虫剂和兽药残留物的评估。②新化学物或新产品生产、使用的许可和管理。风险评估是风险分析决策程序的一部分,通常在较高暴露范围(即高于实际安全限值的暴露范围)内进行研究,通过将暴露水平与剂量-反应曲线比较,确定实际的风险水平(即损害作用的发生率)。

二、健康风险评估

健康风险评估是对外源因素暴露引起人群健康不良效应的可能性和严重程度进行计算或估计

的过程。最初,健康风险评估的重点主要集中在癌症风险的评估上。1958 年,美国国会通过德莱尼条款(the Delaney Clause),指示食品药品监督管理局(FDA)禁止在食品中添加任何被发现会导致动物或人类癌症的物质。这项政策将那些未检测到致癌性物质的食品视为"安全"。然而,随着分析化学技术的发展,人们意识到"未检测到"并不等同于"不存在",因此监管机构开始采用"可接受风险"作为管理理念。风险评估方法自 20 世纪 70 年代开始蓬勃发展,并逐渐扩展到了非癌症终点的评估。

健康风险评估由以下四个步骤组成:危害识别;危害表征(剂量-反应关系评定);暴露评估和风险表征(包括定量和定性的风险描述与不确定性分析)。危害识别是风险评估的定性阶段,危害表征、暴露评估和风险表征是风险评估的定量阶段。

（一）危害识别

危害识别(hazard identification)是风险评估的第一阶段(定性阶段),是根据流行病学、动物试验、体外试验、结构-活性关系等科学数据和文献信息,明确和区分外源因素暴露引起生物、系统或人群健康的不良效应类型和属性的过程。对收集的科学数据和文献信息应评价其质量,在进行取舍、权衡重要性后进行分析。对不同研究的权重一般按如下顺序:人体及流行病学研究、动物毒理学研究、人原代细胞和类器官研究、体外试验以及定量结构-活性分析。对于化学危害因素,危害识别应从危害因素的理化特性、吸收、分布、代谢、排泄、毒理学特性等方面进行描述。在许多情况下,对化学品的毒性信息是有限的,需要通过研究补充毒性信息。

对于特定化学品的数据要求因化合物类型、用途和适用的法规而不同。例如,EPA 在 1998 年评估了每年生产超过 100 万磅的高产量化学品危害数据的可用性,发现 43% 的高产量化学物质缺乏基本毒性终点的公开研究数据。欧盟于 2003 年推出并于 2006 年发布了 REACH 法规。REACH法规要求,自 2007 年起所有在欧盟销售或生产化合物的相关方都须提交包括物理、化学和毒理学数据以及环境转归和运输信息等资料,从而为在欧洲使用的所有化学品的风险评估研究提供信息资料。

我国生态环境部《新化学物质环境管理登记办法》及其配套的《新化学物质环境管理登记指南》(2020 年)对新化学品登记的最低健康毒理学数据要求包括急性毒性、皮肤腐蚀/刺激、眼刺激、皮肤致敏、致突变性、反复染毒毒性、生殖/发育毒性;现有相关资料表明可能具有靶器官毒性,应提交相应的毒性数据,如有机磷类物质应提供神经毒性数据;对于具有持久性或者生物累积性的化学品还要求提供致癌性数据;对于同时具有持久性和生物累积性的化学品则还要求提供毒代动力学、慢性毒性和致癌性数据。还针对申报物质的特性规定了数据豁免的条件。

（二）危害表征

危害表征(hazard characterization)又称"危害特征描述",指对外源因素引起生物、系统或人群潜在损害作用的固有属性进行定量描述的过程。通过动物试验、人体及流行病学研究,可以确定危害因素与各种不良健康作用之间的剂量-反应关系。然而,通常用于评估人类对环境化学品反应的数据相对有限。因此大多数情况下,风险评估主要依赖于动物试验的数据,并将其外推到人类的健康风险评估中。在考虑人类风险时,尤其需要关注环境低暴露水平,该暴露量通常远低于大多数动物实验中可观察到的反应范围。因此,从高剂量外推到低剂量,以及从动物风险推断到人类风险,成为剂量-反应关系评估的重点和难点。动物试验中观察到的高剂量化学物引起的有害作用对于预测人类在低剂量暴露下所产生的危害有多大意义是面临的主要问题,必然在量和质上均存在不确定性。如果动物与人体的反应在本质上存在不同,那么危害的性质可能会随剂量而改变。此外,人体与动物的毒代动力学反应可能会有所不同,高剂量或低剂量情况下化学物代谢特征也可能存在差异。

根据外源因素毒作用类型不同,危害表征的剂量-反应关系评定可分为阈值法和非阈值法。阈值方法主要应用于评估非癌症终点,非阈值方法主要用于癌症终点。

1. 阈值法　是针对外源因素的非致癌性和非致突变性效应,通过毒理学试验获得未观察到有害作用水平(NOAEL)继而推导安全限值的方法。随着对非遗传毒性致癌机制的不断深入了解,对于非遗传毒性致癌物也在使用阈值方法进行评估。

(1) NOAEL 及 RfD 的应用:NOAEL 值可直接用于风险评估,通过计算暴露指数(margin of exposure, MoE)进行风险评估,即计算在动物试验中确定的以每天 mg/kg 表示的 LOAEL 值(或基准剂量)与人群暴露量估计值的比值。MoE 大,发生有害作用的危险性小。在此没有考虑人类或动物易感性的差异或动物向人外推的因素;因此一般 MoE<100 时,需要进行进一步评估。

美国 EPA 在对非致癌物的风险评估中提出了参考剂量(reference dose, RfD)和参考浓度(reference concentration, RfC)的概念。RfD 和 RfC 是指终身或一段时期内暴露于某种化学物很可能不会产生有害效应的每日暴露量的估计值。确定有阈毒性的化学物的 RfD 可用下式计算:

$$RfD = NOAEL \text{ 或 } LOAEL/(UFs \times MF) \tag{12-1}$$

公式 12-1:RfD、NOAEL 或 LOAEL 的单位均为 mg/(kg·d); UFs 为不确定系数(uncertainty factors, UFs); MF 为修正系数。

确定有阈化学物的参考剂量应充分收集现有的化学物毒理学资料、流行病学资料及毒代动力学资料等,并进行资料的质量评价及取舍,选择可用于剂量-反应关系评定的动物及人群研究资料。一般以这些资料中最为敏感的有害效应(关键效应)作为参考剂量推导的基础,确定关键效应的 NOAEL 或 LOAEL 及相应的不确定系数。

(2) BMD 及 BMDL 的应用:在 RfD 推导中应用了关键效应的 NOAEL(或 LOAEL)作为推导的基础。但 NOAEL(或 LOAEL)受到试验剂量组数、试验组剂量设计及每个剂量组的实验动物数等的影响,变异较大;且它们都是化学物毒性效应剂量-反应关系中的一个点值,不能反映化学物剂量-反应关系的全部信息,如剂量-反应关系曲线的斜率对推导出的 RfD 的保守程度会有所影响。针对这些局限性,EPA 提出了用基准剂量代替 NOAEL(或 LOAEL)来推导 RfD 的方法。基准剂量(benchmark dose, BMD)是通过统计学模型估算得出的,外源因素引起的特定反应发生率或较低健康风险发生率达到预先设定水平所需的剂量。在这种方法中,基准反应(benchmark response, BMR)的预先设定水平一般为 1%~10%。BMD 的 95% 置信区间的下限值被称为基准剂量下限值(benchmark dose lower confidence limit, BMDL)。美国 EPA 已经开发了应用 BMD 方法进行风险评估的软件,EPA 和 WHO 已发布相关技术指导文件。

用 BMD(BMDL)值计算 RfD 值,较 NOAEL 有许多优点。首先它是依据关键效应的剂量-反应关系的全部数据推导出来的,增加了其可靠性和准确性。另外,BMDL 值是采用引起反应剂量值的 95% 置信区间下限,在计算时把试验组数、试验动物数及指标观察值的离散度等作为参数纳入,这样 BMDL 的值可反映所用资料质量的高低。

推导 RfD 时,理想的数据库应包括两个不同物种的哺乳动物慢性毒性研究,一个哺乳动物多代生殖毒性的研究,两个不同物种的哺乳动物发育毒性的研究。数据库的完整性不同,所得到的 RfD 值的可信度也不同。

（3）不确定系数：不确定系数（UFs）与安全系数类似，指在制定健康指导值时，从实验数据外推到人或从特定人群外推到一般人群的系数。此术语比安全系数更适当，可避免误解为绝对安全。UFs 的大小与不确定性大小成比例，而不是与安全性成比例。UFs 的选择应根据可利用的科学证据。推导慢性 RfD 时不确定性系数和修正系数的描述见表 12-1。在这些 UFs 中，H 和 A 实际上就是安全性评价中的安全系数；S、L 和 D 则是为数据库的充分性和完整性设置的。MF 是主要考虑数据获取的科学性以及未能包括的各种证据不确定性而制定的系数，用于调整 UFs 的值。

表 12-1　推导慢性 RfD 时不确定性系数和修正系数的描述

标准的 UFs	一般指导
H（人群个体敏感性变异）	在由人体试验或职业性暴露外推时，估计人群中个体敏感性的差异
A（动物资料外推到人）	当无人类长期暴露的资料或人类的资料不合适时，由慢性动物试验结果外推到人时，估计动物外推到人的不确定性
S（亚慢性研究外推到慢性）	估计由人或动物亚慢性暴露 NOAEL 结果推导慢性暴露的不确定性
L（由 LOAEL 代替 NOAEL）	由 LOAEL 代替 NOAEL 推导 RfD 时，说明由 LOAEL 推导 NOAEL 的不确定性
D（数据库不完整）	当数据库不完整，而需要通过部分判断来弥补时，说明用单个研究来解释全部有害结局的不确定性
MF（修正系数）	由专家判断而确定的附加的 UFs，它在 0 和 10 之间，但不为 0。其大小取决于对 UFs 没有考虑到的存在于研究和数据库中的其他不确定性的专业判断

一般把每种 UFs 的默认值定为 10，如果现有数据减少或排除了对某一特殊部分的不确定性，可以选择低于 10，甚至为 1 的不确定性系数。如果有人体资料，则 10 倍物种间变异可能不是必需的。但是人体研究的资料往往有限，特别是关于致癌性、生殖和慢性毒性的资料。动物实验中确定 NOAEL 的资料性质和质量可影响 UFs 的选择，如最初的毒性反应的类型和重要性，毒性效应的可逆性，实验动物数量，剂量-反应关系的形状，代谢饱和导致毒性，实验动物和人代谢与毒作用机制的差异等。例如，如果有动力学信息表明大鼠和人类对特定化合物的代谢非常相似，产生相同的活性目标代谢物，这时将动物实验的 NOAEL 外推到人类更适合使用 3 倍而不是 10 倍 UFs。

为了减少在计算 RfD 时的不确定性，有学者提议从使用传统的 10 倍 UFs 过渡到基于数据和化学物特异性的调整因子。这种方法将物种内和物种间的 UFs 分为毒代动力学（TK）和毒效动力学（TD）两部分。根据世界卫生组织的当前指南，物种间的 TK 和 TD 分别使用 4.0 倍和 2.5 倍，而个体间的 TK 和 TD 则采用 3.16 倍 UFs。

在确定总的 UFs 时，应由专家来综合考虑各部分的不确定性系数。如果同时存在前 4 种不确定性，标准的做法是选择 UFs 为 3000，而不是 10 000。如果唯一能够得到的资料是一个不能确定 NOAEL 的亚慢性动物研究时，前 5 种不确定性均存在，总 UFs 可选择 10 000。如果可用数据库少于一个单独的哺乳动物亚慢性毒性试验，并且不能确定 NOAEL，则此数据库被认为不充分，不能进行定量的风险评估。对于特殊人群例如儿童，可能需要增加额外的 UFs。美国 EPA 建议，在农药风险评估中，如果缺乏针对儿童的相关资料，应考虑额外增加 10 倍以内的 UFs（一般为 3～10 倍），具体值取决于其他可用信息以及所缺失资料在判断危害性中的重要性。

2. 非阈值法　对于遗传毒性致癌物及致突变物，没有毒性阈值，不能用 NOAEL（BMDL）/ UFs 法来制定实际安全限值。一般采取确定一个极低的，对健康影响可忽略不计或者社会可接受的风险水平，评估化学物接触的风险。一般选用的可接受的风险水平是百万分之一（10^{-6}）。

现在发展了多种有关致癌物的剂量-反应关系评定的数学外推模型,主要有两类,一类是概率分布模型或称统计学模型(statistical models),另一类是机制模型。模型的选择取决于可用的实验数据的数量和类型。用数学外推模型进行评定时可分为两个步骤:首先,对在观察接触剂量范围内的资料选用一定的数学模型进行剂量-反应关系的表达,并确定分离点(point of departure,PoD)或与不良反应相关的最低剂量;其次,进行从 PoD 到环境相关低暴露水平的外推。PoD 又称"起始点",是指从人群或实验研究中敏感效应终点的剂量-反应关系得到的、用于外推健康指导值的剂量值。

(1)概率分布模型(probability distribution models):概率分布模型是描述特定条件下离散型和连续型随机变量概率分布的数学模型,包括参数分布或非参数分布。参数概率分布模型是基于数据对其参数值进行估计的方法。非参数概率分布是通过对连续数值进行排序,然后根据经验累计值进行估计的方法。基于每个生物体个体对受试物都有一个耐受水平,人群中不同个体的耐受水平差异很大,所以对于群体的耐受程度没有阈值,群体中的个体反应率可作为特定概率分布函数中的变量,反应可用累积剂量-反应函数表达。如基于正态分布原理提出的概率单位模型,剂量-反应关系呈 S 形曲线,而且这一曲线经数学处理后可被直线化。虽然概率分布模型中,有关个体耐受的概念已有一些生物学证据,但依据这种方法进行低剂量外推时不能得到期望的保守估计,许多试验资料也表明其不能很好地拟合。Logit 模型(适用于基于 Logistic 分布的二元响应变量)、Probit 模型(适用于基于正态分布的二元响应变量)及 Weibull 模型(适用于基于 Weibull 分布的生存分析和可靠性分析)都属于概率分布模型,在这类模型中可加入与肿瘤发生潜伏期及化学物接触时间有关的曲线拟合参数,增加了对毒理学资料的拟合性。

(2)机制模型(mechanistic models):机制模型是基于对生物学效应或毒效应起因于随机发生的一个或几个生物学事件的认识,所构建的可反映生物学机制,用于表达剂量-反应关系的数学模型。如在致癌物的风险评估中有一次打击、多次打击、多阶段、线性多阶段及随机两阶段模型等。一次打击模型(或线性概率模型)相对比较简单,它是基于靶细胞在一定时间内只要受到一次生物学有效剂量的打击即可诱发癌变的假设所构建的用于拟合致癌作用剂量-反应关系的数学模型。例如根据体细胞突变理论,单个突变的变化将足以使细胞通过转化事件和与剂量无关的克隆扩增发展成癌症。该模型的推断依据是在低剂量区域的剂量-反应关系呈线性,低剂量线性的假设导致因此得出的实际安全限值是一个非常保守的低剂量。

随着致癌机制研究的深入,致癌的一次打击概念显得过于简单。多次打击模型是比一次打击模型更符合实际机制的模型,该模型是基于细胞水平诱发癌症发生需要多次打击的假设所构建的用于拟合致癌作用剂量-反应关系的数学模型。其适用的试验剂量范围内的剂量-反应关系特征同 Weibull 模型相似。尽管这一模型已被许多组织推荐使用,但也有人认为,在某些情况下会导致出现令人误解的结论。

多阶段模型是基于肿瘤发生的多阶段学说构建的用于拟合致癌作用剂量-反应关系的数学模型。该模型可以拟合最常见的致癌作用剂量-反应关系数据,即在低剂量段呈线性,高剂量段为向上弯曲型,因而适用范围较广。但有人认为,该模型有过高估计风险的可能,在某些情况下仍有可能得出错误的结果。线性多阶段模型是基于靶细胞必须经过启动、促进、进展等一系列有序的多阶段变化才能形成肿瘤的假说,构建的用于拟合致癌作用剂量-反应关系的数学模型。美国 EPA 应用线性多阶段模型计算"估计的单位风险",即一个体重 70kg 的人在 70 年的寿命期中呼吸 $1\mu g/m^3$ 受污染的空气或每天饮用 2L 含 1ppm(1mg/L)污染物的水,其一生中癌症风险增加的可信区间的上限值。基于正常细胞经历两个突变阶段后转变为恶性肿瘤细胞,随后以一定比例形成恶性肿瘤的假说上，随机两阶段模型构建了用于拟合致癌作用剂量-反应关系的数学模型。

以上致癌物风险的机制模型有可能过度简单化了毒物在体内的转运及代谢过程，所以又发展了基于生理的毒代动力学模型（physiologically-based toxicokinetics model，PB-TK）。PB-TK 是根据生理学构造划分成肺、肝、静脉、动脉等具有重要毒理学意义的"室"，根据"室"之间的联系列出质量/流量守恒微分方程组，继而求解各"室"化学物的浓度，为化学物的内暴露提供预测工具的计算毒理学模型。它考虑了化学物质染毒部位的解剖、生理特点，化学物质本身的理化特性，不同染毒途径吸收过程的差异，组织脏器的血流和药物代谢酶分布特征等，通过综合分析这些影响化学物质在体内转运和转化的因素，预测外源因素被机体吸收并到达靶器官产生毒作用的生物有效剂量（biologically effective dose）。在动物致癌实验中，所采用的染毒剂量通常远高于人体实际暴露水平。当从高剂量向低剂量进行外推时，由于生物体代谢机制的饱和效应，可能导致化学物质暴露量与靶器官剂量之间呈现非线性关系。使用 PB-TK 模型预测的生物有效剂量更能有效地反映剂量与肿瘤发生率之间的关系，降低了致癌风险评估的不确定性。种属间在代谢、生理（血流量、组织的容量、呼吸率等）等方面的差别在一定程度上决定了某一化学物在不同种属产生同等效应时的剂量有所差异，因此 PB-TK 模型还有助于减少种属外推和不同暴露途径外推时产生的一些不确定性。

另外，还发展了基于生物学的剂量-反应关系模型（biologically based dose-response model，BBDR），结合毒性反应中特殊生物学过程参数构建模型，并在建模中采用实测的率值，以取代默认值或计算机生成的值，能更准确地确定靶剂量与毒效应之间的定量关系，优于一般机制模型。

（3）由不同模型得到的实际安全限值的差异：一般情况下，动物实验的剂量-反应关系资料可用多种模型较好地拟合，但选用不同的模型所得出的评价结果（如实际安全限值）会有所不同。不同模型得到的实际安全限值的保守顺序为：一次打击模型（线性外推）＞多阶段模型＞Logit 模型＞Weibull 模型＞多次打击模型＞Probit 模型。如基于黄曲霉毒素 B_1 致癌性的有关资料进行低剂量范围的外推，用一次打击模型、多阶段模型、Weibull 模型、多次打击模型和概率分布模型得到的实际安全限值（10^{-6} 风险时）分别为 3.4×10^{-5}、7.9×10^{-4}、4.0×10^{-2}、2.8×10^{-8} 和 2.5×10^{-9}。显然，用一次打击模型及多阶段模型得到了最为保守的风险估计。图 12-3 为用不同模型估计的 2-乙酰氨基芴低水平暴露的风险。可见在同一暴露水平，依据不同的剂量-反应关系外推模型得到的风险可有几个数量级的差异。在选择外推模型时，应更多依据致癌机制等生物学证据和统计方面的证据，而不是根

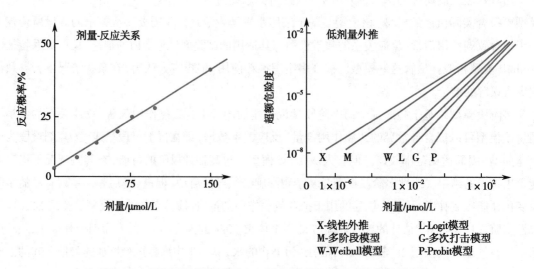

图 12-3　用不同数学模型对 2-乙酰氨基芴致癌风险的低剂量外推

据模型对实验剂量-反应数据的拟合程度。

（三）暴露评估

暴露评估（exposure assessment）指对生物、系统或人群通过不同的途径暴露于某种外源因素所进行的定性和/或定量评价的过程。对于化学品，要确定其接触的来源、通过不同途径接触的量及接触条件。暴露评估是风险评估过程中的一个关键内容。没有暴露就不会发生风险；没有确切的接触资料，就无法对人群的可能风险作出评价。

暴露评估是风险评估中不确定性的最大来源。人体可通过不同的途径接触外源因素，如经口、经皮肤、经呼吸道等；在不同阶段，接触化学物的种类及量也不同，且接触往往是长期的，有许多接触需要靠历史资料来评估。

1. 暴露评估方法　根据不同的情况，暴露评估的时间点和持续时间会有所不同。一般来说，对致癌风险的评估一般使用终身日平均暴露量；对非致癌效应则使用暴露周期内的日平均暴露量。对于职业因素，有时评估短暂的高水平暴露更具有重要意义。对于发育毒性，如果暴露发生在影响发育的易感性窗口期，单次暴露就有可能产生不利的影响。为更好地反映人群暴露的真实情况，对于计算暴露量的参数，许多场合使用了概率分布，而不是应用点值来估计。

暴露评估首先要确定化学物在各种环境介质中的浓度及人群的可能接触途径，然后估算出每种途径的接触量，再得出总的接触量。例如，某一化学物经饮用水接触的终身日平均暴露量（lifetime average daily dose, LADD）可通过以下公式计算：

$$\text{LADD}（经饮用水）=(C \times CR \times ED \times AF)/(BW \times TL) \tag{12-2}$$

公式12-2：C，水中污染物浓度（mg/L）；CR，饮用水量（L/d）；ED，持续摄入时间（d）；AF，吸收率，缺省值为1；BW，体重（kg）；TL，平均寿命（d）。

对于不同接触情况的人群通常需要分别进行其暴露评估，既要有一般人群，也要有特殊人群（易感人群）的评定。如对于食品化学物，在急性（短期）暴露评估中，食物消费量和物质含量（浓度）通常分别选用高端值（如90分位数，P_{90}）或最大值；而在慢性（长期）暴露评估中，食物消费量和物质含量（浓度）可以分别选用平均值、中位数或 P_{90} 等百分位数的不同组合。营养素的膳食暴露评估则应同时关注 P_{25} 等低端值。

2. 暴露场景和暴露监测　暴露评估在尽可能按实际暴露情况评估外，有时需要模拟设计暴露场景（exposure scenario），即假定的关于外源因素的来源、暴露途径、暴露剂量或浓度以及暴露于该因素的生物、系统或人群的如数量、特征和习惯等一系列条件或情境。

暴露评估主要依靠对化学物的监测资料。一般可通过测定环境中有害物质的水平即外暴露量初步了解人群的暴露情况。由于对既往环境中化学物质的水平、实际暴露情况的变异常难以了解，增加了暴露评估中的不确定性。人体生物材料中化学物及其代谢物的监测资料（暴露生物学标志），可用于人群过去及现在暴露情况的评定。如通过分析血液、尿液、头发或其他生物材料中的化学物或其代谢产物，掌握有害物质实际进入或作用于人体的量。基于生理学的毒代动力学模型可描述暴露剂量与靶剂量之间的关系。在缺少足够的监测资料时，需要通过有效的数学模型进行估算。

（四）风险表征

风险表征（risk characterization）又称"风险特征描述"，即在危害识别、危害表征和暴露评估的基础上进行综合分析，对生物、系统或人群暴露于某种外源因素引起有害效应的可能性和程度，以及相关的不确定性进行定性或定量的描述，为管理部门进行化学物的风险管理提供依据。风险表征可依评估目的和现有数据描述危害的性质、毒作用模式,危害对总人群、亚人群(如将人群按地区、性别或年龄别分层)、特殊人群(如高暴露人群和潜在易感人群)或风险管理所针对的特定目标人群可能造成某种健康损害的人数或处于风险的人群比例,危害的可逆性等,还包括评估证据的可靠性及评估的不确定性。

1. **有阈值毒性化学物的风险表征**　对于有阈值毒性化学物可以参考剂量(RfD)为标准,判断人群受化学物损害的风险。如果人群接触水平低于 RfD,则风险可忽略。可推算人群中接触量超过 RfD 的人数,还可根据人群的暴露剂量估计值(estimated exposure dose, EED,指生物、系统或人群在一定时间内与各种途径来源的外源因素接触总量的估计值)、RfD 及与 RfD 对应的假设可接受的风险水平(如 10^{-6})计算出接触人群的终身风险。公式为:

$$R=(EED/RfD) \times 10^{-6} \qquad (12\text{-}3)$$

公式 12-3:R 为发生某种健康危害的终身风险;EED 为人群总接触量估计值;10^{-6} 为与 RfD 对应的可接受风险水平。

还可计算有阈值毒性化学物的暴露指数(MoE)。计算公式如下:

$$MoE=NOAEL/EED \qquad (12\text{-}4)$$

公式 12-4:MoE 为暴露指数,无单位;NOAEL 为未观察到有害作用水平,单位:mg/(kg·d);EED 为待评估化学物人群总接触量估计值,单位:mg/(kg·d)。

用 MoE 与 UFs×MF 相比较,如 MoE 大,则表明风险小;反之,则大。

2. **无阈值毒性化学物的风险表征**　对于致癌物,可计算终身的超额风险(excess risk, R)及特定接触人群的预期超额癌症病例数(number of excess cases, EC)。

$$R=1-\exp\left[-(q_1^*{}_{-\text{人}} \times D)\right] \text{或} R=1-\exp\left[-(Q \times D)\right] \qquad (12\text{-}5)$$

公式 12-5:R 为因接触致癌物而致癌的终身概率(数值为 0~1);$q_1^*{}_{-\text{人}}$ 为根据动物试验数据计算的动物致癌强度系数($q_1^*{}_{-\text{动物}}$)转换的人致癌强度系数;D 为个体日平均接触剂量,单位为 mg/(kg·d);Q 为根据人群流行病学资料计算的人致癌强度系数。

当 $q_1^*{}_{-\text{人}} \times D$ 的值<0.01 时,上面公式可简化为:

$$R=-(q_1^*{}_{-\text{人}} \times D) \text{或} R=Q \times D \qquad (12\text{-}6)$$

$$EC=R(\text{py}) \times (AG/70) \times \sum P_n \qquad (12\text{-}7)$$

公式 12-7:R(py)为人均年超额风险,人群期望寿命为 70 岁时,R(py)=R/70;AG 为标准人群平均年龄;P_n 为平均年龄为 n 的年龄组人数。

也可通过计算终身致癌风险(lifetime cancer risk, LCR)进行风险程度的表征。首先按照以下公式将动物实验获得的 T_{25} 转换成人 T_{25}(HT$_{25}$):

$$HT_{25} = \frac{T_{25}}{\sqrt[4]{\dfrac{BW_{\text{人}}}{BW_{\text{动物}}}}} \qquad (12\text{-}8)$$

公式 12-8:T_{25},诱发 25% 实验动物出现肿瘤的剂量,单位:mg/(kg·d);HT$_{25}$,由 T_{25} 转换的人 T_{25},单位:mg/(kg·d);BW,体重,单位:kg。

根据计算得出的HT_{25}以及人体暴露量按以下公式计算LCR：

$$LCR = \frac{EED}{4 \times HT_{25}}$$

（12-9）

式中：LCR，终身致癌风险；EED，终身每日暴露平均剂量，单位：$mg/(kg \cdot d)$；HT_{25}，由T_{25}转换的人T_{25}，单位：$mg/(kg \cdot d)$。

如果$LCR \leqslant 10^{-6}$，则认为其引起癌症的风险较低；如果$LCR > 10^{-6}$，则认为其引起癌症的风险较高，应予以关注。

3. 不确定性分析 不确定性分析（uncertainty analysis）指对风险评估过程中，每一步中涉及的不确定性和变异性及其可能对评估结果影响的分析过程，包括物种间内外推的不确定性，短时间暴露向长时间暴露外推的不确定性，NOAEL精度的不确定性，暴露途径外推的不确定性，整体数据库和毒性终点的充足性，评估模型和假设情形的可信度，人群暴露数据的变异性和相关性等。有些不确定性可能会随着进一步的研究而减少，如相关数据、知识的缺乏；有些不确定性则不会随着进一步的研究而减少，如在时间、空间或个体间存在的变异。

（五）复合风险评估

长期以来，风险评估多局限于单一因素（如化学物质）或同类混合物，在预设情境下评估其全生命周期（生产、处理、流通、使用和废弃）中对人及环境的潜在危害。然而在现实情境中，个体常通过多元途径同时暴露于化学、物理、生物及社会心理因素等，经多条有害结局路径导致健康损害。因此，研究已转向复杂暴露情境下的多种同类及非同类有害因素的复合风险评估。

复合风险评估（cumulative risk assessments）是指一种分析、表征、定量或定性地评估多种（化学或非化学）因素通过不同接触方式暴露而导致某种毒性效应的综合风险的过程。它要求综合考虑不同因素的暴露频度、强度、时长、混合物成分及人群易感性，以精确量化对人群及生态系统的综合风险。此过程虽能更真实地反映风险全貌，但也伴随着诸多挑战与不确定性，故需依托最新科学方法与严谨证据权重分析来指导决策。

值得注意的是，复合风险评估与整合风险评估（aggregate risk assessment）虽同为综合风险评估范畴，但有明显区别。复合风险评估侧重于分析、表征及定量/定性评估多种因素（化学与非化学）通过不同途径暴露引发的综合毒性效应，并深入探讨因素间的交互作用（如协同、增强或拮抗效应），关注对易感人群的影响。而整合风险评估则专注于单一化学因素通过多种暴露途径，或针对同一毒物靶点产生的毒性效应的综合风险评估。

1. 评估人群 在进行复合风险评估时，评估人群涵盖了一般人群、易感人群及高暴露人群。尽管传统风险评估亦考虑人群易感性，但复杂暴露对易感人群的影响带来的不确定性更为显著。易感人群可能受基因多态性、特定生命周期阶段（如婴幼儿、孕产妇、老年人）及既往疾病或暴露史等因素影响。高暴露人群则因职业、生活方式等因素，频繁接触或暴露于更高剂量的有害物质。这两类人群更易遭受健康损害，且疾病程度可能更为严重。个体数据整合方法可有效应对与易感性相关的多元因素，提升了对不同数据问题的敏感度。例如，在化学物质泄漏污染研究中，整合污染源周边的大气、水、土壤及气象数据与疾病数据，进行空间流行病学分析，有助于精准定位高暴露人群分布区域。此外，该整合方法亦适用于生态系统易感性研究，全面考量多重环境因素对生态健康的影响，从而使环境风险评估更全面。

2. 评估因素 复合风险评估与整合风险评估不同，其研究因素广泛涵盖化学因素与非化学因素。非化学因素,如放射性、温湿度等物理因素,生物性因素,以及生活方式和社会经济因素,可能直接或间接影响健康,甚至通过影响化学因素的暴露、吸收和反应过程而发挥作用。然而,相较于化学因素,非化学因素的定量评估方法尚有限,多停留于定性评估阶段。

在复合风险评估中,原则上将具有相同毒理学特征或在相关时间内共同暴露的不同化学物归入同一评估内。分类常采用证据权重法,依据毒理学特征和共同暴露的证据强度及不确定性进行。具有相似毒理学特征(如毒代动力学、症状、靶器官作用、分子结构或剂量-反应曲线相似或剂量-反应曲线的波形相似)的化学物被归为同一组,并采用相应的评估策略,如剂量相加法。共同暴露也是评估的重要考虑因素,涉及同时段内的共同接触或长效化学物在不同时间段的持续效应。浓度、接触频度及时间长度是共同暴露的关键要素,可通过生物检测、产品成分分析、用户行为调查及职业/环境监测等多种方法确定。

3. 复合风险评估的主要阶段　一般而言,复合风险评估包含三个主要阶段:规划、范围界定与问题制定、分析及风险表征。在规划阶段,风险管理团队携手利益相关者,明确评估目标、界定范围(包括评估条件、潜在暴露源及暴露场景)、设定评估深度与重点(针对特定及易感人群)。此阶段的关键成果为概念模型与分析计划,前者旨在界定评估要素(分类并筛选待评估因素)、健康(聚焦主要疾病类型)或环境影响,以及暴露(共同暴露条件概率、暴露途径)与潜在影响间的关联。分析阶段涉及数据收集、方法选择、暴露评估,并集中攻克技术难题(如混合暴露、综合毒性、人群易感性及化学与非化学因素间的相互作用),最终汇总形成综合风险分析报告。风险表征阶段则侧重于分析评估结果的可靠性、不确定性,并验证是否达成预设目标。

4. 复合风险评估的一些重要特征

(1)分层方法的重要性:在复合暴露风险评估中,分层方法至关重要。该方法采用逐层分析策略(a tiered approach),从保守到特异,逐步将高贡献因素纳入后续层次,剔除影响较小的因素,最终聚焦于少数关键评估对象。其优势在于能灵活调整评估重心,针对特定有害因素、同类因素或特定群体(如易感人群)进行深入分析。在因素筛选过程中,分层标准须遵循科学逻辑,确保程序透明,避免错误剔除重要的有害因素。

(2)新分析方法引入的必要性:鉴于真实世界的复杂性,多种因素可能通过不同暴露路径和毒性机制影响评估结果,因此,引入新型分析模型势在必行。以多种有机磷农药的复合风险评估为例,鉴于它们共有的抑制胆碱酯酶神经毒性机制,应用了毒作用模式(MOA)和相对效能因子(relative potency factor)的概念与方法。将复杂因素基于相似的作用模式分组,并在各组中对比研究因素与参考因素的相对效能,将各组混合物中各因素相对于参考因素的等效剂量加权,再根据参考因素的剂量-反应关系,计算该组混合物暴露导致的健康风险。结合概率暴露评估法(probabilistic exposure assessment),考虑人类行为与环境因素,全面量化复合风险。在大气污染评估中,可利用大气扩散模型与活动模式数据,评估有害因素的暴露特征及其对健康的潜在影响,为识别关键污染源及量化健康风险提供有力支持。这些方法的综合应用,增强了评估的全面性,为风险管理策略的制定奠定了坚实基础。

(3)迭代的必要性:随着对复杂暴露和人群易感性认知的深入,以及新风险管理策略的涌现,评估过程需保持开放性和动态性,通过迭代优化分析计划。迭代不仅提升了资源利用效率,还确保了评估结果更加贴近实际风险,从而更有效地服务于风险管理需求。

(4)利益相关者广泛参与的重要性:复合风险评估较传统方法涉及更多元化的利益相关者群体。因此,早期且广泛地与利益相关者沟通至关重要。了解其关注点,收集多方面的信息,可确保评估的顺利进行及政策制定的合理性。早期沟通还有助于及时回应利益相关者的关注点或提供备选方案。此外,利益相关者的广泛参与还能促进社会对评估目标、问题及限制的理解,进而提升风险交流的有效性。

（六）下一代风险评估策略

1. 传统毒性测试的局限性　在过去几十年里,化学品的毒理学数据主要依赖于传统的动物实验模型。科学界与管理决策层愈发认识到,传统动物实验在人类风险评估中存在诸多局限性。这些毒性测试手段在时间、成本、效率、可持续性、结果外推及动物伦理等方面难以满足现实需求,迫切需要评估范式的革新。一方面,从动物到人类结果外推存在不确定性,如部分临床药因未能在动物实验中预测其肝毒性而退市;另一方面,全球每年接近 1 亿的实验动物使用量已引发国际社会对实验动物保护、使用、管理及福利制度的深切关注。3R 原则(替代、减少、优化动物使用)自提出以来已六十多年,已经成为一项公认的伦理准则,并被广泛纳入多国及国际法律中,作为实验动物使用的基本要求。三十多年来,非动物测试方法在国际上取得了显著进展,众多体外测试方法已通过验证,并被纳入 OECD 测试准则,广泛应用于化妆品、环境化学品等的安全性评价和管理中。

2. TT21C 毒性测试与评价框架的提出　美国国家科学院国家研究咨询委员会(NRC)于 2007年发布了《21 世纪毒性测试:愿景与策略》(TT21C)报告,提出了一个创新的毒性测试与评价框架。NRC 报告自发布以来,已吸引了学术界及相关管理部门的广泛重视,激发了众多相关研究的兴起。有关内容已被美国国家环境保护局(EPA)及其他管理机构纳入化学物毒性评估策略规划中。随后,有害结局路径(AOP)的概念被提出,成为识别与表征物质毒性的重要工具。

TT21C 的框架倡导从传统的整体动物实验转向以体外毒性试验为核心,强调利用细胞、细胞系或细胞器(尤其是人体来源)来解析生物学过程的变化。新的毒性测试策略涵盖了化学表征、毒性测试、剂量 - 反应关系研究及外推模型等多方面(图12-4)。

（1）化学表征:核心在于明确化学物在环境中的稳定性、人体暴露的可能性及其途径、生物蓄积性、代谢路径,并基于化学结构和理化特性预测化学物及其代谢物的潜在毒性。这些特性可通过信息收集与计算机方法辅助获取,为后续试验提供决策依据。

（2）毒性测试:包括毒性通路试验和靶毒性试验两部分。毒性测试系统主要任务是阐明毒性通

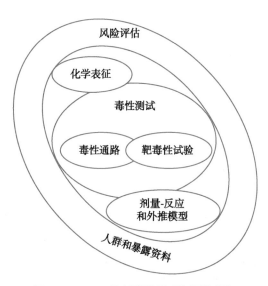

图 12-4　NRC 的新毒性测试和评价框架

路。化学物暴露引起的主要变化包括细胞信号、遗传和细胞应答网络的紊乱,而生物学紊乱的后果则取决于紊乱的程度,并与剂量、紊乱的时机和持续时间以及宿主的敏感性有关。新的毒性测试策略强调开发使用细胞、细胞株(最好是人源的)的具有预测性、高通量试验方法,以评价关键毒性通路的相关紊乱。这些方法可以测定相对简单的过程,如环境化学物与细胞蛋白的结合及结合后导致的基因表达变化,也可以测定更为整合的反应,如细胞分裂和细胞分化。此外,除了期待高通量方法,其他检测细胞毒性、细胞增殖、凋亡等更为整合性细胞反应的中通量方法也可被采用。在所有情况下,应努力减少或尽量避免使用传统动物试验。

靶毒性试验作为补充，采用体外或体内试验形式，满足特定评价需求。尽管某些情况下基于动物试验的靶毒性试验仍不可或缺，但应不断探索非传统方法，如转基因动物、新型动物模型、新试验体系及大剂量范围的组织反应毒性基因组分析等。

（3）剂量-反应关系和外推模型：剂量-反应关系描述化学物浓度与体外反应程度的关系，外推模型则用于估算引起体外毒性通路紊乱的人体组织浓度（内暴露），并进一步推算与环境暴露或人体摄入量（外暴露）的关系，同时考虑宿主敏感性。两者将细胞试验结果转化为对人体作用的预测。

此外，人群与人体暴露资料的收集也是毒性测试策略的重要组成部分，以确保整体测试策略的完整性。生物监测资料的收集有助于明确人体暴露、效应及敏感性标志物，可为其他部分提供重要的信息。

近年来，TT21C 在研究和实践方面均取得明显进展。然而，仍存在若干亟须深入探究与解决的问题，诸如不同靶器官细胞中毒性途径的特异性问题、毒性通路网络中各途径对毒性结果贡献的相对重要性、靶器官细胞间的相互作用机制，以及预测整体动物实验中长期暴露下观察到的LOAEL/NOAEL的方法等。

3. 下一代风险评估的概念 随着分子生物学、分析技术、计算机科学及系统生物学理论与方法的持续进步，人类对基因与环境复杂交互作用的理解日益深刻。更重要的是，产业的快速发展对毒理学快速评估新化学物质（含新材料、纳米材料）及生产过程风险提出了更高要求。

下一代风险评估（next generation risk assessment, NGRA）策略在毒理学、暴露科学与分子流行病学的推动下应运而生。该策略以暴露为导向，假设为驱动，旨在减少动物实验依赖，采用新途径方法（new approach methodologies, NAMs），通过分层评估决策树构建与人类相关性更强、效率与准确性更高的风险评估体系。NAMs 作为新兴概念，涵盖任何能减少动物实验依赖、为环境危害与风险评估提供信息的技术、方法或其组合。

风险评估的焦点发生了重大转变，从关注最终生物学效应（如肿瘤发生率、发育迟缓）转向深入理解引发这些效应的生物学过程与通路，将毒性通路视为风险评估的新方向。例如，亚慢性大鼠染毒实验中虽观察到体重减轻与死亡，却无明确靶器官效应，进一步机制研究显示该化学物可抑制线粒体氧化磷酸化。在后续流行病学研究中，可聚焦于能量代谢需求高的心脏与肌肉，特别是在运动或血管狭窄等应激条件下。通过暴露科学检测或预测的人群在不同时空维度的综合暴露，与流行病学调查所得生物学效应相关联，可更精准地评估风险。

4. 毒理学新技术对下一代风险评估的推动 毒理学新技术致力于探究疾病成因的复杂性和非特异性，即多种因素通过不同途径可致同一疾病，或单一因素引发多样不良后果。在系统生物学理论指引下，这些技术涵盖高通量筛查（如 ToxCast 和 Tox21）、组学技术（基因组学、表观基因组学、宏基因组学、蛋白质组学、化学蛋白质组学、代谢组学、影像组学及表型组学等）、类器官技术、生物芯片与微生理系统、高性能计算、机器学习、人工智能、分子对接、定量结构-活性关系预测及交叉参照法（read-across method）等。这些技术不仅加速了数据生成和分析的效率与准确性，还补充并部分替代了风险评估中传统动物实验手段，体现了 3R 原则。但需强调的是，任何新方法的采用均须建立在其可靠性与无偏倚性之上。

为提升暴露因素测量的精准度与广度并降低其不确定性，暴露科学聚焦于评估与预测人类接触多种化学及非化学因素后的外暴露和内暴露情况，分析内暴露的变异性，为毒性测试的剂量选择提供关键信息。该领域的新技术进展包括远程传感、个体监测、靶向与非靶向组学分析、全生命周期暴露矩阵研究及 PB-TK 模型等。通过将暴露数据与毒理数据对比，可识别出低暴露指数的化学物,有助于对海量待评估化学物进行优先级排序。

5. 下一代风险评估的应用范例　国际化妆品监管合作组织(ICCR)率先将下一代风险评估策略应用于风险评估,将 NAMs 纳入化妆品成分的综合毒性风险评估体系。该策略在皮肤致敏测试领域取得了显著成就,已获得包括 OECD 组织在内的广泛认可,其成果亦被危险品规则(如 IATA)采纳作为信息源。下一代皮肤致敏风险评估在分层迭代的框架下应用了多种非动物替代方法,并采用结构化与加权方式表征潜在致敏风险的综合风险与不确定性。该策略提升了风险评估的精准度与可靠性,为毒性测试与风险评估开辟了新路径。例如,OECD 评价皮肤致敏路径的指导原则(TG 497)已采纳一系列标准方法,通过评估化学特性及细胞水平实验结果,来预测化学物质的皮肤致敏性(如 TG 442C、TG 442D)。对这些方法的整合克服了单一体外方法的局限性,有助于了解化学因素对相关毒性通路的影响和评估对皮肤致敏的潜在风险。

6. 下一代风险评估的核心特征和挑战　下一代风险评估策略除应用毒理学新技术外,还展现出以下核心特征。①实施分层评估:该策略强调通过高通量筛查方法获取信息,将化学物质按毒性通路分类分层,以指导后续评估与风险管理。②数据整合和系统生物学应用:该策略强调多源数据的整合,如传统毒性测试、流行病学、生物监测、环境监测及化学结构 - 活性关系等,以深化对风险的全面认知。再通过系统生物学视角,揭示环境应激与生物体内毒性通路间的互动机制,进而阐释不良健康结局的成因。③重视个体易感性和人体动态监测:该策略充分考量个体差异,如基因、生命周期、性别、健康状况,以及共同暴露的复杂性与适应性机制对风险的影响。借助可穿戴设备,有望实现对暴露动态(持续/间隔)及多途径的实时监测,乃至毒物内剂量的动态评估,从而精准刻画个体毒代动力学,优化风险评估。④重视风险沟通:该策略重视风险沟通,强调风险评估方法、假设及不确定性的透明沟通,旨在增强利益相关者的信任与理解。这些核心特征不仅提升了风险评估的全面性,还增强了对新数据类型下风险评估不确定性与可信度的表征。

虽然下一代风险评估已取得显著进展,但仍面临诸多挑战,如在进行交叉参照时参照化学物的选定、参照标准的建立;体外数据(如上游毒性通路)在复杂风险评估中的不确定性,以及如何提高评估的可预测性、可重复性与量化能力等。同时,大数据整合难题与决策支持机制的完善亦需关注。为推进这些新方法,监管与立法框架需与时俱进,以更好地适应与推进风险评估的新发展。

三、风险管理

风险管理指管理部门根据风险评估结果,在系统过程中权衡各种管理决策,在必要时采取适当的控制措施,以减少对人和环境可能造成的危害。风险管理的步骤包括:①提出需要控制的风险;②在充分收集各类信息和资料的基础上开展风险分析,重点是风险评估过程;③根据评估结果权衡利弊,选择解决方案;④制定减轻风险的决策;⑤实施风险控制措施;⑥监控和评估管理措施的效果。

(一)风险管理的原则

1. 风险评估的结果是风险管理的科学依据　在风险管理决策中,保护人类和环境健康应该是首要考虑的问题。要保证风险评估过程的独立性和科学完整性。风险管理决策也应该考虑到风险评估结果的不确定性。

2. 风险 - 效益分析　风险管理决策和控制的过程需综合社会、经济、技术、政治、文化、风俗等其他因素。在风险管理时经常需要进行风险 - 效益分析,成本 - 效益分析即是其特例。对于一些对人类危害大，且又非生产和生活必需品（如有替代品）的化学物应禁止其使用。有一些化学物是工业生产或人们日常生活必不可少的，虽然对人体可能会造成一定的危害，但在利弊分析的基础上，可以在严格控制情况下使用，确保尽可能只引起小的危害（低于可接受的风险水平）。每一个减少风险的措施都会伴随费用的增加，必须考虑增加花费或牺牲其他需要来求得"过度安全"的策略是否值得，也要考虑技术可及性、经济可负担、社会可承受等多方面的因素。

3. 风险管理决策和实施应是透明的　在风险管理整个过程中，风险管理者、风险评估者与利益相关方和公众之间应保持充分的信息交流。风险管理应该是一个连续的过程，应不断地参考风险管理决策的评价和审议过程中产生的新资料。

4. 预警原则（precautionary principle）　指在风险信息不足或不完整时，所遵循的基于避免不必要的健康风险而采取防范措施的规则。在有可能发生严重不可逆的损害时，预警原则可以代替风险评估作为风险管理措施的基础。20世纪70年代，德国最早提出预警原则。最初这条原则是用于处理重大的环境问题（如酸雨、欧洲北海污染、全球气候变化等），后来应用于其他领域，如预警原则已成为欧盟食品安全管理的正式法律依据和食品潜在风险管理的重要措施。欧洲议会和理事会发布的食品一般原则条例（EC/178/2002）规定，在特定的情况下经可获得的信息评估可能对健康具有不利影响但科学证据尚不很充分时，将采取临时的风险管理措施以保证对健康的保护，等以后取得更多的科学信息时再进行更全面的风险评估。欧洲委员会提出，当认为有必要采取风险管理行动时，基于预警原则选取的措施应该符合以下标准：①与选择的保护水平相称；②在措施应用中无歧视性，即对类似情况应同等对待；③与已采取的类似措施保持一致性，即所采取的措施应和在可获得科学数据的相同领域中已采取的措施在范围和性质上具有可比性；④基于对所采取行动带来的潜在的效益和成本的考量；⑤审查新的科学数据，应根据科学的发展进行定期审查，并在必要时对措施进行修订；⑥能为更全面的风险评估提供科学依据。

（二）常用风险管理措施

1. "零风险"管理　1958年，美国在《食品、药品和化妆品法》修订案中的食品添加剂条款（德莱尼条款）规定，如果发现某一食品添加剂对人或者对实验动物有致癌作用，就不应批准使用。实际上，这一法律是把在食物中检测不到致癌物称之为"安全"。随着分析技术的发展，人们认识到未检出并不等同于不存在或无风险。而且，随着遗传毒理学及化学致癌研究的不断发展，鉴定出的对人或动物有致癌性的化学物愈来愈多，有些难以从我们人类的生产、生活环境中消除。鉴于此，目前对食品、药品、杀虫剂、食品添加剂、工业化学物质和其他消费品等物质的管理已经接受"可接受风险"及"实际安全限值"的概念。

2. 通常认可安全物质　在世界各国的管理中认可在人类传统中应用了很长时间的物质的固有安全性，特别是食物和普通的饮食成分；该类物质被称为通常认可安全物质（generally recognized as safe，GRAS）。认可的安全性是特指传统应用而不包括其他特殊用途。

3. 推荐安全限值　用于有阈值毒性化学物的管理。如制定每日允许摄入量（ADI）、每日耐受摄入量（TDI）、参考剂量（RfD）、阈限值（TLV）、短时间接触阈限值（TLV-STEL）、时间加权平均阈限值（TLV-TWA）、容许暴露阈限值（PEL）和最高允许浓度（MAC）等。

4. 可忽略的风险　对于肿瘤，一般把终身暴露不产生大于百万分之一的超额癌症风险作为"可接受风险"。近年来在风险管理中提出了毒理学关注阈值（threshold of toxicological concern，TTC）的概念，即利用化学结构和已知毒性的类似化学物的信息，为不同类别化学物建立的预计不构成人类健康风险的暴露阈值水平。其适用于人体暴露量极低、化学结构明确且暴露数据已知，但毒性数据未知或有限的化学物的风险评估。传统风险评估需要得到一套详细的毒性数据,这通常会导致进行一些不必要的、过于详细的研究,从而造成时间、动物和资源的浪费。另外,对于那些缺乏详尽毒性数据的化合物,不能使用传统的风险评估方法。TTC 方法根据化学物致突变性警告或其基本结构特征(按照决策树)将化学物分成几大类,然后再确定相关的安全阈值。当某化学物缺乏相关毒性资料且人体暴露水平很低时,可运用 TTC 方法对该化学物进行风险评估。1995 年美国 FDA 首次应用了 TTC 方法,认为食品包装材料向食品中的迁移量极低,如果迁移量低于 $0.5×10^{-9}$(或每人 1.5μg/d)的"监管阈值",就无须关注其对人体的安全性,无须额外的安全评估。目前 TTC 方法已广泛应用于食品包装物、食用香料、药物、工业化学品、化妆品等领域。

5. 风险-获益分析(risk-benefit analysis)　衡量根据发生概率和严重程度测算的与物质暴露相关的可能风险,以及可能益处的方法。在实际管理中,常常需要考量各方面的得失,确定合理的可接受风险,做出切实可行的决策并实施,达到保护人类健康和环境的目的。

四、风险交流

风险交流是对风险评估结果解释以及对风险管理决策的依据进行有效的沟通,以确保信息传递具有意义,易于理解、便于有效执行。

(一)风险交流的意义

1. 有利于科学理解风险信息　风险评估是专业的内容,公众有可能会产生各种误读和误解。风险交流就是用通俗的语言解释专业问题,弥合各方在风险认知上的差异。另外管理者也需要准确理解风险评估的结论,并做出正确决策和有效执行。

2. 有助于风险管理措施实施　通过有效的风险交流可使相关方对存在的风险及针对其采取的措施有进一步的理解,有时也许不能解决各方存在的所有分歧,但可有助于更好地理解分歧。公众在对风险有客观认识的基础上,对风险管理达成共识,就会配合并主动参与控制风险的措施。

3. 有助于建立社会信任和促进知识宣传　如果政府、科学家、媒体、公众之间缺乏互信,将会是风险交流最大的障碍。通过有效的风险交流,消费者或使用者会更加信任风险分析的结果,也会提高对风险管理部门的信任度,从而促进风险相关知识的宣传。

(二)风险交流的原则

1. 互动性　风险交流不是单一地传递风险信息,也包括风险管理者主动倾听、获取和回应相关利益方对风险及相关管理措施的关切、意见及相应反应,是各方信息交换过程。

信息交流也包括与传统媒体和新媒体的往来。公众对于风险的认知,对于风险控制措施的理解过程中,新闻媒体起到重要的引导作用。新闻媒体也对风险管理者的决策和行动有重要的监督作用。

2. 公开、透明性　要用清晰、易懂的术语向具体的交流对象提供有意义的、相关的和准确的信息。政府要成为最具有公信力的信息源,要科学描述风险的性质以及风险评估的不确定性,明确制订管理措施的科学依据、可能受益的范围和有效性。

3. 及时性　尽早发布风险相关信息,尽量降低事件的不确定性,这是消除恐慌、及早采取控制措施的重要途径。

(三)风险交流的目标

需要设定风险交流的总体目标和阶段性目标,确定评估交流有效性的标准,并根据实际情况对交流策略进行调整,以确保目标的实现。风险交流的目标包括:

1. 以清晰透明的方式告知和引导利益相关者了解潜在风险、危害、不确定性以及风险管理策略。

2. 赋予个人和社区做出明智决策、采取适当行动、有效管理风险的能力，以保护公共健康、安全和环境。

3. 建立利益相关者之间的信任和理解，促进团结协作，共同应对和减轻风险。

五、全球化学品统一分类和标签制度

1. GHS和化学品危险性分类标准　联合国于2003年公布了"全球化学品统一分类和标签制度（globally harmonized system of classification and labelling of chemicals，简称GHS）"，并历经多次修订，最新为2023年的第十修订版。GHS详细界定了化学品的物理危险性、健康危害性及环境危害性，确立了危险性分类标准（表12-2），并标准化了化学品标签及安全技术说明书中的必要元素，包括标志符号、图形及其警示信息的呈现，旨在统一全球危险化学品分类方法，协调全球各国统一行动，最大限度地减轻其对健康与环境的潜在危害。GHS分类系统广泛适用于各类化学品，包括农药，既涵盖纯化学物质也包含混合物。然而，它不适用于医药品、食品添加剂、食品中的农药残留或消费者化妆品。

表12-2　GHS危险性分类种类

物理危险性	金属腐蚀剂
爆炸物	退敏爆炸物
易燃气体	**健康危害性**
气雾剂和加压化学品	急性毒性
氧化性气体	皮肤腐蚀/刺激
加压气体	严重眼损伤/眼刺激
易燃液体	呼吸道或皮肤致敏
易燃固体	生殖细胞致突变性
自反应物质和混合物	致癌性
发火液体	生殖毒性
发火固体	特定性靶器官毒性（一次接触）
自热物质和混合物	特定性靶器官毒性（反复接触）
遇水放出易燃气体的物质和混合物	吸入危害
氧化性液体	**环境危害性**
氧化性固体	危害水生环境
有机过氧化物	危害臭氧层

GHS在以下三种情况下不予具体分类。①无法分类（classification not possible）：若物质缺乏可靠或充分的数据，则无法按GHS标准进行分类；②不适用（not applicable）：物质因物理形态等原因不符合特定分类标准，如固体（或液体）不满足吸入毒性（针对气体）标准；③非此类（not classified）：充分证据表明物质"无危害"或"危害性极低"，未达到GHS分类的最低风险标准。

2. GHS健康危害分类　GHS旨在保护多个群体，包括直接或间接接触化学品的工业、农业

（农药与化肥）及日常化学品生产、使用、运输中的职业人员,应急救援团队,消费者,以及生态环境。GHS健康危害性分为10个种类,每类下细分多个危害性类别,以量化危害性的严重程度。具体分类参见表12-3。

表12-3　GHS健康危害种类及类别

序号	健康危害性种类	危害性类别	主要分类依据
1	急性毒性	类别1、类别2、类别3、类别4、类别5	LD_{50}/LC_{50}值,或急性毒性估计值(ATE)
2	皮肤腐蚀/刺激	类别1、类别1A、类别1B、类别1C、类别2、类别3	人类、标准动物或体外/离体试验数据
3	严重眼损伤/眼刺激	类别1、类别2	人类、标准动物、或体外/离体试验数据
4	呼吸道或皮肤致敏	类别1A、类别1B	人类数据及标准动物数据
5	生殖细胞致突变性	类别1A、类别1B、类别2	人类流行病学研究及动物体内及体外致突变性证据
6	致癌性	类别1A、类别1B、类别2	人类流行病学研究及动物致癌证据
7	生殖毒性	类别1A、类别1B、类别2	人类流行病学研究及动物生殖毒性证据
8	特定性靶器官毒性(一次接触)	类别1、类别2、类别3	人类经验/偶发事件,试验动物研究结果
9	特定性靶器官毒性(反复接触)	类别1、类别2	人类偶发事件、流行病学和试验动物研究结果
10	吸入危害	类别1、类别2	人类证据和物质运动黏度(动物实验证据的阳性结果,只能作为可能有人类吸入危害的指导)

3. 我国GHS制度的实施　在全球各国纷纷制定本国实施GHS的相关法律法规的同时,我国积极推进GHS制度。我国建立了实施GHS的部际联席会议制度,联席会议由工业和信息化部等共12个部门组成,召集人由工业和信息化部部长担任。一系列法规、规章和公告为GHS在中国的实施奠定了基础,包括《危险化学品安全管理条例》(国务院令2011年第591号)、《道路危险货物运输管理规定》(交通运输部令2013年第2号;最新2023年交通运输部修正)、《新化学物质环境管理办法》[环境保护部令2010年第7号,最新被《新化学物质环境管理登记办法》(生态环境部令2020年第12号)代替]、国家质量监督检验检疫总局2012年第30号公告(关于进出口危险化学品及其包装检验监管有关问题的公告,最新2020年海关总署第129号公告)等,均对化学品危险性分类、标签、安全数据单(SDS)进行严格的要求。

为贯彻GHS制度,国家质量监督检验检疫总局及国家标准化管理委员会于2006年底发布了《化学品分类、警示标签和警示性说明安全规范》系列标准(GB 20576—2006至GB 20602—2006),并于2008年1月1日正式实施。此后,该系列标准陆续进行了更新,主要的更新包括GB 30000.2—2013至GB 30000.29—2013,GB/T 30000.31—2023和GB 30000.1—2024。其中最新修订的《化学品分类和标签规范 第1部分:通则》(GB 30000.1—2024)与联合国GHS第八修订版相关技术内容基本保持一致,替代现行的GB 13690—2009。

（郝卫东　卢国栋）

思考题

1. 简述化学品安全管理中毒理学工作者的作用。
2. 简述毒理学安全性评价分阶段进行的意义。四阶段毒理学评价程序一般包括哪些试验?
3. 简述健康风险评估的步骤和内容。
4. 简述 GHS 健康危害分类的主要内容。
5. 简述以实验室毒理学数据外推至人群接触安全性的不确定性。

第十三章
纳米毒理学

随着纳米技术的蓬勃发展，新型人造纳米材料和复合材料不断涌现，展现出在能源生成、环境监测与修复、航空航天与国防以及医学诊断与治疗等领域的重要应用潜力。自2003年首次提出人造纳米材料对人类健康和环境的担忧以来，纳米银、富勒烯、量子点、碳纳米管等多种人造纳米材料应用的安全性问题逐渐受到关注。考虑到纳米技术在改善人类生产生活方面的众多益处和前景广阔的应用，进行更多的毒理学研究以评估与纳米技术相关的风险显得尤为迫切。与此同时，新纳米医疗技术的发展必须与纳米毒性研究相结合，以评估其不良效应并确保新疗法和医疗设备的安全性。关注人造纳米材料的暴露及其潜在健康影响，促成了纳米科学与传统毒理学的交叉融合，形成了一门新兴的交叉学科——纳米毒理学。

第一节　纳米材料的概述

一、纳米材料的概念

纳米（nm）是一种长度单位，1nm等于10^{-9}m，约比化学键长大一个数量级。纳米材料（nanomaterials，NMs）是指材料的基本结构单元中，至少有一维处于纳米尺度的材料，或由纳米结构单元构成的具有特殊性质的材料。纳米材料组成单元的小尺度使其表现出不同于大块宏观材料的许多特殊性质：一方面，由于纳米材料具有更小的尺寸或更大的比表面积，许多材料的性能可能会得到增强；另一方面，在纳米尺度上，由于量子限域效应或非典型催化活性的启动，其部分性能会被激发。因此，在关注纳米尺度材料性质变化时，需要区分增强属性和独特属性。

二、纳米材料的来源和分类

纳米材料主要分为两类：天然纳米材料（natural nanomaterials）和人造纳米材料（artificial nanomaterials）。天然纳米材料主要指空气动力学超细颗粒物（ultrafine particles，UFPs），即空气动力学直径<100nm的颗粒物，是大气颗粒物的关键毒性成分。这些颗粒来自不同的人为和自然排放，包括汽车尾气、发电厂、火山爆发和森林火灾排放等。人造纳米材料则包括无意产生的人为纳米颗粒和工程制造的纳米材料（engineered nanomaterials，ENMs）。与UFPs和ENMs相关的毒理学问题和挑战相似，都需要开展类似的研究，包括与实际暴露方式相关的毒理学研究设计、描述主要接触途径，探究靶器官损伤效应及潜在毒性机制。

与天然纳米材料不同，人造纳米材料通常通过调控其形状和化学组成以满足应用需求，因此种类丰富，成为纳米毒理学的主要研究对象。人造纳米材料涵盖广泛的化学成分和几何形状，根据几何形状的空间尺度可分为零维（0D）形态，如纳米团簇或量子点；一维（1D）形态，如纳米纤维、管、棒、线；二维（2D）形态，如板状或盘状材料，通常称为"纳米片"；颗粒形态则涵盖由元素周期表中大部分稳定元素构成的单质颗粒或复合结构的纳米颗粒（nanoparticles，NPs）。根据化学成分，纳米材料可以由金属、金属氧化物、硫化物、硒化物、碳、聚合物以及生物分子（如脂质、糖类、肽、蛋白质和核酸寡聚体)构成。如表13-1所示,纳米材料可根据几何形状(一维形态、二维形态、颗粒形态)和化学成分(金属、半导体、陶瓷、碳、聚合物)进行分类。将几何结构与化学性质相结合,会产生大量潜在的纳米材料,许多已在相关实验室中被合成和表征。在实际应用中,当对纳米材料的表面进行修饰并作为生物医学植入物时,可增强其功能和生物相容性;当纳米材料被纳入纳米结构固体或复合材料中时,可提高强度、导电性和耐久性;此外,它们还可集成到复杂的活跃结构中,制作化学或生物传感器或其他设备。

表13-1 纳米材料的几何和化学分类

分类	颗粒形态	一维:纤维/管状	二维:片状
金属类	银、金纳米颗粒; 铁、钴、镍磁性纳米颗粒	金或铂纳米线	银纳米片
半导体	CdSe/ZnS量子点	Si、ZnO纳米线、纳米棒	片状半导体纳米晶体
陶瓷类	氧化锌、二氧化钛颜料和含纳米氧化锌/二氧化钛的防晒霜,氧化铈催化剂	复合填料电纺陶瓷纳米纤维	纳米黏土、二硫化钼纳米片、六方氮化硼纳米片
碳材料	富勒烯、炭黑、碳纳米角	碳纳米管、碳纳米纤维	石墨烯、氧化石墨烯、少层石墨烯
聚合物	用于医疗用途的可生物降解聚合物纳米球、支链树状聚合物	电纺聚合物纳米纤维	—

三、纳米材料的理化特性

纳米材料由相当于分子尺寸甚至原子尺寸的微小单元组成,其结构的变化赋予了纳米材料与常规尺度材料不同的物理和化学性质。这些性质包括光、热、电、磁、力学等物理特性,以及吸附、分散聚集状态、表面活性和催化特性等化学特性。

(一)表面效应

纳米材料的表面效应是指随着粒径减小,表面原子数与总原子数之比急剧增加,从而引起的性质变化。当粒径降至1nm时,表面原子所占比例可达90%,几乎所有原子都集中在纳米材料表面。这导致表面原子配位数不足和高表面能,使得这些原子具有极高的化学活性。

(二)小尺寸效应

小尺寸效应是指材料尺寸减小所引起的宏观物理性质变化。对于纳米材料而言,尺寸减小导致比表面积增加,从而产生一系列新奇的性质,如力学、热学、电学和磁学性质。

(三)量子尺寸效应

当材料尺寸减小到纳米尺度时,电子运动会出现量子化效应,导致能带分裂为离散能级,从而赋予纳米材料独特的光学、电学和磁学性质,例如量子点的光致发光和量子阱的调制掺杂等。量子尺寸效应在光电子器件和生物医学等领域具有重要的应用潜力。

(四)宏观量子隧道效应

宏观量子隧道效应是指电子在纳米尺度空间内能够穿越势垒的现象。这一效应使纳米材料具备超导、巨磁阻等特殊性质,并在电子器件和磁性材料等领域具有重要应用价值。

第二节　纳米材料在体内的行为及毒性影响因素

一、纳米毒理学的概念

纳米材料已广泛应用于电子元件、涂料、运动器材、化妆品和食品添加剂等多种商业产品中。由于其微小的尺寸，纳米材料容易通过吸入、摄入和皮肤渗透进入机体。人们接触纳米材料的机会日益增加，但对其潜在毒性作用的系统性和复杂性的深入了解仍显不足。纳米材料的尺寸介于生物大分子与细胞器之间，因此其与生物体系的相互作用不同于小分子和同类宏观材料。基于纳米材料的生物效应研究，衍生出了一个重要的交叉学科——纳米毒理学。纳米毒理学（nanotoxicology）是研究纳米材料对生物体和生态系统的损害作用及机制，并进行安全性评价和风险评估的毒理学分支学科。

二、纳米材料在体内的行为

（一）纳米材料的吸收

纳米材料在体内的吸收是其产生生物效应的起始阶段。大量纳米材料进入机体可能引起局部急性损伤，而少量纳米材料则会在体内逐渐蓄积，导致隐匿性损伤。纳米材料对机体的损伤程度及其毒效应与其在体内的吸收量呈正相关。除了在少数纳米药物应用场景中，部分患者通过静脉注射或肌内注射直接接触纳米材料外，呼吸系统、消化系统和皮肤黏膜是纳米材料进入机体的主要途径。不同的进入途径导致其吸收方式各具特点。一旦进入机体，纳米材料的毒性及其强度主要与其在靶器官浓度、粒径大小和表面活性等因素相关，其中靶器官浓度的作用最为重要。纳米材料在靶器官的浓度依赖于暴露剂量、吸收数量、分布规律、与体内生物大分子的结合及排泄等多种因素。纳米材料在各器官的吸收方式具有不同的特点。

1. 纳米材料在肺部的吸收和沉积　呼吸系统是纳米材料进入机体的重要途径之一。纳米材料的尺寸、水溶性和表面性质等因素对其进入呼吸系统具有重要影响。纳米材料的渗透、侵入和沉积在很大程度上依赖于其尺寸。通常，直径在 $100nm \sim 2.5\mu m$ 的颗粒物更容易穿过上呼吸道进入细支气管和肺泡，其沉积主要受布朗运动和重力沉降的影响。由于这一尺度范围内颗粒物的尺寸较小，纤毛清除效率降低，导致这些颗粒物更难被清除，从而在肺部停留时间更长。对于 $<100nm$ 的颗粒物，主要通过扩散沉积在深层肺泡区域。这些超细颗粒物因其高扩散性和低惯性，能够绕过气道中的许多屏障深入肺部。在肺泡中，它们与肺细胞膜接触的概率较大，甚至可能穿透细胞进入血液循环系统，进而影响全身器官。纳米材料的表面活性是影响其进入呼吸系统的另一重要因素，表面活性越大，越容易通过呼吸道黏膜组织和肺泡。

纳米材料通过呼吸系统进入肺部后，其在体内的沉积过程通常包括截留、吸附、沉淀和扩散四种方式。其中，扩散效应是纳米材料在呼吸道和肺泡区侵入机体的主要机制。在体内迁移过程中，纳米材料能够被呼吸道表面物质截留，并通过胞吞方式进入细胞。此过程中，纳米材料的形状是影响呼吸道截留的关键因素，长径比较大的纳米材料（如纳米管、纳米线、纳米绳或纳米带）更易被呼吸道截留。此外，纳米材料的沉积率也受长径比的影响，纳米材料越长，与呼吸道表面接触的可能性越大，其沉积率也越高。纳米材料的荷电性会影响其与肺中生物屏障的相互作用，从而影响其在肺部的沉积和滞留行为。研究表明，中性或带负电的纳米材料因其在肺表面活性物质中良好的稳定性,更容易在肺部沉积。

2. **纳米材料在皮肤的渗透和吸收**　皮肤是纳米材料进入机体的重要途径之一。皮肤最外层的角质层是其第一道防御屏障,能够有效阻挡大多数颗粒和化学物质的渗透。尽管如此,纳米材料因为具有较小的尺寸,汗腺和毛囊等结构为纳米材料的入侵提供了可能。纳米材料的直径、表面化学活性、皮肤的完整性是影响渗透性的关键因素。小尺寸颗粒物比大尺寸颗粒物更易进入皮肤,而表面活性越强的纳米材料则越容易渗透至深层皮肤。纳米材料进入真皮层后,可通过皮肤巨噬细胞的吞噬作用进入淋巴循环,随后沉积于局部淋巴结或被真皮层的神经末梢摄取,并沿神经末梢转运至中枢神经系统。

3. **纳米材料在消化道的吸收**　消化系统是纳米材料进入机体的主要途径之一。环境中积累的纳米材料可以通过植物和动物的暴露进入生物圈,最终通过食物链进入人体,还有一些纳米材料会作为食品添加剂使用,这都增加了经消化道暴露的风险。纳米材料在消化系统内主要通过含有特殊肠上皮噬菌细胞的派尔集合淋巴结(Peyer patch, PP)从肠道内腔迁移至血液。纳米材料的摄入不仅可以通过肠淋巴组织,也可以通过正常的肠上皮细胞进行。纳米材料的尺寸、表面电荷、亲水性、生物包覆的连接配体以及表面活性剂的化学修饰等多种因素会影响其在胃肠道的作用区域。

（二）纳米材料的分布

纳米材料通过呼吸系统、皮肤和消化系统等途径吸收入血后,能够迅速分布到全身各组织和器官。其中,肝、肾和脾是纳米材料通过血液循环作用于机体的主要靶器官。此外,纳米材料还可以通过淋巴系统和神经纤维迁移到相应的组织和器官,特别是进入神经系统的纳米材料主要依赖于在神经纤维中的迁移。在传统毒理学研究中,外源性物质在体内的迁移和分布主要受血流、外源性物质与组织的亲和力及扩散能力等因素的影响。纳米材料在体内的迁移和分布不仅与这些因素相关,还取决于其暴露途径和自身的纳米特性。一般而言,纳米材料的表面性质越活跃、尺寸越小,其进入细胞的渗透力越强,从而更有利于在机体内的迁移和分布。值得注意的是,与某些矿物质不同,纳米材料进入机体后不会在骨骼中分布和沉积,而是在主要脏器中蓄积。

（三）纳米材料在体内的排泄

纳米材料被生物机体吸收后,经过一系列迁移过程,大部分以不同方式排出体外。一般情况下,纳米材料主要通过排尿、排粪便和呼吸等途径排出体外。纳米材料在体内的排出方式和周期主要与其性质和摄入方式有关:<5nm 的纳米材料可以通过代谢周期较短的肾脏途径随尿液清除,<50nm 且难以生物降解的纳米材料通常通过肝胆途径代谢,因此代谢周期较长。此外,纳米材料从肺部清除的半衰期可能高达 2 个月,这意味着通过呼吸暴露的纳米材料在体内的停留时间可能更长。机体是一个复杂的整体,因此纳米材料的迁移方式并非单一途径,常常是多种途径共同作用。寻找针对不同纳米材料排出体外的主要途径,将对预防其产生的毒性效应具有重要意义。

（四）纳米材料与生物界面的相互作用

与传统外源性化合物不同,纳米材料在体内的行为除了包括吸收、分布、代谢和排泄之外,由于其高表面积特性,还能吸附多种生物分子,如蛋白质、脂质和核酸等。当纳米材料进入生物环境后,生物体液中的蛋白质会迅速与纳米材料表面结合,形成蛋白冠。蛋白冠(protein corona)是纳米材料与局部环境之间的动态界面,控制着纳米材料与靶细胞之间的初始相互作用。蛋白冠的形成对纳米材料在体内的循环时间、器官分布、清除及毒性具有显著的调节作用。蛋白质的吸附能力与表面电荷、疏水性和曲率半径相关。不同化学组成和结构的纳米材料均能大量吸附白蛋白、补体、纤维蛋白原、免疫球蛋白和载脂蛋白。根据纳米材料表面性质的差异,吸附后可能导致蛋白质变性,从而造成正常结构和功能的丧失、酶活性的改变或蛋白质结构中新抗原决定簇的暴露。不同化学成分的纳米材料在非细胞系统中也可能诱导蛋白质纤维化或聚集形成淀粉样纤维。血清蛋白吸附纳米材料的一个重要潜在病理后果是纤维蛋白原结合导致血栓形成。

通过呼吸道或消化道进入机体的纳米材料会遇到黏液层,这层黏液为防止颗粒物和微生物的穿透提供了自然屏障。黏液是一种复杂的糖蛋白,由亲水性分散区域和疏水性球状结构域组成。纳米材料可能会黏附到黏液蛋白上,导致孔径增大,从而增加微生物穿透的敏感性。较小的带电纳米材料可能会被亲水性区域排斥,无法穿透黏液层。如果吸入的纳米材料沉积在肺部的肺泡中,它们会遇到覆盖着表面活性剂脂质薄膜的肺液。肺液是一种血清白蛋白和二棕榈酰磷脂酰胆碱的混合物,易与多种纳米材料结合,并增强它们在体内的分散性。

三、纳米材料毒性的影响因素

纳米材料因其在纳米尺度下表现出的特殊理化性质而受到广泛关注,其毒性与材料的理化特性密切相关。当它们作用于生物体的组织、器官、细胞及生物分子时可能引发毒性效应。因此在研究纳米材料的毒性时,需重点关注与毒性相关的性质及其对毒性的影响规律,这将有助于更深入和全面地理解纳米毒理学。

(一)纳米材料的形貌

1. 纳米材料的大小　纳米材料以颗粒形式存在,进入机体后其尺寸和形态会发生变化,这影响其在体内的分布及细胞对纳米材料的摄取。虽然通常用颗粒大小来定义纳米材料,但大小并非其内在属性。纳米材料在环境中会因溶解、沉淀、聚集和异聚集等过程而发生改变。其中,聚集是指两个或多个相似颗粒通过物理相互作用松散地黏附在一起的过程,而异聚集则是指不同组成颗粒的松散结合。在真实的暴露情境下,监测和预测颗粒尺寸分布具有一定挑战,一般只报告在关键时间点(如制备和使用时)的纳米材料尺寸和分布特征。通常,纳米材料可通过被动扩散、直接物理穿透、主动受体介导的摄取、内吞或吞噬作用进入目标细胞,这取决于它们的大小和聚集程度。例如,直径为50nm的小尺寸颗粒可以通过被动扩散进入细胞及其亚细胞器,如线粒体和细胞核。纳米材料尺寸还会影响其与生物体的组织、器官及细胞的相互作用。在毒性上,通常表现为随着尺寸的减小,毒性效应逐渐增强。因此,在研究纳米材料的毒性时,尺寸是一个不可忽视的重要因素。在生物医学应用中,通过人工制备具有相对均一尺寸的纳米颗粒,有助于实现纳米颗粒一致的递送或排泄。

2. 纳米材料的形状　纳米材料的几何形状会影响其细胞摄取、体内分布、转移、排泄过程及潜在毒性。单壁碳纳米管已被证明能够直接穿透细菌细胞,导致渗透性裂解和细胞死亡。高长径比(针状)的纳米材料可被巨噬细胞识别和摄取,但当其长度超过巨噬细胞直径时,会经历不完全摄取或影响吞噬过程,导致肺部清除受损、溶酶体破裂并激活炎症小体,从而释放促炎细胞因子。具有二维结构的片状纳米材料也显示出几何依赖的细胞相互作用,表现为接近原子级的薄片状边缘可直接损伤细胞膜,导致巨噬细胞摄取受损,进而在高剂量下引发肺部损伤。

(二)纳米材料的表面性质

1. 纳米材料的表面电荷　纳米材料在干燥状态下具有强烈的聚集倾向,在液体悬浮液中同样表现出聚集现象。这主要是由于小尺寸效应引起的较强分子间吸引力。颗粒之间的吸引力受尺寸、密度、化学成分、电子结构、形态和表面电荷等因素的影响。在溶液体系中,范德瓦耳斯力和疏水力驱动纳米材料聚集。为了实现稳定分散并防止聚集,人工纳米材料的制备过程中通常通过添加大分子涂层来改变颗粒属性,这也可能影响其毒性。纳米材料表面的涂层通过空间位阻防止颗粒间的附着,或赋予纳米材料表面电荷,从而产生静电排斥力,保持每个纳米颗粒的相对独立性。表面电荷的常用量化指标是"Zeta 电位",即在颗粒运动过程中,随颗粒移动的液体壳层(包括吸附物、离子、溶质和溶剂分子)的外部表面电势。当 Zeta 电位>30mV 或<−30mV 时,颗粒之间的排斥力足以避免聚集并维持均匀分散。在生理液体中,氯化钠及其他离子可能"屏蔽"颗粒表面电荷,降低Zeta 电位,从而导致聚集的发生。表面电荷是纳米毒理学检测中常被关注和测量的复杂特性之一,对于某些生物医学应用而言也是一项挑战。

2. **纳米材料的比表面积和反应性** 比表面积是指单位质量材料所具有的总表面积。在纳米尺度上,化学和物理因素主导着原子或分子的组装,形成具有高表面积/体积比或表面积/质量比的纳米结构。例如,在相同空气浓度下,5nm 的球形纳米材料的表面积是相同化学成分的 $5\mu m$ 颗粒的1000 倍。在等效质量浓度下,悬浮纳米材料的高表面积导致表面反应性增强、化学物质吸附增加、催化活性(按等效质量计)提高以及溶解速率加快。当粒径降至约 100nm 以下时,暴露在表面的分子数量急剧增加。大量暴露的表面分子或原子显露出表面缺陷、空位点和悬挂化学键,从而增强了化学和氧化还原反应性。因此,纳米材料的表面具有更高的表面积、更高的表面能(例如,通过表面曲率)以及相对于相同质量和化学成分的微米颗粒具有更高的表面反应性。因此,可以使用反映特定的表面反应性的参数,例如以每个纳米材料表面积的活性氧(reactive oxygen species,ROS)生成能力作为对纳米材料进行分组的依据。

3. **纳米材料的表面化学性质** 纳米材料的表面化学性质显著影响其与生物系统的相互作用。与流体中相同化学成分的非纳米级颗粒相比,纳米材料具有更高的表面积、高表面曲率以及更多暴露的表面原子或分子,这些特性促进了金属或金属氧化物纳米材料中离子的溶解和释放。例如在水环境中,纳米银通过溶解氧的氧化作用缓慢释放银离子。这一释放过程使得其可用于涂覆衣物、玩具和医疗设备表面,从而产生杀菌效果。然而,金属离子的释放也可能通过抑制酶和转运蛋白对细菌和水生生物产生毒性作用,已有研究表明,银离子能够抑制碳酸酐酶和 Na^+-K^+-ATP 酶的活性。纳米氧化锌因能够有效吸收紫外线,已被广泛应用于防晒霜中。然而,纳米氧化锌释放的锌离子在水中迅速释放并引发急性毒性。纳米二氧化钛同样具有吸收紫外线和减少可见光散射的特性,且在肉眼下呈透明状态,因此被应用于防晒霜。然而,纳米二氧化钛在紫外线吸收过程中会形成电子-空穴对,这些电子-空穴对在颗粒表面反应生成活性氧(ROS),例如从分子氧(O_2)生成超氧阴离子(O_2^-),这也是其产生毒性的一个重要因素。对于晶体纳米材料而言,表面缺陷暴露了电子供体/受体的活性基团,这些基团向 O_2 提供电子,生成超氧阴离子,或从水中接受电子而产生具有高反应性的羟自由基,这些都是引起毒性反应的重要原因。具有表面酰胺基和树状大分子的阳离子纳米材料表现出明显的细胞毒性,主要是由于它们会损伤生物膜,尤其是在溶酶体中,"质子海绵效应"会导致水和氯离子的积累,从而引发渗透性破裂。因此,表面性质是生物反应性的主要决定因素,高表面积、表面电荷、疏水性、脂质膜的分配、金属离子的溶解与释放,以及氧化还原活性导致的 ROS 产生,都是引起毒性的主要原因。

(三)纳米材料的生物持久性

纳米材料的生物持久性是评估其环境和生物毒性的一个重要因素。生物持久性由机械清除和溶解过程决定,后者不仅产生具有生物活性的可溶性物质,还能降解颗粒,最终将其从生物组织中清除。例如,纳米氧化锌因锌离子快速释放而表现出急性细胞毒性。金属氧化物的溶解速率会因水环境中天然有机物质的存在而增加。通常,具有溶解性的纳米材料生物持久性较低,因此推测它们不会在环境中发生生物积累。当金属和金属氧化物纳米材料被巨噬细胞摄取后,会到达具有酸性环境的溶酶体,这加速了金属离子的释放。例如,细胞内释放的锌离子与肺部靶细胞的显著急性毒性相关。即使是难溶的纳米镍，在暴露后也可通过氧化产生可溶性表面氧化物。这种缓慢的氧化溶解过程会导致持续的细胞内 Ni^{2+} 释放，引发持续的炎症反应，并激活人类肺上皮细胞中的 HIF-1α 信号通路，这与纳米镍的致癌性相关。相比之下，大多数环境条件下的碳纳米材料不易氧化，意味着它们可能具有潜在的生物持久性。这导致它们可能在环境中发生生物积累，或在职业暴露或生物医学应用过程中吸入后，在肺部和其他器官中具有生物持久性。一些商业化的长型、刚性和高纵横比的纳米管已被证明能引起与致癌石棉纤维类似的毒理学检测终点。在肺、胸膜或腹膜间隙的生物持久性是石棉及与致癌性相关的人造矿物纤维的重要物理化学特征。然而当碳纳米管被修饰后，也可能发生降解。例如，羧基化单壁碳纳米管在辣根过氧化物酶和 H_2O_2 存在下发生氧化降解，或在暴露于含 H_2O_2 的吞噬体模拟液及巨噬细胞的溶酶体模拟液后发生氧化降解；氧化或氮掺杂的多壁碳纳米管在辣根过氧化物酶和 H_2O_2 存在下也表现出同心管剥落和缩短，氮掺杂的多壁碳纳米管则不会引发炎症反应；氧化降解的单壁碳纳米管在小鼠咽部吸入后也不会诱发肺部炎症或毒性。此外，这些经修饰的碳纳米管在吸入或注射后用于肿瘤成像或给药时，也不太可能诱发急性或慢性疾病，这为设计可生物降解的工程化碳纳米管提供了理论依据。氧化石墨烯纳米片也被证明可以被辣根过氧化物酶和 H_2O_2 降解，或被希瓦氏菌还原为石墨烯。这些研究为人工纳米材料的生物降解及预防其对环境和健康的长期不利影响提供了新方法。

（四）纳米材料的化学转化

上述的溶解和降解过程是纳米材料在自然环境或生物组织中可能经历的"化学转化"类别的一个子集。大多数纳米材料是通过化学或热能合成的，当它们转移到环境或生物流体相时，会通过化学转化释放自由能至更稳定的相中。化学转化包括溶解为可溶性分子、降解为复杂的固体碎屑，或通过化学反应形成新固相，如硫化物、硒化物或氧化物。这种转化可以显著改变纳米材料的性质，因此在研究其毒性时，除了关注原始物质的毒性外，还需扩展到转化产物的危害和风险。在纳米材料的加工、处理、储存、使用或释放到自然环境的过程中，合成点和暴露点之间可能发生转化。这些转化使得纳米毒理学的研究变得更加复杂，因为纳米材料的属性在转化过程中是一个重要的参数，且在许多情况下是未知和不可控的。此外，纳米材料在接触生物液体或生物组织后也可能发生转化，导致颗粒的潜在毒性随时间演变。

纳米银是纳米材料转化研究中关注度较高的材料之一。在空气中氧气存在的情况下，纳米银会发生氧化溶解，释放 Ag^+。由于 Ag^+ 在许多生物系统中的毒性通常高于颗粒，因此离子的释放位置和程度是决定纳米银毒性的关键因素。纳米银的进一步转化包括化学或光化学将 Ag^+ 还原回纳米银颗粒，称为"二次颗粒"；Ag^+ 还可以与还原态硫反应，生成稳定且高度不溶的硫化银，或通过反应生成固体硒化物。这些转化可能导致组织中形成含银固体沉积物，从而引发银质沉着症，这种皮肤变色现象已在口服高剂量纳米银的人群中观察到。因此，转化导致的毒性效应也是不可忽视的毒性相关性质。

第三节　纳米材料靶器官毒性和毒作用机制

一、纳米材料的靶器官毒性

（一）纳米材料对呼吸系统的毒性

呼吸系统途径是机体与外界环境接触的主要途径之一，也是纳米材料进入机体的重要途径之一。纳米材料从外界环境进入气管和支气管后，机体的免疫清除机制能够清除一部分纳米材料，但仍有部分纳米材料无法排出而沉积于呼吸道，进而对呼吸系统产生毒性效应。呼吸道排出纳米材料的方式多种多样，如呼吸道纤毛柱状上皮的定向运动和巨噬细胞的吞噬作用等。研究表明，纳米材料与肺组织接触后，能够引起肺部局部区域的炎症细胞浸润，激发炎症反应。此外，纳米材料还能够促进组胺的释放，引起周围血管内血栓的形成，从而损害肺组织的呼吸功能。不同的纳米材料对呼吸系统的毒性各异，其中碳纳米管被明确认为是引起呼吸系统毒性的纳米材料之一。将单壁碳纳米管滴入小鼠气管后，发现单壁碳纳米管能够诱发小鼠肺组织肉芽肿及肺间质炎症，且病变可向肺泡间隔延伸，导致呼吸道机械性阻塞和肺功能下降。一般而言，粒径较小的纳米材料对呼吸系统的毒性通常强于粒径较大的纳米材料。对不同粒径的纳米二氧化钛颗粒进行呼吸毒性研究的结果显示，直径为 20nm 的纳米二氧化钛的急性毒性明显高于 250nm 的纳米二氧化钛。纳米材料的形态、粒径及表面活性等是影响其对呼吸系统危害强度的关键因素。

（二）纳米材料对心血管系统的毒性

纳米材料对心血管系统具有一定的毒性作用。空气中颗粒物的暴露与心血管疾病的发生密切相关。研究证据表明，超细微粒（<100nm）的暴露导致心源性猝死的人群逐年增加，心肌梗死患者的发病率与环境及空气中超细颗粒物的浓度呈正相关。纳米材料对心血管系统的毒性作用与其独特的理化性质密切相关，通过直接和间接途径对心血管系统的结构与功能造成损害。过去主流观点认为，大气颗粒物对心血管系统的影响主要由颗粒物在肺部诱发自由基与炎症介质进入血液循环这一间接途径介导。然而，近年来许多动物和人群研究证明，纳米颗粒能够从肺部转运到血液中，直接导致心血管系统的损伤。血液中纳米材料的存在可能增加血栓栓塞性疾病的风险，其机制可能是由于纳米材料刺激血小板聚集并释放凝血因子，从而引发血栓疾病的发生。

（三）纳米材料对肝脏的毒性

肝脏是纳米材料吸收入血后在体内分布的主要器官之一。纳米材料通过肺暴露后的肺外易位、胃肠道吸收、肌内注射和静脉直接注射等途径，均可导致其在肝脏的蓄积。据报道，纳米材料通过血液循环进入肝脏后，血流速度是原来的 1/1000，使其有足够的时间与多种肝脏细胞[如肝细胞、库普弗（Kupffer）细胞、肝窦内皮细胞和肝星状细胞]相互作用，最终导致 30%～99% 的纳米颗粒在肝脏中发生累积和滞留。肝脏累积的纳米材料已被证明可通过氧化应激、炎症反应、DNA 损伤、细胞器功能异常及细胞死亡等方式影响肝脏的代谢和体内平衡。研究发现，包括金属纳米颗粒、碳纳米管和氧化石墨烯在内的部分纳米材料可导致肝毒性，主要表现为天冬氨酸转氨酶（AST）、丙氨酸转氨酶（ALT）、碱性磷酸酶（ALP）和乳酸脱氢酶（LDH）等血液生物标志物升高，以及肝脏不同程度的组织病理学变化，如肝细胞排列结构紊乱、单核细胞浸润、库普弗细胞增生，甚至肝细胞肿胀与空泡化变性。尽管肝脏在急性损伤后具有强大的组织修复功能，但长期暴露于纳米材料可能会损害其再生能力，诱发重复损伤和肝脏状况的恶化，并导致脂肪性肝炎、肝纤维化和肝硬化等慢性肝脏疾病。

肝内不同细胞的摄取水平显著影响纳米材料的肝毒性。现有大多数研究指出，尺寸、形状和蛋白冠是决定纳米颗粒细胞摄取和毒性的关键因素。尺寸为 5nm 的金纳米颗粒比 20nm 和 50nm 的颗粒表现出更大的肝细胞毒性。针对生物医学领域中广泛关注的纳米药物而言，表面功能化修饰是影响其毒性和有效性的又一关键因素。聚乙二醇（PEG）包被的金纳米颗粒具有良好的分散性，便于其通过肝窦内皮和窦间隙被肝细胞捕获，进而通过肝胆通路被清除，这显著缓解了金纳米颗粒蓄积所致的肝毒性；而聚乙烯亚胺-金纳米颗粒则能够在库普弗细胞和内皮细胞中团聚，阻碍其消除并导致长期积累。

（四）纳米材料对神经系统的毒性

部分纳米材料对神经系统具有不可逆的损伤效应。一般外源性化学物质需通过血脑屏障（blood-brain barrier, BBB）进入神经系统。血脑屏障作为对外源性物质的选择性阻碍界面，能够有效阻挡一般外源性物质从血液进入脑组织，从而保护中枢神经系统的正常功能。然而，由于纳米材料粒径较小及其独特的表面活性，它们能够相对容易地穿越血脑屏障，并在中枢神经系统的不同核团中沉积。将雄性大鼠暴露于 15nm 和 80nm 的纳米材料 1 小时，结果发现纳米材料能够通过血液循环转运至脑组织。同时，纳米材料在穿越血脑屏障的过程中，也可能相应地破坏了血脑屏障的通透性。除了依赖血液循环通过血脑屏障进入中枢神经系统外，纳米材料还可以通过神经纤维迁移的方式沉积于中枢神经系统。在迁移过程中，纳米材料也会对神经纤维造成损伤。纳米材料在脑部不同核团的沉积位置与其进入神经系统的方式密切相关：通过血脑屏障的纳米材料主要蓄积于侧脑室、海马等脑区，而通过神经纤维迁移的纳米材料则多蓄积于嗅球、视神经和视交叉等部位。经呼吸道暴露的纳米材料还可以通过嗅黏膜上皮转运至嗅球，并经嗅神经进入脑内。除了嗅神经，三叉神经也可作为纳米材料迁移的途径，其发出的感觉神经末梢贯穿鼻腔黏膜及嗅黏膜，呼吸暴露后纳米材料会在鼻腔沉积，然后通过末梢神经进入脑内。

（五）纳米材料对皮肤的毒性

皮肤是机体防御外源性物质侵入机体的第一道防线。皮肤巨大的表面积使得它与纳米材料的接触、暴露机会增多，纳米材料在穿透皮肤进入机体过程中对皮肤也造成了损伤，这种损伤效应通过不同的途径实现。空气暴露和皮肤的直接接触等是纳米材料损伤皮肤的主要途径。由于其粒径较小，很容易通过皮肤的角质层进入真皮组织，从而对皮肤产生急性和慢性的毒性效应。此外，随着纳米材料在化妆、日用品行业中的应用增多，纳米材料与皮肤接触的机会也不断增加。体外研究提示，单壁碳纳米管对人类表皮角质细胞具有细胞毒性，角质细胞接触单壁碳纳米管 18 小时后可检测到其毒性效应，表现为自由基的生成、过氧化物的积累、抗氧化物质的耗竭和细胞活性的丧失。人类角质细胞接触单壁碳纳米管还会引起细胞超微结构发生改变，引起凋亡的发生。这些结果提示单壁碳纳米管对皮肤有潜在的毒性效应。纳米材料对皮肤毒性效应的强弱与纳米材料的尺寸、形态、表面活性和皮肤结构等因素有关。

（六）纳米材料对其他器官的毒性

纳米材料不仅对上述组织器官造成损伤，还可能对机体其他器官产生影响。研究表明，纳米材料能够引起脾和肾的损伤。其对肾的损伤机制可能与引发炎症反应、导致肾小管上皮细胞坏死有关。脾作为血液循环的集中器官，也是纳米材料的靶器官之一。游离在血液中的纳米材料沉积于脾后，可能诱发脾萎缩及脾间质组织纤维化。此外，免疫系统和生殖系统同样是纳米材料损伤的目标，大量蓄积的纳米材料可能导致免疫系统失调及生殖功能紊乱。

二、纳米材料的毒性机制

新兴的纳米技术产业引发了公众对人工纳米材料未知毒性及其潜在后果的担忧。现有的研究主要通过结合纳米材料的理化性质，利用体内外实验揭示与毒性相关的机制。其中，纳米材料表面直接产生的 ROS 或靶细胞内化纳米材料后间接引发的氧化应激是人工纳米材料毒性作用的常见机制之一。根据纳米材料的剂量、暴露持续时间、类型和目标细胞的差异，细胞反应可能是微小且可逆的，这与细胞的适应性反应有关；也可能导致较严重的反应，如细胞结构和功能的重大变化，最终导致细胞死亡。纳米材料诱导的具体毒性终点有助于我们理解纳米毒理学的相关机制。目前，大多数体外机制研究通过多种细胞毒性试验和高浓度短期暴露(24~48小时)进行。然而,将这些短期、高浓度的体外暴露结果推导至体内长期、低剂量暴露的结果存在一定局限性。同时,鉴于目前商业生产或早期开发阶段的人工纳米材料种类繁多,根据《21世纪毒性测试:愿景与策略》的原则确定体外筛选或慢性动物实验的优先顺序也显得尤为必要。

(一)细胞壁和质膜受损

细菌的细胞壁和真核细胞的质膜是纳米材料进入靶细胞的第一道屏障。革兰氏阴性和革兰氏阳性菌均具有由复杂脂质和肽聚糖组成的厚细胞壁。细菌不会主动摄取颗粒物;然而,一些研究表明,氧化石墨烯和纳米氧化锌可以直接穿透细菌的细胞壁。具有高长径比的碳纳米材料能够在质膜上形成孔洞,导致核糖体RNA的外流,从而引起胞质内容物的外排,最终导致细胞死亡。为了促进基因、蛋白质或药物的传递,纳米材料可以通过涂覆pH敏感聚合物、病毒外壳、阳离子或可生物降解载体来损伤溶酶体膜,从而逃逸出核内体或溶酶体。

细胞膜或细胞器膜的磷脂双层结构是一个具有丰富多样物理特征的三维组装层,旨在调节细胞信号转导和蛋白质功能,并维持内部环境的完整性和稳定性。研究发现,纳米材料的表面电荷是引发细胞膜局部相变的关键因素。负电荷的纳米颗粒与膜的流动区域结合会引起凝胶化,而正电荷的纳米颗粒则将凝胶化区域转变为流动状态,以便于穿透。此外,有报道称聚合物纳米材料会在活细胞膜上诱导形成"孔洞",这些"孔洞"对应于脂质或蛋白质水平降低的区域,并与细胞毒性相关。这种细胞膜的通透性结构变化可能导致细胞质酶的泄漏,从而引起毒性。除了表面电荷,纳米材料的尺寸和形状在细胞膜破坏中也起着重要作用。具有锋利边缘的碳纳米材料(如单层石墨烯)被认为可作为"纳米刀片",穿透细胞膜并导致不可修复的膜破裂,进而通过胞质内容物的外排导致核糖体RNA的外流,最终引起细胞死亡。

(二)干扰电子传递和有氧呼吸并诱导氧化应激

线粒体是有氧呼吸和腺苷三磷酸(ATP)生成的主要场所。暴露于纳米材料后,在细胞的线粒体内可观察到纳米材料,这可能干扰线粒体内膜中的电子传递,并导致过量的内源性活性氧($O_2^-\cdot$)生成。靶细胞直接或间接暴露于各种工程或环境纳米材料时会产生ROS,如果过量的ROS未能被内源性机制清除,将导致脂质过氧化,破坏细胞膜,进而使结构蛋白、酶和离子泵失活,并造成核DNA损伤,甚至引发细胞毒性和细胞死亡。氧化应激引起的细胞响应包括一系列对氧化还原敏感的信号通路的级联反应,主要包括以下模式:当氧化应激程度较低时,产生保护性反应,抗氧化酶表达增加,例如谷胱甘肽,由此维持氧化还原稳态平衡。当氧化应激程度进一步增加,或者抗氧化物的应激性表达失败时,引起促炎细胞因子表达增加,最终导致细胞毒性效应。引起氧化应激和导致炎症发生是纳米材料引起毒性的最可能的机制,小颗粒或超小颗粒材料都是类似的机制。

(三)纳米材料内化释放有毒金属离子

通过内吞作用进入细胞的纳米材料将被运至溶酶体,并在此被消化降解。量子点、碳纳米管及金属和金属氧化物纳米材料的摄取,通过"特洛伊木马机制"为细胞内传递有毒金属离子提供了便利。在溶酶体的酸性环境中,含镉量子点中的Cd^{2+}会释放出来,氧化铁纳米材料中的氧化还原活性铁也会被释放。此外,其他有毒金属离子,例如碳纳米管中金属催化剂的残留物钴,以及含镍的金属和金属氧化物纳米材料中的镍,均会被释放。金属离子释放是纳米材料引起毒性的重要机制之一。这一机制还可用于帮助纳米颗粒将药物输送并释放到细胞质中。

(四)破坏溶酶体膜完整性

细胞摄取长形、高刚性、高纵横比的纳米材料,如碳纳米管、金属纳米线和纳米棒,这一过程与纳米材料引起的呼吸毒性密切相关。巨噬细胞是吞噬沉积在气道或肺泡中的吸入颗粒的主要细胞。刚性、高纵横比的人工纳米材料与巨噬细胞的相互作用类似于石棉纤维。当这些纳米材料的长度超过巨噬细胞的直径(约 $10\mu m$)时,刚性细长的纳米结构会表现出不完全摄取或吞噬作用。这种现象通过吞噬细胞的呼吸爆发机制和破坏酸性溶酶体酶的细胞外释放,延长了 ROS 的产生。此外,刚性、高纵横比的纳米材料还会导致溶酶体膜的透化,促使组织蛋白酶释放到细胞质中并激活炎症小体。组织蛋白酶在中性 pH 条件下活跃,能够切割促炎细胞因子的前体,这些细胞因子可在肺部引发炎症反应,并激活导致细胞凋亡的前体蛋白酶。控制蛋白水解和激活细胞质蛋白复合体炎症小体的过程,也可由包括纳米二氧化硅和石棉纤维在内的结晶矿物的摄取所触发。

(五) 干扰细胞骨架功能

具有较长长度、高刚性和高纵横比的纳米材料在溶酶体中的不完全摄取,可能促进其释放到细胞质中,从而对细胞骨架功能造成物理干扰。细胞骨架的破坏可能导致细胞运动能力受损。例如,巨噬细胞对石棉纤维和高纵横比纳米材料的清除受损,可能导致持续的肺部损伤、炎症和纤维化。此外,纳米材料还可能干扰细胞骨架介导的转运,影响肝细胞的胆汁转运和分泌。在细胞分裂过程中,高纵横比纳米材料可能会物理干扰有丝分裂装置,导致染色体错误分离和多倍体的出现。

(六) DNA 和染色体损伤

纳米材料可能通过核孔扩散或核质转运进入细胞核。量子点、纳米二氧化硅和纳米金已在细胞核中被检测到。小尺寸的金纳米颗粒可能插入细胞 DNA 中,导致 ROS 诱导的氧化性 DNA 损伤。研究表明,纳米二氧化硅能够诱导组蛋白、拓扑异构酶Ⅰ和纤维蛋白在细胞核内聚集,尽管这种聚集的功能后果尚不明确。

第四节　纳米材料的毒性检测方法和评价

一、纳米材料的表征方法

纳米材料具有特殊的物理化学性质,这些本征性质会影响其在体内的行为和毒性。因此在开展毒性实验之前,对纳米材料进行预处理以确保其良好分散,并进行全面表征是十分重要的。一般预处理过程包括:①纳米材料的纯化;②选择纳米材料悬浮剂;③测定纳米材料的尺寸和分布;④测定纳米材料的表面积;⑤建立纳米材料尺寸随时间变化的标准曲线;⑥选择高反应活性纳米材料的保护方法,以避免与空气或溶剂介质发生化学反应等。目前,在进行细胞或动物实验之前,通常采用超声和涡旋的方法对纳米材料进行分散处理。

纳米材料的尺寸和分布主要通过透射电镜、原子力显微镜、扫描隧道显微镜、扫描电子显微镜、低温扫描电镜和环境扫描电镜等技术进行测定。这些技术能够提供纳米颗粒的三维数据,不仅可以获得尺寸信息,还能获取粒子形状和尺寸分布的相关信息。纳米材料的尺寸和表面性质可能受到悬浮剂的影响,因此找到合适的悬浮剂是研究的首要条件,筛选悬浮剂成为一项重要工作。在此过程中,利用上述显微光谱法可以获得同一纳米材料在不同悬浮剂中的尺寸分布信息。此外,还可以通过化学滴定分析方法监测悬浮剂中纳米材料的转化。

二、纳米材料的体内分析检测方法

纳米材料与生物体的相互作用主要包括吸收、分布、代谢与排泄四个过程。针对不同过程的特点，需要采用相应的定量分析方法。随着纳米材料定量分析的发展，未来的研究需要基于纳米—生物体相互作用过程的特点，发展超高灵敏、超高分辨率、原位、非标记、高通量、动态快速检测的新分析方法和策略，以实现纳米材料的精准定量和准确定位，并动态获取其关键化学结构信息。这些关于含量、组成及化学结构的时空关联信息将为纳米生物医学研究提供全面、真实、可靠的生物学与化学证据。全面了解纳米材料与生物体相互作用的规律，尤其是分布、代谢与排泄，是解析毒性，评价其安全性和潜在风险的科学基础。

（一）吸收

纳米材料暴露后，首先需跨越生物屏障吸收入血，这是一个极为快速的过程。因此，快速、实时成像分析方法，如超声成像、分子光谱成像和X射线成像，非常适合纳米材料的定量表征。

（二）分布

纳米材料进入生物体后，将在体内转运、蓄积与组织分布。定量分析研究不仅需考虑分布的动态过程，还需精确定位组织深度并进行痕量检测。因此，可以通过光学成像、磁共振成像、核成像等方法定量纳米材料的动态转运过程，同时利用原子光谱（如电感耦合等离子体质谱）、同位素标记与示踪、中子活化、同步辐射等高灵敏检测其组织分布。

（三）代谢

不同组织和脏器中的纳米材料通过一系列物理、化学和生物学过程逐步被代谢。原位和化学结构分析的定量方法，如X射线吸收精细结构谱和高效液相色谱-质谱联用技术，非常适合研究相关过程。通过液体池透射电子显微镜、X射线吸收精细结构谱与X射线超高分辨成像的联用手段，可以在单细胞和单颗粒水平上原位研究代谢的化学过程与机制。

（四）排泄

经过代谢的纳米材料会被机体清除。运用同位素分析、电感耦合等离子体质谱分析、高分辨质谱分析、元素成像、荧光或拉曼标记技术可进行定量分析或者捕捉被排泄的纳米材料及其代谢产物，为评估其生物相容性和毒性提供关键数据。

三、纳米材料的细胞摄取和定位检测方法

纳米材料的细胞摄取与定位是其与细胞相互作用的关键环节。因此，纳米材料的体外摄取和定位是纳米材料细胞毒理学研究的重要内容。量化纳米材料的细胞摄取及描述其在细胞中的定位，需要充分利用多种分析技术。

（一）透射电镜法

透射电镜不仅可以观察纳米材料在细胞或组织中的定位，还可以结合光谱分析方法，分析细胞内纳米材料的组成成分，并提供与纳米材料摄取和定位相关的详细信息。高分辨率透射电子显微镜可用于确定纳米材料的晶体结构；电子显微镜偶联分析系统的元素定性分析技术则可确定样品中纳米材料的化学组成。例如，电子衍射X射线分析可用于确定和分析细胞内的银纳米颗粒，而电子能量损失谱结合透射电镜可用于分析碳纳米管。然而，由于透射电镜的生物样品制备和成像分析耗时较长，限制了样本量的分析，这也是透射电镜法的局限性。

（二）元素分析法

当纳米材料的成分包含非体内天然原料时，可以通过测定细胞内非天然元素的浓度或质量来进行定量分析。电感耦合等离子体质谱技术自20世纪80年代以来，作为一种高灵敏度的元素分析新技术，广泛应用于环境、地球化学、半导体、临床、核科学、能源科学、化学和毒理学等领域。电感

耦合等离子体质谱技术特别适合痕量、微量及主要元素的测定,是目前应用最广、发展最快的痕量元素分析技术。其优点包括:①适用面广,可进行多个元素的同步分析;②灵敏度高,低本底信号,检测限可达每升亚纳克水平;③检测和分析速度快;④同位素容量,可提供同位素信息等。电感耦合等离子体发射光谱也是一种强有力的分析技术,用于细胞摄取纳米材料的定量分析电感耦合等离子体发射光谱的优势在于检出限低(十亿分之一或以下)、精度高(高达5个数量级)和动态范围宽。

在生物样品分析中,电感耦合等离子体发射光谱和电感耦合等离子质谱技术也存在局限性,主要包括以下三点:①无法反映纳米材料在细胞内的具体浓度,因为无法区分元素的来源是纳米材料还是其溶剂;②两种方法不能直观反映纳米材料的含量,测量结果难以转化为标准的纳米材料剂量;③无法反映纳米材料的空间分布信息,无法区分纳米材料是在细胞的外部还是内部。在实际研究中,通常将此技术与其他技术联合应用,以克服其局限性。

(三)荧光光谱法

当可被检测的分子与纳米材料通过共价或非共价的化学结构结合时,可以利用荧光光谱技术检测痕量的纳米材料。荧光光谱技术能够定量评估纳米材料在细胞内的摄取和定位。与电感耦合等离子体发射光谱分析技术类似,我们可以通过荧光光谱或共聚焦荧光光谱对大量细胞进行分析,从而实现定量目的。如果纳米材料本身具有荧光基团,研究其在细胞内的摄取将更加简单,量子点便是一个典型的例子。最新开发的共聚焦荧光信号收集仪器,如转盘式共聚焦显微镜,能够以毫秒级的时间分辨率观察细胞内量子点的轨迹。这些技术为研究活细胞中纳米材料的行为提供了先进且快速的手段。对于那些不具备荧光性质的纳米材料,可以采用生物标记的方法进行荧光素标记,进而通过荧光成像直接观察和分析它们在活细胞中的行为。异硫氰酸荧光素(FITC)是常用的生物标记荧光分子,已成功用于标记多种纳米材料,如富勒烯和碳纳米管,实现了这些纳米材料的细胞摄取及其在细胞内行为的实时观察。需要指出的是,尽管这些标记方法便于荧光定量,但纳米材料表面连接的染料可能改变其物理化学性质,从而影响其生物学意义。因此,这些研究需增加额外的对照试验,以说明表面荧光染料及其结合方式在研究中的作用和影响。

四、纳米材料的毒性评估方法

纳米材料的毒性评估方法通常包括体外和体内毒性检测。体外毒性检测可以运用细胞模型开展,也可以采用非细胞方法。非细胞方法通常用来检测纳米材料的非特异效应,如纳米材料在细胞培养基中或血浆中与蛋白分子相互作用,或产生自由基的潜能。基于细胞的方法可用来检测纳米材料对生命过程的干扰情况,特别是对维持细胞稳态过程的影响。这些过程包括细胞存活、细胞增殖、DNA复制和细胞分化等。在毒性评价过程中,单独的、基于终点判定的体外试验难以预测纳米材料的整体动物体内效应,但是通过一系列的体外试验结果可预测体内效应。

(一)体外毒性检测

1. 细胞毒性检测　当使用合适的细胞或细胞系时,细胞毒性试验是最基本和常见的体外测试方法,可与体内高剂量急性毒性试验相对应。通常情况下,纳米材料的细胞毒性通过纳米材料暴露24小时后,对细胞的半数致死浓度(LC_{50})或半数有效浓度(EC_{50})来评价。由于大部分的细胞毒性试验都是在含有胎牛血清(FBS)的培养基中或在适合细胞生长的条件下进行的,细胞数在24小时培养过程中可能会增加,因此EC_{50}相比于LC_{50}更适用。现在普遍使用的检测化学外源化学物毒性的方法都可以用于检测纳米材料的毒性,推荐首选使用MTS法。此外,阿尔玛蓝(Alamar blue)染色、乳酸脱氢酶(LDH)释放和台盼蓝染色细胞计数的方法也经常使用。在细胞毒性检测中,样品中不透光的纳米材料可能会影响显色或荧光数值。这个问题可以通过在测试前将上清液小心地转移到另外的板孔或比色池中来解决。当检测疏水性纳米材料的毒性时,被测材料的分散性是决定性因素之一,因为疏水性纳米材料的团聚体可能无法到达细胞层。需要注意的是,纳米材料最重要的性质——表面电势的极性,决定着细胞对纳米材料的摄取。使用添加剂或表面涂层可以改变纳米材料的表面电势。因此,在毒性测试之前,应优先检测细胞对纳米材料的摄取。

2. **氧化应激和炎症反应检测**　引起氧化应激和炎症反应被认为是纳米材料引起毒性的最可能的作用机制。纳米材料具有非细胞氧化还原活性,这可能是其引起细胞内氧化应激的重要原因,可使用二硫苏糖醇(DTT)法或利用电子自旋共振法(ESR)联合自旋捕获技术来分析。纳米材料对细胞内氧化应激水平的影响,在纳米毒理学研究中最常用的两种方法是测定细胞内 ROS 产生及谷胱甘肽(GSH)减少,且 ROS 和 GSH 的结果可互相印证。炎症反应可通过细胞因子的释放进行评估。值得注意的是,当以巨噬细胞和其他相关哺乳动物细胞作为体外模型时,这些细胞对内毒素具有高度反应性,难以区分引起的炎症反应是由内毒素还是纳米材料引起,可使用鲎试剂(LAL)检测纳米材料的细菌内毒素,避免内毒素的污染干扰体外试验的结果。

3. **纳米材料与血液的相互作用**　纳米颗粒引起的溶血可作为纳米材料表面活性的指标。与此同时,溶血也可以作为纳米材料毒性评价的方法之一。

4. **组学测试分析**　毒理基因组学方法已经被用于纳米材料的毒性机制分析。组学测试分析包括基因组学、蛋白质组学、转录组学、代谢组学以及其他组学体系,这些方法在药物研发和生态毒理学研究中已经是常规方法,也常用于纳米材料的毒性分析。

(二)体内毒性检测

运用传统整体动物实验可开展不同暴露途径的纳米材料毒性检测,一些新的体内模型系统例如胚胎斑马鱼、秀丽隐杆线虫等,都可较容易且快速地在细胞和分子水平进行体内毒性筛查。在整体动物系统中,纳米材料的体内毒性还应关注其暴露引起的继发效应,当暴露于原始纳米材料后,其下游效应、副产物、溶出的离子或活性物质可以在下游器官中观察到。另外,当纳米材料聚集在器官或器官系统中,其继发效应也可以观察到。

(三)遗传毒性检测

由于纳米材料特殊的纳米尺度效应和理化特性,使用传统遗传毒性试验方法评价纳米材料的遗传毒性时,可能存在一定的局限性。纳米材料的遗传毒性评价宜尽量全面,以提供充分数据对纳米材料接触人群的致癌性危害风险进行预测。细菌回复突变试验是首选的遗传毒性评价方法。对于部分纳米材料(纳米银及其释放的银离子等)具有一定的抑菌作用,采用细菌回复突变试验评价纳米材料的致突变风险可能得到假阴性结果。小鼠淋巴瘤细胞 *TK* 基因突变试验涵盖了基因突变和染色体断裂等检测终点,是推荐的第二项纳米材料潜在致突变能力检测方法。检测致断裂剂的体外微核试验或染色体畸变试验在检测终点上与前两种互补,可任选一项作为第三项遗传毒性评价方法。需要注意的是,考虑纳米材料的特殊性,均需提供研究所用试验条件下细菌或细胞对该纳米材料的摄取、纳米材料的分散情况及是否具有抑菌作用的相关数据。纳米材料的体内遗传毒性检测,可在啮齿类动物红细胞微核试验、哺乳动物骨髓染色体畸变试验或啮齿类动物体内彗星试验等中任选 1～2 项作为体内试验。

作为毒理学的重要分支学科,纳米毒理学还没有达到成熟的水平。与纳米材料类似,在许多情况下,小分子毒理学的机制基础也不清楚。在这种情况下,一些项目,如美国环境保护署(EPA)的

ToxCast，正使用大量已知毒物的生物活性谱体外检测矩阵来判定和预测新化合物毒性的特征指纹。已知的纳米材料毒物的矩阵谱也可用于确定纳米材料毒性特征指纹，其中涉及众多生物检测方法，在预测纳米材料毒性方面具有应用前景。目前，氧化应激介导的炎症及其机制在纳米毒理学中已经被充分研究。但是，这套方法几乎完全由研究呼吸暴露导致肺毒性的研究人员建立起来，不一定适合纳米材料对其他靶器官的毒性评价及其他暴露途径。对于呼吸不是主要暴露途径的其他应用情景，如生物医学应用，这些方法则可能不合适。例如，对于全身暴露的情况，血液学检测方法更适合引入到筛选试验中。类似的，筛选局部应用的纳米材料时，比如防晒霜，进行皮肤光毒性和屏障功能试验可能更合适。因此，对于采用体内外测试方法开展纳米材料毒性测试而言，理解每一种试验方法的内涵，包括其设定的暴露途径和靶器官，是非常重要的。事实上，随着纳米毒理学的不断发展，新的机制研究方法将被确认和证实，不仅能用于预测特殊暴露途径引起的毒性，而且可用于纳米材料的分类，以达到对于毒性和健康风险的充分认识，实现保障人群健康的终极目标。

（张　婷）

思考题

1. 试述纳米毒理学的定义及其对机体损伤特性。
2. 试述影响纳米材料在体内行为的主要因素？
3. 纳米毒理学体内实验研究方法中，能够显示追踪纳米材料靶器官的方法有哪些？

第十四章
放射毒理学

在科技日新月异的今天,核能与核技术的广泛应用如同一把双刃剑,在为人类社会带来前所未有发展动力的同时,也伴随着辐射安全与健康问题。放射毒理学作为毒理学与多学科交叉融合的一个分支,深入剖析放射毒理学的核心内容与前沿进展,揭开辐射与放射性核素对人体健康的影响,是对人类健康福祉的深切关注与责任担当。

本章将全面介绍放射毒理学的概念框架与研究范畴,深入探讨放射性核素在生物体内的吸收、分布、代谢及排泄过程,及其对人体的生理机能与遗传信息的影响。通过深入研究不同剂量水平下辐射对人体健康的影响,重点关注剂量-效应关系的评估,制定科学合理的放射卫生标准与法规,以及为核医学、放射化学及核能安全利用提供科学依据。

第一节　概　述

随着放射性核素(radionuclides)的发现和应用,并伴随着核能和核科学技术的发展,放射毒性逐渐为人们所认识并成为毒理学的一个分支,也是放射医学的组成部分。广义的放射毒理学(radiotoxicology)是应用毒理学方法研究辐射(radiation)和放射性核素对人体健康影响及其机制的学科。狭义的放射毒理学又称放射性核素毒理学,主要研究天然和人工放射性核素的吸收、体内分布、代谢和排泄规律,以及对机体的近期和远期生物学效应,特别是对生殖和遗传物质的损伤。

放射毒理学研究的主要任务包括:①研究放射性核素对机体造成的生物学效应和机制;②探索放射性核素作用于机体后出现的生物学变化,以便及早发现并设法控制或排除;③定量评定剂量-效应或剂量-反应关系,为环境辐射水平与暴露风险的评价提供理论基础,为临床医学提供放射性核素内照射损伤的诊断治疗依据和措施,为放射防护提供科学依据,并为核医学、放射化学的应用及核能的利用中防止放射性核素污染提供预防、急救和治疗措施。随着核技术的普及,放射毒理学面临许多新的领域和课题需要深入研究,特别是针对低剂量和低剂量率辐射的遗传效应与致癌效应的研究,包括天然本底辐射这一重要低剂量环境辐射暴露的终身健康风险评估等。

第二节　辐射分类与电离辐射剂量学

辐射是指由发射源(如电磁波、粒子等)发出的电磁能量中一部分脱离场源向远处传播,而后不再返回场源的现象。天然环境和人类活动中,都可能有辐射的存在。

一、天然辐射和人工辐射

天然辐射主要来源于宇宙射线和自然界中存在的天然放射性核素,是人类生活环境中暴露不可避免的一部分,包括宇宙射线辐射和天然放射性核素辐射。

人工辐射是指由人类活动产生的辐射,主要包括医疗照射、核能生产、核试验、核事故等过程中产生的辐射。

二、电离辐射和非电离辐射

按照辐射能量的大小以及能否引起作用物质电离,辐射可以分为电离辐射和非电离辐射。

1. 电离辐射(ionizing radiation)　能使物质发生电离的高速粒子或高能电磁波,包括宇宙射线、X 射线、γ 射线及带电或非带电粒子射线。电离辐射可分为直接电离粒子(如 α 粒子、β 粒子、质子等)和间接电离粒子(如 X 射线、γ 射线、中子等),后者通过与物质相互作用产生次级带电粒子引起电离。

2. 非电离辐射(non-ionizing radiation)　低能量的电磁辐射,如紫外线、红外线、激光和微波等。其能量不足以引起电离,仅能使物质粒子振动或升温,一般认为对人体危害较小。

三、电磁辐射和粒子辐射

1. 电磁辐射(electromagnetic radiation)　是指无线电波、微波、红外线、可见光、紫外线、X 射线、γ 射线等,它们没有静止质量,具有较强的穿透性。可以通过光子能量(E)、波长(λ)或频率(ν)来表征,三者关系为 $E=h\nu=hc/\lambda$,其中 h 为普朗克常数,c 为光速。

2. 粒子辐射(particle radiation)　组成物质原子的基本粒子或原子核,具有动能和静止质量,穿透性较差。主要包括带电粒子、高能电子、中子、π 介子和重离子等。

四、电离辐射剂量学

对放射性核素所致内照射和外照射辐射剂量进行估算时,需要知道核素的半衰期、种类和能量,以及放射性核素所发出的核与原子辐射的强度等。

1. 照射量　定义为单位质量的空气所接收到的电离辐射的电离量,国际制单位为库 / 千克(C/kg)。它是根据辐射源产生的电离作用来估算辐射的强度,主要用于度量 X、γ 射线等穿透能力较强的辐射源,对于其他类型辐射(如 α 或 β 射线)与空气的相互作用较强,通常采用其他的剂量度量(如吸收剂量)来评估其辐射效应。

2. 比释动能(kerma,K)　是单位质量的物质在辐射照射下所获得的动能,用于描述辐射能量从辐射源传递到物质中、并转化为物质粒子(例如电子)的动能。国际制单位是焦耳 / 千克(J/kg),在辐射防护学中也用戈瑞(Gray,Gy)表示。

3. 放射性活度(radioactivity,A)　定义为一定量放射性核素在单位时间间隔内发生自发核转换的数目。国际制单位为 S^{-1},其特定名称为贝可勒尔(Bq),$1Bq=1S^{-1}$。这是表示放射性核素特征的一个物理量,即衡量放射性物质的多少。

4. 放射性核素摄入量和待积剂量　放射性核素摄入量是通过食入、吸入或经皮肤吸收进入人体的特定放射性核素的量。一般而言,摄入量不能被直接测量,须通过全身或局部的测量结果、对排泄物或对环境样品的测量结果来确定。为了对放射性核素产生的照射以及在较长时间段内辐射剂量的累积进行控制,引入了进入人体的放射性核素的待积剂量(committed dose)概念,是在特定的时间内预期产生的总剂量,包括组织或器官 T 中的待积当量剂量 $H_T(\tau)$ 和待积有效剂量 $E(\tau)$。

5. 吸收剂量(absorbed dose,D)　是单位质量物质吸收的辐射能量,通常用于衡量辐射对物质的直接影响。这是放射防护的基本物理量,适用于任何类型的电离辐射。在实际应用中,吸收剂量的评价是在器官或组织的体积范围内进行的。国际制单位为 J/kg,专用名称为戈瑞(Gy)。吸收剂量与比释动能之间有密切的关系,比释动能反映辐射能量转移到物质中的过程,而吸收剂量是辐射能量在物质内的实际沉积程度；比释动能更多关注辐射在物质中引起的能量转化，而吸收剂量则是最终物质吸收的能量。

6. **当量剂量（equivalent dose）**　不同种类的辐射，即使吸收剂量相同，它们对同一种生物体系的效应差别可能很大。为了对不同辐射在共同尺度上表示暴露于辐射的人员所受到的照射情况，提出了当量剂量概念。特定种类及能量的辐射在某一个组织或器官中引致的当量剂量，是指该辐射在组织或器官的平均吸收剂量乘以该辐射的辐射权重因数（W_R）。当量剂量的专用国际制单位为希沃特（Sievert, Sv），1Sv=1J/kg。

7. **有效剂量（effective dose, ED）**　表示全身受到辐射后可能产生的生物效应的预期平均值，考虑了各人体器官和组织在随机效应辐射危害方面的相对辐射敏感性。有效剂量用于评估全身受到辐射后的健康风险，是辐射防护和监测中重要的指标之一。

8. **参考人体模型**　目前国际放射防护委员会（ICRP）推荐使用体素（体积元）模型来确定参考体模，以修订器官剂量转换系数。ICRP已建立了两个体素参考模型，分别为成年男性和女性。这些模型基于高分辨率CT扫描图像，包含数百万个体素，提供了人体的三维表达和主要器官及结构的空间形态，定义了约140个器官和组织，包括骨骼、软骨、肌肉及主要血管。体素模型可用于计算工作人员和公众的内照射剂量系数。

9. **内照射摄入量和内照射剂量**　有3种方法可以确定内照射摄入量和内照射剂量。①按照采用空气采样技术得到的时间积分与空气浓度来确定放射性物质的暴露量；②通过采用直接活体测量技术来确定内污染（活体测量技术包括利用全身、胸腔、骨骼及甲状腺计数方法来直接测定γ、X射线发射体和测量轫致辐射等）；③通过对生物样品中的放射性活度进行分析测量（生物样品分析方法通常基于对尿、粪样品的分析）。

第三节　放射性核素的衰变与常见核素介绍

一、核衰变

核衰变（nuclear decay）是指不稳定的原子核自发地转变为另一种核素，并释放出能量的过程，主要释放出α、β、γ三种射线。放射性物质衰变时，原子核可能同时经历α、β衰变，并释放γ射线。放射性元素的半衰期是指半数原子核衰变所需的时间，且只受原子核因素影响，与物理或化学状态无关。核衰变广泛存在，且在医学、能源、考古等领域有重要应用，如放射性同位素用于成像与治疗。核衰变还与环境和健康问题密切相关，涉及核废料处理、放射性泄漏等安全问题。

二、反应堆事故中重要的放射性核素

核反应堆是核电站的核心设施，它所生成的放射性核素，通常称为反应堆放射性核素。将含有特定原子核的适宜材料置入反应堆活性区，利用高注量中子对其进行轰击，以此激发核反应，生成所需的放射性核素。

在核电站遭遇事故时，反应堆内的放射性物质可能会泄漏至周边环境。对这些核素的生物效应、传播机制以及潜在健康风险的深入了解，有利于采取有效的预防措施，保护公众健康。这些放射性核素中，对公众健康构成主要威胁的有放射性碘、放射性铯、放射性惰性气体（氙）和放射性锶等。

三、医学应用中常用的核素

医用放射性核素作为核医学诊疗的基石,其来源多样,包括核反应堆的辐照、核燃料提取、发生器制备以及加速器的辐照等。其中,基于加速器的医用放射性核素研究工作的创新与进步,推动了新型诊断类核素(如 ^{64}Cu、^{89}Zr、^{68}Ga 等)和治疗类核素(如 ^{225}Ac、^{211}At、^{149}Tb 等)的制备,为核医学诊疗的快速发展提供了无限可能。

通过释放 γ 射线、β 射线或正电子,放射性同位素在诊断与治疗中展现出其独特的潜力与优势,具有诊断与治疗属性的核素有 ^{47}Sc、^{64}Cu、^{67}Cu、^{67}Ga、^{111}In、^{123}I 等。在核医学诊疗领域,放射性同位素为诊断提供了精确的影像,也为治疗提供了精准的靶向。核医学诊疗一体化理念的实践,将诊断与治疗性放射性核素与特定分子靶点结合,形成配对的诊断/治疗放射性核素药物,用于疾病的精准诊断与治疗。该创新理念的核心在于通过高亲和力及特异性的分子靶点确保放射性核素药物的精确靶向性,实现治疗的精准化与对正常组织损伤的最小化。

第四节　放射性核素内照射的生物学效应

1986 年 4 月 26 日,位于苏联切尔诺贝利的核电站发生了历史上最严重的核事故之一。核反应堆爆炸后,放射性物质(如 ^{131}I、^{137}Cs 和 ^{90}Sr 等)被释放到环境中,污染了大范围的地区。它们通过空气、土壤、水源传播,进入人体。由于这些放射性物质半衰期长,会长期存在于环境中,对生态系统和人体健康造成了持续影响。

一、体内过程

放射性核素通过不同途径进入人体,在体内经历吸收、分布和排除的过程,放射性核素的体内过程对评估人体的潜在危害至关重要。放射性核素进入体内并蓄积,对机体产生持续性内照射。放射性核素体内污染所致的生物效应取决于其摄入量、种类、物理半衰期,滞留的器官和组织,以及滞留时间的长短。放射性核素的照射剂量率在摄入机体时或初期最大,此后随着其衰变或生物排除而逐渐减小,直到其物理半衰期基本衰减完毕或其生物半排期自体内排除为止。

(一)吸收途径

放射性核素的吸收是指核素通过摄入途径穿过生物膜进入血液循环的过程,主要涉及一些短寿命的放射性核素,如 ^{18}F、^{131}I、^{99m}Tc、^{32}P、^{153}Sm、^{133}Xe、^{123}I、^{201}Tl、^{13}N、^{15}O、^{67}Ga 和 ^{82}Rb 等。常见的摄入途径包括呼吸道吸入、消化道食入、皮肤和伤口吸收、注入吸收等。

1. **呼吸道吸入**　放射性核素以气体或气溶胶形式通过呼吸道吸入后,气体可迅速通过肺泡吸收入血,气溶胶的沉积和转移与粒径、形状、密度等因素相关。大颗粒物主要沉积在鼻腔和支气管树,小颗粒物则能到达肺泡并形成辐射灶。

2. **消化道食入**　放射性核素随食物(或饮水)进入消化道,主要在小肠吸收。吸收率取决于小肠上皮的吸收面积、个体的代谢能力、营养状况以及核素化合物的性质。未被吸收的部分通过粪便排出。

3. **皮肤和伤口吸收**　完整皮肤对放射性核素有一定屏障作用,但某些溶于有机溶剂或酸性溶液的核素可通过扩散进入体内。皮肤破损或存在伤口时,放射性核素吸收率增加,可快速进入血液。

4. 注入吸收　在临床核医学中,短寿命的放射性核素通过静脉、腹腔、皮下、肌内注射等途径直接进入体内。不同注入方式可影响吸收速度。

5. 吸收后代谢行为　表现为:①必需元素的放射性同位素进入体内后,其行为与稳定同位素相同,参与正常代谢过程;②非必需元素的放射性同位素与同族元素的代谢行为表现相似;③不溶于水且易水解形成胶体氢氧化物的放射性核素不易通过消化道吸收,但可被吞噬细胞吞噬,沉积在单核吞噬细胞系统中。

（二）体内分布

放射性核素进入体内后,随血液循环分散到各器官组织。不同放射性核素在体内的分布和滞留规律不同,与自身特性有关。大致分为均匀型、亲肝型、亲骨型、亲肾型和亲其他器官组织型分布等类型。

放射性核素在体内的代谢分布规律取决于元素的理化性质及机体的代谢特点,大致分为以下代谢类型:①对于机体不可缺少的元素,其放射性同位素(如 ^{14}C、^{3}H、^{24}Na、^{131}I、^{45}Ca 等)进入体内被吸收后,在体内的行为完全和它们的稳定同位素一样,并在代谢过程中取代。②对于不是机体代谢的必需元素,其放射性同位素(如 ^{89}Sr、^{90}Sr、^{137}Cs、^{140}Ba、^{226}Ra 等)进入体内被吸收后,在体内的行为与其性质相近的同族元素相似。③不溶于水及在体内易水解而形成胶体氢氧化物的放射性核素(如镧系及锕系的铀、钍等),可被吞噬细胞吞噬后沉积于单核吞噬细胞系统(如肝、脾、骨髓、肺、淋巴等)。

（三）排除

放射性核素自体内排除途径包括经肾脏、肠道、呼吸道、肝胆系统、乳腺、汗腺、皮肤和黏膜等。放射性核素自体内排除速度受不同器官影响,由快至慢顺序为:甲状腺>肝>肾>脾>皮肤>肌肉>骨。放射性核素如 ^{125}I 等可通过乳汁分泌进入婴幼儿体内。

放射性核素自体内排除速率是内照射危害程度的决定因素,与理化状态、摄入途径和转运特点等密切相关。放射毒理学常用生物半排期(biological half-life, T_b)和有效半衰期(effective half-life, T_e)描述排除速率。生物半排期指生物机体或特定的器官组织内的放射性核素的排除速率近似地符合指数规律时,通过自然排除过程使机体内或特定器官或组织内的放射性核素总活度减少一半所需的时间。有效半衰期指生物机体或特定的器官组织内的放射性核素,由于核素自身的放射性衰变和生物排除的综合作用而近似地按指数规律减少,使其总活度减少一半所需的时间。生物代谢排除减少和核素自身衰减互不影响而又同时进行,T_e 与 T_b 无必然联系。

放射性核素的有效半衰期取决于该核素的物理半衰期(physical half-life, T_p)和 T_b,即 $T_e=T_b\times T_p(T_b+T_p)$。生物体内放射性核素的减少量,是核素自身物理衰变和生物排除的总和。由物理衰变和生物排除综合的衰减常数称为有效衰减常数。对物理半衰期长且蓄积于器官组织的放射性核素,其长期局部照射危害不可忽视。

二、作用特点

1. 不同传能线密度和相对生物效能的辐射作用　放射性核素对人体的生物效应不仅取决于其剂量,还受到辐射类型、电荷数、质量、速度等因素的影响。

电离辐射的传能线密度(linear energy transfer, LET)是衡量单位长度径迹上消耗的平均能量的重要指标,据此将辐射分为高 LET 和低 LET 辐射两类。高 LET 辐射(如 α 粒子)在单位路程上形成的离子对较多,对机体的损伤效应较重。随着粒子能量的不断损失,其速度也会减小。带电粒子在组织中所能穿行的最大直线距离称为射程。不同放射性核素释放的 α 或 β 粒子及 γ 射线光子在机体组织中的射程不同。内照射时,α 粒子对机体的生物效应最大,β 粒子次之,γ 射线最小。电荷数越多,粒子在单位路程上形成的离子对越多,电离密度越大,生物效应也越强。

相对生物效能(relative biological effectiveness, RBE)是用来比较不同辐射类型在产生相同生物效应时所需剂量的相对值。ICRP 报告中,通常以高能 X 射线或 γ 射线(如 ^{60}Co 源或 ^{137}Cs 源)作为参考辐射源,其 RBE 值为 200keV 以上。RBE 值受到多种因素影响,包括辐射品质、照射剂量、分次照射次数、剂量率等。在使用同一种射线时,观察到的生物学终点不同,得到的 RBE 值也会不同。因此在比较 RBE 值时,应选用相同的生物学终点。

2. 作用的持续性　放射性核素进入人体后,遵循其自身固有的物理半衰期和生物半排期等衰变规律释放出带电粒子或射线,对机体产生持续照射。放射性核素内照射的持续作用时间一般按 6 个有效半衰期计算。

3. 辐射与化学毒性的复合作用　比活度较高的放射性核素,极少量的放射性核素蓄积或作用于人体即可产生明显的辐射效应,其化学毒性往往可忽略。比活度极低的放射性核素如 ^{232}Th、^{238}U 等,在考虑辐射对机体损伤效应的同时,该元素本身的化学毒性作用也不容忽视。

4. 选择性蓄积作用　放射性核素进入机体后,在体内的分布和滞留规律各有其特点,表现为在某一特定器官或组织的选择性蓄积特性,这与放射性核素本身的特性有关。

三、生物学效应

放射性核素进入人体后的内照射,可以产生多种类型的生物学效应,包括确定性效应、随机性效应、非癌症疾病的发生、出生前照射的效应等。

(一)内照射的确定性效应

确定性效应(deterministic effect)是高剂量照射后,由于大部分细胞被杀死导致功能丧失而产生的效应(有害的组织反应),均为躯体效应(即发生在受照个体身上的效应);其特点是存在阈剂量,即在特定组织中关键细胞群的辐射损伤(严重的功能丧失或死亡)持续存在,直到损害表现为临床相关表征。高于阈剂量时,组织损害(包括组织恢复能力损害)的严重程度随辐射剂量而增加。超过阈剂量时,早期(发生在受照后数小时到数周)组织反应可能是由于细胞通透性改变和组胺释放导致的炎症反应(如红斑),或可能是由于细胞丢失而导致的反应(如黏膜炎、上皮组织的脱皮反应等)。晚期(发生在受照后数个月至数年)组织反应,如果是由于辐射早期反应导致的后果,则称为继发性,如严重黏膜溃疡导致的小肠狭窄、严重表皮脱落或慢性感染所致的皮肤坏死;如果是靶组织直接损伤而引起,则可能为一般型,如迁移性照射后血管闭塞导致的深部组织坏死。

1. 急性内照射放射病　是放射性核素滞留在靶器官或靶组织,对机体内照射引起的急性全身性疾病。一般是在一次或短期内几次摄入放射性核素量超过几十到几百个年摄入量限值(annual limit of intake, ALI)才有可能发生,仅见于特殊事故情况,如切尔诺贝利核电站事故发生后,数百名核电站工作人员和紧急救援人员在处理事故过程中直接暴露于大量辐射,许多人在事故后的几天内就因急性辐射综合征(ARS)而死亡。摄入半衰期较短的放射性核素后造成的内剂量率较高,引起的急性放射综合征的临床表现同外照射急性放射综合征相似。

2. 主要靶器官的损伤　放射性核素进入人体后,依其分布类型的不同,可对人体全身或不同器官和组织产生持续性照射。摄入后在全身均匀分布的放射性核素,引起内照射损伤的临床表现和体征与外照射放射损伤相似;另一些放射性核素,依据其特性在体内各器官和组织的分布与滞留具有选择性,蓄积部位不同,可对骨髓、骨骼、肺、胃肠道、肾、肝、甲状腺和甲状旁腺及其他内分泌腺、免疫器官等造成不同损伤效应。放射性碘(如 ^{131}I)可以通过空气和水源进入人体,特别容易在甲状腺积累,导致甲状腺癌的发病率增加。研究表明,切尔诺贝利核电站事故发生后的几年内,甲状腺癌的发病率在事故区域显著上升。

3. 细胞染色体畸变　放射性核素如 ^{131}I、^{241}Am、^{226}Ra 和 ^{234}Th 等可引起体细胞的染色体畸变。目前,外周血淋巴细胞染色体畸变和微核试验是观察机体辐射损伤与进行生物剂量估算的重要指标,通过双着丝粒体和着丝粒环可判定急性损伤程度,应用荧光原位杂交(FISH)可检测易位。染色体畸变的生物学意义主要取决于辐射作用的靶细胞。辐射作用于体细胞引起细胞突变,该辐射影响的是受照射个体,即引起躯体效应,与受照射个体的致癌效应密切相关;辐射作用于生殖细胞可引起生殖细胞突变,导致遗传效应,影响后代的正常发育和健康状况。

4. 致畸效应　放射性核素内照射的致畸效应,是由于妊娠母体摄入放射性核素致胚胎受到持续照射作用,导致胚胎的正常发育受到干扰。胚胎的各组织器官尚处于高度分化阶段,对辐射的敏感性要高于成年人。辐射致畸效应的表现,可因作用于胚胎发育的不同阶段而异。例如,受精卵(配子)植入前后受照射,胚胎死亡或不能植入;器官形成期受照射,主要器官发育异常、畸形;胎儿期受照射,出生后生长发育障碍和畸形,随机性效应发生的概率增高。宫内放射敏感性与妊娠阶段有关,主要表现在器官形成期最为敏感,诱发畸形的剂量阈值约为 100 毫格瑞(mGy)。尽管不能排除无阈值剂量响应,甚至可能不存在剂量阈值,但目前尚没有证据表明几十个(mGy)的小剂量宫内照射具有致畸风险。

(二) 内照射的随机性效应

随机性效应(stochastic effect)即辐射致癌效应和辐射遗传效应,包括由于体细胞突变而在受照射个体内形成的癌症(躯体效应)和由于生殖细胞突变而在其后代身上发生的遗传疾病(遗传效应)。例如,放射性碘内污染引起的甲状腺功能减退属于确定性效应,甲状腺癌发生概率的增加则属随机性效应。电离辐射在组织中的能量蓄积是一个随机性过程,即使是非常低的剂量也有可能在细胞关键位点蓄积足够的能量而诱发细胞改变或死亡。大多数情况下,单个或少量细胞死亡不会产生组织上的后果;但单个细胞的变异,如发生遗传变化或最终导致突变的细胞恶性转化事件,将会产生严重后果。这些源于单个细胞损伤的辐射效应即为随机性效应,即使在极低剂量下,这些随机性效应仍会以有限的概率发生。因此,随机性效应不存在剂量阈值;但这类效应事件的发生概率会随辐射剂量的增加而增加,而发生效应的严重程度并不增加。

1. 辐射致癌效应　人群流行病学调查、动物实验研究以及体外诱发细胞恶性转化实验结果均提供了辐射致癌风险的证据。在职业暴露人群中,要关注工作环境中特定辐射源对健康的影响,特别是与癌症风险相关的效应。核工业工作者,尤其是在高剂量长期暴露时,患白血病和淋巴癌的风险显著增加,肺癌、甲状腺癌和皮肤癌等实体瘤的风险也有所增加。医疗放射工作者的职业暴露研究显示,乳腺癌和慢性非淋巴细胞白血病的发病率有所增加,与工作年限有关。研究显示,非职业暴露人群中,包括接受放射性治疗的患者、居住在高自然辐射背景地区的人群,以及曾暴露于辐射事故的人群,高自然辐射背景地区的人群中癌症风险虽有所增加,但总体风险水平较低;辐射事故,如切尔诺贝利和福岛事故,暴露于高剂量辐射的个体,尤其是儿童和青少年,甲状腺癌、白血病等癌症发病率显著增加;切尔诺贝利事故清理工作人员中,实体瘤的发病率有所增加,白血病发病率在较高剂量区间内显著增加。

放射性核素诱发肿瘤与化学致癌作用相比具有多发性和广谱性,即同一机体内可有多个器官或组织同时发生同类型或不同类型的肿瘤。在辐射致癌风险评估中,把所有恶性肿瘤分为白血病和实体瘤(指除白血病以外的其他全部肿瘤)两类。放射性核素内照射诱发的肿瘤,多是上皮组织的各种癌、间叶组织的肉瘤和造血组织的白血病,与核素滞留部位具有一致性,即蓄积部位多是肿瘤易发部位。例如,^{226}Ra发光涂料作业工人及接受^{226}Ra治疗患者发生的骨恶性肿瘤;接受^{226}Ra治疗强直性脊椎炎及关节炎患者发生的骨肉瘤;铀矿工吸入氡及其子体发生的肺癌;临床治疗用^{131}I患者发生的甲状腺癌等。

放射性核素内照射诱发肿瘤与外照射情况相同,均须经过一定的潜伏期,其中白血病潜伏期相对较短、实体癌潜伏期较长,潜伏期长短还受剂量等因素影响。辐射致癌效应的机制复杂,已形成的共识为体细胞突变学说。辐射肿瘤形成的细胞和动物研究结果表明,单个细胞中的DNA损伤响应过程对辐射照射后癌症的形成是至关重要的,即DNA损伤响应/修复和基因/染色体突变诱发在小剂量辐射诱发癌症发生中有重要意义。

2. **辐射遗传效应** 是指受照射者生殖细胞遗传物质的突变(包括基因突变和染色体畸变)导致受照者后代发生的危害效应,如先天畸形、器官发育异常、痴呆、小头症及遗传性死亡等。虽然有动物实验提供了辐射遗传效应的证据,但没有直接证据证明双亲受辐射照射后导致后代遗传疾病增加的辐射风险。

3. **线性无阈剂量-响应关系** 影响内照射致癌效应的因素最主要是器官或组织的辐射敏感性、吸收剂量和剂量率。在一定剂量范围内,肿瘤发生率随剂量加大而增高,可能有阈剂量。在低剂量范围内,超额致癌和/或遗传疾病按简单正比方式随辐射剂量(大于零)而增加的这一假设的剂量-响应模型称为线性无阈(linear non-threshold, LNT)模型。低LET辐射内照射诱发肿瘤概率随剂量率降低而相应地减少,低至一定程度则不发生;剂量率不同,诱发的肿瘤类型也有差别。高LET辐射的α粒子致癌概率不随剂量率的降低而减少,与α粒子损伤难以修复、剂量率降低对细胞杀死效应减少而恶性转化概率增多有关。小剂量照射情况下,存在的剂量-响应曲线形状存在不确定性,其细胞、组织机制尚不明确。

联合国原子辐射效应科学委员会(UNSCEAR)指出,在低于约每年100mSv的辐射剂量时,辐射致癌效应和遗传效应的随机性效应发生率的增加存在一个小的概率,并且在本底剂量之上与辐射剂量增加成正比。美国国家科学院(NAS)发布的电离辐射生物学效应报告也建议,低剂量电离辐射(定义为大于零小于100mSv)的最小剂量也具有使人健康风险增加的潜力。现有的人群流行病学研究尚无证据表明100mSv以下剂量时,辐射致癌效应和遗传效应风险的增加,提示尚有不确定性。法国科学院等机构则支持辐射致癌风险有实际阈值的理念。因此,ICRP等建议,联合采用LNT模型及剂量-剂量率效能因数(dose and dose-rate effectiveness factor, DDREF)的判断值,作为小剂量辐射致癌/遗传效应风险评估的基础。

(三)非癌症疾病的发生

人群流行病学数据已证明,辐射受照人群的非癌症疾病发生率会增加。例如原子弹爆炸事件对幸存者及其后代的健康影响的研究中,原爆伤害调查委员会及后来的辐射效应研究基金会对日本广岛和长崎的原子弹幸存者进行了长期健康监测,研究了辐射对癌症和非癌症疾病发生率的影响。研究表明,当受照剂量达到约1Sv时可能诱发非癌症疾病,特别是心脏病、脑卒中、消化系统疾病和呼吸系统疾病。此外,辐射暴露不仅带来躯体健康问题,还对当地居民的心理健康产生影响。例如,长期的恐慌、焦虑和对未来健康状况的担忧成为许多人日常生活的一部分;研究显示,切尔诺贝利事故后的几年里,当地居民中出现了显著的心理健康问题,如抑郁症、创伤后应激障碍(PTSD)等。

辐射所致非癌症疾病的其他证据还来自接受放疗的癌症患者。研究表明与几十个戈瑞(Gy)剂量相关的心血管疾病死亡危险增加,但在小剂量时这种相关性也不明确。同样地,100mSv 以下的辐射剂量范围并未观察到非癌症疾病增加的证据。

(四)出生前照射的效应

出生前,即宫内受照射的人群流行病学队列研究尚未发现辐射诱发儿童癌症的明显证据。牛津儿童癌症研究(OSCC)组织的宫内受照射致癌效应的最大病例对照研究结果表明,辐射照射以近似相同程度增加所有类型的儿童癌症;资料显示,妊娠前 3 个月和后 3 个月受照射后诱发癌症至少是同样可能的。但由于数据的局限性,目前尚未给出出生前照射的终生癌症风险标准系数。原子弹爆炸幸存者的资料表明,宫内照射所致终生癌症风险可能与儿童早年受照射的相同。宫内暴露于原子弹辐射的个体扰乱了大脑发育,即所谓的原子弹小头畸形(以智力低下为特征)。当辐射剂量为 0.5Gy 或更高时,与辐射暴露的关联变得明显,并且在妊娠第 8~15 周暴露的剂量-反应风险最高。这种效应被认为是确定性的,因为胎儿脑细胞在此期间特别容易受到辐射损伤。

四、影响因素

(一)放射性核素的理化因素

1. 物理状态 放射性核素气溶胶的粒径大小对其吸收和体内分布影响显著。分散度越小,在环境中滞留时间越长,进入人体的可能性越大,造成的危害也越严重。

2. 水解性质 镧系和锕系的放射性核素在生理的 pH 条件下,极易水解形成难溶性的氢氧化物胶体,易被单核吞噬细胞系统所吞噬,从而较长期滞留于肝、脾等组织中。

3. 化合物形式 不同化合物形式的放射性核素在体内的转运规律各异,影响其体内分布和作用部位。例如,人体内的硝酸钚酰、柠檬酸钚等稳定络合物及复合物溶解度大,其阳离子很快与骨组织中的胶原成分结合,主要滞留于骨中;而硝酸钚在体内被水解形成难溶性胶体颗粒,主要滞留于单核吞噬细胞系统。这种分布差异必然影响对机体的损伤效应。

4. 剂量与剂量率 放射性核素所致的近期及远期效应均与内照射剂量密切相关。以引起实验动物 50% 死亡所需的时间(LT_{50})为指标,剂量越大,LT_{50} 越短;反之则延长。对于 β、γ 放射性核素,剂量率降低时,效应的发生率及其严重性亦减低;高 LET 辐射的放射性核素所致损伤效应,通常剂量率效应不明显。

5. 溶剂性质 不同性质的溶剂会影响放射性核素在体内的吸收和效应。例如,皮下注射溶于生理盐水和甘露醇中的 ^{210}Po 毒性明显大于溶于明胶和甘油中的 ^{210}Po 毒性,这是由于在不同溶剂中经皮下的吸收率不同。

6. 载体 核素是否带有载体对其在体内的分布定位有明显影响。如给大鼠静脉注射 370kBq 的无载体钇(^{90}Y)氯化物后 48 小时,观察到其主要沉积于骨组织中;而加有稳定性载体的 ^{90}Y 则主要滞留在肝和脾内。

(二)放射性核素的机体因素

1. 种系差别 放射性核素在不同种系动物体内的代谢规律不同,所致损伤效应也存在差异。以 $LD_{50/30}$ 为指标,较大动物单位体重所需的放射性核素比小动物小。

2. 年龄因素 不同年龄对放射性核素辐射效应的敏感性不同,年龄差异是影响核素吸收、分布、滞留、代谢速率和损伤效应的重要因素。

3. 性别因素 性别对某些放射性核素在人体内的滞留和分布有影响。例如,成年男性的 ^{137}Cs 含量高于成年女性;^{226}Ra 引起骨肉瘤的发生率在雌鼠中更高。

4. 机体状态　放射性核素对机体的损伤与母体妊娠及泌乳、营养状况、病理状态等有关。例如，人体甲状腺功能亢进时，对 ^{131}I 的摄取能力和摄取速度要远高于正常生理状态。

（三）放射性核素的接触因素

1. 进入体内频率　放射性核素进入机体的总活度相同，但进入次数不同时，对机体的损伤效应不同。同样剂量的放射性核素，一次进入相对多次进入对机体的损伤效应有明显增强。

2. 接触或暴露途径　放射性核素的摄入途径影响吸收率和吸收速度，进而影响其内照射损伤等生物效应。静脉注入方式时，放射性核素直接入血并迅速分布到各器官组织，辐射损伤效应发生得快且严重，皮下注射或气管吸入次之，经口摄入的损伤效应较为缓慢。

3. 放射与非放射因素复合作用　孕鼠吸入 Na_2O-PuO_2 混合气溶胶后，肺和血液中滞留量高于单纯吸入 PuO_2 气溶胶。

4. 不同辐射因子的混合照射　常见于原子弹爆炸、核反应堆事故、脏弹袭击等情况。不同核素混合照射对骨肉瘤细胞的增殖抑制率大于各核素单独照射时；外照射可使 ^{239}Pu 在体内的滞留量增高。外照射和内污染复合作用时，可出现比同剂量单因素作用时更明显的损伤效应。两种以上分布特点不同的放射性核素进入体内，其各自的毒性剂量要小于单独进入时引起同样毒理效应所需要的剂量。

（四）复合作用

放射性与非放射性因素的复合作用，如烧伤、冲击伤与放射性污染同时存在，以及环境中化学因素与放射性核素同时存在，可对机体产生复合损伤效应。不同种类辐射因素的混合照射，如核反应堆事故时，尤其是受混合裂变产物的混合照射，以及放射性与非放射性复合因子的存在，可能加重辐射损伤效应，其各自的毒性剂量要小于单独作用剂量。

第五节　辐射生物学和放射性核素生物学效应的分子基础

辐射具有多重生物学作用，低强度辐射对生物无影响或有益，高强度辐射则有害。电离辐射对生物的影响既强烈又多样。电离辐射被生物体吸收后，可发生生物分子的电离和激发，从而引起生物分子（如核酸、蛋白质等）的结构变化、功能和代谢障碍，包括 DNA 链断裂、蛋白解聚、酶活性降低或丧失。此外，电离辐射还可能损伤生物膜系统的分子结构，引起内容物释放，影响细胞正常功能。辐射也可用于疾病诊断和治疗，其高灵敏度和分辨率的示踪技术广泛应用于生物学、农学和医学研究。

一、辐射与物质的相互作用

对于电离辐射与物质相互作用的认识，是研究辐射效应和进行生物剂量测量的基础。

（一）带电粒子对物质的作用

带电粒子包括不同能量的电子（β 粒子）、α 粒子、质子、氘核、裂变碎片等。带电粒子具有静止质量并带有电荷，可与其他粒子发生碰撞、吸收和排斥作用。带电粒子与生物体作用的主要方式有非弹性碰撞、韧致辐射和弹性散射。

（二）X 射线和 γ 射线对物质的作用

X 射线和 γ 射线均为电磁辐射（表 14-1），可与物质发生光电效应、康普顿效应和电子对生成 3 种作用。

表 14-1　X 射线和 γ 射线对物质的作用

作用	表现
光电效应	X、γ 射线（光子）作用于原子的内壳层电子（束缚电子），将全部能量交给电子，使其克服结合能而离开原子成为自由电子，而光子本身消失
康普顿效应	当光子作用于结合能较低的原子外壳层电子，将一部分能量交给电子使其脱离束缚成为反冲电子，光子本身不消失，而是携带其余能量沿着与光子入射方向呈一定角度的方向散射
电子对生成	能量 > 1.022MeV 的光子，在接近被照射物质的原子核时，在原子核库仑场的作用下，其能量转化为一个正电子和一个负电子，自身消失

（三）中子对物质的作用

自由状态下的中子是不稳定的，衰变后转变为质子、电子和反中微子。中子的电荷数为 0，不能直接引起物质电离。中子与物质作用产生效应的类型与中子的能量大小有关，主要为散射和吸收。其中，中能中子与快中子的作用形式主要是弹性散射；高能量的快中子和特快中子与重原子核作用时可产生非弹性散射；慢中子和热中子与物质作用时很容易被原子核俘获而产生核反应，其产物可能是稳定核素，也可能是放射性核素，还释放出 γ 射线或其他粒子。稳定核素俘获慢中子生成放射性核素并放出射线，称为感生放射性。

二、对生物膜的影响

（一）生物膜的生物学功能

生物膜（包括细胞膜和细胞器膜）具有多种重要生物功能，如物质转运、能量转换、信息传递、细胞识别和代谢调节等，并在辐射暴露中起到部分防御功能，可减少辐射带来的损害。表现如下：

1. 物理屏障　生物膜的脂双层结构为细胞提供了第一道物理屏障，能够抵御一些形式的辐射和化学物质的直接损伤，减少对细胞内膜和细胞器膜的直接受损。

2. 抗氧化作用　生物膜中含有多种抗氧化物质（如维生素 E 和辅酶 Q_{10} 等），可以中和辐射引起的活性氧（ROS），减少对细胞和细胞器的氧化损伤。

3. 修复机制　生物膜在受到辐射损伤后，能够启动修复机制。例如，细胞膜内的酶可以参与脂质和蛋白质的修复过程，恢复膜的完整性和功能。

4. 调节细胞应激反应　生物膜在感知辐射引起的细胞应激时，会激活细胞内的信号通路（如蛋白激酶活化途径等），促进细胞适应性反应和修复机制的启动。

5. 诱导细胞凋亡　在受到严重辐射损伤时，生物膜通过膜上的信号转导通路启动细胞凋亡程序，以防止损伤细胞的扩散和对周围细胞的危害。

（二）辐射对生物膜结构和功能的影响

辐射能量的吸收破坏了膜结构，辐射可破坏膜组分、影响膜的理化性质，如改变膜流动性、膜表面电荷、膜导电性等，影响膜的生物功能，引起膜转运功能、膜结合酶活性、膜受体功能、膜能量转换功能等的变化。表现如下：

1. 膜系统的结构损伤　辐射可以破坏各种膜系统的结构和功能。其中，损伤线粒体膜导致线粒体功能障碍，影响细胞能量代谢；损伤内质网膜会影响蛋白质和脂质的合成与运输；溶酶体膜破裂会释放水解酶，导致细胞自溶；损伤核膜影响核内与细胞质之间的物质交换，干扰基因表达和 DNA 修复；损伤质膜可破坏细胞的物质交换和信号传递功能。

2. 膜蛋白损伤　辐射可直接或通过产生自由基间接损伤膜蛋白，改变其三级和四级结构，导致蛋白质变性,影响膜的物质运输、信号转导和酶活性等多种功能。

3. **膜脂质过氧化**　电离辐射引起的自由基反应会导致膜脂质过氧化、膜流动性下降,影响细胞膜结构完整性和功能,同时产生的二次产物可能具有更高的毒性,进一步损伤细胞膜和其他细胞结构。

4. **膜通透性变化**　辐射损伤导致细胞膜通透性增加,离子和小分子物质无法正常地进出细胞,重要离子稳态失调,使细胞失去对内、外环境的控制,破坏细胞内稳态,导致细胞功能紊乱甚至死亡。

5. **酶系释放和活性改变**　辐射损伤细胞膜系统可导致膜结合酶的释放或失活,影响细胞的代谢过程。例如,线粒体膜损伤导致呼吸链酶复合物的释放,影响 ATP 生成。

6. **诱导凋亡和坏死**　辐射引起的膜损伤会激活细胞内的凋亡通路或导致细胞坏死。膜脂质过氧化、膜蛋白损伤和钙离子内流等因素都可触发细胞凋亡、铁死亡和焦亡等。

辐射通过多种途径对生物膜结构和功能产生影响,通过一系列靶分子和级联信号转导通路,进一步导致细胞功能紊乱、凋亡或坏死,以及不同类型调节性细胞死亡。这些辐射相关损伤的积累会对组织和器官结构与功能造成影响,甚至危及生物体的生存。

三、对DNA损伤及其基因表达调控的影响

大量的研究已证明染色质 DNA 是电离辐射生物效应的主要靶标之一,DNA 损伤及其基因表达调控在放射生物学效应如诱发癌症中,起重要作用。

（一）DNA 损伤反应

1. **DNA 损伤的分类**　无论是射线的直接作用还是间接作用,都能造成 DNA 结构损伤。常见的 DNA 损伤和特征见表 14-2。

表 14-2　辐射暴露常见的 DNA 损伤和特征

损伤分类	特征
碱基变化	碱基环破坏、碱基脱落丢失、碱基替代、形成嘧啶二聚体等
DNA 链断裂	双链中一条链断裂称单链断裂,两条链在同一处或相邻处断裂称双链断裂
DNA 交联	DNA 分子受损伤后,在碱基之间或碱基与蛋白质之间形成了共价键,而发生 DNA-DNA 交联和 DNA-蛋白质交联
DNA 链上不稳定位点的形成	由于碱基或糖基的损伤,在 DNA 链上形成了一些不稳定位点,最终可导致 DNA 链的断裂
糖基的破坏	易引起 DNA 链的断裂

2. **对 DNA 复制过程的影响**　DNA 和染色质的辐射损伤将影响一系列的生物功能,其中最主要的是损伤按中心法则传递的步骤。①DNA 生物合成的抑制:这是一个非常敏感的辐射生物效应指标,表现为合成 DNA 所需的 4 种脱氧核苷酸形成障碍、酶活力受抑制、DNA 模板损伤、启动和调控 DNA 合成的复制子减少,以及能量供应障碍等。②对 DNA 模板损伤的影响:DNA 模板受辐射损伤,影响复制的正常进行,可发生碱基置换,导致 DNA 复制时碱基错误配对造成碱基突变,碱基插入和缺失引起移码突变造成转录和翻译错误,引发辐射遗传效应。③对 DNA 复制过程的影响:细胞 DNA 复制子完成的复制起始、链延伸和终止三个过程中,辐射对复制子启动的抑制比对链延伸过程的抑制作用强。

3. 对转录和翻译过程的影响 电离辐射对基因转录和翻译的影响作用表现为双向性,其原因和机制复杂。电离辐射可造成基因转录损伤和表达抑制,同时也可诱导一些基因的表达激活,以及诱导 DNA 修复酶和合成酶的产生。

4. DNA 损伤理论的新进展 研究表明,很大比例的 DNA 损伤是以复杂集簇化学改变的形式出现,包括主径迹、次级电子、次级活化自由基等多种因素诱发集簇损伤的集合作用所致。其中,集簇损伤是指在紧凑的空间范围内密集产生包括 DNA 分子上糖-磷酸酯键骨架的单链断裂(SSB)、双链断裂(DSB)、碱基损伤等多种类型损伤。复杂集簇损伤的发生率和复杂程度可能与辐射 LET 有关。

（二）DNA 损伤的修复

生命过程中,细胞核内的 DNA 经常遭受内、外环境中各种因素的伤害;同时生物本身也具有一系列的 DNA 修复机制。电离辐射引起多种 DNA 损伤时,其修复系统也同时启动。电离辐射所致的较简单的 DNA 损伤形式(单一位点的碱基损伤、单链断裂),能借碱基切除修复过程得到迅速而有效的修复。如果碱基切除修复系统受累,将诱发相对大量的碱基损伤及单链断裂,其对细胞和机体的后果是严重的。双链断裂是更为困难的细胞修复过程,形成不止一条重组修复途径。在 DNA 上或邻近 DNA 处由大的电离簇引起的损伤,可造成 DNA 更为复杂的改变,必须有不同的修复途径共同进行修复,否则不正确或不充分的修复会造成 DNA 序列的丢失或改变。

DNA 修复是由特定基因控制的,通过这些基因编码特定的酶,催化细胞对 DNA 损伤起反应。近年还发现,细胞具有特异的 DNA 损伤监视机制,与细胞周期和免疫防御的调控等存在串话。辐射损伤中 DNA 修复过程调控的改变或修复功能的丢失,都可能对细胞和个体产生严重的后果,修复过程的效能决定其结果。DNA 结构得到正确的修复,细胞功能恢复正常;修复不成功、不完善或不精确,细胞发生死亡或遗传信息的改变和丢失(如突变和染色体畸变),决定了可遗传的基因缺陷,在辐射诱发致癌过程中至关重要。

（三）DNA 修复和凋亡的细胞防御体系

DNA 损伤反应/修复和细胞周期/凋亡控制的变异与肿瘤发展密切关联。受照射的细胞 DNA 损伤将启动一系列的损伤修复,整合构成细胞防御体系,防止照射后肿瘤的发生。因此,DNA 损伤反应和修复过程的激活程度,是细胞的剂量/剂量率效应、辐射生物效应的决定因素。研究证明,辐射诱发 DNA 双链断裂的无错重组修复具有潜在意义,因为结构复杂的 DNA 双链损伤的易错修复可诱发染色体畸变、基因突变和细胞死亡。

照射后凋亡以及延迟效应可在细胞经历多个增殖周期后发生。受照射细胞执行细胞周期检查点机制与复杂的 DNA 损伤信号反应网络发生关联,可提供最大的修复机会,或作为细胞决定生死命运的决策点。因此,通过凋亡剔除放射损伤细胞,即凋亡能减少携带有突变的存活细胞的频率,可以被视为从防护效应角度的另一种修复方式。

四、对表观遗传调控的影响

辐射不仅能直接损伤细胞的 DNA,还能通过复杂的表观遗传机制长期影响基因的表达与调控。辐射可通过表观遗传层面的多样性作用机制发挥调控作用,具体如下。

1. DNA 甲基化 通过添加甲基基团到 DNA 分子的碱基(如胞嘧啶)上,影响基因的表达和基因组稳定性的一种化学修饰。辐射能引起 DNA 甲基化模式的显著变化。辐射可上调 DNA 甲基转移酶活性,使特定基因启动子区域甲基化水平升高,导致基因沉默;辐射也可通过抑制甲基化酶的活性或促进去甲基化酶的活性,导致DNA去甲基化,激活平时沉默的基因。辐射对DNA甲基化的影响具有基因序列区域特异性,辐射引起的启动子区域甲基化变化可以调控基因的表达;辐射影响重复序列和转座子区域的甲基化状态,可调控基因组稳定性和导致不稳定性增加。

2. **组蛋白修饰**　通过化学修饰改变染色质的结构和功能,从而影响基因的表达。辐射可以通过影响组蛋白修饰间接调控基因表达,包括乙酰化、甲基化、磷酸化等修饰的改变及其生物学意义。辐射可促进乙酰转移酶(HAT)活性,增加组蛋白乙酰化水平,导致染色质结构松弛,例如辐射由此激活DNA修复相关基因转录。辐射可导致组蛋白H3K4甲基化水平变化,与基因激活相关,例如辐射可通过组蛋白甲基转移酶活性增加H3K4me3水平,促进与辐射响应相关基因的转录表达。辐射可通过激活特定的激酶如ATM、ATR等,增加组蛋白的磷酸化水平。

3. **非编码RNA(ncRNA)**　指不编码蛋白质的RNA分子,在调控基因表达、染色质结构和细胞功能中发挥关键作用。辐射通过多种机制影响ncRNA的表达和功能,主要包括微小RNA(miRNA)、长链非编码RNA(lncRNA)及其他非编码RNA的变化及其生物学意义。辐射也可调控核内小RNA(snRNA)改变剪接事件,影响基因的表达模式和蛋白质的功能;调控核仁小RNA(snoRNA)影响核糖体RNA(rRNA)成熟和功能,调节蛋白质合成和细胞的正常功能;调控环状RNA(circRNA)改变miRNA的作用,从而调控基因表达。

4. **染色质重塑**　辐射能够影响染色质的结构和功能状态,主要包括染色质结构的变化、修饰的改变以及对功能的影响,调控基因表达、DNA修复和细胞功能等过程。辐射可改变染色质重塑复合物(如SWI/SNF复合物)的活性,影响染色质的结构和基因的表达。辐射引起的染色质开放可能促进基因的转录,特别是与修复和应答相关的基因。辐射引起长期的染色质变化可导致基因组的不稳定,增加突变率和染色体异常。

五、对细胞器质量控制和无膜细胞器的影响

辐射可以靶向各种细胞器,对细胞器质量控制产生影响,引起细胞器的结构动态变化,调节细胞器的正常运作和功能,导致细胞代谢活动和内稳态失调,经由损伤相关分子模式(DAMPs)和信号级联通路的调控机制,诱发细胞乃至组织器官损伤和生物学效应。辐射对细胞器的影响取决于辐射的类型、剂量和暴露时间等因素。

（一）细胞器质量控制

细胞器质量控制是维持细胞内环境稳定和功能正常的重要调节过程。辐射对细胞器质量控制的影响主要体现在以下方面:

1. **线粒体**　辐射可诱导线粒体质量控制(MQC)的调节作用。辐射可经由改变线粒体生物发生影响线粒体动力学;辐射可引起线粒体DNA损伤和释放,影响线粒体呼吸功能和能量代谢过程,诱发炎症信号通路,导致线粒体依赖性细胞死亡模式。辐射产生的自由基可诱导氧化应激,导致线粒体膜氧化损伤,影响其膜电位和功能。辐射诱导的线粒体损伤,可以通过线粒体自噬机制清除受损线粒体或线粒体自噬功能障碍。

2. **内质网**　辐射对内质网质量控制产生影响。辐射可诱导内质网应激,经由三条信号通路调节细胞的防御性反应。辐射可导致内质网中蛋白质折叠错误,经由未折叠蛋白反应(unfolded protein response, UPR)调节蛋白质质量控制(PQC),以恢复或维持正常功能。辐射诱导的内质网功能障碍或损伤,可以诱导内质网自噬调节机制。

3. **溶酶体**　辐射影响溶酶体质量控制导致自噬受损和膜通透性破坏。辐射可影响自噬过程,

导致溶酶体功能下降,细胞内废物或损伤细胞器等无法有效降解清除。辐射引起的氧化应激可能损伤溶酶体膜,影响细胞器之间物质(如脂质等)转运功能,导致其内酶的释放,介导细胞损伤。

（二）无膜细胞器的影响

无膜细胞器(MLO)在细胞特定区室结构和功能中扮演重要角色,辐射可对多种无膜细胞器的形成和结构功能产生影响。

1. 核糖体　辐射对核糖体的影响可表现为 rRNA 和核糖体组装损伤。辐射引起的自由基和氧化应激可能损伤 rRNA,影响核糖体上的蛋白质合成;干扰核糖体的组装过程,降低蛋白质合成能力。

2. 细胞骨架　辐射对细胞骨架的影响包括对微管稳定性和微丝变化的影响。辐射可能导致微管的解聚,影响细胞分裂和物质运输;可改变微丝的动态稳定性,影响细胞形态和运动。

3. 中心体　辐射可导致中心体的结构损伤,影响其在细胞分裂中的功能;可影响微管组织功能,导致细胞周期异常。

六、对信号转导通路和靶分子的影响

辐射通过能量的释放与细胞内靶分子相互作用,主要影响 DNA、RNA 和蛋白质等生物大分子。电离辐射具有足够的能量,可直接打断分子键,导致 DNA 链断裂和其他靶分子损伤;非电离辐射主要通过产生自由基间接调节信号通路和影响靶分子。

（一）辐射对细胞信号转导通路的影响

细胞信号转导是细胞响应外部刺激和内部状态变化的机制。辐射可以通过 DNA 损伤及其修复和氧化应激影响信号转导通路。辐射引起的 DNA 损伤会激活细胞内的修复机制,通常经由一系列信号转导通路调控来实现。例如,ATM 和 ATR 通路蛋白激酶会识别 DNA 损伤并启动细胞周期检查点,抑制细胞分裂以便修复;辐射引起的 DNA 损伤会激活 p53 信号通路,导致细胞周期停滞、凋亡或修复。

辐射可诱导生成大量自由基(如超氧阴离子、羟自由基等),引发细胞内系列信号通路级联,经由氧化应激激活 NF-κB 信号通路,促进促炎细胞因子的表达;也可激活 MAPK(如 ERK、JNK 和 p38 MAPK)信号通路,参与细胞增殖、凋亡和炎症反应。

（二）辐射对其他靶分子的影响

靶分子是细胞信号转导通路中发挥调节作用的关键蛋白质、酶或其他分子,可以在辐射暴露细胞中发生表达、活性和功能等改变。辐射会导致许多靶分子在基因表达水平的变化,包括应激蛋白如热休克蛋白(HSP)和抗氧化酶(如超氧化物歧化酶)的上调,以应对辐射引起的细胞损伤;细胞因子如 IL-6、TNF-α 等促炎细胞因子的表达上调,参与炎症反应和免疫反应。辐射也可以导致靶分子结构和功能的变化,包括对酶活性和信号转导蛋白水平的影响,例如通过氧化修饰抑制或激活某些代谢途径靶分子,如辐射诱导 PI3K/Akt 通路中靶蛋白磷酸化,影响细胞存活和增殖信号。

七、非靶向辐射效应

非靶向辐射效应是指辐射对未直接受到辐射的细胞或组织产生的影响。尽管这些效应不是由辐射直接作用引起的,但在细胞、组织和整体生物体的辐射响应中起着重要作用。

1. 旁观者效应　是指在辐射过程中,未直接受到辐射的细胞也会经历辐射引起的效应。旁观者效应表明,辐射还可通过细胞间的相互作用传播到未直接接触辐射的细胞,其机制主要涉及两方面。一是细胞间信号传递,直接受到辐射的细胞通过分泌细胞因子、信号分子或膜表面物质,经由细胞间质传递或细胞间连接传递,与邻近的旁观者细胞进行细胞通信和导致生物学反应。另一个是细胞间相互作用,辐射引起的细胞损伤可能通过直接细胞-细胞接触、细胞外囊泡和外泌体等方式影响邻近细胞。例如,受辐射细胞释放的细胞因子、细胞外泌体中的货物(如各种 RNA 和蛋白等),可以引发旁观者细胞的应激反应或炎症反应。

2. 适应性反应 是指在低剂量辐射或其他低剂量损伤的先期暴露下,细胞或生物体对随后的高剂量辐射显示出减轻损伤的能力。其表明细胞或生物体能够在一定程度上"适应"辐射的影响,从而提高对更高剂量辐射的抵抗能力。低剂量辐射可能通过激活一些信号转导通路(如 p53、ATM/ATR 等),增强细胞对 DNA 损伤的修复能力。此外,适应性反应可能涉及细胞内抗氧化物的合成和应激响应的调控。

3. 旁观者效应与适应性反应的交互作用 旁观者效应引发的细胞因子释放可能影响到适应性反应的调控。例如,旁观者细胞释放的信号分子可能影响邻近细胞对低剂量辐射的适应性反应;而且旁观者效应引发的炎症反应还可调节细胞对后续高剂量辐射的修复能力,进而影响适应性反应的效果。

非靶向辐射效应及其交互作用在辐射生物学中的角色,揭示了辐射生物学的复杂性,强调了细胞间相互作用和系统应答的重要性,其调控机制还有待进一步研究,这将为基础生物学,也为辐射医学、肿瘤治疗及辐射防护政策等领域提供新的视角和思考。

八、辐射的毒物兴奋性效应

大剂量电离辐射的生物学效应主要是有害的,但已经观察到一定范围内的低到中等剂量可以促进植物、细菌、昆虫和哺乳动物的生长和存活,增强免疫反应,并增加对进一步辐射相关致突变和致突变作用的抵抗力。这些刺激性或"适应性"反应的存在,提示辐射的遗传和致癌作用的剂量-反应关系在性质上可能是双相的,这种可能性对辐射防护具有深远的影响。

毒物兴奋性效应是指小剂量物质起刺激作用、而大剂量物质具有抑制作用的生物学效应。辐射的毒物兴奋性效应是指电离辐射的剂量刚好高于自然背景水平的范围,可能会产生"有益"效果,刺激预防疾病的修复机制。这些被激活的代偿和修复机制,包括上调抗氧化反应、激活细胞凋亡、激活酶促 DNA 修复机制以及激活免疫系统等,以帮助识别和应对电离辐射造成的损害,可以代偿少量电离辐射触发的毒性作用,还可以预防由于暴露其他风险因素而导致的疾病。

第六节 放射性核素生物学效应的毒理学检测方法和评价

放射性核素对生物体的作用包括多种生物学和毒理学效应,从细胞损伤到系统性健康问题。准确检测和评价这些效应,是辐射风险评估、保护公共健康和环境安全的关键。本节将介绍放射性核素生物学效应的毒理学检测方法和评价,包括实验方法、技术手段、评估指标及其实际应用。

一、环境监测与评价

随着放射性核素在核能生产、医疗应用、核工业和科研中的广泛使用,放射性核素在环境中可以通过空气、水体、土壤等介质迁移和扩散,并在土壤、水体沉积物和植物体内积累。这些过程受多种因素影响,包括核素的理化性质、环境条件和介质特性,可能导致局部环境中辐射水平的增加和生物体内放射性物质的蓄积。因此,放射性核素的环境监测及其对环境的潜在影响评价,是维护环境辐射安全和公共健康的关键与重要依据。采用先进的监测技术和科学的评价方法,可以有效识别和控制放射性核素对环境与生物体的影响,采取相应的防护措施。

（一）环境监测的方法与技术

1. 空气监测　通过空气采样器收集空气样品,采用过滤器捕获空气中的放射性颗粒物,分析空气中气溶胶的放射性成分,测量其浓度和放射性强度等。

2. 水体监测　定期采集地表水、地下水和饮用水样本,通过 γ 谱仪、α/β 计数器等设备测量水样中的放射性核素浓度等。测量河流、湖泊和海洋沉积物中的放射性物质,以评估其沉积和累积情况。

3. 土壤与沉积物监测　在不同深度和位置采集土壤样品,分析其放射性核素含量等。

4. 生物体监测　采集植物、动物及其组织样本,分析体内的放射性核素含量等,研究放射性核素在生物体内的蓄积及其对生态系统的影响。

（二）环境评价的基本内容

1. 风险评估　评估公众和生态系统对放射性核素的暴露程度,包括饮用水、空气和食物中的放射性浓度;计算由于放射性核素暴露而可能引起的辐射剂量,评估其对健康的潜在影响;使用风险模型估算长时间暴露可能导致的健康风险,包括辐射致癌效应、遗传效应以及非癌症疾病等。

2. 环境影响评估　评估放射性核素对植物、动物和微生物群落的影响,包括生长、繁殖和遗传变异;制订环境恢复计划,减轻放射性污染对生态系统的长期影响。

3. 合规与监测计划　遵循国家和国际放射性标准及规范,确保监测和评价的科学性与准确性;建立长期环境监测计划,以跟踪放射性核素的变化趋势和环境影响。

二、放射性核素暴露与人群健康的流行病学调查与评价

放射性核素及其对人群健康影响的流行病学调查与评价,通常涉及评估人群暴露于放射性核素的程度、相关疾病的发病率以及可能的影响因素,了解放射性核素暴露对人群生物学效应和健康状况的影响,为制订相关政策和干预措施、维护公众健康提供科学依据。基本步骤包括:

1. 确定研究目的和假设　明确调查目的,例如确定某个地区或人群暴露于放射性核素的水平,以及与之相关的生物学效应和健康状况。

2. 选择适当的研究设计　根据研究目的和可行性,选择合适的研究设计,如横断面研究、队列研究或病例对照研究等。

3. 确定研究人群　确定参与调查的人群或地区,包括暴露群体和非暴露群体,并考虑到可能的共变因素和干扰因素等。

4. 制订调查方案　设计调查问卷或数据收集表,收集关于暴露史、疾病发病情况、生活方式、环境因素等方面的信息。

5. 数据收集　在选定的研究人群中收集数据,可能需要进行实地调查和监测、采集生物样本(如血液、尿液等)检测或使用医疗记录等。

6. 数据分析　对收集到的数据进行统计分析、数据挖掘、建立模型等,评估辐射暴露及其与效应或疾病之间的关联性,考虑到潜在的混杂因素和偏倚。

7. 解释结果　基于数据分析的结果,综合评估暴露于放射性核素的风险,并解释与之相关的健康效应。

8. **制订建议和措施** 根据调查结果提出合理建议和措施，以减少人群暴露和降低风险、改善环境质量和维护公众健康。

三、生物学效应检测与评价

放射性核素通过各种调控机制，影响细胞和组织器官的结构与功能，引发机体生物学效应和毒性表型。放射性核素暴露，特别是在环境污染、医疗应用和核事故，对生物学效应的检测与评价，涉及多个层面的技术和方法，包括分子生物学、细胞学、物理学检测，组学技术等的综合应用。

（一）放射性核素生物学效应检测方法

1. **生物学检测方法** 在放射性核素暴露模型中，使用 MTT 法、CCK-8 法等检测细胞存活率，评估对细胞的毒性；使用流式细胞术分析细胞周期，评估对细胞分裂的影响；使用 TUNEL 法、Annexin V/PI 染色等检测细胞凋亡以及其他调节性细胞死亡标志，评价细胞死亡相关致死性效应。采用 qPCR、RNA 测序分析放射性核素对基因表达的影响；采用 Western blot、ELISA、质谱等技术检测蛋白质的表达和修饰状态，分析对蛋白质生物标志物和信号通路的调控作用；采用单细胞凝胶电泳、γH2AX 染色等方法检测 DNA 损伤及修复情况；采用 HE 染色、免疫组织化学染色等方法观察对组织结构和细胞形态的影响；通过组织学生物标志物检测和功能实验评估组织功能的改变。

2. **物理学检测方法** 使用个人剂量计（如铝镍剂量计、探测器）测量个体辐射暴露量；使用辐射探测器（如 Geiger 计数器、闪烁探测器）监测环境和样本中放射性核素的剂量；使用液闪计数法测定样品中多种类型放射性核素的浓度；使用 α/β 计数仪测量环境样品和生物样品中放射性物质 α 粒子和 β 粒子的放射强度。

3. **多组学联合分析方法** 基于多组学联合的分析方法，综合利用暴露组学、基因组学、转录组学、蛋白质组学和代谢组学等数据，识别放射性核素特异性的差异表达生物标志物和频率、通路富集、相关性等，分析辐射暴露的起始事件和生物标志物及其与基因表达和调控的关联性，评估对靶分子、信号通路、功能调节的影响，评估代谢异常。据此整合多组学数据，能够提供更全面和深入的生物学信息，揭示放射性核素诱导的复杂生物学效应和毒性作用及其机制，为筛查辐射暴露的早期敏感性生物标志物、潜在干预信号靶点以及损伤相关毒理学风险评估提供新线索和证据。

（二）放射性核素生物学效应评价方法

1. **生物学效应评价** 结合细胞生物学检测结果，评估放射性核素对细胞存活和功能的影响；通过组织学和功能实验，评价组织损伤及其对生理功能的影响；结合转录组学数据，分析放射性核素引起的基因表达变化，评估其对细胞功能和疾病调控机制的影响；使用蛋白质组学和代谢组学数据，分析放射性核素对细胞代谢和信号通路的干扰表型。

2. **健康风险评价** 建立辐射剂量与生物学效应之间的关系模型，评估不同暴露水平下的生物学效应；确定毒性作用的潜在阈值和/或安全限值，为辐射防护提供科学依据；结合个人暴露剂量和生物学效应数据，评估个体健康风险；分析特定人群或地区的辐射暴露情况，评估群体健康风险。

本章阐述了辐射生物学研究，尤其是放射性核素在细胞和组织中的分子基础，促进了放射毒理学关注的辐射诱导生物体效应和人群健康风险的探明。放射性核素通过释放 α 粒子、β 粒子或 γ 射线等形式的辐射，直接或间接损伤细胞内的靶分子；引发 DNA 损伤、染色体断裂或交联导致基因突变，诱导细胞周期停滞、凋亡或致癌作用；干扰蛋白质合成和修饰，改变蛋白质表达水平和功能，调控细胞信号通路和代谢过程；破坏细胞膜和细胞器膜体系导致膜通透性转换，影响细胞内外物质交换和通信，介导细胞功能障碍和调节性细胞死亡过程；这些毒理学作用共同决定了放射性核素对生物体的综合效应。同时,通过一系列毒理学检测新技术和新方法的联合检测分析,揭示放射性核素对信号通路靶分子、细胞毒性、组织器官结构和功能的影响,评估放射性核素的生物学效应和毒性作用;结合剂量-效应关系分析和安全性毒理学评价,进行放射性核素暴露的健康风险评估。这些评估和实际应用可为环境辐射监测、探索放射毒理学效应、维护人群健康提供安全保障。

(林忠宁)

思考题

1. 对比论述放射性核素内照射的确定性效应和随机性效应。
2. 举例阐述放射性核素对遗传(DNA)调控和表观遗传调控的影响。
3. 简述放射性核素生物学效应中的非靶向辐射效应。

第十五章
血液系统毒性

机体各器官之间的营养物质和代谢产物交换离不开血液系统,且有害因素进入机体后,也随血液系统转运到全身各器官,所以血液系统在机体的防御和损伤修复中具有关键性作用。同时,血液系统本身也是外源环境因素毒作用的靶器官,容易受到外源化学物的直接损害。血液毒理学(hematotoxicology)作为毒理学的一个重要分支,通过研究外源环境因素对血液和造血器官的毒作用方式及机制,建立毒性评价方法,对有效防控血液毒性效应具有重要意义。

第一节 概 述

一、血液系统的组成和功能

血液是在血管和心脏内流动的液体。血液由血浆和血细胞两部分组成,血浆约占血液总体积的55%,血细胞约占45%。血浆中有纤维蛋白原,可使血液快速凝固;凝固后的血块缩小并渗出黄色液体,称为血清。因此,血清的成分与血浆相似,但缺少纤维蛋白原和一些参与凝血的因子。血清中仍然含有其他多种蛋白质、电解质、营养物质和激素等成分,这些成分对于检测个体的生理和病理状态具有重要意义。

(一)血浆

血浆由水和多种物质组成,其中水的含量占91%～92%,蛋白质、糖类、无机盐等物质的含量占8%～9%,以血浆蛋白为主。血浆蛋白包括白蛋白、球蛋白、纤维蛋白原等。正常人血浆中白蛋白与球蛋白的比例为(1.5～2.5):1。血浆中的白蛋白对血浆胶体渗透压有决定性作用,球蛋白含有多种抗体和抗毒素等免疫物质,与防御作用有关。纤维蛋白原最少,与凝血有关。血浆中的葡萄糖又称血糖,经过血液循环系统运送到机体各组织细胞内供其利用。血浆中矿物质的总量约为0.75%,其中主要是钠盐,在维持血液渗透压和酸碱度中起着重要作用。

(二)血细胞

血细胞包括红细胞、白细胞、血小板三种,各有一定的形态结构、数量和大小,具有不同的功能。

1. 血细胞的生成 血细胞的生成涉及细胞增殖、分化、成熟、释放等动力学过程。血液中的各种血细胞均起源于多能造血干细胞(pluripotent hematopoietic stem cell,PHSC),是在造血微环境中经多种调节因子作用下逐步分化成熟的。血细胞的生成和发育过程称为造血作用。血细胞具有运送氧气、宿主防御反应、修复损伤、止血及其他重要的生理功能。

PHSC是各种血细胞与免疫细胞的起始细胞,具有不断自我复制与多向分化增殖的能力。骨髓造血微环境是PHSC发育和分化的主要场所,由基质细胞、细胞因子及细胞外基质组成。基质细胞指骨髓中的网状细胞、内皮细胞、成纤维细胞、巨噬细胞和脂肪细胞,这些细胞产生细胞因子,调节PHSC的不对称分裂增殖与分化,并为PHSC提供营养和黏附的场所。细胞外基质包括骨髓中的胶原、蛋白多糖及糖蛋白。

2. **红细胞**　成熟红细胞（red blood cell，RBC）是呈双面凹陷的圆盘形细胞。正常成人红细胞直径为 7.5～8.7μm，无细胞核也无细胞器，有很强的可塑性，细胞膜及其脂质双分子层骨架使其具有独特的柔韧性、牢固性及延展性，使其在通过狭窄微循环通道时具有极强的变形能力。健康成人红细胞数量，男性为（4.3～5.8）×10¹²/L，女性为（3.8～5.1）×10¹²/L。

成熟红细胞胞质内充满血红蛋白，使红细胞呈红色。健康成人血液中血红蛋白的含量，男性为 130～175g/L，女性为 115～150g/L。血红蛋白具有结合与运输氧和二氧化碳的功能。因此，红细胞能供给全身细胞所需的氧，并带走细胞产生的大部分二氧化碳。

红细胞的平均寿命约 120 天。由于红细胞无任何细胞器，因而不能合成新的蛋白和代谢所需的酶类等。随着红细胞逐渐衰老，其血红蛋白和膜骨架蛋白变性，导致红细胞的变形性降低。这些老化的红细胞在经过脾和肝时，被巨噬细胞吞噬清除。与此同时，每天都有未完全成熟的红细胞从骨髓进入血液，称为网织红细胞。网织红细胞在血液中大约 1 天成熟，成人网织红细胞占红细胞总数的 0.5%～1.5%。

3. **白细胞**　白细胞为圆球形，体积一般较红细胞大，有细胞核和细胞器。白细胞具有抵抗感染、增强免疫、保护机体的功能。白细胞具有变形运动的能力，能穿过毛细血管壁，并有向受刺激组织或发生炎症的部位游走聚集的特性。白细胞可分为中性粒细胞、嗜碱性粒细胞、嗜酸性粒细胞、单核细胞和淋巴细胞。

（1）中性粒细胞：中性粒细胞是数量最多的白细胞。细胞直径 10～12μm。核呈深染的弯曲杆状或分叶状，分叶核一般为 2～5 叶，叶间有纤细的缩窄部相连，正常人以 2～3 叶者居多。

中性粒细胞的胞质呈极浅的粉红色，含有许多细小颗粒，其中浅紫色的为嗜天青颗粒，浅红色的为特殊颗粒。嗜天青颗粒约占颗粒总数的 20%，是一种溶酶体，含有酸性磷酸酶、髓过氧化物酶和多种酸性水解酶类等，能消化吞噬细菌和异物；特殊颗粒约占颗粒总数的 80%，是一种分泌颗粒，内含溶菌酶、防御素等，具有杀菌作用。

中性粒细胞具有变形运动和吞噬活动的能力，是机体对抗入侵病菌（特别是急性化脓性细菌）最重要的防御系统。当中性粒细胞数显著减少时，机体抗感染能力明显减弱。

（2）嗜碱性粒细胞：嗜碱性粒细胞数量最少，直径 10～12μm，核分叶，或呈 S 形或不规则形，着色较浅。胞质内含有嗜碱性颗粒，大小不等，分布不均，染成蓝紫色，可将核掩盖。嗜碱性颗粒属于分泌颗粒，内含有肝素、组胺、中性粒细胞趋化因子、嗜酸性粒细胞趋化因子等；嗜碱性粒细胞也可合成并分泌白三烯。嗜碱性粒细胞参与针对病原体的炎症反应，也参与过敏反应。

（3）嗜酸性粒细胞：嗜酸性粒细胞直径为 10～15μm，核多为 2 叶，胞质内充满粗大的鲜红色嗜酸性颗粒，直径 0.5～1.0μm。嗜酸性颗粒是一种特殊的溶酶体，除含一般溶酶体酶外，还含有阳离子蛋白（对寄生虫有很强的杀灭作用）、组胺酶和芳基硫酸酯酶。嗜酸性粒细胞可移行至有病原体或发生过敏反应的部位。因此，嗜酸性粒细胞具有抗过敏和抗寄生虫的作用。

（4）单核细胞：单核细胞是体积最大的白细胞，直径为 14～20μm。核呈肾形、马蹄形或扭曲折叠的不规则形，染色质颗粒细而松散，着色较浅。胞质丰富，因弱嗜碱性而呈灰蓝色，内含许多细小的淡紫色嗜天青颗粒，即溶酶体。单核细胞在血流中停留 12～48 小时，进入结缔组织或其他组织，分化为巨噬细胞。

（5）淋巴细胞：淋巴细胞不仅产生于骨髓，而且产生于淋巴器官和淋巴组织。淋巴细胞是主要的免疫细胞，在机体防御疾病过程中发挥关键作用。根据淋巴细胞的发生来源、形态特点和免疫功能等方面的不同，可分为三类：

1）胸腺依赖淋巴细胞：简称 T 细胞，产生于胸腺，在血液淋巴细胞中约占总数的 75%。体积小，胞质内含少量溶酶体。

2）骨髓依赖淋巴细胞：简称 B 细胞，产生于骨髓，占 10%～15%。体积略大，一般不含溶酶体，有少量粗面内质网。B 细胞受抗原刺激后增殖分化为浆细胞，产生抗体。

3）自然杀伤细胞：简称 NK 细胞，产生于骨髓，约占 10%，溶酶体较多。

4. 血小板　血小板是从骨髓巨核细胞脱落下来的细胞无核小碎片，并非严格意义上的细胞。血小板体积小，呈双凸扁盘状，直径 2～4μm。新生成的血小板先通过脾，约有 1/3 在此贮存。血小板寿命 7～14 天，每天约更新总量的 1/10，衰老的血小板大多在脾中被清除。

血小板参与凝血和止血。当血管内皮破裂，血小板迅速黏附、聚集于破损处，凝固形成血栓，堵塞裂口甚至小血管管腔。在这一过程中，血小板释放颗粒内容物。其中，5-羟色胺能促进血管收缩，血小板因子Ⅳ能对抗肝素的抗凝血作用，凝血酶敏感蛋白促进血小板聚集，血小板源性生长因子刺激内皮细胞增殖和血管修复。

二、血液有害因素及分类

血液有害因素主要包括化学、物理和生物因素：

1. 金属、类金属　铅、钡、铝、锑、钴、铜、锌、镉、砷等。

2. 气体　氧气、臭氧、过氧化氢、一氧化碳等。

3. 有机化合物　有机硅化合物（氧烷、三氯硅烷、四氯硅烷等），脂肪族环烃类化合物（环戊二烯-[1,3]、4-乙烯基环己烯等），卤代烷烃类化合物（四溴乙烷、四氯化碳等），芳香族类化合物（苯、甲苯、二甲苯、三甲苯、苯乙烯、萘、芘等），芳香族氨基化合物（苯胺），苯胺类化合物（间苯二胺、二氨基甲苯、二甲苯胺、对氯苯胺、二苯胺、硝基苯胺、邻氯苯胺等），芳香族硝基化合物（硝基苯、硝基甲苯、硝基氯苯、二硝基苯、二硝基甲苯类、2,4,6-三硝基甲苯、2,4,6-三硝基苯甲硝铵、硝基酚、二硝基酚、对硝基甲苯胺、硝基氯苯、硝基氯甲苯等），醇类化合物（2-甲氧基乙醇、氯丙醇、2-乙氧基乙醇等）。

4. 氰化物　氰化钾、硫氰酸盐等。

5. 酚类　酚、邻苯二酚、间苯二酚、对硝基酚等。

6. 农药　杀虫脒、螟蛉畏、百草枯、甲酰苯肼、四聚乙醛、有机氮类、三氯苯类除草剂、除草醚、麦草畏、抗凝血类鼠药（杀鼠灵）、溴敌拿鼠、敌鼠、克灭鼠及对硫磷等。

7. 偶氮染料　对氨基偶氮苯、重氮氨基苯、邻氨基偶氮苯等。

8. 药物　阿司匹林、阿糖胞苷、安乃近、干扰素、环磷酰胺、甲氨蝶呤、氯氮平、头孢菌素、异烟肼、吲哚美辛及紫杉醇等。

9. 有毒动植物　有毒动物（蛇、蜂、蜘蛛、蜈蚣等），有毒植物（毒蕈、龙葵素、皂角苷等）。

10. 电离辐射与放射性核素　α 射线、β 射线、γ 射线、中子、X 射线，铀及铀系核素（铀、镭、氡及其子体、钋），钍及超钍核素（钍、镅、锔），钍，裂变产物（碘、锶、铯、钷、铈等），氚，放射性磷等。

三、血液系统的毒作用

血液系统毒性（hematotoxicity）是指有害因素对血液系统造成损害作用的能力。有害因素可选择性地对造血微环境、特定血细胞或血细胞分化特定阶段产生毒作用，导致血细胞数量或功能的改变，表现为血液细胞生成异常、破坏过多或功能异常。

血液系统毒作用及表现大致可分为三类：①血细胞生成异常，其毒效应表现为外周血中一种或多种血细胞的减少或增多，如巨幼细胞贫血、粒细胞缺乏症、再生障碍性贫血、红细胞增多症和白血病等。②血红蛋白异常和溶血，如高铁血红蛋白血症、硫化血红蛋白血症、碳氧血红蛋白血症及溶血性贫血等。③凝血因子及血小板的出血性疾病，如血小板减少症等。

本章将分别描述有害因素对血细胞(红细胞系、白细胞系、凝血因子及血小板等)的毒作用。

第二节　外源化学物对血液系统的毒作用

一、对红细胞的毒作用

红细胞的分化和增殖过程十分迅速，通常从原红细胞分化发育为网织红细胞只需约 72 小时，再经过约 48 小时即可发育为成熟红细胞。红细胞生成是一个持续过程，其依赖干细胞频繁的分化和血红蛋白的高速合成。血红蛋白合成依赖于珠蛋白链和血红素两部分协调生成。外源化学物可以影响珠蛋白链合成和血红素合成，从而导致血红蛋白合成减少而引起贫血。

（一）对红细胞生成的影响

1. 铁粒幼细胞贫血　铁粒幼细胞贫血(sideroblastic anemia)是由血红素合成障碍而引起的不同程度小细胞低色素性贫血。一些外源化学物如乙醇、氯霉素、异烟肼、吡嗪酰胺、环丝氨酸、铅等可干扰血红素合成过程，从而导致铁粒幼细胞贫血。

2. 巨幼细胞贫血　巨幼细胞贫血(megaloblastic anemia)是指 DNA 合成障碍而发生的贫血。绝大多数巨幼细胞贫血是因为叶酸或维生素 B_{12} 缺乏所致。引起维生素 B_{12} 降低的外源化学物有对氨基水杨酸、秋水仙碱、新霉素、乙醇、奥美拉唑、齐多夫定等；引起叶酸降低的外源化学物有苯妥英、扑米酮、卡马西平、苯巴比妥、磺胺嘧啶、考来烯胺、甲氨蝶呤及抗代谢药物等。

3. 再生障碍性贫血　再生障碍性贫血(aplastic anemia)主要表现为骨髓造血组织显著减少，造血功能衰竭。其特征是外周血中全血细胞数目减少、网织红细胞数目减少以及骨髓细胞再生不良。引起再生障碍性贫血的化学物主要有苯及其衍生物(三硝基甲苯、二硝基酚等)、砷及重金属、有机磷农药和氯霉素等。

（二）对红细胞携氧功能的影响

红细胞内的血红蛋白具有氧气和二氧化碳的运输作用，外源化学物可以影响血红蛋白结构及其与氧的结合能力，从而改变血红蛋白的携氧功能。

1. 高铁血红蛋白血症　高铁血红蛋白血症(methemoglobinemia)是高铁血红蛋白含量增加引起的以血氧运输异常、组织氧释放降低为特征的病症。主要表现为缺氧和发绀。在正常情况下，红细胞内血红蛋白呈亚铁状态(Fe^{2+})，能与氧结合或分离。当血红蛋白中的铁被氧化成为高铁状态(Fe^{3+})，即形成高铁血红蛋白，这种血红蛋白不能与氧结合和分离。能引起高铁血红蛋白血症外源化学物较多，包括多种药物(如苯佐卡因、硝酸甘油、利多卡因、普鲁卡因、磺胺药物、氨苯砜、非那西丁、亚硝酸异戊酯、一氧化氮、硝酸异丁酯、非那吡啶等)和环境化学物(如硝酸盐、汽油、亚硝酸盐、苯胺、硝基苯、硝基甲苯、苯胺染料、亚硝基甲苯、硝酸丁酯、三硝基甲苯、氯化钾等)。

2. 硫化血红蛋白血症　血液中硫化血红蛋白含量超过 2%，即为硫化血红蛋白血症(sulfhemoglobinemia)。由于硫化血红蛋白不能携氧，临床表现为发绀或缺氧。引起硫化血红蛋白血症的外源化学物包括三硝基甲苯、乙酰苯胺、代森锌等。

3. 碳氧血红蛋白血症 碳氧血红蛋白血症(carboxy hemoglobinemia)是一氧化碳在体内血液浓度升高所致。一氧化碳与血红蛋白结合的亲和力比氧大约240倍,而碳氧血红蛋白的解离速度又比氧合血红蛋白慢约3600倍,由此干扰血液中氧的运输与传递。日常生活中,一氧化碳的主要来源为吸烟和燃料不完全燃烧等。

(三)对红细胞存活期的影响

正常红细胞在外周血中的寿命约为120天。在此期间,红细胞可能受外源因素影响而改变存活时间。氧化损伤、代谢障碍以及细胞膜改变等都可能影响红细胞存活而引发贫血,其特征是外周血中成熟红细胞减少、网织红细胞增加以及骨髓中红系细胞增生活跃。

1. 氧化损伤性溶血 具有氧化作用的外源化学物可使血红蛋白氧化,破坏血红蛋白和红细胞内的结构,最终导致溶血。代表性外源化学物主要有乙酰苯胺、萘、呋喃妥因、磺胺甲氧哒嗪、对氨基水杨酸、非那吡啶、伯氨喹、苯肼、硝基苯、非那西丁、苯酚、羟胺、亚甲蓝、呋喃唑酮、萘啶酸和氨苯磺胺等。

2. 非氧化损伤性溶血 某些外源化学物如氧化砷、三氢化砷、铅、铜、铬等可引起溶血,其机制可能是与细胞膜和某些酶上的巯基结合有关。铅中毒可导致血红蛋白合成障碍,缩短红细胞寿命,产生溶血,特别是地中海贫血患者对铅中毒尤其敏感。吸入气态砷化物(砷化氢)可导致严重溶血,同时伴有贫血、黄疸、血红蛋白尿。

3. 免疫性溶血 免疫反应所致的红细胞损伤是由 IgG 或 IgM 抗体介导的,与表达在红细胞表面上的抗原相互作用而引起,常见的外源化学物包括青霉素、奎尼丁、α-甲基多巴等。

二、对白细胞的毒作用

外源化学因素对白细胞的损伤作用,可表现在白细胞数量和功能的异常。

(一)白细胞减少症和粒细胞缺乏症

当外周血白细胞数持续低于 $4 \times 10^9/L$ 时,称白细胞减少症(leukopenia);中性粒细胞绝对计数在成人低于 $2.0 \times 10^9/L$ 时,称为中性粒细胞减少症(neutropenia);中性粒细胞绝对计数低于 $0.5 \times 10^9/L$ 时,称为粒细胞缺乏症(agranulocytosis)。

引起白细胞减少症和粒细胞缺乏症的常见外源化学物有苯、二硝基酚等,常见的药物有氟尿嘧啶、环磷酰胺、阿糖胞苷、柔红霉素、甲氨蝶呤、顺铂等。

(二)中性粒细胞功能异常

某些外源化学物也会影响中性粒细胞抗感染等功能,包括乙醇、亚硫酸钠、氯丹、氯化汞、毒杀芬、糖皮质激素、肾上腺素、安替比林、安乃近、大环内酯类抗生素等。

(三)白血病

某些外源化学物通过干扰造血干细胞的增殖和分化功能,引发白血病。白血病细胞虽具有增殖能力,但失去了分化成熟能力。因此,白血病细胞在骨髓内积聚,抑制正常的造血功能,继而发生贫血、出血和感染。

1. 白血病的分类 根据白血病细胞的成熟程度和自然病程,将白血病分为急性和慢性两大类。急性白血病(acute leukemia, AL)的细胞分化停滞在较早阶段,多为原始细胞及早期幼稚细胞,病情发展迅速,自然病程仅几个月。慢性白血病(chronic leukemia, CL)的细胞分化停滞在较晚阶段,多为较成熟幼稚细胞和成熟细胞,病情发展缓慢,自然病程为数年。

2. 致白血病的外源化学物 致白血病的外源化学物包括苯、氧化乙烷等。此外,癌症化疗药物如烷化剂也能引起白血病。烷化剂包括环磷酰胺、沙可来新、白消安、苯丁酸氮芥、亚硝基脲复合物如卡莫司汀等；溶瘤细胞剂包括硫唑嘌呤、甲基苄肼、多柔比星和博来霉素等。

三、对血小板和凝血系统的毒作用

凝血系统主要成分包括循环中的血小板、多种血浆蛋白和血管内皮细胞，这些成分的变化或系统活性变化都会导致凝血系统紊乱的临床现象，包括凝血障碍和血栓形成。凝血包括三个基本过程：受伤的小血管收缩、血小板血栓形成、纤维蛋白凝块的形成和维持，有多种凝血因子参与，形成凝血酶原酶、凝血酶原和纤维蛋白。体内存在抗凝和纤溶机制，能预防正常时血管内血液凝固，并且适当限制和调节凝血反应。

（一）对血小板生成和功能的影响

正常人外周血中血小板数量为（125～350）×10^9/L，血小板必须达到一定数量才能维持正常的止血功能。血小板低于 125×10^9/L 时，可出现小的皮下出血、瘀斑和牙龈、胃肠道或尿道出血等症状。

外源化学因素可引起血小板的生成减少或破坏增加，从而导致血小板减少（thrombocytopenia）。常见的外源化学物包括苯、砷、碘化物、酒精等。药物包括抗肿瘤药、抗癫痫药、氯噻嗪类利尿药、己烯雌酚、奎尼丁、头孢菌素类、奎宁、对氨基水杨酸钠、利福平、阿司匹林、洋地黄毒苷、盐酸丙米嗪、葡萄糖酸锑钠等。某些特定药物（如噻氯匹定、氯吡格雷、可卡因、丝裂霉素和环孢素等）可引起为弥散性微血管血栓-出血综合征，又称为血栓性血小板减少性紫癜（thrombotic thrombocytopenic purpura，TTP），除了血小板减少，还可引起微血管病溶血性贫血和多器官衰竭。

血小板功能依赖许多生化反应途径的协调作用。多种药物可抑制血小板功能，如阿司匹林等非甾体抗炎药、含β-内酰胺的抗生素、心血管药、抗精神病药、麻醉剂、抗组胺药和一些化疗药物。

（二）对凝血因子的影响

凝血因子合成和/或清除异常，可引起凝血障碍。凝血酶原时间（PT）和活化部分凝血活酶时间（APTT）可用于筛选凝血因子水平改变。循环中凝血因子半衰期变化很大，凝血因子Ⅶ半衰期最短。因此，在急性中毒时，对凝血的影响中最先发现凝血因子Ⅶ水平降低，从而导致 PT 延长，而 APTT 正常；在慢性中毒时，PT 和/或 APTT 受影响。

常见的导致凝血因子合成减少的外源化学物包括：①工业毒物：锑、砷、铅、磷、硒、铂、苯、二氧杂环己烷、苯肼、间苯二酚、氯代烃（如三氯甲烷、四氯化碳、二氯乙烷）等；②药物：乙酰唑胺（碳酸酐酶抑制剂）、环丝氨酸、异丙烟肼、紫霉素（抗结核药）、磺胺类抗生素、对乙酰氨基酚（止痛药）、氯丙嗪（中枢镇静药）、单胺氧化酶抑制剂、维生素 A 等。

常见的导致凝血因子异常的外源化学物包括杀虫剂、四环素、灰黄霉素、环丙沙星、苯妥英、青霉素、普鲁卡因胺、异烟肼、呋喃西林、甲基多巴、氯霉素、庆大霉素、头孢菌素、链霉素等。

第三节　电离辐射和放射性核素对血液系统的毒作用

一、概述

自然界中一些核素，如铀、钍、镭等元素，其原子核能自发地、连续不断地向外释放出看不见的、具有穿透能力的射线（高速微粒），这种具有放射性的元素称为放射性核素，或放射性同位素。

外源性放射性核素可以产生电离辐射,常见的主要有 α 射线、β 射线、γ 射线、中子和 X 射线。

二、电离辐射和放射性核素对血液系统的毒作用

血液系统对电离辐射和放射性核素十分敏感,在照射剂量较低时即可影响造血功能,导致血细胞的数量、结构、功能及形态改变。

(一)急性电离辐射对血液系统的毒作用

急性电离辐射多发生于核爆炸以及意外事故,对血液系统的影响表现为血细胞和骨髓的急性毒作用。

1. 对血细胞的毒作用　机体受到急性电离辐射时,中性粒细胞、嗜酸性粒细胞数量先上升后下降,在第 2~6 周达到最低,需要很长时期才能恢复。中性粒细胞可见核浓缩、核染色质溶解、核溶解、核碎裂、核棘突、核分叶过多并过渡到超巨型分叶核粒细胞(直径可达 50μm 以上),有毒性颗粒、空泡形成等。

淋巴细胞最敏感,照射后细胞数量降低明显,且降低的幅度和速度与照射剂量密切相关。淋巴细胞可见退行性变、核浓缩、双核或双叶、核仁扩大、空泡形成,有核碎裂的淋巴细胞。单核细胞可出现核分叶、核棘突、核溶解、空泡形成等。

红细胞在半数致死量照射后 10 天左右降低。由于放射线对骨髓的抑制作用,使网织红细胞、骨髓幼稚红细胞减少,利用铁的能力降低。红细胞出现大小不等、形态异常,细胞内出现嗜碱性点彩与 Howell-Jolly 小体等。放射线对成熟红细胞的破坏可导致贫血。

血小板减少速度介于红细胞与粒细胞之间,一般在 2 周内下降,4~6 周时出血倾向最明显,且恢复较慢。

2. 对骨髓的毒作用　①初期(暴露后 12~48 小时):骨髓改变表现为细胞加快成熟并释放出来,使周围白细胞数升高。②假愈期(暴露后 7~12 天):由于原始细胞不分化,骨髓中只见早期和晚期细胞而中间阶段细胞少见,细胞呈现各种质变。③极期(暴露后 4 周左右):骨髓高度抑制,仅见网状细胞和浆细胞增多。④恢复期(暴露后 50~60 天):各期幼稚细胞再度出现,但仍有质变。

(二)慢性电离辐射对血液系统的毒作用

慢性电离辐射暴露常发生在防护条件较差的从事射线诊断和治疗的医务工作者、接受放疗的患者,以及使用放射性核素、放射性发光涂料等作业人员。

慢性电离辐射暴露引起的血液改变是多样化的,可表现为持续性白细胞减少,中性粒细胞减少,核左移,相对淋巴细胞增多,嗜酸性及单核细胞增多,血小板减少。早期症状有中性粒细胞的核分叶过多和病理性淋巴细胞、网织红细胞增多,严重者可有贫血,红细胞可有轻度增大或球形改变;长期小剂量重复电离辐射暴露可引起白细胞增多、淋巴细胞增多、类白血病反应、白细胞增多性白血病、红细胞-网织红细胞增多、白细胞减少、血小板减少、再生障碍性贫血等。

第四节　血液系统的毒作用机制

有害因素作用于机体可以直接对骨髓和外周血产生直接损害效应,如作用于红细胞可能影响到红细胞的生成、功能和存活期,导致红细胞生成减少、血红蛋白对氧的亲和力功能受影响或使红细胞大量破坏,显现贫血或缺氧。而有些外源化学物对血液的损伤作用是继发效应或表现在其他毒性之后,例如抑制骨髓红细胞生成,外周血中红细胞的破坏(溶血)、血红蛋白的改变以及血红蛋

白生物合成的障碍等。

因此,有害因素对血液的毒作用机制既可能是通过损害造血器官中骨髓细胞,包括干细胞、幼稚细胞和造血微环境等,也可能是仅对外周血中红细胞、白细胞和血小板等产生直接或间接损害。

一、对红细胞的毒作用机制

(一)影响红细胞生成的毒作用机制

1. 对造血微环境和干细胞的影响　骨髓造血细胞的微环境是造血细胞生成的土壤,一旦受到外源化学物的毒作用损害,必然会导致造血功能障碍。骨髓造血干细胞作为各类幼稚细胞和成熟细胞的前身,细胞分化、增殖极其活跃,易受到外源化学物的损害,引起分化或增殖出现障碍,最终导致释放到外周血的各类成熟红细胞、白细胞、血小板等数量异常。

2. 铁粒幼细胞贫血　铁粒幼细胞贫血发生是血红素合成过程的线粒体缺陷和吡哆醇代谢的失衡所致。血红素合成最先由甘氨酸和琥珀酰 CoA 在由维生素 B_6 转化来的磷酸吡哆醇作为辅酶和酮戊酸(ALA)合成酶的作用下,合成 δ- 氨基 -γ- 酮戊酸(δ-ALA);δ-ALA 在 ALA 脱水酶和一系列酶的作用下,在线粒体内形成原卟啉。原卟啉在血红素合成酶的作用下,与铁结合成血红素。一旦血红素合成受阻,过量铁进入幼红细胞线粒体,导致线粒体损伤。

干扰血红素合成过程中的关键步骤,例如乙醇影响维生素 B_6 代谢并导致磷酸吡哆醛转化不足,以及铅抑制血红素合成酶影响血红素合成,都可导致铁粒幼细胞贫血。

3. 巨幼细胞贫血　叶酸作为辅酶,为 DNA 合成提供一碳单位,并在胸苷酸合成酶催化下,脱氧尿嘧啶核苷酸(dUMP)甲基化生成脱氧胸腺嘧啶核苷酸(dTMP)。由于叶酸缺乏,DNA 合成障碍、复制延迟;而 RNA 合成所受影响不大,细胞内 RNA/DNA 比值增大,造成细胞体积增大,胞核发育滞后于胞质,形成巨幼变。骨髓中红系、粒系和巨核系细胞发生巨幼变,分化成熟异常,在骨髓中过早死亡,导致全血细胞减少,因此影响体内叶酸水平或 DNA 合成,可导致巨幼细胞贫血。例如,砷干扰叶酸代谢酶,化疗药物抑制细胞内 DNA 合成等。

4. 再生障碍性贫血　有害因素引起再生障碍性贫血的机制包括造血干细胞缺陷、骨髓微环境衰竭、造血细胞生长因子的生成或释放受损、骨髓或体液免疫的抑制等。例如,苯体内的代谢产物(氢醌、苯醌)通过与 DNA 共价结合形成加合物或对 DNA 造成氧化损伤,影响造血干细胞增殖分化,导致骨髓细胞和外周血细胞减少。

(二)影响红细胞携氧功能的毒作用机制

血红蛋白生成与功能的异常可影响血红蛋白结构和携氧能力,改变红细胞的呼吸功能。

1. 高铁血红蛋白血症　血红素中的二价铁可在氧化剂的作用下氧化成三价铁,形成高铁血红蛋白,导致高铁血红蛋白血症。生理情况下,机体的氧化-还原处于动态平衡状态,血液中不断形成极少量的高铁血红蛋白,又不断被血液中的 NADH、维生素 C、还原型谷胱甘肽等还原剂还原为二价铁。所以正常成人血液中的高铁血红蛋白含量不超过血红蛋白总量的 2%。高铁血红蛋白中的 Fe^{3+} 因与羟基结合牢固,失去结合氧的能力,而且当血红蛋白分子中的 4 个 Fe^{2+} 中有一部分被氧化成 Fe^{3+} 后,剩余的 Fe^{2+} 虽能结合氧,但不易解离,导致氧解离曲线左移,使组织缺氧。过氯酸盐及磺胺类衍生物等氧化剂也可引起高铁血红蛋白血症,若高铁血红蛋白含量超过血红蛋白总量的 10%,就可出现缺氧表现;达到 30%～50%,则发生严重缺氧,全身青紫、头痛、精神恍惚、意识不清甚至昏迷。

2. 硫化血红蛋白血症　正常人血液中不含有硫化血红蛋白,而硫化血红蛋白血症患者血液中则含有。血红蛋白被氧化后进一步硫化成硫化血红蛋白，但不能携氧。硫化血红蛋白一经形成则不能逆转为血红蛋白，且缺乏有效疗法。

3. **碳氧血红蛋白血症** 正常人血液中有少量内源性 CO，机体内 CO 产生量可达 $0.01 \sim 1mL/(kg \cdot h)$，人的外周血中碳氧血红蛋白含量可高达总血红蛋白的 2.5%，吸烟者可达 5% 或更高。一氧化碳与血红蛋白结合的亲和力比氧大，故其与氧竞争结合血红蛋白而形成碳氧血红蛋白，而碳氧血红蛋白的解离速度又比氧合血红蛋白慢很多，从而干扰血液对氧的运输与传递。此外，一氧化碳与肌红蛋白、细胞色素 a_3 及 P450 酶结合又可影响氧的利用。

（三）影响红细胞存活期的毒作用机制

有害因素直接作用于红细胞，对红细胞膜和酶造成不可逆损害，影响红细胞存活期，导致溶血。

有害因素与血红蛋白之间反应可导致自由基形成，产生高铁血红蛋白，并使其他巯基酶和红细胞膜成分等重要蛋白质发生变性反应，同时产生海因小体，即红细胞内氧化变性珠蛋白的沉淀物。红细胞膜上附着海因小体，则可影响其可塑性，从而使其容易在脾内滞留而被破坏，引起溶血性贫血，且出现血红蛋白尿。当溶血性贫血细胞自身的保护机制存在缺陷，如缺乏葡萄糖 -6- 磷酸脱氢酶，则更容易发生氧化损伤。如当葡萄糖 -6- 磷酸脱氢酶缺乏者暴露于氧化性有害因素时，其红细胞还原型谷胱甘肽迅速减少，从而导致一系列氧化损伤，引起血管内溶血和血管外溶血发生，甚至导致更严重疾病（如肾衰竭）或者死亡。

外源化学物也可能与红细胞膜上的蛋白质结合，使其具有抗原性，激发抗红细胞自身抗体产生。抗原-抗体反应直接作用或者在补体参与下破坏红细胞膜，引起免疫性溶血。自身免疫性溶血性贫血时，抗原是患者本身红细胞内在成分。外源化学物介导免疫性溶血存在多种机制：①半抗原/药物吸附：有些药物如青霉素，可作为半抗原结合在红细胞表面，引起免疫应答反应。②三聚复合物：以奎尼丁最为典型，其与红细胞表面的某些成分结合导致细胞膜上一个或多个成分发生构象变化，从而引发一系列特异性抗体的生成。药物、细胞膜抗原、抗体三者形成复合物。③结合自身抗体：某些外源化学物如 α-甲基多巴，可引起外源化学物诱导性自身抗体生成，这种抗体与自身免疫性溶血性贫血患者中出现的抗体相似。

二、对白细胞的毒作用机制

（一）导致白细胞减少症和粒细胞缺乏症的毒作用机制

引起白细胞减少和粒细胞缺乏的机制多样。氯丙嗪可直接作用于骨髓粒细胞系，通过抑制幼粒细胞 DNA 的合成或损害幼粒细胞 DNA，抑制幼粒细胞的分裂和增殖，导致粒细胞生成障碍；而甲氨蝶呤等则可通过干扰粒细胞成熟而致病。这两方面均属骨髓抑制作用，引起粒细胞核碎裂、溶解和骨髓造血干细胞的损伤。

（二）致中性粒细胞功能异常的毒作用机制

乙醇在人血液中达到一定浓度时，可抑制中性粒细胞的运动和吞噬作用；亚硫酸钠、氯丹、氯化汞和毒杀芬等会影响中性粒细胞的炎症反应；糖皮质激素尤其是大剂量持续作用时，能抑制中性粒细胞的运动、吞噬和脱颗粒作用；氯丹、安替比林、氯化汞和大环内酯类抗生素会抑制中性粒细胞的黏附功能。

（三）致白血病的毒作用机制

白血病的发生是多种有害因素与遗传因素相互作用的结果。研究表明，白血病的发病与辐射、苯及化疗药物密切相关，三者是最明确的环境致病因素。

白血病的发生是体细胞突变的结果。大约80%的患者发生的体细胞突变是由于染色体易位，染色体易位导致原癌基因的关键区域发生重排，但两个基因融合部分的转录过程并没有受到影响，其编码的蛋白由于结构异常，干扰了细胞的正常生长过程，导致突变的干细胞和早期前体细胞恶性转化，能够增殖并维持一定的分化能力，故白血病细胞恶性分化过程中可出现各种各样的表型。

有研究发现，苯暴露导致染色体裂隙和断裂；慢性苯中毒病例常见染色体数目和结构改变、姐妹染色单体交换率和微核率增高的现象。急性髓细胞性白血病与外源化学物暴露相关，其特征为5号和7号染色体的全部或部分丢失，使得在异常克隆中细胞转化率增高、细胞异常成熟及无效造血；随后，其他原癌基因激活和抑癌基因丢失，导致疾病的发生发展。

三、对血小板和凝血系统的毒作用机制

（一）对血小板生成影响的毒作用机制

外源化学物引起血小板减少可能是直接毒作用或由免疫反应所致。

直接毒作用如抗肿瘤药、抗癫痫药、苯、砷等通过对骨髓的抑制作用，从而引起血小板减少；氯噻嗪类利尿药、酒精及己烯雌酚等药物可抑制巨核细胞生成，从而引起血小板减少。

免疫反应引起的血小板减少的原因，一种是化学物质与血浆蛋白结合成为全抗原，刺激相应抗体，生成抗原-抗体复合物作用于血小板膜表面，使血小板受到破坏，如奎尼丁药物引起的血小板减少症。另一种为化学物质与血小板蛋白质相结合成为全抗原，产生的抗体特异性地作用于化学物质-血小板复合物。引起免疫性血小板减少症的化学物质主要为药物，如头孢菌素类、奎宁、对氨基水杨酸钠、利福平、阿司匹林、氯噻嗪类利尿药、洋地黄毒苷、盐酸丙米嗪、葡萄糖酸锑钠等。

（二）对血小板功能影响的毒作用机制

外源化学物可通过多种机制干扰血小板功能。①引起血小板功能障碍的非类固醇类药物通过作用于血小板膜，抑制血小板内源性腺苷二磷酸（ADP）的正常释放，阻止血小板聚集。②阿司匹林具有抑制血小板黏附的功能。③聚乙烯吡咯烷酮可被血小板外层吸附，影响血小板的正常聚集功能。④氰化钾和碘乙酸可抑制氧化磷酸化和葡萄糖酵解过程，进而干扰血小板的聚集和释放功能。⑤甲基硝酸汞和对氯汞苯甲酸等活性较强的外源化学物可与巯基结合，抑制血小板聚集。⑥非甾体抗炎药能抑制磷脂酶 A_2/环氧化酶途径及血栓素 A_2 的合成。⑦抗生素、血小板抑制剂、氯吡格雷可能影响血小板及其受体的相互作用。⑧由于血小板反应依赖胞质钙的迅速增多，所以任何干扰钙转运的因素（如钙通道抑制剂）可能都会抑制血小板功能。⑨药物诱导的抗体与血小板受体结合后抑制其功能，增加出血的风险。

（三）对凝血功能影响的毒作用机制

1. 凝血因子合成减少　凝血因子Ⅱ、Ⅶ、Ⅸ、Ⅹ的合成都依赖维生素 K。任何干扰维生素 K 吸收和代谢的因素都会导致这些因子缺乏，并出现出血倾向。当服用影响维生素 K 在小肠吸收或干扰维生素 K 环氧化物还原的药物时，就会出现上述情况。茚满二酮类灭鼠剂（如敌鼠）则是通过维生素 K 缺乏实现抗凝血杀鼠作用的。这些药物在体内有很长的半衰期，因而接触这些药物后，凝血障碍会持续几周或几个月。

2. 凝血因子清除增加　机体对外源化学物的某些特异性反应形成的抗体（如生成凝血因子反应性抗体），可结合到凝血因子上，形成免疫复合体；免疫复合体可迅速在循环系统清除，从而导致凝血因子不足，引发出血。此外，这些抗体也常常抑制凝血因子功能。

第五节　血液毒性的检测与评价

血液毒性的检测与评价,主要关注环境有害因素对造血系统中成熟细胞及原始或幼稚细胞的毒性作用,研究方案主要包括整体实验与体外实验。整体实验研究是评价血液毒性的主要方法,包括外周血液学和骨髓组织学分析。要确定有害因素引起的血液毒性,主要分析血细胞计数改变的程度、毒性发生时间、持续时间与毒性恢复时间及有无远期效应。血液毒性的检测方法包括血液的一般检测(血常规分析)、凝血检查如凝血酶原时间、活化部分凝血活酶时间等和骨髓检查(细胞计数、细胞学检查和骨髓微循环的观察)。

一、动物模型

常选择药效学与人相似的动物模型评价外源化学物的血液毒作用。常使用的模式动物包括斑马鱼、小鼠等,也可使用较大型的动物,如犬、猴等。采用模式生物开展血液毒理学评价的优势较多,例如,斑马鱼造血过程及调控机制与人高度相似,且繁殖能力强、发育周期短、胚胎透明便于活体造血成像、基因调控技术成熟;小鼠体型小,可多次内眦静脉采血获得血液样本,骨髓移植技术成熟等;犬和猴造血及血细胞动力学与人类更相似,且体积大,可连续采血和从骨髓抽样。

进行血液毒理学整体动物实验研究时,应注意以下几点:①动物实验的环境条件,动物种属、品系、年龄、体重和健康状况;药动学结果中受试物和/或代谢物的血液和组织浓度与血液毒作用之间的相关性等。②收集连续的血液和骨髓标本,建立受试物毒作用发生发展的连续效应谱,从而为了解这些毒作用是否存在可逆性提供依据。③动物实验合适剂量范围的确定,不仅对了解血液毒作用的剂量-反应关系很重要,有时还可控制结果的错误率。④重视常规诊断和研究手段的应用,如对血液和骨髓一般指标的观察,光学显微镜和电子显微镜技术的应用,以及特殊组织化学染色、血液免疫学技术等。

二、外周血监测

外周血监测指标众多。无论是单次还是多次接触,用于评价血液和骨髓毒作用的实验应提供的指标包括:红细胞参数(红细胞、血红蛋白、血细胞比容、平均血细胞容积、平均血红蛋白浓度),白细胞参数(白细胞的绝对及分类计数),血小板计数,凝血指标(血浆凝血酶原时间、活化部分凝血活酶时间),外周血细胞形态,骨髓细胞学、组织学检查结果。此外,还可用其他实验来检查潜在血液毒性特征,如网织红细胞计数、海因小体检测、红细胞渗透脆性实验、红细胞动力学/铁循环分析、血浆纤维蛋白原浓度测定等。

三、体外实验

相较于传统方法,采用体外实验评估外源因素对骨髓的毒性作用更为迅速且经济,且所得数据能更有效地解释或阐明毒性作用机制。外源因素可通过影响造血干细胞或造血微环境,导致骨髓抑制。常用的骨髓体外实验包括集落形成实验、长期造血干细胞培养实验、体外骨髓基质细胞培养实验以及细胞因子检测等。

集落形成实验能反映外源因素短期内对造血干细胞的毒性作用,具体可分为红系爆式集落形成单位(BFU-E)、红细胞集落形成单位(CFU-E)、粒细胞/单核细胞集落形成单位(CFU-GM)、巨核细胞集落形成单位（CFU-MK），以及粒细胞、红细胞、巨核细胞、单核细胞集落形成单位（CFU-GEMM）等类型。长期造血干细胞培养实验则可观察外源因素对骨髓细胞长期增殖和功能的抑制作用。此外，体外骨髓基质细胞培养实验和细胞因子检测等实验，可用于评估外源因素对骨髓造血微环境的毒性作用。

（顾爱华）

思考题
1. 外源化学物对血液系统有哪些影响？
2. 辐射对血液系统有哪些影响？
3. 血液毒性的检测和评价方法有哪些？

第十六章
免疫系统毒性

免疫系统作为人体的防御体系，在维持机体健康中发挥着不可或缺的作用。它不仅能够识别和清除外来病原体，还能监控并清除体内异常细胞。然而，免疫系统对外源因素的敏感性往往高于其他器官系统，当其他器官系统尚未出现明显的毒作用时，免疫系统已经发生了改变，如淋巴细胞亚群的失衡、抵抗力的下降以及特异性免疫功能应答的改变等，导致其功能异常，进而可能引发一系列健康问题。为了深入了解外源因素对免疫系统的影响及其机制，免疫系统毒性研究及评价方法显得尤为重要。这不仅有助于我们更好地理解外源因素对免疫系统的功能影响和调节机制，还能为制订有效的预防和治疗策略提供科学依据，对于保护人类健康具有重要意义。

第一节 概 述

免疫毒理学（immunotoxicology）是研究外源因素对免疫系统的损害作用及其机制的毒理学分支学科。免疫系统毒性（immune system toxicity）指外源因素对机体免疫系统结构与功能造成损害作用的能力。免疫系统毒性是在免疫学和毒理学基础上发展起来的。免疫学提供了对免疫系统结构和功能的深入理解，而毒理学则提供了评估外源因素对生物体影响的方法和工具，这两个学科的交叉融合能够更深入地揭示外源因素对免疫系统的影响。

一、免疫系统毒性生物学基础

高等动物体内存在完整的免疫系统，由免疫器官和组织、免疫细胞及免疫分子组成，是机体正常免疫应答过程的基础。免疫系统能识别自身和非己抗原，对自身耐受，且清除非己，从而维持内环境的稳定，表现为免疫防御、免疫自稳和免疫监视三大功能。

（一）免疫器官和组织

机体免疫器官和组织由中枢与外周免疫器官组成。中枢免疫器官包括骨髓和胸腺，是造血干细胞分别分化为 T 细胞和 B 细胞的场所。外周免疫器官包括脾脏、淋巴结及全身弥散的淋巴组织，是成熟 T 细胞和 B 细胞定居及对抗原应答的场所。人体免疫系统的组成如表 16-1 所示。

（二）免疫细胞

免疫细胞广义上指对抗原物质产生免疫应答的各种细胞。根据参与的免疫应答类型，将免疫细胞分为固有免疫细胞和适应性免疫细胞两大类。

1. 固有免疫细胞 包括髓系来源的固有免疫细胞和淋巴系来源的固有免疫细胞。

（1）髓系来源的固有免疫细胞：树突状细胞、单核巨噬细胞、粒细胞、肥大细胞均来源于髓系共同祖细胞（common myeloid progenitor, CMP）。感知危险信号及发挥免疫效应是树突状细胞、巨噬细胞和中性粒细胞的重要功能之一。

（2）淋巴系来源的固有免疫细胞：包括固有淋巴样细胞（innate lymphoid cell, ILC）和固有样淋巴细胞（innate-like lymphocyte, ILL）。

表 16-1　人体免疫系统的组成

分类	免疫器官
中枢性	胸腺
	骨髓
周围性	脾脏
	淋巴结
	黏膜相关淋巴组织（MALT）
	集合淋巴结（Peyer 斑）
	皮肤相关淋巴组织（SALT）
	肠道相关淋巴组织（GALT）
	支气管相关淋巴组织（BALT）
	鼻相关淋巴组织（NALT）
三级淋巴结构	非淋巴器官淋巴新生
	泌尿生殖道内壁细胞

ILC 包括自然杀伤（natural killer, NK）细胞和 ILC 亚型（ILC1、ILC2 和 ILC3）。NK 细胞能够直接杀伤肿瘤细胞及病毒感染细胞，从而发挥抗肿瘤和抗病毒感染作用。ILC 不表达 T 细胞抗原受体（TCR）和 B 细胞抗原受体（BCR），可通过分泌炎症因子介导炎症反应。

ILL 包括固有样 T 细胞和固有样 B 细胞，这些细胞具有固有免疫细胞的特性，可迅速响应抗原刺激。

2. 适应性免疫细胞　包括 T 细胞和 B 细胞两大类。T 细胞和 B 细胞分别表达 T 细胞抗原受体（TCR）和 B 细胞抗原受体（BCR），能够特异性地识别抗原，介导适应性免疫应答，有效清除抗原，其中一小部分淋巴细胞可形成记忆性免疫细胞。

（三）免疫分子

免疫分子主要包括抗体、补体、细胞因子和人类白细胞抗原。

1. 抗体（antibody, Ab）　又称免疫球蛋白（immunoglobulin, Ig），当免疫系统受抗原刺激后，B 细胞转化为浆细胞，分泌能与相应抗原特异性结合的蛋白，可分为 IgG、IgA、IgM、IgD 和 IgE 五类。

2. 补体（complement, C）　补体系统包括 30 余种组分，广泛存在于血液、组织液和细胞膜表面，是具有精密调控作用的蛋白质反应系统，包括补体固有成分、补体调节蛋白和补体受体三类。

3. 细胞因子（cytokine, CK）　是参与免疫应答的重要效应和调节分子。根据结构和功能可将其分为白细胞介素（interleukin, IL）、干扰素（interferon, IFN）、肿瘤坏死因子（tumor necrosis factor, TNF）、集落刺激因子（colony stimulatory factor, CSF）、生长因子（growth factor, GF）、趋化因子（chemokine）六大类。

4. 人类白细胞抗原（human leukocyte antigen, HLA）　即人的主要组织相容性抗原。HLA 广泛分布在各种细胞上，因具有极大的多态性（可看作每个人的身份证），在同种移植中作为主要移植抗原，参与宿主抗移植物排斥反应或移植物抗宿主反应。HLA 作为 APC 的抗原提呈分子，结合多肽抗原（pMHC）提呈给 T 细胞，在启动 T 细胞免疫应答中起重要作用。

（四）免疫应答过程

免疫应答（immune response）是机体非特异性和特异性地识别并排除异己成分以维持自身稳定

的全过程,因而免疫应答是整个免疫学的核心,包括固有免疫(非特异性免疫应答)和适应性免疫(特异性免疫应答)。免疫应答过程可分为三个阶段,即抗原识别阶段(抗原提呈细胞摄取、处理、提呈抗原,抗原特异性 T、B 细胞识别抗原并启动活化),淋巴细胞活化、增殖、分化阶段(抗原特异性 T、B 细胞识别抗原后,活化、增殖、分化为效应 T 细胞或浆细胞),以及效应阶段(效应 T 细胞或浆细胞分泌的抗体执行清除抗原的免疫效应功能)。

适度的免疫应答可产生对机体有利的抗感染、抗肿瘤等免疫保护作用。当免疫功能发生紊乱时,会出现异常免疫应答(过高或过低的应答,或对自身组织抗原的应答),导致免疫病理损伤,甚至免疫性疾病。

二、免疫系统毒性的类型和特点

(一)免疫系统毒性的类型

免疫系统毒性可以分为免疫抑制、超敏反应、自身免疫和免疫缺陷 4 种类型。

1. 免疫抑制　免疫抑制(immunosuppression)是外源因素导致机体出现的体液免疫和/或细胞免疫功能的抑制状态。多数外源化学物可以引起机体免疫抑制,其结果是机体抵抗力降低,主要表现为抗感染能力降低和肿瘤易感性增加。

具有免疫抑制作用的外源化学物种类繁多,目前研究较充分、结论比较肯定的物质就有上百种,美国国立环境卫生科学研究所(NIEHS)公布的有近 50 种。常见的主要有①药物:肿瘤细胞减灭剂(化疗药等)、组织和器官移植用药、麻醉药、抗艾滋病药;②工业化学物:有机溶剂、多卤代芳烃、多氯联苯、多环芳烃、乙二醇醚类;③环境污染物:重金属及其化合物、空气污染物、紫外线、粉尘(二氧化硅、石棉等)、农药、霉菌毒素(如胶霉毒素)、真菌;④成瘾物质:乙醇、烟草、大麻、鸦片、可卡因等。

2. 超敏反应　超敏反应(hypersensitivity)是机体对外源化学物产生的病理性免疫反应,包括Ⅰ型、Ⅱ型、Ⅲ型和Ⅳ型超敏反应,见表 16-2。

表 16-2　外源化学物引起超敏反应的类型

反应类型	参与细胞和分子	反应机制	常见疾病
Ⅰ型 速发型	IgE、肥大细胞、嗜碱性粒细胞、嗜酸性粒细胞	致敏细胞释放血管活性物质等,使毛细血管扩张、通透性改变,导致腺体分泌增加、平滑肌收缩	支气管哮喘、过敏性鼻炎、胃肠道过敏反应、荨麻疹、湿疹、过敏性休克等
Ⅱ型 细胞毒型或细胞溶解型	IgG 或 IgM、补体、吞噬细胞及 NK 细胞	抗体与靶细胞表面抗原结合,通过激活补体、调理吞噬作用以及 ADCC* 等杀伤靶细胞	溶血性贫血、粒细胞减少、血小板减少性紫癜、输血反应、新生儿溶血病、肺出血-肾炎综合征、甲状腺功能亢进等
Ⅲ型 免疫复合物型或血管炎型	IgG、IgM 或 IgA、补体、中性粒细胞、血小板,嗜碱性粒细胞	中等大小可溶性抗原-抗体复合物在组织中沉淀,引起中性粒细胞浸润、释放溶酶体酶等	急性免疫复合物型肾小球肾炎、类风湿关节炎、系统性红斑狼疮(SLE)
Ⅳ型 迟发型	T_D 亚群细胞	致敏 T_D 释放细胞因子吸引吞噬细胞并发挥作用	结核病、接触性皮炎、银屑病、移植排斥等

注:*抗体依赖性细胞介导的细胞毒作用。

超敏反应是危害人类健康的重要疾病之一。接触外源化学物引起的超敏反应,最主要的有接触性皮炎(包括光敏性皮炎)和过敏性哮喘。此外,尚有过敏性鼻炎、过敏性肺炎、肺部肉芽肿等。有些外源化学物可以在不同的条件下引起不同类型的超敏反应,或者多种超敏反应同时存在。

能引起超敏反应的外源化学物或混合物至少有数百种，可以来自药物、食物及化妆品等，也可以从职业或生活环境中接触。主要外源化学物有①药物：青霉素类、磺胺类、新霉素、哌嗪、螺旋霉素、盐酸氯丙嗪、抗生素粉尘、抗组胺药、奎尼丁、麻醉药、血浆替代品；②食品：生咖啡豆、谷物和面粉、豆类、海鲜等；③化妆品：美容护肤品、香水、染发剂、脱毛剂、指甲油、除臭剂；④工业化学物：乙（撑）二胺、邻苯二甲酸酐、偏苯三酸酐、二异氰酸酯类（TMI、HDI、MDI、TDI）、金属盐类、有机磷、染料（间苯二胺等）、重金属（镍、汞、铬酸盐等）、抗氧化剂、增塑剂、鞣革制剂（甲醛等）；⑤植物：毒常青藤、橡树、漆树、豚草、樱草、花粉等；⑥混合物有机体：棉尘、木尘、动物产品（如骨粉、鱼粉、饲料等）。

3. 自身免疫　自身免疫（autoimmunity）是机体免疫系统对自身抗原发生免疫应答，引起自身抗体和/或自身致敏淋巴细胞的产生，进而导致机体病理损害甚至疾病的过程。很多能诱发Ⅱ型、Ⅲ型和Ⅳ型超敏反应的外源化学物都可以引起自身免疫，尤以药物多见。与自身免疫有关的外源化学物见表 16-3。

表 16-3　已知与自身免疫相关的化学物质

外源化学物	临床表现	决定因子
药物		
甲基多巴	溶血性贫血	恒河猴抗原
肼屈嗪	SLE 样综合征	髓过氧化物酶
异烟肼	SLE 样综合征	异烟肼髓过氧化物酶代谢产物靶向的蛋白
普鲁卡因胺	SLE 样综合征	DNA
氟烷	自身免疫性肝炎	肝微粒体蛋白
非药物化学品		
氯乙烯	硬皮病样综合征	肝脏合成异常蛋白
汞	肾小球疾病所致神经/精神病变	肾小球基底膜蛋白
二氧化硅	硬皮病	很可能作为佐剂发挥作用

自身免疫病的临床表现很复杂，除不同受累器官组织损伤和功能异常表现外，还可以在血液中检测到高效价的自身抗体和/或自身应答性 T 细胞。自身免疫病经常反复发作、慢性迁延，其转归与自身免疫应答的强度密切相关，免疫应答强烈者可出现进行性损害。由外源化学物引起的自身免疫病，在停止接触外源化学物后往往可以恢复。

4. 免疫缺陷　免疫缺陷（immunodeficiency）是指先天性或继发性免疫系统功能不全的现象，主要源于抗体缺陷、细胞免疫缺陷、巨噬细胞缺陷或补体系统缺陷等。婴儿在出生前已形成或存在免疫系统功能不全即为出生免疫缺陷（birth immunodeficiency）。出生免疫缺陷除了先天性遗传基因异常外，也可因妊娠期接触外源性理化因素所引起。后者导致的免疫缺陷可能是可遗传性的，也可能是非遗传性的。对胎儿免疫缺陷的作用又常被称为免疫致畸作用（immunological teratogenic effect）。

出生免疫缺陷的临床表现复杂多样，与免疫缺陷相关的主要临床特征如下：

（1）高度可疑：①反复感染；②慢性感染；③罕见病原体感染；④感染与治疗效果间的关系不甚明确。

（2）中度可疑：①皮疹（湿疹、念珠菌疹等）；②慢性腹泻；③严重发育不良；④反复性脓肿；⑤反复性骨髓炎；⑥肝/脾大。

（3）特殊的免疫缺陷症状：①共济失调（ataxia）；②毛细血管扩张（telangiectasis）；③短肢侏儒；④软骨、毛发发育不全；⑤特发性内分泌病；⑥局部白化病（白痣）；⑦血小板减少；⑧湿疹；⑨抽搐或肌强直。

（二）免疫系统毒性的特点

1. 反应的灵敏性　很多外源化学物对免疫系统造成不良反应的剂量往往低于它们的一般毒作用剂量。如小鼠长期接触低剂量的甲基汞、四乙基铅和砷酸钠，在表现出明显毒性反应之前已经出现免疫功能改变。在研究大气和水体中化学污染物的毒性时发现，许多污染物引起超敏反应的浓度比出现一般毒作用的浓度低若干数量级。因此，对新合成的化学物质、工业化学品、农药和杀虫剂、食品添加剂、环境污染物等进行对免疫系统不良影响的鉴定，是保障公众健康和安全的重要措施。

2. 反应的复杂性　外源化学物对免疫系统的影响常常是复杂的。其在以免疫系统为毒作用靶点的同时，对非免疫系统的毒作用也可以影响免疫功能；反之，对免疫系统的损害也可影响其他组织器官的功能，有时两者之间是很难区别的。

外源化学物对机体可产生免疫增强或免疫抑制两种效应，取决于化学物质剂量大小、暴露途径以及暴露时间。如接触抗原前，给实验动物腹腔注射镉，可观察到动物空斑形成细胞（plaque forming cell，PFC）增加，但在接触抗原后2天再给予镉干预，则PFC明显减少。氨基硫羰基咪唑啉酮在一定剂量下具有免疫抑制作用，但当剂量加大时免疫抑制作用反而不明显。

很多外源化学物可选择性地损伤免疫反应的一方面或是某种免疫细胞的亚型。如皮质类固醇损伤辅助T细胞（TH），而环孢素对各类T细胞均有损伤作用，环磷酰胺主要对活化增殖的细胞有毒性，且对B细胞的毒性比T细胞大。

第二节　免疫系统毒作用机制

外源因素可以直接损伤免疫细胞的结构和功能，影响免疫分子的合成、释放和生物活性，或通过干扰神经内分泌网络等间接作用，使免疫系统对抗原产生不适当的应答（过高或过低的应答）或对机体自身抗原产生应答。这些情况均可导致免疫病理过程，进而发展为免疫性疾病（图16-1）。应答过低可引起免疫抑制，使宿主对病原体或肿瘤的易感性增加，严重时表现为免疫缺陷；应答过高则表现为超敏反应，如自身抗原应答细胞被激活，则引起自身免疫反应。

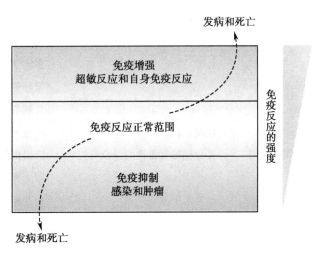

图16-1　免疫调节的可能结果

一、免疫抑制毒作用机制

外源化学物引起免疫抑制的机制较为复杂，仅就其作用方式而言通常分为直接作用和间接作用两大类。外源化学物可以直接作用于不同的免疫器官、免疫细胞和免疫分子，影响机体正常的免疫应答，也可以通过影响神经内分泌系统的调节功能，造成免疫功能紊乱，或者继发于其他靶器官毒性而引起免疫损伤（表 16-4）。近年来发现免疫系统并不是单独发挥作用的，而是与神经系统和内分泌系统相互联系、相互作用、相互调节，共同构成了维持机体自身稳态的复杂网络，这对于发挥免疫系统正常的功能具有十分重要的意义。外源化学物对该网络某一环节的损害，都有可能影响正常的免疫功能。比如近年来发病率不断上升的慢性疲劳综合征（chronic fatigue syndrome，CFS）或多种化学物敏感综合征（multiple chemical sensitivities syndrome，MCS），均被认为是神经 - 内分泌 - 免疫系统网络功能紊乱所致。

表 16-4　外源化学诱导免疫抑制的可能机制

作用类型	作用机制	举例
直接作用	功能改变	抗体介导的反应改变
		细胞介导的反应改变
		预先形成的介质释放发生改变
		宿主抵抗力改变
		一种或多种细胞不能发挥所需的功能
		产生抗体
		释放细胞因子
		处理和提呈抗原
		增殖和分化
		受体介导的信号转导
	结构改变	表面受体或配体改变
		受体或配体的表达改变
		淋巴器官的组织病理学改变
		MHC 结合肽的改变
	成分组成	脾脏 CD3$^+$、CD4$^+$、CD8$^+$、B220$^+$ 和 / 或 Ig$^+$ 的改变
		胸腺 CD4$^+$、CD8$^+$、CD4$^+$/CD8$^+$ 和 / 或 CD4$^-$/CD8$^-$ 的改变
		血液学细胞参数的变化
		循环免疫球蛋白的改变
		骨髓集落形成单位（CFU）谱系变化
	代谢活化	转化为有毒代谢物
间接作用	其他靶器官毒性的继发效应	肝损伤诱导的急性期蛋白生成
		肾上腺释放皮质激素增加
	激素水平改变	改变神经内分泌调节
		改变中枢神经系统的自律性输出（autonomic output）
		改变性腺类固醇激素的释放

　　目前，外源化学物免疫抑制作用机制仍不明了，随着分子生物学、分子免疫学和分子遗传学的发展，人们对外源化学物免疫损伤的分子机制有了更加深入的认识。例如，转录核因子 κB（nuclear factor kappa B，NF-κB）或活化的 T 细胞核因子（nuclear factor of activated T-cell，NF-AT）是免疫应答过程中重要的免疫调节因子。NF-κB 可与抑制蛋白 IκB 结合形成无活性的 NFκB-IκB 复合物存在于胞质中，当细胞受到某些免疫因子刺激后，导致 NFκB-IκB 复合物发生解离，游离的 IκB 被降解，

而释放的 NF-κB 则迁移到核内,激活淋巴细胞靶基因的转录,包括编码 IL-1、IL-2、IL-3、IL-6、IL-8、TNF-α、IFN-γ、GM-CSF、MHC I、MHC II、ECAM-1、ICAM-1、Igκ 轻链等重要免疫调节基因的转录。外源性化学物,如糖皮质激素、对苯二酚、二甲基二硫代氨基甲酸盐等均可通过抑制 NF-κB,引起免疫抑制。糖皮质激素还可以通过诱导 IκB,使游离的 NF-κB 减少,抑制 NF-κB 的活性。NF-AT 在钙调神经磷酸酶(calcineurin,CaN)的作用下脱磷酸化后迁移至核内,诱导 IL-2、IL-10 等细胞因子基因的转录。有些外源性化学物,如环孢素(CsA)等可与 CaN 形成复合物,抑制 CaN 活性,从而阻止 NF-AT 磷酸化,进而阻断 IL-2 等重要细胞因子基因的转录,抑制 T 细胞的活化。CsA 还可以促进 T 细胞的凋亡,引起免疫抑制。

外源化学物还可通过氧化应激反应、破坏细胞内钙稳态、抑制 cAMP 等机制影响淋巴细胞的正常功能,引起免疫抑制。

二、超敏反应毒作用机制

目前有关外源化学物引起超敏反应机制的研究资料较少。一般认为主要有以下两种。

(一)外源性化学物本身作为抗原或半抗原而引发超敏反应

常见的致敏因子有些本身就是一种抗原,如异种血清蛋白、洗涤剂中添加的酶、动物毛发和皮片、植物、花粉、微生物、尘螨等。但大多数致敏性外源化学物本身是小分子的半抗原,如氯乙烯、甲苯二异氰酸酯(TDI)、三硝基氯苯、重金属镍、铂等,它们进入机体后可与某些蛋白或其他大分子载体结合形成复合物后而具有抗原性。致敏性外源化学物可能因为有某些结构上的特性,使它们更容易与蛋白相结合。

(二)改变抗体免疫应答的敏感性或强度而导致超敏反应

有的外源化学物可以调节机体识别、处理抗原的能力或免疫应答的强度,使机体处在高敏感状态,可以对更多的物质过敏或使超敏反应的强度增加。如职业性接触铅的工人中,过敏者血清 IgE 抗体高于非过敏者。汽车尾气、石英、炭黑等粉尘还能作为佐剂,刺激针对其他抗原的免疫反应。

三、自身免疫毒作用机制

外源化学物引起自身免疫病的机制尚不清楚。目前认为可能的机制有:

1. 外源化学物可引发机体针对自身抗原产生自身抗体进行免疫应答　其机制类似于 I 型、II 型和 III 型超敏反应。如甲苯多巴、苯妥英等可引发产生抗血细胞表面抗原的抗体而导致自身免疫性溶血性贫血、血小板减少症和中性粒细胞减少症;多氯联苯、碘、锂等可引发产生抗促甲状腺激素受体(TSHR)的自身 IgG 抗体,其作用于 TSHR,刺激甲状腺细胞过度分泌甲状腺素,引起甲状腺功能亢进;青霉胺、氯丙嗪、异烟肼等可引发产生抗肾小球基底膜 IV 型胶原抗体导致肾小球肾炎等。上述都是自身抗体引起的 II 型超敏反应导致的自身免疫病。

2. 外源性化学物引发机体产生针对自身抗原的自身应答性 T 细胞进行免疫应答　肼屈嗪、氯丙嗪等可能导致 SLE,多属 III 型超敏反应,患者体内可针对核体、剪接体、胞质小核糖蛋白复合体等核抗原产生自身 IgG 抗体。这些抗体可与相应核抗原形成大量免疫复合物,沉积在肾小球、关节和其他脏器的小血管壁,激活补体,造成细胞损伤。损伤的细胞释放更多的核抗原,进而产生更多的自身 IgG,形成更多的免疫复合物,引起广泛的小血管炎症性损伤。自身免疫病也可由 T 细胞对自身抗体发生免疫应答引起。CD8+ TCL 和 Th1 都可以造成自身细胞的免疫损伤,IDDM 患者 CD8+ TCL 可对胰岛的 β 细胞发生免疫应答,将其特异性杀伤。

3. 外源化学物可以造成自身隐蔽抗原的暴露或释放,改变自身抗原或形成新的自身抗原,从而引起自身免疫　研究发现吸烟引起肺部炎症,损伤肺泡毛细血管内皮细胞,导致位于毛细血管内皮细胞和肺泡上皮细胞之间的肺基底膜暴露,使血液中的抗基底膜Ⅳ型胶原抗体得以结合在基底膜上,产生免疫损伤性炎症,引起肺出血。临床上肺出血-肾炎综合征患者几乎都是吸烟者。

4. 某些药物可改变血细胞或其他组织细胞的抗原性,进而刺激机体产生自身抗体　甲基多巴可改变红细胞膜上 Rh 系统的 e 抗原,使机体产生抗红细胞抗原。长期服用甲基多巴的患者中有10%~15% 抗球蛋白试验呈阳性,约 1% 出现溶血性贫血。肼屈嗪、异烟肼等药物可与细胞核内组蛋白或 DNA 结合,改变其抗原性,诱导自身抗体,长期服用这些药物可引起 SLE 样综合征。双肼屈嗪经 CYP1A2 转化为活性代谢产物后,可以与 CYP1A2 特异性结合,形成新抗原,可能诱发异常免疫应答,引起自身免疫病。

5. 外源化学物还可影响正常的免疫调节功能　外源化学物可激活对自身抗原处于耐受态的 T 细胞,或通过抗原提呈细胞表面辅助刺激因子异常表达,或引起 Th1 和 Th2 功能失衡,引起自身免疫。Th1/Th2 失衡与免疫毒性,尤其与人的免疫反应关系密切,如 Th1 反应过度增强与器官特异性自身免疫病有关,如多发性硬化症和桥本甲状腺炎等。汞及其化合物引起的自身免疫性肾小球肾炎也被认为与 Th1 和 Th2 功能失衡有关,这在动物实验中已得到证实。

此外,许多细胞因子,如 TNF-α、干扰素、多种白细胞介素,以及一氧化氮等前炎症细胞因子在自身免疫病的发病机制中也有重要作用。虽然自身免疫病是免疫系统疾病,但也受许多非免疫因素的影响,包括 T 细胞受体(TCR)多态性、药物代谢表型等遗传因素和感染、应激、膳食等非遗传因素。如汞及其化合物引起的自身免疫性肾小球肾炎具有明显的遗传特异性,在实验动物中表现出敏感性的种属差异。

自身免疫病是当免疫系统的反应发生在身体自身组织时导致的,与超敏反应一样,其特征是具有遗传易感性。自身免疫病可能是组织特异性的(其损伤与特定类型的组织或特定器官有关)或组织非特异性的(其体征和症状与多个器官和组织有关)。从自身免疫病中组织损伤原发部位的角度来看,其靶点是多种多样的,自身免疫病往往是多个机制同时作用的结果。体液免疫和细胞免疫均可作为自身免疫条件下引起损伤的效应机制。"过敏"和"自身免疫"具有一定的相关性,超敏反应可能是自身免疫病产生的一种机制。

四、免疫缺陷毒作用机制

发生免疫缺陷的确切机制尚不完全清楚,主要原因是先天性免疫系统遗传基因异常(如常染色体隐性遗传或 X 连锁隐性遗传等)。此外,感染(如感染 HIV)、药物作用、外源化学物接触、罹患疾病(如恶性肿瘤等)、营养不良等也可导致其发生。

近年来,外源因素引起的出生免疫缺陷研究引起了人们的关注。妊娠期或围生期接触外源化学物会严重影响胎儿出生后 T 细胞、B 细胞、吞噬细胞的发育、迁移、归巢及其功能,可能暂时性或永久性地损伤机体的免疫系统。例如:接触氯氰菊酯可诱导胸腺细胞分布和功能的改变,干扰某些细胞因子(如 IL-2 等)的产生与释放,并因此导致胸腺细胞增殖障碍,引起子代胸腺细胞减少。动物实验已证实妊娠期,尤其是围生期接触可引起子代肿瘤高发的外源化学物(也称发育致癌物)已有 30 余种。这些儿童高发肿瘤(如急性淋巴细胞白血病、神经母细胞瘤、性腺母细胞瘤等)的发生除了与处于围生期的细胞增殖异常快速、药物代谢酶活性异常和发育不全等因素有关外,还与外源化学物导致机体免疫监视功能低下或缺陷有关。

第三节 免疫系统毒性试验方法与评价

近年来,国际上对药物和化学物的免疫系统毒作用的评价日益重视,迫切需要敏感的免疫系统毒性评价方法和完善统一的检测方案,以更加准确地评价药物和化学物的免疫系统毒性。目前国内外已有多种用于外源化学物免疫系统毒性检测和研究的方法,且随着免疫学研究的发展而不断增加。这些方法各有其优缺点,多种方法的联合应用可更加全面地评价外源化学物的免疫系统毒性,了解免疫毒作用的机制。

一、免疫系统毒性检测试验方案

由于免疫系统组成、结构、功能及其功能调节的高度复杂性,以及外源化学物免疫系统毒作用靶器官、靶细胞、靶分子的广泛多样性,目前认为,仅依据一种免疫毒理试验方法来确定和评价外源化学物的免疫毒作用尚十分困难,需要制订一整套的程序,通过一系列试验组合来加以实现。

（一）美国 NTP 推荐的啮齿类动物（多用雌性小鼠）免疫系统毒性检测方案

美国国家毒理学计划（NTP）提出了一个二级毒性检测方案（表 16-5）。一般而言,一级测试中若出现某项指标呈阳性变化,则应进行二级测试试验。

表 16-5 美国 NTP 推荐的小鼠免疫系统毒性检测方案（USNTP,1988）

检测项目	检测内容
筛选（一级）	
免疫病理	血液学——白细胞总数及分类
	脏器重量——体重、脾脏、胸腺、肾脏、肝脏
	细胞学——脾脏
	组织学——脾脏、胸腺、淋巴结
体液免疫	对 T 细胞依赖抗原（RBC）IgM 抗体生成细胞数
	对有丝分裂原 LPS 的反应
细胞免疫	对有丝分裂原 ConA 的反应及混合淋巴细胞反应
非特异性免疫	NK 细胞活性
全面试验（二级）	
免疫病理	脾脏 T、B 细胞数
体液免疫	对 T 淋巴细胞依赖抗原（SRBC）IgG 抗体生成细胞数
细胞免疫	细胞毒性 T 细胞的溶细胞作用（CTL）
	迟发型超敏反应（DTH）
非特异性免疫	巨噬细胞功能
宿主抵抗力	对不同肿瘤和感染因子的抗性（选择 2～3 种）

（二）WHO 推荐的人群免疫系统毒性检测方案

因有些啮齿类动物免疫系统毒性试验方法在人群中不适宜或无法进行,世界卫生组织（WHO）提出了一个外源化学物人群免疫系统毒性检测方案（表 16-6）。

表16-6 WHO推荐的人群免疫毒性检测方案（WHO，1992）

检测项目	检测内容
全血细胞计数及分类	
体液介导免疫（检测一项或多项）	对蛋白抗原的初次抗体反应
	血清中免疫球蛋白水平（IgM、IgA、IgG、IgE）
	对蛋白抗原的二次抗体反应（白喉、破伤风或脊髓灰质炎）
	对回忆抗原的增殖反应
细胞免疫	用试剂盒检测皮肤迟发型超敏反应
	对蛋白抗原（KLH）的初次DTH反应
	对血型抗原的天然免疫（如抗A、抗B）
	自身抗体和炎症
	C反应蛋白
	自身抗体滴度
	对变应原产生的IgE水平
用流式细胞术分析淋巴细胞的表型	分析淋巴细胞表面标记CD3、CD4、CD8、CD20
非特异性免疫的检测	NK细胞数（CD56或CD60）或对K52细胞的溶解活性
	吞噬作用［硝基蓝四氮唑（NBT）或化学发光］
	临床化学指标检测

（三）美国FDA/CDER的新药免疫系统毒性评价规范

美国食品药品监督管理局（FDA）药物评价和研究中心（CDER）于2020年2月公布了《药物和生物制品免疫系统毒性潜力的安全性评价》。该规范提出，要考虑药物对免疫系统五方面的影响，即除了免疫抑制、超敏反应和自身免疫外，还有免疫原性（immunogenicity）和不良免疫刺激（adverse immunostimulation）。免疫原性指药物及其代谢产物引起免疫反应的能力。不良免疫刺激指药物对免疫系统某些成分的任何抗原非特异性的、不适当的或难以控制的活化作用。规范还指出，可根据不同药物的特点和具体情况，灵活选择合适的参数项目进行评价。

（四）ICH推荐的人类药物的免疫系统毒性研究方案（ICH S8）

2005年12月，国际人用药品注册技术协调会（ICH）发布了《人用药物免疫毒性研究指导原则》。该指导原则发布的目的有两个：①推荐评价具有潜在免疫系统毒性化合物的非临床试验方法；②免疫系统毒性试验方法要按照重要性进行选择。指导原则主要关注的免疫系统毒性为不期望的免疫抑制或者增强，超敏反应和自身免疫不包括在内，适用范围为：①用于人类的新药研究；②已上市药物计划更改适应证或者产品标签有所改变，且该改变可能会导致未阐明的或相关的免疫毒性反应；③临床试验阶段或随后的申请上市阶段观察到免疫系统毒性临床症状的药物。生物制品的临床前安全性评价（ICH S6）所涉及的生物技术药物产品和其他生物制品不适用于该指南。

（五）我国的免疫系统毒性检测规范和标准

目前，我国有关外源化学物的免疫系统毒性鉴定已经开始引起重视，并已出台相关的标准与方法。2005年，我国发布了《中药、天然药物免疫毒性（过敏性、光变态反应）研究的技术指导原则》（【Z】GPT 5-1）。2011年，我国颁布了《化学品 免疫毒性试验方法》（GB/T 27817—2011），规范了我国化学品的免疫毒性评价方法。2015 年，我国制定的《医疗器械生物学评价第 20 部分：医疗器械免疫毒理学试验原则和方法》（GBT 16886.20—2015）中，给出了医疗器械潜在免疫毒性方面的综述，以及用于检验不同类型医疗器械免疫毒性的方法指南。中国食品药品检定研究院发布的《化妆品安全技术规范》（2022 年版）中，对特殊用途化妆品要求进行皮肤变态反应试验［包括皮肤变态反应试验、局部淋巴结试验（DA 和 BrdU-ELISA）、直接多肽反应试验］。评估药物对免疫系统的不良影响是药物安全性评价的重要组成部分，2024 年国家药品监督管理局发布并实施《药物免疫毒性非临床研究技术指导原则》，为药物免疫毒性非临床研究评价策略和所涉及的试验方法提供一般性的技术指导和参考。

二、免疫系统毒性检测试验

（一）免疫功能检测

免疫功能检测包括固有性免疫应答（innate immunity response）和适应性免疫应答（adaptive immunity response）或获得性免疫应答（acquired immunity response）的评价。固有性免疫应答主要评价 NK 细胞活性和巨噬细胞功能，适应性免疫应答主要评价体液免疫功能和细胞免疫功能。

1. NK 细胞活性测定 主要用于观察 NK 细胞对敏感的肿瘤细胞（小鼠 NK 细胞敏感的 YAC-1 细胞株或人 NK 细胞敏感的 K562 细胞株）的溶解作用。将接触和未接触外源化学物的动物脾淋巴细胞与同位素铬（^{51}Cr）标记的靶细胞共同孵育，NK 细胞溶解肿瘤靶细胞，将同位素释放至培养液。培养结束时离心分离上清液，用 γ 计数仪测定同位素强度，可反映 NK 细胞的活性。国内研究者常用乳酸脱氢酶（LDH）释放法，也可以得到比较客观、准确的结果。

2. 巨噬细胞功能检测 经典的方法是同位素铬标记的鸡红细胞（^{51}Cr-cRBCs）吞噬法。从小鼠腹腔收集巨噬细胞，在 24 孔板贴壁生长，加 ^{51}Cr-cRBCs 孵育后，弃去上清液中的 ^{51}Cr-cRBCs，再加氯化铵短暂培养，去除与巨噬细胞结合但未被吞噬的 ^{51}Cr-cRBCs。最后用 NaOH 溶解巨噬细胞，测定溶解液中的放射性强度。为避免同位素的使用，可以在显微镜下直接观察吞噬鸡红细胞的情况，分别计数出吞噬百分比和吞噬指数。也可以用乳胶珠代替鸡红细胞进行计数。巨噬细胞吞噬试验可以在体外或体内接触外源化学物。其他反映巨噬细胞功能的方法还有炭粒廓清试验、巨噬细胞溶酶体酶测定、巨噬细胞促凝血活性测定、巨噬细胞表面受体检测等。

3. 体液免疫功能检测 一般用特异性抗原免疫动物，刺激脾 B 细胞活化并分泌抗体，然后观察抗体生成量或抗体形成细胞数。前者可用 ELISA、免疫电泳法、血凝法等直接测定血清抗体浓度，后者常用空斑形成细胞试验（plaque formation cell assay，PFC assay）。PFC 试验是通过检测 IgM 类抗体形成细胞，评价外源化学物对抗体免疫功能影响的试验。

4. 细胞免疫功能检测 最常用的方法是细胞毒性 T 细胞杀伤试验（cytotoxic T lymphocyte assay，CTL assay）、T 淋巴细胞增殖试验和迟发型超敏反应试验（delayed type hypersensitivity assay，DTH assay）。此外，尚有 T 淋巴细胞表面标记皮肤移植排斥反应等。CTL 试验评价脾 T 淋巴细胞识别和溶解经抗原处理靶细胞的能力。DTH 试验先用某种抗原致敏，再用相同抗原做皮肤试验，观察局部出现以红肿为特征的迟发型超敏反应，方法简便易行。

检测淋巴细胞增殖功能一般选用不同有丝分裂原刺激体外培养的淋巴细胞，然后观察淋巴细胞的增殖情况。评价方法有形态学法、放射性核素掺入法和比色法。比色法根据活细胞能代谢染料四甲基偶氮唑盐（MTT），产生紫色的甲臜（formazan），可通过比色定量，客观性和灵敏度都比较理想，是目前国内常用的方法。此外，也可以观察淋巴细胞对抗原或异种抗原刺激的增殖反应，后者又称为混合淋巴细胞反应(mixed lymphocyte reaction,MLR)试验,常用于器官移植前的组织配型,也可以反映细胞免疫功能。

此外,还可配合选用宿主抵抗力试验(host resistance assay)检测外源化学物对不同病原体和同种移植瘤细胞的处置能力,宿主抵抗力降低表示有免疫功能损害。常用的宿主抵抗力试验有细菌感染模型、病毒感染模型、寄生虫感染模型和同种移植瘤攻击模型等。

(二)免疫细胞因子检测

免疫细胞因子的水平及其活性功能的检测,也是反映机体免疫状况的重要方面。目前,检测细胞因子的方法主要有生物学测定、免疫学测定、分子生物学测定和流式细胞术等。另外,还可以利用荧光细胞芯片技术高通量检测细胞因子,指示体内免疫系统干扰。一般多采用两种或两种以上方法的组合试验,来互相弥补各自的不足。

(三)超敏反应和自身免疫反应检测

一般用被动皮肤过敏试验(passive cutaneous anaphylaxis,PCA)、主动皮肤过敏试验(active cutaneous anaphylaxis,ACA)和主动全身过敏试验(active systemic anaphylaxis,ASA)检测Ⅰ型超敏反应,但多用于检测蛋白或多肽的致敏性,在检测小分子变应原方面并没有得到充分验证。目前尚没有预测Ⅱ型和Ⅲ型超敏反应的标准试验方法。在动物实验中发现蛋白或多肽类药物形成免疫复合物,尤其当免疫复合物沉积引起病理改变时应引起重视。

检测Ⅳ型超敏反应最常用的是Buecher试验(BA)、豚鼠最大值试验(GPMT)和豚鼠迟发型皮肤超敏反应(DHR)。这些方法比较可靠,而且与人皮肤致敏试验有良好的相关性。人类皮肤超敏反应的特点为瘙痒、红斑、水肿、丘疹、小水疱或大疱,动物仅见红斑和水肿。

鼠局部淋巴结试验(LLNA)用于检测局部淋巴细胞增殖,其结果与传统的豚鼠皮肤致敏试验有良好的相关性,且相比豚鼠皮肤致敏试验,其优点是能定量而不是主要靠主观判断,不需要佐剂,还可以检测带颜色的样品。

预测药物自身免疫反应的标准和方法目前还没有统一。鼠腘窝淋巴结试验(PLNA)和其他LLNA可以用来预测药物引起的自身免疫。

(四)免疫系统毒性研究中新方法的应用

1. **转基因动物** 转基因动物可用于免疫系统毒性的筛检和试验。通过对特定目的基因进行上调、下调、敲除或敲入等操作,可以了解这些基因在免疫应答以及外源化学物免疫毒作用机制中发挥的作用。将人的基因转入实验动物基因组,还可以构建"人源化"转基因小鼠或大鼠进行免疫系统毒性试验,有利于实验结果的外推。

2. **单细胞测序技术** 利用单个细胞的基因组、转录组、蛋白质组和表观遗传组学的数据,结合基于数学模型的方法,使用单细胞测序技术建立"免疫地图",可确定细胞表型变化,检测受损免疫细胞,进而确定受影响免疫功能背后的调节机制。同时,该技术还能发现未知功能的免疫细胞群,为免疫学发展和免疫系统毒性机制研究提供依据。

3. **免疫芯片技术** 免疫芯片也称抗体芯片,是将抗原-抗体结合反应的特异性与电子芯片高密度集成原理相结合而产生的一种全新概念的生物芯片检测技术。免疫芯片在毒理学中具有广泛的应用,可为研究外源化学物对免疫系统的影响提供高通量、高灵敏度的检测方法,有助于深入了解免疫系统毒性机制,为风险评估和安全性评价提供科学依据。

此外,免疫(抗体)亚型检测、免疫细胞亚群检测、单克隆抗体检测、单链抗体及人源化抗体等均在免疫系统毒性研究中得以应用。

三、免疫系统毒性评价

几乎所有的外源化学物均可影响机体的免疫功能,其免疫毒性常表现出双向性、选择性、多样性等特点,免疫毒作用评价问题也颇具复杂性。而且外源化学物引起的免疫功能变化往往出现在其他毒性效应之前,且免疫毒性在机体出现的其他毒性效应机制中具有重要的意义。随着免疫学科的发展,对外源化学物免疫毒性的检测方法、检测指标,乃至于评价程序也将不断变化与发展。

1. 组合检测方法、制订检测程序已成为外源化学物免疫毒性检测的发展趋势,但目前尚缺乏一个由权威的专业机构统一制定、政府认可的评价方案。我国在农药、化妆品、食品安全性评价中特别提出了进行过敏试验的要求,但尚未要求系统进行免疫毒性试验。

2. 由于免疫系统的复杂性,参与免疫调节的器官、组织、细胞或分子不是单一的,因此要确定一种化学物是否对免疫系统结构和功能产生影响,通常需要进行一组试验。如免疫分子(如细胞因子)含量、组成比例或其活性变化在免疫毒性机制研究中(但不仅是免疫毒性机制)具重要意义,但不宜单纯地用于评价化学物的免疫系统毒性。单纯某一项免疫功能指标的变化尚难以说明任何问题。

3. 目前采用的组合试验方法,即便可以弥补单项试验的不足,增加试验的敏感性,但仍存在一些问题,如尚难以确定轻微的免疫改变在肿瘤、感染性疾病中的临床意义等。

4. 动物实验结果外推到人的问题仍十分明显。这不仅是动物种属、品系间可能存在的遗传学差异,而且涉及免疫学方法运用的局限性。如动物实验中包括了一些损伤性步骤(如免疫预防接种等),这并不太适合在人群中开展研究。

5. 免疫功能的变化与健康关系的认识仍有待深入。

6. 免疫功能检测与评价指标的选择,应综合考虑其科学性与实用性等,前者包括指标的特异度、敏感度、准确性、稳定性等,后者包括经济性、时效性、可操作性、检测通量等。某一项指标的变化通常仅反映机体系统-内分泌-免疫网络这一复杂系统中某一方面的免疫学改变。这种改变不能等同于免疫毒作用。即便是多指标组合测定结果之一,也应在综合分析中去解释其免疫系统毒性意义。

7. 外源化学物的免疫毒性常呈"双向性"特点,即在较低剂量时常呈现一定的轻微免疫"兴奋"效应,而在较大剂量时则呈现免疫抑制作用。加之免疫功能及其调节的高度复杂性,因此,免疫毒性评价中应特别重视毒作用剂量问题。在外源化学物免疫毒性风险评估及安全性评价中应予以重视。

8. 遗传因素对机体免疫系统及其功能的影响较为明显,这种影响同样表现在物种品系之间的差异和同物种的个体差异之中。这在体外试验或实验动物体内试验结果外推到人的免疫系统毒性评价中同样不容忽视。

9. 当免疫毒性试验结果具有统计学意义,在判定免疫反应是否具有生物学意义和临床意义时,需要综合考虑以下因素:①是否具有剂量-反应关系;②试验中出现的异常指标变化是否导致普遍的生物学异常效应;③到底是功能变化所致的效应,还是仅为某个检测终点的效应;④出现的效应是否具有可逆性;⑤暴露剂量和时间是否充分;⑥可能的靶器官和作用机制;⑦发生异常变化的动物总数和终点数量。

10. 随着分子免疫学研究技术与方法的不断发展,分子生物学方法在免疫系统毒性研究中的应用正日益广泛和深入。这些方法可识别外源性物质而改变的基因,更精准地进行基因表达谱分析,或者量化基因表达变化程度。

(刘 涛)

思考题

1. 外源化学物的免疫毒作用有哪些？
2. 简述外源化学物引起的免疫毒作用特点。
3. 简述目前免疫毒性评价中存在的问题。
4. 外源化学物免疫毒性评价过程中需要注意哪些要点？

第十七章
内分泌系统毒性

内分泌系统（endocrine system）是生物体内复杂而精密的功能系统，它通过激素的分泌和传递，调节和控制着生物体的生长、发育、代谢、生殖等功能。外源因素可直接或间接作用于内分泌系统，影响内分泌系统的结构和/或功能，引发一系列由于激素分泌异常或靶器官对激素的反应异常而导致的病变，产生内分泌系统毒性作用。内分泌系统毒性作用可涉及机体的多个系统，对机体的正常功能和内环境稳态产生影响。本章介绍内分泌系统毒性的基本概念、内分泌系统毒作用及其机制，以及毒性评价策略，并着重介绍内分泌干扰作用及其检测方法，旨在更好地识别具有诱导内分泌系统毒性的有害因素、建立毒性评价方法，以保障人类健康。

第一节 概 述

一、内分泌系统结构和功能的生物学基础

内分泌系统由内分泌腺（endocrine gland）和内分泌组织组成。人体主要的内分泌腺包括垂体、甲状腺、甲状旁腺、肾上腺和性腺等，这些腺体具有毛细血管丰富、无导管的结构特点，可分泌具有高效生物活性的化学物质，即激素（hormone）。激素通过血液循环转运、分布并作用于特定的靶器官或靶细胞，与特定受体结合，调节机体的生长、发育、生殖、代谢等。内分泌组织则是以细胞团的形式分散于器官或组织内，如胰腺内的胰岛、睾丸内的间质细胞、卵巢内的卵泡和黄体等。

1. 垂体（pituitary gland） 是位于颅底蝶鞍垂体窝内的椭圆形小体，分为腺垂体（adenohypophysis）和神经垂体（neurohypophysis）两部分。腺垂体分为远侧部、结节部和中间部，神经垂体分为神经部和漏斗。腺垂体的远侧部和结节部合称为垂体前叶，能分泌促甲状腺激素、促肾上腺皮质激素、促性腺激素和生长激素。前3种激素分别促进甲状腺、肾上腺皮质和性腺的分泌活动，生长激素则能促进肌肉、器官的生长和代谢过程。神经垂体的神经部和腺垂体的中间部称为垂体后叶，能贮存和释放由神经内分泌细胞合成的抗利尿激素和催产素。抗利尿激素主要起促进肾远曲小管和集合管对肾小管中水分重吸收，浓缩尿液的作用；催产素能促进子宫平滑肌收缩和泌乳。

2. 甲状腺（thyroid gland） 是人体最大的内分泌腺，呈H形，由左、右侧叶和中间的甲状腺峡组成。甲状腺实质主要由甲状腺滤泡组成，滤泡上皮细胞有合成、贮存和分泌甲状腺激素的功能。甲状腺激素可提高神经兴奋性、促进生长发育，对婴幼儿骨骼和中枢神经系统的发育有重要作用。

3. 甲状旁腺（parathyroid gland） 为黄豆大小的扁椭圆形腺体，位于甲状腺左、右侧叶的后面，亦可埋入甲状腺实质内或位于甲状腺鞘外，一般分为上、下两对。甲状旁腺分泌甲状旁腺素，其主要作用是调节体内钙和磷的代谢，甲状旁腺素和降钙素共同调节维持机体血钙的稳定。

4. 肾上腺（suprarenal gland） 位于肾的上方，质软，与肾共同包裹于肾筋膜内。左侧肾上腺似呈半月形，右侧肾上腺呈三角形。肾上腺实质由周边的皮质和中央的髓质两部分构成。肾上腺皮质可分泌盐皮质激素、糖皮质激素和雄激素，分别具有调节体内水盐平衡、糖类代谢和影响第二性

征等功能。肾上腺髓质可分泌肾上腺素和去甲肾上腺素,前者主要作用于心肌,使心率加快、心肌收缩力增强;后者的主要作用是促进小动脉平滑肌收缩,以维持血压稳定。

5. 性腺　睾丸(testis)是男性性腺,具有合成、分泌雄激素和产生精子的功能。雄激素主要由睾丸生精小管间的间质细胞产生,其作用是激发男性第二性征、维持正常性功能、促使生精细胞发育成精子及调节人体的合成与代谢活动。卵巢(ovary)是女性性腺,可产生卵泡。卵泡壁细胞主要产生雌激素和孕激素。卵泡排卵后转变成黄体,黄体分泌孕激素和雌激素。雌激素可刺激子宫、阴道和乳腺的生长发育,激发并维持女性第二性征。孕激素的主要作用是促进子宫内膜在雌激素作用的基础上继续生长发育,为受精卵在子宫内着床做准备,亦可促进乳腺发育,为哺乳做准备。雄激素、雌激素和孕激素在男性和女性体内均存在,但含量不同。

6. 胰岛(pancreas islet)　是胰腺的内分泌部,为许多大小不等、形状不一的球形细胞团,散在于胰腺实质内,以胰尾居多。成人胰腺约有100万个胰岛,约占胰腺体积的1.5%。胰岛 α 细胞分泌胰高血糖素,胰岛 β 细胞分泌胰岛素,胰高血糖素和胰岛素共同调节机体血糖水平,维持血糖稳态。

内分泌腺可以组成内分泌功能轴,包括下丘脑-垂体-甲状腺轴、下丘脑-垂体-肾上腺轴和下丘脑-垂体-性腺轴三种。内分泌功能轴通过反馈机制对激素的合成和分泌形成多级调控。中枢神经系统通过下丘脑启动信号转导,下丘脑产生的激素作用于垂体,垂体分泌的激素又作用于靶腺(性腺、肾上腺和甲状腺),调控它们合成相应的激素。靶腺分泌的激素以负反馈方式作用于下丘脑,以限制激素的进一步产生和分泌。

二、内分泌系统毒性的概念

当外源因素扰动了内分泌功能所需激素的合成、分泌、运输、代谢、结合或消除过程,就会产生内分泌系统毒性,进而影响其他组织器官的正常功能,如发育、生长或生殖。外源因素作用于内分泌系统,导致内分泌腺体或内分泌细胞的功能异常和/或实质损害,从而扰动内源性激素的分泌和调节作用,影响机体的正常生理功能的作用称为内分泌系统毒性(endocrine system toxicity)。具有内分泌系统毒性的外源因素统称为内分泌系统毒物(endocrine system toxicant)。

三、内分泌系统毒物的来源

1. 工业化学物　包括塑化剂邻苯二甲酸酯类[如邻苯二甲酸二丁酯、邻苯二甲酸二(2-乙基己基)酯等]、表面活性剂烷基酚类(如壬基酚、辛基酚)、环氧树脂原料双酚 A、溴化阻燃剂多溴联苯、用于绝缘材料和热导体的多氯联苯、化妆品和食品防腐剂对羟基苯甲酸酯类、食品抗氧化剂丁基羟基苯甲醚等。个人护理产品、厨房用品和罐头盒的内衬涂层中等通常含有这些内分泌系统毒物。

2. 环境污染物　具有内分泌系统毒作用的环境污染物种类较多,包括农药(如阿特拉津、西维因、马拉硫磷等)、金属及其化合物(如铅、镉、砷、甲基汞、三丁基锡等)、废弃物和燃料燃烧的副产物,主要为二噁英类化合物(如2,3,7,8-四氯代二苯并对二噁英)和多环芳烃类化合物(如苯并[a]芘、苯并[a]蒽等)。此外,某些水生生物产生的生物毒素也会损害内分泌功能,如蓝藻水华产生的次级代谢产物微囊藻毒素具有生殖内分泌毒性。

3. 药物　包括人用药物和兽用药物。某些药物的副作用可导致内分泌功能异常,如抗心律失常药胺碘酮可引起甲状腺功能异常,导致甲状腺功能亢进或减退;激素和抗激素类药物(如己烯雌酚、丙酸睾酮、醋酸甲地孕酮等)能干扰内源性激素的合成和代谢等过程,对内分泌功能产生干扰作用。

4. 物理因素 长期或高强度的辐射(如 X 射线、γ 射线、微波)暴露可能对内分泌系统造成损害,影响激素的合成、分泌和调节。此外,长时间处于极端高温或低温环境中,可能会影响内分泌腺体的正常功能,导致激素的分泌异常。

第二节 内分泌系统毒作用

外源因素对内分泌系统毒作用的靶器官有肾上腺、甲状腺、睾丸或卵巢、垂体、胰岛等。安全性毒理学评价体内试验表明,外源因素对内分泌器官毒作用的相对发生概率是肾上腺>睾丸>甲状腺>卵巢>胰腺>垂体>甲状旁腺,其中,肾上腺、睾丸和甲状腺的毒作用发生率占外源因素对内分泌器官毒作用总发生率的90%。

1. 肾上腺毒作用 肾上腺对外源因素较敏感,是内分泌系统中最常发生病变的器官,这可能与肾上腺内含有较高水平的代谢活化酶有关。误服有毒物质(如灭鼠药)、过量使用药物(如地塞米松)和食用含有毒素的动植物(如毒蘑菇、生鱼片)等均可损害肾上腺。其中,肾上腺皮质较髓质更易受毒物损害,且以束状带和网状带为常见。肾上腺毒作用表现之一为肾上腺体积的改变,如肾上腺皮质萎缩和髓质增生,通常双侧同时发生改变。此外,肾上腺毒作用可导致激素分泌异常,从而引起肾上腺皮质功能减退、皮质醇增多症、醛固酮增多症等。

2. 甲状腺毒作用 外源因素可引起甲状腺实质损害和功能紊乱。如重金属可使甲状腺滤泡胶体空间缩小,进而减少储存激素的空间,导致甲状腺合成和储存甲状腺激素的能力受损;硝酸根和高氯酸根离子对钠碘同向转运体和甲状腺过氧化物酶有抑制作用;放射性碘可诱发甲状腺损伤或肿瘤;长期氟暴露则通过阻断碘吸收而抑制甲状腺激素的产生。甲状腺损伤可使甲状腺激素分泌异常,导致甲状腺功能减退(表现为反应迟钝、脾气暴躁、乏力等)或甲状腺功能亢进(表现为怕热、多汗、烦躁易怒、心率快、消瘦等),以及大脑发育和功能的显著损害。

3. 睾丸或卵巢毒作用 外源因素可损害睾丸或卵巢中生殖细胞的分化及发育过程,导致精子或卵细胞的形成障碍,产生睾丸或卵巢毒性。如微塑料在睾丸中积累,导致睾酮合成减少和生精功能障碍;全氟烷基类化合物通过影响卵子发生、卵泡发育和雌激素合成等,对卵巢产生损害作用。外源因素对睾丸和卵巢的毒作用主要表现为生殖功能障碍,如男性精子数量减少和活力下降、女性月经周期紊乱,导致不孕不育等。此外,对睾丸或卵巢的毒作用还可引发肿瘤。

4. 垂体毒作用 外源因素可直接作用于垂体,诱导垂体细胞死亡或抑制垂体细胞的负反馈作用,使其结构或功能发生改变,引发垂体毒性。金属镉可损害垂体中的多种类型细胞,急慢性镉暴露可通过抑制垂体催乳素细胞而影响垂体催乳素的分泌。垂体结构或功能受损可表现为肢端肥大症或发育迟滞、昼夜节律紊乱,或通过垂体-靶腺轴间接引起性腺、肾上腺和甲状腺的激素分泌异常。

5. 胰岛毒作用 外源因素对胰岛的毒作用主要表现为引起机体低血糖症或高血糖症。与分泌胰高血糖素的 α 细胞相比,分泌胰岛素的 β 细胞对外源因素的毒性更为敏感。四氧嘧啶和链脲佐菌素可选择性损害胰岛 β 细胞,导致胰岛素合成不足,二者目前已作为建立糖尿病动物模型的常用药物。此外,某些化学物(如二噁英和汞)可诱发胰岛素抵抗,使胰岛素在机体中的生理作用减弱。

第三节　内分泌干扰作用

20世纪50年代左右,研究者观察到人类和野生动物的生殖、免疫和神经等系统出现了异常,并发现这些异常与激素调控过程相关,进而将其与内分泌功能联系起来,提出了内分泌干扰作用的概念。外源因素的内分泌干扰作用作为全球性公共卫生问题,受到了人们的高度关注。

一、内分泌干扰作用的定义

外源因素对内分泌系统的毒作用可直接影响腺体激素的合成与分泌,导致内分泌功能异常。化学物干扰体内天然激素的合成、分泌、运输、代谢、结合或消除等过程,对生物体及生态系统造成的损害作用称为内分泌干扰作用(endocrine disrupting effect)。

具有内分泌干扰作用的化学物称为内分泌干扰物(endocrine disrupting chemicals,EDCs)。世界卫生组织(WHO)将EDCs定义为能够改变内分泌系统功能,从而对完整生物体或其后代/亚群体引起有害效应的外源化学物或混合物。美国国家环境保护局(EPA)将EDCs定义为可通过干扰生物体内保持自身平衡和调节发育过程的天然激素的合成、分泌、运输、结合、反应和代谢等,从而对生物体的生殖、神经和免疫系统等功能产生影响的外源化学物。EDCs通常指化学物,但电磁辐射等也可产生内分泌干扰作用,广义上也属于EDCs。常见的EDCs有二噁英、多氯联苯、己烯雌酚、双酚A和邻苯二甲酸酯类等,在塑料、金属食品罐头盒、化妆品、洗涤剂、医药品、阻燃剂、食品、玩具和农药中均可被检出。

二、内分泌干扰作用的类型

根据生物学效应,内分泌干扰作用可分为雌激素干扰作用、雄激素干扰作用、甲状腺激素干扰作用、肾上腺皮质激素干扰作用和生长激素干扰作用等类型(表17-1)。有些化学物同时具有多种类型的内分泌干扰作用。

表 17-1　内分泌干扰作用的类型及代表性化学物

内分泌干扰作用类型	代表性化学物
雌激素干扰作用	己烯雌酚、双酚A、邻苯二甲酸酯类、全氟辛酸类、多氯联苯、铅、镍和汞等
雄激素干扰作用	邻苯二甲酸酯类、全氟辛酸类、苯乙烯、氟他胺、二硫化碳、林丹和铅等
甲状腺激素干扰作用	多氯联苯、全氟辛酸类、二硫代氨基甲酸酯类、二氯二苯三氯乙烷、铅、镉等
肾上腺皮质激素干扰作用	可卡因、铅、二硫化碳等
生长激素干扰作用	己烯雌酚等

三、内分泌干扰作用的健康危害

生活中广泛接触的外源因素在曾经被认为"安全"的暴露剂量条件下,也会对机体的内分泌功能产生影响,扰动内源性激素的合成和分泌,从而对生殖与发育、代谢、神经系统和免疫系统等产生影响。

1. 对生殖与发育的影响　生物体内生殖器官的正常发育和生理功能受到影响,可导致生殖能力下降、性早熟和性腺疾病的发生。内分泌干扰作用对男性生殖的影响较大,主要表现为男性生殖功能障碍,如精子数目减少、性欲降低和不育等;对女性生殖的危害表现为子宫内膜异位症发病率增加和月经周期改变等。内分泌干扰作用还可增加生殖系统肿瘤的发生风险,使乳腺、前列腺和睾丸等肿瘤发生率增加。处于生长发育期的儿童,其下丘脑-垂体-性腺轴对内分泌干扰因素较敏感,因此,内分泌干扰作用可能对青春期的性发育产生影响,对女性主要影响表现为性早熟和子宫发育不良,对男性主要影响表现为青春期延迟。

内分泌干扰物对胎体和新生幼体的影响与其对成体的影响可能完全不同。宫内发育的个体对出生前母体激素水平的微小变化具有极敏感的反应能力,因此,母体孕期出现的任何内分泌功能紊乱都可能影响子代的正常发育,如母体甲状腺功能异常可影响胎儿的神经系统发育,导致智力低下。子代内分泌系统受到干扰后会影响细胞和组织的发育编程,产生的效应甚至会持续整个生命周期,某些效应可能要到成年后才表现出来。再者,内分泌干扰作用还可能通过子一代的生殖细胞传递给子二代,对子二代的生长发育产生影响,产生跨代效应。

2. 对代谢的影响 内分泌干扰作用可致糖代谢异常,如二噁英等可诱导胰岛素抵抗和脂肪细胞分化,引起糖耐量异常,导致糖尿病。内分泌干扰作用还可干扰脂质代谢,增加肥胖、非酒精性脂肪肝和高脂血症等疾病的发生风险。对甲状腺的干扰作用可使甲状腺激素分泌不足,也会降低机体的代谢能力。

3. 对神经系统的影响 神经系统和内分泌系统是生物体内主要的调节系统,二者间具有密切的联系,因此,内分泌干扰作用也会对神经系统产生影响。研究表明,人类和动物的内分泌功能受到影响会改变其行为、学习和记忆、感觉功能、心理发育等。如甲状腺激素对神经发育有非常重要的作用,婴幼儿期邻苯二甲酸二乙酯暴露会干扰甲状腺激素的合成,进而影响神经系统的发育和功能,导致学习和记忆能力的降低。

4. 对免疫系统的影响 内分泌系统与免疫系统间也有着双向联系,机体的多种免疫调节作用均需要激素的参与。流行病学和动物实验研究发现,内分泌功能紊乱与过敏性疾病和自身免疫病的发生率增加有密切联系。如DDT可诱导甲状腺产生攻击甲状腺的抗体,导致自身免疫性甲状腺疾病。

除危害人类健康外,内分泌干扰作用还会对野生动物和生态系统产生负面影响,如改变动物种群的数量和结构,降低生态系统的稳定性。

第四节 内分泌系统毒作用机制

外源因素对内分泌系统的毒作用会改变内源性激素在生物体内的正常水平及生物学效应程度,进而影响激素在维持机体稳定性和调控中的作用。已被证实的外源因素对内分泌系统的毒作用机制主要包括但不限于以下几种方式。

1. 对内分泌腺体的直接或间接损伤作用 外源因素通过直接影响细胞的增殖和死亡等过程,对内分泌腺体产生损害作用。如异甘草素通过抑制垂体细胞的增殖和促进细胞的死亡,对垂体产生直接损害作用;四氧嘧啶通过诱导活性氧,特别是羟自由基的产生,攻击细胞DNA,诱导胰岛β细胞死亡。此外,多氯联苯可直接破坏甲状腺滤泡上皮细胞的超微结构,进而影响甲状腺激素的合成与分泌。外源因素还可直接影响内分泌功能轴功能相关基因调控网络,引起相应激素的合成和分泌异常,产生内分泌系统毒性。

由于神经系统、免疫系统与内分泌系统间存在着复杂的相互作用,某些具有较强神经毒性或免疫毒性的化学物,可对内分泌系统功能产生间接损害作用。如具有致幻作用的裸盖菇素可兴奋人体交感神经,而交感神经兴奋能抑制胰岛素分泌,导致血糖升高,因此,长期摄入裸盖菇素可使胰岛功能受损,导致糖尿病;肿瘤的免疫治疗也可能会产生内分泌系统毒性,引起甲状腺功能异常和垂体炎等。此外,肝脏作为机体重要的解毒器官,参与多种激素的代谢过程,当肝脏毒物致肝功能受损时,也可能会导致激素水平的失衡,引发内分泌功能异常。

2. 激素模拟或拮抗作用 激素对靶细胞作用的实质是通过与激素受体的结合,形成配体-受体复合物,结合到 DNA 结合区的 DNA 反应元件上,调控靶基因的转录,进而启动一系列激素依赖性生理生化过程。某些外源化学物或其基团与内源性激素有相似的化学构象,可与激素受体直接结合,启动靶细胞内一系列激素依赖的信号转导程序,即产生激素模拟效应。如己烯雌酚与雌激素受体的结合增大了雌激素的生物学效应。然而,某些化学物或其基团由于占据了内源性激素或激素受体的结合位点,使激素与受体不能相互结合而降低了激素的生物学作用强度,产生激素拮抗效应。如农药阿特拉津与雄激素竞争性结合雄激素受体,阻碍雄激素与雄激素受体的结合,产生抗雄激素效应。

3. 干扰激素的合成和作用 体内激素的合成、释放、贮存、转运、代谢和清除等过程若受到影响,会改变激素水平或生物利用度,进而引起内分泌功能紊乱。如邻苯二甲酸二丁酯能抑制睾酮合成关键酶的表达,降低睾酮的生物合成,产生抗雄激素作用;高氯酸盐水解产生的高氯酸根离子能竞争性抑制碘离子经钠碘转运体被甲状腺滤泡上皮细胞摄取和利用的过程,阻碍甲状腺激素合成;多氯联苯与运输甲状腺激素的血浆蛋白结合,影响甲状腺激素向靶组织的输送,以及通过与芳烃受体结合诱导细胞色素 P450 酶系活性增加,加快体内雌激素降解。

4. 干扰激素受体的表达和功能 激素受体表达水平的异常也会影响激素发挥正常的生物学效应。如醛固酮受体正向调节睾酮的合成,邻苯二甲酸二(2-乙基己基)酯能降低成年小鼠睾丸中醛固酮受体的表达水平,进而抑制睾酮的生物合成;多氯联苯可直接影响甲状腺激素受体的表达及转录活性,增加甲状腺癌发生风险。再者,某些 EDCs 不仅通过与核受体的结合产生激素模拟或拮抗效应,还可通过干扰核受体的二聚化过程改变受体的转录活性,发挥内分泌干扰作用。如雌二醇与雌激素受体结合后可诱导雌激素受体同源二聚体的形成,进而通过募集共调节因子调控转录活性,改变体内雌激素的生物学效应水平。

5. 其他 外源因素还可通过干扰激素作用靶细胞的信号转导、在激素分泌细胞或激素作用靶细胞中诱导表观遗传修饰和影响激素作用靶细胞的命运等机制,发挥内分泌系统毒作用。

第五节 内分泌系统毒性测试与评价

一、内分泌系统毒性测试策略

美国食品药品监督管理局于 2015 年发布了《药物内分泌毒性非临床评价指导原则》,提出了非临床安全性试验标准组合,可评估药物的内分泌相关毒性,并提出进一步评估内分泌相关毒性的附加研究需考虑的因素。目前,国内外缺少专门针对外源因素(不包括药物)内分泌系统毒性评价的相关原则和评价程序,但安全性毒理学评价试验可以获得内分泌毒性的信息线索或检测出内分泌毒性。如需进一步了解内分泌毒性性质及可能作用机制,则需采用特定的内分泌毒理学试验进行研究。

1. 一般毒性试验　一般毒性试验观察指标包含可识别的与内分泌功能变化相关的多种终点,如脏器质量、组织病理学评估和血生化等指标。组织病理学评估通常采集包括甲状腺、肾上腺、睾丸(卵巢)和垂体等敏感的内分泌器官,如观察到病理学变化则提示有潜在的内分泌损害作用。亚慢性和慢性毒性试验使用未成年动物,有助于发现长期暴露对内分泌系统的影响。

2. 发育和生殖毒性试验　某些发育阶段(如妊娠期、围青春期)对内分泌影响特别敏感,敏感终点可包括包皮分离和肛门与生殖器间的距离等。观察子代生殖能力的改变对发现神经内分泌的影响也很重要。

3. 动物致癌试验　虽然致癌试验的目的是评估受试物的致癌潜能,但对某些器官的组织病理学观察也可能提供受试物潜在的内分泌毒性信息。某些肿瘤可因垂体-甲状腺/肾上腺/性腺轴的长期紊乱而发生。

4. 临床观察研究　临床内分泌终点(如激素水平)的观察对阐明实验研究中发现的内分泌系统毒性也很重要。

5. 功能学研究　某些情况下,外源化学物功能学作用(如药物的药理学作用)的靶器官或靶点可能与内分泌系统相关;此时,功能学研究也将有助于描述其内分泌毒性的特点。

6. 内分泌毒理学试验　特定的内分泌毒理学试验检测指标主要包括激素水平、内分泌器官的组织病理学和内分泌腺体的功能评估等。激素水平测定就是通过测定血液中各种激素的含量,评估内分泌腺体的功能状态,是反映内分泌腺体功能状态的直接证据。组织病理学检查(包括脏器质量)是毒性评价的重要内容,是确认毒作用靶器官的可靠方法。内分泌腺体的功能评估是在给予特定刺激后检测激素水平的变化,评估内分泌腺体的激素储备、合成和释放的能力,包括兴奋试验和抑制试验。临床上,兴奋试验有 TRH 兴奋试验、GnRH 兴奋试验、GHRH 刺激试验、ACTH 兴奋试验等;抑制试验有乙醇或苯妥英钠试验、甲状腺激素抑制试验、葡萄糖抑制 GH 试验和地塞米松抑制试验等。

内分泌功能轴损伤作用也可有针对性地选择指标进行检测。垂体-甲状腺轴损伤时,可检测血清促甲状腺激素和 T_3、T_4 及蛋白结合碘水平等;垂体-肾上腺轴损伤时,可选择检测肾上腺质量、肾上腺内抗坏血酸和胆固醇含量(二者是急性中毒时评价肾上腺功能状态的可靠指标),血皮质醇、皮质酮和促肾上腺皮质激素含量,尿液 17-羟皮质类固醇和 17-酮类固醇含量等指标;促性腺激素(卵泡刺激素和黄体生成素)和性激素水平的检测可用于反映垂体-性腺轴的损伤情况。

7. EDCs 检测和评估策略　EDCs 毒性检测目前主要通过对其内分泌干扰作用的危害识别,建立优先检测名录和筛选检测方法,评估人类和野生动物的暴露情况,最终进行风险评估和控制管理。部分国家和国际组织制定了 EDCs 的评估策略。如美国制定的 EDCs 分层筛选策略,包括初步分类、优先顺位设定、第一阶段筛选和第二阶段测试(图 17-1);经济合作与发展组织(OECD)制定的 EDCs 检测与评价的基本框架包括三个阶段,即初步评估阶段、筛选测试阶段和权威检测阶段(图 17-2)。我国对 EDCs 的检测和评估工作起步较晚,2015 年颁布的《农药内分泌干扰作用评价方法》(NY/T 2873—2015)是目前我国唯一一部与 EDCs 识别相关的行业标准,规定了检测和评价农药内分泌干扰作用的两阶段试验策略,即先对农药进行第一阶段的体外和体内筛选试验,体内试验结果阳性的受试农药再进行第二阶段体内验证试验,明确受试农药对内分泌系统的潜在危害及靶点。

二、内分泌干扰作用的检测方法

雌激素、雄激素和甲状腺激素对机体的生殖和生长发育影响较大,因此,目前对内分泌干扰作

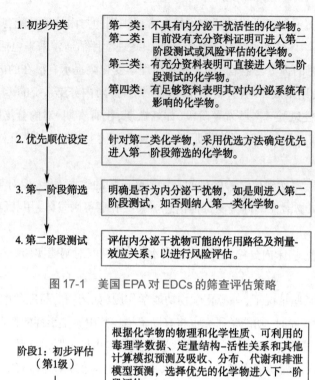

1. 初步分类

第一类：不具有内分泌干扰活性的化学物。
第二类：目前没有充分资料证明可进入第二阶段测试或风险评估的化学物。
第三类：有充分资料表明可直接进入第二阶段测试的化学物。
第四类：有足够资料表明其对内分泌系统有影响的化学物。

2. 优先顺位设定

针对第二类化学物，采用优选方法确定优先进入第一阶段筛选的化学物。

3. 第一阶段筛选

明确是否为内分泌干扰物，如是则进入第二阶段测试，如否则纳入第一类化学物。

4. 第二阶段测试

评估内分泌干扰物可能的作用路径及剂量-效应关系，以进行风险评估。

图 17-1　美国 EPA 对 EDCs 的筛查评估策略

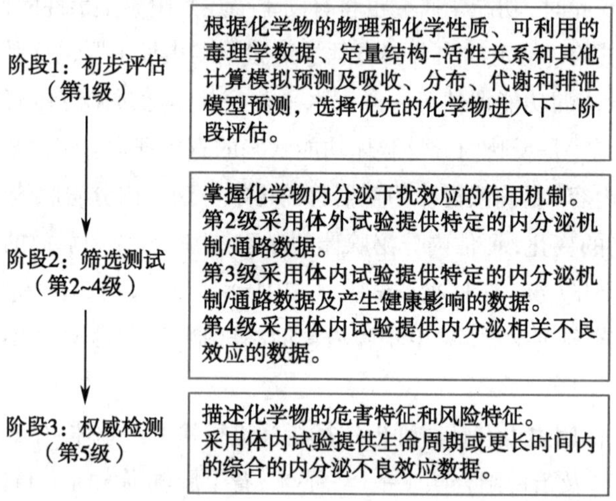

阶段1：初步评估（第1级）

根据化学物的物理和化学性质、可利用的毒理学数据、定量结构–活性关系和其他计算模拟预测及吸收、分布、代谢和排泄模型预测，选择优先的化学物进入下一阶段评估。

阶段2：筛选测试（第2~4级）

掌握化学物内分泌干扰效应的作用机制。
第2级采用体外试验提供特定的内分泌机制/通路数据。
第3级采用体内试验提供特定的内分泌机制/通路数据及产生健康影响的数据。
第4级采用体内试验提供内分泌相关不良效应的数据。

阶段3：权威检测（第5级）

描述化学物的危害特征和风险特征。
采用体内试验提供生命周期或更长时间内的综合的内分泌不良效应数据。

图 17-2　OECD 对 EDCs 检测与评价的基本框架

用的检测主要是评价外源因素对雌激素、雄激素、甲状腺激素及类固醇生成的影响，然后利用评价这几种内分泌干扰作用所获得的数据去推测和评估 EDCs。

（一）体外方法

1. 受体竞争结合试验（receptor competition-binding assay）　根据激素的作用原理，检测受试物与性激素受体的竞争结合能力，评估受试物的性激素样活性。受体竞争结合试验包括雌激素受体竞争结合试验和雄激素受体竞争结合试验。受体竞争结合试验结果只能说明受试物可与受体相互作用，可能具有内分泌干扰作用，不能反映受试物是否具有类激素样效应，因此，试验结果还需采用体内试验去验证。此外，该试验不能区分受体的激动剂和拮抗剂且易产生放射污染，使其应用受到限制。

2. 细胞增殖试验（cell proliferation assay）　将受试物和细胞共培养，以确定受试物对细胞增殖的影响。性激素受体阳性细胞对性激素或具有性激素样作用的化学物可产生特异性应答，生成受性激素调控的特异性蛋白，通过观察细胞生长曲线或测定特异性蛋白含量，即可判断受试物的性激素活性及强度。雌激素受体阳性的人乳腺癌 MCF-7 细胞常用于细胞增殖试验，检测具有雌激素效应的化学物。该试验能区分出受体的激动剂与拮抗剂,有较高的灵敏性,但特异性欠佳。

3. 受体转录激活试验(receptor transcriptional activation assay) 也称为受体报告基因试验(receptor reporter gene assay)。该试验是美国国家环境保护局(EPA)推荐的用于环境EDCs筛选的体外方法之一。该试验的原理是将激素受体基因、激素应答元件和报告基因(如氯霉素乙酰基转移酶基因、绿色荧光蛋白基因、β-半乳糖苷酶基因或萤光素酶基因)转入单细胞生物(如酵母、大肠埃希菌)或细胞系中,重组为一个表达系统,受试物与特定受体结合后能激活下游一系列基因转录,继而诱导报告基因产物的表达,以此检测受试物的激素活性。受体转录激活试验既能检测受试物与受体的结合能力,又能检测受试物与受体结合后引起的生物学效应,且能区分受试物是该效应的激动剂或拮抗剂,在高通量筛选(抗)雌/雄激素等核受体发挥作用的EDCs中得到了广泛应用。稳定转染的人雌激素受体α转录激活试验可用于检测有雌激素活性的化学物。

4. H295R类固醇合成试验(H295R steroidogenesis assay) H295R类固醇合成试验是将具备未分化的人胚胎肾上腺细胞特征的NCI-H295R人源腺癌细胞系暴露于受试物,检测其对类固醇激素合成的影响,评价内分泌干扰活性。H295R细胞能表达类固醇激素合成过程中涉及的所有酶类和生成肾上腺皮质合成的所有类固醇激素。H295R类固醇合成试验能从基因表达、酶活力和激素三个层面筛选类固醇激素干扰物,并研究其作用机制,已被美国作为EDCs的一级筛选试验。目前,该试验已发展为高通量H295R类固醇合成试验。H295R类固醇合成试验也具有局限性。首先,细胞系的类固醇生成能力和对激动剂的反应能力会随培养条件和时间的变化而发生改变,因此,试验结果可能与体内实际情况不同。其次,该试验不能检测出通过影响下丘脑-垂体-性腺轴而干扰类固醇生成的化学物。

5. 芳香化酶试验(aromatase assay) 细胞色素P450芳香化酶是催化雄激素转变为雌激素的关键酶和限速酶。芳香化酶试验是通过检测受试物将放射标记的雄烯二酮转化为雌酮的能力,判断受试物对芳香化酶的抑制作用,进而评价其内分泌干扰效应。人重组芳香化酶(CYP19)微粒体试验法已被用于检测受试物对芳香化酶活性的抑制作用,但该法不能反映受试物对芳香化酶蛋白表达的影响。H295R细胞和MCF-7细胞也被用于芳香化酶活性的检测,这种使用完整细胞的方法能反映出受试物对芳香化酶蛋白表达的影响。

(二)体内方法

1. 啮齿类动物子宫增重试验(uterotrophic bioassay in rodent) 是检测与评估化学物雌激素样效应的传统试验,步骤固定、程序简单,属EDCs短期体内筛检试验。其原理是子宫组织含有大量的雌激素受体,雌激素或具有雌激素活性的化学物与雌激素受体结合后,激活细胞内反应,使子宫组织诱导蛋白表达量增加,从而刺激子宫增长,表现为子宫组织增生变厚而使子宫增重。为尽量减少内源性雌激素对结果产生的影响,试验选用刚断乳、性未成熟或卵巢切除的雌性大鼠或小鼠,以子宫系数作为评价雌激素活性的指标。某些代谢活化后具有雌激素活性的化学物也适用于本方法。由于子宫剥离时易造成人为误差,所以试验的敏感性相对较弱,最好同时结合其他试验对结果进行综合评价。

2. 大鼠赫什伯格生物测定法(Hershberger bioassay in rat) 将雄性去势大鼠或断乳后雄鼠暴露于受试物,观察性附属器官质量和血清性激素水平变化,评价受试物的雄激素样效应。试验主要依据雄激素依赖的5种组织(腹侧前列腺、精囊腺和凝固腺、肛提肌加球海绵体肌、阴茎、尿道球腺)的质量变化作为评价指标,筛检雄激素受体激动剂、拮抗剂和5α-还原酶抑制剂。该试验具有较高的敏感性与有效性,是目前检测(抗)雄激素化学物常用的体内短期筛选方法之一。

3. 围青春期雌(雄)性大鼠的青春期发育和甲状腺功能试验(pubertal development and thyroid

function assay in peripubertal female/male rat）　简称为雌（雄）性大鼠围青春期试验。将出生22～42天的雌性大鼠或22～53天的雄性大鼠暴露于受试物,检测其多种作用模式介导的内分泌干扰效应,检测范畴包括对雌（雄）激素信号通路、类固醇合成通路、下丘脑-垂体-性腺轴和下丘脑-垂体-甲状腺轴的扰动作用。因此,该试验能检测出具有雌（雄）激素、抗雌（雄）激素或抗甲状腺素作用的化学物及通过改变促性腺激素或下丘脑功能而影响青春期发育的化学物。

4. 鱼类生殖毒性短期试验（fish short term reproduction assay）　将性成熟的雄鱼和产卵期的雌鱼连续21天共同暴露于受试物,观察其存活率、行为、产卵数、卵黄生成素、第二性征等指标变化,评估受试物对鱼类繁殖的潜在影响及受试物的内分泌干扰活性。

5. 鱼类性发育试验（fish sexual development test）　将受精鱼卵暴露于受试物,持续至对照组性别分化完成,观察暴露于受试物的鱼卵的孵化、存活、畸形、行为、体重和体长情况,检测鱼体内性激素水平或分子标记确定鱼类性别,评价其内分泌干扰活性。

6. 两栖动物变态试验（amphibian metamorphosis assay）　该试验的生物学基础是两栖动物的变态发育由甲状腺激素触发,并由下丘脑-垂体-甲状腺轴控制。将非洲爪蟾蝌蚪暴露于受试物,在第7天和第21天收集多个观察终点的数据,包括存活率、后肢长度和口鼻部至排气口长度、发育及甲状腺组织学指标等,评价受试物的内分泌干扰效应。

7. 其他试验　一些传统的毒性测试试验包含内分泌干扰相关的终点指标,也被认为可用于内分泌干扰作用的测试,如啮齿类动物重复染毒28天经口毒性试验、两代生殖毒性试验等。

除体内方法和体外方法（表17-2）外,三维定量构效关系计算机分析模型可根据与激素受体结合的预测结果,从众多化学物的结构数据库中发现可能的EDCs。如化学物在体内实验具有抗雄激素作用而体外实验没有这种活性,则通过计算机模型可对化学物的代谢产物进行评价。

表 17-2　内分泌干扰作用测试试验及检测的干扰作用类型

	试验名称	E	A	S	T
体外方法	雌激素受体竞争结合试验	√			
	雄激素受体竞争结合试验		√		
	雌激素受体转录激活试验	√			
	H295R 类固醇合成试验			√*	
	芳香化酶试验			√	
体内方法	啮齿类动物子宫增重试验	√			
	大鼠赫什伯格生物测定法		√		√
	围青春期雌性大鼠的青春期发育和甲状腺功能试验	√			√
	围青春期雄性大鼠的青春期发育和甲状腺功能试验		√		√
	鱼类生殖毒性短期试验	√	√	√	
	鱼类性发育试验			√	
	蛙两栖动物变态试验				√

注:E,雌激素受体（estrogen receptor）信号通路;A,雄激素受体（androgen receptor）信号通路;S,类固醇生成（steroidogenesis）;T,甲状腺激素（thyroid hormone）信号通路;*仅检测对5α-还原酶的抑制作用。

（三）内分泌干扰作用筛选与测试的试验组合

为综合评价外源化学物的内分泌干扰活性,需成套使用体内和体外试验,并分阶段进行,根据前一阶段的结果选择下一阶段的测试试验。

美国国家环境保护局（EPA）采用一套二级的试验体系确定化学物的内分泌干扰作用。第一级筛选由一整套体外试验和体内试验组成，体外试验包括雌（雄）激素受体竞争结合试验、雌激素受体转录激活试验、H295R类固醇合成试验和芳香化酶试验；体内试验包括啮齿类动物子宫增重试验、大鼠赫什伯格生物测定法、围青春期雌（雄）性大鼠的青春期发育和甲状腺功能试验、蛙两栖动物变态试验和鱼生殖毒性短期试验。第二级测试不采用整套试验，而是选择核心靶标试验来明确化学物引起的特异的内分泌干扰作用和剂量-效应关系。第二级测试试验包括大鼠两代生殖毒性试验、两栖类动物发育和生殖试验、鱼类生命周期毒性试验和鸟类两代繁殖试验等。

经济合作与发展组织（OECD）将内分泌干扰作用的检测与评价分为5级。第1级是根据已有数据信息进行分类；第2级为体外试验，包括激素受体结合试验、受体转录激活试验、类固醇合成试验和芳香化酶试验等；第3级为体内试验，包括子宫增重试验、大鼠赫什伯格生物测定法和鱼卵黄蛋白原试验等；第4级为体内试验，包括雌（雄）性大鼠围青春期试验、蛙两栖动物变态试验和鱼类性腺组织病理学检测等；第5级为体内试验，包括一代和二代繁殖试验、鱼类全生命周期试验等。根据受试物可能的内分泌干扰作用，选择上述各级试验项目。

我国《农药内分泌干扰作用评价方法》（NY/T 2873—2015）对农药内分泌干扰作用的检测与评价分为两阶段试验。第一阶段的体外试验包括雌激素受体转录激活试验和体外类固醇合成试验；体内试验包括啮齿类动物子宫增重试验、大鼠赫什伯格生物测定法、围青春期雌（雄）性大鼠的青春期发育和甲状腺功能试验。第二阶段为体内试验，主要是一代生殖毒性扩展试验，即在一代生殖毒性试验基础上加入内分泌干扰评价指标，评价受试物在动物特定生命周期的内分泌干扰作用，明确受试物的内分泌干扰作用及其潜在机制。

（张晓峰）

思考题

1. 日常生活环境中内分泌干扰物的来源有哪些？
2. 外源化学物的垂体毒性是如何影响性腺功能的？
3. 内分泌干扰物是如何干扰激素发挥作用的？
4. 测试化学物是否具有抗甲状腺激素作用的试验有哪些？

第十八章
神经系统毒性

神经系统分为中枢神经系统和周围神经系统,外源因素可以通过影响其中一个或多个部位对神经系统产生重要影响。神经毒理学是毒理学与神经科学的交叉学科,主要应用解剖学、生理学、生物化学、病理学、药理学和分子生物学等理论基础和技术手段,全面深入地探讨外源因素对神经系统的损害作用和分子机制。本章旨在提供关于神经系统毒性的基本信息,详细介绍神经毒物的种类、神经毒性的具体类型、神经毒作用机制,以及从临床症状、神经结构和神经电生理、神经功能和行为等多角度评价神经毒物影响人和动物的方法。通过深入学习神经毒理学,能为更好地理解外源因素对神经系统的影响,以及开展神经系统毒性的风险评估、制订预防和干预措施提供科学依据。

第一节　概　述

神经毒理学(neurotoxicology)指研究外源因素对神经系统结构和功能的损害作用及其机制的毒理学分支学科。任何能够引起生物体神经系统功能或结构异常或损害的物质称为神经毒物(neurotoxicant)。神经毒性(neurotoxicity)指外源因素对生物体神经系统结构或功能造成损害作用的能力。神经毒理学能够系统、全面地评估外源因素的神经毒性。行为毒理学(behavioral toxicology)是指研究外源因素对生物体的行为产生有害效应的一门学科。其观察机体接触外源因素后形成的应激或损伤,特别是神经系统的反应,但行为改变是亚临床状态,观察不到临床表现。目前认为,利用行为毒理学方法研究外源因素对机体的损伤效应,可为制定卫生标准提供较为灵敏、早期的检测手段和试验依据,也可以借此来确定外源因素神经系统毒作用的阈剂量。

一、神经系统结构与功能

(一)神经系统的解剖结构与功能

神经系统在解剖学上分为中枢神经系统(central nervous system, CNS)和周围神经系统(peripheral nervous system, PNS)。

1. **中枢神经系统**　CNS 由脑和脊髓组成。脑是 CNS 的高级部分,位于颅腔内,分为脑干、间脑、端脑和小脑四部分。脊髓是一束神经组织,包括神经胞体、轴突、神经胶质和结构蛋白,在 PNS 和大脑之间接收、发送、处理感觉与运动信息。

2. **周围神经系统**　PNS 是指与脑和脊髓相连的神经。与脑相连的 PNS 部分为脑神经,与脊髓相连的 PNS 部分为脊神经。PNS 又可根据在各器官、系统中所分布的对象不同,分为躯体神经(somatic nerve)和内脏神经(visceral nerve)。躯体神经包括皮肤、肌肉和关节中的感觉神经元和控制骨骼肌的运动神经元轴突。内脏神经包括内脏感觉神经和内脏运动神经,指分布于内脏、心血管、平滑肌和腺体的神经。其中内脏运动神经又称为自主神经,包括交感神经和副交感神经,调节内脏、心血管和腺体的功能。脑神经和脊神经多属有髓鞘神经纤维,自主神经多属无髓鞘神经纤维。

3. **脑屏障**　CNS 通过解剖学屏障结构与 PNS 和身体的其他部位分隔开,称为脑屏障(brain

barriers），主要包括血-脑屏障（blood-brain barrier，BBB）、血-脑脊液屏障（blood-cerebrospinal fluid barrier，BCB）和脑脊液-脑屏障（cerebrospinal fluid-brain barrier，CFB）。这些屏障可以隔离毒素和血液中的其他有害物质，如细菌、病毒和毒物等进入脑组织，此外还可调节脑脊液的营养和离子组成。

（二）神经系统的细胞学结构与功能

1. 神经元　神经元（neuron）是神经系统的基本结构和功能单元，可以发生冲动和传导冲动；也可合成化学物质（神经激素和神经递质等），并经其轴突输送到特定部位释放。神经元之间形成广泛的突触联系，借此进行神经冲动的传递和信息的整合。神经元形态多样，具有胞体和突起。胞体包括细胞膜、细胞核和细胞质；突起分为树突和轴突。结构见图18-1。

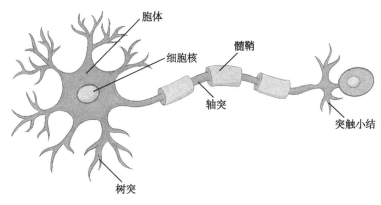

图18-1　神经元的结构

（1）胞体：是整个神经元代谢和信息整合的中心，由细胞膜、细胞核和细胞质组成。细胞质中除了各种细胞器外，还有大量细胞骨架成分，包括微管、神经丝和肌动蛋白微丝。

（2）树突（dendrite）：是胞体延伸部分产生的分支，通常一个神经元可以有多个树突。树突表面的细小突起称为树突棘（dendritic spine），是树突接收信号传入的重要部位，可与其他神经元末梢形成突触连接，而树突棘的表面即为突触后成分，有多种受体和离子通道，在树突棘内也有蛋白质的合成。

（3）轴突（axon）：可由神经元的胞体或者主干树突的根部发出，有的长度可达1m以上。轴突的功能主要是将由胞体发出的冲动传递给其他神经元，或传递给肌细胞和腺细胞等效应器，还参与细胞内物质的运输。

2. 神经胶质细胞　神经胶质细胞是神经系统内除神经元之外的另一大类细胞。胶质细胞不含尼氏体，细胞器少，核内异染色质较多。胶质细胞虽有细胞突起，但是没有轴突和树突之分，且神经胶质细胞的突起不能传导神经冲动。CNS胶质细胞有星形胶质细胞（astrocyte）、小胶质细胞（microglia）、少突胶质细胞（oligodendrocyte）和室管膜细胞（ependymal cell）。PNS的胶质细胞包括神经节细胞周围的卫星细胞（satellite cell）和施万细胞（Schwann cell）。

二、神经毒物及分类

具有神经毒性的化学物来源广泛、种类繁多，动植物毒素（如箭毒、蛇毒等）是人类最早认识的神经毒物。目前，神经毒物由最早认识的动物毒素，增加到铅、锰、铊、汞、有机铅、有机汞、有机锡、有机氯、有机磷、有机溶剂、氟化物等数千种。近年来具有神经毒性的药物有明显增加的趋势，如化疗药物、抗病毒药物、某些抗生素、抗癫痫药物、免疫调节剂、抗抑郁药、镇痛药及治疗帕金森病的药物等。此外，某些颗粒物，如纳米氧化锌、$PM_{2.5}$、微塑料等也被发现具有神经毒性。这些物质不仅可特异性损伤 CNS，还可特异性累及 PNS，出现四肢感觉和运动障碍。按照毒物作用的靶器官，可以分为以下四种损伤类型（表 18-1）：

表 18-1　神经毒物损伤类型

损伤类型	神经毒物	神经系统表现	神经毒性的细胞基础
神经元损伤	铝	痴呆，脑部疾病（人类），学习缺陷	海绵状皮质变性，神经纤维聚集物，皮质的退行性改变
	锰	情绪障碍，帕金森病/肌张力障碍	纹状体变性，苍白球变性
	甲基汞	共济失调，视野收缩，感觉异常（成人），精神运动迟缓（胎儿暴露）	视觉皮质、小脑神经节的神经元变性，皮质、小脑的海绵状破坏
	MPTP	帕金森病，肌张力障碍（急性暴露），早发性帕金森病（急性暴露的晚期影响）	黑质神经元变性
	三甲基锡	震颤，过度兴奋性（实验动物）	海马神经元的丧失，杏仁核梨状皮质神经元的丧失
轴突损伤	丙烯酰胺	周围神经病变（通常为感觉神经病变）	轴突变性，轴突末端在早期阶段受到影响
	二硫化碳	精神病（急性），周围神经病变（慢性）	轴突变性，早期阶段包括神经丝状性肿胀
	秋水仙碱	周围神经病变	轴突变性，神经元核周围丝状聚集物；空泡性肌病
	二甲氨基丙腈	周围神经病变	轴突变性（包括有髓鞘和无髓鞘的轴突）
	正己烷	周围神经病变，严重者有痉挛性症状	PNS 和脊髓轴突变性，早期出现神经丝肿胀
	甲基正丁基酮	周围神经病变	早期出现神经丝肿胀，PNS 和脊髓的轴突变性
	有机磷化合物	周围神经病变	轴突变性
髓鞘损伤	乙酰乙基四甲基四聚酯（AETT）	过度兴奋、震颤（大鼠）	髓鞘内水肿，神经元内色素积累
	六氯苯	精神错乱，癫痫发作	脑肿胀，中枢神经系统和 PNS 的髓鞘内水肿，晚期轴突变性
	聚己烯	周围神经病	脱髓鞘性神经病变，施万细胞中的膜结合，包涵体
	碲	脑积水、后肢瘫痪（实验动物）	脱髓鞘性神经病变、脂褐变病（实验动物）
神经递质毒性	苯丙胺和冰毒	震颤、不安（急性）；脑梗死及出血；神经精神障碍	双侧苍白球梗死，多巴胺能、血清素能和胆碱能系统异常；作用于肾上腺素受体
	阿托品	烦躁不安，易怒，产生幻觉	阻断胆碱能受体（抗胆碱能）

续表

损伤类型	神经毒物	神经系统表现	神经毒性的细胞基础
	可卡因	增加脑卒中和脑萎缩的风险（慢性使用者）；运动和精神异常，特别是在戒断期间头围减小（胎儿暴露）；梗死和出血	纹状体多巴胺神经传递的改变
	毒蝇碱（蘑菇）	恶心、呕吐、头痛	结合毒蕈碱受体（胆碱能）
	尼古丁	恶心，呕吐，抽搐	结合烟碱受体（胆碱能），低剂量刺激，高剂量阻断
	β-N-草酰氨基丙氨酸（BOAA）	癫痫，痉挛	可能通过 AMPA 类谷氨酸受体产生兴奋毒性

1. 神经元损害毒物　甲基汞、锰、铝、铅、一氧化碳、乙醇、氰化物、1-甲基-4-苯基-1,2,3,6-四氢吡啶（MPTP）等。

2. 神经轴索毒物　正己烷、异烟肼、氯喹、二硫化碳、紫杉醇、长春新碱、丙烯酰胺、氯丙烯、有机磷酸酯类等。

3. 神经髓鞘毒物　六氯酚、三乙基锡、铅、碲、白喉毒素等。

4. 神经递质毒物　软骨藻酸、氨基甲酸酯类杀虫剂、可卡因、毒蝇碱、烟碱、苯丙胺、兴奋性氨基酸等。

第二节　毒物对神经系统的损害作用

一、神经系统损伤的类型

神经元胞体、轴突、髓鞘细胞等部位和神经递质都是神经毒物敏感的毒作用靶点，有的神经毒物作用于单一靶点，有的可同时作用于多个靶点，表现为多种神经功能和神经行为的改变。根据主要损害部位，神经系统的损伤一般分为神经元神经病（neuronopathy）、轴索神经病（axonopathy）、髓鞘神经病（myelinopathy）和神经递质相关毒性损伤，见图 18-2。

1. 神经元神经病　许多神经毒物通过多种机制作用于神经元胞体，损害神经元，严重或持续的损伤可使神经元凋亡或坏死，导致神经元永久性丧失。同时，神经元胞体的致死性损害也会导致神经元胞质延伸物、轴索和髓鞘发生变性，呈现神经元胞体及其全部突起死亡的特点。

临床上中毒性神经元神经病多表现为弥漫性脑病，伴发功能障碍。但有些神经毒物具有选择性，可作用于特定的神经区域和某种类型神经元，导致某一特殊功能的损伤或临床表现，如 MPTP 主要损伤多巴胺神经元，当黑质神经元损伤达到 80% 时，患者出现帕金森病样表现。

2. 轴索神经病　由神经元长突起和髓鞘组成的神经纤维常聚集成束形成轴索，是神经冲动传递的结构基础。轴索是大部分周围神经毒物的毒作用靶点，神经毒物导致轴索损伤的概率要远大于对 PNS 成髓鞘细胞施万细胞的损伤。中毒性轴索神经病通常表现为轴索变性、降解，继发脱髓鞘的病理改变，该变化类似于神经切断后远端残留轴索的病理变化过程，因此常被称为沃勒变性（Wallerian degeneration），此时神经元表现为染色质溶解，尼氏体、细胞核边集。中毒性轴索损伤一般从长轴索的末端开始并逐渐向胞体发展，呈现逆死性（dying-back）特点，故也被称为中枢-周围远端型轴索神经病（central peripheral distal axonopathy）。神经毒物引起周围神经损伤时，临床上一般受累肢体远端最先表现出手套、袜套样分布的感觉功能障碍，随后出现同样分布形式的运动障碍，神经毒物持续地暴露最终也会造成 CNS 的广泛损伤。CNS 和 PNS 的轴索变性明显不同。PNS 轴索变性时，未受损的近端轴突可以再生，逐渐延伸并可与支配部位联系重建，使神经功能逐渐得到恢复，而在 CNS 中不能再生，会永久丧失神经功能。

3. **髓鞘神经病**　CNS 由少突胶质细胞形成髓鞘，PNS 由施万细胞形成髓鞘。髓鞘在神经元、轴突与树突之间起着绝缘体的作用，缺乏髓鞘可导致神经冲动在细胞突起之间的传导减慢甚至发生传导异常。神经毒物作用于髓鞘，导致某些部位产生髓鞘丢失的病理改变即为脱髓鞘（demyelination）。通常脱髓鞘引起的功能变化取决于脱髓鞘的范围。PNS 的髓鞘损伤不严重或毒物作用消除，髓鞘损伤及神经功能可修复，但郎飞结的间距较正常短，成为脱髓鞘变化的永久性标志。髓鞘再生过程在 CNS 中远不如在 PNS 中有效。三乙基锡和六氯酚可引起髓鞘水肿使节间线分离，髓鞘水肿导致空泡变性，产生脑"海绵层水肿"。铅、碲、白喉毒素可直接损伤施万细胞，影响鞘磷脂的合成。

4. **神经递质相关毒性损伤**　一些毒物选择性作用于神经递质，引起其功能障碍，该损伤一般不伴

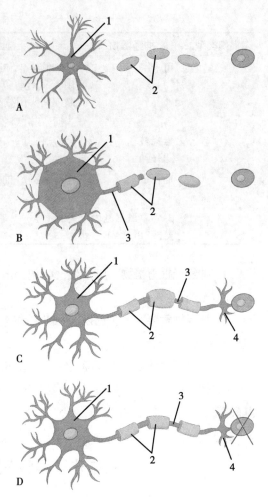

图 18-2　神经损伤的方式

A. 整个神经元死亡；B. 轴索神经病；C. 髓鞘神经病；D. 神经传递异常。1. 神经元胞体；2. 髓鞘细胞；3. 轴突；4. 突触小结。

随组织细胞结构的改变。神经系统的神经递质有多种，有的传递兴奋效应，有的起抑制作用，主要包括①乙酰胆碱：主要引起兴奋效应；②单胺类：5-羟色胺、多巴胺、去甲肾上腺素、肾上腺素、组胺等，其中去甲肾上腺素、肾上腺素、多巴胺为兴奋性递质；③氨基酸类：谷氨酸、天冬氨酸为兴奋性神经递质，γ-氨基丁酸、甘氨酸为抑制性神经递质；④其他神经递质，如内啡肽、脑啡肽等神经肽类。临床上，受损神经递质不同会呈现相应的神经毒性表现。

二、迟发性神经毒性

有些中毒性多发性神经炎可在急性中毒后几天发生，而有机磷化合物导致的多发性神经炎潜伏期较长，常在接触后 2～3 周有临床表现，称为有机磷化合物诱导的迟发性神经毒性（organophosphate-induced delayed neurotoxicity, OPIDN）。一次大量接触毒物后，早期出现神经病靶酯酶（neuropathy target esterase, NTE）活力抑制，此后的 1～2 周内，受试动物逐渐出现以肢体无力和上位运动神经元痉挛性瘫痪为主要表现的神经综合征，神经病理检查表现为脊髓和周围神经远端轴索神经病，称为急性迟发性神经毒性（acute delayed neurotoxicity）。

少数急性一氧化碳中毒患者意识障碍恢复后，经过一段时间的"假愈期"，又出现了神经精神和

意识障碍症状,称为急性一氧化碳中毒迟发性脑病。主要症状包括痴呆、谵妄或去大脑皮质状态;锥体外系神经障碍,出现帕金森综合征表现;锥体系损害,出现偏瘫、病理反射阳性或大小便失禁等;大脑皮质局灶性功能障碍如失语、失明或出现继发性癫痫等。

三、神经发育毒性

神经系统在妊娠期(人类第 1 个月,小鼠第 7 天,大鼠第 9.5 天)开始发育。绝大多数的神经系统发育发生在生命的头两年,然而一些过程,如髓鞘形成、突触发生和高阶认知系统的发展会持续到成年早期。神经发育的过程有固定的窗口期,在此期间,毒物暴露对特定的大脑区域以及感觉、运动和认知具有特别的敏感性。神经系统发育的基本过程包括增殖、迁移、分化、突触发生、细胞凋亡和髓鞘形成,这些过程的发生顺序取决于区域、细胞类型和神经营养信号。发育中的神经系统容易受到外源因素的影响,主要表现为:①细胞的敏感性随着发育阶段的不同而不同,表现为关键窗口期的易损性。改变神经连接时间和形成的外源因素可能导致永久性畸形,其后果可能与该外源因素对成人神经系统的影响完全不同。②突触发生虽然可以持续一生但不能增殖,因此,中枢神经系统的独特之处在于受损的神经细胞不易被替换。③发育中的生物体存在生理和动力学差异,这些差异可能会影响其敏感性,包括血脑屏障形成缓慢以及缺乏保护大脑和消除毒物的关键代谢酶。

目前神经发育毒性受到较多的关注,如证据表明,长期暴露于尼古丁对发育中的胎儿有影响。母亲在怀孕期间吸烟,导致孩子的注意力下降,动物在产前暴露于尼古丁,亦发现了类似的神经行为异常。烟碱受体在神经系统发育的早期表达,开始于脑干发育时期,之后在间脑中表达。尼古丁受体在发育过程中的作用尚不清楚,然而,产前暴露于尼古丁会改变烟碱受体在中枢神经系统中的发育,这些变化可能与动物和儿童随后的注意力下降与认知障碍有关。

四、神经毒作用特点

1. 神经毒物对不同发育阶段机体的毒作用不同　由于婴幼儿的中枢神经系统和身体器官正在发育中,血脑屏障未发育完全,因此对神经毒物的敏感性较高;儿童与青少年阶段,神经系统和身体器官发育已经相对成熟,但仍在继续发育和完善;相对于成年人来说,对神经毒物的敏感性也更高;成年人的神经系统和身体器官已经发育成熟,血脑屏障结构完整、功能完善,对神经毒物进入脑组织具有一定的防护作用,例如婴幼儿铅暴露易发生中毒性脑病,而成年人铅暴露时易损伤周围神经;老年人的神经系统和身体器官功能逐渐减退,对神经毒物的敏感性增加,容易诱发认知障碍、记忆力减退、运动障碍等症状,严重时可能引发神经退行性疾病,如阿尔茨海默病、帕金森综合征等。

2. 神经元受损导致永久性损害　神经元是高度分化的细胞,具有不可再生的特征,一旦神经元受到损伤,其结构和功能往往难以完全恢复。神经毒物导致神经元受损后,损伤部位由星形胶质细胞增殖填补,但神经元功能无法恢复。

轴突损伤后的再生能力取决于多种因素,包括损伤类型、损伤部位、神经元类型以及患者的个体差异等。①周围神经纤维的再生:周围神经纤维(如感觉神经和运动神经)在受到损伤后,具有一定的再生能力。当神经纤维被切断后,如果神经元胞体没有死亡,其受损伤的神经纤维近胞体侧(近侧段)断端可以重新长出新生支芽。这些新生支芽可以沿着原有的神经路径生长,并尝试与靶器官或靶组织重新建立联系。在再生过程中,施万细胞和基膜对受损伤轴突的再生起重要的诱导作用。施万细胞会吞噬碎裂的髓鞘和轴突,并在基膜管内排列成细胞索,为再生轴突提供生长通道。②中枢神经纤维的再生:中枢神经纤维(如脊髓和大脑的神经纤维)的再生能力相对较弱。虽然中枢神经纤维也具有再生潜力,但再生过程比周围神经纤维更为困难。中枢神经纤维缺乏施万细胞和基膜的包裹,且损伤处微环境中存在较多的抑制神经再生化学因子,如硫酸软骨素蛋白多糖等。此外,损伤处星形胶质细胞增殖形成致密的胶质瘢痕,阻碍再生的轴突支芽穿越损伤区。

3. 神经毒性表现的多样性和复杂性　神经毒性表现为症状范围广泛、影响系统多样以及个体差异显著等方面。①症状范围广泛:神经毒性物质进入人体后,会对神经系统产生影响,引发一系列症状。这些症状不仅涉及神经系统本身,还可能扩展到中枢调控的其他系统症状,包括呼吸系统、消化系统、循环系统等症状。②影响系统多样:神经毒性不仅影响神经系统,还可能对多个系统造成损害。例如:神经毒素可直接作用于神经细胞,导致神经功能障碍;内分泌系统:某些神经毒素可能影响内分泌腺体的功能,导致激素分泌异常;免疫系统:神经毒素可能干扰免疫系统的正常功能,降低机体的免疫力;循环系统:神经毒素可能导致心血管系统功能紊乱,出现心律不齐、血压变化等症状。此外,同一种毒物作用于神经系统,可以表现为多种行为学改变,如铅中毒后可出现学习记忆下降和精神抑郁的表现,也可出现髓鞘神经病表现。不同的毒物作用于神经系统,可攻击同一靶细胞或靶部位,如铅、铝、锰均可引起神经系统退行性病变。

4. 直接损伤作用和间接损伤作用　①直接损伤作用:有的外源因素可以直接进入神经系统,从而改变神经系统的代谢或者破坏神经系统的结构,例如,破坏细胞膜、干扰神经递质、影响神经能量代谢、破坏神经纤维的结构等,进而影响神经系统的功能。②间接损伤作用:一方面,神经毒物通过影响神经系统的其他组成部分或功能引起神经毒性作用,包括影响血管功能、干扰神经内分泌系统、影响神经可塑性等;另一方面,神经系统对内、外环境的变化非常敏感,特别是对氧和能量供应十分敏感,有些化学物质通过影响血液和细胞的供氧使脑组织缺氧,导致脑组织受损。

第三节　神经毒作用机制

一、屏障结构破坏和功能损伤

脑屏障是限制血液中的成分向大脑组织间隙或脑脊液中扩散的独特结构。当外源因素作用于机体,脑屏障可以阻止被吸收入血的化学物质进入脑组织,但某些化学物质也可以直接破坏脑屏障并进入脑组织,产生神经毒性。

(一)血脑屏障的损伤

大脑毛细血管内皮的紧密连接(tight junctions,TJs)是构成血脑屏障的重要结构基础之一。脑内皮细胞连接包括黏附连接(adhesion junctions,AJs)、间隙连接(gap junctions,GJs)和TJs。最靠近基底外侧膜的AJs由血管内皮钙黏蛋白和血小板内皮细胞黏附分子1组成。GJs包括连接蛋白30和连接蛋白34,其存在于内皮细胞之间形成半通道,其他类型的连接分子也参与TJs的形成,包括内皮细胞黏附分子。紧邻顶膜的TJs主要由跨膜蛋白、细胞质附着蛋白和细胞骨架蛋白组成,包括紧密连接相关蛋白(Claudin、Occludin、Tricellulin和ZO蛋白)和连接黏附分子(JAM-A、JAM-B和JAM-C)。TJs和AJs几乎消除了细胞旁空间,TJs表达减少、定位错误和翻译后的破坏修饰引起细胞旁通透性增加。TJs破坏所致血脑屏障通透性增高是多种神经毒物作用的重要靶点。铅处理后大鼠脑组织紧密连接蛋白Occludin表达下调、脑血管通透性增大。柴油尾气颗粒物通过诱导脑微血管内皮细胞凋亡,引起炎症反应,细胞间紧密连接蛋白 Claudin-5、ZO-1 表达下降,进而活化 RhoA/ROCK 信号通路,损伤血脑屏障。

(二)血-脑脊液屏障的损伤

脉络丛上皮细胞及细胞间的 TJs 是维持血-脑脊液屏障基本结构和功能完整性的基础。脉络丛内皮细胞通过分泌诸多生长因子,在发育过程与成年生理情况下参与调节大脑发育和正常生理功能。脉络丛细胞间隙 TJs 结构调控分子从血液渗透至脑室及脑脊液环境,直接调节脉络丛屏障功能。脉络丛由于位处"血液-脑脊液"交互界面的重要解剖学位置,加之微孔毛细血管的独特亚细胞结构,也成为多种疾病模型中免疫细胞"入侵"大脑的门户。铅、镉、锰等可引起脉络丛上皮细胞核变性、胞质空泡、溶酶体增加、线粒体肿胀、细胞连接间隙变宽等病理改变。铅暴露还可以引起闭合蛋白、Claudin-1、ZO-1 等 TJs 蛋白表达水平下降,导致血-脑脊液屏障通透性增高。

二、神经胶质细胞损伤及异常活化

神经元和神经胶质细胞构成神经组织。神经胶质细胞数量约是神经元的 10 倍,但从体积上看,两者所占比例接近。

1. 髓鞘形成细胞的损伤　施万细胞和少突胶质细胞分别作为 PNS 和 CNS 的成髓鞘细胞,其胞质突起分层包绕轴索,形成环状富含脂质的同心圆层的髓鞘。这两类细胞能够不断合成胆固醇和脑苷脂形成鞘磷脂,影响这些合成途径的毒物可影响髓鞘的形成。此外,鞘磷脂有疏水性,是脂溶性神经毒物的贮存库。

2. 星形胶质细胞损伤及异常活化　星形胶质细胞是中枢神经系统暴露于神经毒物后的主要防御细胞。星形胶质细胞能够影响突触,调节神经递质的释放。不同脑区的星形胶质细胞群可以对远距离神经元投射的活动做出一致反应,从而介导脑对复杂行为(包括认知表现)的影响。星形胶质细胞的终足围绕在 CNS 血管周围,肿胀后也会因机械压力对大脑的血流产生影响,从而阻碍物质的运输和交换。

外源因素可导致星形胶质细胞异常活化,形态学上表现为增生和细胞肥大,并表达产生特异的蛋白质胶质纤维酸性蛋白(glial fibrillary acidic protein, GFAP),此状态的星形胶质细胞称为反应性星形胶质细胞。反应性星形胶质细胞具有异质性,不同类型的 CNS 损伤刺激会引起反应性星形胶质细胞中基因表达的不同。例如,GFAP 在大部分星形胶质细胞中表达;脂质运载蛋白 2 和丝氨酸蛋白酶抑制蛋白(Serpina3n)仅在反应性星形胶质细胞中强烈表达,并被作为反应性星形胶质细胞的标志物;而正五聚蛋白、鞘氨醇-1-磷酸受体 3、肿瘤坏死因子受体超家族成员 12A 在大脑中动脉栓塞诱导的反应性星形胶质细胞中特异性高表达;重组蛋白 H2-D1 和 Serpin 家族 G 成员 1 在脂多糖(lipopolysaccharide, LPS)诱导的星形胶质细胞亚型中特异性高表达。根据产生条件和基因表达的不同,将 LPS 诱导的与神经毒性有关的反应性星形胶质细胞命名为 A1 型,将缺血诱导的与神经保护有关的反应性星形胶质细胞命名为 A2 型。如锰暴露所致黑质及纹状体区星形胶质细胞 A1 型活化是锰神经毒性的重要机制。

3. 小胶质细胞异常活化　小胶质细胞是 CNS 的第一道防线,当受到外源因素的作用时,小胶质细胞即被激活,表现为数量增多、体积增大、胞质深染,由静息状态时小的分枝状细胞变成形状不规则的阿米巴样细胞,同时一些特异蛋白质如离子钙接头蛋白 1(ionized calcium binding adaptor molecule-1, IBA-1)表达增高。$PM_{2.5}$ 暴露大鼠后引起抑郁样行为表现,与大脑前额叶皮质小胶质细胞激活介导大脑炎症反应有关。此外，激活的小胶质细胞可以诱导 A1 型反应性星形胶质细胞。室内装修引起的空气污染导致小鼠睡眠障碍，其毒理学机制涉及神经炎症和视交叉上核小胶质细胞激活，诱导 A1 型星形胶质细胞，进一步引起谷氨酸合成增加，细胞外谷氨酸水平升高会扰乱睡眠 - 觉醒周期，最终导致睡眠障碍。

三、神经干细胞损伤

神经干细胞（neural stem cell，NSC）是产生于神经组织或源于神经系统、具有自我更新能力、可通过不对称分裂生成除自身之外其他类型细胞或组织的一类细胞。神经干细胞可以分为胚胎源性神经干细胞（embryo derived neural stem cells，EDNSC）和成体源性神经干细胞（adult derived neural stem cells，ADNSC）。其中 EDNSC 指来源于早期胚胎或胚胎神经组织的 NSC，包括神经管上皮细胞、放射状胶质神经元、神经母细胞和神经前体细胞。ADNSC 是指成体神经组织或成体非神经组织中的 NSC，另外也有报道在成年动物脊髓的中央管周围有 NSC 存在。与神经元和神经胶质细胞相比，NSC 对于环境刺激因素的敏感性更高。重金属（铅、锰、铜等）、乙醇、百草枯等均可引起 NSC 增殖、迁移及分化的异常，损伤大脑神经发生。研究发现，铅可以影响胚胎发育过程中神经组织中神经细胞黏附分子的表达及其唾液酸化水平，干扰 NSC 的诱导和迁移过程；铅暴露还可以引起成年 NSC 增殖抑制和分化方向的异常。另外，脑内神经发生微环境改变对于神经发生也具有重要的影响，当外源因素引起脑内微环境改变时，也可能影响神经发生。

四、神经突触可塑性改变

神经突触可塑性（synaptic plasticity）指突触在神经元持续活动影响下发生的特异性数目、结构和功能的变化，在神经功能中发挥重要的作用，包括突触功能可塑性与突触结构可塑性。突触功能可塑性主要包括长时程增强（long-term potentiation，LTP）和长时程抑制（long-term depression，LTD），是学习和记忆等神经功能的基础。LTP 由突触后细胞的 Ca^{2+} 浓度升高介导，继而引发一系列第二信使系统的活动，募集更多的受体进入突触后膜，并增加突触敏感性。LTD 由突触后 Ca^{2+} 浓度的少量增加而引起，伴随突触后受体的数量减少和敏感性降低。铅可以在细胞膜上与 Ca^{2+} 竞争进入神经元，抑制 LTP；可以阻断突触前膜的电压门控钙通道（voltage-gated calcium channel，VGCC），干扰突触前膜谷氨酸的释放，并影响 Ca^{2+} 对 PKC 的激活，进而影响其下游蛋白磷酸化过程及 LTP；还可影响突触后膜 NMDA 受体及 AMPA 受体的表达水平和功能，干扰 LTP。此外，铝、锰、甲基汞、双酚 A、乙醇等也被发现可以通过上述相关机制影响突触可塑性。

树突棘密度和形态的改变是突触后形态可塑性最为重要的一环，是学习记忆形成的形态学基础。树突棘根据其形状可以将其分为蘑菇形树突棘（mushroom）、细长形树突棘、短粗形树突棘（stubby）和丝状伪足（filopodium），一般认为丝状伪足是树突棘的前体形式。树突棘形态和密度的变化与神经元的功能密切相关。有机磷阻燃剂磷酸三（1,3- 二氯丙基）酯暴露可引起小鼠海马和内侧前额叶的突触结构可塑性改变，降低树突棘密度和突触数量，减少突触后致密物的厚度等。另外，也有研究发现铅、铝、双酚 A、四氯化碳等暴露可以引起神经元树突棘的减少。

五、神经递质异常

化学物质诱导的神经传导功能障碍可能在细胞结构未改变的情况下发生，神经毒性表现为神经冲动传导和传播的改变，以及行为、表现和调节等功能改变。神经毒物对信号的化学突触传递的影响涉及神经递质合成、储存、释放、再摄取、降解等过程。①干扰神经递质的合成(影响神经递质合成酶的活性或递质前体物质的利用):微塑料暴露显著抑制 γ-氨基丁酸、β-羟基丁酸和去甲肾上腺素等。②影响囊泡中神经递质的储存或释放:脱氧麻黄碱、麻黄碱、苯丙胺、苯丙胺衍生物、甲基汞等能增加儿茶酚胺类递质的释放。③干扰神经递质的灭活及清除(影响重摄取过程或递质分解酶活性):有机磷、氨基甲酸酯类杀虫剂及索曼、沙林等神经毒气可选择性抑制乙酰胆碱酯酶的活性,抑制乙酰胆碱的灭活,突触间隙大量堆积的乙酰胆碱过度刺激突触后膜上的相应受体,呈现乙酰胆碱能神经亢进症状。④干扰或阻断神经递质与受体的作用:可卡因及其同系物可通过抑制突触对多巴胺及其他胺类物质的重吸收,升高神经递质的水平。⑤毒物本身能竞争性地与神经递质受体结合:如毒蘑菇含有毒蕈碱,与毒蕈碱受体结合导致恶心、呕吐症状。

六、受体信号转导异常

1. **受体介导神经毒性**　受体通常作为一种膜蛋白位于突触后膜上,与相应的神经递质特异性结合,使突触后膜产生兴奋或抑制,调节神经传递。

(1) 外源因素与受体的作用方式:一些神经毒物可作用于受体,干扰神经系统的信号产生和传递过程。其作用方式有:①模拟内源性配体,结合、活化受体。从水华鱼腥藻分离的鱼腥藻毒素 a (anatoxin-a)作为乙酰胆碱的类似物,可与乙酰胆碱受体结合。由于乙酰胆碱酯酶或真核生物中的任何酶均不能将其降解,引起肌肉过度兴奋导致痉挛,动物呼吸功能衰竭、窒息,最终死亡。②与受体结合后,阻断内源性配体的激动作用。曼陀罗生物碱作为 M 型胆碱受体(毒蕈碱样受体)阻断剂,与乙酰胆碱竞争 M 型胆碱受体,使副交感神经兴奋时所释放的乙酰胆碱不能发挥作用,表现为平滑肌松弛、腺体分泌抑制、血管扩张。③与内源性配体的结合部位不同,与生物大分子的相邻部位结合,通过变构效应影响受体与神经递质的结合。

(2) 兴奋性毒性:谷氨酸是脑内主要的兴奋性氨基酸类神经递质,与突触后谷氨酸受体结合后导致去极化,产生兴奋性效应。谷氨酸受体中度激动可兴奋神经元,改善认知功能,但谷氨酸受体过度激活可产生兴奋性神经毒作用,导致细胞损伤和死亡。因此,兴奋性毒性指由谷氨酸介导的神经毒性。CNS 的谷氨酸受体有离子型谷氨酸受体和代谢型谷氨酸受体。其中,根据对不同激动剂的选择性,离子型谷氨酸受体的亚型有 N-甲基-D-天冬氨酸(N-methyl-D-aspartic acid)受体、α-氨基-3-羟基-5-甲基-4-异噁唑丙酸(α-amino-3-hydroxy-5-methyl-4-isoxazolepropionic acid, AMPA)受体和红藻氨酸盐(kainite, KA)受体。兴奋性毒性主要由 NMDA 受体介导。NMDA 受体是 Ca^{2+} 通道复合体中能与谷氨酸、NMDA 和其他化学物结合的部分,该结合位点能调节通道活性。内源性谷氨酸的过度释放、突触谷氨酸重吸收机制障碍、NMDA 或谷氨酸的应用均可导致 NMDA 受体过度刺激,大量的 Ca^{2+} 通过 Ca^{2+} 通道进入神经元内,导致钙稳态失衡,从而引起细胞的继发性改变。

2. **信号转导因子介导神经毒性**　神经毒物除了可以影响受体外,还可以累及细胞内信号转导系统的多种信号转导因子,如 Ca^{2+}、肌醇磷酸酯。

(1) 细胞内 Ca^{2+} 升高:细胞内 Ca^{2+} 升高在神经毒性中发挥重要作用,去除胞外 Ca^{2+} 可阻止神经毒性发生。多种神经毒物可引起细胞内 Ca^{2+} 水平升高,如兴奋性氨基酸、甲基汞、三乙基铅、三甲基锡、氰化物、某些有机磷和拟除虫菊酯类杀虫剂等。神经毒物可引起胞内 Ca^{2+} 依赖机制破坏,造成胞内 Ca^{2+} 水平持续增高。虽然胞内游离 Ca^{2+} 短暂增高对细胞正常功能必不可少,但持续升高却会导致蛋白酶、磷脂酶和内切酶活化,引起蛋白、磷脂和 DNA 损伤,而且还会启动耗能代偿机制,导致与功能有关的系统破坏。

（2）肌醇磷酸酯代谢增强：受体特异激动剂可刺激肌醇磷酸酯代谢，这种作用与胞质 Ca^{2+} 浓度升高有关。当一种激动剂与其受体（如胆碱能毒蕈碱 M_1 或 M_3 受体、$α_1$ 肾上腺能受体或代谢型兴奋性氨基酸受体）结合后，激活磷脂酰肌醇特异性磷脂酶 C（phosphoinositide-specific phospholipase C，PI-PLC），将磷脂酰肌醇 4,5-二磷酸酯（PIP2）水解成 1,4,5-三磷酸肌醇（IP3）和 1,2-二酰甘油（diacylglycerol，DAG）。IP3 与细胞内质网和钙小体（calciosome）膜上的特异性结合部位结合可引起胞质 Ca^{2+} 动员，激活多种蛋白激酶，产生相应的生物学效应。同时，IP3 能在磷酸酶作用下脱磷酸逐步生成肌醇 1,4-二磷酸酯（IP2）、肌醇 1-磷酸酯（IP1）和肌醇。锂离子能够抑制该过程，进而干扰肌醇磷酸酯循环，这可能是锂盐抗躁狂作用的机制。

七、神经环路异常

神经环路是大脑中普遍存在的结构，是构成大脑神经系统的基本单元，在脑信息传递和处理过程中发挥着重要作用。脑内各种神经元通过各种形式的复杂连接，构成神经环路和神经网络，其活动形式多样，包括串联、并联、前馈、正反馈及负反馈等。而神经环路异常可能会引起脑功能的紊乱，也是许多神经系统疾病发生的原因。PVTVGr2-CeA 神经环路可通过调控下游脑区杏仁中央核（CeA）功能而促进百草枯致帕金森病进程中抑郁的发生。氟溴唑仑分布在喙内侧被盖核（RMTg）脑区，通过激动 γ-氨基丁酸（GABA）能神经元苯二氮䓬受体，抑制 RMTg GABA→VTADA 环路，产生奖赏效应。臭氧暴露会导致机体前扣带回皮质（ACC）炎症反应，小胶质细胞病理性增加，从而引起大脑 ACC 锥体神经元到下游脑区丘脑室旁核（PVT）神经环路的连接异常，最终诱导机体出现抑郁样行为。

第四节　神经毒理学研究方法与评价

一、中毒患者的临床症状

不同神经毒物引起的临床表现不完全相同，临床观察是发现神经毒性的重要途径。

（一）中枢神经病变

是指由大脑和脊髓受损或疾病所引发的一系列临床表现。这些症状通常涉及大脑对身体各部位的控制和调节功能。主要包括①神经功能障碍：头痛、眩晕、记忆问题、注意力不集中、语言困难等；②运动异常：如肌无力、协调障碍、震颤、抽搐、步态异常等；③情感与认知变化：可能出现情绪波动、抑郁、焦虑、痴呆或幻觉等症状；④感官异常：视物模糊、听力下降、味觉或嗅觉改变等；⑤自主神经功能紊乱：可能表现为心率异常、血压波动、出汗过多或过少等，如锰中毒导致的情绪障碍、帕金森病；汞中毒导致的精神性格改变、意向性震颤等。

（二）周围神经病变

早期症状以感觉障碍为主，临床呈对称性疼痛和感觉异常，下肢症状较上肢多见。感觉异常有麻木、蚁走、虫爬、发热、触电样感觉，患者有穿袜子与戴手套样感觉。感觉障碍严重的病例可出现下肢关节病及溃疡。痛呈刺痛、灼痛、钻凿痛。周围神经病变可双侧，可单侧，可对称，可不对称，但以双侧对称性者多见。如铅中毒所引起的四肢无力，麻木，手套、袜套样感觉。

其他神经系统的改变和症状参见表 18-1。

二、神经结构和神经电生理测试

（一）神经结构

1. **神经形态学** 确认神经毒性的最经典方法是观察神经病理学的形态或组织学改变。首先肉眼观察，辅以绝对和相对的脑重量测定。其次，在光学显微镜下观察基本的病变，确定病变脑区后可做电镜检查。为了解其神经毒性的细胞特异性和对某些特殊生化过程是否产生有害的影响，可进行神经组织化学、免疫组织化学检测。当前，组织切片结合高通量检测发展了空间转录组、空间代谢组及空间蛋白组等新技术，可解析组织在不同空间位置上的基因、代谢产物和蛋白表达的信息。

2. **神经影像学**

（1）磁共振成像（magnetic resonance imaging，MRI）：MRI 在某些重金属（锰、铅等）神经毒性研究中广泛应用。锰中毒猴子的纹状体、苍白球和黑质在 MRI T1WI 信号上呈对称性增强。用于建立锰中毒模型的啮齿类动物与人、非人灵长类动物的脑锰蓄积不同，锰引起 T1WI 信号增强的初始位置是脉络丛和脑室，接着是垂体、嗅球和皮质区（如海马）。无中毒症状的锰作业工人苍白球 MRI T1WI 信号强度比对照工人显著增加，可用苍白球指数（pallidal index，PI）（PI= 矢状面 T1WI 的苍白球信号强度值与额叶白质信号强度值之比 ×100）来评估脑锰蓄积水平，是评价锰致 CNS 损伤较为敏感的指标。但 PI 属于半定量指标，目前尚无 PI 与脑组织锰含量的定量关系的相关证据。动物实验证据也支持人群研究的发现。此外，MRI 也可用于 PNS 损伤的研究。

（2）氢质子磁共振波谱（^{1}H magnetic resonance spectroscopy，^{1}H-MRS）：可以无创性获取脑内生化和能量代谢信息，进而半定量分析化合物浓度。如对铅中毒脑内结构和功能变化的观察发现，N- 乙酰天冬氨酸（NAA，提示神经元密度和线粒体代谢）、肌酸（Cr，提示磷酸盐代谢）、胆碱（Cho，提示细胞膜更新）的水平在 4 个脑区（左右侧额叶、左右侧海马）均低于对照组儿童，提示铅暴露可引起海马、额皮质和中脑神经元丢失，为铅暴露导致大脑功能和结构损伤提供了参考和依据。

（3）发射型计算机断层显像术（emission computed tomography，ECT）：主要包括正电子发射型计算机断层显像（positron emission tomography，PET）和单光子发射计算机断层扫描（single-photon emission computed tomography，SPECT）两种技术。①PET：是利用放射性核素标记的示踪剂（如氟代脱氧葡萄糖，FDG）来反映生命代谢活动的情况，通过观察大脑代谢活动的变化来评估神经系统的损伤程度。例如，^{18}氟 - 多巴 PET（^{18}F-dopa PET）可评估体内突触前多巴胺终端活动，常用于测定 PD 患者黑质纹状体多巴胺通路终端的完整性。对于原发性帕金森病（IPD）患者，^{18}F-dopa PET 显示纹状体尤其是壳核后部多巴胺摄取减少，该发现与黑质纹状体通路上多巴胺细胞数减少 40%～60% 吻合；但锰中毒患者显示多巴胺摄取正常。②SPECT：是使用放射性同位素药物和成像设备来创建大脑 3D 图像的一种核医学成像技术，SPECT 能够显示大脑中的血流活动和代谢情况。患者摄入含有放射性同位素的药物后，到达需要成像的大脑区域。由于放射性衰变，会发出 γ 光子。SPECT 设备通过探测这些 γ 光子并重建断层图像来显示大脑中的血流活动和代谢情况。

（二）神经电生理测试

神经电生理学指标主要用于评价感觉和运动神经的传导速度、神经肌肉功能、中枢感觉投射和脑电改变等。神经传导速度和幅度主要用于评价外周神经功能，其对评价神经纤维和髓鞘损伤十分敏感，但幅度测定易受电极位置的影响，所以个体和实验间差异较大。神经传导速度在实际工作中应用较多。感觉功能评价包括记录视、听和躯体受刺激后的诱发反应。用不同的皮质电极检测中枢感觉投射过程中不同阶段的系列波谱，可为中枢和外周神经功能损害提供较为特异的定量评价指标。

三、神经系统功能和行为测试

行为是机体神经系统功能的综合表现，可为各种神经毒性效应评价提供有意义的定性、定量依据。在行为毒理学研究中，若发现某毒物在一定剂量下对行为不产生影响，也未使机体神经对该毒物产生易感性，可认为该毒物无神经毒性，但神经病理学、神经化学等毒性终点不能完全套用。从神经生理、化学角度而言，行为是这些功能的综合性反映和体现，行为异常提示可能有神经毒性。

（一）学习和记忆功能测试

1. 人体试验 韦克斯勒记忆量表、韦克斯勒成人智力量表和临床记忆量表主要用来测试人的认知和记忆能力，一般分为听觉记忆测试和视觉记忆测试。

（1）数字广度试验：取自韦克斯勒成人智力量表，反映即时听觉、记忆及注意力集中的能力。

（2）指向记忆：与数字广度试验相似，也反映即时听觉、记忆及注意力集中的能力。

（3）联想学习：同数字广度试验相似，反映即时听觉、记忆及注意力集中的能力。

（4）数字译码试验：取自韦克斯勒成人智力量表，可测试视觉感知、记忆、模拟学习及手部反应的能力。

（5）视觉保留试验：反映大脑对几何图形组织和即时视觉记忆能力。

（6）图像自由回忆：同视觉保留试验，反映大脑对图形的组织和即时视觉记忆能力。

2. 动物实验

（1）小鼠跳台实验：末次染毒后次日（或一次染毒后1小时）开始训练。小鼠受到电击后，其正常反应是跳下平台（绝缘体），以躲避伤害性刺激。记录5分钟内小鼠跳下平台的错误次数和第一次跳下平台的潜伏期，以此作为学习成绩（记忆获得）。24小时或48小时后进行重测，计算出现错误反应的动物的百分率（受电击的动物数占该组动物总数的百分率，记忆巩固）。停止训练5天后（包括第5天）可以在不同的时间进行一次或多次记忆消退实验（记忆再现）。若染毒组与对照组相比，潜伏期、错误次数或跳下平台的动物数差异有统计学意义，提示该毒物可引起小鼠记忆力改变。

（2）小鼠 Morris 水迷宫实验：末次染毒后次日开始训练，每天1次，连续4~6天。将小鼠放在起点，记录从起点到达终点所需的时间和发生错误的次数。若染毒组与对照组比较，两组到达终点所用的时间或到达终点前出现的错误次数，或2分钟内到达终点的动物数差异有统计学意义，提示毒物对小鼠记忆力有影响。水迷宫实验包括获得性训练（定位航行实验）、探查训练（空间探索实验）、对位训练（工作记忆测定）、对位探查训练等。

（3）八臂迷宫实验：也称放射状迷宫实验。该实验利用放置于臂内的食物作为激励措施，可评估动物的工作记忆和空间参照记忆，而且重复测量的稳定性较好，目前已经成为评价实验动物空间学习记忆能力的常用方法之一。

（4）穿梭箱实验：属于非空间学习记忆任务，是经典的联合型学习条件反射测试。其原理为通过穿梭箱底部点击区的不锈钢栅给予动物足部电击（非条件刺激），实验箱顶部的光源和蜂鸣音控制器可作为条件刺激，观察动物逃向穿梭箱安全区的时机来评测其学习记忆能力。穿梭箱实验可同时观察动物的被动和主动回避性反应，同时动物的反应系数可以反映动物处于兴奋或抑制状态。

（5）新物体识别测试：是一种识别记忆测试。它主要用于测试增强记忆化合物的功效、某些其他化合物对记忆的（负面）影响或遗传及年龄对记忆的影响。将大鼠或小鼠暴露在两个或多个对象中，并对这些对象进行一段时间的探索，然后其中一个对象被另一个对象替换。如果记忆功能正常，动物将花更多的时间探索这个新物体，而不是探索熟悉的物体。如果动物对所有物体的探索都是一样的，即可判定为记忆能力下降。

（二）感觉运动功能测试

1. 人体试验

（1）手提转速度试验：测试手部操作敏捷度和眼-手快速协调能力。

（2）目标瞄准追击试验：测试手部运动速度和准确性能力。

（3）简单反应时间试验：测定视觉感知和手部运动反应时间。

2. 动物实验　动物的运动功能测试包括反射及感觉功能（如平面翻正），神经运动协调（如空中翻正），听觉、视觉、嗅觉、痛觉，躯体感觉运动（如断崖回避、负趋地性），运动发育（如转体），耐力（如前肢悬挂、爬绳），神经肌肉成熟（如转棒、游泳、足展开），活动度（如开阔场地、踏轮等）。

（1）活动度测定：在啮齿类动物主要用于行为药理及行为毒理。单一活动度测试可进行定量评价，啮齿类动物的正常表现是活动度逐渐降低。

（2）运动协调功能测试：包括以下3种实验。

1）转棒实验：根据小鼠跌落转棒时的转速或某一转速时跌落转棒的时间，来反映其神经肌肉协调能力。若染毒组跌落转棒时的转速或时间小于对照组，差异有统计学意义，提示毒物对运动功能有影响。

2）游泳耐力实验：选用成年小鼠，末次染毒30分钟后，将小鼠置于游泳箱中游泳，记录小鼠自游泳开始到沉入水底的时间为小鼠游泳时间。游泳时间长短可以反映动物运动耐力的程度。若染毒组游泳时间短于对照组，差异有统计学意义，提示毒物对运动功能有影响。

3）后肢撑力实验：通过测定大鼠落地时后爪间的距离变化，了解神经毒物致大鼠后肢运动神经损伤情况。后肢瘫痪时，从高空落下后肢不能支撑，后爪间距离变大。通过染毒组和对照组的比较分析来判断结果。

（3）痛觉测定：较常用的方法有小鼠"热板"法、大鼠鼠尾热刺激法、兔扬爪和缩肢反应测定法等，可判断毒物对CNS兴奋和抑制作用，或麻醉作用的程度。

（三）焦虑和抑郁的行为学研究方法

焦虑和抑郁的行为属于精神性疾病。外源因素如有毒金属、颗粒物等可以引起或促进焦虑抑郁的发生。

1. 人的焦虑抑郁量表

（1）医院焦虑抑郁量表（Hospital Anxiety and Depression Scale，HADS）：是由 Zigmond 和 Snaith 在 1983 年提出，主要用于辅助医生评估住院患者焦虑和抑郁的程度。HADS 由 14 个评分项目计算出患者的综合评分情况，其中 7 个为焦虑相关评分，另外 7 个是抑郁相关评分。每个条目按近一个月症状出现的频度采用 4 级评分，各条目 0~3 分共四个等级分，得分越高，表示焦虑或抑郁症状越严重。

（2）汉密尔顿抑郁量表（Hamilton Depression Scale，HAMD）：是由 Hamilton 于 1960 年编制，是临床上评定抑郁状态时应用最为普遍的量表。本量表有 17 项、21 项和 24 项等 3 种版本。量表由经过培训的两名评定者对患者进行 HAMD 联合检查，一般采用交谈与观察的方式，检查结束后，两名评定者分别独立评分；在治疗前后进行评分，可以评价病情的严重程度及治疗效果。

（3）汉密尔顿焦虑量表（Hamilton Anxiety Scale, HAMA）：主要用于评定神经症及其他焦虑症状的严重程度，同时可以与 HAMD 相比较，二者有重复的项目，如抑郁心境、躯体性焦虑、胃肠道症状及失眠等。本量表有 14 项，所有项目采用 0～4 分的 5 级评分法，得分越高表示焦虑症状越严重。HAMA 将焦虑因子分为躯体性和精神性两大类。躯体性焦虑：7～13 项的得分比较高；精神性焦虑：1～6 项和 14 项得分比较高。

（4）PHQ-9 健康问卷（Patient Health Questionnaire-9, PHQ-9）：是基于 DSM-Ⅳ（美国精神病学会制定的《精神疾病的诊断和统计手册》）诊断标准的 9 个条目，是一个简便、有效的抑郁障碍自评量表，在抑郁症诊断的辅助和症状严重程度评估方面，均具有良好的信度和效度。

（5）焦虑自评量表（Self-Rating Anxiety Scale, SAS）：是由华裔教授 Zung 于 1971 年编制，用于评估个体的焦虑症状及其严重程度，SAS 由 20 个项目组成，每个项目描述了一种与焦虑相关的感受或行为。根据标准判定焦虑程度，得分越高则焦虑程度越高。

2. 动物实验

（1）高架十字迷宫：其原理是动物对新环境有恐惧和探索特性，可根据其在十字迷宫开放臂停留时间与封闭臂停留时间的比值以及进入两者的次数来计算焦虑值。

（2）旷场实验：又称敞箱实验、开场（空场）实验。由美国心理学家 Hall 和 Ballachey 于 1932 年首次设计使用。最初应用在大鼠中，后推广应用至小鼠和其他动物，是一种评价啮齿类实验动物在新的不同环境中的自主运动行为、探究行为与紧张度的一种方法，是评价实验动物运动功能和焦虑状态的经典行为学方法。旷场实验在毒理学、精神药理学、评估药物和环境对动物行为的改变及对神经系统的作用等领域中广泛应用，现已经广泛应用于帕金森病、抑郁症、焦虑症等神经精神疾病以及中枢药物评价筛选的研究中。

（3）悬尾实验：是一种经典而又能快速评价抑郁情绪的实验方法。其原理是利用小鼠悬尾后企图逃脱但又无法逃脱，从而放弃挣扎，进入特有的抑郁不动状态，实验过程中记录动物不动时间来反映抑郁状态。主要步骤为：将小鼠尾部后 1/3 处用胶带固定，悬挂于支架上，头部距离台面 15cm，进行摄像，摄像背景与小鼠毛色呈明显反差，如白色小鼠采用黑色背景。计时 6 分钟后停止，利用小动物行为学分析软件对小鼠后 4 分钟（3～6 分钟）的不动时间进行统计。不动时间延长则判定为抑郁情绪增加。

四、体外试验及替代方法

最常见的方法是从动物体内分离出原代神经细胞，在尽量模拟体内环境的体外条件下，使神经细胞保持存活、增殖、发育、分化能力，为神经毒理学研究提供所需的体外受试对象。体外培养方法类型有全胚胎、全脑、特殊脑组织块、凝集细胞、分散细胞和细胞株等。此外，脑类器官因能够更好地模拟人类大脑特征，在化学物神经毒性评估方面具有独特优势。脑类器官是由人多能干细胞分化而来的 3D 细胞模型，包含了十余种神经细胞类型，能够模拟胚胎发育过程中人脑特有的结构和神经生理特性。目前比较成熟的有全脑类器官、前脑类器官、间脑类器官、中脑类器官、小脑类器官等，为探讨脑相关疾病病因、毒作用机制和筛选治疗药物提供了新的研究平台。

替代测试物种，如秀丽隐杆线虫、斑马鱼和黑腹果蝇使得快速、廉价和小规模地评估化学毒物的神经毒性成为可能。这些模式生物的应用，为阐释化学毒物引起的神经发育和退行性疾病发生和机制提供了替代方法。

五、动物神经毒性模型

建立模拟人体神经系统病变的动物模型，与已知或未知的神经毒物进行比较研究，对于阐明中毒机制、寻找药物防治具有十分重要的意义。

（一）帕金森病模型

帕金森病模型是以实验动物来模拟帕金森病（Parkinson disease，PD）患者脑组织的病理变化及行为特征。PD的病理学特征为大脑黑质致密层区神经元死亡，黑质神经元以多巴胺作为神经递质，在纹状体和苍白球末端释放。该末端区对运动的起始和控制十分重要，其受损可出现震颤、强直、运动过慢和姿势不稳等表现。MPTP的神经毒作用表现与自发性PD的临床表现很相似，其可选择性地损伤黑质纹状体系统，引发或有助于PD的神经变性过程。经灵长类动物实验证实，MPTP可用于建立PD的动物模型，该动物模型常用于毒作用机制、治疗药物靶点等相关研究。

（二）阿尔茨海默病模型

阿尔茨海默病（Alzheimer disease，AD）模型是以实验动物模拟AD患者脑组织的病理变化及行为特征。目前AD动物模型大多只能模拟AD某些病变或者症状，完全符合人类AD病变的动物模型尚未问世。目前主要有自然衰老认知障碍AD动物模型、快速老化小鼠模型、D-半乳糖诱导的亚急性衰老模型和转基因AD动物模型。其中利用基因编辑技术构建转基因动物模型，有单转基因模型、双转基因模型和多转基因模型等。常见的APP转基因模型、PS转基因模型、ApoE转基因模型、Tau转基因模型是单转基因模型；APP/PS、APP/ApoE、APP/Tau属于双转基因模型；APP/PS1/Tau属于多转基因模型。采用双转基因或多转基因动物模型较单转基因模型更接近人类疾病的病理改变及临床表现。

（三）迟发性神经病模型

鸡可作为某些有机磷中毒引起的迟发性神经病（organophosphate-induced delayed neurotoxicity，OPIDN）的模型，一些国家（含我国）相关部门已把该模型作为有机磷农药和其他类型农药的筛选及鉴定手段。该模型旨在测试农药的迟发性神经毒性，求出该神经毒性的无作用剂量。实验动物选用遗传背景明确、健康、步态正常的母鸡，阳性对照选用磷酸三邻甲苯酯（TOCP）。染毒1次，观察3周，如未见异常反应或可疑反应时，应再次染毒，再观察3周。亚慢性实验染毒13周并观察，中止染毒后再观察1周。以鸡的站立、运动姿势、运动失调程度为观察指标，以便观察该迟发性神经毒性的最小反应。一般迟发性神经毒性反应在第7~10天开始出现，并逐渐加重。

六、神经发育毒性测试

根据我国国家标准《化学品　神经发育毒性试验方法》（GB/T 27826—2011），啮齿类动物母体从妊娠第6天到哺乳期（产后第21天）接触测试物质，确保在子宫内和通过母乳接触。染毒结束后进行神经行为测试，包括个体行为发育、运动活力、活动和感觉功能、学习和记忆测试等，处死动物后进行神经病理学检查，观察神经系统的结构改变。

随着工业的发展，出现了越来越多新的化学物质，人类暴露神经毒物的种类和机会与日俱增，神经毒理学研究面临新的挑战。随着基础医学、临床医学的发展以及神经生物化学、分子生物学、生物信息学等领域各种新的研究技术和手段的出现，为神经毒理学研究的发展提供了重要的条件，为揭示外源因素的神经毒性及毒作用机制提供理论和技术的支撑，为制定预防和干预措施提供了科学依据。

（张　荣）

思考题

1. 举例说明神经毒物可引起哪些毒作用。
2. 神经毒物慢性毒作用机制是什么？举例说明。
3. 如何评价混合污染物的神经毒性？举例说明。

第十九章
呼吸系统毒性

呼吸系统作为可直接与外界空气接触的器官，是环境污染物和工业污染物以及某些临床药物极易直接暴露的重要器官。通过呼吸道暴露的外源化学物既可直接损伤呼吸道和肺，也可通过血液循环到达体内其他组织或器官，引起全身损害；来自机体其他部位的化学物亦可通过血液循环到达肺引起肺损伤。呼吸系统的主要功能是气体交换，同时它对内、外源化学物的代谢以及对损伤的防御也起着十分重要的作用。肺的损伤不仅是呼吸功能的损伤，其与全身的损害也密切相关。对呼吸系统毒性的研究有助于外源化学物中毒的诊断、治疗、预防以及中毒机制的探讨。

第一节 概 述

一、呼吸系统结构与功能的生物学基础

我们对人和其他哺乳动物呼吸系统的解剖结构、生理功能已经有所了解，本部分主要介绍其与呼吸毒理学相关的结构与生理功能。

（一）上呼吸道

上呼吸道包括口、鼻和咽部，主要功能是嗅觉，调节吸入空气的温度和湿度，阻挡空气中的大粒径颗粒物被吸入和吸收空气中的部分刺激性气体。鼻腔是外源化学物进入呼吸道最先到达的部位，由前向后分别由复层鳞状上皮细胞、无纤毛假复层移行上皮细胞、呼吸上皮细胞和嗅上皮细胞组成。人类鼻前庭部的鳞状上皮细胞含有毛发结构，可以清除较大的颗粒物。上呼吸道的呼吸上皮包括 6 种细胞：纤毛柱状细胞、无纤毛柱状细胞、杯状细胞、刷状细胞、立方细胞和基底细胞。嗅上皮包括 3 种细胞：基底细胞、支持细胞和嗅细胞。值得关注的是，嗅上皮细胞是外源化学物的重要靶细胞，某些金属、有机溶剂、病毒等可通过嗅上皮的转运进入嗅觉通道，继而进入中枢神经系统（脑）发挥神经毒性。

（二）下呼吸道

下呼吸道自喉部远端起，包括由气管、支气管、细支气管构成的气道部和由肺泡构成的肺实质部，其基本功能是从吸入气中摄取氧气并把血液中的二氧化碳运送到呼出气中，另一个重要的功能是对吸入气中的有害物质进行防御。

气道表面覆盖的假复层柱状纤毛上皮细胞和浆液细胞共同通过一种被称为"黏膜纤毛滚梯"的机制清除吸入气中的有害颗粒物。终末细支气管管腔内有一种无纤毛的柱状细胞——Clara 细胞，含有丰富的滑面内质网以及 CYP450 酶系，具有较强的代谢外源化学物的能力。

肺实质部由呼吸性细支气管、肺泡管、肺泡囊和肺泡组成，主要功能是气体交换。Ⅰ型肺泡上皮细胞（type Ⅰ alveolar epithelial cell）具有较大的表面积，可为肺泡提供一个完整而薄的表面，易于进行气体交换；另外，也有防止组织液透过肺泡壁进入肺泡腔的功能。但其代谢相对不活跃，极易受到吸入气中各种有害物质的损害且不易修复。Ⅱ型肺泡上皮细胞（type Ⅱ alveolar epithelial cell）含有丰富的内质网、线粒体等细胞器，内质网含有各种酶系如混合功能氧化酶（MFO），具有代谢外源

化学物的能力；线粒体含有的催化氧化磷酸化过程的酶系具有氧化供能作用。当Ⅰ型肺泡上皮细胞受到毒物作用而发生破坏脱落时，Ⅱ型肺泡上皮细胞可以分化为Ⅰ型肺泡上皮细胞。肺间质由细胞外基质和细胞组成。基质为胶原和弹性蛋白，数量不多但对维持肺的功能机制非常重要。构成肺泡区毛细血管网的毛细血管内皮细胞占肺泡区细胞的30%~42%，其易受到吸入气及肺血液循环中有害物质的损害，导致组织液及蛋白漏出至肺间质和肺泡腔中，引起肺水肿。肺实质中有三类巨噬细胞，分别存在于肺泡腔、肺间质和肺毛细血管中，其中以肺泡腔中巨噬细胞的防御作用最为重要。它通过吞噬作用杀死或清除吸入外源化学物，引发趋化因子、蛋白水解酶和ROS等的释放以及炎症细胞的活化，导致病理学改变。

（三）呼吸系统的血液、淋巴循环及神经支配

呼吸系统通过血液循环、淋巴循环以及神经系统与机体内其他组织器官进行物质和信息的传递。呼吸系统有两套独立的血液循环：一是来自右心室的静脉血，经肺动脉到达肺支气管毛细血管床、肺泡管和肺泡进行气体交换后，汇集到肺静脉注入左心房；另一循环是动脉血从左心室经主动脉进入肺支气管动脉，经终末细支气管和肺毛细血管与支气管小静脉吻合后汇集到右心房。肺淋巴系统的功能是将肺实质结缔组织间隙中多余的液体通过淋巴系统排出，同时将吸入肺中的颗粒物清除到淋巴结中。呼吸系统同样受感觉神经和运动神经的支配。

（四）呼吸系统中的生物转化

呼吸系统的生物转化是指外源化学物在呼吸道和肺部发生一系列化学结构和理化性质改变而转化为新衍生物的过程，对于维持机体的正常生理功能和内环境稳态具有重要意义。在上呼吸道，呼吸系统生物转化发生的部位主要是鼻黏膜上皮细胞，而在肺部，Clara细胞和Ⅱ型肺泡上皮细胞是主要的代谢场所。

呼吸系统的生物转化主要依赖于各种代谢酶系统，包括MFO和其他多种氧化酶，以及转移酶、水解酶和结合酶等。这些酶对进入呼吸系统的外源化学物进行类似于肝脏生物转化的代谢过程，包括Ⅰ相氧化、还原和水解反应及Ⅱ相结合反应。在这些反应过程中，代谢酶系统可将外源化学物进行代谢解毒或代谢活化。

二、呼吸系统毒物

外源化学物可经过两条途径到达肺：一是经呼吸道直接进入，对呼吸系统产生损害作用，亦可作用于全身其他组织或器官；另一条途径是经呼吸道以外的途径吸收，再随血液循环到达肺，引起肺损伤。呼吸毒物（respiratory toxicant）是指在一定条件下，任何能够引起呼吸道或肺损害的物质。

（一）呼吸系统毒物的常见形态

1. 气体　是呼吸系统毒物最常见的形态，通常经呼吸道直接吸收进入体内。吸收情况与气体本身的物理化学特性（如浓度、水溶性和血/气分配系数）、呼吸道的生理特性（如气流、组织灌注情况以及局部代谢情况等）有关。气体的吸收方式是简单扩散，高水溶性的气体如氟化氢可在鼻腔直接被吸收，低水溶性的气体如NO_2通常在下呼吸道被吸收。

2. 气溶胶　这是一类呈固体颗粒或液滴状态，或其混合状态的粒子，具体包括经燃烧和升华等过程产生的烟尘、机械过程（破碎、筛分、运输等）中产生的粉尘、有机物燃烧产生的烟、水凝结于一定的附着物形成的雾以及气体和固体颗粒混合生成的烟雾等。气溶胶粒子的沉积部位与数量受其物理、化学特性以及由其大小、形状、密度决定的空气动力学的影响，还和生物体呼吸道解剖特点以及呼吸方式有关。空气动力学直径约<10μm的气溶胶称为可吸入颗粒，气溶胶粒子的直径大小

与其到达呼吸道的部位关系密切,如直径约 5μm 或更大的颗粒物因撞击而沉积于鼻咽部;直径约 1～5μm 的颗粒物主要依靠重力沉降于气管、支气管。

3. **纤维**　纤维是一种特殊的气溶胶,可分为无机纤维和有机纤维两种。由于纤维的低溶解性和低化学反应性,以往认为其毒性很低,但目前发现某些纤维可以导致人肺间皮瘤和肺纤维化。影响纤维所致肺毒性的因素包括纤维的大小、形状、稳定性以及进入体内的量,其中纤维大小(包括长度和直径)是决定其沉积部位和数量的关键因素,一般认为长度>200μm、直径>3μm 的纤维不能进入肺深部。

4. **细微或超微粒子以及纳米粒子**　目前范围在 0.1～1μm 的细微粒子和<0.1μm 的超细微粒子和纳米粒子对人类健康的影响越来越引起关注。超细微粒子是物质在高温过程中形成的,其特征是粒子小且单位质量的表面积大,粒子碰撞可形成链状聚集以维持其稳定性,例如煤烟。研究发现,超细微粒子比粗粒子对肺部的损伤要大得多。纳米粒子一般在 100nm 以下,包括金属、碳等多种材质,可有粒状、管状等多种形状。由于物质达到纳米尺度时其性质发生了很大变化,导致其在生物体内的生理行为与常规物质有很大不同,因此纳米粒子对机体特别是对呼吸系统的损伤作用需要引起重视,相关内容详见"纳米毒理学"相关章节。

（二）呼吸系统毒物的来源

呼吸系统毒物按其来源可分为空气来源和血液来源两种。

1. **空气来源的呼吸系统毒物**　是指经呼吸道进入呼吸系统的毒物。这类呼吸系统毒物有很多,大多数是通过职业暴露吸入,代表性的空气来源的呼吸系统毒物详见表 19-1。

表 19-1　常见空气来源的呼吸系统毒物及损害

毒物	职业来源	急性作用	慢性作用
石棉	采矿、建筑、造船等	—	纤维化、肺癌、胸膜间皮瘤
铝尘	铝制品、陶瓷、涂料等	咳嗽、气短	间质纤维化
氨	化肥、化学品和炸药制造	呼吸道刺激、水肿	慢性支气管炎
砷	农药、玻璃、合金制造业	支气管炎	肺癌、支气管炎、喉炎
氧化镉	焊接、合金、熔炼	咳嗽、肺炎	肺气肿、肺源性心脏病
六价铬	电镀、冶金、铬铁矿开采	鼻部刺激、支气管炎	肺癌、纤维化
PM$_{2.5}$	工业制造业	支气管炎	肺癌、哮喘、肺部硬化
煤尘	煤矿开采	—	纤维化
棉尘	纺织品制造业	气喘、呼吸困难	肺功能减退、慢性支气管炎
异氰酸盐	塑料加工、化学行业	气道刺激、咳嗽	哮喘、肺功能减退
甲醛	石油工业、化工厂	—	哮喘、肺功能减退
白陶土	陶工	—	纤维化
锰	化学业和金属业	急性肺炎,常致命	复发肺炎
镍	镍矿提炼、熔炼、电镀	迟发性肺水肿	鼻腔和肺的鳞状细胞癌
氮氧化物	焊接、仓储、制造炸药	肺充血和水肿	闭塞性细支气管炎
臭氧	焊接、脱色粉	肺水肿	纤维化
光气	塑料、农药、化学品生产	水肿	支气管炎、纤维化
过氯乙烯	干燥清除、金属脱脂	水肿	肺癌和肝癌

续表

毒物	职业来源	急性作用	慢性作用
二氧化硅	采矿、碎石、建筑、农业	速发型硅沉着病	纤维化、硅沉着病结核
水泥	采矿、水泥制造	咳嗽	慢性支气管炎、支气管哮喘
云母	云母开采	—	纤维化
石墨	石墨矿开采、石墨制品	—	纤维化
炭黑粉尘	电极厂配料、橡胶轮胎厂	—	肺功能减退
二氧化硫	生产化学制剂、脱色	支气管收缩、咳嗽	慢性支气管炎
滑石	橡胶行业、美容剂类	—	纤维化
矾	制钢业	气道刺激、产生黏液	慢性支气管炎
烟草烟雾	—	刺激性咳嗽、肺炎	COPD、哮喘、肺癌
电子烟	—	刺激性咳嗽、肺炎	肺气肿、肺功能减退
嗜热放线菌	农业生产者	咳嗽、过敏性肺炎	肺功能减退、纤维化
动物皮毛	宠物行业、养殖业	过敏性肺炎	纤维化

2. 血液来源的呼吸系统毒物 是指由呼吸系统以外的途径进入机体,然后经血液到达肺的毒物,又称呼吸道外毒物,包括农药、药物以及其他有机或无机化学物,见表19-2。

表19-2 常见血液来源呼吸系统毒物及损害

损伤表现	引起损伤的毒物
肺间质病变	
肺间质纤维化	博来霉素、甲氨蝶呤、呋喃妥因、磺胺类、青霉素、百草枯等
过敏性肺炎	卡马西平、呋喃妥因、丙卡巴肼、金制剂等
SLE样综合征	肼屈嗪、普鲁卡因胺、胺碘酮、口服避孕药、链霉素、磺胺等
非心源性肺水肿	阿司匹林、对氨基水杨酸、卡马西平、呋喃妥因、环磷酰胺等
气道疾病	
支气管痉挛	阿司匹林、可卡因、氢化可的松、甲基对硫磷等有机磷农药等
咳嗽	白介素-2、链霉素、激素、血管紧张素转换酶抑制药
胸膜改变	普萘洛尔、甲氨蝶呤、引起系统性红斑狼疮的药物等
肺血管改变	
肺血管炎	青霉素、四环素、阿奇霉素、磺胺类、非甾体抗炎药等
肺动脉高压	环孢素、丝裂霉素、普萘洛尔、口服避孕药等
肺栓塞	普鲁卡因胺、皮质激素、口服避孕药等

第二节　呼吸系统的损伤作用

外源化学物通过吸入和血液两个途径进入机体后,可直接作用于肺细胞或通过产生内源性毒物作用于肺细胞,引起呼吸系统的结构和功能损伤,造成急慢性损伤及超敏反应。

一、急性损伤

急性损伤的表现包括急性刺激、气道和肺泡上皮细胞损伤、炎症反应和水肿，这些病理过程导致机体出现呼吸功能障碍。

（一）呼吸道损伤

1. 急性刺激　某些刺激性气体如甲醛、氨气、氯气等易被鼻、鼻窦以及气管、支气管黏膜中富含水分的黏液吸收，并与其中的蛋白质、多糖物质结合后破坏黏液-纤毛的清除机制，表现出局部刺激症状。轻者为鼻、咽喉的刺激，出现支气管痉挛、呛咳、黏膜充血和水肿；重者发生肺水肿，导致呼吸困难。具有刺激作用的化学物按其作用由弱到强分为①感觉刺激剂：刺激上呼吸道三叉神经末梢，导致鼻腔产生烧灼感，如氯气、甲醛等；②肺刺激剂：刺激肺气道中的感觉受体（如C-纤维受体），引起呼吸速率增加、呼吸困难或呼吸变快、变浅，如臭氧、二氧化氮等；③支气管收缩剂：刺激气道神经末梢，引起气道平滑肌收缩、气道腔变窄、气道阻力增加，如二氧化硫、氨气等。上述作用与气态化学物水溶性有关。

2. 急性炎症　呼吸毒物引起的呼吸道炎症可以发生在呼吸道的任何部位。水溶性化学物易引起上呼吸道的炎症，脂溶性化学物可引起支气管和细支气管以及肺泡炎症，某些变应原、有毒颗粒物以及感染性微生物可以进入到肺泡引起肺泡炎或肺炎。呼吸道发生急性炎症时，会产生一些趋化因子、细胞因子（如 TNF-α、IL-6、IL-8）、巨噬细胞炎症蛋白（macrophage inflammatory protein，MIP）等的释放，诱导炎症细胞进入肺泡。

（二）中毒性肺水肿

中毒性肺水肿（toxic pulmonary edema）是指肺损伤后的急性渗出可引起呼吸膜增厚，进而导致肺间质和实质的过量水分潴留。肺水肿改变了通气-血流关系，限制氧气和二氧化碳的交换，几乎所有的肺毒物对肺的急性损害都可引起肺水肿，肺水肿是肺急性损伤的标志。中毒性肺水肿的后果不仅导致肺结构和功能的急性改变，而且水肿消除后的一些后果也不容忽视。严重的肺水肿往往伴有明显的炎性损害，肺间质和肺泡的炎性渗出是通过纤维化来消除的，这虽然可使肺水肿得以缓解，却增加了肺纤维化的机会，对肺来说是利弊各半。急性呼吸窘迫综合征（acute respiratory distress syndrome，ARDS）是一种危及生命的非心源性肺水肿，可由多种肺内因素（肺炎、误吸等）或肺外因素（脓毒症、急性胰腺炎、外伤等）所诱发，导致严重低氧血症、肺顺应性降低、动静脉分流增多和生理无效腔增加。肺毒物暴露后，肺泡-毛细血管屏障完整性的破坏或炎症反应的激活引发肺泡细胞功能障碍，导致肺泡空间中蛋白质水肿液和炎症细胞的积累，最终进展为 ARDS。

（三）组织坏死

在组织与细胞层面，机体吸入毒物后，尤其是吸入量大或毒性较强，可引起气管组织的坏死（necrosis）。例如某些空气污染物在体内活化成为烷化剂，并与气管组织蛋白发生共价结合，最后导致气管组织的坏死。通常一次大剂量吸入毒性强的肺毒物时，也可引发肺组织坏死。

二、超敏反应

某些工业毒物如粉尘、苯二胺等可引起超敏反应。一般认为外源化学物与血或肺组织中的蛋白质结合形成完全抗原，刺激抗体产生，抗原与抗体发生免疫反应导致支气管痉挛进而引发过敏性哮喘。过敏性肺炎（hypersensitivity pneumonitis，HP）是易感个体暴露于环境中的变应原经免疫介导而引起的一种间质性肺疾病（interstitial lung disease，ILD），常发生于敏感个体，其类型与变应原种类和患者的生活与工作环境密切相关。HP以往以职业环境暴露所致的发病较为多见,但近年暴露于宠物鸟(如鸽子和鹦鹉等,患"饲鸽者肺")、空气加湿器,尤其室内真菌等所致的发病不断增加。目前已经证明引起HP的变应原物质有200余种,常见的有放线菌、真菌孢子、鸟类排泄物和羽毛、动物皮毛、植物加工产物及某些化学物质如异氰酸盐等。

三、慢性损伤

(一)肺纤维化

肺纤维化(pulmonary fibrosis)是病因不明的多因素导致的一组异质性的间质性肺疾病,其特征主要包括炎症、肺泡上皮细胞损伤、肺组织结构破坏、成纤维细胞过度增殖以及间质细胞外基质大量沉积;其临床主要表现为呼吸困难和肺功能的不可逆下降,终末期常死于呼吸衰竭。肺纤维化的发病机制较为复杂,目前认为,主要与氧化应激、肺上皮细胞-间充质转化(epithelial-mesenchymal transition, EMT)、自噬、炎症等机制有关。遗传、环境等因素导致肺泡上皮细胞损伤并异常活化,活化的上皮细胞分泌大量细胞因子如转化生长因子β(transforming growth factor-β, TGF-β),从而促进成纤维细胞迁移、增殖并分化为肌成纤维细胞,后者分泌大量胶原蛋白并持续沉积,这是肺纤维化明显的生化指标。哺乳动物正常肺组织中占主要地位的是Ⅰ型和Ⅲ型胶原蛋白。典型的肺脏毒物百草枯经口摄入后经血液循环转运到肺被肺泡上皮吸收,经氧化还原反应产生一系列活性自由基,诱导膜脂质过氧化,导致肺上皮细胞损伤并分泌大量的趋化因子和细胞因子,使成纤维细胞发生迁移、活化后产生大量的细胞外基质和胶原蛋白,形成纤维化。尘肺是在生产过程中长期吸入粉尘并在肺内潴留引起的以肺组织持续慢性炎症、进行性纤维化为主的全身性疾病,研究发现其发病机制涉及氧化应激、炎症反应和免疫调节等多方面。

(二)哮喘

哮喘(asthma)是各种因素所引起的广泛气道狭窄性疾病,表现为气管、支气管对各种刺激因子的高敏感性而发生痉挛,导致反复发作的气短、呼吸困难和哮鸣等气道梗阻症状。它与肺纤维化有相同的病理组织学表现,其发病机制也可能与肺纤维化相同,尤其是在炎症细胞及其分泌的细胞因子和生长因子的作用方面。有些哮喘则是由免疫介导的过敏反应,通常蟑螂、猫、室内微尘、植物碎片、内毒素、霉菌等可引发哮喘,而香烟烟雾、二氧化硫、二氧化氮、臭氧、微粒物等可加重哮喘。

(三)慢性阻塞性肺疾病

慢性阻塞性肺疾病(chronic obstructive pulmonary disease, COPD)是以呼吸气流受限为特征的慢性炎性肺部疾病,表现为慢性支气管炎和肺气肿。吸烟和化学毒物暴露均可引起肺气肿,但以吸烟引起的肺气肿更为多见。毒物引起肺气肿的一个显著特征是反复发生的严重炎症,特别是涉及白细胞释放的蛋白水解酶参与的肺泡炎。毒物引起肺气肿的机制很复杂,一般认为与肺的中性粒细胞(或肺泡巨噬细胞)的弹性蛋白酶破坏肺的弹性蛋白有关。

(四)肺肿瘤

很多呼吸系统毒物可引发肺癌。流行病学研究表明,吸烟是肺癌最主要的危险因素,戒烟可以减少罹患肺癌的危险。除香烟烟雾外,现已确认石棉纤维、某些金属(如镉、铬、镍、砷、铍等)、煤焦油、氯乙烯、氡气能引起呼吸系统癌症。关于化学毒物致肺癌作用,目前研究比较明确的是多环芳烃类。以苯并[a]芘[3,4-B(a)P]为例,其在肺内MFO作用下形成3,4-B(a)P-4,5-环氧化物和3,4-B(a)P-7,8-环氧化物,进一步在环氧化物水解酶的作用下生成3,4-B(a)P-4,5-二羟二醇和3,4-B(a)P-7,8-二羟二醇,后者在CYP448的作用下形成3,4-B(a)P-7,8-二羟-9,10-环氧化物,此种环氧化物比其他环氧化物的致突变致癌活性更强,可与核酸中的鸟嘌呤和腺嘌呤结合,产生DNA永久性损伤而表现出致突变和致癌作用。

(五)其他

肺动脉高压(pulmonary hypertension,PH)是指肺血管结构或功能改变引起的肺血管阻力和肺动脉压力升高,继而发展成右心衰竭,甚至死亡。动脉型肺动脉高压(pulmonary arterial hypertension,PAH)是指肺动脉(主要是肺小动脉)病变所引起的肺血管阻力和肺动脉压力升高,其病理特征表现为肺动脉内膜增殖伴炎症反应、内皮间质化,甚至形成向心性或偏心性改变,还可见病变远端扩张和原位血栓形成,从而导致肺动脉管腔进行性狭窄、闭塞。药物与毒物导致的动脉型肺动脉高压被证实为肺动脉高压常见的临床亚型之一,其机制较为复杂,目前认为主要与5-羟色胺(5-hydroxytryptamine,5-HT)的合成增加、肺动脉损伤与ROS产生增加有关。

第三节　呼吸系统损伤机制

呼吸系统毒物对呼吸系统的损伤作用既取决于化学物本身的结构性质和暴露剂量,同时也取决于机体的防御和清除机制。

一、化学物在呼吸道内的沉积与清除

经呼吸道吸入的外源化学物多数以颗粒状或气态形式进入呼吸系统,其对呼吸系统的损伤作用取决于吸入气中外源化学物的组成、沉积部位和停留时间。

（一）颗粒性毒物在呼吸道内的沉积与清除

1. 颗粒物的沉积机制　颗粒物在呼吸系统的沉积受多种因素影响,包括颗粒物的物理特性、化学特性、呼吸模式、环境因素以及个体差异等。颗粒物的沉积机制包括①惯性碰撞:主要发生在大气道如气管和支气管,颗粒物直径越大,惯性越大,沉积效率越高;②重力沉降:主要发生在较小气道如小支气管和肺泡,颗粒物直径越大,沉降速度越快,沉积效率越高;③布朗运动:直径<0.5μm的颗粒物到达气道表面,以随机布朗运动在气道表面扩散而进入到肺的末梢端,颗粒物直径越小,布朗运动越剧烈,沉积效率越高。粒径与颗粒物在呼吸道内的沉积位置密切相关,也与颗粒物对人体的潜在危害程度密切相关。例如,流行病学研究表明,粒径<0.1μm的纳米粒子和粒径0.1~2.5μm的细微粒子对人体的有害作用远比粒径>2.5μm的粒子强。纤维状粒子的沉积机制是拦截沉积,主要发生在气道分支点或狭窄部位,且截留随纤维长度增加而增加。带电粒子或超细颗粒物的沉积机制是静电沉积,这类物质与呼吸道壁上的黏液层发生静电作用而黏附在壁面上,沉积效率受颗粒物表面性质和呼吸道黏液层性质的影响。

2. 颗粒物的清除机制　颗粒物的清除包括上呼吸道清除和肺内清除。上呼吸道清除主要是鼻咽部以及气管、支气管区黏膜纤毛系统的清除;肺内清除主要是巨噬细胞吞噬抵达呼吸道下部的颗粒物以及微生物等。进入肺部的颗粒物可致趋化因子释放,使吞噬细胞聚集后吞噬颗粒物,并释放蛋白水解酶消化降解颗粒物;有时巨噬细胞吞噬颗粒物后,会经肺内黏液纤毛系统或淋巴系统将吞噬物排出。当巨噬细胞数量不足或不能完全有效处理时,巨噬细胞会崩解,蛋白水解酶逸出而加重肺的损伤,或导致肺的纤维化。此外,部分沉积在肺泡中的颗粒物会被淋巴系统吸收并最终被排出体外。

（二）气态化学物在呼吸道内的沉积与清除

1. 气态化学物的沉积机制　与颗粒物不同,气态化学物不会沉积在呼吸道壁上,其在呼吸道

内的变化主要有①扩散：气态化学物通过扩散机制进入呼吸道并随着气流到达肺泡,扩散速度取决于气体分压梯度和呼吸道结构的几何特征。②溶解：一些气态化学物可以溶解在呼吸道壁上的黏液中,并通过黏液清除机制排出体外。③化学反应：一些气态化学物在呼吸道内发生化学反应,生成新的物质,这些物质可能具有更高的毒性。

2. 气态化学物的清除机制　气态化学物在呼吸道内的清除机制主要包括：①随呼吸道气流被排出体外；②被血液吸收后随着血液循环被清除；③肝脏酶催化气态化学物的分解或转化,使其失去毒性或增加极性,在肾脏以尿液的形式排泄后清除；④巨噬细胞吞噬气态化学物从而清除。

二、化学物对呼吸系统细胞损伤的机制

(一)血管内皮细胞损伤机制

血管内皮细胞是肺毒物的重要靶细胞之一。呼吸系统毒物可直接损伤肺动脉内皮细胞,导致其功能障碍,最终促进肺动脉血管收缩和重塑,导致肺动脉高压；或直接损伤肺毛细血管内皮细胞,增加血管通透性,导致肺水肿。例如,百草枯中毒可导致毛细血管内皮细胞损伤,引起严重的肺水肿和呼吸衰竭。

(二)上皮细胞损伤机制

1. 气管支气管纤毛上皮细胞损伤　纤毛上皮细胞是气管支气管的主要细胞,它与黏液一起清除进入呼吸系统内的颗粒物。但此类细胞非常不稳定,在肺毒物的作用下其超微结构可发生明显的变化,使黏液-纤毛清除机制受到破坏,引起呼吸道的损伤。

2. 呼吸细支气管 Clara 细胞损伤　Clara 细胞内滑面内质网丰富,内含大量 CYP450,具有较强的代谢活化能力。Clara 细胞是某些致癌物代谢活化的场所,同时也是这些致癌物的靶点,例如某些亚硝基衍生物可诱发起源于 Clara 细胞的肺肿瘤。

3. Ⅰ型/Ⅱ型肺泡上皮细胞损伤　Ⅰ型肺泡上皮细胞含大量的毒物靶分子,极易受到肺毒物的损害且不能修复；当Ⅰ型肺泡上皮细胞受损后,Ⅱ型肺泡上皮细胞可分化增殖转变为Ⅰ型肺泡上皮细胞,这个过程通常在Ⅰ型肺泡上皮受损后48～96小时完成。

4. 神经内分泌细胞损伤　神经内分泌细胞散布于呼吸道上皮中,通过分泌多种神经肽和激素参与调节呼吸系统功能。香烟烟雾中的尼古丁可以直接刺激神经内分泌细胞过度分泌,长期暴露导致细胞功能紊乱以及氧化应激,损伤细胞膜和细胞器,干扰神经肽和 5-HT 等激素的合成和释放,最终引起支气管收缩。

5. 基底细胞损伤　基底细胞是呼吸道上皮的干细胞,具有分化成其他类型上皮细胞的能力。一些毒物可以损伤基底细胞,影响呼吸道上皮的修复和再生,导致慢性呼吸道疾病。香烟烟雾中的多环芳烃、亚硝胺等可直接损伤基底细胞 DNA 导致基因突变,诱导氧化应激、干扰细胞信号通路并影响细胞分化。

(三)巨噬细胞损伤机制

肺泡巨噬细胞在肺泡对颗粒物的清除中起重要作用,其可根据微环境的不同信号极化成不同的表型,例如 M1 型(促炎)和 M2 型(抗炎/促修复)。肺毒物可影响巨噬细胞的极化状态,例如石英颗粒可以促进巨噬细胞向 M1 型极化,加剧肺部炎症反应。巨噬细胞通过吞噬和运动将进入到肺部的颗粒物运送到终末细支气管,然后通过支气管或气管的黏液纤毛运动将其排出肺、转移至淋巴系统或运送进入肺间质。然而,一些毒物被肺泡巨噬细胞吞噬不完全时可导致细胞膜损伤,使巨噬细胞分泌的溶酶体酶直接进入肺泡,引起细胞肿胀、破裂并释放促炎细胞因子,诱导巨噬细胞焦亡。

巨噬细胞不能有效地清除颗粒物的后果是致使间质吸收颗粒物增加、慢性炎症、肺泡细胞过度增生，最后导致肉芽肿、肺纤维化和肿瘤。此外，某些毒物如香烟烟雾可以抑制巨噬细胞的自噬活性，导致细胞损伤和炎症加剧。

（四）其他损伤机制

1. 氧化应激 许多毒物可以诱导产生大量 ROS，攻击细胞内的生物大分子，例如 DNA、蛋白质和脂质，导致细胞损伤和功能障碍。

2. 细胞凋亡 某些肺毒物如臭氧（O_3）可以直接诱导肺泡上皮细胞凋亡，导致肺损伤。

3. 内质网应激 内质网是蛋白质折叠和加工的重要场所。一些毒物可以通过干扰内质网功能而导致内质网应激，进而引发细胞凋亡或其他形式的细胞死亡。

4. 表观遗传修饰 一些毒物可以改变呼吸系统细胞的 DNA 甲基化或组蛋白修饰等表观遗传标记，调控基因表达而扰乱细胞功能甚至促进肿瘤发生。

三、肺表面活性物质及细胞因子在肺损伤中的作用

肺表面活性物质（pulmonary surfactant）位于肺泡内壁的气-液界面之间，具有降低肺表面张力、使回缩压下降、防止肺泡萎缩的作用，同时也可保护肺泡内的巨噬细胞。肺毒物可以破坏肺泡表面活性物质，使肺泡内液体表面张力及肺泡壁的通透性增加，血液成分进入肺泡，引起肺水肿。细胞因子是一些低分子量的蛋白质，通过与靶细胞膜受体的交互作用调节细胞通信并维持细胞内环境稳态。肺毒物暴露后，细胞因子通过调节炎症细胞的募集、成纤维细胞和上皮细胞的增殖、组织的修复，从而在肺纤维化进程中发挥重要作用。

四、肺损伤的修复与代谢防御

肺暴露于外源化学物后，首先，可利用自身独特的机械防御功能（如沉积、吞噬、转运和清除）进行自我保护；其次，肺细胞中丰富的代谢酶系统也可通过代谢过程消除肺毒物及其产生的活性代谢产物，从而表现出肺对外源化学物的适应与耐受。

（一）细胞增殖

当受到外源化学物的毒性损伤时，肺实质能有效地通过细胞增殖进行自我修复。细支气管 Clara 细胞增殖分裂，白细胞从肺泡毛细血管向肺泡腔的迁移促进细胞增殖，肺泡中的其他细胞如毛细血管内皮细胞、间质细胞和巨噬细胞也表现出增殖效应。

（二）代谢防御

无论外源化学物以何种途径进入肺，均可通过肺 MFO 代谢，使之代谢解毒或代谢活化。如多环芳烃代谢产物可在谷胱甘肽-S-转移酶（glutathione S-transferase，GST）作用下使谷胱甘肽（glutathione，GSH）与之结合，从而抑制其致突变作用。肺还可以通过甲基化作用解毒，例如某些酚类和胺类物质可在肺中通过甲基转移酶的作用生成甲基化产物，经尿液排出体外。肺还可以通过其自身所具备的抗氧化酶和抗氧化物质消除毒物产生的 ROS，抑制肺细胞脂质过氧化，进而防御外源化学物对肺的损伤作用。

第四节 呼吸系统毒性研究方法和评价

呼吸毒理学研究呼吸系统暴露于外源化学物后的变化，包括呼吸道的刺激、肺功能的改变、呼

吸系统相关疾病(包括肿瘤)的发生以及相关机制。根据毒性评价的侧重点不同,可采用不同的研究方法。呼吸毒性评价(respiratory toxicity evaluation)是指通过细胞实验、动物实验、临床试验及人群流行病学研究等手段,综合评价化学物暴露对肺造成损害的过程。

一、流行病学研究

流行病学研究可收集人群暴露资料、进行危害识别以及与动物实验结果互相验证,目前被广泛用于探讨环境毒物对机体的健康影响,如吸烟与肺癌的关系最先由临床医生通过流行病学研究方法发现,随后经动物实验证实。国际癌症研究机构在确定化学物致癌风险等级时,流行病学调查被赋予了更高的证据权重。时间序列分析可以用来发现对呼吸系统产生急性影响的空气污染物,而病例对照研究是寻找对机体产生慢性或隐匿性影响的毒物的有力工具。

二、体内试验

(一)动物种属的选择

目前还没有一种动物能够完全模拟出人类对呼吸系统毒物的反应,每个物种都有其优点和不足,常用于呼吸毒理学研究的啮齿类动物有大鼠、小鼠、豚鼠和仓鼠。大鼠是慢性炎症、肺纤维化和肺癌研究的理想模型,但对肺间皮瘤不敏感;豚鼠在呼吸道变态反应研究中使用较多,常被用作构建哮喘模型研究气道的高反应性和气管收缩;仓鼠对呼吸道感染有较强的耐受性,肿瘤的自发率也相对较低,但对肺间皮瘤敏感。需要注意的是,啮齿类动物的鼻咽部解剖结构与人类不同,因此颗粒物的沉积部位与人类有很大差异;此外,啮齿类动物可自发呼吸道感染,因此体内试验结果外推到人时应特别注意。

(二)呼吸道染毒模式

按照毒物的暴露方式不同,吸入染毒分为静式和动式两种形式;按照实验动物接触毒物的方式不同,染毒模式分为全身接触、仅头部或仅口鼻部接触、气管注入三种形式。

1. 全身接触染毒　使动物整个身体置于含有一定浓度毒物的密闭环境中,动物可自由活动,与人实际接触呼吸系统毒物的方式相似。但需考虑由于皮肤黏附导致的毒物经皮吸收,以及由于动物梳理皮毛的习惯导致的经口摄入。

2. 仅头部或仅口鼻部接触染毒　此种染毒方式的优点是使用毒物的量低,适用于高毒性或难以获得的化学毒物;不足之处是同时暴露的动物数量有限,且不能保证颈部或鼻面部的严密不漏气。

3. 气管注入染毒　是把受试物直接经气管注入肺或气管腔,按操作方法有气管滴入、气管插管、气管造口、气管吹入等多种染毒形式。其优点是经济、使用毒物少、剂量准确便于控制;不足之处是与人实际接触毒物的方式相差较远,对动物的机械损伤大。

(三)染毒剂量

经呼吸道染毒进入动物体内的毒物剂量是毒物在吸入气中的浓度(C)和动物与毒物接触时间(t)的乘积。理论上讲,只要C与t的乘积一定,则引起的毒效应强度就应该相同,但实际情况远非如此。当C极小时,无论t有多长,都不会发生毒性反应。所以实际工作中通常是在t固定的情况下通过改变C来观察动物经呼吸道接触毒物所产生的毒效应,因此剂量也常常用接触毒物的浓度来表示。由于整体染毒时吸入气中的毒物浓度常随染毒时间的延长发生变化,所以建议定时采集染毒柜(罐)中的气体进行分析,以确定动物实际接触毒物的浓度。

上述的毒物剂量（或浓度）实际是实验动物接触的外剂量，而非真正进入机体的量，即所谓的内剂量。呼吸毒理学中毒物的内剂量与受试物的气态浓度、染毒时间、个体的呼吸量和呼吸频率及其在体内的沉积率有关，同时也受动物物种和受试物物理化学性质的影响。

（四）常用动物疾病模型

动物疾病模型是机制毒理学研究的重要工具，被广泛用于模拟人类疾病的发病过程，以便更好地理解疾病的病因、病理生理机制，以及评估预防和治疗策略的效果。下面介绍几种常见的动物呼吸系统疾病模型。

1. 急性肺损伤动物模型　急性肺损伤（acute lung injury, ALI）动物模型是研究肺部炎症和血管损伤反应的重要手段。通过脂多糖诱导可以模拟内毒素性休克所引起的肺部炎症，这一模型对研究炎症介质和细胞因子的作用至关重要。此外，机械通气诱导的模型能够再现临床机械通气可能导致的肺损伤，而酸吸入诱导的模型则模拟吸入性化学损伤。烟雾和纳米粒子吸入诱导的模型则分别用于研究化学物和新型纳米材料对肺功能的影响。药物如博来霉素、地塞米松等诱导的模型可为研究特定药物对肺组织的潜在毒性和副作用提供实验基础。

2. 哮喘动物模型　哮喘动物模型侧重于模拟慢性炎症性气道疾病。卵蛋白诱导的模型通过周期性激发特异性免疫反应可再现过敏性哮喘的特征，复制了与人类哮喘表型类似的反应。脂多糖作为免疫佐剂可增强实验动物的炎症反应，模拟细菌感染对哮喘进程的影响。烟草烟雾和屋尘螨诱导的模型则分别用于研究环境因素和变应原对哮喘的影响。IL-13 转基因小鼠模型和中性粒细胞哮喘模型则为研究细胞因子和特定炎症途径在哮喘中的作用提供了工具。

3. COPD 动物模型　COPD 动物模型旨在模拟持续气流受限的病理过程，香烟烟雾暴露模型是研究吸烟引起的 COPD 的重要手段。弹性蛋白酶诱导的肺气肿模型和慢性支气管炎模型分别模拟肺泡结构破坏和慢性炎症过程。脂多糖诱导的模型与环境因素联合暴露后，则用于研究感染和复杂环境因素对 COPD 的影响。

4. 肺纤维化动物模型　肺纤维化动物模型涉及多种诱导方法，包括博来霉素、硅尘、放射性损伤以及慢性吸入损伤，这些模型有助于研究肺组织的异常修复和纤维化过程。转基因小鼠模型和支气管肺泡灌洗损伤模型为研究特定基因与细胞损伤在肺纤维化中的作用提供了有效的实验手段。

5. 肺动脉高压动物模型　肺动脉高压动物模型包括缺氧诱导、药物诱导等多种方法。这些模型不仅模拟了肺血管阻力增加的病理状态，还为研究肺血管重塑和血流动力学变化提供了重要工具。

6. 呼吸道感染动物模型　呼吸道感染动物模型包括通过感染链球菌和金黄色葡萄球菌等建立的细菌性肺炎模型，感染呼吸道合胞病毒、流感病毒和冠状病毒等建立的病毒性肺炎模型，感染曲霉菌、念珠菌和卡氏肺孢子菌等建立的真菌性肺炎模型等。感染途径包括滴鼻、雾化吸入、气管插管、静脉注射等，以滴鼻最为常用。

7. 肺肿瘤动物模型　构建动物肺肿瘤模型的方法较多，常见的有将动物暴露在香烟烟雾中以建立被动吸烟引起的肺肿瘤模型，也可向动物肺内注射苯并［a］芘以诱导肺恶性肿瘤。此外，腹腔注射氨基甲酸乙酯所致的肺腺癌也被用于鉴定参与肺癌发病的相关基因和蛋白。

（五）观察指标

一般观察指标包括动物的中毒症状、摄食量、体重变化等，特殊观察指标包括如下各项。

1. 呼吸功能　由于呼吸系统的主要功能是气体交换，当其受到外源化学物作用时，首先发生改变的是呼吸功能，而且呼吸功能的改变往往要先于形态学的改变，所以肺功能是比较灵敏的指标。肺功能检测是评价外源化学物对肺功能损害的方法,检测指标包括肺活量、肺总量、呼吸频率、潮气量和每分通气量等。表19-3列出了测定肺功能常用的参数。

表19-3　测定肺功能常用的参数

参数	定义
呼吸速率(频率)	每分钟呼吸次数(频率)
潮气量	呼吸过程中,每次吸入或呼出肺的气体量
每分通气量	每分钟呼出或吸入呼吸系统的气体总量
肺总量	肺最大扩张时所能容纳的气体量
肺活量	尽力深吸气后,所能呼出的肺内气体总量
余(残)气量	最大呼气后仍滞留在肺内而不能进一步呼出的气体量
功能余(残)气量	平静呼气末仍存留在肺内的气体量
顺应性	指在外力作用下具有弹性的容积器官的可变性,肺"硬度"增加时,顺应性下降
单位时间用力呼气量	尽力深呼气后,每单位时间呼出的最大气体量
弥散量	一定时间内单位分压差下,能够通过肺泡膜的气体量
血气分析	分析确定血液中气体的含量

(1)呼吸频率:某些刺激性气体可改变人或受试动物的呼吸频率。例如水溶性低的臭氧和二氧化氮可引起肺部刺激,使呼吸加快,表现为每分通气量下降;高水溶性的氨气、氯气和甲醛引起上呼吸道刺激,使呼吸频率减慢。利用此项特征可以鉴别呼吸毒物作用的部位是上呼吸道还是肺。

(2)肺通气阻力和肺的顺应性:当外源化学物暴露导致呼吸道狭窄、黏液分泌过多或呼吸道黏膜肿胀时,常表现为肺通气阻力增加。肺的顺应性是表示肺弹性的指标,当外源化学物致肺纤维化、肺水肿或肺表面活性物质减少时,肺的顺应性降低;肺气肿则由于失去支持性的结缔组织,顺应性增加。肺的顺应性一般以单位胸腔压力下肺容量的改变来表示。

(3)血气分析:氧气和二氧化碳在肺泡-毛细血管膜上的有效交换是正常肺的基本功能,此功能的紊乱可作为呼吸损伤的一种标记。虽然它是一个相对比较灵敏的指标,但动物实验发现只有发生严重阻塞或限制性肺病变时才表现出气体交换功能的变化。血气分析检测在人和动物中都较容易进行,故被广泛应用于呼吸毒理学的研究中。常用的指标有血氧分压、动脉血氧饱和度、二氧化碳分压等。

2. 组织形态学指标　机体吸入毒物后,可引起组织形态学方面的变化,表现为急、慢性的病理学改变。但观察要全面,不仅限于肺,对鼻、咽喉、主气道也应进行细致的检查,因为某些呼吸毒物主要作用在上呼吸道,而对远端气道或肺则没有作用。

三、支气管肺泡灌洗

(一)概念及用途

支气管肺泡灌洗是用等渗的盐溶液冲洗和灌注气管与肺泡区表面的过程,是一种采集支气管和肺泡表面脱落细胞及液体的方法。通过对支气管肺泡灌洗液细胞组成和功能特点以及生化参数的分析,可以估计支气管肺泡区的疾病进展情况并判断预后、阐明机制。

（二）方法简介

支气管肺泡灌洗可在体内或离体的肺内进行。对大鼠、小鼠,可以对全肺进行多次灌注,将多次的灌注液混合分析。对较大动物或人,可用气管镜对某一个肺叶进行灌洗,灌洗液以密闭导管引出。如要获得大量的细胞,必须反复灌洗。

（三）支气管肺泡灌洗液分析

支气管肺泡灌洗液(bronchoalveolar lavage fluid, BALF)分析包括细胞成分分析和液性成分分析。

1. 细胞成分分析　主要是巨噬细胞、单核细胞、多核白细胞以及淋巴细胞的定性和定量分析。在正常实验动物的支气管肺泡灌洗液中,巨噬细胞占95%～100%,淋巴细胞较少,中性粒细胞与炎症反应过程有关,在正常肺中很难发现。在人类正常支气管肺泡灌洗液标本中,细胞总数一般为$(5～10)\times10^6/$ mL,其中肺泡巨噬细胞约占85%、中性粒细胞＜2%、嗜酸性粒细胞＜1%、淋巴细胞＜12%(其中T淋巴细胞约占67%、T淋巴细胞亚群中CD4/CD8＜1.7)。一般认为,支气管肺泡灌洗液中细胞总数增加和中性粒细胞增多是肺泡炎的标志。

2. 液性成分分析　主要是分析灌洗液中的蛋白质成分。正常动物支气管肺泡灌洗液中只有少量的蛋白(主要是白蛋白)和低活性水平的酶类,如β-葡萄糖醛酸糖苷酶(β-glucuronidase,β-G)、酸性磷酸酶(acid phosphatase,ACP)、乳酸脱氢酶(lactate dehydrogenase,LDH)。巨噬细胞损伤后,其释放的溶酶体酶、ACP和β-G增加;如果机体吸入不溶性颗粒,则巨噬细胞被活化,吞噬不溶性颗粒的同时还释放ROS和多种细胞因子。支气管肺泡灌洗液中部分蛋白成分升高或活性增强的病理学意义详见表19-4。

表19-4　支气管肺泡灌洗液中部分蛋白成分变化及其病理学意义

蛋白成分	病理学意义
LDH活性升高	肺细胞生物膜通透性或结构损伤
碱性磷酸酶(ALP)活性增加	Ⅱ型肺泡上皮细胞膜损伤
ACP和N-乙酰-β-D氨基葡萄糖苷酶(NAG)活性增加	肺吞噬细胞活力加强或结构受损
血管紧张素转换酶(ACE)活性升高	肺毛细血管内皮受损
白蛋白(Alb)、N-乙酰神经氨酸(NANA)含量升高	肺泡-毛细血管屏障受损
纤维连接蛋白(FN)和羟脯氨酸(Hyp)含量增加	早期肺纤维化

（四）支气管肺泡灌洗的优缺点

1. 优点

（1）可以直接应用于人体,将正常人和患者(中毒者)的数据进行比较。

（2）能检测到机体吸入毒物后,呼吸系统早期细胞和生化学的改变,与传统的非定量形态测定法相比,支气管肺泡灌洗可进行定量测定。

（3）由于支气管肺泡灌洗主要采集支气管和肺泡表面脱落细胞及液体,不会引起呼吸道的局部损伤,其反映的是支气管肺泡部位的所有炎症改变。

（4）支气管肺泡灌洗为探讨肺部病变的发生、发展以及相关机制的研究提供了新的思路和策略。

2. 缺点

（1）支气管肺泡灌洗在人类不能作为常规手段来使用。

（2）某些测定参数的增加或减少不能真正从毒理学理论上做出明确的解释,比如有时不能解释肺的正常防御修复与严重的直接损伤反应之间的区别。

四、体外试验

体外试验多用于研究肺损伤的机制,以下系统比较常用。

(一)肺灌流

可分为离体肺灌流和原位肺灌流两种方式。前者是将肺切下移出体外进行灌流,后者是将肺保留在胸腔内进行灌流。具体方法是通过肺动脉向肺灌注血液或血液替代物,同时肺主动通气(通过正压作用产生节律性充气-放气循环)或被动通气(将肺悬挂在一个"人造胸廓"中,产生负压),毒物可以加入灌流液或吸入气中,对灌流液反复采样可检测毒物在肺中的代谢情况或肺的代谢活动。

(二)肺切片与肺的显微解剖

肺切片是将肺实质进行切片以检测肺组织生化或形态学改变。肺的显微解剖是利用显微解剖方法从肺组织中剥离小支气管和终末细支气管,以保持气道的独立,然后通过形态学方法和生化方法研究毒物对小气道细胞的影响。

(三)离体细胞培养

细胞培养技术在呼吸毒理学中被广泛应用,目前已经分离出多种类型的肺原代细胞,如肺巨噬细胞、I型和II型肺泡上皮细胞。大鼠、豚鼠、家兔和仓鼠以及人的呼吸道上皮细胞的原代细胞培养方法也已经较为成熟。目前已建立许多来源于人或动物的肺正常细胞或肿瘤细胞的细胞系用于呼吸毒理学的研究。

(四)新兴技术

上述研究方法只是传统常用的方法,随着科技的进步和细胞生物学、分子生物学等相关学科的发展,近年来在呼吸毒理学体外研究领域也发展了一些先进技术。

整合离散多重器官细胞共培养技术是模仿体内条件下,呼吸系统多细胞受到肺毒物的作用,将不同原代或细胞系在特殊的培养板上进行共培养,观察不同细胞相互作用下的毒效应情况;有时也将不同器官来源的细胞(如具有代谢作用的肝细胞)与肺细胞进行共培养,观察代谢对肺细胞毒性的影响。

与传统的浸没式培养形成对比,在空气-液体界面模式下培养肺上皮细胞时,在特殊培养板下层加入培养基,而上层的细胞则暴露于空气中。空气-液体界面培养的上皮细胞可分化产生纤毛细胞、杯状细胞、基细胞等多种细胞,并由细胞分泌的黏液覆盖,呈现类似于体内的假复层纤毛柱状上皮组织形态,同时具有上皮屏障功能。这种培养模式能够很好地模拟吸入物质在肺表面沉积并影响肺上皮的情形。

微流体芯片肺技术是模拟活体条件下具有呼吸功能的三维微芯片肺模型。此芯片肺模型一般有两层细胞,内层一般为肺泡上皮细胞,外层一般为血管内皮细胞。气体流经肺上皮细胞,而富含养分的培养基以微流体形式通过毛细管系统作用于血管内皮细胞,并产生机械牵引力,此系统用于模拟整体状态下呼吸毒物对呼吸系统的作用。

另外,3D类器官目前已成为有效的体外研究模型。肺类器官是在体外环境下诱导支气管上皮细胞培育而成的三维球状形态,在细胞类型、组织的空间分布以及生理功能等方面与真实呼吸道类似,可作为评估外源性物质对呼吸系统影响的有力模型。

细胞培养材料也在更新迭代,如水凝胶和3D微载片的运用可以提供给细胞接近原生的培养环境,从而使毒性评价结果更加准确。各种新兴技术互相借鉴融合,形成了更复杂的培养方式,如采用微流体芯片肺技术开发空气-液体界面模型和微孔阵列芯片培养肺类器官。上述方法在相关文献和书籍均有详细报道，在呼吸毒理学研究中已得到很好的应用。

（肖　芳）

思考题

1. 试述下呼吸道常见细胞在呼吸毒理学中的作用。
2. 试述呼吸系统对外源化学物的毒性反应。
3. 试述肺损伤的机制。
4. 试述呼吸毒理学研究中体内试验研究的设计要点。

第二十章
肝脏毒性

肝脏是体内实质性器官中供血量最大的器官，外源化学物无论从何种途径进入机体，最终均可通过血液循环系统迅速到达肝脏，尤其从消化道吸收的外源化学物，在进入体循环之前首先与肝脏接触。同时肝脏是外源化学物代谢与排泄的主要器官。另外由肝脏胆汁排泄的外源化学物及其代谢产物亦可通过肠肝循环被再次摄入肝脏。因此，肝脏最容易成为外源化学物毒作用的靶器官。在人类生产与生活环境中，许多外源化学物可导致肝脏功能受损，甚至肝衰竭等损害。通常将外源化学物引起的各种急慢性肝损伤统称为化学性肝损伤。研究外源化学物的肝脏毒性作用及机制，对保护人类健康具有重要意义。

第一节　概　述

一、肝脏结构与功能的生物学基础

肝脏是一个具有众多生理生化功能的实质性器官，承担着胆汁分泌与排泄、营养物质代谢、蛋白质与能量合成、外源化学物生物转化、凝血与免疫等多项功能。肝脏表面覆有致密的结缔组织被膜，内含丰富的弹性纤维。肝脏接收的血液流量约占心脏输出量的 1/4，每分钟约有 1.5L 血液通过肝动脉和门静脉流入肝血窦。这种双重供血系统为肝细胞的再生和物质代谢提供了良好的条件。肝脏的基本结构单位存在两种划分概念：肝小叶和肝腺泡。肝小叶呈多角棱柱体，其中央有一条沿其长轴走行的中央静脉，周围是大致呈放射状排列的肝细胞和肝血窦。相邻肝小叶之间呈三角形或椭圆形的结缔组织小区称门管区，由门静脉、肝动脉和胆管的分支组成。进入门管区的血液继而进入血窦，沿着肝细胞索渗透，汇入中央静脉，经若干中央静脉汇入小叶下静脉，进而汇合入肝静脉流出肝脏。另一个较好地表达肝脏功能性单位的概念是肝腺泡。肝腺泡以门管区血管发出的终末门静脉和终末肝微静脉及胆管的分支为中轴，两端以相邻的两个中央静脉为界。肝腺泡分为 3 个带，最接近中轴血管的区域为 I 带，最接近末端肝微静脉（中央静脉）的区域为 III 带，I 带与 III 带之间为 II 带。

肝脏细胞一般分为两类：肝实质性细胞（即肝细胞）和非实质性细胞，前者约占 60%。肝实质性细胞是肝脏中最主要的细胞类型，主要负责肝脏的代谢、合成、解毒等重要生理功能。非实质性细胞包括胆管上皮细胞、肝血窦内皮细胞、库普弗细胞（亦称 Kupffer 细胞）、星状细胞（亦称 Ito 细胞）、陷窝细胞（亦称 pit 细胞）等。内皮细胞和库普弗细胞是肝血窦内的主要细胞。肝血窦内皮细胞和肝细胞相邻，由窦周隙分开。窦周隙对肝细胞的正常功能至关重要。窦周隙中包含具有自然杀伤活性的陷窝细胞以及星状细胞。肝星状细胞是体内维生素 A 储存的主要位点，也是合成和分泌胶原蛋白与其他细胞外基质蛋白的主要细胞。库普弗细胞位于肝血窦的内腔，是肝脏的定居巨噬细胞，约占体内巨噬细胞总量的 80%，其主要功能是摄取和降解颗粒物质，合成和分泌细胞因子与类花生酸，并作为抗原提呈细胞参与免疫调节。

二、肝毒物及分类

在人类生产生活环境中，许多外源化学物包括工业毒物、环境污染物、医用药物、农用化学品、食品添加剂等在一定暴露剂量水平可能对肝脏造成损害作用。凡是能引起肝脏损害的外源化学物均可称肝毒物（hepatotoxicant）。肝毒物的种类繁多，一般根据机体体质对肝毒物的毒性反应类型，可将肝毒物分为特异质肝毒物和真性肝毒物。

（一）特异质肝毒物

特异质肝毒物（idiosyncratic hepatotoxicant）是指能对存在某种遗传异常因素或处于某种特殊生理生化过程/状态的机体产生肝脏损害的化学物质。根据肝损伤发生的机制，又可分为免疫介导的特异质肝毒物和非免疫介导的特异质肝毒物。前者由过敏反应机制引起肝毒性，如呋喃妥因、苯妥英与天尼酸等；后者由具有遗传多态性生物机体的代谢异常引起肝毒性，如胺碘酮、双硫仑、异烟肼、酮康唑、利福平、曲格列酮、丙戊酸等。有研究发现，谷胱甘肽转移酶可以催化谷胱甘肽与抗结核药异烟肼代谢产物的结合而发挥解毒作用，当患者缺乏肝脏谷胱甘肽转移酶时，异烟肼的肝细胞毒性显著增加。

（二）真性肝毒物

真性肝毒物与特异质肝毒物不同，肝脏损害程度一般有剂量-效应或剂量-反应关系，即具有剂量依存性，造成的肝损害能在动物实验模型中复制。根据真性肝毒物的毒作用机制，可分为直接肝毒物和间接肝毒物。直接肝毒物（direct hepatotoxicant）是指直接作用于肝细胞膜、细胞器膜或生物大分子的外源化学物，可导致膜脂质过氧化、膜蛋白质变性，使膜结构破坏，最后肝细胞死亡。这类肝毒物有四氯化碳、三氯甲烷、四溴化碳、三碘甲烷等。间接肝毒物（indirect hepatotoxicant）是指进入肝细胞内具有干扰细胞酶活性，从而导致细胞内物质代谢紊乱的外源化学物，或指经代谢转化后其代谢产物能与细胞内生物大分子结合，使细胞功能发生改变的外源化学物。例如，乙硫氨酸可通过抑制脂蛋白合成酶，从而减少脂蛋白的合成，使甘油三酯不能从肝细胞排出，导致肝组织脂肪变性。另外，还可根据真性肝毒物的化学性质分为无机肝毒物和有机肝毒物两类，前者包括砷、铬、镉、汞、铅、铍、锰、铜、锑等，后者有天然生物毒素（黄曲霉毒素、蕈孢菌素、细菌内毒素与外毒素，以及毒蕈毒素等）和人工合成的医用有机药物与化学物，如氯丙嗪、保泰松、氟烷、卤代烷类、硝基烷、酚、偶氮化合物等。

第二节　肝脏损害作用的类型及其机制

外源化学物对肝脏的损害作用依赖于化学物的理化性质、暴露浓度与持续时间、机体遗传多态性、肝功能状态及受损的肝细胞类型等。外源化学物引起肝脏损害的范围很广，包括急性肝损伤、肝脂肪变性及炎症、肝纤维化及肝硬化、胆汁淤积、免疫介导肝损伤和特异质肝损伤等。轻微肝损害可能仅引起可逆性的细胞功能障碍，随着外源化学物的清除和机体的自我修复，肝脏功能可能恢复正常。然而，长期或严重的化学性肝损害可能导致永久性肝功能损害，甚至发展为肝硬化和肝癌。外源化学物对肝脏损害的常见类型及可能机制如下。

一、急性肝损伤

急性肝损伤（acute liver injury）一般是机体短期接触较大剂量肝毒物或肝功能不全及肝功能异

常时接触某种肝毒物引起，例如药物、酒精、化学毒素等多种因素诱发，且发病迅速，可引起明显的肝功能异常，并诱发肝衰竭、肝性脑病和急性肾损伤等并发症。

外源化学物致急性肝损伤的可能机制主要有：①启动细胞凋亡过程中的信号转导系统。外源化学物可通过影响细胞表面凋亡受体 Fas 或 TNF-α，导致死亡诱导信号复合物的形成，启动细胞凋亡过程；外源化学物也可通过细胞毒性应激或 DNA 损伤活化肿瘤抑制因子 p53，导致促凋亡蛋白 Bcl-2 家族成员如 Bax 的形成，继之诱导线粒体内膜凋亡相关蛋白细胞色素 c、核酸内切酶 G、凋亡诱导因子的释放，从而启动细胞凋亡。如微囊藻素、半乳糖胺、四氯化碳等肝毒物在体内、外试验中明显观察到线粒体依赖性的细胞凋亡。②线粒体功能障碍。线粒体膜在各种刺激作用下膜电位降低，膜通透性增加，线粒体通透性过渡孔持续打开导致线粒体结构破坏、动力学失衡；干扰肝细胞呼吸链中酶蛋白的合成。外源化学物如乙肝治疗药物非阿尿苷可插入线粒体 DNA 链中，使其错误编码呼吸链中的酶蛋白，或终止其酶蛋白合成，导致肝细胞呼吸链中酶蛋白的合成发生障碍，肝细胞内呼吸停止，细胞死亡。③氧化应激。机体受到某些有害因子刺激时，产生过多高活性氧自由基（reactive oxygen species，ROS）和一氧化氮（NO）衍生物，导致体内氧化能力与抗氧化能力失衡，使过多的中性粒细胞炎症浸润，进而导致组织损伤。肝细胞中过量的 ROS，影响线粒体呼吸链复合体利用电子传递产生 ATP 的过程，对肝脏造成一定程度的损伤。外源化学物如四氯化碳可引起小鼠抗氧化应激系统代偿激活失调和 ROS 积累，造成肝细胞死亡。④毒物及其代谢产物与生物大分子发生结合。如四氯化碳体内产生的三氯甲烷自由基可与生物大分子（如蛋白质和不饱和脂质）发生共价结合，使生物大分子功能丧失，导致细胞死亡。⑤肝细胞膜脂质过氧化。四氯化碳等外源化学物在细胞色素 P450 酶系作用下，产生三氯甲烷自由基，后者可使细胞质膜或亚细胞结构膜脂质发生过氧化，破坏细胞质膜或线粒体膜的稳定性，使钙稳态失衡，最终导致肝细胞死亡。⑥诱导细胞焦亡和炎性体成分的释放。当暴露于典型核苷酸结合寡聚化结构域样受体家族 pyrin 结构域蛋白 3（NLRP3）炎症小体激活剂时，肝细胞内部组装并激活含半胱氨酸的天冬氨酸蛋白水解酶（caspase）-1，caspase-1 使白细胞介素（IL）-1β、IL-18 和 IL-37 成熟，诱导肝细胞以焦亡的形式死亡，并释放炎症小体低聚物，导致 NLRP3 炎性体从肝细胞内部释放到细胞外，从而被邻近的巨噬细胞吞噬，介导炎症和促纤维化应激信号，导致肝损伤。例如脂多糖（LPS）可诱导 NLRP3 炎症小体释放促进细胞焦亡和炎症反应，引起小鼠急性肝损伤。⑦诱导泛凋亡（PANoptosis）。泛凋亡指由特定触发因素激活并由泛凋亡体复合物调节的炎症程序性细胞死亡途径，具有细胞焦亡、凋亡和坏死的主要特征。越来越多的证据表明，PANoptosis 在急性肝损伤中起着重要的作用。在对乙酰氨基酚诱导肝损伤中发现，一旦谷胱甘肽耗尽，N-乙酰对苯醌亚胺与蛋白巯基共价结合，特别是在线粒体中，导致线粒体氧化应激，从而诱导肝细胞同时发生细胞坏死和细胞凋亡。

二、肝脂肪变性及炎症

正常肝脏脂质含量小于肝脏重量的 5%，肝细胞内多余的脂滴或脂肪颗粒在细胞质中的蓄积形成肝脂肪变性（hepatic steatosis）。当机体暴露于某些外源化学物后，可使肝脏发生脂肪代谢障碍，肝内脂肪含量增加与蓄积，可伴有肝细胞坏死、炎症反应与纤维化等。肝脂肪变性病理学损伤具有多样化，有的化学药物如抗癫痫药物丙戊酸、吡洛芬与抗病毒药非阿尿苷等可引起严重的肝脂肪变性，并可产生肝细胞坏死；有的外源化学物如乙硫氨酸、嘌呤霉素和环己酰亚胺等生物毒素诱导的肝脂肪变性一般是可逆的，对肝细胞不产生致死性损害。一般来说，肝脂肪变性最常见的原因是饮食过量、静态生活方式及生理生化功能异常。除此之外，许多外源毒物如四氯化碳与某些化学药物亦可导致肝脂肪变性,其中引起严重肝脂肪变性的化学药物有丙戊酸与非阿尿苷等。到目前为止,乙醇是导致人类或实验动物肝脂肪变性最受关注的化学物质,过量的乙醇氧化影响了脂肪酸氧化、糖异生和糖酵解过程,使脂肪生成基因表达提高,导致脂肪酸 β-氧化障碍,同时促进脂肪酸生成,引发肝脏脂肪堆积,乙醇在人体内或实验动物体内均可导致脂肪肝。当肝脂肪变性发展到一定程度时,可能引发炎症,即脂肪性肝炎,例如长期大量饮酒引起的酒精性肝炎。此外,外源化学物进入人体后,可能直接作用于肝细胞,导致肝细胞坏死或肝脂肪聚积,也可通过干扰肝脏的正常代谢过程引发肝脏炎症,重金属如砷、汞、硒等,环境污染物如双酚 A、全氟辛烷磺酸、邻苯二甲酸酯等在体内积累到一定量时,扰乱脂代谢通路,诱导肝脏炎症,炎症细胞及其产物可通过释放细胞毒性介质或间接释放激活肝细胞内细胞死亡信号通路的细胞因子或其他介质,加重已有的肝损伤。

外源化学物引起肝脂肪变性及炎症的可能机制有:①肝外游离脂肪酸过多进入肝内。如双对氯苯基三氯乙烷(DDT)、尼古丁、肼类等外源化学物可通过刺激垂体-肾上腺,导致脂肪组织释放的游离脂肪酸过多地进入肝脏。②肝细胞线粒体损伤导致肝内脂肪酸氧化减少。如四氯化碳、乙醇、丙戊酸钠等可通过损害线粒体膜使线粒体肿胀,导致脂肪酸 β-氧化障碍,在线粒体未被氧化的脂肪酸可酯化为甘油三酯,并以脂质小滴形式堆积于肝细胞质中。③甘油三酯合成增加。如巴比妥类药物可通过增加肝脏中甘油三酯的合成促进肝脂肪变性。④运脂蛋白合成减少。如四环素、甲氨蝶呤等能抑制运脂蛋白的合成,从而使甘油三酯从肝细胞排出减少,导致肝脂肪变性。⑤肝细胞线粒体 DNA 损伤,导致线粒体电子呼吸链复合体酶合成障碍,氧化磷酸化解偶联,ATP 合成减少。有的化学物如乙硫氨酸则可竞争地与 ATP 发生共价结合,使 ATP 耗竭,影响甘油三酯氧化与转运过程,使甘油三酯蓄积于肝脏。⑥谷胱甘肽耗竭导致肝脂肪变性。有些外源化学物可通过耗竭谷胱甘肽或降低谷胱甘肽转运蛋白的活性,引起胆固醇在线粒体内膜的蓄积,导致脂肪肝的形成,例如乙醇诱导的肝损伤。⑦脂肪酸的代谢障碍。脂肪酸主要通过细胞线粒体与过氧化物体 β-氧化进行代谢,外源化学物(如乙醇)可影响脂肪酸的代谢,导致肝内脂肪酸增多,后者不但可直接活化线粒体与溶酶体凋亡途径引起肝细胞死亡,而且过多的脂肪酸可进一步干扰脂质代谢,未代谢的脂肪酸被酯化为甘油三酯,并以脂质小滴形式堆积于肝细胞质中,引起肝脂肪变性。⑧作用于核受体通路,导致肝脏脂质代谢紊乱。例如,双酚 A、双酚 S 可干扰肝 X 受体 α/类视黄醇 X 受体通路致脂质蓄积。多氯联苯可与自然配体竞争结合过氧化物酶体增殖物激活受体 α(PPARα),抑制 β-氧化,激活 PPARγ 通路,促进肝细胞脂肪沉积,进而诱导单纯性脂肪变性。⑨肠道菌群失衡。多种环境污染物能够导致肠道菌群失衡,进而促进炎症的发生。例如,杀虫剂烯啶虫胺可促使脱硫弧菌属产生过量的硫化氢破坏肠道通透性,导致细菌异位,进而激活肝脏 Toll 样受体 4(TLR4),诱导炎症级联反应,最终使小鼠患上代谢相关脂肪性肝病——非酒精性脂肪性肝炎(NASH)。⑩肠道内稳态的改变。在重金属引起的实验性肝损伤中,金属钛(Ti)改变了肠道微生物群的多样性,导致肠道菌群产生的脂多糖显著增加,可能导致细菌产物(如脂多糖)从肠道转位进入门静脉循环,进入肝脏激活库普弗细胞产生过氧化氢,引起细胞内氧化应激,导致循环炎症。五氯联苯(PCB126)暴露增加了拟杆菌门和变形菌门的丰度从而造成脂质代谢异常,引发肝脏炎症。

三、肝纤维化与肝硬化

肝纤维化是各种病因导致慢性肝病向肝硬化、肝衰竭转化过程中必经的病理过程,是慢性肝病发生发展的重要环节。外源化学物引起的肝纤维化(hepatic fibrosis)主要发生于慢性肝脏损害,常表现为过量的纤维组织堆积,特别是纤维形成的 I 与 III 型胶原增多,而血浆膜 IV 型胶原降低。轻度肝纤维化的发生是可逆的,经过及时、适宜的治疗可缓解甚至治愈,当纤维瘢痕将剩余的肝组织分隔成多个再生肝细胞结节时,纤维化可进一步发展成肝硬化(cirrhosis),肝硬化是慢性进行性肝损伤的最后阶段,常具有致命性和不可逆性。引起肝纤维化与肝硬化的外源化学物有很多,实验动物和人反复暴露于四氯化碳、硫代乙酰胺、二甲基亚硝胺、黄曲霉毒素或其他外源化学物与肝纤维化有关。

肝纤维化的可能机制有:①肝星状细胞活化:活化的星状细胞所产生的细胞外基质(extracellular matrix,ECM)是形成肝纤维化,最终导致肝硬化的病理基础。在慢性酒精中毒性肝硬化、四氯化碳中毒性肝硬化的实验动物肝内,肝星状细胞 DNA 复制及增殖功能增强,细胞数量增多,肝内纤维增生。②肝细胞的死亡促进炎症反应和纤维化反应:有毒物质如石棉、氮化物等暴露时,对肝细胞造成损伤,肝细胞凋亡诱导凋亡小体释放,可被肝星状细胞和库普弗细胞吞噬并诱导促纤维化反应,成纤维细胞增生,合成胶原增多,胶原沉积形成纤维化。③通过诱导铁沉积促进肝纤维化形成:研究发现,肝脏中游离非血红素铁过量沉积可增强对乙酰氨基酚、四氯化碳诱导的小鼠肝纤维化。

四、肝肿瘤

外源化学物诱导的肝肿瘤主要包括肝细胞癌、肝内胆管癌和混合型肝细胞癌-胆管癌 3 种病理学类型。肝细胞癌是指原发于肝细胞受损恶变后形成的肿瘤,发病率占原发性肝肿瘤的 75%～85%。外源化学物导致肝细胞癌的发病机制十分复杂。致癌物质及其代谢产物直接与 DNA 结合,或在炎症与细胞损伤过程中产生的活性氧对 DNA 的间接修饰可导致肝细胞基因的改变,如癌基因的活化或抑癌基因的失活。肝脏细胞的增殖刺激和细胞凋亡的抑制处于失衡状态,导致瘤前细胞生存与发展。普遍认为,由于慢性肝损伤、肝长期炎症反应、肝再生、肝硬化、高营养生活方式等原因,增加了肝细胞恶性转化的机会,如黄曲霉毒素与乙型肝炎病毒的联合暴露具有协同致癌性。流行病学研究表明,乙型肝炎和丙型肝炎病毒与环境污染因素的共同暴露,使得肝细胞癌成为最常见的恶性肿瘤之一。慢性乙型肝炎患者接触黄曲霉毒素发生肝细胞癌的危险性要比无慢性乙型肝炎者高 3 倍。此外,肝细胞癌与长期摄入雄激素、酒精以及被亚硝胺污染的食品有密切关系。肝内胆管癌是指肝内胆管衬覆上皮细胞和胆管旁腺发生的恶性肿瘤,发病率占原发性肝肿瘤的 10%～15%。外源化学物如亚硝胺、乙醇、二氧化钍和石棉等暴露可使肝内胆管癌的患病风险增加数百倍。混合型肝细胞癌-胆管癌是指在同一个肿瘤结节内同时出现肝细胞癌和肝内胆管癌两种组织成分,不包括碰撞瘤。混合型肝细胞癌-胆管癌是一种发病率较低的肝脏原发性恶性肿瘤,其发病率占原发性肝癌的 0.4%～14.2%。有学者建议以两种肿瘤成分占比分别≥30% 作为混合型肝细胞癌-胆管癌的病理学诊断标准,但是目前还没有国际统一的病理诊断标准,有待于大样本多中心研究。

五、胆汁淤积

胆汁淤积(cholestasis)是指在各种因素的影响下,胆汁形成、分泌和排出过程出现障碍,导致胆汁无法顺畅进入十二指肠,从而无法顺畅进入血液中的状态。某些外源化学物暴露可引起胆汁淤积,病理生理学上常表现为胆汁流形成障碍,即胆汁分泌与排泄受阻。

外源化学物致胆汁淤积的可能机制主要有:①损害肝细胞膜的功能。如长期服用雌激素可使乙酰辅酶 A-胆固醇酰基转移酶活性升高,导致细胞质膜胆固醇酯的堆积,影响肝血窦膜的流动性与 Na^+-K^+-ATP 酶活性,使胆汁流发生障碍。②损害肝细胞基底侧膜与胆小管膜的转运系统功能。胆汁酸盐输出泵障碍是导致胆汁淤积的常见原因之一。如抗结核药利福平、内皮素拮抗剂波生坦、降血糖药曲格列酮可通过直接抑制胆汁酸盐输出泵导致胆汁淤积;四氯化碳可干扰胆汁酸转运蛋白的调控,即引起牛磺胆酸钠协同转运多肽和有机阴离子转运多肽下调,导致胆汁酸转运障碍。③肝内胆管损害导致胆汁淤积。这种情况常称为胆管损害型胆汁淤积。当给予单次剂量的某些外源化学物时,可诱导原发性胆管损害,包括胆管上皮细胞肿胀、管腔内出现受损细胞碎片、汇管区炎症细胞浸润等。慢性长期暴露于某些外源化学物亦可导致胆管内皮细胞增生与纤维化,后者类似原发性胆汁性肝硬化,同时可由于胆管壁上皮细胞增生,胆道阻塞,导致胆汁流障碍,发生胆汁淤积。④外源化学物及其代谢产物在胆管内沉淀,形成胆栓,阻塞胆管,使胆汁排泄障碍,导致胆汁淤积。⑤外源化学物影响肝细胞核受体的调节。胆汁酸的体内平衡是由肠、肝核因子法尼醇 X 受体(FXR),肝 X 受体(LXR)与孕烷 X 受体(PXR)等维持,其中 FXR 是一个重要的核受体,其活性与胆汁淤积形成过程密切相关。⑥破坏血液-胆汁屏障(BBIB)结构。正常情况下,完整的肝细胞紧密连接结构(TJs)形成 BBIB,能够将胆汁封闭在毛细胆管的管腔内,防止胆汁反流发生。毒素、有毒化学物质(如四氯化碳)等均可通过破坏肝细胞的 TJs,导致胆管结构变化,促使胆汁反流从而导致胆汁淤积。⑦引起胆汁酸合成异常。胆汁酸由胆固醇通过细胞色素 P450 酶系中 CYP7A1 参与的经典途径和 CYP27A1 参与的替代途径生成,外源化学物通过调节胆汁酸合成相关酶的表达,导致胆汁酸合成增加。

六、免疫介导肝损伤

具有免疫特异体质或遗传易感体质的机体在环境因素(如病毒、生物毒素与化学药物等)诱导下可发生免疫介导肝损伤。免疫介导肝损伤(immune-mediated liver injury)系指发病机制与生物机体自身免疫介导有关的一种肝脏疾病,根据不同的损伤细胞类型可分为自身免疫性肝炎和自身免疫性胆管病,靶细胞分别为肝细胞和胆管上皮细胞。外源化学物氟烷、替尼酸、双肼屈嗪等均可通过激活机体免疫系统导致肝损伤。

免疫介导肝损伤的反应具有启动延迟现象,需要机体反复暴露外源化学物(如药物或毒物)以及需要形成相应抗体。免疫介导肝损伤实际上是一种免疫介导特异质肝毒性,其机制尚不十分清楚,目前有 3 种假说,即半抗原假说、危险假说及免疫稳态失衡假说。①半抗原假说认为,外源化学物及其活性代谢产物结合到细胞的蛋白分子上,通过抗原提呈细胞(APCs)摄取这种修饰蛋白,然后将其分解为多肽片段,形成 T 细胞的主要组织相容性复合体。在氟烷引起的肝炎患者或乙醇、替尼酸、肼屈嗪引起的肝损害患者的血清中检测到抗修饰蛋白抗体,可支持半抗原假说。但该假说不能解释某些药物(如对乙酰氨基酚)虽然能形成活性代谢产物与修饰蛋白,但不能引发免疫反应,提示诱导免疫介导肝损伤还可能需要其他活化因子。②危险假说认为,受损的细胞释放由危险识别模式分子(DAMPs)介导的危险信号,DAMPs 作为刺激因子可以诱导 APCs 表达 CD80、CD86 和 CD40 等共刺激分子,从而协同 T 细胞受体通路诱发 T 细胞活性。肝细胞毒性免疫反应,仅在抗原刺激 T 细胞受体并同时有 T 细胞非依赖性联合刺激时才发生。当联合刺激信号缺陷时,由修饰蛋白衍生的抗原诱导免疫耐受。肝血窦内皮细胞和库普弗细胞作为肝脏中的 APCs 发挥作用,同时也可以耐受半抗原诱导的免疫反应。③免疫稳态失衡假说认为,肝的免疫耐受因某种因素被破坏,使肝对外源化学物的易感性增强,从而导致肝损伤的发生。

七、特异质肝损伤

特异质肝损伤(idiosyncratic liver injury)是一种仅发生在少数易感人群中的严重不良反应,其发生与患者的性别、年龄、基因和基础疾病有关,具有较难预测、无明显剂量依赖性和潜伏期长等特点。抗生素呋喃妥因、抗惊厥药苯妥英等可通过引发机体过敏反应,诱发特异质肝毒性。而抗结核药异烟肼、抗惊厥药丙戊酸、降血糖药曲格列酮等被认为具有非免疫特异质肝毒性。

目前解释特异质肝损伤的假说主要有肝代谢功能障碍假说、炎症应激假说和基因多态性假说。①肝代谢功能障碍假说:一些药物导致的特异质肝损伤是由肝代谢功能障碍引起的,肝代谢能力降低可导致原型药物在肝中积累,从而诱发肝损伤;相反,代谢能力增强可导致活性代谢物的形成,某些活性代谢物可以与蛋白质共价结合,从而干扰蛋白质功能并启动细胞死亡。肝代谢功能障碍已成为解释特异质肝损伤的一种主流假说。②炎症应激假说:炎症反应也是特异质肝损伤的主要症状之一。例如,采用脂多糖诱导大鼠炎症应激模型评价何首乌肝毒性时发现,PPARγ 通路的异常抑制和相关炎症因子过表达是何首乌致特异质肝损伤的诱因。③基因多态性假说:有研究表明,阿巴卡韦、希美加群和氟氯西林诱导的肝损伤与人类白细胞抗原等位基因 HLA-B*5701 存在相关性;奈韦拉平诱导的肝损伤则与 HLA-B*35:05 等位基因存在相关性。除 HLA 基因多态性,药物代谢酶和解毒酶相关的基因多态性也可能与特异质肝损伤的发生相关。例如,双氯芬酸导致的特异质肝损伤与细胞色素 P450 酶(CYP2C8)和尿苷二磷酸葡萄糖醛酸基转移酶(UGT2B7)的基因多态性有关。

第三节　肝损伤的检测与评价

在研究外源化学物诱导的肝脏损害时,常用的检测方法可分为两大类,一类是体内试验(in vivo test)即整体动物实验,另一类是体外试验(in vitro test)。肝损伤评价的体内试验是将外源化学物给予受试动物一定时间后,处死动物或在动物存活的情况下进行各种生物学检测,如血清酶学检测、肝脏化学组成成分分析、肝脏合成功能障碍检测、排泄功能损害检测、物质代谢能力损伤检测及肝组织病理学检查等,以评价肝脏损害程度等。肝损伤评价的体外试验是指利用离体灌流肝、精密肝切片、肝匀浆、原代肝细胞及肝细胞系(株)、肝脏类器官、肝器官芯片等,使其在体外与外源化学物接触一定时间后进行各种生物学检测。

一、肝损伤的体内试验评价

在肝脏毒性研究中,不论是急性或慢性动物实验或化学性肝损伤动物模型试验,常用的受试动物为大鼠和小鼠,其次为豚鼠、仓鼠、兔、犬等。但选择动物时需考虑所选动物对受试肝毒物的敏感性,如豚鼠对氯二丁烯肝毒性的敏感性高于大鼠。动物染毒途径应尽量选择与人类暴露外源化学物相同的方式。整体动物实验由于能较为全面地反映外源化学物对人体的毒作用,并能长期动态观察生物机体对毒物的反应,故可用于外源化学物的肝脏功能损害研究、肝脏毒性机制研究及安全性毒理学评价。化学性肝损伤的体内试验评价有如下几类。

(一)血清酶学检测

化学性肝损伤时,血清中许多酶的水平会发生改变。因此,检测血液中肝酶的水平是目前肝脏毒性研究中最常用的体内检测方法之一。根据血清酶对不同类型肝脏损伤的特殊性与敏感性,可将血清酶分为 4 组。第 1 组酶在血清中活性增高能较好地反映胆汁淤积型肝损伤,如碱性磷酸酶(ALP)、5'-核苷酸酶(5'-NT)及 γ-谷氨酰转肽酶(γ-GT)。第 2 组酶能敏感地反映细胞毒性肝损伤,如天冬氨酸氨基转移酶(AST)、丙氨酸氨基转移酶(ALT)、乳酸脱氢酶(LDH)、鸟氨酸氨基甲酰转移酶(OCT)和山梨醇脱氢酶(SDH)等。其中 AST、ALT 也可反映肝外器官如心脏、肌肉或肾脏等组织损伤,而 OCT、SDH 在血清中的活性增强能较可靠地反映肝损伤。第 3 组酶对肝细胞损伤相对不敏感,而对肝外器官组织细胞损伤敏感,如肌酸激酶(CK)。第 4 组酶与前 3 组酶相反,肝细胞损伤时酶活性降低,如胆碱酯酶(ChE)。

(二)肝脏化学组成成分改变检测

检测肝脏化学组成成分的改变可以定量地评价肝脏损伤的程度,并有利于阐明外源化学物产生肝损伤的毒作用机制。常用于评价肝损伤的肝脏化学组成成分有:

1. 甘油三酯(triglyceride,TG) 产生肝脏损伤的外源化学物可引起肝脏实质细胞内脂肪(主要是 TG)的异常蓄积,一般认为 TG 的蓄积是由于肝脏实质细胞 TG 的合成速率增加或 TG 释放到体循环的速率减低引起。由于目前所知的血清酶与肝酶对肝脂肪变性不敏感,因而肝脏 TG 含量的测定已成为评价肝脂肪变性的常规指标。

2. 葡萄糖 -6- 磷酸酶(glucose-6-phosphatase,G-6-P) G-6-P 是肝脏的特异性酶,其活性与肝细胞内质网的完整性有关。肝毒物可使内质网脂质发生过氧化,导致 G-6-P 活性明显降低。

3. 肝胶原(hepatic collagen,HC) 肝胶原蓄积是肝纤维化的基础。星状细胞在肝纤维化胶原形成中起重要作用。星状细胞的 I、III 型前胶原的氨基末端前肽血清浓度被用作肝硬化进展期的纤维化标志物。4- 羟基 -L- 脯氨酸(简称羟脯氨酸)仅在胶原中有高的含量,所以肝脏羟脯氨酸含量是评价胶原含量与肝组织纤维化的一个重要指标。另外,脯氨酰羟化酶(prolyl hydroxylase,PH)是胶原合成的关键酶。临床发现肝硬化患者肝组织中的 PH 含量明显增加,但血清中 PH 检测十分困难,因具有活性的 PH 四聚体含量甚微,且血液中存在 PH 抑制物。

4. 肝脏脂质过氧化产物 有些肝毒物可使肝细胞膜或细胞器膜发生脂质过氧化,可通过检测肝脏中脂质过氧化产物丙二醛含量来评价外源化学物对肝脏的氧化损伤程度。

5. 肝细胞生物大分子加合物 肝毒物及其代谢产物可与肝细胞生物大分子,如 DNA、RNA、蛋白质、脂质发生共价结合,诱发肝细胞损伤,甚至可使肝细胞恶变,导致肝肿瘤。目前检测 DNA 加合物的方法很多,如 ^{32}P- 后标记法、免疫学方法、荧光测定法、碱洗脱法等。肝细胞 DNA 加合物的检测对评价某些外源化学物引起的肝损伤具有重要意义。

(三)肝脏合成功能障碍检测

肝脏能够合成机体生理需要的许多内源性物质,包括血清白蛋白、前白蛋白、ChE、球蛋白、卵磷脂胆固醇酰基转移酶、胆固醇、纤维蛋白原、凝血酶原以及凝血因子 IV、V、VII、IX、X 等。血清白蛋白仅由肝细胞合成,因此检测血清白蛋白含量是评价化学性肝损伤的一个常用指标。白蛋白在体内的生物半衰期约为 20 天,每天降解 4% 左右,一般正常人血清白蛋白为 40~55g/L。外源化学物导致肝损害时,白蛋白在肝细胞内的合成、转运与释放能力均会发生障碍,引起血清白蛋白水平降低。急性化学性肝损伤时,虽然肝细胞合成白蛋白的能力明显降低,但由于白蛋白生物半衰期较长,白蛋白的降低常见于 1 周以后。血清白蛋白减少是肝硬化的特征之一,临床上肝硬化患者血清白蛋白可减少到 30g/L 以下,这时大多数患者出现腹水。值得注意的是,血清白蛋白水平降低并非肝脏合成功能障碍所特有,其他因素如合成白蛋白的原料氨基酸缺乏、蛋白质过度分解(如感染性发热)以及白蛋白合成机制调节异常等亦可引起血清白蛋白水平降低。目前血清白蛋白的检测方法有化学法、仪器自动分析法、电泳法、免疫法等。除血清白蛋白外,化学性肝损伤时血清ChE 水平也可发生改变,临床上亦可用血清 ChE 水平来评价肝脏的合成功能,其降低幅度与血清白蛋白大致平行。但脂肪肝时血清 ChE 水平往往上升,这与肝脏脂质代谢异常有关。肝脏能够合成

6种凝血因子，即凝血因子Ⅰ（纤维蛋白原）、Ⅱ（凝血酶原）、Ⅳ、Ⅴ、Ⅵ和Ⅶ，当它们单独或联合缺乏时，凝血酶原时间（PT）延长，因此 PT 值亦可用来评价肝脏的合成功能。卵磷脂胆固醇酰基转移酶（lecithin cholesterol acyltransferase，LCAT）也由肝脏合成，进入血液后催化胆固醇酯化，在脂蛋白代谢中发挥重要作用。肝细胞受损时，LCAT 合成减少，血清中 LCAT 活力降低，其改变与血清白蛋白和 ChE 水平呈正相关，而与转氨酶、胆红素呈负相关。

（四）肝脏排泄功能损伤检测

常用于检测肝脏排泄功能损伤的方法有血清磺溴酞钠（BSP）排泄试验和吲哚菁绿（ICG）试验。肝衰竭时 BSP 和 ICG 从血中消除时间延长，通过测定血浆 BSP 与 ICG 清除率即可评价肝功能损伤的程度。

BSP 是一种阴离子酞染料，被广泛用于评价人和实验动物的肝脏功能。静脉注射后，它从体循环的消失速率取决于肝的摄取与排泄功能。肝脏损害时，BSP 在血液中的清除速度降低。BSP 从血浆中的清除具有饱和性，因此选择适宜剂量的 BSP 非常重要。通常小剂量可在体内快速消除，在一定剂量范围内清除量随剂量增加而增加，但 BSP 达到最大转运极限时，清除量不再增加即呈转运饱和。不同动物对 BSP 的清除率有很大差别，一般大鼠和兔对 BSP 的清除率较大，犬相对较小。用于检测肝功能的 BSP 排泄试验，其 BSP 选用剂量应因实验动物而异。适宜的 BSP 剂量一般应为正常动物 30 分钟残留 2%～3% 量为宜。BSP 排泄试验反映胆汁淤积性肝损伤比反映实质细胞性肝损伤更为敏感。但值得注意的是，某些外来因素可干扰 BSP 的分泌与排泄，如肝微粒体酶诱导剂苯巴比妥能大大加快 BSP 的排泄。

ICG 在敏感性和特异性方面大致与 BSP 相似，具备以下特性：①ICG 进入血液后，很快并完全与血浆蛋白（主要是白蛋白）结合；②ICG 在胆汁中以原型存在；③很少从肝外器官排泄；④其分泌排泄不受肝外因素影响；⑤无刺激与过敏作用；⑥血浆中清除率与 BSP 相似。ICG 排泄试验通常作为 BSP 排泄试验的补充试验。不同受试动物或同一受试动物不同 ICG 给予剂量，其 ICG 的生物半衰期（$T_{1/2}$）与每分钟清除量（%）不同。研究显示胆红素、玫瑰红、BSP 可干扰 ICG 的分泌。

（五）肝脏代谢能力损伤检测

肝脏对外源化学物的代谢能力与肝脏血流量和肝脏对受试物质的提取率（extraction ratio，ER）呈正比。一般将 ER 大小分为高（ER>0.7）、中（ER 0.3～0.7）、低（ER<0.3）三个等级。高提取率物质通过肝脏时可被瞬时代谢清除，且血流量显著影响其肝脏清除率，故称为流量限定性物质（如吲哚菁绿）；相反，清除率低的物质不易受肝脏血流量的影响，其代谢清除率主要取决于肝脏代谢酶的处置能力，即称为能力限定性物质（如安替比林），因此向体内输入这类物质，然后测定其体内代谢速率可较好地反映功能性肝细胞数目或肝脏的代谢能力。理想的测试物应具备以下条件：①本身及其代谢产物无毒性，主要由肝细胞代谢清除；②能静脉注射或经口给予，并可快速吸收；③代谢排出速率主要取决于功能性肝细胞，而不依赖于肝血流量，其代谢由微粒体酶系完成；④在血浆、尿液或呼吸气中这种物质或其代谢产物容易被检测到，且结果重现性好；⑤代谢速率不受血浆蛋白水平的影响等。常见的肝脏代谢能力损伤检测试验包括安替比林血浆清除率试验、14C-氨基比林呼气试验、半乳糖廓清试验、利多卡因代谢试验、尿素合成最大速率测定、13C-咖啡因呼吸试验等。

（六）肝组织病理学检查

肝组织病理学检查是评价外源化学物致肝损伤的重要依据。常用的检查方法有：

1. 一般检查　解剖受试动物，肉眼观察肝脏颜色、外形和质地等，并称量肝脏湿重，计算肝脏的脏器系数。对能引起肝脏充血水肿、肝硬化或肝脏肿瘤的外源化学物，肝脏脏器系数是一个有价值的毒性评价指标。

2. 光镜检查 为定性及定量判断肝损伤的性质和程度,还需进行组织细胞显微结构的观察。通常经甲醛溶液固定、石蜡包埋、肝组织切片、苏木素和伊红染色后,通过光镜可观察肝细胞坏死、肿胀、脂肪空泡、细胞癌变、肝组织纤维化及结节性增生等病理学改变。同时,还可进行形态计量学分析以定量描述肝损伤的程度。光镜观察是化学性肝损害最重要的检测手段之一,也是肝损伤较为敏感的检测方法。

3. 电镜检查 电镜检查能提供肝细胞早期损伤的形态学改变依据,发现光镜下难以观察到的亚细胞结构的精细变化,结合生化检查结果,能为研究化学性肝损伤的机制提供线索和依据。在外源化学物引起的亚细胞结构改变中,以内质网出现的改变最早。其他的亚细胞结构改变还有线粒体损伤、溶酶体膜受损,细胞核致密与固缩,高尔基体断裂及空泡化,肝糖原颗粒解聚、减少及消失,过氧化小体增加等。此外,扫描电镜的应用可通过精确的三维成像系统识别细胞器的定量变化,能为研究肝毒物诱导组织病理学改变提供新的视野。

二、肝损伤的体外试验评价

在整体动物实验中,外源化学物诱导的肝损伤往往受体内肝外因素,如外源化学物在体内的吸收、分布、肝外代谢、体液因素及肝外其他器官损害引起毒效应等因素的影响。由于肝脏毒性常由外源化学物直接或间接地与肝细胞基本组成成分,如蛋白质、脂质、RNA 或 DNA 相互作用引起,这些毒作用可以在分子水平、细胞水平与器官水平进行检测。在没有体内肝外因素影响下评价外源化学物引起的肝细胞毒性就是肝损伤的体外试验评价(evaluation of hepatic injury in vitro)。体外试验模型可以弥补体内试验的不足之处,以更全面地评价毒性机制。目前应用的体外试验有离体灌流肝试验、精密肝切片孵育试验、肝匀浆代谢试验、体外肝细胞培养试验、肝脏类器官试验及肝器官芯片试验等。

(一)离体灌流肝试验

离体灌流肝(isolated perfused liver, IPL)试验是介于整体动物实验与精密肝切片孵育试验之间的体外试验,可广泛用于各种肝毒物的体外研究。它是运用体外肝灌流技术,在保持肝组织结构完整的条件下,研究外源化学物对肝脏生物合成、物质代谢、转运与排泄等过程的影响和损害作用。离体灌流肝保持了大部分肝脏的特性,特别是保持着肝脏体内代谢的三维结构、细胞与细胞/细胞与基质的相互联系以及功能性胆小管。而且离体灌流肝具有所有类型的肝细胞,这些细胞之间的联系在外源化学物介导肝毒性方面发挥着十分重要的作用。离体灌流肝试验的优点是保持了肝脏的完整性,外源化学物随灌流液进入肝细胞的途径接近生理状态;完整的离体肝是唯一能够检测外源化学物血流动力学的体外模型。该试验的缺点是结果重现性差;试验操作难度大;维持肝脏功能完整性仅几小时;本试验方法仅局限于外源化学物急性暴露对肝脏的损害作用研究。

(二)精密肝切片孵育试验

精密肝切片(precision-cut liver slice)技术是采用组织切片机与动态器官培养系统,在器官灌流和细胞培养之间构建起的一种亚器官水平上的研究方法。其中,动态器官培养系统的建立解决了肝切片在培养过程中表层和较深层肝组织氧气和营养物质供应不足的缺陷。精密肝切片试验的突出优点是保留了肝脏的组织结构,包括肝组织内所有类型的肝细胞,并保留了完好的细胞间及细胞与基质间的联系。与离体肝灌流试验相比,更易获得连续性的实验结果。组织来源可以是实验动物,也可以是人体肝脏组织,后者避免了从动物实验结果向人体外推可能出现的物种差异。一个肝脏可以获得多个肝切片，一系列的试验可以使用来自同一动物的肝组织。但由于物质依赖于被动扩散，由介质转移到细胞内，若肝切片过厚，物质迁移到切片内部受试细胞的时间较长，因此肝切片要薄，否则受试物在同一时间不易均匀到达肝细胞内，切片表面肝细胞与内部肝细胞接触的受试物浓度存在差异，使实验结果出现偏离。

（三）肝匀浆代谢试验

在肝脏毒性试验中，肝匀浆可用于肝脏代谢酶活力、外源化学物代谢转化以及代谢酶遗传多态性等方面的研究。肝匀浆代谢试验的缺点是失去了正常存在的细胞内各细胞器之间的相互调节。

（四）体外肝细胞培养试验

1. 原代肝细胞试验　原代肝细胞试验是研究外源化学物的代谢转化和毒性机制的常用方法。Seglen 两步灌流法是原代肝细胞分离制备的经典方法，常以大鼠、家兔、豚鼠为肝源，也可以人肝组织为肝源。先以无钙灌流液灌流，将肝内残留的钙离子螯合物冲洗出来，再用胶原酶溶液消化肝组织，分离肝细胞。原代肝细胞能较好地维持肝细胞的完整形态，在培养初期能保持Ⅰ相及Ⅱ相反应代谢酶的活性，但其存活时间较短，某些特殊功能降低，如大鼠肝细胞培养 24～48 小时，其细胞色素 P450 酶系可减少至 50%。原代肝细胞在毒理学试验中有两个主要用途：其一是它可作为外加的代谢系统即与 S9 一样，与代谢缺乏的靶细胞进行复合培养，可帮助检测外源化学物是否具有代谢活化作用；其二是它直接作为毒作用靶细胞，检测外源化学物对肝细胞的各种损害作用。以原代肝细胞为受试对象，检测的指标主要包括：①用普通显微镜和电子显微镜可观察细胞与细胞器形态学改变；②用染色法观察细胞膜是否完整，如台盼蓝染色法和中性红染色法；③通过检测上清液中某些细胞质酶（如 ALT、AST 和 LDH）及离子（如钾离子、钠离子、钙离子）的漏出程度评价细胞膜的通透性；④通过测定脂质过氧化产物、ATP 含量、谷胱甘肽含量及细胞色素 P450 活性水平等生理生化指标，评价肝细胞损伤程度；⑤检测肝细胞线粒体功能等。

2. 肝细胞系（株）试验　肝细胞系一般分为肝瘤细胞系与正常肝细胞系两种，前者主要用于肿瘤标志物与肿瘤药效学研究；后者主要用于肝细胞毒性及其机制研究。根据试验目的，可选择不同种类的肝细胞系评价外源化学物的肝细胞毒性。检测外源化学物对肝细胞的损伤是筛选外源化学物肝毒性的重要手段。可用于检测肝细胞毒性的指标有细胞活力、细胞周期、生物膜结构完整性（包括细胞膜通透性与膜流动性）、线粒体膜通透性转运孔、线粒体跨膜电位、细胞能量代谢障碍、DNA 损伤及基因与蛋白质表达等。

（五）肝脏类器官试验

类器官是指源自多能干细胞、祖细胞或分化细胞通过细胞与细胞间和细胞与基质间的相互作用，自组装形成的三维（3D）结构，可体外模拟天然组织的结构和功能。其可弥补二维细胞培养缺乏器官三维结构和细胞间联系的短板。通过 3D 类器官培养技术构建的肝脏类器官作为一种新兴的肝脏研究模型，表现出与人类肝脏相似的解剖结构和生理功能特征，可应用于毒性测定、疾病模型构建、药物筛选及临床研究等领域。目前已成功构建了干细胞（胚胎干细胞和诱导多能干细胞）来源的肝脏类器官、成纤维细胞转分化形成的肝脏类器官及原代肝细胞来源的肝脏类器官等。

（六）肝器官芯片试验

人体器官芯片，是通过微流控技术，结合细胞生物学、工程学和生物材料等多学科，在微流体芯片上构建迷你器官或组织来模拟人体器官或组织的结构、功能及微环境的工程化微器件。目前器官芯片旨在复刻目标器官的一种或几种特定结构与功能，而不是一个完整的器官。因此其与传统组织工程及类器官技术相比，在集成度、成本、通量、周期上更有优势。同时，器官芯片可采用工程化的干预手段，使所构建的微器官或组织具备更仿真的生理结构，并可通过精确调控物理、化学刺激，为所构建的微器官或组织提供与人体相似的微环境。肝器官芯片可通过模拟肝组织复杂细胞组成、生化因子梯度、机械流体等细胞微环境构建肝脏生理微环境，实现具有生理相关性的肝组织结构和功能重建。目前已建立多种类型的肝器官芯片，如肝小叶芯片、肝血窦芯片、胆管芯片及肝类器官芯片。生物材料、合成生物学工具等技术的不断发展，有利于构建具有高度生理相关性的肝器官芯片模型系统，将促进肝器官芯片在研究复杂的生物学过程、解析疾病机制以及评估外源化学物代谢和毒性等方面的转化应用。

（房中则）

思考题

1. 简述肝毒物的概念与分类。
2. 简述外源化学物可对肝脏造成哪些损伤。
3. 化学性肝损伤的体内试验评价与体外试验评价各包含哪些检测类型？

第二十一章
肾脏毒性

肾脏是机体重要的排泄器官,其在排泄废物,调节细胞外液容量、电解质和酸碱平衡以及调节动脉血压等方面起着重要的作用,同时参与合成和释放多种生物活性物质(如肾素、红细胞生成素、激肽和前列腺素等)和维生素 D 的活化。肾脏也是毒物重要的靶器官,许多经肾随尿液排出的化学物及其代谢产物均可引起肾损害。毒物不仅直接影响肾功能,还间接影响全身生理功能。肾脏具备多种解毒功能、强大的代偿与再生能力,但肾脏损伤缺乏特异性表现,且灵敏的监测手段有限,其症状常被全身中毒反应所掩盖,导致病情隐匿,易于被忽视。因此,研究毒物对肾脏损害的特点、规律及其机制,探讨相应的评价方法和预防措施,对有效防控中毒性肾损害具有重要意义。

第一节 概 述

肾脏毒理学(nephrotoxicology)是研究外源化学物对肾脏的损害作用及其机制的毒理学分支学科,是靶器官毒理学的重要组成部分。其任务是应用毒理学的技术和方法,研究外源化学物对肾脏的毒作用及其机制,以及中毒性肾损害的诊断、治疗和预防。肾脏的结构与功能都极为复杂,与外源化学物对肾脏的毒性作用密切相关。

一、肾脏结构与功能的生物学基础

(一)肾脏的结构

肾脏是实质器官,其肾实质分为皮质和髓质。皮质位于肾脏表层,富含血管,主要由肾小体和部分肾小管(主要含近曲小管、远曲小管)构成。髓质位于深部,血管相对较少,由肾锥体构成,主要含有髓袢降支、升支、集合管和乳头管。锥体的基底部位于皮质和髓质交界边缘,顶部伸向肾窦,终止于肾乳头。

肾单位(nephron)是肾脏的基本结构和功能单位,由肾小体和肾小管构成。肾小体由肾小球和肾小囊组成。肾小球是位于入球小动脉和出球小动脉之间的一团毛细血管簇,外侧被肾小囊包裹。肾小囊延续即为肾小管,包括近曲小管、髓袢和远曲小管。在肾单位生成的尿液经集合管在肾乳头处的开口进入肾小盏,肾小盏合成肾盂,肾盂向下逐渐缩小连接输尿管进入膀胱。

(二)肾脏的功能

1. 肾小球的滤过功能 肾小球的滤过是形成尿液的第一个环节。滤过膜由毛细血管的内皮细胞、基底膜和肾小囊脏层上皮细胞足突构成,具有机械性屏障和电荷屏障作用。肾小球的滤过功能常用肾小球滤过率(glomerular filtration rate, GFR)来表示,即单位时间内(每分钟)两肾生成的超滤液(原尿)的量。滤过膜通透性构成了滤过的结构基础,有效滤过压是滤过的动力来源,而肾血浆流量(renal plasma flow, RPF)则是滤过的物质基础。RPF 是指单位时间内流经肾脏的血浆量。

2. 肾小管和集合管的重吸收与分泌功能 肾小管和集合管上皮细胞可对肾小管液中的各种物质进行高度选择性重吸收和主动分泌排泄。重吸收是指物质从肾小管液中转运至血液的过程,有主动和被动转运两种方式。分泌是指上皮细胞将本身产生的物质或血液中的物质转运至肾小管管腔内的过程。影响重吸收与分泌的因素主要是小管液中溶质的浓度和球-管平衡。不同物质在肾脏重吸收和分泌的部位及量存在差异。临床上,常用肾清除率来评估肾功能。肾清除率(renal clearance rate,C)指肾脏在单位时间内(每分钟)完全清除某物质的血浆量(单位为 ml)。

3. 肾脏对尿液的浓缩和稀释功能　肾脏对尿液的浓缩和稀释能力在维持体内液体平衡和渗透压稳定方面起着极为重要的作用。尿液浓缩有两个必要因素:一是肾小管特别是集合管对水的通透性,抗利尿激素(antidiuretic hormone,ADH)可以增加肾脏集合管上皮细胞顶端膜上水通道蛋白 2(AQP2)的表达,促进肾脏对水的重吸收;二是肾脏髓质组织间液形成高渗透浓度梯度,进一步促进水的重吸收。髓袢的形态和功能特性是形成髓质组织间液浓度梯度的重要条件,主要依赖于髓袢逆流倍增机制和直小血管逆流交换机制实现。尿液的稀释主要发生在集合管。体内水分过多造成血浆晶体渗透压降低,进而抑制 ADH 释放,导致集合管对水的通透性降低,重吸收减少,从而使尿量增多,尿液被稀释。

4. 肾脏的生物转化功能　肾脏可对外源化学物进行生物转化。肾脏中代谢酶的种类与肝脏基本相同,但含量相对较低。如细胞色素 P450 在肾脏皮质中含量约为肝脏的 1/5。肾脏细胞色素 P450 经二亚硫酸盐还原后与 CO 形成的复合物最高吸收峰为 452~454nm,与肝脏(450nm)有所区别。肾脏中还含有 N-脱甲基酶、芳烃羟化酶、7-乙氧基香豆素-O-脱乙基酶、UDP-葡萄糖醛酸转移酶、磺基转移酶、硝基氧化酶、巯基氧化酶、环氧化物水解酶以及谷胱甘肽转移酶等多种代谢酶。一方面,肾脏具有肝外代谢解毒功能,多数物质经肾脏代谢后毒性下降;另一方面,某些外源化学物经肾脏代谢转化为对肾脏具有毒性的代谢物,例如溴苯在肾脏中经代谢转化为邻溴苯酚,可降低肾脏中谷胱甘肽含量,造成肾脏坏死。

二、肾毒物的分类

肾毒性(nephrotoxicity)是指外源化学物对肾脏造成损害作用的能力。在一定条件下,能对肾脏造成损害作用的外源化学物称为肾毒物(nephrotoxicant)。主要有以下几类。

1. 金属和类金属　镉、铬、铅、汞、锂、铊、金、铝、镍、硅和砷等。

2. 有机溶剂　卤代烃类(溴苯等)、芳香烃类(甲苯等)、脂肪烃类(汽油等)和脂环烃类(润滑油等)。

3. 农药　有机磷农药、五氯苯酚、百草枯、敌草快、氯丹、甲醚菊酯和氟乙酰胺等。

4. 生物毒素　真菌毒素(黄曲霉毒素等)、细菌内毒素、动物毒素(河鲀毒素等)和植物毒素(马兜铃酸等)。

5. 药物　氨基糖苷类抗生素(庆大霉素等)、β-内酰胺类抗生素(青霉素等)、糖肽类抗生素(万古霉素)、多烯类抗真菌抗生素(两性霉素 B)、抗病毒制剂(阿昔洛韦等)、非甾体抗炎药(对乙酰氨基酚等)、免疫抑制剂(环磷酰胺等)、抗肿瘤药物(顺铂等)、中草药(雷公藤等)、甘露醇和放射性造影剂等。

6. 其他毒物　苯酚、乙二醇、乙醛、环氧丙烷、氰化物、亚硝胺、纳米材料和微塑料/纳米塑料等。

三、肾脏对毒物的易感性

肾脏的解剖和生理特性决定了它对毒物的易感性。

1. 肾脏的血流量　肾脏是全身血流灌注量最多的器官。虽然两肾重量不到体重的 1%,但有

20%～25%的心脏静息搏出量进入肾脏，1/3的血浆经肾脏滤过，血液中的化学物能大量进入肾脏，特别是血供丰富、接受了肾脏总血流量94%的肾皮质，是肾毒物首要的靶器官。肾功能的维持需要大量的氧和营养物质，肾小管对导致细胞窒息的因素尤为敏感，一旦血流灌注不足，肾小管易因缺血缺氧而受损。因此，任何引发严重低血压休克或血容量下降（如大出血）的因素，均可诱发急性肾衰竭。

2. 肾脏的高度浓缩功能 化学物在肾小管中重吸收后被浓缩，导致某些在血浆中浓度较低的化学物在肾小管内达到有毒水平；一些溶解度较低的化学物会在肾小管管腔沉积，造成阻塞，进而引发急性肾衰竭。例如，磺胺类药物浓度增加时会在肾小管管腔中形成结晶，损伤肾小管。与皮质相比，髓质的血流量显著减少，到达髓质的化学物与代谢物也相对较少。然而，逆流倍增机制会使化学物在髓质中浓缩，使得肾乳头中的化学物浓度远高于血浆。

3. 化学物在肾脏中的主动转运与蓄积 肾脏是一个重要的蓄积器官，有些化学物可通过主动转运蓄积在肾小管细胞中。如庆大霉素与近端小管细胞刷状缘的阴离子磷脂结合形成复合物，经吞噬进入细胞，储存于次级溶酶体而蓄积在近端小管细胞内。有些化学物从血浆被主动转运至肾小管细胞，再扩散到肾小管，使肾小管细胞暴露浓度高于血浆。有些化学物需通过肾小管细胞主动转运重吸收，当转运系统达到饱和时，肾小管细胞暴露的浓度也会远远高于血液。肾脏内富含金属硫蛋白，汞、镉、锌、铜等重金属进入肾脏后可与金属硫蛋白的巯基结合沉积在细胞内。可溶性酸性蛋白与金属离子结合后，可形成不溶性的酸性蛋白复合物沉积在肾小管细胞内，或形成核内包涵体，损伤细胞。

4. 化学物在肾脏中的代谢活化 许多化学物可在肾脏中代谢活化，但肾脏不同部位酶的种类、相对含量和活性存在很大差异。如乙醛还原酶、氨基酸还原酶、羧酸酯酶、半胱氨酸β-结合酶主要分布于肾皮质；N-乙酰转移酶、乙醇脱氢酶、谷胱甘肽S-转移酶、单胺氧化酶、类固醇21-羟化酶主要分布于肾皮质和肾髓质；醛酸还原酶主要分布于外髓和内髓；细胞色素P450、磺基转移酶主要分布于肾皮质和外髓；NADPH-P450还原酶主要分布于肾皮质和内髓。化学物通过肾脏的不同部位（节段）时有不同的代谢过程。如对乙酰氨基酚在近曲小管被细胞色素P450氧化，而进入肾髓质则在前列腺素H合成酶作用下发生共氧化反应。所以肾脏的损伤部位既代表化学物的蓄积部位，又代表了活化这些化学物的酶的定位。

5. 肾外因素的影响 除肾内因素外，肾脏功能还受交感神经和多种循环激素如抗利尿激素、肾素-血管紧张素-醛固酮系统、心房钠尿肽等肾外因素的调节。肾脏本身也可以生成多种局部激素，如缓激肽、一氧化氮（NO）、前列腺素（PGE_2）、前列环素（PGI_2）等，主要对抗循环激素的作用。化学物或作用于肾交感神经影响肾素分泌，或直接影响相关激素的合成、分泌、功能等，均可影响肾功能，甚至诱发急性肾损伤（acute kidney injury, AKI）。如在正常情况下，高水平的血管收缩性循环激素的作用可被增加的血管舒张性前列腺素的作用所抵消，RBF和GFR得以维持。然而，当前列腺素的合成被非甾体抗炎药抑制时，RBF会显著下降，进而引发急性肾损伤。

第二节 中毒性肾损害的部位与类型

一、中毒性肾损害的部位

许多肾毒物对肾脏的损害作用存在明显的部位选择性。外源化学物在肾脏的不同部位选择性造成的损伤称为部位选择性肾损伤（site-selective renal injury），最常见的部位是近曲小管。近曲小管是大多数具有肾毒性的抗生素、抗肿瘤药物、卤代烃、真菌毒素和重金属的主要靶点；肾小球是免疫复合物沉积的主要部位；氟主要作用于髓袢和集合管；而解热镇痛药的主要靶部位是髓质和肾乳头。这种部位选择性可能与不同部位的血流量、肾毒物的理化性质、转运、蓄积及与靶部位的结合能力、上皮细胞的结构与功能、细胞/分子靶标的反应性、对外源化学物的生物转化能力及生物转化对毒物活化/解毒反应的平衡、细胞因子和生长激素的分泌、细胞能量和细胞再生/修复机制的部位特异性差异有关。

（一）肾小球

肾小球是肾毒物暴露的初始部位，许多肾毒物可导致肾小球结构性损伤。有些肾毒物可通过改变滤过膜滤孔大小和电荷选择功能而改变肾小球对蛋白质的通透性。如嘌呤霉素、氨基糖苷类抗生素和多柔比星都会作用于肾小球上皮细胞，引起滤孔尺寸和电荷选择性的改变，导致蛋白尿。电荷选择性的降低被认为是负电荷减少的结果，而尺寸选择性的丧失被认为是由于足突从肾小球基底膜上局灶性分离造成的。

有些肾毒物可在不显著损害肾小球结构完整性的前提下，损害肾小球的超滤功能，降低GFR。如两性霉素B通过引起肾血管收缩和降低肾小球毛细血管超滤系数降低GFR；庆大霉素因分子结构中含有较多的阳离子，与内皮细胞的阴离子部位相互作用降低GFR；环孢素降低GFR是因为其不仅会引起肾血管收缩和血管损伤，还可损伤肾小球内皮细胞。

有些肾毒物如重金属（金、镉）、碳氢化合物、青霉胺和卡托普利等引起的循环免疫复合物可被截留在肾小球内，导致补体结合、中性粒细胞浸润和吞噬作用，细胞因子和ROS的局部释放促进肾小球损伤。有些化学物如挥发性烃、溶剂和氯化汞等可作为半抗原或完整抗原引发机体产生抗体，在肾小球内形成抗原-抗体复合物沉积，导致肾小球损伤。

（二）近曲小管

近曲小管是毒物引起肾损伤最常见的部位。与远曲小管相对紧密的上皮和高电阻相比，近曲小管的上皮可以漏过化学物质，使其进入近曲小管上皮细胞；有机阴离子和阳离子、多肽、低分子量蛋白质和GSH结合物的转运主要在近曲小管进行，容易造成毒物在此蓄积和产生毒性；细胞色素P450和半胱氨酸结合物β-裂解酶集中在近曲小管，而在肾单位其他部位活性很低，需要P450（如三氯甲烷）和β-裂解酶（如卤烷S-结合物）催化产生的活性终毒物多半损伤近曲小管。相比远曲小管细胞，近曲小管细胞对缺血性损伤更敏感，是干扰肾血浆流量、细胞能量代谢和线粒体功能的化学物的主要毒作用位点。

（三）髓袢、远曲小管和集合管

与近曲小管相比，化学物引起的远曲小管损伤比较少见，主要表现为浓缩和酸化能力受损。如两性霉素B、甲氧基呋喃、氟化物和顺铂等都会引起多尿，表明浓缩损伤发生在髓质升支和集合管，但机制不尽相同。两性霉素B具有高度亲脂性，与胆固醇等脂质甾醇相互作用，导致跨膜通道或孔的形成，破坏膜的通透性，并损害这些部位的重吸收；甲氧基呋喃的肾毒性与其代谢产物呋喃对溶质和水重吸收的抑制作用有关；氟化物可抑制髓袢升支粗段氯化钠的重吸收，并抑制ADH介导的水的重吸收；顺铂引起的髓袢和集合管浓缩功能损伤与其造成的ADH耐受有关。

（四）肾间质

肾间质损伤（renal interstitial injury）是指外源化学物选择性引起的肾脏泌尿小管之间由纤维、基质和间质细胞组成的结缔组织损伤，主要表现为肾间质炎症和纤维化。许多肾毒物包括重金属（铅、镉、汞等）、抗生素（庆大霉素、青霉素等）、有机溶剂（四氯化碳、三氯乙烯等）及药物成分（马兜铃酸)均可引起肾间质损伤。其主要机制是由毒物对间质细胞的细胞毒作用和免疫介导的炎症(免疫复合物沉积、细胞免疫激活)引起。如马兜铃酸可进入肾间质细胞与 DNA 形成加合物,引起细胞损伤和死亡;马兜铃酸还可以作为半抗原诱导机体产生特异性抗体,抗体与肾间质细胞结合后激活补体系统,引发免疫炎症反应。环孢素除可直接对肾小管上皮细胞和肾间质细胞产生毒性外,还可引起肾血管收缩,导致肾血浆流量减少,使肾间质缺血、缺氧,促使肾间质细胞损伤、凋亡,同时激活肾素 - 血管紧张素 - 醛固酮系统,进一步加重肾脏损害,并刺激成纤维细胞增殖和细胞外基质分泌,导致间质纤维化。由于肾间质分布在肾小管及肾小球之间,肾间质发生病变时,也会对肾小管、肾小球结构和功能产生显著影响。

（五）肾乳头

肾乳头损伤(renal papilla injury)是指外源化学物在肾乳头内高度浓缩并扩散至肾乳头小管上皮细胞和 / 或间质细胞,影响肾血浆流量,引起肾乳头缺血坏死的损伤。肾乳头接受肾血液灌注的比例仅为 1%~2%,因此最容易受缺血影响。由于肾乳头管中的液体更为浓缩,血液在该组织中流动缓慢,使得肾髓质和乳头暴露于高浓度毒物微环境。肾乳头对非甾体抗炎药的慢性损害作用非常敏感。这类抗炎药物的最初靶部位是髓质间质细胞,其次是髓质毛细血管,并引起髓袢和集合管的退行性改变,形成典型的镇痛剂肾病。镇痛药物对肾乳头选择性损伤可能与前列腺素 H 合成酶活性的肾内梯度有关,该酶活性在髓质最高,在皮质最低,可将药物代谢为能够与细胞大分子共价结合的活性中间产物。

二、中毒性肾损害的类型与表现

中毒性肾损害可根据损伤部位、临床表现、病理改变或病因学来分类。基本方法是将肾脏主要解剖结构(如肾小球、肾小管、肾间质)与重要的临床综合征相联系。肾毒物可能作用于多个靶部位,导致多种临床综合征。

（一）肾小球损伤

1. **直接肾小球损伤**　肾毒物的直接毒性会导致肾小球损伤,但不常见。金和硅能够沉着于肾小球系膜细胞中导致肾小球膜损伤。肾小球膜的损伤可能转变为肾小球渗透性的改变。肾小球膜收缩致使肾小球毛细血管变小变窄,从而降低 GFR。纤维蛋白沉着也可以通过阻塞肾小球毛细血管、干预渗透反应或对肾小球系膜细胞的直接毒作用等多种途径导致肾小球损害。

2. **免疫复合物介导的肾小球肾炎**　主要表现为抗肾小球基底膜抗体介导的肾小球肾炎和膜性肾小球肾炎(免疫复合物介导的肾小球肾炎)两种形式。前者特征为肾小球基底膜上存在 IgG 沉积。化学物可能作为半抗原附着于天然蛋白上(例如由于其毒作用而释放的管状抗原),或者作为完整抗原,通过静电作用被隔离在肾小球内。抗体与抗原的结合反应形成的免疫复合物沉积于肾小球内,激活炎症介质,导致肾小球损伤。此类肾炎与挥发性烃、溶剂及氯化汞相关。后者是抗原和循环抗体形成的免疫复合物沉积在肾小球内,与补体结合,引起中性粒细胞和巨噬细胞浸润,局部释放细胞因子和 ROS,导致肾小球损伤。重金属(如汞、金和镉)、碳氢化合物、青霉胺和卡托普利均可引发此类肾小球损伤。

（二）急性肾小管损伤

急性肾小管损伤是肾毒物直接细胞毒性的结果,可能导致肾小管细胞坏死,进而引发急性肾衰竭。肾小管内侧细胞受损会导致其正常重吸收的物质(如葡萄糖、氨基酸、磷酸盐、钠)排泄增加。损伤延伸至末梢肾小管时,会伴随肾功能丧失,进而引发酸性尿液及水、电解质失衡。

急性肾小管坏死（acute tubular necrosis，ATN）是由肾毒物引起的肾小管上皮细胞广泛变性坏死，GFR降低而出现的综合征。它是急性肾功能不全的主要类型，占75%～80%，若治疗及时，患者可完全恢复。临床主要表现为少尿期、多尿期和恢复期3个典型阶段。少尿期出现电解质紊乱和代谢性酸中毒的表现；多尿期肾功能开始恢复，但由于GFR仍较低，且由于氮质分解代谢增加，患者血肌酐和尿素氮并不下降，而且可继续增高；恢复期患者多软弱无力、消瘦、肌肉萎缩，多于半年内体力恢复。近曲小管损伤会出现糖尿、氨基酸尿，呈现近曲小管吸收障碍的范科尼综合征。病理表现为近曲小管上皮细胞肿胀、空泡变形、细胞脱落和凋亡，但远曲小管病变不明显，基底膜仍保持完整。抗生素、重金属、工业化学物、农药、消毒剂、生物毒素及医用造影剂均可引起ATN。如铅中毒肾病以蛋白尿、氨基酸尿、葡萄糖尿和卟啉尿等肾小管功能障碍为主要特征。乙二醇在体内迅速代谢为草酸，直接引起肾小管上皮细胞坏死，同时形成草酸钙沉淀，使细胞破坏、小管阻塞。

（三）间质性肾炎

间质性肾炎（interstitial nephritis，IN）是因各种原因引起的以肾间质结缔组织及肾小管损伤为主，而基本无原发性肾小球及肾血管损害的肾脏病变，又称肾小管-间质性肾炎。

1. 急性间质性肾炎（acute interstitial nephritis，AIN）　是由肾毒物引起的变应性接触性炎症。常由青霉素及其衍生物如甲氧苯青霉素、头孢菌素、利尿药、非甾体抗炎药、金盐和职业性汞暴露等引起的过敏反应所致。以短时间内发生肾间质炎症细胞浸润、间质水肿、肾小管不同程度受损伴肾功能不全为特点。一般暴露2周内出现急性肾功能恶化，伴有镜下血尿和轻度蛋白尿，组织学改变主要为肾间质高度水肿，伴有嗜酸性粒细胞、淋巴细胞及单核细胞浸润，肾小管基底膜呈线性样变，可见抗基底膜抗体、IgG和C3复合物呈线状沿基底膜沉积。血液中IgE水平升高。

2. 慢性间质性肾炎（chronic interstitial nephritis，CIN）　表现为肾间质纤维化、肾小管萎缩和局灶性单核细胞和淋巴细胞浸润，严重者可伴有局灶性或完全性肾小球硬化。与AIN相比，CIN通常很少发生。引起CIN的常见毒物有非甾体抗炎药、顺铂、环孢素、甲氨蝶呤、马兜铃酸、重金属和放射线等。

（四）梗阻性肾病

由于尿路流通障碍而导致的肾功能障碍甚至肾实质发生损害，主要由各种盐类结晶在肾小管内沉积所致。肾小管机械性阻塞可导致其功能丧失，甚至使肾小管变性、坏死，严重时可导致急性肾衰竭。最常见的原因是尿酸结晶，如噻嗪类利尿药可引起尿酸结石；抗肿瘤药甲氨蝶呤可产生高尿酸血症，形成尿酸结晶阻塞尿路；磺胺类药物可因尿液pH下降、脱水状态和药物自身溶解度等原因在肾小管或集合小管内形成结晶；三聚氰胺在胃酸作用下可分解为三聚氰酸，在血中通过化学反应生成三聚氰胺-三聚氰酸大分子，在肾小管内形成结晶时，产生的热效应对管壁造成损伤，大量结晶体相互挤压造成肾组织缺血、缺氧及结晶体堵塞肾小管，导致肾功能异常，甚至肾衰竭。

（五）急性肾衰竭

急性肾衰竭（acute renal failure，ARF）是肾毒性损伤最常见的表现之一，是一种严重的肾毒性损害，其特点是短时间内（数小时到数日）GFR急剧下降（超过50%），出现以氮质血症为主的综合征。主要表现为少尿或无尿、氮质血症、高钾血症和代谢性酸中毒。实验室检查可发现尿量少、酸性尿、低比重尿、尿蛋白及尿钠增加，显微镜下可见数量不等的红细胞、白细胞、透明或颗粒管型蛋白，尿中尿素氮、尿肌酐的浓度降低。也有部分患者尿量并不减少，但血中非蛋白氮和肌酐进行性升高，称为非少尿型ARF。外源化学物引起的ARF发病迅速，轻微肾损害在停止接触毒物后多可恢复，但严重肾损害或处理不及时、不恰当，则会导致死亡或者转化为慢性肾衰竭。GFR下降可能由肾毒物导致的肾前因素（肾血管收缩、血管内容积减少和心输出量不足）、肾后因素（输尿管或膀胱梗阻）和肾内因素（肾小球肾炎，肾小管细胞损伤、死亡和导致的回漏，肾血管系统损伤，间质性肾炎）引起。

（六）慢性肾衰竭

慢性肾衰竭（chronic renal failure，CRF）是以 GFR 渐进性和不可逆性下降为特征，以代谢产物潴留，水、电解质及酸碱平衡失调为主要临床表现的晚期肾脏损害。一般认为，慢性肾衰竭不仅与原发性肾损伤有关，也与初始损伤引发的继发性病理生理过程有关。急性肾损伤后可能存在低水平的损伤或炎症，最终导致慢性肾病和肾衰竭。如长期接触各种化学物质（如非甾体抗炎药、锂和环孢素）会导致肾功能恶化。慢性肾病的进展可能是肾小球血流动力学对肾损伤反应的结果。肾毒物可导致肾血管硬化及毛细血管丛退变，部分肾单位丢失或功能丧失，其他残余肾单位肾小球压力和流量代偿性增加。局灶性肾小球硬化最终会导致肾小管萎缩和间质纤维化，使代偿性进一步增加。血管内皮上的剪切应力增加导致毛细血管的机械损伤，毛细血管通透性增加和大分子的局部沉积导致系膜增厚。其他可能在慢性肾衰竭发病机制中发挥作用的因素还包括生长促进剂和抑制剂、细胞外基质沉积增加、活性氧（ROS）增加、脂质积聚和肾小管间质损伤等。

（七）肾病综合征

肾病综合征（nephrotic syndrome，NS）是由多种原因引起的一组临床综合征，临床表现为蛋白尿、水肿、低蛋白血症和高脂血症。肾小球滤过膜受到损伤后对蛋白质过滤的屏障作用减弱而出现蛋白尿。尿中大量蛋白质的丢失使血浆蛋白降低，血液胶体渗透压下降，毛细血管与组织间液体交换失衡，水在组织间隙内潴留，形成水肿。由于有效血容量减少，促进肾素-血管紧张素-醛固酮系统分泌增加，引起水钠潴留。因肾血浆流量减少使 GFR 下降也促使水肿发生。可引起肾病综合征的外源化学物有青霉胺、海洛因、三甲双酮、甲苯磺丁脲等。

（八）肾肿瘤

肾肿瘤（renal tumor）多为恶性肿瘤（约占 95%），占成人恶性肿瘤的 1%～3%。常见有肾癌、肾盂癌、肾母细胞瘤。吸烟及从事镉生产、钢铁冶炼、焦炭、石油、印刷等高危职业的工人罹患肾癌的风险增加；雌激素过量可促使肾皮质癌发生；非那西汀等止痛药的滥用易发生肾盂癌，并增加肾癌风险；镉、铅、砷和一些放射性核素（钍、镭、铀等）暴露与肾肿瘤发生有关。

第三节　肾损害的毒作用机制

肾毒物可通过直接细胞毒性、氧化应激、炎症反应、免疫复合物沉积、肾小管阻塞、改变肾血流动力学等机制损害肾脏的结构与功能。肾损害的直接细胞毒性机制主要包括以下几方面。

一、细胞死亡

肾细胞损伤最终导致细胞死亡，通常认为有坏死或凋亡两种死亡方式。近年来研究发现，有些肾毒物也可诱发肾细胞出现焦亡、坏死性凋亡、铁死亡等新型细胞死亡方式。如顺铂可诱发肾细胞焦亡、坏死性凋亡、铁死亡，造影剂、氨基糖苷类药物可导致肾小管细胞铁死亡。任何形式的细胞死亡都可导致急性肾损伤。

二、毒物及代谢产物与生物大分子结合

有些毒物能直接与细胞大分子结合而产生毒作用。如汞能与肾细胞蛋白上的巯基结合，改变

蛋白的结构和功能；两性霉素 B 与质膜固醇结合，增加膜通透性；伏马菌素 B_1 与鞘氨醇 N-酰基转移酶结合抑制其活性。有些毒物经生物转化成活性中间代谢产物才有毒性。如乙酰氨基酚和三氯甲烷在小鼠肾脏内经细胞色素 P450 代谢为活性中间代谢产物 N-乙酰基对苯醌亚胺（NAPQI）和光气，与细胞大分子共价结合，影响大分子的生物活性，造成细胞损伤。毒物也可以通过增加活性氧（ROS），如超氧化物阴离子自由基（$O_2^-\cdot$）、过氧化氢（H_2O_2）和羟自由基（$OH\cdot$），诱导氧化应激。ROS 可以与多种细胞成分反应诱发毒性。如 ROS 引发细胞膜脂质过氧化，影响细胞膜的流动性、酶的活力、膜的通透性和转运能力；通过直接氧化关键靶蛋白的疏基或氨基使细胞酶失活；解聚多糖；引起 DNA 链或染色体断裂等，导致细胞损伤和死亡。NO 作为重要的第二信使，在氧化应激的情况下可转化为活性氮自由基，导致细胞损伤和死亡。例如，在超氧化物阴离子的存在下，NO 可以转化为一种强氧化剂过氧亚硝酸盐（$ONOO^-$），与蛋白质、脂质和 DNA 结合引起细胞损伤。

三、细胞膜功能丧失

细胞体积和离子稳态受到严格调节，对肾小管上皮细胞的再吸收特性至关重要。毒物可以通过直接与质膜相互作用，增加离子渗透性或抑制能量产生，从而破坏细胞体积和离子稳态。ATP 的损失会导致维持内部离子平衡并驱动跨膜离子运动的膜转运蛋白受到抑制；ATP 耗竭会降低 Na^+-K^+-ATP 酶活性，导致 K^+ 渗出、Na^+ 和 Cl^- 渗入，引起细胞肿胀，最终导致细胞膜破裂。

四、细胞骨架损害

毒物能引发早期膜完整性的变化，如刷状缘的丧失、浆膜变性和细胞极性改变，这可能与毒物诱发的细胞骨架改变有关。近曲小管有明显的极性，毒物引起的能量代谢紊乱和骨架重排会破坏其极性。

五、线粒体损伤

许多细胞内生理生化过程依赖于 ATP。外源化学物能够通过损伤线粒体功能，干扰细胞呼吸来影响细胞活动。如氯化汞（$HgCl_2$）染毒后首先引起肾皮质线粒体功能改变，然后才出现肾小管坏死。不同外源化学物对线粒体的损害机制不同。如五氯乙烷-L-半胱氨酸通过消除质子梯度，使近端小管细胞的氧化磷酸化过程解偶联，而二（2，2，2-三氟乙基）碳酸酯（TFEC）则干扰呼吸链的电子传递过程；他汀类药物消耗甲羟戊酸盐，通过干扰细胞合成辅酶 Q_{10} 而影响能量代谢，导致肾细胞能量耗竭，造成细胞死亡；铊可干扰酶系统，与线粒体表面的疏基结合，抑制氧化磷酸化过程，干扰含硫氨基酸的代谢而引起肾损害。

线粒体损伤在决定细胞死亡形式方面起关键作用。线粒体损伤的一种主要形式是线粒体通透性改变（mitochondrial permeability transition, MPT），其特点是膜上高电导率的小孔开放，容许分子量 <1500 的溶质分子通过。在细胞损伤过程中若 ATP 充足，MPT 会进一步诱导细胞凋亡；若 ATP 耗竭，MPT 则启动细胞坏死。

六、钙稳态失衡

Ca^{2+} 作为第二信使，在多种细胞功能中起着至关重要的作用。多种参与细胞活动的蛋白质、磷脂和核酸分解酶的激活也需要 Ca^{2+} 的参与。但胞质游离 Ca^{2+} 的持续升高或异常大量增加可对细胞产生许多有害作用。胞质游离 Ca^{2+} 的增加可激活 Ca^{2+} 依赖性降解酶，如磷脂酶和蛋白酶（例如钙蛋白酶），导致细胞骨架结构和功能的改变。内质网储存 Ca^{2+} 的释放可能是启动损伤过程和增加胞质游离 Ca^{2+} 浓度的关键步骤。内质网释放的 Ca^{2+} 可激活钙蛋白酶，导致离子转运异常、细胞骨架蛋白切割、细胞肿胀，最终导致坏死。在有害条件下，线粒体通过 Ca^{2+} 转运系统摄取和积累 Ca^{2+}，会促进ROS 的形成和线粒体损伤。

第四节　肾毒性的检测与评价

肾毒性评价（nephrotoxicity evaluation）是通过细胞实验、动物实验、临床试验及人群流行病学研究等，综合评价外源化学物暴露对肾脏造成损害的危险性的过程。肾毒性评价要求体内试验与体外试验相结合。评价时应采用不同种系的动物，并结合人群临床及流行病学研究。

一、体内试验

肾脏是动物的主要排泄器官之一。在生理情况下，尿液中各种物质排泄量较为恒定，排泄量过多或过少均表示肾功能异常。通常通过肾小球、肾小管功能检查和肾血浆流量测定，结合尿液成分、血液生化改变和形态学、酶组织化学检查，对肾功能进行初步评价。值得注意的是，在反映尿中某物质的含量时，以 24 小时尿中的含量最理想，因尿量的多少受饮水量的影响较大，单次随机尿样测定不能反映真实情况。在收集 24 小时尿量有困难时，一般用尿肌酐来校正尿量。

（一）肾小球功能检测

多采用测定肾小球滤过率（GFR）来评价肾小球功能。GFR 可直接通过测定菊糖（inulin）或内生肌酐（creatinine）清除率来反映，也可间接测定血肌酐或血尿素氮（blood urea nitrogen，BUN）来反映。

1. 菊糖清除试验　菊糖是一种多糖，能从肾小球滤过，但不被肾小管重吸收或分泌，在体内既不与血浆蛋白结合，又不被机体代谢，是测定 GFR 较好的方法。试验时，通过静脉注射菊糖后收集一定时间内的尿液，然后测定血浆和尿中菊糖浓度，按下式计算菊糖清除率。

$$菊糖清除率（ml/min）= \frac{每分钟尿量×尿中菊糖浓度（mg/L）}{血浆中菊糖浓度（mg/L）} \qquad (21-1)$$

2. 内生肌酐清除率　肌酐为肌酸的代谢产物。肌酐被肾小球滤过后，肾小管不吸收肌酐，使其全部随尿液排出。内生肌酐清除率与菊糖清除率接近且更实用，因为不仅可以免除静脉注射，而且血浆肌酐浓度非常稳定。收集 24 小时尿液，测定血浆肌酐浓度。按下式计算 24 小时肌酐清除率。

$$肌酐清除率（L 血浆/24h）= \frac{尿肌酐浓度（mg/L）×24 小时尿量（L）}{血浆肌酐浓度（mg/L）} \qquad (21-2)$$

（二）肾小管功能检测

1. 近端小管排泄功能检查　常用酚红排泄试验。但由于准确性较差，现多以测定尿 β_2 微球蛋白及溶菌酶等来评估近端小管的功能。

2. 肾脏浓缩-稀释试验　反映肾脏浓缩功能。如果远曲小管及集合管的重吸收功能障碍，可导致肾脏浓缩、稀释功能下降或丧失。一般先做浓缩试验，再做稀释试验，两项试验间隔 24 小时。如果某化学物引起尿量增多伴尿比重下降，提示肾脏浓缩功能受到损害。动物实验中，尤其是对于小动物,因尿量少不便测定尿比重,可粗略地用尿量来反映其浓缩能力。

（三）肾血浆流量测定

一般采用对氨基马尿酸(p-aminohippuric acid,PAH)清除试验。血中 PAH 几乎全部通过肾脏分泌这一途径清除,血中 PAH 经过肾脏时,被清除的量与肾血浆流量密切相关,故它的清除值一般看作是有效肾血浆流量(effective renal plasma flow,ERPF),用血细胞比容校正,就可得出肾血浆流量。其计算方法如下:

$$ERPF = \frac{尿中\ PAH\ 浓度 \times 每分钟尿量}{血浆中\ PAH\ 浓度}$$

$$肾血浆流量 = \frac{ERPF}{1-血细胞比容} \qquad (21\text{-}3)$$

目前,同位素肾图因能比较敏感地反映肾血浆流量,已逐渐被列为肾功能的常规检查。

（四）尿液分析

常规对尿液外观、比重、pH、尿糖、尿蛋白、尿胆红素、尿胆原、酮体及沉渣等进行检查,并对尿液成分(如电解质、葡萄糖和蛋白质)进行检测分析。尿液分析提供了一种相对简单和无创的评估整体肾功能完整性的方法,并可以对肾毒性损伤的性质提供一些线索。

1. 尿蛋白　生理情况下,尿蛋白的来源是原尿中未被肾小管完全吸收的少量小分子蛋白质,部分来自肾小管脱落的细胞等。若尿中以大分子蛋白(如白蛋白)为主或出现大量蛋白质,提示肾小球的选择性滤过功能障碍或结构不完整;若以小分子蛋白(常见的如 β_2 微球蛋白和视黄醇结合蛋白)为主,则提示损伤部位主要在近曲小管,但要排除血中小分子蛋白异常增高的可能性。

2. 尿糖　生理情况下,原尿中葡萄糖的浓度未超过肾阈时,能被肾小管全部吸收。如果血糖不高而出现尿中葡萄糖浓度增高,提示肾小管功能障碍。

3. 尿酶　尿酶是肾损害早期和敏感的指标之一。不同的酶来自肾脏的不同部位,可以作为肾脏损害的标记酶。碱性磷酸酶(alkaline phosphatase,ALP)和 γ- 谷氨酰转移酶(γ-glutamyl transferase,γ-GT)活性增高,是刷状缘受到损害的标记酶。乳酸脱氢酶(lactate dehydrogenase,LDH)和谷氨酸脱氢酶(glutamate dehydrogenase,GDH)分别存在于细胞质和线粒体,它们的活性增高提示可能有广泛的细胞损伤。值得注意的是,在化学性损害时,由于细胞内的酶大部分在早期即排出,尿酶常呈现一过性增高。因此,尿酶未增高并不一定表示没有肾损害,尿酶检测在急性肾损害中的诊断价值比慢性肾损害更大。

肾酶分布存在相当大的种属差异。一般而言,大鼠肾酶分布较接近人类,宜作为尿酶研究的首选动物。

（五）形态学和酶组织化学检查

急性或慢性毒性试验结束时,需常规称量肾脏和体重,计算脏器系数。脏器系数的改变提示可能有肾脏损害。此外,病理检查还能发现肾脏是否存在充血、水肿、纤维化等病理改变。

光镜和电镜检查能发现肾脏在组织学以及亚细胞水平上损害的部位、范围、性质、形态学特征以及严重的程度。酶组织化学检查能对某些病损或某些功能(如一些酶活性)进行定位研究,在肾脏毒理学研究中具有重要的意义。

近年来,一些新的检测技术和生物标志物的发现,为肾毒性的评价提供了前景。例如,代谢组学可同时分析血清和尿液中的细胞代谢物来识别与监测肾毒性。半胱氨酸蛋白酶抑制剂 C 是替代肌酐测量肾小球滤过率的可行指标。血清胱抑素 C 水平与身高、性别、年龄、肌肉质量和共存疾病无关,在轻度肾小球滤过率受损的情况下比胰蛋白酶更敏感。肾损伤分子-1(KIM-1)、中性粒细胞明胶酶相关脂质运载蛋白(NGAL)、β-N-乙酰氨基葡萄糖苷酶(NAG)、脂肪酸结合蛋白(FABP)、肝细胞生长因子(HGF)和白蛋白是能够评价 AKI 的具有前景的生物标志物。

二、体外试验

1. 肾皮质薄片(renal cortex)或肾组织片段(renal tissue fragment)培养　将肾皮质用组织切片机切成 0.2~0.5mm 的薄片,放入培养基中培养,加入待测定化学物,培养一定时间后,测定培养基和薄片中化学物的比值。该技术不仅适用于研究有机物的转运,还能用于检测组织中钾、钠浓度,组织总水分和细胞内、外水分的分布。该技术操作相对简便,易于实施。

2. 离体灌注肾小管(isolated perfused tubule)技术　将肾小管分离出来,基本保持其正常的生理功能,再进行灌注试验。最佳试验动物是家兔。

3. 其他　离体肾脏灌注、原代肾细胞培养、亚细胞器分离以及建立肾细胞株等方法都已在肾脏毒理学中得到广泛应用。此外,肾脏类器官和器官芯片技术也逐步得到推广。

体外试验具有实验周期短、一个模型可以用于测试多种化学物、无需动物饲养等诸多优点,但也有缺陷。例如,新鲜制备的离体肾脏、肾切片、肾小管和细胞等,虽然在功能上与整体类似,但在体外存活的时间只有 2~24 小时。而肾原代或细胞株存活时间可达 2 周以上,但在功能上与整体的相似性不如上述技术,在肾毒性测试时根据情况选用。肾小管功能阻断-流动技术(stopped-flow technique)和微穿刺技术(micropuncture technique)等方法,可在肾单位甚至部分肾小管的水平检测肾功能和肾毒性,更有利于阐明毒作用机制。但这些技术复杂,设备条件要求高,普及应用还有困难。

(郑金平)

思考题

1. 为什么肾脏对毒物存在易感性?

2. 什么是部位选择性肾损伤,为什么毒物对肾脏的损伤存在部位选择性?

3. 中毒性肾损害的类型有哪些?

4. 肾毒物引起肾损害的毒作用机制有哪些?

5. 如何对肾毒物毒性进行检测与评价?

第二十二章
心血管系统毒性

心血管系统是人体内一个精密的运输网络,由心脏和血管组成。心脏有规律的搏动为血液循环提供动力,血管则将血液输送到全身各处。在神经和体液因素的共同调节下,心血管系统不仅可以将氧气、必需营养物质和激素运送到组织器官,还能将二氧化碳、尿素等代谢废物运输到排泄器官并排出体外,从而维持机体内环境的动态平衡。此外,心血管系统还参与体温调节、免疫反应、内分泌调节和酸碱平衡等多种生理过程。

然而,心血管系统也是一个脆弱的系统,易受多种内外因素的影响。除了个体遗传易感性,环境污染物、药物等化学物都可能对心血管系统造成危害。了解各种化学物对心血管系统结构和功能的影响,阐明心血管毒性及其作用机制,对于预防和治疗心血管疾病具有重要意义。本章将系统介绍化学物对心血管系统的毒性效应、毒作用机制,以及毒作用的检测和评价方法。

第一节　概　述

一、心血管系统结构和功能的生物学基础

（一）心脏

1. 心脏的结构和功能　心脏是一个位于胸腔内的中空肌性器官,其大小与个体的拳头大小相似。心脏的生理结构由心肌、心腔、瓣膜、心包及冠状动脉系统等多个关键部分构成。心肌作为心脏的驱动核心,由具有自动节律性、传导性和收缩性的心肌细胞组成,驱动心脏的收缩与舒张。心脏内部结构复杂,可分为左、右心房和左、右心室四个腔室。心脏的四个腔室之间以及心室与动脉之间有瓣膜结构,以保证血液的单向流动。心脏外层被纤维心包包裹,内层为浆膜心包,两者之间形成心包腔,并含有少量浆液,以减少心脏搏动时的摩擦。冠状动脉系统则为心脏工作提供必要的氧气和营养物质。心脏的各组成部分协同工作,共同维持其正常生理功能。

心脏内部血液流动遵循特定的生理路径,以确保全身血液供应。来自全身的静脉血经上、下腔静脉回流至右心房,右心房收缩将血液泵入右心室,三尖瓣防止逆流。右心室收缩时,血液被泵入肺动脉,肺动脉瓣确保其单向流动。在肺部毛细血管,静脉血完成氧合作用,转变为富含氧气的动脉血,通过肺静脉回流至左心房。在二尖瓣调控下,动脉血从左心房进入左心室。左心室以其强大的收缩力将血液泵入主动脉,主动脉瓣阻止逆流。最终,富含氧气和营养物质的动脉血通过主动脉及其分支输送至全身各组织器官,维持其正常功能。这一过程展示了心脏作为泵血器官的卓越功能,以及血液循环系统的精妙复杂,确保了人体生命活动的持续进行。

2. 心脏的电生理基础　心脏的电生理主要涉及心脏搏动的电信号产生、传导及其调控机制。这些电信号在心脏内部形成一个复杂的网络,确保心脏能够协调、有效地泵送血液。心肌细胞具有产生动作电位的特性,是心脏电生理的基础。心肌细胞分为工作细胞和传导细胞,前者负责收缩,后者负责电信号转导。心脏传导系统由窦房结、房室结、房室束和浦肯野纤维网络等组成,这些结构控制心脏节律和速度。窦房结作为起搏点,自发产生电信号并传导至全心脏。

当心肌细胞受到刺激时会发生去极化，即细胞膜电位从负值变为正值。随后，细胞进入复极化阶段，膜电位逐渐恢复至静息状态。这两个过程共同形成了心肌细胞的动作电位。心脏传导系统高效地将电信号从窦房结传导至整个心脏，确保心脏的协调收缩。自律细胞通过缝隙连接实现电信号的快速传递，使心房和心室能够依次有序收缩，从而完成泵血功能。值得注意的是，心肌细胞尤其是自律细胞，具有自发去极化和产生动作电位的能力，称为自律性。心脏的自律性使其能够在没有外来神经支配的情况下，维持稳定的节律和频率。其中，窦房结的自律性最高，决定着心脏的节律。

3. 心脏功能的神经体液调节　心脏功能的调节体系涵盖神经与体液两大调节系统，并涉及多种神经递质、激素及调节网络的协同作用，共同维系着心脏功能的稳态，确保机体能够适应多变的生理需求及外界环境变化。神经调节主要通过交感神经和副交感神经实现，前者在应激或运动状态下释放去甲肾上腺素等递质，加快心率、增强心肌收缩力、提升血压；后者则在休息或放松时释放神经递质，减慢心率、减弱心肌收缩力，降低心脏负荷。体液调节则通过血液或组织中的化学物质，如肾上腺素、去甲肾上腺素、血管内皮因子、肾素-血管紧张素-醛固酮系统（RAAS）及钠尿肽等来影响心脏功能。这些化学物质具有调节血压、心脏负荷、水钠平衡等多种作用。例如，RAAS在心功能不全时被激活，维持循环血量和心输出量，但长期过度激活可能对机体不利。钠尿肽系统则有助于降低心脏负荷和血压。

4. 心肌收缩的能量基础　因为心肌收缩是一个持续耗能的过程，所以心肌细胞对三磷酸腺苷（ATP）的依赖程度极高。心肌细胞ATP的来源与调控对于维持心脏功能和整体生理稳态至关重要。当ATP供应不足时，心肌细胞的收缩力会下降，严重时甚至导致心力衰竭。因此，确保心肌细胞获得足够的ATP供应是维持心脏正常功能的关键。

心肌细胞ATP的主要来源是线粒体。在线粒体内，细胞通过利用氧气和营养物质（如葡萄糖和脂肪酸），利用三羧酸循环和氧化磷酸化代谢途径产生ATP。在缺氧或剧烈运动的情况下，心肌细胞还可通过糖酵解过程产生少量ATP，作为能量的补充来源。这些ATP的产生过程受到底物浓度、转运蛋白活性及多种酶活性的调控。同时，ATP通过肌酸激酶能量往返机制在细胞内高效转移和利用，确保心肌细胞在需要时能够迅速获得能量。神经和体液因素也参与调节心肌细胞的能量代谢和ATP产生，共同维持心肌细胞ATP的稳定供应，保障心脏正常收缩与舒张，满足机体不断变化的生理需求。

（二）血管

1. 血管的结构和功能　血管是构成人体循环系统的重要组成部分，它们负责将血液输送到全身各处组织和器官，并促进血液与组织间液、组织细胞进行物质交换。血管按结构和功能主要分为动脉血管、静脉血管和毛细血管三大类。

动脉血管壁较厚，能够承受较大的压力，主要由内膜、中膜、外膜三层结构组成。内膜是动脉血管壁的最内层，主要由单层内皮细胞紧密连接而成，其光滑的内表面有助于减少血液在血管内的流动阻力。中膜是动脉血管壁的主要部分，由多层平滑肌纤维和弹性纤维组成，主要调控血管直径和血压。外膜是动脉血管壁的最外层，由疏松结缔组织构成，包含血管、淋巴管和神经纤维等结构，为血管提供支撑和保护。动脉的主要功能是将心脏泵出的富含氧气和营养物质的血液高效地输送到全身各处组织和器官。

相对于动脉血管来说，静脉血管管壁较薄，弹性较小，但具有一定的韧性和扩张性。静脉血管也是由内膜、中膜和外膜三层组成。内膜由内皮细胞和结缔组织构成，内皮细胞之间连接紧密，形成光滑的内表面,有助于减少血液在血管内的流动阻力。中膜相对较薄,由数层分布稀疏的环形平滑肌构成。这些平滑肌细胞可以发生微弱的收缩和舒张,有助于调节静脉血管的直径和血液流量。外膜由结缔组织构成,为血管提供了一定的支撑和保护作用。静脉血管中还具有静脉瓣,可以防止血液倒流。静脉血管的主要功能是收集全身各组织和器官的血液,并将其输送回心脏进行再次氧化和营养物质的补充。

此外,毛细血管是连接微动脉和微静脉的极细微血管网,管壁极薄且仅由一层内皮细胞构成,无平滑肌和结缔组织,这使其具有极大的通透性,便于血液与组织之间进行高效的物质交换,如氧气、营养物质、代谢废物和二氧化碳等的快速转运,是维持生命活动不可或缺的重要结构。

2. 血管功能的调节　血管功能的调节是一个既复杂又精细的生理过程,涵盖了神经调节、体液调节及局部调节等多重机制。

神经调节是其中重要的方式之一。交感神经和副交感神经通过释放神经递质如去甲肾上腺素和乙酰胆碱,分别引起血管收缩和舒张,从而快速调节血管张力。与此同时,体液调节也不可或缺。体液中诸如肾上腺素、去甲肾上腺素和血管紧张素Ⅱ等激素,以及局部释放的心房钠尿肽和内皮素等细胞因子,均可作用于血管平滑肌细胞,调节血管的收缩和舒张状态。血管平滑肌细胞也对局部环境的变化敏感。组织代谢产物和局部化学因素如氧气、二氧化碳、氢离子浓度等,可以作用于血管平滑肌上的化学感受器,引起血管舒张或收缩,以满足局部组织的代谢需求。

这些神经、体液和局部调节机制相互协调,共同作用于血管平滑肌,并通过多种信号通路和效应分子,如 NO 途径、前列环素途径、腺苷途径等舒张机制,以及内皮素、血管紧张素Ⅱ等收缩机制,精细调控血管的舒缩状态。此外,微循环的自身调节机制也参与维持血管功能的稳定。通过这些复杂的调节机制,机体得以精确控制血管的舒缩,维持适当的血压、血流量和组织灌注,从而保障血液循环的稳定和内环境稳态的平衡。

二、心血管毒性的概念

心血管毒性(cardiovascular toxicity)是指毒物对心血管系统结构和功能造成损害作用的能力。心血管系统的毒作用可以表现为生化途径的改变,细胞结构和功能的缺陷,以及心血管系统的病理生理学改变。心脏的毒性效应主要表现为心律失常、心肌肥大、心力衰竭等,而血管系统的毒性效应则包括血压变化和以动脉粥样硬化、出血和水肿为表现形式的血管损伤。这些毒性效应不仅体现在对心脏和血管的结构与功能的影响,而且还可以促进心血管系统临床症状或疾病的发生。心血管毒理学(cardiovascular toxicology)是研究毒物对心血管系统损害作用及其机制的毒理学分支学科。心血管毒理学作为一门交叉学科,是靶器官毒理学的重要组成部分。鉴于心血管系统在维持机体正常生理功能中的核心作用,以及心血管疾病作为人类健康面临的重大挑战所占的显著位置,近年来,心血管毒理学的研究已日益受到广泛关注与重视。

三、心血管毒物

(一)心血管毒物的概念和来源

心血管毒物(cardiovascular toxicant)是指在一定条件下,任何能够引起生物体心血管系统功能或结构异常或损害的物质。心血管毒物根据其来源可分为外源性和内源性物质。引发心血管毒性的外源性物质包括环境污染物、工业化学物、药物和天然物质等。心血管毒性的内源性物质包括体内无毒性物质代谢后的毒性产物、机体内稳态失衡产生的过量炎症因子、尿素等。这些毒物通过改变生物化学通路和引起细胞损伤,导致心血管系统发生结构和功能上的病理学改变。

（二）心血管毒物的种类

心血管毒物根据其来源和用途,主要分为环境污染物和工业化学物、药物和天然物质等。

在人类日常生活的广泛范畴及职业实践活动中,个体频繁地暴露于多种外源性化学物质。这些物质源自环境污染源或工业生产过程,其中相当一部分具有心血管毒性。具体而言,一系列常见的环境污染物包括细颗粒物（$PM_{2.5}$）、氮氧化物、臭氧、焦油、烷胺、电离辐射、农药、硝基芳香族化合物、丙烯醛、金属（如汞、铅、镉、钴）、砷等。多种工业制剂具有良好脂溶性,但其暴露也可能产生心脏毒性,例如乙醇、氯乙烯、二氧化硅纳米颗粒等。近年来,流行病学和毒理学研究证据提示,一些新型环境污染物也具有潜在的心血管毒性,包括微塑料、全氟化合物等。

具有心血管毒性的药物种类比较多,临床上使用的许多药物,包括用于心血管病治疗的药物,如果使用不当也可能成为心血管毒物。这类药物包括 Na^+ 通道阻滞剂、K^+ 通道阻滞剂、Ca^{2+} 通道阻滞剂、β 肾上腺素受体阻断剂、儿茶酚胺和拟交感神经药物、抗生素类药物、抗病毒药物、抗肿瘤药物、抗抑郁药物、免疫抑制剂等。部分毒品和依赖性药物也具有心血管毒性。

一些天然物质,如动物毒素（如蛇毒、水母毒素）和植物毒素（如毛地黄、铃兰、夹竹桃）具有心血管毒性。一些物质在体内代谢后产生的物质也可能具备心血管毒性,包括体内产生的各类自由基、细菌内毒素、激素（如雄激素、雌激素、孕酮、肾上腺皮质激素）、代谢产物（如尿素、尿酸）和细胞因子（如干扰素、TNF-α、白介素）等。

四、心血管毒物与疾病

心血管疾病属于人类重大疾病,严重威胁着人类健康与生命。常见的心血管疾病包括高血压、冠心病、心肌病、心律失常、心力衰竭、脑血管疾病等。过去几十年,一些发达国家和工业化国家的传染病发病率和死亡率逐渐下降,而心血管疾病发病率和死亡率却呈上升趋势,缺血性心脏病已成为常见病和多发病。世界卫生组织（WHO）的统计数据显示,全球死亡因素排名前 2 位的疾病分别是缺血性心脏病和脑卒中。在我国,心血管疾病也是我国居民死亡的首要原因,且患病率持续上升,《中国心血管健康与疾病报告 2023》显示,我国心血管疾病的现患人数为 3.3 亿。心血管疾病及其防治已成为各国政府、卫生部门和医学界面临的重大课题。许多具有心血管毒性物质的暴露是导致心血管疾病发生的重要因素,阐明其心血管毒性及其作用机制将为心血管疾病防治提供重要的科学依据。

第二节　毒物的心血管毒作用

心血管毒物可以引起心血管系统复杂的生物效应,表现为心脏和血管的功能紊乱,导致一系列心血管系统病理学改变,包括高血压、心律失常等功能性改变以及传导阻滞、心肌肥大、心肌坏死、心力衰竭、动脉粥样硬化等器质性改变。毒物对心血管系统的毒作用大小取决于毒物的种类、作用时间与作用剂量。

总体而言,心血管毒物短时间暴露引起的心脏早期反应是生化改变,如心肌酶活性变化、能量代谢和离子稳态改变等,且可引发心律失常。心律失常一般能恢复,并经常作为其他类型心功能紊乱的并发症状出现。心脏传导系统受损则可引起传导阻滞,可分为不完全传导阻滞和完全传导阻滞。不完全传导阻滞是指心房保持规律搏动,而心室不发生相应的去极化;完全传导阻滞是指房室之间的传导完全被阻滞。严重的急性损伤可导致心肌细胞死亡和心力衰竭。

一、心脏的毒作用

（一）急性心脏毒性

急性心脏毒性（acute cardiac toxicity）是指心脏毒性物质短期内对心脏结构和功能造成的不良影响，通常由心脏毒素的单次或短期重复暴露引起，其临床表现为心律失常、心肌损伤、心力衰竭等。急性心脏毒性涉及多种复杂的病理生理机制，包括：心肌细胞损伤、离子通道功能障碍、氧化应激、炎症反应、细胞凋亡等。急性心脏毒性的评估和监测需要结合多种手段，包括病史和体格检查、心电图、超声心动图、心肌标志物等。

尽管急性心脏毒性的概念定义清晰，但在实际评估急性心脏毒性对心功能的长期影响方面存在一定的困难。例如，高剂量的砷中毒可迅速引发心律失常甚至猝死，这类急性效应易于观察和监测。然而，某些毒素的急性暴露会导致缓慢进展的心脏损伤，其长期效应难以被即时识别。例如，大环内酯类抗生素导致尖端扭转型室性心动过速的发病时间具有显著个体差异，有些患者在用药后的数天、数周甚至数个月才出现症状。因此评估急性心脏毒性时，必须考虑其对长期心功能的潜在影响，并区分不同毒素的作用机制和病理进程。此外，毒性效应的可逆性也是一个关键因素。例如，急性迷走神经张力增高可暂时降低心率和心输出量，但这通常是可逆的。相反，心肌细胞凋亡或纤维化会导致持久的功能障碍，其影响更为深远且难以逆转。

（二）慢性心脏毒性

慢性心脏毒性（chronic cardiac toxicity）是指心血管毒物长期、低剂量暴露对心脏结构和功能造成的不良影响，具有潜伏期长、进展缓慢的特点，最终可导致不可逆的心肌损伤和心功能障碍。慢性心脏毒性涉及的病理生理机制复杂多样，且与急性心脏毒性存在部分重叠，主要包括心肌细胞损伤与死亡、氧化应激和炎症反应、细胞外基质重塑、神经体液调节紊乱等。慢性心脏毒性的临床表现较为隐匿，早期无明显症状，后期则可出现心肌肥厚的特征性表现，并最终进展为心力衰竭。慢性心脏毒性的评估和监测需要长期、动态地观察心脏结构和功能的变化，常见方法也包含心脏影像学检查、生物标志物检测、心电图等。

值得注意的是，约 25% 的人类心肌病病例被归类为特发性心肌病，即病因不明。然而，越来越多的证据表明，其中一部分特发性心肌病可能与化学物质暴露有关。例如，毒理学研究证据提示大气颗粒物污染物暴露与心脏重塑之间存在关联。慢性心脏毒性在心肌病发生机制中的作用具有重要的临床意义，这不仅有助于深入理解特发性心肌病的病因，更有助于识别和治疗处于毒理学性心肌病风险中的患者，从而改善心血管疾病的预防和治疗策略。

（三）心律失常

正常情况下，心脏节律由窦房结的起搏细胞产生。这些细胞具有自律性，能够自发去极化，产生动作电位，驱动心脏搏动。偏离正常窦性节律的心脏搏动即为心律失常（cardiac arrythmia），可以表现为心动过速、过缓或不规则。心律失常的类型包括频率异常和节律异常。频率异常包括快速型心律失常（如窦性心动过速、房性心动过速、室性心动过速）和缓慢型心律失常（如窦性心动过缓、房室传导阻滞），节律异常则包含房颤、房扑等。

许多毒物可以通过不同机制干扰心脏的电生理活动，从而引发或加重心律失常。例如，毒物暴露引起心脏结构的慢性重塑会改变正常的电传导途径，引发心律失常。某些药物可导致心肌细胞动作电位时程延长，特别是 Q-T 间期延长，从而增加室性心动过速的风险。此外，急性诱发性心律失常可能是由于血流突然中断和氧气供应减少所致。心电图是诊断心律失常的重要工具，可以识别不同类型的心律失常如房颤、房扑等,并提供有关潜在的心脏异常的重要信息。

(四)心肌肥厚

心肌肥厚(myocardial hypertrophy)是指心肌细胞在长期压力负荷过重的情况下发生代偿性增生,导致心肌总量增加,收缩力加强,使心脏得以维持正常的血液循环,同时具有一定的储备力。心肌肥厚主要分为向心性肥厚和离心性肥厚两大类型。向心性肥厚常见于高血压等压力负荷过重的情况,其特点是心肌细胞增厚,肌节(收缩蛋白的基本单位)平行排列,导致心室壁增厚,心腔容积缩小。相反,离心性肥厚则多见于瓣膜关闭不全等导致的容量负荷过重,心肌细胞呈现拉长趋势,肌节串联排列,进而导致心肌细胞长度增加,心腔容积扩大,但是离心性肥厚的心室壁增厚不明显。值得注意的是,毒理学性心肌病主要为离心性肥厚,表现为心腔扩大和心室功能下降。

心肌肥厚可分为发展期、代偿期、失代偿期三个阶段。在发展期,心脏负荷超过心输出量的承受范围,心肌细胞启动代偿性肥大机制;进入代偿期,心脏负荷与心肌质量的比例恢复平衡,心输出量维持正常;然而,一旦进入失代偿期,心室壁发生扩张,心输出量逐渐下降,最终可能演变为充血性心力衰竭。在充血性心力衰竭的早期阶段,机体通过激活泌尿系统、心血管系统和神经内分泌系统等代偿机制维持心输出量。然而随着病情进展,这些代偿机制逐渐失效,导致全身组织灌注不足,机体进入失代偿状态。心肌肥厚主要发生在左心室,因为左心室负责将血液泵入全身循环,承受巨大的压力。然而,特定疾病如肺动脉高压,可导致右心室负荷加重,引发右心室肥厚和功能障碍。例如,长期或过量使用抗肿瘤药物环磷酰胺,肺小动脉的内皮细胞和平滑肌细胞会受到损伤,进而引发肺动脉高压和右心室肥厚。

(五)心力衰竭

心力衰竭(heart failure)是指心脏无法维持足够的心输出量以满足外周组织的代谢和需氧量的一种疾病状态。许多毒物可以通过损伤心肌细胞、干扰心肌细胞能量代谢、影响心肌细胞钙稳态、增加心脏负荷等不同机制引发或加重心力衰竭。在心力衰竭的早期阶段,机体通过多种生理性代偿机制来维持组织灌注。除了心肌肥厚之外,RAAS系统的激活可以增加水钠潴留,提高血容量,从而增加心输出量;增加交感神经张力则可以提高心率和心肌收缩力,增强心脏泵血功能。然而,随着心功能的持续恶化,这些代偿机制逐渐失效,机体进入失代偿阶段。此时心输出量和组织灌注严重不足,临床症状加重,预后不良,即使药物治疗也难以显著延长寿命。图22-1为毒物暴露导致心力衰竭的一些生物学途径。

二、血管的毒作用

(一)高血压和低血压

血管压力变化是血管损伤的主要表现之一,其变化与多种心血管疾病密切相关。高血压(hypertension)的发生机制复杂,涉及动脉血管过度收缩、微循环系统阻力增加等多种因素。持续性高血压会导致全身各器官,特别是小动脉血管阻力上升,进而引起小动脉的暂时性乃至永久性关闭,影响终末器官的血液灌注。高血压还会引起血管壁肥厚,平滑肌细胞增殖和肥大。此外,高血压还会导致血管平滑肌细胞对去甲肾上腺素等缩血管物质的敏感性增强,进一步加剧血压的升高趋势。作为多种心血管疾病的重要风险因素,持续性高血压可引发一系列严重并发症,如动脉粥样硬化和左心室肥厚等。部分毒物能够直接或间接作用于交感神经系统,或干扰循环中儿茶酚胺的正常水平,从而诱发血压升高。某些化学物质则可能通过激活RAAS系统或诱发肾毒性等机制,成为高血压发病的重要诱因。

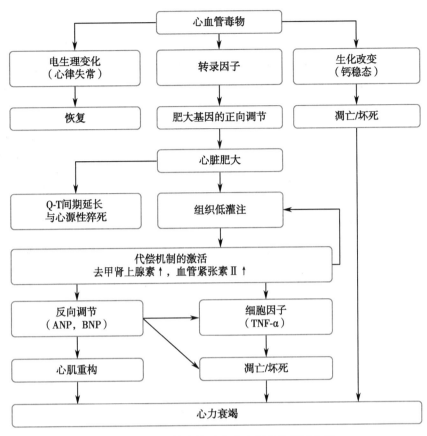

图 22-1 心血管毒物致心力衰竭的作用示意图

与之相反,低血压(hypotension)是指血液循环对血管壁的压力低于正常范围的一种状态。在人体的血管系统中存在着多个精密的调节机制,这些机制相互协同,共同维持着血流与血压在正常范围内波动。其中,压力感受器、容量感受器、化学感受器以及疼痛感受器等均参与到这一综合性的调节过程中,以确保血压维持在适宜水平。在接触某些毒物时,这些调节机制可能会单独或同时受到干扰,从而导致血压调节功能紊乱。心血管毒物可能诱发暂时性乃至持续性的低血压症状。抗高血压药物在发挥治疗作用的同时,低血压也常作为其最常见的不良反应之一。值得注意的是,过量摄入酒精同样会引发低血压现象。

(二)动脉粥样硬化

动脉粥样硬化(atherosclerosis)是指动脉内膜因多种原因损伤后,黏膜下集聚脂质、复合糖类,并引发出血、血栓形成、纤维组织增生、管腔缩小及血流受阻的现象。动脉粥样硬化会导致血管腔狭窄甚至阻塞,阻碍血流,影响器官的血液供应。此外,动脉粥样硬化斑块的内膜表面抗血小板和抗凝血功能减弱,增加了血栓形成的风险。

动脉粥样硬化的发生发展是一个复杂的过程,涉及脂质代谢异常、炎症反应、免疫反应等多个环节。脂质核的形成是动脉粥样硬化的起始步骤,脂质在血管内膜沉积形成脂质条纹,随后发展为纤维斑块。炎症反应贯穿于动脉粥样硬化的始终,血管平滑肌细胞和浸润的炎症细胞会释放多种细胞因子,如白介素6(IL-6)和肿瘤坏死因子(TNF-α)等,促进斑块形成和进展。血管平滑肌细胞在动脉粥样硬化发生发展中扮演着关键角色。当受到刺激时,血管平滑肌细胞会增殖、迁移并分化为合成型表型。这些细胞会分泌大量的细胞外基质成分,例如Ⅰ型和Ⅱ型胶原、硫酸皮肤素和蛋白聚糖,导致斑块形成。

许多化学毒物可以通过影响脂质代谢、损伤血管平滑肌细胞或作用于巨噬细胞和单核细胞等途径,促进动脉粥样硬化的发生发展。例如,丙烯醛、苯并[a]芘等可以促进脂质氧化,加速脂质核的形成,也可以损伤血管内皮细胞,激活血管平滑肌细胞;此外,铅暴露可以激活巨噬细胞,释放的炎症因子可刺激平滑肌细胞,促使胶原蛋白、弹性蛋白等细胞外基质成分的合成和分泌,参与斑块的形成。

(三)出血和水肿

血管的直接机械性损伤会导致出血(hemorrhage),例如外伤引起的血管破裂。而某些化学物质则可通过损伤毛细血管,影响凝血功能等机制诱发出血。例如,蛇毒中毒是化学物质诱导出血的典型案例。蛇毒中的锌依赖性金属蛋白酶是其主要毒性成分之一,也是导致出血的关键因素。这些酶能够降解毛细血管基底膜的多种成分,并水解内皮细胞膜上的整合素和钙黏蛋白等细胞黏附分子,从而削弱毛细血管壁的结构,破坏内皮细胞与基底膜之间的连接。毛细血管壁受损后,跨壁压会导致毛细血管扩张,内皮细胞变薄,最终导致血管壁破裂和出血。此外,内皮细胞对血流压力的敏感性增加,进一步加剧了毛细血管的损伤。

水肿(edema)是指组织间隙中液体过多积聚的病理现象,导致组织肿胀。水肿的发生机制复杂,包括毛细血管流体动力学改变、毛细血管通透性增加、淋巴回流障碍等。一些外源性物质可通过多种途径干扰上述机制,导致水肿的发生。例如,一些有机磷农药可导致小动脉和小静脉的阻力增加或血压升高,从而增加毛细血管压力,促进液体滤出水肿的发生。当淋巴系统毒物暴露时,淋巴回流受阻,组织间隙液体积聚,也会导致间质压升高和组织水肿。

第三节 心血管毒作用机制

一、心脏毒性的毒作用机制

心血管毒物种类繁多,其对心脏产生毒作用的机制也不尽相同。心脏毒物主要通过干扰离子内环境稳态、改变冠状血流以及引起心肌细胞毒性导致心脏毒性。表22-1为心脏毒性产生的一般机制、细胞毒性效应和器官改变。

(一)干扰离子内环境稳态

1. 干扰心肌细胞内 Ca^{2+} 的稳态 毒物暴露可显著改变心肌细胞内钙离子(Ca^{2+})浓度,而 Ca^{2+} 浓度的失衡是诱发各种心律失常的重要原因。例如,环境雌激素壬基苯酚可通过作用于 L 型钙通道,影响细胞内钙离子浓度,进而干扰心肌收缩功能。重金属暴露,如镉,则可通过抑制钠钾泵和竞争钙离子通道,导致细胞内 Ca^{2+} 浓度降低,进而影响心肌电活动和收缩力。

钙调神经素蛋白的激活是 Ca^{2+} 稳态失衡导致心肌肥大的具体作用机制之一。钙调神经素通常以异源二聚体的形式存在,由催化亚单位(CaN A)和调节亚单位(CaN B)组成。Ca^{2+} 通过与 CaN B 结合,能够激活 CaN A 所具备的蛋白磷酸酶活性,诱导下游与心肌肥大相关的信号通路。在心肌肥大的发展过程中,Ca^{2+} 的调控机制可能涵盖以下几方面:①血管紧张素Ⅱ和去甲肾上腺素等肥大刺激引起细胞内 Ca^{2+} 浓度升高,Ca^{2+} 浓度的持续升高可激活钙调神经素;②激活的钙调神经素通过去磷酸化转录因子NFAT3,使其入核并与 GATA4 等转录因子相互作用;③NFAT3 和 GATA4 调控下游靶基因(如内皮素-1 等)的高表达,最终导致心肌肥大。此外,钙调神经素还可能通过 NFAT 非依赖性机制参与心肌肥大的调控。

表 22-1　心脏毒性一般机制、细胞效应和器官改变

一般机制	细胞效应	器官改变
干扰离子内环境稳态		
抑制 Na^+-K^+-ATP 酶	$[Ca^{2+}]\uparrow$	正向肌力效应
	传导速率↓	心律失常
Na^+ 通道阻滞	Na^+ 通道活性↓	心律失常
	传导速率↓	
K^+ 通道阻滞	K^+ 通道活性↓	心律失常
	复极化↓	
	动作电位延续时间↑	
Ca^{2+} 通道阻滞	L 型 Ca^{2+} 释放↓	负向肌力效应
	诱导 Ca^{2+} 释放	负变时性效应
	房室传导↓	心动过缓
冠状动脉血流改变		
冠状动脉血管收缩或闭塞	缺血（ATP 耗竭，细胞内酸中毒）	心肌梗死，心肌重建，心肌细胞死亡（坏死）
缺血/再灌注损伤	氧化应激反应 $Ca^{2+}\uparrow$	心肌细胞死亡
	细胞 pH 改变	
细胞毒作用		
肌纤维膜损伤	改变膜完整性	心肌细胞死亡
肌质网功能失调	$[Ca^{2+}]$稳态改变	心肌细胞死亡
氧化应激反应	过氧化作用	心肌细胞死亡
	DNA 损伤	
	线粒体功能障碍	
	$[Ca^{2+}]$稳态改变	
线粒体损伤	ATP 酶耗竭	心肌细胞死亡
	细胞色素 c 释放	
	改变线粒体$[Ca^{2+}]$稳态	
细胞凋亡	细胞皱缩	心肌细胞死亡
	肌纤维出胞	
	染色质聚集	
	膜磷脂再分布	
	DNA 断裂	
细胞铁死亡	Fe^{2+} 累积	心肌细胞死亡
	活性氧增加	
	脂质过氧化累积	
增生改变	细胞肿胀	心肌细胞死亡
	肌纤维出胞	
	染色质凝聚	
	线粒体肿胀	
基因水平调节	细胞肥大，基因过度表达	病理性心肌肥大

2. **影响心肌细胞离子通道蛋白** 离子通道蛋白在维持心肌细胞离子稳态中起着关键作用。其功能异常是导致心肌病的重要病理基础。离子通道蛋白的基因变异、蛋白修饰以及药物作用等因素均可导致通道功能紊乱，从而引起心肌细胞兴奋性、传导性和收缩性的改变，最终导致心肌病的发生发展。

长 Q-T 间期综合征（long Q-T syndrome，LQTS）是一种遗传性心脏疾病，主要表现为心电图上 Q-T 间期延长，容易诱发快速、紊乱的心律失常，甚至导致心搏骤停。心肌细胞的电活动依赖于一系列离子通道蛋白的协调作用。绝大多数 LQTS 是由编码离子通道蛋白的基因发生突变所致。心肌细胞离子通道是心血管毒物和药物作用的重要靶点。例如，I 类抗心律失常药钠通道阻滞剂如奎尼丁、普鲁卡因胺等，可阻滞钠通道；而重金属如铅、汞等，可通过多种机制影响心肌离子通道功能。心血管毒物对心肌细胞离子通道的影响，可延长动作电位时程，诱发或加重 LQTS。

（二）改变冠状动脉血流

1. **心肌适应和心肌重建** 心肌在受到毒物损伤时会发生适应性或不良的重建过程。心肌预适应是一种保护机制，通过预先给予心脏轻微刺激，使其对后续的严重损伤产生耐受性。预适应能激活多种保护性信号通路，例如，心肌预适应可引起腺苷、缓激肽、去甲肾上腺素、血管紧张素 II、内啡肽、内皮素等多种内源性物质及细胞因子释放，通过与 G 蛋白偶联受体的作用，激活蛋白激酶 C（PKC）信号通路的下游基因，启动机体抗损伤的保护机制。研究发现，PKC 在心肌预适应中起着核心作用，通过激活 PKC 可以启动一系列保护性机制，使心肌对毒性损伤产生耐受。心肌重建是指心肌为适应外界刺激而发生的一种结构和功能的改变。短期内，心肌重建有助于心脏适应新的环境污染物暴露；但长期暴露于有害物质会导致心肌肥大，最终可能引发心力衰竭等严重后果。心肌肥大是心血管毒物作用于心脏最常见的早期形态学改变。虽然最初的心肌肥大是心脏的一种代偿性反应，旨在增加心脏输出量，但持续的肥大却会导致心脏功能不全，甚至引发心律失常和猝死。

2. **缺血再灌注损伤** 缺血再灌注损伤（ischemia reperfusion injury）是指组织或器官在血液供应中断后，恢复血流时反而出现组织损伤加重的现象。心血管毒物，如某些重金属（如镉）、有机溶剂和药物，可通过诱发冠状动脉痉挛或狭窄，减少心肌血流，导致心肌缺血。缺血状态下，心肌细胞能量供应不足，代谢产物堆积，产生大量活性氧自由基，引起脂质过氧化和蛋白质变性，进而导致细胞膜、线粒体等细胞器损伤，细胞功能紊乱。当恢复血流时，大量钙离子内流引发钙超载，激活多种蛋白酶，加剧细胞损伤并触发炎症反应，进一步恶化心肌损伤。长期反复的缺血再灌注损伤可导致心肌重构，表现为心肌细胞肥大、凋亡、纤维化，进而引起心功能不全，如扩张型心肌病。

（三）细胞毒性效应

1. **引起心脏肥大的相关分子机制** 心血管毒物通过一系列转录因子（如 AP-1、NFAT、GATA4 等）的共同调控，引起心肌细胞发生一系列变化，最终导致心脏肥大。

AP-1 在心肌肥大中扮演着双重角色，既能促进心肌细胞凋亡，又能促进心肌细胞肥大。它可以通过调节 Fas 和 FasL 的表达参与凋亡，同时也能诱导 β-肌球蛋白重链等与肥大相关的基因表达。心肌细胞受到拉伸时，血清反应因子（SRF）被激活，进而诱导 c-fos 表达，激活 AP-1。NFAT 家族成员如 NFAT3，在心肌肥大中起重要作用。当细胞内钙离子浓度升高时，NFAT3 被激活并转入细胞核，与 GATA4 等转录因子共同调控下游靶基因的表达。GATA4 是心脏发育和心肌肥大过程中不可或缺的转录因子。它通过识别靶基因启动子中的 GATA4 顺式作用元件，调控下游基因的表达。总之，AP-1、NFAT 和 GATA4 等转录因子通过复杂的相互作用网络，共同调控心肌细胞的生长、增殖和凋亡，最终影响心脏的形态和功能。心血管毒物通过激活这些转录因子，从而诱导心脏肥大。

2. **导致心肌细胞死亡的相关机制** 心肌细胞的死亡是多种心血管疾病的核心病理过程。传统上,心肌细胞死亡主要分为凋亡(apoptosis)和坏死(necrosis)两种类型。凋亡是一种程序性细胞死亡,由一系列基因调控,具有特定的形态学和生化特征;坏死则是一种无序的细胞死亡,通常由剧烈的细胞损伤引起。然而近年来研究发现,细胞死亡机制远比以往认为的复杂,除了凋亡和坏死,铁死亡(ferroptosis)等新的细胞死亡方式也在心肌损伤中发挥重要作用。

ATP 作为细胞能量的"货币",其水平直接影响细胞的存活与死亡。当心肌细胞能量供应不足时,ATP 水平下降,细胞将启动凋亡程序以维持机体稳态。凋亡是心肌损伤早期的一种常见死亡方式。Bcl-2 家族蛋白、Caspase 家族蛋白等在凋亡过程中发挥关键作用。线粒体途径和死亡受体途径是诱导心肌细胞凋亡的主要途径。然而当 ATP 耗竭过于严重时,细胞将无法维持凋亡所需的能量,从而发生坏死。坏死通常发生在严重的细胞损伤或缺血再灌注损伤后,表现为细胞膜破裂、细胞内容物释放等。铁死亡是一种铁依赖性的细胞死亡方式,其特征是脂质过氧化物积累。铁死亡在心肌损伤中发挥重要作用,尤其是在与氧化应激和铁代谢紊乱相关的心血管疾病中。

心血管毒物可以通过多种机制诱导心肌细胞死亡,包括:直接损伤线粒体,导致 ATP 生成减少,诱发细胞凋亡或坏死;激活死亡受体并启动细胞凋亡程序;诱导氧化应激,产生大量活性氧,导致脂质过氧化,最终引发细胞死亡,包括铁死亡。此外,毒物通过诱导钙超载激活钙依赖性蛋白酶,损伤细胞结构,导致细胞死亡。

3. **诱发氧化应激及炎症反应** 氧化应激是心血管毒性发生发展的重要机制。心肌细胞在正常生理状态下会产生少量活性氧(ROS),但机体的抗氧化系统能及时清除这些自由基,维持氧化还原平衡。然而,心血管毒物的暴露可打破这一平衡,显著增加 ROS 的产生,同时削弱机体的抗氧化能力,导致氧化应激(oxidative stress)。过量的 ROS 会攻击细胞膜、蛋白质和 DNA 等生物大分子,引发脂质过氧化、蛋白质变性、DNA 损伤等一系列氧化损伤,最终导致心肌细胞凋亡,甚至坏死。

以乙醇为例,作为一种典型的心血管毒物,其代谢过程中产生的活性氧自由基是酒精性心肌病发病的关键因素。研究揭示,乙醇的代谢产物不仅能够诱导心肌细胞发生脂质过氧化,还会通过提高黄嘌呤氧化酶的活性,进一步生成过氧化氢和乙醛,从而加剧氧化损伤的程度。此外,蒽环类抗肿瘤药物和空气污染物等也同样具有通过氧化应激损害心肌细胞的毒作用。

作为一类多功能的细胞信号分子,炎症因子在维持机体稳态中发挥着重要作用。白介素-1β(IL-1β)、TNF-α 等炎症细胞因子在心肌细胞凋亡和心室重构中扮演了关键角色。例如,IL-1 和 γ-干扰素能诱导心肌细胞产生 TNF-α,TNF-α 可以通过结合其细胞表面受体(TNFR1 和 TNFR2),激活一系列下游信号通路,破坏线粒体膜电位,最终诱导心肌细胞凋亡。此外,TNF-α 还可通过增加鞘氨醇的产生,降低心肌细胞收缩力。

IL-1β 通过诱导一氧化氮合酶(NOS)的表达,增加一氧化氮(NO)的产生,从而对心肌细胞产生多种毒性作用。NO 可抑制心肌收缩力,引起活性氧的产生,并通过亚硝化修饰蛋白质,导致心肌细胞损伤。此外,IL-1β 还能诱导心肌细胞产生 IL-6,进一步加重炎症反应。IL-1β 与 γ-干扰素协同作用时,可显著增强 NO 的产生,促进心肌细胞凋亡。内皮素-1(ET-1)在心肌病的发生发展中扮演了重要角色。ET-1 的过表达可导致血管痉挛、心肌细胞损伤和纤维化,加重心功能不全。而在心肌梗死等病理情况下,ET-1 的表达往往升高。人表皮生长因子受体 2(HER2)在维持心脏功能方面具有重要作用。

4. **其他作用机制** 心血管毒作用的产生还有其他机制。如新近研究表明,心肌细胞自噬和自噬性细胞死亡被认为是心脏毒物导致心脏毒性的潜在机制。细胞自噬(autophagy)是指细胞内溶酶体或液泡内膜通过内陷方式,将损坏的蛋白或细胞器包裹并降解,并被细胞再循环利用的过程。细胞自噬能清除损伤的蛋白质和细胞器,自噬功能紊乱导致细胞损伤,引起细胞增殖、分裂异常,促使疾病的发生。心脏毒物诱导的 ROS 可通过抑制 PI3K/Akt/mTOR 信号通路,导致自噬标志性蛋白 LC3 升高,诱导细胞自噬。抗氧化剂可抑制小鼠心肌细胞的自噬水平,使心肌梗死面积减少,说明细胞自噬可能通过氧化应激诱导心肌梗死。在受损心肌细胞中,可通过细胞自噬机制来拮抗 ROS 对细胞的损伤并促进细胞存活。线粒体膜电位降低是诱导线粒体自噬的关键信号。因此,线粒体自噬也可能在心脏毒物引起的心脏毒性中发挥了重要作用。

二、血管毒性的毒作用机制

血管毒物可以通过呼吸道、皮肤、消化道和静脉等多种途径进入人体。由于血管系统是人体物质运输的"高速公路",血管细胞不可避免地成为毒物首当其冲的攻击目标。大量流行病学调查和实验室研究已证实,血管毒物与动脉粥样硬化等心血管疾病的发病和死亡风险密切相关。

血管毒物的生物学机制复杂多样,主要包括以下几方面。①内皮功能障碍:毒物可直接损伤血管内皮细胞,引起细胞膜结构和功能的改变,导致血管反应性和通透性异常,进而影响血流动力学。②氧化应激:许多血管毒物可诱导血管细胞产生过量的活性氧自由基,引发氧化应激。氧化应激可导致细胞内信号转导紊乱、DNA 损伤、蛋白质变性等,最终导致细胞功能障碍甚至死亡。③生物活化:部分血管毒物在体内经代谢酶活化后毒性增强,对血管细胞造成更严重的损伤。④毒物蓄积:血管细胞对某些毒物具有富集作用,导致毒物在细胞内蓄积,长时间暴露可引起慢性毒性。不同的血管毒物作用机制各异,但都可能导致血管细胞生长和分化异常,从而引发一系列的血管病变。

血管毒物对血管壁的损伤通常从内向外,首先侵袭血管内皮细胞。由于内皮细胞直接暴露于血液中,是机体与血液循环之间重要的屏障,因此对毒物的损伤最为敏感。血管毒物可导致血管内皮细胞损伤,引发氧化应激和炎症反应,并诱导血管壁结构和功能的改变。例如,麦角胺可引起血管持续收缩,导致血管壁增厚和变性。血管毒物及其代谢产物可与血管壁的多种成分相互作用,如内皮细胞、平滑肌细胞、基质蛋白等。这些作用可导致内皮细胞凋亡、平滑肌细胞增生,最终引发动脉粥样硬化等血管疾病。研究发现,多环芳烃等环境毒物可促进血管平滑肌细胞增殖,而同型半胱氨酸等代谢产物则通过氧化损伤机制参与动脉粥样硬化的发生发展。某些血管毒物需要在体内经过生物活化才能发挥毒性作用。例如,丙烯胺通过氧化脱氨基反应产生活性代谢产物,损伤内皮细胞和血管平滑肌细胞。

心血管毒物损伤效应的部分机制及调控途径见图 22-2。

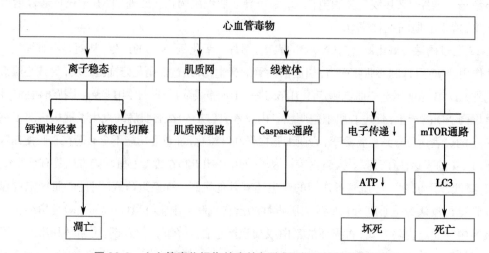

图 22-2　心血管毒物损伤效应的部分机制及调控途径示意图

第四节　心血管毒性的检测与评价

一、概述

研究毒物的心血管毒性通常从宏观和微观两个层面展开。宏观研究方法主要采用流行病学的研究方法，通过对人群进行大规模的观察和统计分析，研究毒物暴露与心血管疾病发病率和死亡率之间的关联。常用的研究方法包括回顾性调查、病例对照研究、队列研究等。流行病学研究存在一些局限性，如混杂因素的影响、选择偏倚等，因此需要结合其他研究方法来验证研究结果。微观研究方法则侧重于在细胞、组织或动物水平上研究毒物对心血管系统毒性效应、剂量-效应关系、时间-效应关系、毒作用机制等。常用的方法包括体外细胞实验、动物实验等。通过这些实验，我们可以深入了解毒物如何诱导心血管细胞损伤、引发炎症反应、影响血管功能等。

二、实验研究方法

心血管毒理学研究主要依赖于体内实验和体外实验两种传统毒理学方法。实验动物和细胞模型是这两类实验不可或缺的工具。

（一）体内实验方法

心血管毒性的体内实验方法主要包括：整体动物实验、器官水平实验、特定模型实验等。通过动物实验，研究者可以深入了解心血管毒物在体内的吸收、分布、代谢和排泄过程（ADME），并评估其对心血管系统产生的急性和慢性毒性等。此外，心血管疾病动物模型和转基因动物模型的建立，则为研究心血管毒物在整体水平上的作用和机制提供了重要的平台。在器官水平，离体心脏灌注模型可以用于更深入地研究心脏对毒物的反应。近年来，斑马鱼作为一种模式生物，因其胚胎透明、发育迅速、心脏结构简单等特点，在心脏毒性研究中具有独特的优势。斑马鱼胚胎发育 24 小时即出现心跳，48 小时形成功能性心脏，非常适合观察毒物对心脏发育和功能的影响。

（二）体外实验方法

心肌细胞作为一种终末分化细胞，具有自律性、传导性和收缩性等独特生理特性。这些特性决定了心血管毒理学研究对实验模型和检测指标的选择都面临较大的挑战。为了应对这些挑战，研究者们开发了一系列特异性的研究方法。比如，胚胎心肌细胞培养技术、流式细胞术、激光共聚焦显微镜等细胞水平的技术，为研究者提供了观察心肌细胞形态、研究其功能和分子机制的有效工具。

随着 3R 原则的推广和毒理学替代法的不断发展，心脏毒性评价的体外替代模型研究日益受到关注。目前，常用的体外模型包括全胚胎培养模型、心肌细胞培养模型等。近年来，心脏类器官作为一种新型的体外模型，在心血管毒性研究中展现出巨大的潜力。心脏类器官能够高度模拟心肌细胞的电生理特性、收缩功能以及心脏组织的复杂结构，从而为研究药物或毒物对心脏的长期影响提供了一个更接近生理状态的平台。

三、形态学和功能学检测与评价

（一）形态学方法

通过形态学方法检测可以了解毒物诱导的心血管损伤表现，为揭示毒性机制、评估毒性效应以及探讨毒物与心血管疾病的关系提供重要依据。形态学检测方法主要包括组织病理学方法、免疫组织化学方法、分子杂交方法、图像分析技术和激光共聚焦扫描显微技术等。组织病理学方法可对毒物造成的心脏血管损伤进行光镜下的病理分析，也可采用电镜对心脏血管组织及其亚细胞结构进行超微结构观察。利用免疫组织化学方法可对心脏血管细胞中的抗原-抗体反应进行检测。分子杂交以及原位杂交方法可从形态学角度证实样品组织和细胞中特异性 DNA 或 RNA 序列的存在。三维断层扫描与重组技术为研究 DNA、RNA、抗原、抗体、酶等生物大分子在细胞内的定性、定量和定位研究提供了可靠的工具。

（二）功能学方法

功能学检测是评估心血管毒性的重要手段，主要包括整体水平和细胞水平的检测。从整体水平来看，可通过心电图、心阻抗血流图、多导生理信号记录仪、超声心动图和磁共振等技术，对心脏的电生理活动、泵血功能、血流动力学等进行评估，从而反映心血管系统的整体功能状态；从细胞水平来看，研究中可采用生物化学、细胞生物学和分子生物学等技术，检测心血管细胞膜通透性，评估线粒体、内质网等细胞器功能，测定蛋白质表达、酶活性、DNA 损伤、基因表达，分析细胞凋亡、细胞周期、细胞增殖等过程。通过对心血管毒物诱导的生物标志物进行检测，可以早期发现心血管损伤，并为深入研究毒性机制提供线索。

心血管毒性的形态学检测与功能学检测是相辅相成的。形态学上的改变常常反映了细胞和组织功能的异常。例如，心肌细胞凋亡和坏死等形态学变化，本质上是心肌细胞功能丧失的表现。而通过荧光蛋白标记，我们可以直观地观察到细胞内蛋白的定位和动态变化，从而反映基因功能的改变；反之，功能学指标的变化也能佐证形态学上的损伤。如心房钠尿肽（ANP）等生物标志物的升高通常提示心肌细胞损伤，并可能伴随心肌梗死等病理改变。因此，形态学检测和功能学检测可以相互验证，共同为我们提供更全面的毒性评价。

四、心血管系统毒性的常见生物标志物

在临床实践和实验方法中，心血管系统生物标志物指的是从生物样本中测量得到的反映心肌和血管损伤程度的指标。生物标志物基本原则是，心肌和血管细胞在各种受损条件下释放入血的分子，这些分子可以用现有的检测手段检测出来，且具有心血管特异性、敏感性、稳健性和预测价值，能够将临床前与临床桥接，并具有非侵入性或易于获取等特点。

目前关于心血管系统毒性的特异性生物标志物还比较少，但是一些指标在特定的临床或研究案例中发挥了一定的作用。表 22-2 为临床实践和实验研究中常见的一些心血管系统毒性生物标志物，但是这些指标在心血管系统毒性的特异性较为有限。例如，炎症标志物如 C 反应蛋白（CRP）对不良冠心病事件具有一定的预测能力，但通常缺乏特异性。肌酸激酶同工酶（CK-MB）存在于少量骨骼肌和其他组织中，因此在一些涉及骨骼肌损伤的疾病中也会出现 CK-MB 升高。肌红蛋白存在于所有类型的肌肉中，其浓度在不同物种甚至同一物种之间有显著变化。B 型利钠肽（BNP）可作为评估充血性心力衰竭疾病进展和预后的指标，但是高水平的 BNP 并不一定表示心脏疾病更严重。因此，鉴于现有指标特异性不足，在开展心血管系统毒性的研究中可能需要同时考虑一系列互补的生物标志物。

近年来的研究结果提示，一些可能的新型的心血管毒性生物标志物，包括细胞外囊泡（包含外泌体）、微小 RNA、外周血单核细胞或血小板功能测定等。然而，这些新方法的开发需要大量实验理论和技术支持，其临床和科研实用价值还有待进一步证实。

表 22-2　心血管系统毒性生物标志物

标志物	背景	作用
心脏毒性标志物		
肌酸激酶	血清中特异性异构体 CK-MB 升高是急性心肌梗死的特异性标志物	常规应用于临床及临床前心肌损伤标志物
肌红蛋白	血清肌红蛋白的升高很可能反映了心肌损伤的程度，但这并不是心肌损伤特异性指标	现有的临床和临床前标志物，因为缺乏特异性，已经减少使用
B 型利钠肽（BNP）	心室肌在应对心脏容量和压力超负荷时分泌的心脏神经激素，BNP 的释放是诊断心力衰竭的一个有价值的指标	BNP 是重要的诊断标志物，也是用于缓解心脏失代偿期充血性心力衰竭症状的药物，且 BNP 对不同种属心力衰竭的临床前模型均有价值
心肌肌钙蛋白	心肌肌钙蛋白 T（cTnT）和心肌肌钙蛋白 I（cTnI）是肌丝的组成成分，在心肌细胞中特异性表达。因此，它具有绝对的心肌组织特异性	心肌梗死诊断的"金标准"，其价值可扩展到临床前安全性和实验模型研究
血管毒性标志物		
急性期蛋白［如 CRP、血清淀粉样蛋白（SAA）、IL-6 等］	CRP 是全身性和血管炎症的标志物，它似乎可以预测无症状个体未来的心脏事件。SAA 和 IL-6 同样反映全身炎症，但在临床预测方面不如 CRP 广泛使用	临床上与长期疾病有关，但可能缺乏用于临床前安全性评估的特异性/敏感性
可溶性黏附分子	可溶性细胞内和血管细胞黏附分子（ICAM-1 和 vCAM-1）、E-选择素和 P-选择素是内皮细胞表面的细胞表面受体，可在肽酶损伤或炎症激活后脱落	具有临床和临床前应用价值，但是不能常规用于心血管诊断
内皮素 -1	一种有效作用于血管发挥收缩功能的多肽，在一些毒物的作用下其反应性会升高	明确与某些临床病理尤其是肺动脉高压有关。主要应用于临床前实验
血小板反应蛋白 -1	可能从多种组织中释放，并且是包括血管损伤在内的多种疾病的非特异性生物标志物，但也可能是通过 CD36 受体引起炎症和内皮细胞活化的驱动因素	主要有临床前和实验研究价值
血管内皮生长因子（VEGF）	一种血管接受刺激后生成的多肽，可能具有反映血管损伤的作用或是血管生长或愈合必要的条件	临床上最常用于诊断与癌症相关的结果，但也经常用于与血管损伤相关的临床前安全性实验
细胞因子（MCP-1，CINC/IL-8，KC/GRO）	许多细胞因子会从动脉粥样硬化病变和血管炎区域释放到血液循环中。根据所关注的损伤或病理情况，某些特定的细胞因子可能比其他细胞因子更具有意义	在临床和实验中广泛使用，但对诊断或预后价值的特异性不高

（邹云锋）

思考题

1. 心血管毒作用有哪些？
2. 导致心肌细胞死亡的可能途径有哪些？
3. 简述心血管的毒作用机制。
4. 列举几种心血管毒性实验常用的体外模型。

第二十三章
皮肤毒性

皮肤是人体最大的器官之一,约占体重的16%,是抵御外部侵袭的第一道防线,对身体具有重要的保护作用。暴露在环境中的皮肤不仅保护身体,还负责调节体温和水分平衡,并参与蛋白质和脂类的合成与代谢。皮肤对化学、物理和生物因素的反应对机体的生存至关重要,因此从毒理学的角度来看,皮肤是一个极为重要的靶器官。本章将系统介绍外源因素对皮肤的毒性效应、毒作用机制,以及皮肤毒作用的检测和评价方法。

第一节　概　述

皮肤毒性(dermal toxicity)是指外部因素对皮肤造成损害的能力,包括直接的毒性作用和通过皮肤渗透吸收后产生的局部毒性作用。皮肤毒理学(dermatotoxicology)是研究外源因素对皮肤的直接损害作用,以及通过皮肤吸收引起局部或全身的损害作用与其机制的毒理学分支学科。

一、皮肤结构与功能的生物学基础

（一）皮肤结构

皮肤是人体最大的器官,覆盖全身,主要由3层结构组成:表皮、真皮和皮下组织。每一层在维持皮肤健康和执行生理功能方面发挥着关键作用。

1. 表皮　表皮作为皮肤的最外层,其厚度随身体部位的不同而有所变化,通常为0.05~1.5mm,主要由角质形成细胞(即角质细胞)构成。其主要结构和功能包括①角质层:由死去的角质细胞组成,形成坚固的屏障,防止水分丧失和外部物质的侵入。角质层的脂质成分(如神经酰胺和脂肪酸)有助于维持水分平衡和屏障功能。②黑色素细胞:位于表皮基底层,负责合成黑色素,保护皮肤免受紫外线的伤害,并影响皮肤的颜色。黑色素的分布和数量与个体的遗传背景和环境因素密切相关。③朗格汉斯细胞:作为皮肤的免疫细胞,能够识别和捕捉外来抗原,参与免疫反应,增强皮肤的防御能力。

2. 真皮　真皮位于表皮之下,其厚度通常为1~4mm,主要由结缔组织构成,富含血管、神经以及多种附属结构。真皮的主要组成和功能包括:胶原纤维提供皮肤的结构支撑,弹性纤维赋予皮肤弹性、保持皮肤的柔韧性;血管负责皮肤的营养供给和温度调节。血管的扩张和收缩可以调节血流量,从而影响体温和皮肤的颜色;神经末梢感知触觉、温度和疼痛等外界刺激,促进神经信号的传递。真皮内分布的感觉神经末梢对外部环境的变化具有高度敏感性,能够迅速响应并传递神经信号。

3. 皮下组织　皮下组织位于真皮之下,主要由脂肪细胞和结缔组织构成,具有能量储存、缓冲保护和温度调节功能。

（二）皮肤功能的生物学基础

皮肤作为人体最大的器官,直接暴露于外界环境,承担重要的功能。

1. 屏障功能的生物学基础　一般认为,外源因素进入体内需穿过皮肤的三道屏障。①表面膜:由皮脂腺分泌的物质和汗腺分泌的盐分及脱落的角质细胞碎片组成,呈酸性,对水溶性的化学物质有一定的阻滞作用,但不能阻止脂溶性物质通过。②表皮屏障:主要由角质层下部和透明层组成。角质层细胞排列紧密,胞膜较厚,细胞内充满纵横交错的 α 角蛋白丝和无定型的基质(主要为透明角蛋白);表皮底部细胞间隙狭窄,间隙中有板状脂类和细胞间桥,这就构成了表皮的穿透屏障。③真皮-表皮交界:即边缘层部位,为胶原样结构,主要由硬蛋白、脂质、糖蛋白和黏多糖构成,对外源化学物具有选择屏障作用。

2. 感觉功能的生物学基础　皮肤内的神经末梢能够感知触碰、温度和疼痛,这些感觉信号通过复杂的神经网络传递到中枢神经系统,最终在大脑中被整合和解读,从而促使机体做出相应的反应。

3. 体温调节的生物学基础　皮肤通过调节血管的收缩和扩张以及汗液的蒸发来维持体温的稳定。血管扩张有助于散热,而血管收缩则有助于保持体温。

4. 免疫功能的生物学基础　皮肤免疫系统由朗格汉斯细胞、角质形成细胞、淋巴细胞以及内皮细胞、肥大细胞、巨噬细胞、成纤维细胞、树突状细胞等组成。外源性物质一旦接触皮肤表面,与表皮和真皮内的淋巴细胞和组织细胞相互作用,即触发免疫反应。表皮中朗格汉斯细胞和角质形成细胞可以分泌各种细胞因子,这些细胞因子在调节皮肤免疫反应中起着至关重要的作用。皮肤还具备免疫监视功能,能够及时发现并清除体内可能发生的异常细胞增殖,从而有效预防皮肤肿瘤的发生。

二、皮肤损伤的外源因素

化学、物理和生物因素均可导致皮肤损伤(表 23-1)。化学因素如长期接触焦油、沥青、砷等可引起皮肤黑变病甚至诱发皮肤癌,有机磷农药的原液接触皮肤后可引起水疱,化妆品中的肉桂醇、羟基香茅醛等成分可引起皮肤过敏和接触性皮炎。物理因素如机械作用可引起局部皮肤角化和指甲的损伤,高温、高湿可引起皮肤灼伤、红斑、痱子、粗糙皲裂及皮炎,日照可引起皮肤晒斑、皮炎等。生物因素如植物花粉、细菌、原生动物等可引起皮肤瘙痒、荨麻疹和皮炎等。

表 23-1 致皮肤损伤的外源因素

来源	外源因素
化学因素	
环境污染物	二氧化碳、酸雨、臭氧、雾霾、煤烟、工业及汽车废气
工业毒物和粉尘	铅、汞、锰、硫酸、硝酸、盐酸、染料及其中间体、水泥、石灰、煤尘
药物	青霉素、头孢类、磺胺苯、巴比妥、苯妥英钠
农药	有机磷、有机氯、有机汞、有机硫、砒霜、乐果、敌克松
食品添加剂	硬脂酸镁、糖精、酒石酸、磺酰氨酸钠、食用色素
化妆品	戊基肉桂醛、戊基肉桂醇、苯甲醇、水杨酸苄酯、肉桂醇、茴香醇、苯甲酸苄酯、肉桂酸苄酯
生活洗涤用品	加酶洗衣粉、漂白剂、杀菌剂、酶制剂、清洁剂、杀虫剂
物理因素	
机械性刺激	剪切力、摩擦力
电离与非电离辐射	β 粒子、低能 X 射线、较硬 X 射线、紫外线、红外线
环境温度	过高的温度(如超过 30℃)、过低的温度(如低于 15℃)
生物因素	
真菌	表皮癣菌、小孢子菌、毛癣菌、念珠菌、糠秕马拉色菌
植物花粉	毒常春藤、风媒花、虫媒花、野生欧洲萝卜
细菌	金黄色葡萄球菌、链球菌

在评估致皮肤损伤化学物的量效关系时,必须综合考虑化学物质的理化性质、皮肤接触的物理

条件以及职业暴露限值。通过确定 NOAEL 或 LOAEL 并结合不确定因子，可以计算出参考剂量，为职业暴露提供科学依据。

（一）毒物经皮吸收的影响因素

脂溶性化学物可经皮肤大量吸收；酚类化学物可由皮肤透入；激素类可经皮肤迅速吸收；重金属的脂溶性盐类也可经皮肤吸收；铅、锡、铜、砷、锑、汞可与皮肤和皮脂中的脂肪酸结合成复合物，由非脂溶性变为脂溶性，从而使皮肤易于吸收。氮、氡、氨、硝基苯及特殊的芳香族油类蒸气也可经皮肤吸收。有些外源化学物还可经皮肤附属器进入机体。虽然附属器相对面积仅占皮肤总面积的 0.1%～1%，但皮肤附属器对化学物传输在短期暴露中起了重要的作用；另外，皮脂腺还可能成为一些脂溶性药物的贮存库。

外源化学物的经皮肤吸收受到其理化性质（如溶解度、分子量和吸附性）以及机体因素（如接触部位、年龄、性别、皮肤完整性、温湿度、pH、接触面积和时间等）的影响。不同身体部位表皮的弥散速率也不相同，从高到低依次为阴囊、前臂、掌跖。一般新生儿皮肤渗透性比成人大，女性皮肤渗透性高于男性；温度高、湿度大，可以增加皮肤渗透性；pH 也可影响化学物的解离，进而影响其经皮肤吸收；接触面积大，时间长，化学物就容易经皮肤吸收。皮肤充血时，血流增速可使化学物易于透过皮肤；皮肤干燥脱水，角质层变脆易裂，化学物易于透过皮肤；银屑病和湿疹是两种常见的皮肤病，它们主要影响皮肤的角质层，进而会导致皮肤对外源化学物吸收增强。

种属差异是影响毒物经皮肤吸收的重要因素之一。不同物种间经皮肤吸收速度存在差异，依次为兔＞鼠＞豚鼠＞猪＞人。在动物实验中，这些种属差异需要被充分考虑，以确保实验结果的准确性和外推到人类的可靠性。例如在进行毒物经皮肤吸收研究时，通常会选择与人类皮肤结构和代谢特性相似的动物模型，如猪或无毛小鼠，以减少种属差异带来的影响。

（二）皮肤对毒物生物转化的影响

皮肤（主要是表皮和皮脂腺）含有多种酶系，参与糖、脂肪、蛋白质、黑色素等物质的代谢。正常情况下皮肤Ⅰ相反应酶活性仅相当于肝脏的 2%，但诱导后其活性明显增加。例如，用苯并［a］芘涂抹新生大鼠的表皮，皮肤芳香烃羟化酶活性增加了 20%。多种环境污染物和化学物质，如二噁英、多环芳烃、多氯联苯、天然煤焦油（用于皮肤治疗）可诱导表皮中 P4501A1 酶的活性增强。皮肤中存在多种 P450 酶系，其中包括 P450 2B12 和 P450 2B19 参与花生四烯酸的代谢过程。皮肤中存在多种Ⅱ相代谢酶，如环氧化物酶和 UDP-葡萄糖醛酸转移酶等。这些酶的活性通常低于肝脏中相应酶的活性，但也有例外，例如皮肤中的醌还原酶，其相对活性较高。谷胱甘肽转移酶能促进谷胱甘肽和花生四烯酸脂氧化物的反应，产生皮肤过敏和炎性趋化反应介质。此外，人皮肤还含其他酶类，如蛋白水解酶、酯酶、糖苷酶和磷酸酯酶，其催化活性对穿透皮肤的物质有重要的影响。例如，水杨酸甲酯经代谢后，被真皮中的酯酶水解为水杨酸盐。皮肤色素的生成主要在黑色素细胞中进行，这些细胞负责合成黑色素。皮肤对外源化学物质的处理通常具有解毒作用，但特定化学物质如多环芳烃，可通过 P450 酶系代谢活化，转化为致癌物质。

第二节　皮肤毒作用类型和机制

一、接触性皮炎

接触性皮炎（contact dermatitis）是指皮肤和黏膜暴露于外源因素后，在暴露部位引起的急性或慢性炎症反应。根据其不同的炎症反应过程，可分为刺激性皮炎和变应性接触性皮炎。这两种皮炎的临床特点很相似，难以分辨。典型的体征表现为直接暴露部位出现红斑、丘疹、水疱、大疱，甚至可能发展为溃疡。病变部位活检显示淋巴细胞和嗜酸性细胞浸润与棘细胞层水肿。

（一）刺激性皮炎

刺激性皮炎（irritant dermatitis）是指皮肤暴露于某些刺激性外源因素后引起的皮肤炎症反应。尽管刺激性皮炎属非过敏反应，病变部位仍可检测到特殊的细胞因子。化学物质的浓度、pH、温度、接触时间以及反复接触刺激物等因素，均可显著影响皮炎的表现。强酸、强碱是常见且强烈的刺激物。

一次暴露于 pH 过高和过低的刺激性化学物质可立即导致不可逆的严重的刺激性皮炎，这种急性刺激表现类似于化学烧伤，称为腐蚀反应（corrosion reaction）。通常情况下，单次接触低刺激性化学物质可能不会引起显著的皮肤反应。然而，当皮肤反复暴露于这些物质时，就可能出现明显的临床症状。这种累积效应最终可能导致湿疹样皮炎，其临床表现与变应性接触性皮炎相似，或者引起皮肤皲裂和增厚，而没有明显的炎症表现。个体对刺激反应的敏感性存在显著差异，这主要与遗传因素和年龄相关，而性别的影响并不明显。例如，同卵双胞胎对十二烷基硫酸钠和氯苄烷铵的反应表现出更高的一致性，异卵双胞胎的反应则差异较大。此外，皮肤较白皙的年轻人通常对刺激性化学物质更为敏感，相比之下，皮肤较黑的老年人则相对不那么敏感。

刺激性皮炎的发生涉及多种机制。直接腐蚀剂、蛋白溶解剂、氧化还原剂和脱水剂等刺激性化学物质主要通过破坏角蛋白的超微结构或直接损伤细胞内重要的大分子及亚细胞器来发挥作用。不同刺激物引起的皮炎潜伏期差异较大，这不仅与化学物质的经皮肤吸收速率有关，也与刺激物本身的特性密切相关。因此，化学物质可能通过多种炎症途径引发皮肤刺激反应。例如，十四烷酰佛波乙酸酯作为一种强刺激物，能够显著增加人角质形成细胞中前列腺素 E_2 的产生；而苯丙炔酸乙酯则不诱导前列腺素 E_2 的产生。氯苄烷铵和十二烷基磺酸钠诱导的刺激性皮炎中，疱液中的前列腺素和白三烯 B_4 与表皮红肿损伤程度密切相关。细胞因子和类花生酸类物质可能是表面活性剂诱发刺激性皮炎的关键介质。研究还发现，十二烷基磺酸钠作用于皮肤 48 小时后，可导致角质形成细胞增生，而朗格汉斯细胞的数量和分布无明显变化。此外，各种刺激性皮炎对可溶性黏附分子的表达影响不大，而变应性接触性皮炎则能显著增加可溶性黏附分子的水平。

（二）化学烧伤

化学烧伤（chemical burn）是指外源化学物引起细胞脱水、蛋白质变性等作用而导致的局部组织损伤。不同于刺激性皮炎，化学烧伤是化学物直接损伤皮肤，除直接影响外，坏死组织也可作为化学物的贮存库，导致持续的皮肤损伤或经皮吸收引起全身反应。常见的引起皮肤化学烧伤的化学物有：氨水、氧化钙、氯、环氧乙烷、盐酸、氟化氢、过氧化氢、溴甲烷、氮氧化物、磷、苯酚、氢氧化钠、甲苯二异氰酸酯等。

（三）变应性接触性皮炎

变应性接触性皮炎（allergic contact dermatitis）是指皮肤黏膜多次暴露于同一变应原后引起的皮肤变态反应性炎症。其发病过程是：初次接触某种化合物致敏，随后再暴露于相同物质才引发典型的临床表现和病理学改变。在变应性接触性皮炎的发生中，仅需少量化学物质即可引发明显的反应，这与刺激性皮炎不同，后者的反应强度与化学物质的剂量呈正比。然而，随着研究的深入，人们发现变应性接触性皮炎可能涉及 I 型、II 型、III 型或 IV 型变态反应，其发病机制十分复杂。引发变应性接触性皮炎的物质多是小分子量的半抗原，多数分子量<1000Da，具有亲电子或亲水性，其中有的物质原型需经皮肤的代谢转化形成半抗原。半抗原穿透角质层与表皮载体蛋白结合形成完全抗

原,两者通常是共价结合。金属半抗原与表皮蛋白可形成稳定的非共价键结合物。这些结合蛋白有的是朗格汉斯细胞的表面分子,其中大多是 HLA-DR 基因编码的 MHC Ⅱ类分子。

朗格汉斯细胞吞饮半抗原/载体蛋白复合物。朗格汉斯细胞处理抗原的过程中表型发生了变化,包括 MHC Ⅱ类分子、淋巴细胞功能相关抗原 3(CD58)和转运分子,如细胞间黏附分子-1(ICAM-1)增加。朗格汉斯细胞随之移入附近淋巴结,将处理的抗原提呈交于 T-helper cell(CD4)。这些同样也携带细胞表面分子 CD45RA 的原始(virgin)T 细胞被称为 TH0 细胞。朗格汉斯细胞处理抗原的同时产生 IL-1 和 IL-12,它们可刺激 T 细胞产生 IL-2 和 γ-干扰素。IL-12 可能促进 TH0 分化为典型的变应性接触性皮炎效应细胞,此效应细胞表面携带有 TH1/CD45R0。IL-2 激活并促使抗原特异致敏的 T 细胞增生。

在变应性接触性皮炎的发病机制中,致敏 T 细胞与角质形成细胞均扮演重要的角色。血液中致敏 T 细胞通过被激活的内皮细胞时缓慢游出血管,在抗原暴露部位表达转运表面分子,例如选择蛋白和细胞间黏附分子(ICAMs),从而促进细胞外游。同时,角质形成细胞产生大量细胞因子如 IL-1、IL-2、IL-3、血管内皮生长因子(VEGF)和粒细胞-巨噬细胞集落刺激因子等,而且在一定的情况下还表达 HLA-DR 抗原。角质形成细胞分泌的 IL-2 和 γ-干扰素在变应性接触性皮炎中起到了关键的招募作用,它们能够吸引淋巴细胞和巨噬细胞向炎症部位聚集,从而引发典型的血管改变和浸润现象。一旦诱发致敏,以后接触相同的抗原即可引发上述致敏过程的相似级联反应。特异性致敏的 T 细胞在皮肤中数量众多,并且在遇到特定的抗原时能够迅速产生免疫反应。

二、皮肤光毒性

皮肤光毒性(skin phototoxicity)是指皮肤暴露在紫外线辐射下可引起刺激性或过敏性皮肤反应,或在紫外线和可见光范围内,化学物质与辐射能相互作用而产生的皮肤刺激。光毒性或光刺激作用是直接的和非免疫性的,在大多数情况下由长波紫外线介导。一般到达地球的太阳辐射中,波长 290~700nm 的紫外线和可见光谱最能诱发皮肤改变。该范围之外的波长可被大气层过滤,无足够的能量引起皮肤病理改变。紫外线可分为长波紫外线(UV-A,320~400nm)、中波紫外线(UV-B,290~320nm)和短波紫外线(UV-C,180~290nm)。不同波长的紫外线有不同的生物学效应。UV-A 可穿透表皮达真皮上部,可作用于血管和其他组织,仅在某些光敏化学物存在时才引起皮肤毒性反应;UV-B 主要由表皮吸收,损伤表皮,引起皮肤红斑;UV-C 有较强的杀伤作用,但大部分被空气、云层、尘粒、水汽吸收和散射。人工辐射(如紫外线灯)UV-C(<290nm)或 X 射线达到足够剂量可诱发明显皮肤毒性。电磁辐射只有被人体或细胞吸收,才会引起损害。皮肤表皮的厚度、发色团和水分含量等均可影响光的吸收。黑色素是皮肤一个重要的发色团,皮肤中其他的发色团有氨基酸和氨基酸残基如色氨酸、咪唑丙烯酸,它们能吸收 UV-B(290~320nm)光谱的辐射。

皮肤可在照射紫外线后数分钟至数小时内出现红斑、水疱,为急性光毒性反应。慢性皮肤光毒性反应可引起照射处色素沉着、干燥、皲裂和皮肤变厚。UV-A(320~400nm)最常引起此症状,UV-B 偶尔也可引起。菩提树和芹菜中含有大量的补骨脂素,阳光下接触这些植物的果汁和叶子时接触部位会起疱,被称为植物日光性皮炎(phytophotodermatitis)。

皮肤光毒性发生机制主要涉及光敏感物质的吸收、活性氧的生成以及细胞损伤等过程。光敏剂(如某些药物、植物化学物质或化学物质)能够吸收特定波长的光(通常是紫外线或可见光),并在激发态下发生化学反应;光敏剂吸收光能后,其分子结构发生变化,进入激发态,随后将能量转移给周围的分子,导致一系列生化反应。光敏剂诱发活性氧的生成,能够攻击细胞内的脂质、蛋白质和DNA。光毒性损伤会导致皮肤细胞释放炎症介质和细胞因子,进一步引发局部炎症反应。

（一）电磁光谱辐射对皮肤的毒作用

皮肤暴露于电磁光谱辐射可出现各种急慢性反应。UV辐射后最明显的急性反应是红斑(发红或变黑)。关于诱发红斑反应的最小红斑量(minimal erythema dose,MED),个体差异很大。皮肤颜色改变的实质是皮肤血管扩张,并伴随炎症介质(如前列腺素D_2、E_2、F_{2a}、IL-B_4和前列环素I_2)的明显变化。另外,暴露于UV-B几小时内IL-1明显升高,可能与热射病的体征(如发热、寒战和不适)有关。引起人皮肤红斑的最强光谱是UV-B,到达地球的UV-A的量比UV-B高100倍,然而后者诱发人体红斑作用是前者的1000倍。影响UV诱发损伤的因素有暴露时间、季节、海拔、体位、皮肤色素和既往暴露等。UV晒黑皮肤是黑色素细胞释放的黑色素增多或黑色素的感光氧化作用所致。暴露于UV 3天内常可见皮肤变黑或色素增加。尽管较宽的光波均可在一定程度上增加皮肤色素,但UV-B的作用最强。UV-A和可见光可迅速增加皮肤色素。黑色人种的皮肤中有抵御光损伤的黑素细胞,起到保护效果,浅肤色人种黑色素少,更易受到照射的损伤。

UV辐射使黑色素形成达一定的量,可引起角质层皮肤增厚。慢性暴露于光辐射可诱发一些特异的皮肤改变。就UV而言,这些改变主要取决于个体皮肤色素形成的基础水平以及暴露的时间和部位。肤色较浅的个体较深肤色个体皮肤易发生慢性改变,常发生于头、颈、手和上胸等部位。慢性暴露于UV可导致皮肤改变,主要类型有:皮肤色斑、色素缺失、褶皱、毛细血管扩张、光线性角化病、皮肤肿瘤(基底和鳞状上皮癌、恶性黑色素瘤)。慢性暴露于UV可引起朗格汉斯细胞明显减少,与光保护部位相比可减少50%,致使机体免疫监视功能降低,恶性细胞的转化概率增加。不同剂量的电磁辐射可导致不同的疾病谱。大剂量急性暴露可导致皮肤潮红、水疱、肿胀、溃疡等症状;潜伏期后或亚急性暴露可能会出现一些特征性的皮肤改变(表皮变薄、色斑、血管扩张、溃疡不愈合);暴露于辐射后数年,可见各种皮肤恶性肿瘤增多。

（二）光敏性

光敏性(photosensitivity)是指皮肤暴露于紫外线和可见光后,出现刺痛、红肿、发热、瘙痒、小水疱和疱疹等类似日晒斑或日光性皮炎的现象。许多遗传性疾病可破坏机体修复UV损伤的能力。自身免疫病红斑狼疮也有对紫外线过敏的特点。遗传或化学因素均可导致卟啉病,这是由于血红素合成酶异常,卟啉前体或卟啉代谢产物在体内(包括皮肤)积聚的结果。这些化合物暴露于400～410nm波长的光能发出荧光,而且能与细胞内大分子或分子氧反应产生自由基。氯化芳烃(六氯联苯和二噁英)可导致这种卟啉病。光敏性机制主要是光敏物质吸收光能后生成活性氧和自由基,导致细胞损伤和炎症反应。临床表现为急性红斑和水疱,或慢性色素沉着和光老化。个体反应因遗传和环境因素而不同。预防措施包括避免光敏物质和紫外线,并使用防晒措施。

（三）光变态反应

光变态反应(photoallergy)是指皮肤中的光敏物质在光线作用下被激活所导致的皮肤变态反应。由于接触者体质对其有很大的影响,仅少数人发病,潜伏期一般为数天至数个月,经第二次接触光照才发病。由光线引发的具有不同临床表现的皮炎称为光接触性皮炎(photocontact dermatitis),多见于受光照部位。光敏物质在持续光照下引发的皮肤迟发型变态反应称为系统性光变态反应(systemic photoallergy)。病变类似延迟性丘疹和湿疹型反应,也可出现即刻性荨麻疹反应。20世纪60年代,四氯水杨酰苯胺和三溴水杨酰苯胺作为肥皂中的抗菌添加剂引发了上千例的光接触性皮炎。紫外线照射在光敏化学物转化为引发变态反应的半抗原中起了重要作用。

三、痤疮

痤疮（acne）是指累及毛囊皮脂腺的慢性炎症性皮肤病，常见于皮脂分泌过多的区域，表现为粉刺、丘疹、脓疱、结节、囊肿和瘢痕等症状。以下主要介绍由化学因素引起的痤疮。能够引起痤疮的化学物质称为致粉刺物（comedogen）。粉刺是痤疮的典型临床特征。粉刺顶端可以是开放的，也可能是闭合的，分别称为黑头粉刺和白头粉刺。痤疮发生过程中，可表现为丘疹、脓疱、囊肿、瘢痕等改变。痤疮多发生于面部、背部和上胸部，但中毒性痤疮损伤部位取决于暴露部位。油性痤疮是由石油、煤焦油和润滑油引起的，在动物和人的皮肤均可导致痤疮样改变。一般接触数个月后逐渐发生，导致黑头粉刺形成。化学因素引起的痤疮发生机制主要通过刺激皮脂腺、引起毛囊角化异常、促进细菌感染和激活炎症反应等途径实现。

氯痤疮（chloracne）是指皮肤暴露于卤代多环芳烃类化学物所导致的痤疮。主要发生在面部、颈部、上背部和耳后等皮脂腺丰富的部位，表现为丘疹、脓疱和囊肿等。氯痤疮主要与氯化芳烃类化合物接触有关，尤其是多氯联苯和二噁英，而且脱离接触后甚至几十年仍有氯痤疮。氯痤疮发生机制涉及皮脂腺功能、炎症反应、内分泌干扰及免疫反应等多方面。氯化芳烃类化合物可能通过影响皮脂腺的功能导致皮脂分泌增加，从而引发毛囊堵塞。氯痤疮的组织学检查可见皮脂腺单位进行性退化、皮脂腺细胞角质化以及毛囊过度角化隆起，这点有别于其他类型的痤疮。

四、色素异常

皮肤色素受许多因素影响，有遗传因素、环境因素或是两者相互作用。黑色素由酪氨酸经一系列酶促反应形成，指导酶合成的遗传物质异常酪氨酸类似物干扰均可导致色素形成异常。黑色素生成增多、内源性或外源性色素在真皮上部沉积可致色素过度沉着。黑色素和含铁血黄素是常见的内源性物质。外源性色素过度增多见于真皮组织金属元素和药物沉积。相反，黑色素丢失和黑色素细胞损伤或血管异常可导致色素减少，白斑病和色素缺失表示皮肤黑色素完全丢失。许多药物和化学物质能够干扰色素的正常形成和清除，对黑色素形成细胞有直接毒作用。酚和邻苯二酚是极强的化学脱色物，导致皮肤色素丢失。放射性皮炎的皮肤变白也是长期接触放射线造成黑素细胞的破坏。

化学物质引起的皮肤色素异常是一个多因素、多机制的过程，涉及黑色素合成调控、炎症反应、细胞毒性、激素干扰、遗传易感性以及皮肤屏障功能的破坏等多方面。具体来说，细胞因子 TNF-α、IL-1 和 IL-6 在炎症过程中被释放，它们能够直接激活黑色素细胞，从而可能引发色素沉着。炎症反应的加剧可能造成持续性刺激，进一步加剧色素异常。此外，某些化学物质对皮肤细胞具有直接的毒性作用，导致细胞凋亡或功能障碍，释放信号分子刺激周围的黑色素细胞。在化学物质的代谢过程中产生活性氧，这些活性氧引发氧化应激反应，对黑色素细胞造成损伤。

五、慢性肉芽肿病

慢性肉芽肿病（chronic granulomatous disease）是指以皮肤、肺及淋巴结广泛肉芽肿性损害为特征的遗传性粒细胞杀菌功能缺陷病。肉芽肿是包裹某些损伤的一种免疫反应，可起到"屏蔽"作用。麻风病、结核、异物反应等皮肤感染疾病可见到肉芽肿病变。异物反应可能是继发于最初的刺激如滑石、二氧化硅或木屑进入真皮诱发的创伤。极少数情况，对铍、锆、钴、汞、铬和文身染料过敏可诱发肉芽肿反应。

六、荨麻疹

荨麻疹(urticaria)俗称"风疹""风团(wind patches)",是指由于皮肤受刺激导致小血管反应性扩张及渗透性增加而引起的变态反应性损害。常呈风团样局限性水肿,主要发生在表皮和真皮层,导致水肿部位发红,与周围正常皮肤界限清晰,并伴有刺痒和烧灼感。风疹一般几小时内即可退去,但真皮深层、皮下和黏膜层下的水肿可持续长达72小时。

荨麻疹的发病机制主要是由肥大细胞释放的组胺及其他血管活性物质所诱导。这些活性介质通过免疫或非免疫机制释放,分为免疫和非免疫性荨麻疹。非免疫性荨麻疹是常见的类型,常见致病原有药物(如阿托品、箭毒、吗啡、奎宁、阿司匹林等)、毒素(蛇毒、细菌毒素、海蜇毒素、昆虫毒素)、食物(水生贝壳类动物、龙虾、蘑菇、草莓等)。大多数患者首次暴露于变应原引发荨麻疹。荨麻疹的风团可能局限于某部位,也可能扩展到全身,变应原的种类、浓度以及皮肤部位影响其反应强度。发病机制是由于接触物质进入机体内使补体激活或直接刺激肥大细胞释放组胺、激肽等活性介质引起。机体再次接触变应原出现的荨麻疹属免疫性荨麻疹。变应原与肥大细胞膜上特异性IgE结合,释放血管活性物质引发皮肤病变。组胺起了主要作用,其他炎症介质(前列腺素、白介素和激肽)可能影响反应的程度。免疫性荨麻疹可伴随出现其他症状,如鼻炎、结膜炎、哮喘,有学者称其为荨麻疹综合征。

七、中毒性表皮坏死松解症

中毒性表皮坏死松解症(toxic epidermal necrolysis, TEN)是指由外源化学物引起的表皮完全坏死,并伴有坏死物的表皮大范围剥离的罕见皮肤疾病。其主要表现为表皮全层坏死脱落,仅留下真皮组织,严重影响机体的热量、液体和电解质平衡。

TEN病因和发病机制尚不完全明确,普遍认为与免疫代谢机制密切相关。研究显示,卡马西平作为一种解痉药可能诱导TEN,其机制涉及淋巴细胞对卡马西平毒性中间体的代谢能力降低。卡马西平主要在肝脏代谢,其原型被发现具有淋巴细胞毒性。此外,环氧化物水解酶和谷胱甘肽转移酶的异常可能与毒性物质(如氧化苯肿)的代谢机制相关。在TEN的发病过程中,CD8⁺淋巴细胞的炎症反应提示该病可能是由卡马西平中间体诱导的细胞毒性免疫应答。氮氧化物代谢产物在TEN的发病过程中可能起到了介导表皮坏死的关键作用,这表明代谢免疫机制在TEN的发生中扮演了重要角色。

八、硬皮病

硬皮病(scleroderma)指以皮肤组织胶原纤维进行性硬化为特征的自身免疫性结缔组织病,包括局限性硬皮病和系统性硬皮病两种类型。体征和症状因人而异,具体症状取决于受累的身体部位及疾病的严重程度。硬化性皮肤疾病表现为体内胶原蛋白的过度合成与积聚,进而引发皮肤及其他组织的硬化现象。尽管目前尚不完全清楚发病机制,但研究表明,某些化学因素,例如二氧化硅、聚氯乙烯、环氧树脂、间苯二胺、博来霉素以及变性的菜籽油等化学物质可能与硬皮病的发生发展有关。此外,遗传易感性和免疫系统异常在硬皮病的发病机制中发挥着重要作用。研究表明,特定基因型可能使个体更易受到环境因素的影响,从而引发免疫反应和胶原蛋白的异常合成。

九、皮肤肿瘤

皮肤肿瘤是人类最常见的肿瘤类型之一,其起源可涉及表皮、毛囊、汗腺、皮脂腺,以及真皮和皮下组织。皮肤肿瘤分为良性肿瘤和恶性肿瘤，病程和预后变化很大。基底细胞癌最为常见，其次是鳞状上皮癌。皮肤肿瘤的致病因素有物理因素和化学因素。

（一）物理因素

物理因素主要包括日光、放射线和电离辐射。目前皮肤癌的主要诱因是日光照射，日光能够损害表皮细胞的 DNA，进而引发癌变。UV-B 可诱导 DNA 嘧啶二聚体形成，引发关键基因的突变。p53 抑癌基因是主要的靶基因，几乎所有鳞状细胞癌的早期均可测到 p53 基因突变。紫外线还有免疫抑制作用，可助肿瘤生存。皮肤癌在热带和白种人中发病率非常高，尤其是头、颈部接受照射最强的部位。着色性干皮病的患者缺乏修复嘧啶二聚体的能力，更容易罹患皮肤癌。对于正常人来说，即使阳光暴露不引起癌变，也会导致皮肤过早衰老。电离辐射也是皮肤癌的重要病因，电离辐射用于治疗多种皮肤疾患，高剂量的暴露导致皮肤癌危险性增加，可诱发皮肤萎缩（放射性皮炎），这是由于分泌弹性纤维的成纤维细胞死亡和早熟性老化的结果。

（二）化学因素

化学因素主要有多环芳烃类物质（煤焦油、沥青、蒽、木榴油、页岩油、杂酚油、石蜡等）、氯丁二烯、砷化物等。1775 年英国医生 Percivall Pott 的流行病学调查表明烟囱清扫工人接触煤烟和阴囊癌发病有关。此后，许多富含多环芳烃的物质被认为可引发人和动物皮肤癌。多环芳烃可被多种 P450，尤其是 P450 1A1 和 P450 1B1 氧化，产生亲电子环氧化物，与 DNA 形成加合物。环氧化物分子重排可产生酚，酚进一步氧化为醌，产生活性氧，引起 DNA 损伤。光照可增加暴露于这些化合物的人群罹患皮肤癌的危险性。如煤焦油结合紫外线照射可治疗严重的银屑病，即利用了其毒性（减少角质形成细胞的过度角化），然而长期应用也增加了罹患皮肤癌的危险性。

长期暴露于高浓度的砷环境中，个体易患砷性角化（一种肿瘤前损伤）、黑脚病（由内皮细胞损伤导致的血液循环障碍）、皮肤鳞状上皮癌以及膀胱、肺和肝等其他器官的肿瘤。三价砷容易与巯基结合，抑制 DNA 的修复；五价砷可取代生物大分子如 DNA 的磷，但形成的酯不稳定。两种形式的砷可通过以上机制引发染色体断裂和基因扩增，诱导细胞恶性转化和促进肿瘤的发生和发展。砷还可改变 DNA 甲基化、抑制角质形成细胞的分化以及增强表皮生长因子的分泌。砷致癌作用的机制目前仍不清楚。砷致皮肤癌大多来自高砷饮用水地区、燃煤砷污染地区和采炼砷职业工人。尽管暴露于高砷饮用水可致肿瘤，但关于剂量-反应曲线的形状很难确定。研究表明，砷低剂量暴露的致癌反应不能依据线性关系从已知的高剂量外推得出。砷低剂量暴露的危险性明显降低，可能有阈值存在，因为观察到砷中毒患者和动物尿中的单甲基和双甲基砷毒性的确非常低，所以砷的甲基化代谢可能是一种解毒方式。砷诱导的皮肤癌动物模型构建困难，主要是由于砷的致癌机制复杂、种属差异、免疫反应差异、代谢产物的影响、长期暴露和累积效应，以及表观遗传和遗传易感性等因素。这些挑战限制了动物模型在预测人类砷诱导皮肤癌方面的应用。

第三节　皮肤毒性研究实验方法和评价

皮肤毒性研究方法发展迅速，特别是整体动物毒性实验是最常用、传统的皮肤毒理学研究方法之一，包括皮肤刺激性/腐蚀性试验、皮肤致敏试验、皮肤光毒性试验等，这里仅作简要介绍和评价。

一、皮肤刺激性/腐蚀性试验

皮肤刺激性/腐蚀性试验旨在检测和预测外源因素对皮肤局部的刺激或腐蚀作用及其程度。这类试验主要包括皮肤原发性刺激试验、完整皮肤刺激试验和破损皮肤刺激试验等。

（一）动物实验方法

在传统的动物实验中，经典的皮肤刺激实验为 Draize 法，常用的实验动物为家兔。实验过程中，将受试物质一次或多次涂敷于动物的皮肤表面，在规定的时间间隔内，通过自身对照观察动物皮肤的局部刺激或腐蚀程度，并进行评分评价。值得注意的是，急性皮肤刺激试验的结果在从动物模型外推到人类时，其可靠性存在一定的局限性。研究表明，白色家兔在大多数情况下对刺激性或腐蚀性物质的反应比人类更为敏感。因此，若采用不同物种的动物进行试验并观察到类似结果，将增强从动物模型外推到人类时的可靠性。需要强调的是，试验中采用的封闭式接触模式是一种实验室特有的试验条件，与人类实际接触化学物质时的环境差异显著，因此其代表性有限。

（二）体外替代试验方法

随着科学技术的发展，越来越多的体外替代试验方法被推荐用于皮肤刺激性和腐蚀性评估。这些方法不仅减少了对动物实验的依赖，还提高了测试结果的人类相关性和可靠性。人重组皮肤模型包括 Episkin™ 和 EpiDerm™，这两种人重组皮肤模型模拟了人类皮肤的结构和功能，可用于评估化学物质对皮肤的刺激性和腐蚀性。这些模型能够提供更接近人类生理条件的结果。小鼠皮肤功能完整性试验（SIFT）：该方法通过评估小鼠皮肤的功能完整性来预测刺激性，具有较高的人类相关性。大鼠经皮电阻测定分析（TER）：该方法通过测量皮肤的电阻变化来评估皮肤屏障的完整性，从而判断化学物刺激性。其他体外方法，例如 Corrositex™ 试验：该方法通过评估化学物质对合成膜的腐蚀作用来预测其对皮肤的腐蚀性，已被广泛应用于化学品的安全评估。3D 皮肤模型是新兴的三维皮肤模型，提供了更复杂的皮肤结构，能够更好地模拟真实皮肤的生理反应。

高通量筛选技术能够高效地评估大量化学物质的皮肤刺激性，从而显著提升筛选过程的效率。人工智能与机器学技术已经应用于毒性预测模型中，能够基于已有数据进行智能分析，提高预测的准确性。还有体外-体内相关性研究，越来越多的研究致力于建立体外实验结果与人体反应之间的相关性，以提高预测的可靠性。

二、皮肤致敏试验

皮肤致敏试验的目的是确定重复接触化学物对动物是否可引起变态反应及其程度。常用的方法有局部封闭涂皮法和豚鼠最大值试验。局部封闭涂皮法（BT）是一种经典的致敏性评估方法，实验动物多次皮肤涂抹或皮内注射受试化学物，通常持续 14 天（诱导期）。在诱导期结束后，给予激发剂量的受试样品，观察实验动物的皮肤反应，并与对照组进行比较。这种方法能够有效检测化学物质的致敏能力和强度。豚鼠最大值试验（GPMT）是另一种传统的致敏性评估方法。该方法同样通过诱导和激发阶段来评估化学物质的致敏性。豚鼠是一个良好的模型，因为其皮肤和免疫应答与人类相似。

近年来，科学技术的飞速发展促进了多种新型皮肤致敏性评估方法的不断涌现。小鼠耳肿胀试验（mouse ear swelling test，MEST）是一种快速且灵敏的评估方法，通过测量小鼠耳朵的肿胀程度来评估化学物质的致敏性。小鼠局部淋巴结试验（local lymph node assay，LLNA）主要通过评估局部淋巴结的反应来判断化学物质的致敏性。该方法不仅能提供定量数据，还能揭示化学物质的免疫机制。鉴于对动物实验伦理问题的日益关注，众多体外替代方法正被积极开发并应用于皮肤致敏性评估中。例如，使用重组蛋白和细胞模型来模拟皮肤免疫反应，评估化学物质的致敏性。这些方法不仅减少了对动物的依赖，还能提供更接近人类生理条件的结果。

三、皮肤光毒性试验

皮肤光毒性试验是评估化学物质引起皮肤光毒性的潜在风险。这种光毒性反应通常发生在皮肤一次接触化学物质，随后暴露于紫外线（UV）照射下，或在全身应用化学物质后，暴露于紫外线下引发的一种皮肤毒性反应。常用的方法有豚鼠皮肤光毒性试验、小鼠尾光毒性试验等。此外，体外替代试验得到了广泛应用。其中，3T3 成纤维细胞中性红摄取光毒性试验（3T3 neutral red uptake phototoxicity test，3T3 NRUPT）已成为一种成熟的光毒性评估方法，且经济合作与发展组织（OECD）正式发布了操作指南。其他替代试验还有重组人三维皮肤模型、人体角朊细胞试验、肝细胞试验、光-红细胞联合试验等。

四、人体皮肤安全性试验方法

人体皮肤安全性试验方法旨在评估受试物质是否会对人体皮肤产生不良反应。化妆品及某些化学物在通过必要的毒理学试验验证，并确认其对人体安全或系统毒性较低，且可能造成的轻微损伤能在短期内恢复的前提下，方可进行后续的人体皮肤安全性试验。

人体斑贴试验是一种常用的皮肤安全性评估方法，主要用于检测化学物质对皮肤的刺激性、腐蚀性和致敏性。根据检测目的不同，试验可分为基础性检测和专项检测两类：基础性检测包括单次刺激斑贴试验（评估急性毒性）和重复剂量刺激斑贴试验（评估累积毒性）；专项检测包括人体激发斑贴试验（评估致敏性）、人体光斑贴试验（检测光毒性）等特殊检测方法。化妆品的安全性检验主要采用皮肤封闭型斑贴试验和皮肤重复性开放型涂抹试验。如人体斑贴试验表明受试物为轻度变应原，可做出禁止生产和销售的评价。

人体皮肤试用试验分为化学物人体皮肤试用试验、特殊用途化妆品人体皮肤试用试验两种，若受试者出现一定比例的主诉和体征，便可判定受试物存在皮肤刺激作用或不良反应。

（黄丽华）

思考题

1. 简述皮肤屏障功能的生物学基础。
2. 简述刺激性皮炎和变应性接触性皮炎的异同点。
3. 简述痤疮的致病因素和临床表现特征。
4. 简述荨麻疹的发生机制。

推荐阅读

［1］孙志伟. 毒理学基础.7 版. 北京：人民卫生出版社，2017.

［2］王心如. 毒理学基础.6 版. 北京：人民卫生出版社，2012.

［3］CURTIS KLAASSEN. Casarett & Doull's Essentials of Toxicology. 9th ed. New York：McGraw-Hill Professional，2018.

［4］庄志雄，曹佳，张文昌. 现代毒理学. 北京：人民卫生出版社，2018.

［5］金泰廙. 毒理学原理和方法. 上海：复旦大学出版社，2012.

［6］庄志雄，何云. 机制毒理学. 北京：科学出版社，2021.

［7］ERNEST HODGSON. A Textbook of Modern Toxicology. 4th ed. Hoboken，NJ：Wiley，2010.

［8］周宗灿. 毒理学教程.3 版. 北京：北京大学医学出版社，2006.

中英文名词对照索引

尿苷二磷酸葡萄糖醛酸　uridine diphosphate glucuronic acid, UDPGA　50

尿苷二磷酸葡萄糖醛酸基转移酶　uridine diphosphate glucuronyl transferase, UDPGT　50

O

欧洲经济共同体　European Economic Community, EEC　121

P

帕金森病　Parkinson disease, PD　313

排泄　excretion　31

胚胎毒性　embryotoxicity　169

胚体-胎体毒性　embryo-fetal toxicity　169

皮肤变态反应　skin sensitization　126

皮肤刺激试验　skin irritation test　126

皮肤刺激性　dermal irritation　126

皮肤毒理学　dermatotoxicology　369

皮肤毒性　dermal toxicity　369

皮肤腐蚀性　dermal corrosion　126

皮肤光毒性　skin phototoxicity　373

葡萄糖醛酸结合　glucuronidation　50

Q

起始有效浓度　incipient effective concentration　23

起始作用点　point of departure, POD　26

前致癌物　procarcinogen　155

潜伏期　latent period　22

潜在剂量　potential dose　19

强度　potency　21

氢质子磁共振波谱　^{1}H magnetic resonance spectroscopy, ^{1}H-MRS　309

清除　clearance　32

清除率　clearance, CL　60

曲线下面积　area under curve, AUC　59

全身毒作用　systemic toxic effect　17

缺血再灌注损伤　ischemia reperfusion injury　362

缺氧应激　hypoxic stress　71

确定性效应　deterministic effect　247

R

染色体畸变　chromosome aberration　133

染色体畸变试验　chromosome aberration test　143

热应激　heat stress　71

人类基因库　gene pool　135

S

三段生殖毒性试验　three stage reproductive toxicity test　182

神经毒理学　neurotoxicology　298

神经毒物　neurotoxicant　298

神经毒性　neurotoxicity　298

神经干细胞　neural stem cell, NSC　306

神经元　neuron　299

神经元神经病　neuronopathy　301

肾病综合征　nephrotic syndrome, NS　348

肾单位　nephron　342

肾毒物　nephrotoxicant　343

肾毒性　nephrotoxicity　343

肾毒性评价　nephrotoxicity evaluation　350

肾间质损伤　renal interstitial injury　345

肾皮质薄片　renal cortex　352

肾清除率　renal clearance rate, C　343

肾乳头损伤　renal papilla injury　346

肾小球滤过率　glomerular filtration rate, GFR　342

肾血浆流量　renal plasma flow, RPF　342

肾脏毒理学　nephrotoxicology　342

肾肿瘤　renal tumor　348

肾组织片段　renal tissue fragment　352

生态风险评估　ecological risk assessment　209

生物半排期　biological half-life, T_b　246

生物标志物　biomarker　23

生物接触指数　biological exposure indices, BEIs　63

生物利用度　bioavailability, F　60

生物有效剂量　biologically effective dose　19, 214

生物转化　biotransformation　31

生物转运　biotransportation　31

生殖毒理学　reproductive toxicology　162

生殖毒物　reproductive toxicant　162

时间-反应(效应)关系　time-response/effect relationship　22

实际安全剂量　virtual safety dose, VSD　29

实际安全限值　actual safety limit　29, 208

适应　adaptation　16

室模型　compartment model　57

手征性　chirality　86

首过消除　first pass elimination　36, 95